Verfassungsgerichtliche Rechtsprechung zu Fragen der Außenpolitik

SCHRIFTEN ZUM STAATS- UND VÖLKERRECHT

Herausgegeben von Gilbert Gornig,
Burkhard Schöbener und Winfried Bausback

Begründet von Dieter Blumenwitz

Band 131

Peter Lang
Frankfurt am Main · Berlin · Bern · Bruxelles · New York · Oxford · Wien

Thomas Michael Pfeiffer

Verfassungsgerichtliche Rechtsprechung zu Fragen der Außenpolitik

Ein Rechtsvergleich Deutschland – Frankreich

Peter Lang
Internationaler Verlag der Wissenschaften

Bibliografische Information der Deutschen Nationalbibliothek
Die Deutsche Nationalbibliothek verzeichnet diese Publikation in der Deutschen Nationalbibliografie; detaillierte bibliografische Daten sind im Internet über <http://www.d-nb.de> abrufbar.

Zugl.: Würzburg, Univ., Diss., 2007

D 20
ISSN 0172-7796
ISBN 978-3-631-56819-4

www.peterlang.de

Meinen Eltern

„Il était des temps où l'on était condamné à l'ignorance parce qu'on manquait de livres, aujourd'hui en revanche, il est difficile de s'instruire parce qu'on en a trop".

(*J.E.M. Portalis, Discours préliminaire sur le projet de Code civil, in: Discours, rapports et travaux inédits sur le Code civil, Paris, Joubert 1844*)

Vorwort

Vorliegende Arbeit wurde im Wintersemester 2006/2007 von der Juristischen Fakultät der Bayerischen Julius-Maximilians-Universität Würzburg als Dissertation angenommen.

Mein herzlicher Dank gilt meinem leider im Laufe des Promotionsverfahrens verstorbenen Doktorvater, Herrn Prof. Dr. Dr. h.c. mult. Dieter Blumenwitz, der die Untersuchung angeregt und konzeptionell mitgeprägt hat.

Herzlichen Dank schulde ich weiterhin Herrn Prof. Dr. Dr. h.c. Gilbert H. Gornig für seine sofortige Bereitschaft, die Betreuung der Dissertation zu übernehmen und für die gewährte wissenschaftliche Freiheit.

Darüber hinaus danke ich Herrn Prof. Dr. Olivier Jouanjan von der Université Robert Schuman/Straßburg vielmals für seine ständige Diskussionsbereitschaft sowie für seine wertvollen Hinweise bezüglich des französischen Teils der Arbeit.

Herzlich bedanken möchte ich mich weiterhin bei Herrn Prof. Dr. iur. habil. Dieter H. Scheuing, Docteur en droit (Paris II), für die rasche Erstellung des Zweitgutachtens.

Sehr herzlicher Dank geht auch an alle Mitarbeiterinnen und Mitarbeiter an den französischen und deutschen Lehrstühlen und Bibliotheken, ohne deren tatkräftige Mithilfe vieles nicht möglich gewesen wäre.

Dank gilt der Hanns-Seidel-Stiftung, die vorliegende Arbeit durch ein Begabtenstipendium aus Mitteln des Bundesministeriums für Bildung und Forschung (BMBF) gefördert hat.

Weiterhin danke ich allen Verwandten und Freunden, die mich – jeder auf seine Weise – während meines Studiums und der Promotionszeit begleitet und unterstützt haben.

Mein größter Dank gebührt schließlich meinen Eltern, Johanna und Klaus-Dieter Pfeiffer, die mich stets in jeglicher Hinsicht unterstützt haben.

Würzburg, im März 2007 Thomas M. Pfeiffer

Inhaltsübersicht

Inhaltsverzeichnis

Abkürzungen

Die für das deutsche Recht verwendeten Abkürzungen richten sich nach:

Kirchner, Hildebert/ Butz, Caroline, Abkürzungsverzeichnis der Rechtssprache, 5. völlig neu bearbeitete und erweiterte Auflage, Berlin 2003

Die für das französische Recht verwendeten Abkürzungen entsprechen den in Frankreich üblichen. Vgl. z. B. die Abkürzungsverzeichnisse in:

Long, Marceau/ Weil, Prosper/ Braibant, Guy/ Delvolvé, Pierre/ Genevois, Bruno [Hrsg.], Les grands arrêts de la jurisprudence administrative, 15. Auflage, Paris 2005

Bon, Pierre/ Lascombe, Michel/ Vandendriessche, Xavier/ Lavialle, Christian/ Fombeur, Pascale/ Stahl, Jacques-Henri/ Dreyfus, Jean-David/ Cliquennois, Martine [Hrsg.], Code administratif, 29. Auflage, Paris 2006

Einleitung

A. Einführung

Der französische Staatstheoretiker *Montesquieu* befasst sich in seinem Werk „De l'esprit des lois" unter anderem mit der Rolle des Richters: Dieser sei „que la bouche qui prononce les paroles de la loi" – lediglich der Mund des Gesetzes, der als solcher nur dessen Wortlaut ausspreche.[1] *Montesquieu* räumt dem Richter folglich eine schwache Position in seinem System der „séparation des pouvoirs" ein – „[la puissance T.P.] de juger est en quelque façon nulle".[2]

Obgleich der Autor im Vorwort den Wunsch äußert, der Leser möge sein Werk entweder in Gänze ablehnen oder begrüßen, keinesfalls jedoch einzelne Sätze herausgreifen[3], kann es doch als gesicherte Erkenntnis gelten, dass sich die Stellung der Gerichte seitdem in vielfacher Hinsicht grundlegend verändert hat: Während *Montesquieu* lediglich das Strafrecht und das Zivilrecht als Aufgabe der Gerichte ansah, sind mittlerweile die Verwaltungsgerichtsbarkeit und insbesondere auch die Verfassungsgerichtsbarkeit feste Bestandteile moderner Demokratien. Auch die Aussage *Montesquieus*, der Richter sei nur der Mund des Gesetzes, kann als überkommen bezeichnet werden, da nach allgemeiner Ansicht die Auslegung eines juristischen Textes nicht lediglich ein Erkenntnisakt eines präexistenten Sinns ist, sondern stets auch in gewissem Maße Rechtsschöpfung beinhaltet. Folglich bezeichnet *Duez* bereits im Jahre 1935 das ständig anwachsende Gewicht der Gerichte als Wesenszug der Entwicklung des Öffentlichen Rechts im 20. Jahrhundert.[4]

Die „neue" Rolle der Gerichte verursacht für die Rechtswissenschaft jedoch neue Probleme. Zentrale Frage ist nunmehr, welche Grenzen der Dritten Gewalt gesetzt sind und wie diese zu bestimmen sind. In besonders scharfem Maße stellt sich die Problematik bei der gerichtlichen Kontrolle der Außenpolitik. Hier gilt es zwei einander widersprechende Notwendigkeiten in Einklang zu bringen: Einerseits spricht das Erfordernis, auf internationaler Ebene als Staat mit einer Stimme sprechen zu müssen, für eine geringe gerichtliche Kontrolle, andererseits

1 *Montesquieu*, De l'esprit des lois, Livre XI, Chapitre 6, S. 171
2 *Montesquieu*, De l'esprit des lois, Livre XI, Chapitre 6, S. 168
3 *Montesquieu*, De l'esprit des lois, Préface, S. 2
4 *Duez*, Les actes de gouvernement, S. 7

verlangt der Rechtsstaatsgedanke einen möglichst umfassenden Schutz durch die Judikative.[5] In Entscheidungen zum Grundlagenvertrag versuchte das Bundesverfassungsgericht, dem Phänomen durch „judicial self-restraint" zu begegnen, einen Grundsatz, welchen sich das Gericht in ständiger Rechtsprechung auferlegt habe.[6] Fraglich ist jedoch, inwieweit dieser Topos zur Bestimmung von Grenzen richterlicher Entscheidungsgewalt beitragen kann. Der französische Staatsrat versucht den Konflikt durch eine „théorie des actes de gouvernement" aufzulösen – eine Rechtsfigur, die es ebenfalls kritisch zu hinterfragen gilt.

Dass Außenpolitik in einem Rechtsstaat nicht gänzlich „legibus soluta" sein kann, steht heute außer Zweifel. Eine Außenpolitik gegen die Normen des Völkerrechts oder gegen Prinzipien des eigenen Verfassungsrechts ist nicht möglich.[7] Damit ist aber bei weitem nicht gesagt, es fände eine effektive richterliche Kontrolle der Außenpolitik statt. Neben den materiell-rechtlichen Kontrollmaßstäben ist nämlich stets erforderlich, dass ein für die Kontrolle der Außenpolitik zuständiges Gericht existiert. *Reuter* führt denn auch aus, es sei zwischen den Kontrollnormen und deren Rangverhältnis einerseits und der Sanktion im Falle ihrer Verletzung andererseits strikt zu trennen.[8] Die gerichtliche Kontrolle der Außenpolitik hängt also entscheidend von zwei Faktoren ab: Zum einen davon, inwieweit diese von der Verfassung normativ durch entsprechende Verfahren und Kontrollmaßstäbe ermöglicht wird und zum anderen, inwieweit die Verfassungsgerichte bereit aber auch berechtigt sind, die Beachtung dieser Vorgaben zu sanktionieren.

Die Thematik gewinnt weiter an Schwierigkeit, wenn man folgenden Gesichtspunkt in die Erwägungen mit einbezieht: *Die* Außenpolitik existiert so gut wie nicht mehr – die Zeiten, in denen die internationalen Beziehungen eines Staates mit der Wendung „l'ambassadeur et le soldat vivent et symbolisent les relations internationales"[9] charakterisiert werden konnten, gehören der Vergangenheit an. Vielmehr spielt die Außenpolitik heutzutage in sämtliche, herkömmlicherweise nur den Innenbereich betreffende, Handlungsfelder des Staates hinein. Hinzu treten neue Herausforderungen, die auf internationaler Ebene ge-

---

5 Dieses Spannungsfeld zeigt auch *Zoller*, Droit des relations extérieures, S. 39, deutlich auf.

6 BVerfGE 35, 257, 262; 36, 1, 14 f.

7 *Zoller*, Droit des relations extérieures, S. 257

8 *Reuter*, Le droit international et la place du juge français dans l'ordre constitutionnel français, in: *Reuter, Blondeau, et alt.* [Hrsg.], L'application du droit international par le juge français, S. 17, 23: „La hiérarchie des normes est une chose, la sanction de cette hiérarchie en est une autre, car elle fait intervenir le pouvoir."

9 *Hitzel-Cassagnes*, Rechtsstaatliche Domestizierung der Außenpolitik?, in: KJ 2000, S. 63, 64 m.w.N.

meistert werden müssen, wie die Problematik des grenzüberschreitenden Terrorismus. Gerade in letzterem Fall vermischen sich Bedrohungen von außen und von innen – die Begriffe „innere Sicherheit" und „Verteidigung" verschmelzen zu einem gewissen Grad.[10] Zur Lösung moderner Konflikte bedarf es aber auch auf internationaler Ebene gewisser Anpassungen, vor allem was die Systeme kollektiver Sicherheit und kollektiver Selbstverteidigung anbelangt. Die Neuausrichtungen werfen weitere Fragen für das nationale Verfassungsrecht auf – insbesondere, inwieweit das Parlament an solchen Prozessen zu beteiligen ist.

Diesen neuen Phänomenen, aber auch klassischen Fragen der Außenpolitik müssen sich die deutschen wie auch die französischen Verfassungsgerichte stellen. So sind es gerade die Globalisierungstendenzen sowie die stets wachsende Bedeutung internationaler Organisationen, die die Staaten „ähnlichen bis gleichen außenpolitischen Zwängen und [...] Handlungsnormierungen" unterwerfen.[11] Neben dem allgemeinen Erkenntnisgewinn durch Rechtsvergleichung[12] bietet sich ein Vergleich des französischen und des deutschen Verfassungsrechts im Bereich der Kontrolle der auswärtigen Gewalt aus verschiedenen Gründen besonders an: So kann nach *Frowein* „Rechtsvergleichung [...] immer nur dort aussagekräftig sein, wo aufgrund der Entwicklung der modernen Gesellschaften Fragestellungen notwendigerweise in allen entwickelten Rechtssystemen auftauchen."[13] Dies gilt in besonderem Maße für das hier zu behandelnde Thema der gerichtlichen Kontrolle der Außenpolitik. Auch wenn sich die Rechtstraditionen zum Teil grundlegend unterscheiden, stellt sich doch jeweils die Frage, wie der oben geschilderte Konflikt zwischen Verwirklichung des Rechtsstaates und notwendiger außenpolitischer Handlungsfreiheit am besten aufzulösen ist.

Weiterhin ist beim Bundesverfassungsgericht – auch im Bereich der Kontrolle der auswärtigen Gewalt – eine Bedeutungszunahme der Case-Law-Rechtsprechung zu beobachten[14] – ein Phänomen, welches beim französischen Conseil d'Etat bereits eine lange Tradition besitzt.

---

10 So auch die Analyse des französischen Verteidigungsministeriums – im Internet abrufbar unter http://www.defense.gouv.fr/sites/defense/enjeux_defense/politique_de_defense/strategie/politique_de_defense403 [03.04.2006]

11 *Hitzel-Cassagnes*, Rechtsstaatliche Domestizierung der Außenpolitik?, in: KJ 2000, S. 63, 64

12 So trägt die Rechtsvergleichung häufig dazu bei, nicht nur fremde Rechtsordnungen zu durchdringen, sondern auch den eigenen Rechtskreis besser zu verstehen. Vgl. *Picard*, L'état du droit comparé en France en 1999, in: RIDC 1999, S. 885, 897

13 *Frowein*, Vorwort zu: *Frowein* [Hrsg.], Die Kontrolldichte bei der gerichtlichen Überprüfung von Handlungen der Verwaltung, ohne Seitenangabe

14 Vgl. nur die Schöpfung des Erfordernisses eines konstitutiven Parlamentsbeschlusses für den Einsatz bewaffneter Streitkräfte im Ausland. BVerfGE 90, 286, 381 ff.

Zuletzt erscheint es gerade vor dem Hintergrund einer immerzu fortschreitenden Europäisierung auch der Gemeinsamen Außen- und Sicherheitspolitik (GASP)[15] angezeigt, einen Vergleich zwischen den beiden Systemen zu ziehen. In Zukunft wird sich nämlich zwangsläufig die Frage stellen, ob und inwieweit auch eine europäische Außenpolitik sich der Kontrolle durch den EuGH unterwerfen muss. Bislang ist in dessen Zuständigkeitskatalog (Art. 46 EU) der Titel V (GASP) nicht aufgeführt. Hieran wird sich auch im Falle des Inkrafttretens des Vertrages über eine Verfassung für Europa nichts ändern. Vielmehr sieht Art. III-376 I EV ausdrücklich vor, dass der EuGH im Bereich des Titels V Kapitel II (Gemeinsame Außen- und Sicherheitspolitik) nicht zuständig ist. Lediglich Art. III-376 II EV sieht minimale Kompetenzen des EuGH in diesem Bereich vor.[16]

Letztlich wird es auch auf europäischer Ebene darum gehen, das Spannungsverhältnis zwischen außenpolitischen Notwendigkeiten und den Erfordernissen des modernen Rechtsstaates bestmöglich aufzulösen. Hier bieten das französische und das deutsche System häufig unterschiedliche Wege und Strategien an, die jeweils einer kritischen Würdigung zu unterziehen sind.

B. Fortgang der Untersuchung

Aus oben geschilderten Aspekten ergibt sich beinahe zwangsläufig der Fortgang der Untersuchung:

In Teil 1 ist der Gegenstand der Arbeit zu umreißen. Im kurzen Überblick sind die verschiedenen Konzeptionen der Außenpolitik in den beiden gegenübergestellten Staaten seit dem Ende des Kalten Krieges darzustellen. Weiterhin ist der Begriff „judicial self-restraint" zu definieren, seine Rezeption in der deutschen und französischen Verfassungsrechtslehre zu erörtern sowie die Tauglichkeit des Terminus zur Lösung der hier aufgeworfenen Problemstellung zu untersuchen.

In den Teilen 2 und 3 wird die jeweilige verfassungsrechtliche Ausgangslage in der Bundesrepublik Deutschland und der Französischen Republik einer näheren Analyse unterzogen. Dabei ist – getreu dem oben geschilderten Untersuchungsansatz – sowohl zu fragen, ob die Gerichte sich überhaupt mit außenpolitischen Fragestellungen befassen dürfen (Frage nach dem Zugang zu den Gerich-

15 Eine Vergemeinschaftung der GASP scheiterte bislang stets am Widerstand Frankreichs – vgl. hierzu *Stahl*, Französische Außenpolitik – Zwischen Initiative und Verweigerung, in: *Joerißen/Stahl* [Hrsg.], Europäische Außenpolitik und nationale Identität, S. 98, 101 m.w.N.

16 Vgl. diesbezüglich am Rande auch *Scheuing*, Zur Grundrechtsbindung der EU-Mitgliedstaaten, in: EuR 2005, S. 162, 184

ten) sowie in welchem Maße sie dies tun (Frage nach den Kontrollmaßstäben der Verfassungsgerichtsbarkeit und der angewandten Kontrolldichte).

In Teil 4 werden schließlich einige ausgewählte Probleme dargestellt, in denen der Konflikt zwischen den verschiedenen staatlichen Gewalten auf dem Gebiet der Außenpolitik in besonderer Schärfe auftritt. Angesprochen werden Fragen der Auslegung völkerrechtlicher Verträge – insbesondere, wem die Kompetenz hierzu zukommt und welche Auslegungsmaßstäbe anzulegen sind. Als äußerst problematisch erweist sich in diesem Zusammenhang die Technik der verfassungskonformen Auslegung. Weiterhin wird der einstweilige Rechtsschutz näher untersucht. Abschließend ist darauf einzugehen, inwieweit die Verfassungsgerichte die verfassungsrechtlich vorgesehene Beteiligung der Parlamente am außenpolitischen Willensbildungsprozess nachprüfen und im Falle der Missachtung sanktionieren.

Teil 1: Zum Gegenstand der Untersuchung: Verfassungsgerichtlicher self-restraint bei der Kontrolle der Außenpolitik

A. Konzeptionen der Außenpolitik in Frankreich und der Bundesrepublik Deutschland nach dem Ende des Kalten Krieges

Nach dem Fall des Eisernen Vorhangs und dem damit einhergehenden Verbleib der letzten Supermacht USA mussten sämtliche Staaten ihre Außenpolitik auf die neue Weltordnung ausrichten. Dies geschah auch in Deutschland und Frankreich – freilich jedoch jeweils von gänzlich unterschiedlichen Voraussetzungen ausgehend. Der Begriff der „Außenpolitik" ist dabei in einem weiten Sinne zu verstehen – umfasst also auch die hiermit untrennbar verbundene Sicherheits- und Verteidigungspolitik sowie am Rande auch die Europapolitik als besondere Form der Außenpolitik.

I. Frankreich – zwischen Initiative und Verweigerung[17]

Die Anpassung der französischen Außenpolitik an die neue Weltordnung fiel relativ verhalten aus – die Grobrichtung blieb von Kontinuität geprägt.[18] Das Umreißen französischer Außenpolitik erscheint trotzdem auf den ersten Blick schwierig, zumal manche Autoren in überzeichnender Weise behaupten, Frankreich habe gar keine Außenpolitik.[19] Sein Handeln auf internationaler Ebene sei geprägt von dem Streben, die eigene nationale Identität zu erhalten und weiterzuentwickeln – erst in zweiter Linie gehe es darum, das internationale Umfeld zu gestalten.[20] Das Überleben und die Stärkung seiner nationalen Identität – der Eckstein französischer Außenpolitik – ist dabei weniger Ausdruck von interna-

---

17 So der Titel des Aufsatzes von *Bernhard Stahl*, in: *Joerißen/Stahl* [Hrsg.], Europäische Außenpolitik und nationale Identität, S. 98 ff.

18 *Zuqian*, La politique étrangère de la France entre continuité et ajustements post-guerre froide, in: La revue internationale et stratégique 45 (2002), S. 113

19 *Bertram*, Réconcilier la France avec elle-même?, in: La revue internationale et stratégique 45 (2002), S. 81

20 *Bertram*, Réconcilier la France avec elle-même?, in: La revue internationale et stratégique 45 (2002), S. 81

tionalem Ehrgeiz, als vielmehr des Versuches, inneren Zusammenhalt herzustellen und aufrechtzuerhalten.[21]

Das Streben nach nationaler Identität – als leitendem Beweggrund für die Außenpolitik – ist eng mit deren oberstem Ziel verwoben, dem Erhalt der Unabhängigkeit Frankreichs. Hierfür dient seit 1964 auch der Aufbau und die Unterhaltung einer Atomstreitmacht („force de frappe") zur glaubwürdigen Verteidigung durch nukleare Abschreckung („dissuasion nucléaire").[22] Erst am 19. Januar 2006 bezeichnete der französische Präsident *Chirac* anlässlich seines Besuches auf dem Militärstützpunkt Landivisiau auf der Île Longue die „dissuasion nucléaire" als „mission fondamentale pour notre indépendance et notre sécurité" bzw. als „garantie fondamentale de notre sécurité".[23] Die Doktrin der nuklearen Abschreckung eröffne Frankreich darüber hinaus die Möglichkeit, jederzeit Herr seiner militärischen Aktionen, seiner Politik und des Fortbestandes seiner demokratischen Werte zu sein. Auch nach dem Ende des Kalten Krieges habe dieses strategische Vorgehen nichts von seiner Bedeutung verloren – zwar könne es Attentate durch den internationalen Terrorismus nicht verhindern, sei aber immer noch geeignet, jene Staaten, die Kontakte zu Terroristen pflegten bzw. über Massenvernichtungswaffen verfügten, vor Angriffen auf vitale französische Interessen abzuschrecken.[24]

---

21 *Bertram*, Réconcilier la France avec elle-même?, in: La revue internationale et stratégique 45 (2002), S. 83

22 Zu den französischen Kapazitäten in diesem Bereich vgl. *Stahl*, Französische Außenpolitik – Zwischen Initiative und Verweigerung, in: *Joerißen/Stahl* [Hrsg.], Europäische Außenpolitik und nationale Identität, S. 98, 107 m.w.N.

23 Die komplette Rede des französischen Präsidenten ist im Internet unter folgender Adresse verfügbar: http://www.defense.gouv.fr/sites/defense/enjeux_defense/politique_de_defense/hautes_autorites/discours_de_m._chirac_a_landivisiau_le_190106 [28.03.2006]; zu den vitalen Interessen Frankreichs zählt der Präsident nicht nur die Integrität des französischen Territoriums, den Schutz der Bevölkerung, die freie Ausübung der Souveränität und die Aufrechterhaltung der strategischen (Energie-)versorgung, sondern auch die Verteidigung von verbündeten Staaten.

24 Dabei schrecke Frankreich auch nicht davor zurück, seine Nuklearwaffen im Falle eines Angriffs zum Einsatz zu bringen: „les dirigeants d'Etats qui auraient recours à des moyens terroristes contre nous, tout comme ceux qui envisageraient d'utiliser [...] des armes de destruction massive, doivent comprendre qu'ils s'exposent à une réponse ferme et adaptée de notre part. Et cette réponse peut être conventionnelle. Elle peut aussi être d'une autre nature." Kritisch hierzu *Günther Nonnenmacher* in seinem Beitrag in der FAZ vom 16.12.2005, Nr. 293, S. 1. Unter Bezugnahme auf einen ehemaligen Premierminister der V. Republik, wonach das politische Frankreich noch immer nicht akzeptiert habe, in den Rang einer Mittelmacht zurückgefallen zu sein, betont er, der französische Präsident verkenne, dass die „Verfügung über Nuklearwaffen [...] nicht mehr dieselbe Bedeutung [hat T.P.] wie zu Zeiten des Kalten Krieges".

Bei internationalen Zusammenkünften und Verhandlungen kann die Haltung Frankreichs eher als defensiv beschrieben werden: Sei es im Weltsicherheitsrat, in dem es zu den fünf ständigen Mitgliedern gehört, auf der Ebene der NATO oder der WTO, die Französische Republik stand Veränderungen häufig skeptisch gegenüber und warnte vor deren Folgen, anstatt Veränderungen anzustoßen. Sie ist folglich eine eher „konservative Kraft" in der Staatengemeinschaft, die vorwiegend auf die Einhaltung des Status quo pocht.[25] In ihrer Deutschlandpolitik wurde dies insbesondere in den Versuchen deutlich, den Prozess der Wiedervereinigung Deutschlands zu verlangsamen.[26] Auch die Einrichtung des Internationalen Strafgerichtshofs in Den Haag unterstützte Frankreich eher zögerlich – so legte man Wert auf die komplementäre Zuständigkeit des Gerichts, die zudem auf schwerste Verbrechen begrenzt werden sollte.[27]

Was den Inhalt anbelangt, so geben nationale Interessen die Hauptrichtung französischer Außenpolitik vor. Besonders deutlich wird das in der Europapolitik. Hier trieb die Französische Republik die Integration vor allem in Bereichen voran, die ihren nationalen Interessen entsprachen – zuvörderst in der Agrarpolitik.[28] Auch auf dem Gipfel von Nizza im Dezember 2000 weigerte sich der französische Präsident, dem Umstand, dass Deutschland das bevölkerungsreichste Land der EU darstellt, durch eine entsprechend höhere Stimmenanzahl im Rat Rechnung zu tragen.[29] Seiner Ansicht nach verbiete sich eine Abkopplung der Anzahl deutscher von den französischen Stimmen im Rat „für immer".[30]

Ferner ist die Außenpolitik Frankreichs inhaltlich stark geprägt durch den Gegensatz zur US-amerikanischen Außenpolitik.[31] Der damalige französische Außenminister *Hubert Védrine* beschrieb das Verhältnis Frankreichs zu den USA

---

25 *Bertram*, Réconcilier la France avec elle-même?, in: La revue internationale et stratégique 45 (2002), S. 81

26 Vgl. hierzu z. B. *Müller-Brandeck-Boucquet*, Die Europapolitik im vereinten Deutschland, in: Neue deutsche Außenpolitik; Politische Bildung 2/2003, S. 31, 32 m.w.N.

27 Vgl. hierzu *Stahl*, Französische Außenpolitik – Zwischen Initiative und Verweigerung, in: *Joerißen/Stahl* [Hrsg.], Europäische Außenpolitik und nationale Identität, S. 98, 109 m.w.N.

28 Ebenso *Stahl*, Französische Außenpolitik – Zwischen Initiative und Verweigerung, In: *Joerißen/Stahl* [Hrsg.], Europäische Außenpolitik und nationale Identität, S. 98, 101: „Paris hat sich zu bestimmten Zeiten und in bestimmten Politikfeldern aktiv für eine Stärkung der Gemeinschaftsorgane eingesetzt, während es zu anderen Zeiten und für andere Politikfelder eine Vergemeinschaftung völlig abgelehnt hat."

29 Vgl. hierzu *Schöllgen*, Die Außenpolitik der Bundesrepublik Deutschland, S. 227 f.

30 *Müller-Brandeck-Boucquet*, Die Europapolitik im vereinten Deutschland, in: Neue deutsche Außenpolitik; Politische Bildung 2/2003, S. 31, 40

31 Vgl. zum französisch-US-amerikanischen Verhältnis ausführlich *Serfaty*, Idées simples mais idées fixes, in: La revue internationale et stratégique 45 (2002), S. 99 ff.

im Jahre 1997 wie folgt: Die Französische Republik sei den USA ein Verbündeter „von Fall zu Fall“, der sich auch vorbehalte, ohne Schärfe und Bitterkeit im Namen berechtigter nationaler und europäischer Interessen „Nein“ zu sagen.[32] So betont die Republik stets die Vorrangstellung der Vereinten Nationen und deren Institutionen und lehnt die neokonservative US-amerikanische Position ab, wonach die Aufrechterhaltung des Friedens und der Sicherheit in der Welt am besten durch starke Vereinigte Staaten, die von jeglichen (völker-)rechtlichen Zwängen befreit sind, gewährleistet werden kann.[33] Frankreich vertritt folglich die Konzeption einer „multipolaren“ Welt. Jüngstes Beispiel der im Verhältnis zu den USA autonomen Außenpolitik ist die französische Position zum Irakkrieg 2003.[34] Hierbei drohte Staatspräsident *Chirac* – im Gegensatz zur sonstigen französischen Praxis[35] – gar mit einem Veto im Sicherheitsrat, sollten die USA versuchen, die militärische Intervention im Irak durch eine Sicherheitsratsresolution legitimieren zu wollen. Weiterhin drückt sich die Gegensatzstellung zu den Vereinigten Staaten in der auswärtigen Kulturpolitik aus, die sich durch die Bekämpfung jeglichen „Hollywoodismus'“ auszeichnet. Insgesamt ist jedoch festzuhalten, dass sich die Französische Republik selten mit ihren Vorstellungen gegenüber den USA durchsetzen konnte – sei es aufgrund mangelnder Ressourcen, sei es aufgrund unangemessenen Verhaltens auf internationaler Ebene.[36] So bleibt es im Verhältnis zu den Vereinigten Staaten häufig bei Akten von hohem symbolischen Wert.[37]

Die Sicherheitspolitik ist ebenfalls durch eine ambivalente Haltung zu den USA gekennzeichnet.[38] Auch in diesem Bereich erfolgten nach dem Ende des Kalten Krieges Anpassungen: So kündigte der französische Präsident – auch als Reaktion auf den Wegfall der Bedrohung durch den Ostblock – im Februar 1996

---

32 Das exakte Zitat findet sich bei *Zuqian*, La politique étrangère de la France entre continuité et ajustements post-guerre froide, in: La revue internationale et stratégique 45 (2002), S. 113, 119

33 *Bertram*, Réconcilier la France avec elle-même?, in: La revue internationale et stratégique 45 (2002), S. 82

34 Vgl. hierzu *Mönninger*, „Die Kriegsstörenfriede“, in: Die ZEIT vom 20.02.2003, S. 2, abrufbar unter http://www.zeus.zeit.de/text/2003/09/Chirac [04.04.2006]

35 Vgl. hierzu *Stahl*, Französische Außenpolitik – Zwischen Initiative und Verweigerung, in: *Joerißen/Stahl* [Hrsg.], Europäische Außenpolitik und nationale Identität, S. 98, 109

36 *Bertram*, Réconcilier la France avec elle-même?, in: La revue internationale et stratégique 45 (2002), S. 82

37 *Stahl*, Französische Außenpolitik – Zwischen Initiative und Verweigerung, in: *Joerißen/Stahl* [Hrsg.], Europäische Außenpolitik und nationale Identität, S. 98, 113

38 *Stahl*, Französische Außenpolitik – Zwischen Initiative und Verweigerung, in: *Joerißen/Stahl* [Hrsg.], Europäische Außenpolitik und nationale Identität, S. 98, 107

an, die allgemeine Wehrpflicht zu suspendieren und die französischen Streitkräfte bis 2002 in eine Berufsarmee umzuwandeln.[39]

Etwa zeitgleich zeichnete sich – nach dem Rückzug aus der militärischen Kooperation der NATO im Jahre 1966 – Mitte der Neunzigerjahre eine Wiederannäherung an das nordatlantische Bündnis ab. Eine vollständige Wiedereingliederung in die integrierten Verbände scheiterte aber an personellen Differenzen. So konnten sich die Franzosen mit ihrem Vorhaben nicht durchsetzen, das Militärkommando Süd der NATO zu übernehmen, womit weniger das Ziel verfolgt wurde, die NATO zu stärken, als vielmehr das Bündnis so zu restrukturieren, dass es am besten europäischen Interessen dient.[40] Trotz dieses Misserfolges nahm und nimmt Frankreich bis heute an humanitären und militärischen Operationen des Bündnisses teil[41], da man sich auch in Paris darüber im Klaren ist, dass weder Frankreich alleine noch die Staaten der Europäischen Union zusammen in der Lage sind, die Herausforderungen europäischer Sicherheit ohne die Vereinigten Staaten zu meistern.[42] Die grundsätzliche Annäherung Frankreichs an die NATO wurde von den Vereinigten Staaten und den übrigen Mitgliedern überwiegend positiv aufgenommen.[43] In jüngster Zeit sträubt sich Frankreich allerdings gegen eine Neuausrichtung des Bündnisses als vorrangige Plattform für die Diskussion transatlantischer – nicht nur militärischer – Fragen, wie dies von US-amerikanischer Seite befürwortet wird. So betonte die französische Verteidigungsministerin *Michèle Alliot-Marie* anlässlich der 42. Sicherheitskonferenz in München vom 03.-05. Februar 2006 den Charakter der Allianz als reines Militärbündnis und hob die Vereinten Nationen als alleinigen Inhaber internationaler Legitimität hervor.[44] Hier kommt wieder die grundsätzliche Rolle Frankreichs als Verfechter des Status quo deutlich zum Vorschein.

---

39 *Stahl*, Französische Außenpolitik – Zwischen Initiative und Verweigerung, in: *Joerißen/Stahl* [Hrsg.], Europäische Außenpolitik und nationale Identität, S. 98, 106

40 *Zuqian*, La politique étrangère de la France entre continuité et ajustements post-guerre froide, in: La revue internationale et stratégique 45 (2002), S. 113, 117

41 Vgl. den Überblick zu den NATO-Operationen mit französischer Beteiligung (Stand: 22.02.2005) unter http://www.diplomatie.gouv.fr/fr/actions-france_830/defense-securite_9035/france-otan_9044/index.html [28.03.2006]

42 *Zuqian*, La politique étrangère de la France entre continuité et ajustements post-guerre froide, in: La revue internationale et stratégique 45 (2002), S. 113, 117

43 *Zuqian*, La politique étrangère de la France entre continuité et ajustements post-guerre froide, in: La revue internationale et stratégique 45 (2002), S. 113, 117

44 Vgl. die Beiträge von *Klaus-Dieter Frankenberger*, *Stephan Löwenstein* und *Berthold Kohler* in der FAZ vom 06.02.2006, Nr. 31, S. 7, 10

II. Deutschland – Engagement und Zurückhaltung[45] *bzw. selbstbewusste Bescheidenheit*[46]

Deutschlands Außen- und Sicherheitspolitik hat sich – trotz vielfacher Bekundung der Kontinuität – seit dem Ende des Kalten Krieges stark verändert.[47] Dies verwundert nicht, hat doch die Bundesrepublik erst durch den Abschluss des „Zwei-plus-vier"-Vertrages ihre volle Souveränität in innen- und außenpolitischen Angelegenheiten wiedererlangt. Diese Tatsache verlangte nach einer Überprüfung der außenpolitischen Grundmaximen und nach einer eigenverantwortlichen Bestätigung bzw. Veränderung.[48]

Grundsätzlich ist die deutsche Außenpolitik auch nach 1990 im Wesentlichen von Multilateralismus geprägt und zeichnet sich insoweit durch Kontinuität aus. Unter Multilateralismus ist hierbei ein Politikstil zu verstehen, bei dem Kooperation und Kompromiss sowie die Verlagerung bestimmter Politikfelder auf Internationale Organisationen, wie zum Beispiel die UNO, die WTO oder die NATO, angestrebt wird.[49] Nationale Interessen sind in einem solchen Konzept zwar nicht bedeutungslos, „werden aber in ein übergeordnetes Ordnungskonzept eingebracht".[50] Kennzeichnend ist weiterhin die intensive Suche nach gemeinsamen Lösungen.[51]

---

45 So der Titel des Aufsatzes von *Jörg Nadoll*, in: *Joerißen/Stahl* [Hrsg.], Europäische Außenpolitik und nationale Identität, S. 122 ff.

46 So der von Außenminister *Steinmeier* gewählte Begriff in einem Interview mit der FAZ vom 06.03.2006, Nr. 55, S. 6

47 Ebenso *von Bredow*, Was ist neu an der deutschen Außenpolitik seit 1990?, in: Neue deutsche Außenpolitik; Politische Bildung 2/2003, S. 7, 9

48 *von Bredow*, Was ist neu an der deutschen Außenpolitik seit 1990?, in: Neue deutsche Außenpolitik; Politische Bildung 2/2003, S. 7, 9

49 *von Bredow*, Was ist neu an der deutschen Außenpolitik seit 1990?, in: Neue deutsche Außenpolitik; Politische Bildung 2/2003, S. 7, 11. Etwas allgemeiner formuliert *Varwick*, Deutsche Außenpolitik in globaler Perspektive: Kooperativer Multilateralismus und die Rolle in den Vereinten Nationen, in: Neue deutsche Außenpolitik; Politische Bildung 2/2003, S. 18, 19 f.: Multilateralismus sei ein Vorgehen „bei dem die zwischenstaatlichen Beziehungen auf der Basis bestimmter, allgemein akzeptierter Verhaltensregeln und Prinzipien ablaufen und die beteiligten Akteure bereit sind, diesen gemeinsamen Regeln entsprechend zu handeln."

50 *Varwick*, Deutsche Außenpolitik in globaler Perspektive: Kooperativer Multilateralismus und die Rolle in den Vereinten Nationen, in: Neue deutsche Außenpolitik; Politische Bildung 2/2003, S. 18, 20

51 *Varwick*, Deutsche Außenpolitik in globaler Perspektive: Kooperativer Multilateralismus und die Rolle in den Vereinten Nationen, in: Neue deutsche Außenpolitik; Politische Bildung 2/2003, S. 18, 20

Dennoch lassen sich gerade in letzter Zeit vier Entwicklungen in der deutschen Außenpolitik beobachten, die über einen bloßen Stilwechsel hinausgehen und „als substanziell [...] etwas Neues“[52] bezeichnet werden können.

(1) Stand bis zur deutschen Wiedervereinigung die Westbindung im Vordergrund und die Betonung des besonderen Verhältnisses zum Verbündeten USA[53], lässt sich vor allem nach dem Regierungswechsel 1998 der Versuch der deutschen Außenpolitik beobachten, sich von Washington gewissermaßen zu „emanzipieren“.[54] In diesem Sinne erklärte Bundeskanzler *Schröder* vor dem Deutschen Bundestag, über „die existentiellen Fragen der deutschen Nation [...] [werde T.P.] in Berlin entschieden und nirgendwo anders.“[55] Generell sollte das Verhältnis zu den USA konzeptionell auf einer Stufe mit den Beziehungen zu den anderen Großmächten stehen.[56] Dieses Phänomen der Abkehr vom Bündnispartner USA erreichte seinen Höhepunkt in der offenen Opposition zum Irakkrieg im Jahre 2003.[57] Es wurde ein „deutscher Weg“ propagiert, der jegliches militärische Eingreifen im Irak – selbst mit UN-Mandat – ablehnte und der die Bundesrepublik schließlich außenpolitisch nahezu isolierte.[58]

Diese Epoche kann jedoch nicht als grundsätzliche Abkehr Deutschlands vom Multilateralismus bewertet werden. So besteht „durchaus Grund zur Annahme, dass die Rhetorik vom „deutschen Weg“ eine dem Wahlkampf geschuldete Ausnahme bleibt“.[59] In der Regierungserklärung vom 3. April 2003 führte Bundeskanzler *Schröder* aus: „[Wir brauchen T.P.] eine umfassende multipolare Politik [...] auch beim Freihandel, beim Klimaschutz oder bei der Terrorismusbekämpfung. Ich [...] unterstreiche dies als unsere, die deutsche Position: Der **Multilateralismus** ist [...] nicht am Ende. [...] [U]nsere Politik [ist es T.P.], die Vereinten Nationen auch durch weitere und durchgreifende Reformen zu stärken und sie

---

52 *von Bredow*, Was ist neu an der deutschen Außenpolitik seit 1990?, in: Neue deutsche Außenpolitik; Politische Bildung 2/2003, S. 7, 14

53 Vgl. zur Entwicklung der deutschen Außenpolitik während des Kalten Krieges den Überblick bei *Schwarz*, Die verfassungsgerichtliche Kontrolle der Außen- und Sicherheitspolitik, S. 28-32

54 Vgl. umfassend zum deutsch-US-amerikanischen Verhältnis nach 1990 *Krause*, Die transatlantischen Beziehungen seit dem Ende des Kalten Krieges, in: Neue deutsche Außenpolitik; Politische Bildung 2/2003, S. 47 ff.

55 Sten. Ber., 253. Sitzung, 13.09.2002, S. 25583

56 *Busse*, Der Primat des Kommerziellen, in: FAZ vom 19.08.2005, Nr. 192, S. 6

57 Vgl. hierzu ausführlich *Schöllgen*, Die Außenpolitik der Bundesrepublik Deutschland, S. 232-241

58 Vgl. hierzu ausführlich *Hacke*, Die Außenpolitik der Bundesrepublik Deutschland, S. 505-513

59 *Varwick*, Deutsche Außenpolitik in globaler Perspektive: Kooperativer Multilateralismus und die Rolle in den Vereinten Nationen, in: Neue deutsche Außenpolitik; Politische Bildung 2/2003, S. 18, 29

dadurch in den Stand zu setzen, in den internationalen Konflikten eine noch bedeutendere Rolle zu spielen."[60]

(2) Seit dem Regierungswechsel 1998 formuliert Deutschland weiterhin mit Nachdruck seinen Anspruch, als „gleichberechtigter Partner in der Staatengemeinschaft" angesehen zu werden. Als sichtbarstes Zeichen ist hierbei das in wachsendem Maße zu beobachtende Streben Deutschlands nach einem ständigen Sitz im Weltsicherheitsrat zu werten. Dieser Anspruch macht deutlich, dass die Bundesrepublik willens ist und sich für fähig hält, Weltordnungspolitik zu gestalten.[61]

(3) Das „gewachsene Selbstbewusstsein" drückt sich auch durch das verstärkte Hervorheben nationaler Interessen aus. So wird zum Beispiel die Europapolitik vermehrt als Notwendigkeit betrachtet und nicht mehr so sehr in ihrem historischen Kontext, wie dies vor allem die Sichtweise *Helmut Kohls* gewesen war.[62] Konsequenterweise vertritt Deutschland seine „nationalen Interessen" – in diesem Zusammenhang vor allem finanzieller Natur – wesentlich offensiver als dies bislang der Fall gewesen war.[63] Auch die Einführung des sogenannten „Prinzips der doppelten Mehrheit" im Falle qualifizierter Ratsentscheidungen durch den Vertrag von Nizza kann als Betonung nationaler Interessen aufgefasst werden – hierdurch wird nämlich de facto die formale Stimmengleichheit im Rat zwischen Frankreich, Großbritannien, Italien und Deutschland ausgehebelt.[64]

Ferner ist die Tatsache, dass die Außenwirtschaftspolitik einen wesentlichen Eckpfeiler der Außenpolitik unter der Kanzlerschaft *Gerhard Schröders* bildete, Anzeichen für die gesteigerte Bedeutung nationaler Interessen in der Außenpoli-

---

60 Sten. Ber., 37. Sitzung, 03.04.2003, S. 2999 – Hervorhebung im Original

61 *von Bredow*, Was ist neu an der deutschen Außenpolitik seit 1990?, in: Neue deutsche Außenpolitik; Politische Bildung 2/2003, S. 7, 12. Ob Deutschland tatsächlich einen ständigen Sitz im Weltsicherheitsrat anstreben sollte, ist in der politikwissenschaftlichen Literatur nicht unumstritten. Vgl. einerseits *Kaiser*, Der Sitz im Sicherheitsrat – ein richtiges Ziel deutscher Außenpolitik, in: Internationale Politik 8/2004, S. 61 ff., und andererseits *Hellmann/Wolf*, Neuer Spielplan auf der Weltbühne – Deutschlands Auftritt muss abgesagt werden, in: Internationale Politik 8/2004, S. 71 ff.

62 *Müller-Brandeck-Boucquet*, Die Europapolitik im vereinten Deutschland, in: Neue deutsche Außenpolitik; Politische Bildung 2/2003, S. 31, 38 f.; *Nadoll*, Deutsche Außenpolitik – Engagement und Zurückhaltung, in: *Joerißen/Stahl* [Hrsg.], Europäische Außenpolitik und nationale Identität, S. 122, 131, führt aus, die „Legitimation der Europapolitik erfolge [seit Maastricht T.P.] nun stärker aufgrund von Effizienzkriterien anstatt auf ideeller Grundlage."

63 *Müller-Brandeck-Boucquet*, Die Europapolitik im vereinten Deutschland, in: Neue deutsche Außenpolitik; Politische Bildung 2/2003, S. 31, 39

64 Ebenso *Müller-Brandeck-Boucquet*, Die Europapolitik im vereinten Deutschland, in: Neue deutsche Außenpolitik; Politische Bildung 2/2003, S. 31, 40

tik.[65] Das im Vergleich zur vorherigen Regierung noch intensivierte Verhältnis zu China – mit Abstrichen auch zu Russland[66] – war wesentlich dadurch motiviert, neue Märkte für deutsche Unternehmen im Ausland zu erschließen und möglichst günstige Rahmenbedingungen zu schaffen.[67]

In jüngster Zeit wurde die erhöhte Relevanz nationaler Interessen als Determinante deutscher Außenpolitik bei der innenpolitischen Debatte um einen eventuellen Einsatz der Bundeswehr im Kongo deutlich. Im Zentrum stand dabei die Frage, inwieweit ein solcher Einsatz deutschen Interessen dient.[68]

(4) Die Tatsache, dass Deutschland „erwachsen geworden"[69] ist, spiegelt sich in erheblicher Weise auch in der deutschen Sicherheits- und Verteidigungspolitik nach dem Fall des Eisernen Vorhangs wider. Deutschland hat seither keine direkte Bedrohung mehr an seinen Landesgrenzen zu befürchten. Deutlichstes Zeichen der veränderten Sicherheitslage in Europa stellt hierbei die sogenannte Osterweiterung der NATO dar, die die Bundesrepublik stets entschieden befürwortete.[70] Mit der Aufnahme Polens, Tschechiens und Ungarns in die Allianz am 12. März 1999 wurden ehemalige Warschauer-Pakt-Staaten zu Verbündeten.

Angesichts dieser Situation kann „Verteidigung" auch nicht mehr geographisch eingegrenzt werden oder, wie es der ehemalige Verteidigungsminister *Struck* einmal anschaulich formulierte, Deutschland werde auch am Hindukusch verteidigt.[71] Folglich wurde die Bundeswehr unter rot-grüner Regierungsverantwortung von einer Territorialverteidigungsarmee zu einer Einsatzarmee umstrukturiert – bei gleichzeitiger Beibehaltung der allgemeinen Wehrpflicht. Ab dem 24. März 1999 nahm die Bundeswehr erstmals an Kampfhandlungen teil, als deutsche Tornados – im Übrigen ohne UN-Mandat – im Rahmen der NATO-Operation „Allied Force" serbische Radarstellungen bombardierten. Seither sind

---

65 *Busse*, Der Primat des Kommerziellen, in: FAZ vom 19.08.2005, Nr. 192, S. 6, spricht davon, Schröder habe „die wirtschaftliche Methode [...] zur Leitschnur seiner Außenpolitik" gemacht.

66 Vgl. hierzu *Rahr*, Schröders Russland-Politik, in: Internationale Politik 9/2004, S. 91 ff.

67 So sprach sich *Schröder* gemeinsam mit Frankreichs Präsidenten *Chirac* beispielsweise für eine Aufhebung des EU-Waffenembargos gegen China aus, konnte sich mit dieser Forderung jedoch nicht durchsetzen.

68 Vgl. hierzu auch *Nikolaus Busse*, Was nützt es uns? – Der Kongo-Einsatz beschert Deutschland seine erste Debatte über das nationale Interesse, in: FAZ vom 11.04.2006, Nr. 86, S. 12

69 So der ehemalige Verteidigungsminister *Struck* in einem Interview mit der FAZ vom 26.08.2005, Nr. 198, S. 6

70 *Schöllgen*, Die Außenpolitik der Bundesrepublik Deutschland, S. 224

71 *Löwenstein*, Die wundersame Verwandlung der Bundeswehr – Aus Territorialverteidigungsstreitkräften wird eine in vielen Ländern eingesetzte Eingreiftruppe, in: FAZ vom 26.08.2005, Nr. 198, S. 6

Auslandseinsätze der Bundeswehr an der Tagesordnung[72] – die Scheckbuchdiplomatie der Vorgängerregierungen gehört damit der Vergangenheit an.

Auch bei ihrer Reaktion auf die Terroranschläge des 11. September 2001 „schritt die Bundesregierung [...] in Richtung internationale Verantwortung weiter voran."[73] Nicht nur das militärische Engagement im Rahmen der von den USA angeführten Antiterrorkoalition[74], sondern auch die diplomatischen Erfolge der Bundesregierung auf der Afghanistan-Konferenz im November/Dezember 2001 geben hiervon beredt Zeugnis: So kam auf deutsche Initiative der Beschluss zur Aufstellung und Entsendung einer multinationalen Friedenstruppe für Afghanistan durch die Vereinten Nationen zustande.[75] Im Gegenzug kann die Tatsache, dass die Konferenz auf dem Bonner Petersberg stattfand, als Vertrauensbeweis der internationalen Gemeinschaft gegenüber der Bundesrepublik verstanden werden.[76]

Auch aufgrund des generell hohen Maßes an Anerkennung, das die Bundesrepublik in der internationalen Gemeinschaft genießt, wird Deutschland sich der gewachsenen Verantwortung im Rahmen der Weltgemeinschaft in Zukunft nicht wieder entziehen können. In diesem Sinne ist auch Außenminister *Steinmeier* zu verstehen, nach dem sich die Bundesrepublik in „selbstbewußte[r] Bescheidenheit [...] an den Prozessen der Welt" beteiligen werde – was keineswegs einen geringen Beitrag seitens Deutschlands bedeute.[77]

B. Zum Begriff „judicial self-restraint" – Herkunft und Anwendungsbereich im deutschen und französischen Recht

I. Herkunft des Topos aus dem US-amerikanischen Recht

Der Begriff „judicial self-restraint" entstammt dem US-amerikanischen Rechtskreis und wurde erstmals im Rahmen einer dissenting opinion des Richters am U.S. Supreme Court *Harlan F. Stone* in der Sache „United States v. Butler" auf-

72 Vgl. die Übersicht zu den von der rot-grünen Bundesregierung beschlossenen Auslandseinsätzen der Bundeswehr in der FAZ vom 26.08.2005, Nr. 198, S. 6

73 *Hacke*, Die Außenpolitik der Bundesrepublik Deutschland, S. 447

74 Vgl. im Einzelnen zu den von der Bundesrepublik erbrachten militärischen Beiträgen *Hacke*, Die Außenpolitik der Bundesrepublik Deutschland, S. 478 f.

75 Vgl. hierzu ausführlich *Hacke*, Die Außenpolitik der Bundesrepublik Deutschland, S. 479 f.

76 *Hacke*, Die Außenpolitik der Bundesrepublik Deutschland, S. 480

77 Außenminister *Steinmeier* in einem Interview mit der FAZ vom 06.03.2006, Nr. 55, S. 6

gegriffen.[78] Der Richter nennt zwei „guiding principles“, derer sich das Gericht bei seinen Entscheidungen stets bewusst sein soll. Der eine Grundsatz sei, dass sich ein Richter nie mit der Frage befasse, ob ein Gesetz klug oder vernünftig ist.[79] „The other is that while unconstitutional exercise of power by the executive and legislative branches of the government is subject to judicial restraint, the only check upon our own exercise of power is our own sense of self-restraint“.[80] Die einzige Grenze, die der Ausübung von Staatsgewalt durch den Richter gesetzt sei, sei dessen eigener Sinn für Selbstbeschränkung. Versuche seitens mancher Richter des Supreme Court, dieser appellartigen Aussage Konturen zu verleihen[81], können als gescheitert betrachtet werden.[82] *Rau* weist denn auch darauf hin, dass der Begriff in den Vereinigten Staaten systematisch und terminologisch nur schwer einzuordnen sei.[83] So verwenden manche den Terminus als eher soziologische Umschreibung einer Rechtsprechungstendenz im Gegensatz zum judicial activism – also deskriptiv.[84] Anderen dient die Wendung „judicial self-restraint“ als Zusammenfassung der sog. „avoidance“-Techniken.[85] Wieder andere verbin-

---

78 In der Sache wandte sich *Stone* hierbei gegen die Erklärung der Verfassungswidrigkeit durch den Supreme Court des „Agricultural Adjustment Act“ von 1933 – eines Gesetzes zur Sanierung der Landwirtschaft.

79 So die deutsche Übersetzung zit. in: *v. d. Heydte*, Judicial self-restraint eines Verfassungsgerichts im freiheitlichen Rechtsstaat?, in: *Leibholz, u.a.* [Hrsg.], Menschenwürde und freiheitliche Rechtsordnung, S. 909, 911

80 297 US 1, 78 f., 87 (1936) zit. nach *Rau*, Selbst entwickelte Grenzen in der Rechtsprechung des United States Supreme Court und des Bundesverfassungsgerichts, S. 128; vgl. auch *Zeitler*, Judicial Review und Judicial Restraint gegenüber der auswärtigen Gewalt, in: JöR N.F. 25 (1976), S. 621, 631; *Benda/Klein*, Verfassungsprozeßrecht, Rn. 22 sehen hingegen die Ursprünge des judicial self-restraint bei *Thayer*, in: Harvard Law Review 7 (1893), S. 129 ff.

81 Vgl. die sogenannten „Ashwander rules“, die die Rolle des Supreme Courts bei der Überprüfung von Gesetzen konkretisieren sollten; zit. bei *Rau*, Selbst entwickelte Grenzen in der Rechtsprechung des United States Supreme Court und des Bundesverfassungsgerichts, S. 129

82 *Rau*, Selbst entwickelte Grenzen in der Rechtsprechung des United States Supreme Court und des Bundesverfassungsgerichts, S. 130

83 *Rau*, Selbst entwickelte Grenzen in der Rechtsprechung des United States Supreme Court und des Bundesverfassungsgerichts, S. 125

84 Vgl. zum Ganzen *Zeitler*, Judicial Review und Judicial Restraint gegenüber der auswärtigen Gewalt, in: JöR N.F. 25 (1976), S. 621, 631 ff.

85 Damit sind sämtliche Mittel gemeint, mit deren Hilfe das Gericht bereits auf der Ebene der Zulässigkeit das klägerische Begehren abweisen kann, ohne den Streitfall in der Sache entscheiden zu müssen (sogenannte absolute und relative Justiziabilitätsschranken, wie beispielsweise das „case and controversery“-Erfordernis oder die political question doctrine). Vgl. *Rau*, Selbst entwickelte Grenzen in der Rechtsprechung des United States Supreme Court und des Bundesverfassungsgerichts, S. 126, 132

den mit „judicial self-restraint" die Forderung an den Richter, sich auf Rechtsanwendung zu beschränken und nur den Wortlaut der Verfassung und nicht auch sein subjektives Verfassungsverständnis in der Entscheidung zur Geltung zu bringen.[86]

Nach einer umfassenden Analyse der Rechtsprechung des Supreme Court kommt *Rau* zu dem Schluss, bei „judicial self-restraint" handle es sich nicht um eine „objektivierbare Rechtsfigur [...], von der eine nennenswerte normative Kraft ausginge". Letztlich stelle die Forderung nach „judicial self-restraint" nur wohlmeinende Appelle an das richterliche Ethos dar.[87]

Schon angesichts dieser begrifflichen Unsicherheiten im Ursprungsland erscheint eine Übernahme in die deutsche oder französische Verfassungsrechtsordnung schwierig. Diese Problematik wird noch durch die gänzlich unterschiedliche Stellung des Supreme Court und der deutschen bzw. französischen Verfassungsgerichte im jeweiligen Verfassungsgefüge verstärkt. Nichtsdestotrotz wird der Topos des „judicial self-restraint" sowohl in der Bundesrepublik (vgl. III.) als auch in Frankreich (vgl. IV.) rezipiert. Allerdings sind mit der Übertragung fremder Rechtsbegriffe in andere Verfassungssysteme grundsätzliche Probleme verbunden (vgl. II.).

II. Grundsätzliche Probleme bei der Übernahme des Begriffs in die deutsche bzw. französische Verfassungsordnung

Die Übertragung von Begriffen aus einem bestimmten Rechtskreis in einen anderen ist stets mit Problemen verbunden. Die Termini sind nämlich häufig mit den Grundstrukturen ihres Herkunftslandes eng verknüpft. So verwundert es nicht, dass der „judicial self-restraint" US-amerikanischer Prägung mit der Stellung des Supreme Courts und dem dortigen Verständnis von Verfassungsgerichtsbarkeit starke Verflechtungen aufweist. Beides – sowohl Stellung des Bundesverfassungsgerichts und der französischen Verfassungsgerichte als auch Verständnis von Verfassungsgerichtsbarkeit – stehen sich dabei zum Teil diametral entgegen.

So ist in den Vereinigten Staaten die Verfassungsgerichtsbarkeit verfassungsrechtlich nicht vorgesehen, sondern beruht vielmehr auf richterlicher Selbster-

86 *Rau*, Selbst entwickelte Grenzen in der Rechtsprechung des United States Supreme Court und des Bundesverfassungsgerichts, S. 126

87 *Rau*, Selbst entwickelte Grenzen in der Rechtsprechung des United States Supreme Court und des Bundesverfassungsgerichts, S. 132

mächtigung[88] (vgl. Marbury vs. Madison[89]). Daher erscheint es konsequent, jede Beschränkung des Supreme Courts als *Selbst*beschränkung anzusehen.[90] Hierbei limitiert sich das oberste US-amerikanische Gericht auf seine in der Verfassung vorgesehene Funktion der Gewährleistung des Schutzes der Grundrechte, des „due process" und der „equal protection" im jeweils konkreten Rechtsfall.[91] Von seiner ursprünglichen Intention her ist der Supreme Court eben gerade nicht als (genereller) Hüter der Verfassung konzipiert worden. Da in der Bundesrepublik und der Französischen Republik die Verfassungsgerichtsbarkeit demgegenüber verfassungsrechtlich verankert ist, kann eine – wie auch immer geartete Beschränkung der Verfassungsgerichtsbarkeit – jedenfalls vom Wortsinn nicht als Selbstbeschränkung aufgefasst werden. Die beiden kontinentaleuropäischen Gerichte wurden als Hüter der Verfassung geschaffen – es ist deren wesensmäßige Funktion, politische Streitigkeiten zu entscheiden. Dieser Verpflichtung können sie sich eigentlich nicht durch „judicial self-restraint" entziehen.[92]

Eng verwoben mit den unterschiedlichen Funktionen der Verfassungsgerichtsbarkeit ist die Verschiedenartigkeit der Kompetenzen. Auf der Ebene der Verfahrensarten steht dem Supreme Court eine den Artt. 93 I Nr. 2 GG bzw. 61 II Const. 1958 vergleichbare abstrakte Normenkontrolle nicht zur Verfügung.[93] Vielmehr entscheidet der Supreme Court nur inzident – also im Rahmen eines bereits anhängigen Rechtsstreits – über die Verfassungsmäßigkeit einer Norm (sogenannter judicial review).

Weiterhin ist der Supreme Court „lediglich" ein Oberster Gerichtshof an der Spitze des Instanzenzuges, während das Bundesverfassungsgericht gemäß § 1 I BVerfGG ein Verfassungsorgan darstellt, das aus dem Instanzenzug herausgelöst ist.[94] Gleiches gilt für den Conseil constitutionnel.

---

88 So auch *Rau*, Selbst entwickelte Grenzen in der Rechtsprechung des United States Supreme Court und des Bundesverfassungsgerichts, S. 66

89 1 Cranch 137 (1803) zit. bei *Zuck*, Political-Question-Doktrin, Judicial-self-restraint und das Bundesverfassungsgericht, in: JZ 1974, S. 361, 362, der auch eine genaue Sachverhaltsschilderung wiedergibt.

90 *Murswiek*, Der Umfang der verfassungsgerichtlichen Kontrolle staatlicher Öffentlichkeitsarbeit, in: DÖV 1982, S. 529, 531

91 *v. d. Heydte*, Judicial self-restraint eines Verfassungsgerichts im freiheitlichen Rechtsstaat?, in: *Leibholz, u.a.* [Hrsg.], Menschenwürde und freiheitliche Rechtsordnung, S. 909, 922

92 *v. d. Heydte*, Judicial self-restraint eines Verfassungsgerichts im freiheitlichen Rechtsstaat?, in: *Leibholz, u.a.* [Hrsg.], Menschenwürde und freiheitliche Rechtsordnung, S. 909, 922

93 *Simon*, Verfassungsgerichtsbarkeit, in: *Benda/Maihofer, u.a.*[Hrsg.], HdbVerfR, § 34 Rn. 11

94 *Blumenwitz*, Judicial self-restraint und die verfassungsgerichtliche Überprüfung von Akten der auswärtigen Gewalt, in: DVBl. 1976, S. 464, 465

Auch hinsichtlich des Entscheidungsausspruchs unterscheiden sich die Gerichte diesseits und jenseits des Atlantiks: Während das Bundesverfassungsgericht ein verfassungswidriges Gesetz mit erga omnes-Wirkung gemäß §§ 78 S. 1, 95 III BVerfGG für nichtig erklären kann, – ähnliches bestimmt Art. 62 I, II Const. 1958 für den Conseil constitutionnel – wendet der Supreme Court „nur" im *konkreten* Fall die als verfassungswidrig angesehene Bestimmung nicht an.[95]

Schließlich ist das US-amerikanische Verfassungsgericht hinsichtlich der Verfahrensgestaltung wesentlich freier als das Bundesverfassungsgericht oder der französische Verfassungsrat. So kann der Supreme Court durch Verweigerung eines „writ of certiorari" das Treffen einer Entscheidung in der Sache von vornherein ausschließen. Der Supreme Court entscheidet nur, sofern in einem vorherigen Annahmeverfahren ein Revisionsantrag der Parteien oder die Vorlage eines unterinstanzlichen Gerichts als „substantial federal question" qualifiziert worden ist. Hierüber entscheidet der Oberste Gerichtshof weitgehend nach freiem Ermessen.[96] Eines vergleichbaren Mittels kann sich das Bundesverfassungsgericht nur im Rahmen des Verfassungsbeschwerdeverfahrens in Gestalt der §§ 93 a-d BVerfGG bedienen – beim französischen Verfassungsgericht bestehen solche Möglichkeiten überhaupt nicht.

III. Rezeption des „judicial self-restraint" in der Bundesrepublik Deutschland

Das Bundesverfassungsgericht verwendete den Begriff „judicial self-restraint" in zwei Entscheidungen zum Grundlagenvertrag[97] – also anlässlich der Kontrolle der auswärtigen Gewalt. Auch in vielen Anmerkungen und Besprechungen zu Entscheidungen des Bundesverfassungsgerichts im hier interessierenden Zusammenhang wird der Topos „judicial self-restraint" häufig aufgegriffen. So bezeichnete *Paulus* das Urteil des Bundesverfassungsgerichts zum neuen Strategischen Konzept der NATO von 1999[98] als „explicit endorsement of a general doctrine of judicial (and parliamentary) restraint in foreign policy".[99] *Sauer* meint

95 Diesen Unterschied betont *v. d. Heydte*, Judicial self-restraint eines Verfassungsgerichts im freiheitlichen Rechtsstaat?, in: *Leibholz, u.a.* [Hrsg.], Menschenwürde und freiheitliche Rechtsordnung, S. 909, 913

96 *Simon*, Verfassungsgerichtsbarkeit, in: *Benda/Maihofer, u.a.* [Hrsg.], HdbVerfR, § 34 Rn. 11

97 BVerfGE 35, 257, 262; 36, 1, 14 f.

98 BVerfGE 104, 151

99 *Paulus*, Quo vadis Democratic Control? The Afghanistan Decision of the Bundestag and the Decision of the Federal Constitutional Court in the NATO Strategic Concept Case, in: 3 German Law Journal 1, (January 1, 2002) Rn. 29

im Zusammenhang mit dem Beschluss des Bundesverfassungsgerichts vom 25. März 2003 zum AWACS-Einsatz in der Türkei, dieser zeige „zu viel judicial self-restraint [...] des BVerfG im Bereich der auswärtigen Gewalt."[100]

Der Terminus findet sich in der Literatur jedoch nicht nur in diesem Kontext. Es stellt sich mithin die Frage, inwieweit „judicial self-restraint" spezifisch mit der hier behandelten Problematik der *verfassungs*gerichtlichen Kontrolle der *auswärtigen* Gewalt verbunden ist.

I. Anwendungsbereich und unterschiedliches Verständnis in der deutschen Literatur und Rechtsprechung

a. Anwendungsbereich in der deutschen Literatur

α. Judicial self-restraint als typisch verfassungsgerichtliches Problem?

Zunächst soll der Frage nachgegangen werden, inwieweit sich die Problematik richterlicher Zurückhaltung typischerweise bei *Verfassungs*gerichten stellt. Es ist nämlich zu beobachten, dass vor den Verwaltungsgerichten gerade in Fällen der Asyl- und Ausländerpolitik, die traditionellerweise nicht der Außenpolitik im engeren Sinne zugeordnet werden, außenpolitische Belange immer wichtiger werden.[101] Unabhängig von den Bezügen zur auswärtigen Gewalt wird der Topos – wenn auch äußerst kritisch – allgemein im Verhältnis Verwaltung und Verwaltungsgerichtsbarkeit diskutiert.[102]

Da sich der Anwendungsbereich des „judicial self-restraint" somit nicht auf das Verfassungsrecht beschränkt, muss geklärt werden, warum der Ruf nach richterlicher Zurückhaltung gerade bei Entscheidungen des Bundesverfassungsgerichts lauter ist als bei solchen der Fachgerichtsbarkeit. Dies ergibt sich nicht bereits aus dem in hohem Maße politischen Charakter verfassungsgerichtlicher Entscheidungen. Ein solcher kann nämlich beinahe jeder (bedeutenden) (ober-)gerichtlichen Entscheidung zugesprochen werden und ist somit nicht den Judikaten eines Verfassungsgerichts eigentümlich.[103]

Vielmehr ist die verstärkte Forderung nach „judicial self-restraint" gegenüber dem Bundesverfassungsgericht im Wesentlichen auf vier Gründe zurückzufüh-

---

100 *Sauer*, Reichweite des Parlamentsvorbehalts für die Entsendung der Bundeswehr ins Ausland, in: JA 2004, S. 19, 22

101 *Hailbronner*, Kontrolle der auswärtigen Gewalt, in: VVDStRL 56 (1997), S. 7, 10

102 *Schuppert*, Self-restraints der Rechtsprechung, in: DVBl. 1988, S. 1191, insbesondere S. 1197

103 So mit überzeugender Argumentation *Achterberg*, Bundesverfassungsgericht und Zurückhaltungsgebote, in: DÖV 1977, S. 649, 650 f.

ren: Zunächst stehen Entscheidungen des Bundesverfassungsgerichts als dem höchsten deutschen Gericht natürlich unter dem besonderen Augenmerk der Öffentlichkeit und der Medien. Selbst „bloßen" obiter dicta kann eine Signalwirkung großen Ausmaßes zukommen. Neben diesen eher praktischen Argumenten stehen jedoch rechtliche Gesichtspunkte im Vordergrund: Zum einen ist vor dem Bundesverfassungsgericht Verfassungsrecht der Prüfungsmaßstab. Dieses ist – worauf später in anderem Zusammenhang zurückzukommen sein wird – geprägt von sehr „offenen Normen"[104] mit hohem Abstraktionsgrad. Sie sind in besonderem Maße interpretationsbedürftig, während das einfache Gesetzesrecht eher durch klare Normen gekennzeichnet ist. Zum anderen kommt den Entscheidungen des Bundesverfassungsgerichts eine breitere Gestaltungswirkung zu als fachgerichtlichen Richtersprüchen. Dies zeigt sich vor allem in der Kompetenz des Bundesverfassungsgerichts, abstrakt generelle Normen aufzuheben, und in der Bindungswirkung verfassungsgerichtlicher Entscheidungen gemäß § 31 BVerfGG.[105]

Ein letzter Gesichtspunkt ergibt sich aus der Tatsache, dass das Bundesverfassungsgericht weitgehend der rechtlichen Kontrolle einer anderen Instanz nicht mehr unterliegt. Wie das Bundesverfassungsgericht nämlich seine nach dem Grundgesetz gegebenen Kompetenzen interpretiert und die Kontrollnormen auslegt, prüft – mit Ausnahme von Fällen mit Bezug zur EMRK – kein weiteres Gericht mehr nach.

Zusammenfassend ist daher festzuhalten, dass „judicial self-restraint" sich zwar nicht auf das Verfassungsrecht beschränkt, die mit dem Begriff verbundenen Problemkreise aber in besonderem Maße in diesem Bereich zu Tage treten.

β. Keine Beschränkung des judicial self-restraint auf die Kontrolle von Akten auswärtiger Gewalt

Weiter ist zu beobachten, dass der Begriff der richterlichen Zurückhaltung keineswegs ausschließlich im Rahmen von Entscheidungen mit außenpolitischem Bezug diskutiert wird. Einer solchen Forderung sieht sich das Bundesverfassungsgericht nämlich auch von Seiten des Gesetzgebers und der Fachgerichtsbarkeit ausgesetzt. So solle das Bundesverfassungsgericht weder die Rolle eines Er-

104 Verstanden als sprachtheoretisch konstatiertes Faktum – nicht als ein an die Verfassungsauslegung gestelltes normatives Postulat; so die Unterscheidung bei *Bryde*, Verfassungsentwicklung, S. 80

105 *Achterberg*, Bundesverfassungsgericht und Zurückhaltungsgebote, in: DÖV 1977, S. 649, 651, 652

satzgesetzgebers[106] übernehmen noch die einer Superrevisonsinstanz.[107] „Judicial self-restraint" wird mithin als Aufruf an das Verfassungsgericht zur Zurückhaltung gegenüber *allen* anderen staatlichen Gewalten gebraucht – nicht nur gegenüber der auswärtigen Gewalt.

„Judicial self-restraint" ist also weder ein spezifisch verfassungsrechtliches Problem noch tritt das Phänomen ausschließlich im Bereich der Kontrolle der auswärtigen Gewalt auf.

b. Unterschiedliches Verständnis des Begriffs in der deutschen Literatur und in der Rechtsprechung des Bundesverfassungsgerichts

Zum weiten Anwendungsbereich des Begriffs „judicial self-restraint" kommt noch ein teilweise völlig verschiedenes Begriffsverständnis von „judicial self-restraint" in Literatur und Rechtsprechung hinzu. Dies ist angesichts der geschilderten begrifflichen Unsicherheiten in den USA auch nicht verwunderlich.

So meint *Kriele*, die Aufforderung, „judicial self-restraint" zu üben, bedeute, das Verfassungsgericht solle nicht politisch, sondern juristisch urteilen. Außerdem dürfe „judicial self-restraint" nicht konsequent geübt werden. Konsequenter „judicial self-restraint" käme nämlich konsequenter Neutralität gleich. Neutral dürfe der Richter aber gerade nicht sein. Dies bedeute nämlich einen Kompetenzverlust des Bundesverfassungsgerichts und damit Parteinahme zu Gunsten des jeweiligen Machthabers zulasten des Geltungsanspruchs der jeweiligen Kontrollnorm. Vielmehr müsse das Verfassungsgericht unparteilich sein.[108] Nur so könne es seiner Funktion als Wahrer der Verfassung und Beschützer von Min-

---

106 Zum Teil wird im Verhältnis des Bundesverfassungsgerichts zum Gesetzgeber der Hauptanwendungsbereich der „judicial self-restraint"-Problematik gesehen. In diesem Rahmen stellt sich als richterliche Zurückhaltung vor allem die Zubilligung eines Prognosespielraumes zu Gunsten des Gesetzgebers dar. Vgl. hierzu ausführlich *Bryde*, Verfassungsentwicklung, S. 325 ff.

107 In diesem Zusammenhang stellt sich insbesondere die Beschränkung des Prüfungsmaßstabes auf „spezifisches Verfassungsrecht" als „Erscheinungsform" des „judicial self-restraint" dar. (Vgl. z. B. *Stern*, StR II, § 44 II 3, S. 958, 962, der von der Beschränkung des Prüfungsumfangs auf spezifisches Verfassungsrecht als einem Institut „im Sinne eines judicial-self-restraint" spricht.) Nach der sogenannten Heck'schen Formel prüft das Bundesverfassungsgericht nur, ob die Fachgerichte bei Auslegung und Anwendung des einfachen Rechts ein Grundrecht entweder gänzlich übersehen haben oder dessen Bedeutung und Tragweite *grundsätzlich* verkannt haben (vgl. zum Ganzen *Schlaich/Korioth*, Das Bundesverfassungsgericht, Rn. 281 ff.; *Rau*, Selbst entwickelte Grenzen in der Rechtsprechung des United States Supreme Court und des Bundesverfassungsgerichts, S. 207-210).

108 *Kriele*, Recht und Politik in der Verfassungsrechtsprechung, in: NJW 1976, S. 777

derheiten gerecht werden.[109] In eine ähnliche Richtung geht *Achterberg*, nach dem „judicial self-restraint" als Appell an das richterliche Ethos zu verstehen sei, nicht eigene politische Präferenzen anstelle des Rechts zu setzen.[110] *Von der Heydte* deutet den US-amerikanischen Begriff als Verzicht des Gerichts auf politischen Einfluss, als Verzicht auf eine politische Rolle. Ansonsten sieht er in ihm einen Sammelbegriff für verschiedene Problemkreise.[111] *Murswiek* unterscheidet zwischen einem deskriptiven und einem normativen Verständnis des Begriffes. So lasse sich (deskriptiv) jede Entscheidung als von „judicial self-restraint" geprägt kennzeichnen, die sich durch eine Reduzierung des Umfangs gerichtlicher Kontrolle auszeichnet. Normativ befehle der Begriff dagegen dem Verfassungsgericht eine gewisse Zurückhaltung.[112]

Wie oben bereits erwähnt, verwendete das Bundesverfassungsgericht den Begriff anlässlich zweier Entscheidungen zum Grundlagenvertrag: Es versteht darunter den vom Verfassungsgericht erklärten „Verzicht, Politik zu treiben, d. h. in den von der Verfassung geschaffenen und begrenzten Raum freier politischer Gestaltung einzugreifen. Er zielt also darauf ab, den von der Verfassung für die anderen Verfassungsorgane garantierten Raum freier politischer Gestaltung offen zu halten."[113] Das Bundesverfassungsgericht stellt den Terminus mithin sowohl in den Zusammenhang des (vermeintlichen) Gegensatzes von Recht und Politik als auch in Zusammenhang mit der Zubilligung von Einschätzungs- und Prognosespielräumen zu Gunsten der „an sich" zuständigen Organe.

Angesichts des breiten Anwendungsbereichs des „judicial self-restraint" und des unterschiedlichen Begriffsverständnisses erscheint fraglich, inwieweit diesem Topos im deutschen Recht überhaupt ein materiell-rechtlicher Gehalt zugemessen werden kann. Ungeachtet der begrifflichen Unsicherheiten wäre hierzu jedenfalls eine normative Anknüpfung im Grundgesetz erforderlich. Während Teile der Literatur aus verschiedenen Gründen eine Verwendung im deutschen Recht ablehnen, sehen andere Autoren den Grundsatz des „judicial self-restraint" als im Grundgesetz verankert an.

---

109 *Hesse*, Funktionelle Grenzen der Verfassungsgerichtsbarkeit, in: Recht als Prozess und Gefüge, S. 261, 264

110 *Achterberg*, Bundesverfassungsgericht und Zurückhaltungsgebote, in: DÖV 1977, S. 649

111 *v. d. Heydte*, Judicial self-restraint eines Verfassungsgerichts im freiheitlichen Rechtsstaat?, in: *Leibholz, u.a.* [Hrsg.], Menschenwürde und freiheitliche Rechtsordnung, S. 909, 922

112 *Murswiek*, Der Umfang der verfassungsgerichtlichen Kontrolle staatlicher Öffentlichkeitsarbeit, in: DÖV 1982, S. 529, 531

113 BVerfGE 36, 1, 14 f.

2. *Materieller Gehalt des Begriffs im deutschen Recht*

a. *Ablehnung der Übernahme des Begriffes aus dem US-amerikanischen Recht*

Verschiedene Autoren lehnen die Verwendung des US-amerikanischen Terminus in der deutschen Rechtsordnung gänzlich ab, da damit zwingend auch das US-amerikanische Verständnis von Verfassungsgerichtsbarkeit verbunden sei, das sich jedoch gänzlich vom Grundgesetz unterscheide.[114] Andere stellen die Missverständlichkeit des Begriffs im Kontext des Grundgesetzes heraus. Der Topos des „*self* restraint" erwecke nämlich den Eindruck, es existiere ein Entscheidungsspielraum dahingehend, dass das Verfassungsgericht selbst darüber befinden könne, ob es sich mit einem Streitgegenstand befasse oder nicht.[115] Einer solchen Deutung des Begriffs steht jedoch Art. 93 I GG entgegen. Der dort genannte Katalog gibt dem Gericht nämlich nicht nur das Recht, die genannten Streitfälle zu entscheiden, sondern enthält auch eine diesbezügliche Pflicht.[116] Dieser Befund wird auch durch den Wortlaut des Art. 93 I GG bestätigt, wonach „das Bundesverfassungsgericht entscheidet" und nicht etwa „entscheiden darf oder kann". Es geht beim „judicial self-restraint" allenfalls – wie *Murswiek* treffend formuliert – um die Beschränkung auf die Kompetenzen des Gerichts, keinesfalls jedoch um Kompetenzeinschränkung.[117] Dies gesteht auch das Bundesverfassungsgericht in der Hauptsacheentscheidung zum Grundlagenvertrag zu, wonach „judicial self-restraint" gerade nicht eine Abschwächung der Entscheidungskompetenz des Gerichts bedeute.[118]

Trotz der Strukturunterschiede zum US-amerikanischen Verfassungsrecht und trotz der Missverständlichkeit der Terminologie soll im Folgenden versucht werden, einen eigenständigen Gehalt von „judicial self-restraint" im Gefüge des Grundgesetzes zu entdecken und diesen so als verfassungsrechtliches Gebot erscheinen zu lassen. Dazu müsste dem Begriff eine eigenständige Bedeutung zukommen und er müsste normativ im Grundgesetz verankert sein.

---

114 *v. d. Heydte*, Judicial self-restraint eines Verfassungsgerichts im freiheitlichen Rechtsstaat?, in: *Leibholz, u.a.* [Hrsg.], Menschenwürde und freiheitliche Rechtsordnung, S. 909, 913 f.

115 *Simon*, Verfassungsgerichtsbarkeit, in: *Benda/Maihofer, u.a.* [Hrsg.], HdbVerfR, § 34 Rn. 47

116 *Zeitler*, Judicial Review und Judicial Restraint gegenüber der auswärtigen Gewalt, in: JöR N.F. 25 (1976), S. 621, 632

117 *Murswiek*, Der Umfang der verfassungsgerichtlichen Kontrolle staatlicher Öffentlichkeitsarbeit, in: DÖV 1982, S. 529, 531

118 BVerfGE 36, 1, 14

b. „Judicial self-restraint“ als verfassungsrechtliches Gebot?

α. Spezifisch grundgesetzliche Deutung des Begriffs

Gegen das Argument, „judicial self-restraint“ könne nur im US-amerikanischen Verständnis übernommen werden, wird eingewandt, mit dem Gebrauch des Begriffs im deutschen Recht werde nicht automatisch der gesamte verfassungsrechtliche Kontext und die US-amerikanische Bedeutung komplett übertragen.[119] Vielmehr könne laut *Delbrück* von einem „judicial self-restraint“ deutscher Prägung gesprochen werden, mit dessen Hilfe die Grenzen der verfassungsgerichtlichen Kontrolle *umschrieben* werden.[120] In seiner deskriptiven Verwendung (vgl. „umschreiben“) muss „judicial self-restraint“ jedenfalls als verfassungsrechtliches Gebot ausscheiden. Ebenso rechtlich unverbindlich erscheint die Forderung nach richterlicher Zurückhaltung, wenn man sie lediglich als Appell versteht, die Richter mögen nicht ihr eigenes (verfassungs-)politisches Vorverständnis an die Stelle der Verfassung setzen. Ein solcher Appell zielt nämlich nur auf das jeder richterlichen Entscheidung innewohnende dezisionistische Element[121] ab.

Als verfassungsrechtliches Gebot kann „judicial self-restraint“ auch dann nicht aufgefasst werden, wenn man das (zweifache) Begriffsverständnis des Bundesverfassungsgerichts zu Grunde legt. Wo nämlich keine *rechtlichen* Maßstäbe, sondern nur (gesellschafts-)politische Bewertungsmaßstäbe zur Kontrolle existieren, kann das Bundesverfassungsgericht seine Funktion überhaupt nicht ausüben. Wo das Bundesverfassungsgericht gar keine Kompetenz innehat, kann es sich überhaupt nicht (freiwillig) zurückhalten. Tut es dies dennoch, so wäre – wie *Isensee* betont – Selbstbescheidung in diesem Zusammenhang Selbstermächtigung beziehungsweise Kompetenzusurpation.[122] Die Frage, ob eine bestimmte Norm einen dem Gericht unterbreiteten Sachverhalt regelt oder ob die Verfas-

---

119 *Delbrück*, Die Rolle der Verfassungsgerichtsbarkeit in der innenpolitischen Kontroverse um die Außenpolitik, in: *Randelzhofer/Süß* [Hrsg.], Konsens und Konflikt, S. 55, 60

120 *Delbrück*, Die Rolle der Verfassungsgerichtsbarkeit in der innenpolitischen Kontroverse um die Außenpolitik, in: *Randelzhofer/Süß* [Hrsg.], Konsens und Konflikt, S. 55, 60 f.

121 *Murswiek*, Der Umfang der verfassungsgerichtlichen Kontrolle staatlicher Öffentlichkeitsarbeit, in: DÖV 1982, S. 529, 532; ebenso *Zeitler*, Judicial Review und Judicial Restraint gegenüber der auswärtigen Gewalt, in: JöR N.F. 25 (1976), S. 621, 632, der in diesem Zusammenhang judicial self-restraint als Entscheidungstopos und Ausrufezeichen für den Richter ansieht, jedoch keinesfalls als rechtliches Gebot.

122 *Isensee*, Verfassungsrecht als „politisches Recht“, in: *Isensee/Kirchhof* [Hrsg.], HStR VII, § 162 Rn. 85

sung hier eine bewusste Lücke gelassen hat, hat mit „judicial self-restraint“ nichts zu tun.[123] Eine dahingehende Forderung ist in diesem Zusammenhang gegenstandslos.[124]

Ebensowenig kann „judicial self-restraint“ normativ eine reduzierte Kontrolldichte fordern: Die Zubilligung von Einschätzungs- und Beurteilungsspielräumen zu Gunsten der jeweils kontrollierten Gewalt und damit – als Kehrseite der Medaille – die Reduzierung der Kontrolldichte ergibt sich nämlich aus der Kontrollnorm selbst, aus deren Regelungsdichte und letztlich aus deren Auslegung.[125] Es ist also – wie *Simon* hervorhebt – die Verfassung selbst, die in ihren Forderungen entweder zurückhaltend oder deutlich befehlend ist und gerade nicht das Gericht.[126] Sollte die Regelungsdichte allein nicht ausreichen, um die Kontrolldichte zu bestimmen, ist eine sich an funktionell-rechtlichen Gesichtspunkten orientierende Auslegung vorzunehmen. „Judicial self-restraint“ kann daher für sich allein nie eine bestimmte Auslegung einer Norm fordern.[127] Lediglich das Auslegungsergebnis ist dann eventuell geprägt von „judicial self-restraint“ – hier aber dann wieder im deskriptiven Wortsinn und gerade nicht normativ verstanden.

In einem einzigen Zusammenhang sieht *Murswiek* „judicial self-restraint“ als verfassungsrechtliches Gebot: Das Gebot richterlicher Zurückhaltung fordere nämlich das Verfassungsgericht dazu auf, die Grenzen eigener Kompetenz nicht zu überschreiten. Das Gericht solle sich selbst auf die Judikativfunktion beschränken und nicht seine bestehende Kompetenz-Kompetenz – verstanden als Kompetenz, die eigenen Kompetenzen selbst zu konkretisieren – zulasten der anderen Träger von Staatsgewalt missbrauchen.[128] Ratio des „judicial self-restraint“ im normativen Sinne seien also die in der Rechtsordnung vorgegebenen Kompetenzen des Gerichts, die es selbst zu konkretisieren habe.[129] *Murswiek* lässt je-

---

123 *v. d. Heydte*, Judicial self-restraint eines Verfassungsgerichts im freiheitlichen Rechtsstaat?, in: *Leibholz, u.a.* [Hrsg.], Menschenwürde und freiheitliche Rechtsordnung, S. 909, 915

124 *Zeitler*, Judicial Review und Judicial Restraint gegenüber der auswärtigen Gewalt, in: JöR N.F. 25 (1976), S. 621, 632; vgl. in diesem Sinne auch *P. Lerche*, Stil und Methode der verfassungsgerichtlichen Entscheidungspraxis, in: *Badura/Dreier* [Hrsg.], Festschrift 50 Jahre Bundesverfassungsgericht, Bd. I, S. 333, 339

125 Vgl. hierzu ausführlich Teil 2 C. I. 4. a.

126 *Simon*, Verfassungsgerichtsbarkeit, in: *Benda/Maihofer, u.a.* [Hrsg.], HdbVerfR, § 34 Rn. 47

127 *Murswiek*, Der Umfang der verfassungsgerichtlichen Kontrolle staatlicher Öffentlichkeitsarbeit, in: DÖV 1982, S. 529, 531

128 *Murswiek*, Der Umfang der verfassungsgerichtlichen Kontrolle staatlicher Öffentlichkeitsarbeit, in: DÖV 1982, S. 529, 532 f.

129 *Murswiek*, Der Umfang der verfassungsgerichtlichen Kontrolle staatlicher Öffentlichkeitsarbeit, in: DÖV 1982, S. 529, 533

doch eine normative Anknüpfung des Begriffs an das Grundgesetz vermissen. Eine wirkliche Bindung des Verfassungsgerichts an das so verstandene Gebot des „judicial self-restraint" ließe sich nur begründen, wenn es aus der Verfassung ableitbar wäre. Als Anknüpfungspunkt käme allenfalls das vom Bundesverfassungsgericht in ständiger Rechtsprechung entwickelte Institut der Verfassungsorgantreue oder das funktionelle Gefüge des Grundgesetzes in Betracht.

β. Ableitung des Gebots richterlicher Zurückhaltung aus dem Gebot der Verfassungsorgantreue

Die Verfassungsorganqualität des Bundesverfassungsgerichts ergibt sich bereits aus dessen herausragender Funktion und Stellung nach dem Grundgesetz[130] und ist nicht zuletzt einfachgesetzlich in § 1 I BVerfGG festgelegt, wonach „das Bundesverfassungsgericht [...] ein allen übrigen Verfassungsorganen gegenüber selbständiger und unabhängiger Gerichtshof des Bundes" ist. Demzufolge ist das Gericht aus dem Prinzip der Organtreue sowohl berechtigt[131] als auch verpflichtet. Hinsichtlich des Gebotes der richterlichen Zurückhaltung ist vor allem letzterer Aspekt angesprochen.

Der Gedanke der Verfassungsorgantreue zielt darauf ab, einen Zerfall des Staates zu verhindern, der in der Folge der Entstehung einer Vielzahl von staatlichen Machtzentren, die sich gegenseitig blockieren, droht.[132] Dem Prinzip der Verfassungsorgantreue werden dabei verschiedene Funktionen zugeschrieben, die sich allerdings häufig überschneiden.[133] So könne der Grundsatz als Auslegungstopos, als Missbrauchsschranke oder als Quelle ungeschriebener Verhaltenspflichten und Rechte fruchtbar gemacht werden.[134]

Schenke sieht im Gedanken des „judicial self-restraint" die Idee der Verfassungsorgantreue verborgen.[135] Die Beachtung des Prinzips des „judicial self-

130 *Bethge*, in: *Maunz/Schmidt-Bleibtreu, u.a.* [Hrsg.], Bundesverfassungsgerichtsgesetz – Kommentar (Lfg. 21. Juli 2002), § 1 Rn. 16 ff.

131 Den Gesichtspunkt der Berechtigung – also dass die übrigen Bundesorgane Loyalitätspflichten gegenüber dem Bundesverfassungsgericht haben – betont *Bethge*, in: *Maunz/Schmidt-Bleibtreu, u.a.* [Hrsg.], Bundesverfassungsgerichtsgesetz – Kommentar (Lfg. 21. Juli 2002), § 1 Rn. 40

132 *Schenke*, Verfassungsorgantreue, S. 26 f.

133 *Schenke*, Verfassungsorgantreue, S. 47

134 So die Aufzählung der verschiedenen Funktionen bei *Schenke*, Verfassungsorgantreue, S. 41-46

135 *Schenke*, Verfassungsorgantreue, S. 117. Kategorisch gegen eine Ableitung des Gebots richterlicher Zurückhaltung aus dem Grundsatz der Verfassungsorgantreue sprechen sich dagegen *Benda/Klein*, Verfassungsprozeßrecht, Rn. 112 aus: Mit Berufung auf dieses Prinzip könne vom Bundesverfassungsgericht nicht verlangt wer-

restraint“ sei ein echtes verfassungsrechtliches Gebot, das sich aus dem funktionellen Gefüge des Grundgesetzes ableiten lasse und bei dem gleichzeitig das Gebot der Verfassungsorgantreue angesprochen sei.[136] Dass aufgrund der besonderen Stellung des Bundesverfassungsgerichts keine Instanz die Einhaltung des „judicial self-restraint“ durch das Gericht überprüfen kann, nehme diesem nicht den Rechtscharakter.[137]

Jedoch zeigt schon die vorsichtige Formulierung *Schenkes*, die Forderung nach „judicial self-restraint“ werde vom Aspekt der Organtreue „*mit*getragen“[138], dass auch er aus dem Grundsatz der Organtreue isoliert keine unmittelbare Rechtswirkung ableiten möchte. So könnten sich konkrete verfassungsrechtliche Pflichten, die dem Gebot der Verfassungsorgantreue entspringen, stets nur unter gleichzeitiger Heranziehung der materiell-rechtlichen Normen ergeben, die das Verhältnis der jeweiligen Verfassungsorgane untereinander regeln.[139] Aus dem Gebot der Verfassungsorgantreue isoliert verfassungsrechtliche Gebote abzuleiten, käme einem klassischen Zirkelschluss gleich, da sich aus dem Grundsatz der Verfassungsorgantreue eben keine solchen konkreten verfassungsrechtlichen Pflichten ergeben, sondern jeweils nur in der Verbindung mit den konkreten materiell-rechtlichen Normen.[140] Selbst wenn man das Prinzip der Verfassungsorgantreue als Quelle ungeschriebener Verhaltensvorschriften werte, so müssten diese stets aus einer systematischen Auslegung der an das jeweilige Organ gerichteten Normen gewonnen werden.[141] Diese Problematik lässt manche Autoren bereits am Rechtscharakter des Grundsatzes der Verfassungsorgantreue zweifeln.[142]

---

den, dass es ihm ausdrücklich vom Grundgesetz zugewiesene Zuständigkeiten nicht wahrnehmen soll. Das bloße Gebrauchmachen von einer Kompetenz könne nicht bereits als Verletzung der Organtreue gewertet werden. Dieses Prinzip beziehe sich vielmehr auf die Art und Weise der Ausübung der Kompetenz und gerade nicht auf die Frage, ob von einer Kompetenz Gebrauch gemacht wird. Auch hier wird wieder das unterschiedliche Begriffsverständnis von judicial self-restraint in der Literatur deutlich: *Schenke* bezieht das Gebot auf die Art und Weise der Ausübung richterlicher Gewalt, während *Benda/Klein* den judicial restraint im Zusammenhang des „Ob’s“ der richterlichen Kontrolle sehen.

136 *Schenke*, Der Umfang der verfassungsgerichtlichen Überprüfung, in: NJW 1979, S. 1321, 1325

137 *Schenke*, Der Umfang der verfassungsgerichtlichen Überprüfung, in: NJW 1979, S. 1321, 1325

138 *Schenke*, Verfassungsorgantreue, S. 141

139 *Schenke*, Verfassungsorgantreue, S. 38

140 *Schenke*, Verfassungsorgantreue, S. 38

141 *Schenke*, Verfassungsorgantreue, S. 45

142 Vgl. *Pestalozza*, „Formenmißbrauch“ des Staates, S. 100

Ungeachtet der bestehenden Zweifel hinsichtlich des Rechtscharakters des Prinzips der Verfassungsorgantreue für das Bundesverfassungsgericht, wären also stets immer noch die für das Bundesverfassungsgericht bestimmten grundgesetzlichen Rahmenbedingungen heranzuziehen, insbesondere das Prinzip der Gewaltenteilung, der Kompetenzkatalog des Art. 93 I GG und die Kontrollnormen. Daher sieht *Schenke* das Gebot der Verfassungsorgantreue von dem Grundsatz der Gewaltenteilung – als einem wesentlichen Teil der Kompetenzordnung des Grundgesetzes – überlagert.[143] Ob jedoch das Gebot der Verfassungsorgantreue, das ja im „judicial self-restraint“ „anklingt“, durch den Grundsatz der Gewaltenteilung wesentlich konkretisiert werden kann, erscheint mehr als fraglich.

γ. Ableitung aus dem funktionellen Gefüge des Grundgesetzes

Am häufigsten wird versucht, aus dem grundgesetzlich in Art. 20 II GG verankerten Prinzip der Gewaltenteilung ein Gebot des „judicial self-restraint“ abzuleiten. Dabei wird betont, dass es sich hierbei nicht um das klassische Montesquieu'sche Prinzip handelt, sondern um ein Gebot der gerechten Funktionenordnung. Damit soll zum einen hervorgehoben werden, dass im Grundgesetz das Prinzip der Gewaltenteilung nicht in Reinform verwirklicht ist – vielmehr sind in der Verfassung bereits Fälle der Gewaltenverschränkung angelegt. Eine solche stellt die Kontrolle des Gesetzgebers bzw. der Regierung durch das Bundesverfassungsgericht dar. Folglich kann es nicht bereits als eine Verletzung des Gewaltenteilungsgrundsatzes angesehen werden, wenn das Bundesverfassungsgericht eine Entscheidung der Regierung oder des Gesetzgebers aufhebt, da es dadurch lediglich eine in der Verfassung ausdrücklich vorgesehene Kompetenz wahrnimmt.[144] Zum anderen wird auf die Ratio des Gewaltenteilungsgrundsatzes angespielt, wonach Art. 20 II GG einerseits der Kontrolle durch gegenseitige Hemmung der Machtzentren dient, andererseits eine funktionsadäquate Aufgabenerfüllung durch die einzelnen Organe gewährleisten soll.[145]

Nach einer umfassenden Analyse der grundgesetzlichen Kompetenzverteilung, wonach dem Gesetzgeber und gegebenenfalls der Regierung eine Vorrangstellung bei der Gesellschaftsgestaltung gegenüber dem Bundesverfassungsgericht zukomme, wird gefolgert, das Bundesverfassungsgericht sei zu „judicial self-restraint“ verfassungsrechtlich verpflichtet.[146] Eine solche Argumentation setzt aber notwendigerweise wieder an den Kompetenz- bzw. Kontrollnormen

143 *Schenke*, Verfassungsorgantreue, S. 116
144 In diesem Sinne auch *Bryde*, Verfassungsentwicklung, S. 333
145 *Bryde*, Verfassungsentwicklung, S. 333 f.
146 *Bryde*, Verfassungsentwicklung, S. 338

des Bundesverfassungsgerichts an. Das aus dem Gewaltenteilungsgrundsatz „abgeleitete“ Funktionengefüge des Grundgesetzes ergibt sich in Wahrheit nämlich erst aus den im konkreten Fall einschlägigen materiell-rechtlichen Normen. Diese sind systematisch auszulegen. Bei der Interpretation sind also Gesichtspunkte des Art. 20 II GG oder der Verfassungsorgantreue zu berücksichtigen.

Eine Untersuchung nach den Grenzen der verfassungsrichterlichen Entscheidungsgewalt hat daher notwendigerweise stets an den materiell-rechtlichen Normen anzusetzen, die dann im Lichte des Art. 20 II GG und des ungeschriebenen Grundsatzes der Verfassungsorgantreue auszulegen sind. Für sich alleine können diese beiden Grundsätze in diesem Zusammenhang relativ wenig leisten – insbesondere ist ihnen kein Gebot der richterlichen Zurückhaltung zu entnehmen.

Dies zeigt sich besonders deutlich auch an einem im Rahmen des Teils 4 näher erörterten Problem – der Frage nach der Kompetenz für die Auslegung völkerrechtlicher Verträge anlässlich eines Rechtsstreits: So beanspruchen sowohl die Autoren, die eine Zuständigkeit der Gerichte befürworten, als auch diejenigen, die für eine Zuständigkeit der Exekutive plädieren, den Gewaltenteilungsgrundsatz als Argument für ihre jeweilige Ansicht.[147]

3. Abschließende Stellungnahme

Aus dem Gewaltenteilungsgrundsatz ist also ebensowenig wie aus dem Grundsatz der Organtreue ein Gebot richterlicher Zurückhaltung ableitbar, das dem Richter im konkreten Fall die Grenzen seiner Entscheidung aufzeigen würde. Beide Begriffe – sowohl Gewaltenteilung als auch „judicial self-restraint“ – sind ungeeignet, den genauen Umfang richterlichen Prüfungsrechts zu bestimmen. Vielmehr muss versucht werden, die Grenzen richterlicher Entscheidungsgewalt normativ – also anhand des Normbestandes des Grundgesetzes – festzulegen. Hierzu dienen sowohl kompetenzrechtliche Normen wie Art. 93 I GG als auch die dem Verfassungsgericht zur Verfügung stehenden materiell-rechtlichen Normen.

Gegen eine normative Verankerung des „judicial self-restraint“ im Grundgesetz spricht auch die Judikatur des Bundesverfassungsgerichts: So wurde der Begriff seit den Entscheidungen zum Grundlagenvertrag nicht mehr aufgegriffen. Die ehemalige Präsidentin des Bundesverfassungsgerichts *Limbach* stellte fest, es sei dem Gericht nicht gelungen, den Begriff mittels eines Kriterienkataloges näher zu präzisieren. Die Forderung nach „judicial self-restraint“ erweise sich so als

---

147 Ebenso *Schreuer*, Wechselwirkungen zwischen Völkerrecht und Verfassung bei der Auslegung völkerrechtlicher Verträge, in: BDGV 23 (1982), S. 61, 63

bloße rhetorische Argumentationsfigur, die lediglich gewisse Probleme umschreibe, ohne sie zu lösen.[148]

Wenn man im Zusammenhang mit dem Grundgesetz überhaupt von „judicial self-restraint" sprechen möchte[149], so muss diesem Begriff eine spezifisch grundgesetzliche Deutung gegeben werden: Das Gebot der richterlichen Selbstbeschränkung ist dahin zu verstehen, dass das Gericht *selbst* über objektiv vorhandene (normative) Beschränkungen entscheidet.[150] Das Bundesverfassungsgericht ermittelt lediglich selbst die verfassungsrechtlich bereits ausdrücklich oder konkludent angelegten Grenzen der Kontrolle der auswärtigen Gewalt.[151] Jedoch ist der Terminus als solcher ungeeignet, eine normative Grenze verfassungsgerichtlicher Kontrolle zu bestimmen.[152] Grenzen der Verfassungsgerichtsbarkeit können nicht mit einem Schlagwort gezogen werden. Als bloßer Appell an das richterliche Ethos kann der Terminus schon überhaupt keine ausreichende Begrenzung der Verfassungsgerichtsbarkeit kennzeichnen.[153]

Die Grenzen der Verfassungsgerichtsbarkeit sind daher aus dem Grundgesetz selbst abzuleiten (vgl. C.). Als beschreibender Sammelbegriff hat „judicial self-restraint" jedoch auch in der deutschen Verfassungsordnung durchaus seine Daseinsberechtigung.

---

148 *Limbach*, Bundesverfassungsgericht als Machtfaktor, in: HFR 12-1996, S. 9, 12 – http://www.humboldt-forum-recht.de/12-1996/Drucktext.html [04.04.2006]

149 *Blumenwitz*, Judicial self-restraint und die verfassungsgerichtliche Überprüfung von Akten der Auswärtigen Gewalt, in: DVBl. 1976, S. 464, 468, spricht vom „judicial self-restraint" als einem „Fremdkörper in der deutschen Verfassungsgerichtsbarkeit".

150 Vgl. *Kunig*, Auswärtige Gewalt, in: Jura 1993, S. 554, 558; *Hesse*, Funktionelle Grenzen der Verfassungsgerichtsbarkeit, in: Recht als Prozess und Gefüge, S. 261, 263; *Badura*, Erneute Überlegungen zur Justiziabilität politischer Entscheidungen, in: *Däubler-Gmelin, u.a.* [Hrsg.], Gegenrede: Aufklärung – Kritik – Öffentlichkeit, S. 869, 884; *Rees*, Die Kontrolle internationaler Verträge und der Akte der Europäischen Gemeinschaften durch das Bundesverfassungsgericht, in: *Koenig/Rüfner* [Hrsg.], Die Kontrolle der Verfassungsmäßigkeit in Frankreich und in der Bundesrepublik Deutschland, S. 145, 155; *Hailbronner*, Kontrolle der auswärtigen Gewalt, in: VVDStRL 56 (1997), S. 7, 12

151 *Hailbronner*, Kontrolle der auswärtigen Gewalt, in: VVDStRL 56 (1997), S. 7, 12

152 *Schuppert*, Self-restraints der Rechtsprechung, in: DVBl. 1988, S. 1191

153 *Riecken*, Verfassungsgerichtsbarkeit in der Demokratie, S. 434

IV. Rezeption des „judicial self-restraint" in der Französischen Republik – ein Gegenmittel zum „gouvernement des juges"

Auch im französischen Verfassungsrecht findet man eine Auseinandersetzung mit dem Begriff „judicial self-restraint" – gelegentlich ins Französische übersetzt als „réserve judiciaire"[154] oder als „retenue du juge".[155] Der Grundsatz richterlicher Zurückhaltung wird dabei als mögliches „Gegenmittel" („remède") zum sogenannten „gouvernement des juges" angesehen.[156] Die Diskussion ist jedoch längst nicht so ausgeprägt wie in den Siebzigerjahren in der Bundesrepublik. Unter Berufung auf ein US-amerikanisches Rechtslexikon wird der Begriff als selbst auferlegte Tugend definiert, die die Richter daran hindert, persönlichen Standpunkten den Vorrang vor Präzedenzfällen oder Gesetzen einzuräumen.[157] Es wird mithin nur eine der möglichen US-amerikanischen Begriffsdeutungen zu Grunde gelegt.

Wesentlich weiter verbreitet ist in der französischen Literatur demgegenüber der Begriff des „gouvernement des juges" – also einer Regierung der Richter bzw. durch die Richter.

Dabei ist der Topos – ebenso wie „judicial self-restraint" – nicht bloß auf die Institution des Conseil constitutionnel beschränkt, tritt aber hier – aufgrund der Spezifizität des Verfassungsrechts[158] – in besonderem Maße auf. Die Menschenrechtserklärung von 1789 und die Präambel der Verfassung von 1946 sind geradezu Prototypen verfassungsrechtlicher Regelungen, die einen weiten Auslegungsspielraum eröffnen.[159] Auch dem Conseil d'Etat wird gelegentlich vorge-

154 Vgl. *Pech*, Le remède au gouvernement des juges: le judicial self restraint?, in: Gouvernement des juges et démocratie, S. 63, 68

155 *Gicquel*, Droit constitutionnel et institutions politiques, S. 188

156 Vgl. *Pech*, Le remède au gouvernement des juges: le judicial self restraint?, in: Gouvernement des juges et démocratie, S. 63 ff. *Gicquel*, Droit constitutionnel et institutions politiques, S. 198, betont, „judicial self-restraint" könne beim Dilemma zwischen „Regieren oder Richten" ein gewisses Gleichgewicht herstellen. *Moderne*, Actualités des principes généraux du droit, in: RFDA 1998, S. 505, sieht den Vorteil von judicial self-restraint darin, dass er das Vertrauen der anderen Akteure in die Institution des Conseil constitutionnel erhöhen könne.

157 *Pech*, Le remède au gouvernement des juges: le judicial self restraint?, in: Gouvernement des juges et démocratie, S. 63, 85 m.w.N.

158 Vgl. hierzu unten Teil 1 C. I.; *Pech*, Le remède au gouvernement des juges: le judicial self restraint?, in: Gouvernement des juges et démocratie, S. 63, 79, spricht treffend von einer „« obscurité structurelle » de la Constitution qui donne un large pouvoir à son interprète."

159 *Hamon/Troper*, Droit constitutionnel, S. 849

halten, er trage mit seiner Rechtsprechung zu einem „gouvernement des juges" bei.[160]

Im Bereich der Kontrolle der auswärtigen Gewalt klingt ebenfalls gelegentlich der Vorwurf eines „gouvernement des juges" an. So spricht *Carreau* zum Beispiel anlässlich der FMI-Entscheidung des Conseil constitutionnel von einer „usurpation des fonctions" durch das Gericht.[161] Weiterhin habe der Verfassungsrat in der Direktwahlentscheidung eine politische Frage entschieden, wozu er im Gegensatz zum deutschen oder italienischen Verfassungsgericht von Verfassungs wegen nicht berechtigt sei.[162] In Bezug auf dasselbe Judikat erheben *Favoreu* und *Philip* den Vorwurf, der Conseil habe so viele Barrieren errichtet und in einem solchen Ausmaß auf das Mittel der verfassungskonformen Auslegung zurückgegriffen, dass er sich zum Gesetzgeber aufschwang.[163] Allgemein wird die in Teil 4 zu erörternde Technik der verfassungskonformen Auslegung häufig in Verbindung mit dem „gouvernement des juges" gebracht.[164]

Der Begriff „gouvernement des juges" wurde erstmals im Titel eines Werkes von *Édouard Lambert* aus dem Jahre 1921[165] aufgegriffen, in dem der Autor die Rolle des Supreme Court gegenüber der Sozialgesetzgebung in den USA beschreibt. Mittlerweile dient „gouvernement des juges" jedoch als Schlagwort in vielen Zusammenhängen – meist in pejorativem Sinne. Zwar existiert im angloamerikanischen Rechtskreis der Begriff des „Government by the Judiciary"; die-

160 Vgl. den Titel des Aufsatzes von *Rivero*, Le juge administratif français: un juge qui gouverne?, in: Dalloz chron. 1951, S. 21 ff. Die Feststellung, dass auch der Conseil d'Etat gelegentlich dem Vorwurf ausgesetzt ist, er trage zu einem „gouvernement des juges" bei, überrascht keineswegs, da auch der Conseil d'Etat – wie zu zeigen sein wird – Funktionen von Verfassungsgerichtsbarkeit wahrnimmt.

161 *Carreau*, Anm. zu CC, 29.04.1978, FMI, déc. no. 78-93 DC, in: RGDIP 1979, S. 209, 215

162 *Favoreu/Philip*, Anm. zu CC, 29./30.12.1976, Élection de l'Assemblée des Communautés européennes au suffrage universel direct, déc. no. 76-71 DC, Rec. S. 15, in: RDP 1977, S. 129, 165 f.

163 *Favoreu/Philip*, Anm. zu CC, 29./30.12.1976, Élection de l'Assemblée des Communautés européennes au suffrage universel direct, déc. no. 76-71 DC, Rec. S. 15, in: RDP 1977, S. 129, 165: „[Le Conseil constitutionnel T.P.] a enfin assorti sa décision de tant de réserves et dressé tant de barrières destinées à canaliser l'action des pouvoirs publics, que l'on a pu dire qu'il „légiférait" et que sa décision ressemblait à un arrêt de règlement."

164 Vgl. *Rousseau*, Droit du contentieux constitutionnel, S. 162, der dies aber als ungerechtfertigt ansieht.

165 *Lambert*, Le gouvernement des juges et la lutte contre la législation sociale aux États-Unis

ser wird in den USA aber bei Weitem nicht derart häufig verwendet, wie „gouvernement des juges“ in Frankreich.[166]

Dabei gibt es – ähnlich wie bei der Auseinandersetzung mit „judicial self-restraint“ in der Bundesrepublik Deutschland – kein einheitliches Begriffsverständnis des „gouvernement des juges“.

1. Verschiedene Begriffsverständnisse des gouvernement des juges

Frühere Autoren verstanden in enger Anlehnung an den US-amerikanischen Kontext des Begriffs unter einem „gouvernement des juges“ ein System, in dem die Richter sich die Kompetenz zusprechen, eine nationale Ideologie zu definieren oder aufrechtzuerhalten und dadurch die ethischen Grundlagen der Einheit des Staates zu schützen.[167]

Heute wird auf die Wendung zurückgegriffen, wenn es darum geht, ein System zu beschreiben, in dem Verfassungsgerichte die Kompetenz haben, sich gegen politische Entscheidungen zu wenden[168], die Ausübung legislativer Gewalt „usurpieren“, die Verfassung in subjektiver Art und Weise interpretieren[169] oder verfassungsändernde Gesetze kontrollieren.[170] Als Unterfall der Wahrnehmung legislativer Funktion durch die Gerichte wird dabei die Identifikation und Entwicklung sogenannter „principes fondamentaux reconnus par les lois de la Ré-

166 Vgl. hierzu *Troper*, Le bon usage des spectres – Du gouvernement des juges au gouvernement par les juges, in: Le nouveau constitutionnalisme, S. 49. Manche US-amerikanischen Autoren sehen daher in der Verwendung des Begriffs „gouvernement des juges“ „« un phantasme français », un gallicisme“; vgl. *Pech*, Le remède au gouvernement des juges: le judicial self restraint?, in: Gouvernement des juges et démocratie, S. 63, 67 in Fn. 14 m.w.N.

167 *Rivero*, Le juge administratif français: un juge qui gouverne?, in: Dalloz chron. 1951, S. 21, 23

168 *Troper*, Le bon usage des spectres – Du gouvernement des juges au gouvernement par les juges, in: Le nouveau constitutionnalisme, S. 49, 52 f., bezeichnet dies als „gouvernement des juges“ im weitesten Sinne.

169 So z. B. das Begriffsverständnis von *Genevois*, Une catégorie de principes de valeur constitutionnelle: les principes fondamentaux reconnus par les lois de la République, in: RFDA 1998, S. 477, 478: „[Le „gouvernement des juges“ est un phénomène T.P.] qui se manifeste lorsque pour résoudre un litige le juge fait appel à sa propre subjectivité au-delà de ce qu’autorisent les textes dont il doit faire application.“

170 *Troper*, Le bon usage des spectres – Du gouvernement des juges au gouvernement par les juges, in: Le nouveau constitutionnalisme, S. 49, 58, bezeichnet das als „gouvernement des juges“ im engsten Sinne.

publique“[171] bzw. sogenannter „principes“ oder „objectifs à valeur constitutionnelle“[172] durch den Conseil constitutionnel gewertet. Diese Prinzipien werden dann neben dem Verfassungstext als Prüfungsmaßstäbe herangezogen.[173] Gerade in letzterem Fall scheint es, als geriere sich der Verfassungsrat als Verfassungsgeber[174], als setze er sich an Stelle der eigentlich zuständigen Organe.[175] Eine ähnliche Diskussion wird hinsichtlich der Rechtsprechung des Conseil d'Etat zu den „principes généraux du droit applicable même sans texte“ geführt.[176]

Demgegenüber steht bei der Erörterung des Topos „gouvernement des juges“ die Legitimität der Verfassungskontrolle von Gesetzen in einem demokratischen System[177] nicht mehr so sehr im Zentrum des Interesses – eine solche wird mittlerweile fast einhellig als zentrales Element eines Rechtsstaates angesehen. Vielmehr geht es um die Intensität der verfassungsgerichtlichen Einflussnahme („degré d'interventionnisme du juge constitutionnel“).[178]

Im Wesentlichen stellt also der Begriff „gouvernement des juges“ ebenso wie „judicial self-restraint“ ein Schlagwort in der Diskussion um die Grenzen der Verfassungsgerichtsbarkeit dar. Die geschilderten Begriffsbestimmungen dienen

171 Vgl. hierzu *Rousseau*, Droit du contentieux constitutionnel, S. 105 ff., der auch sämtliche vom Conseil constitutionnel anerkannten „principes fondamentaux reconnus par les lois de la République“ auflistet.

172 Vgl. hierzu *Rousseau*, Droit du contentieux constitutionnel, S. 110-112

173 *Ardant*, Institutions politiques & Droit constitutionnel, S. 136 f.; vgl. z. B. den Vorwurf des ehemaligen Premierministers *Balladur*: Der Conseil constitutionnel übe seine Verfassungskontrolle „au regard de principes généraux parfois plus philosophiques et politiques que juridiques“ aus. Zit. bei *Hamon/Troper*, Droit constitutionnel, S. 849. *Genevois*, Une catégorie de principes de valeur constitutionnelle: les principes fondamentaux reconnus par les lois de la République, in: RFDA 1998, S. 477, 485, wertet daher den Rückgriff auf die „principes fondamentaux reconnus par les lois de la République“ als Indiz eines „gouvernement des juges“.

174 Vgl. z. B. *Vedel*, La place de la Déclaration des droits de l'homme et du citoyen dans le bloc de constitutionnalité, in: Déclaration des droits de l'homme et des citoyens et la jurisprudence, colloque au Conseil constitutionnel des 25 et 26 mai 1989, S. 63, zit. bei: *Pech*, Le remède au gouvernement des juges: le judicial self restraint?, in: Gouvernement des juges et démocratie, S. 63, 94: „la vraie pierre de touche du gouvernement des juges se trouve dans la liberté que le juge constitutionnel s'octroie non d'appliquer la Constitution ou de l'interpréter, même de façon constructive, mais, sous quelque nom que ce soit, de la compléter sinon de la corriger par des règles qui sont sa propre création.“

175 *Gicquel*, Droit constitutionnel et institutions politiques, S. 188

176 *Pech*, Le remède au gouvernement des juges: le judicial self restraint?, in: Gouvernement des juges et démocratie, S. 63, 80 m.w.N.

177 *Hamon/Troper*, Droit constitutionnel, S. 63-66

178 Vgl. *Pech*, Le remède au gouvernement des juges: le judicial self restraint?, in: Gouvernement des juges et démocratie, S. 63, 71 f. m.w.N.

lediglich dazu festzustellen, ob ein „gouvernement des juges“ in einem bestimmten Rechtssystem vorliegt oder nicht. Diese Frage hängt jedoch allein davon ab, wie man den Begriff definiert. Der wissenschaftliche Gewinn ist mithin denkbar gering.[179] Daher erscheint es nicht verwunderlich, dass sich der Topos grundsätzlichen Bedenken ausgesetzt sieht.

2. Kritik am Begriff „gouvernement des juges“

Der Ausdruck „gouvernement des juges“ verschleiere mehr seinen Gegenstand, als dass er zur Klärung der zu Grunde liegenden Probleme beitrage.[180] Im Falle der Schaffung eines neuen Prüfungsmaßstabes, z. B. eines „principe général du droit“ im Wege richterlicher Rechtsfortbildung führe die Bezeichnung dieser Situation als „gouvernement des juges“ zu keinen neuen Erkenntnissen.[181] Im Gegenteil: sie sei sogar zum Verständnis der Problematik hinderlich, da sich die richterliche Arbeit auch anlässlich von Rechtsfortbildung weiterhin im Gegensatz zur Regierung durch fehlende Eigeninitiative auszeichne.[182] Dies erkennt auch *Gicquel*, wenn er – wohl in Anlehnung an *Montesquieu* – ausführt, trotz des enormen politischen Gewichts des Conseil constitutionnel könne dieser nicht als „Regierung“ qualifiziert werden, da seine Kompetenzen lediglich eine „faculté d'empêcher“ darstellten, also eine Möglichkeit, eine bestimmte Regelung zu verhindern.[183]

Auch in anderer Hinsicht unterscheide sich die Aufgabe der Richter grundlegend von denen der politischen und administrativen Einrichtungen: So hätten die Richter – von einigen Ausnahmen abgesehen – im Gegensatz zur Regierung nicht die Möglichkeit, frei darüber zu entscheiden, ob sie sich mit einer Angelegenheit befassen oder nicht.[184] Ebensowenig könnten die Gerichte grundsätzlich über den

---

179 *Troper*, Le bon usage des spectres – Du gouvernement des juges au gouvernement par les juges, in: Le nouveau constitutionnalisme, S. 49, 61

180 *de Béchillon*, Le gouvernement des juges: une question à dissoudre, in: Dalloz, chron. 2002, S. 973

181 *de Béchillon*, Le gouvernement des juges: une question à dissoudre, in: Dalloz, chron. 2002, S. 973; ähnlich *Troper*, Le bon usage des spectres – Du gouvernement des juges au gouvernement par les juges, in: Le nouveau constitutionnalisme, S. 49, 60

182 *de Béchillon*, Le gouvernement des juges: une question à dissoudre, in: Dalloz, chron. 2002, S. 973

183 *Gicquel*, Droit constitutionnel et institutions politiques, 15. Aufl. 1997, S. 306

184 *de Béchillon*, Le gouvernement des juges: une question à dissoudre, in: Dalloz, chron. 2002, S. 973 f.

Streitgegenstand verfügen.[185] Die Praxis der obiter dicta sei zwar nicht gering zu schätzen, könne aber diese Prinzipien nicht in Frage stellen.[186]

Weiterhin suggeriere der Begriff „gouvernement des juges“ zu Unrecht, dass es Situationen gebe, in denen die Gerichte *nicht* „regieren“ würden, in denen der Richter keine rechtsschöpfende Tätigkeit ausübe. In jeder Auslegung eines Gesetzes stecke nämlich ein Stückchen Rechtsschöpfung – Auslegung ist kein Erkenntnisakt eines bereits präexistenten Sinnes, sondern ein Willensakt („pas un acte de connaissance, mais un acte de volonté“).[187] Schließlich kann man sogar so weit gehen, zu behaupten, jedes Urteil generiere zumindest eine neue Norm.[188] Die Tatsache also, dass Richter rechtserzeugend tätig werden, ist nichts Besonderes. Unter diesem Blickwinkel unterscheidet sich die Arbeit des Richters nicht von der des Gesetzgebers oder der Exekutive – er stellt Verhaltensregeln für die Rechtsunterworfenen auf.[189] Entscheidend ist folglich nicht, *dass* Richter „regieren“, sondern *wie* sie es tun[190] – wiederum ist die Frage der Grenzen richterlicher Entscheidungsgewalt angesprochen.

185 *de Béchillon*, Le gouvernement des juges: une question à dissoudre, in: Dalloz, chron. 2002, S. 973, 974: für den Conseil constitutionnel macht er jedoch sogleich eine Einschränkung. So kann der Verfassungsrat nämlich über die Verfassungsmäßigkeit des gesamten Gesetzes erkennen, obgleich die Antragsschrift sich nur auf gewisse Bestimmungen bezog. Vgl. zum Letzteren auch *Rousseau*, Droit du contentieux constitutionnel, S. 190 f.

186 *de Béchillon*, Le gouvernement des juges: une question à dissoudre, in: Dalloz, chron. 2002, S. 973, 974

187 *de Béchillon*, Le gouvernement des juges: une question à dissoudre, in: Dalloz, chron. 2002, S. 973, 975

188 *de Béchillon*, Le gouvernement des juges: une question à dissoudre, in: Dalloz, chron. 2002, S. 973, 975

189 *de Béchillon*, Le gouvernement des juges: une question à dissoudre, in: Dalloz, chron. 2002, S. 973, 975

190 *de Béchillon*, Le gouvernement des juges: une question à dissoudre, in: Dalloz, chron. 2002, S. 973, 976 f. Zum Beispiel sei richterliche Rechtsschöpfung nur unter zwei Bedingungen akzeptabel: Sie dürfe nicht dem bloßen subjektiven Willen des Richters entspringen, sondern einer spezifisch juristischen Notwendigkeit. Außerdem müsse sie sich argumentativ auf eben jene juristische Notwendigkeit zurückführen lassen. Genau hierdurch unterscheide sich die richterliche Methodik von der der Regierung und der Legislative.

3. Rechtsprechung des Conseil constitutionnel – gouvernement des juges oder judicial self-restraint?

Unter Zugrundelegung der oben geschilderten Definitionen kommen die meisten Autoren zu dem Schluss, in Frankreich existiere mit der Einrichtung des Conseil constitutionnel kein „gouvernement des juges".

Dies sei schon angesichts der verfassungsrechtlichen Ausgangslage zu verneinen. Trotz der unzweifelhaft wichtigen politischen Rolle, die der Conseil constitutionnel angesichts des politischen Gegenstandes des Prüfungsmaßstabes spielt, könne man nicht behaupten, die Richter des Verfassungsrates würden regieren. Schließlich übten sie nicht die zentrale Macht im Staate aus.[191] Außerdem sei der Conseil auf eine a priori-Kontrolle beschränkt, die überdies fakultativer Natur sei.[192]

Weiterhin existiere ein „gouvernement des juges" in Frankreich deshalb nicht, weil stets das Volk bzw. dessen Repräsentant die „volonté souveraine" ausdrücke.[193] Mithin komme dem Volk das „letzte Wort" zu und gerade nicht dem Verfassungsrat.[194] Dies lässt sich sehr schön an der Rechtsfolge des Art. 54 Const. 1958 zeigen. So kann ein Gesetz, das zur Ratifikation oder zur Billigung eines völkerrechtlichen Vertrages oder Abkommens ermächtigt und das vom Conseil constitutionnel als verfassungswidrig angesehen wurde, erst dann erlassen werden, wenn eine Verfassungsänderung erfolgt ist, die die Verfassung mit dem jeweiligen völkerrechtlichen Vertrag in Einklang bringt.[195] Das verfas-

191 *Hamon/Troper*, Droit constitutionnel, S. 849: „on ne peut parler d'un gouvernement des juges que si des juges exercent l'essentiel du pouvoir, ce qui n'est évidemment pas le cas."

192 *Hamon/Troper*, Droit constitutionnel, S. 849

193 *Gicquel*, Droit constitutionnel et institutions politiques, S. 747 f. „Si les juges ne gouvernent pas, c'est parce qu'à tout moment le souverain, à la condition de paraître en majesté comme constituant, peut, dans une sorte de lit de justice briser leurs arrêts"; „il n'existe pas, en France, de gouvernement des juges, le peuple demeurant le seul titulaire de la souveraineté"

194 *Pech*, Le remède au gouvernement des juges: le judicial self restraint?, in: Gouvernement des juges et démocratie, S. 63, 98: „[Le Conseil constitutionnel T.P.] n'a pas le pouvoir de dire le dernier mot."

195 Vgl. z. B. das verfassungsändernde Gesetz No. 92-554 vom 25.06.1992, in: J.O.R.F. no. 147 vom 26.06.1992, S. 8406 im Anschluss an die Maastricht I-Entscheidung des Conseil constitutionnel (CC, 09.04.1992, déc. no. 92-308 DC, Rec. S. 55); oder das verfassungsändernde Gesetz No. 99-568 vom 08.07.1999, in: J.O.R.F. no. 157 vom 09.07.1999, S. 10175 im Anschluss an die Entscheidung des Conseil constitutionnel zum Römischen Statut (CC, 22.01.1999, déc. no. 98-408 DC, Rec. S. 29)

sungsändernde Gesetz selbst ist jeglicher Kontrolle durch den Conseil constitutionnel entzogen.[196]

Gerade der letztgenannte Umstand lässt sich bereits als Anzeichen eines „judicial self-restraint“ durch den Conseil constitutionnel auffassen[197] – die Ablehnung der Überprüfung verfassungsändernder Gesetze ist nämlich keinesfalls juristisch zwingend.[198]

Auch die Tatsache, dass der Conseil constitutionnel strenge Kriterien zur Identifikation von „principes fondamentaux reconnus par les lois de la République“[199] sowie von „principes particulièrement nécessaires à notre temps“ aufstellt, lässt einen „judicial self-restraint“ erkennen. Insbesondere ist hierbei die strikte Anbindung an einen geschriebenen Text hervorzuheben – außerhalb geschriebener Texte lehnt es das Gericht nämlich ab, sogenannte „principes généraux de droit“ zu entwickeln.[200]

---

196 Einige Passagen der Maastricht II-Entscheidung des Conseil constitutionnel vom 02.09.1992 (CC, déc. no. 92-312, Rec. S. 76) hätte man noch dahingehend verstehen können, der Verfassungsrat übe eine solche Kontrolle unter bestimmten Bedingungen aus. Mit der Entscheidung vom 26.03.2003 (CC, Révision constitutionnelle relative à l'organisation décentralisée de la République, déc. no. 2003-469 DC, Rec. S. 293) hat das Gericht jedoch sämtliche diesbezüglichen Zweifel ausgeräumt; 2. Erwägungsgrund: „le Conseil constitutionnel ne tient ni de l'article 61, ni de l'article 89, ni d'aucune autre disposition de la Constitution le pouvoir de statuer sur une révision constitutionnelle“. Vgl. zur Gesamtproblematik *Rousseau*, Droit du contentieux constitutionnel, S. 215-221

197 Ebenso *Pech*, Le remède au gouvernement des juges: le judicial self restraint?, in: Gouvernement des juges et démocratie, S. 63, 98

198 *Rousseau*, Droit du contentieux constitutionnel, S. 221, spricht von einer „décision d'incompétence, [qui est T.P.] juridiquement possible, mais pas juridiquement obligatoire“.

199 Vgl. zu den Kriterien für die Anerkennung eines „principe fondamental reconnu par les lois de la République“ durch den Conseil constitutionnel *Rousseau*, Droit du contentieux constitutionnel, S. 107 m.w.N.; umfassend *Genevois*, Une catégorie de principes de valeur constitutionnelle: les principes fondamentaux reconnus par les lois de la République, in: RFDA 1998, S. 477, 480-483

200 *Moderne*, Actualités des principes généraux du droit, in: RFDA 1998, S. 495, 503 f.: „C'est donc une attitude [...] de self-restraint qui conduirait le Conseil constitutionnel à s'en tenir à „toute la Constitution, rien que la Constitution“ pour délimiter le champs des règles applicables au contrôle de constitutionnalité dont il est investi.“ Trotz dieser Anzeichen eines „judicial self-restraint“ durch die Anbindung an einen Text ist selbstverständlich die Einflussnahme des Conseil constitutionnel bei der Entwicklung der „principes fondamentaux reconnus par les lois de la République“ erheblich, da das Gericht nach freiem „Ermessen“ entscheidet, was es für „fondamental“ erachtet. Ebenso *Rousseau*, Droit du contentieux constitutionnel, S. 107

Weiterhin kann es als „judicial self-restraint" seitens des Conseil constitutionnel gewertet werden, wenn dieser ausführt, das Gericht verfüge nicht über eine generelle Kompetenz zur Einschätzung und zur Entscheidung, die dem Parlament identisch wäre – er dem Gesetzgeber also Einschätzungsprärogativen einräumt.[201]

Diese Ausführungen untermauern nochmals die These von der rein deskriptiven Verwendung des Begriffs „judicial self-restraint" in der französischen Verfassungsrechtslehre. Im Kern geht es auch in Frankreich bei der Diskussion um die Begriffe „gouvernement des juges" und „judicial self-restraint" um die Grenzen der Verfassungsgerichtsbarkeit. Wie diese zu bestimmen sind und welche Probleme hiermit verbunden sind, soll nachfolgend exemplarisch anhand der deutschen Rechtslage aufgezeigt werden.

C. Grenzen der Verfassungsgerichtsbarkeit

Die Frage nach den Grenzen der verfassungsgerichtlichen Kontrolle ist fast so alt wie das Grundgesetz selbst und daher Gegenstand vieler Untersuchungen. Sie wird insbesondere nicht dadurch obsolet, dass deren Beachtung durch das Bundesverfassungsgericht nicht gerichtlich nachprüfbar ist. Vielmehr ist das Auffinden solcher Grenzen von zentraler Wichtigkeit, um zu verhindern, dass das Bundesverfassungsgericht seine Kompetenzen missbraucht.[202] Nur durch Einhaltung der Grenzen verfassungsgerichtlicher Rechtsprechung kann das Bundesverfassungsgericht die ihm durch das Grundgesetz zugewiesene Rolle spielen.[203]

Die Notwendigkeit solcher Grenzen ist also heute weitgehend unbestritten: Der Verfassungsrichter darf sich nämlich nicht an die Stelle der nach dem Grundgesetz an sich zuständigen Organe setzen und so selbst zum politischen Entscheidungsträger werden. Mit anderen Worten gebietet das in Art. 20 II GG niedergelegte Prinzip der Gewaltenteilung die Festlegung solcher Grenzen der verfassungsgerichtlichen Kontrolle.[204] Höchst umstritten ist indes, *wie* diese Grenzen zu bestimmen sind. Die insbesondere in den Fünfziger- und Sechzigerjahren vertretenen Auffassungen, man könne Grenzen aus einer Gegenüberstel-

---

201 *Pech*, Le remède au gouvernement des juges: le judicial self restraint?, in: Gouvernement des juges et démocratie, S. 63, 96, unter Bezugnahme auf CC, 15.01.1975, IVG, déc. no. 74-54 DC, Rec. S. 19, 1. Erwägungsgrund

202 *Bryde*, Verfassungsentwicklung, S. 222

203 *Hesse*, Funktionelle Grenzen der Verfassungsgerichtsbarkeit, in: Recht als Prozess und Gefüge, S. 261, 262

204 So speziell für die Kontrolle der auswärtigen Gewalt *Hailbronner*, Kontrolle der auswärtigen Gewalt, in: VVDStRL 56 (1997), S. 7, 14

lung von Politik und Recht bzw. aus dem Demokratieprinzip herleiten, sind als überkommen zu bezeichnen.[205]

I. Vorhandensein von Kontrollnormen als erste Grenze der Verfassungsgerichtsbarkeit

Einigkeit besteht im Wesentlichen darüber, dass verfassungsgerichtliche Kontrolle überhaupt nur dort stattfinden kann, wo dem Gericht entsprechende Kontrollmaßstäbe zur Verfügung stehen. Insoweit stellt das Vorhandensein von Kontrollmaßstäben eine erste Grenze der Verfassungsgerichtsbarkeit dar. Darauf hat das Bundesverfassungsgericht auch mehrfach hingewiesen, wenn es vom Fehlen rechtlicher Maßstäbe im Rahmen der Überprüfung der auswärtigen Gewalt spricht.[206] Manche Autoren sehen hierin sogar die einzige Grenze der Verfassungsgerichtsbarkeit.[207] Eine solche Grenze erscheint aber angesichts des besonderen Charakters von Verfassungsrecht sehr unpräzise. Der besondere Charakter ergibt sich dabei im Wesentlichen aus zwei Gesichtspunkten:[208]

(1) Zum einen wird das Staats- und Verfassungsrecht als „weithin [...] *fragmentarisches* Recht“[209] gekennzeichnet. Dies gilt sowohl hinsichtlich der vom Grundgesetz erfassten Regelungsgegenstände[210] als auch hinsichtlich des Regelungscharakters der einzelnen Normen, die im Vergleich zum einfachen Gesetzesrecht einen besonders „offenen“ Charakter und eine „stärkere Öffnung zum metarechtlichen Bereich“ aufweisen.[211] Bei den Grundrechten verschärft sich die

205 Vgl. statt vieler AK-*Rinken*, vor Art. 93 Rn. 87 ff. (Stand GW AufbauL Oktober 2001) bezüglich der Trennung von Recht und Politik

206 BVerfGE 66, 39, 61; 63 f.

207 *Burmeister*, Stellung und Funktion des Bundesverfassungsgerichts im System der Gewaltenteilung, in: *Koenig/Rüfner* [Hrsg.], Die Kontrolle der Verfassungsmäßigkeit in Frankreich und in der Bundesrepublik Deutschland, S. 33, 43

208 Ein dritter Wesenszug ergibt sich aus dem Charakter des Verfassungsrechts als „Recht für das Politische“, da es verfahrens- und materiell-rechtliche Vorgaben für die Entscheidungen der politischen Organe enthält (*Stern*, StR I, § 4 I 5, S. 109) und insoweit unmittelbar politikbezogen ist (*Böckenförde*, Staat, Verfassung, Demokratie, S. 15 f.).

209 *Böckenförde*, Staat, Verfassung, Demokratie, S. 16 – Hervorhebungen im Original

210 *Böckenförde*, Staat, Verfassung, Demokratie, S. 16; als Beispiel kann hier der Auslandseinsatz deutscher Streitkräfte genannt werden. Auf welcher verfassungsrechtlichen Grundlage ein solcher Einsatz zu beschließen ist und von welchen Organen, ist im Grundgesetz nicht ausdrücklich geregelt.

211 *Achterberg*, Bundesverfassungsgericht und Zurückhaltungsgebote, in: DÖV 1977, S. 649, 651. Diese „Offenheit“ tritt fast noch deutlicher im französischen Verfassungsrecht hervor. Vgl. *Moderne*, Actualité des principes généraux, in: RFDA

Problematik der Unbestimmtheit der Normen noch durch den Umstand, dass das Bundesverfassungsgericht aus den Grundrechten eine allgemeine Wertordnung ableitet[212], die als solche in sämtliche Bereiche des Gemeinwesens ausstrahlt.

Aufgrund des „offenen" Charakters der Verfassungsrechtsnormen ist Auslegung in besonderem Maße Verfassungskonkretisierung[213] – die Interpretation entwickelt sich zum Kernproblem des Verfassungsrechts. Dem Bundesverfassungsgericht als letztinstanzlichem Interpreten des Grundgesetzes kommt dabei entscheidende Bedeutung zu. *Isensee* betont, „die hobbesianische Urfrage nach dem Interpreten der Norm überlagert und präjudiziert die Frage nach deren Inhalt".[214] In vielen Fällen stellt das Verfassungsgericht erst eine Regel auf und legt gleichzeitig deren Konsequenzen fest.[215] Darüber hinaus macht die Qualifikation der Grundrechte auch als objektive Wertordnung quasi jede Entscheidung zu einem Fall der gegenseitigen Abwägung von Grundrechtspositionen – die Tauglichkeit der Grundrechte als wesentlich den Kontrollumfang des Bundesverfassungsgerichts beschränkende Kontrollmaßstäbe wird zusätzlich vermindert.[216] Im Gegenzug werden verfassungsgerichtliche Entscheidungsspielräume erweitert.

(2) Zum anderen erhebt das Grundgesetz einen umfassenden Geltungsanspruch (Artt. 1 III, 20 III GG). Rechtsprechung und Lehre haben es stets abgelehnt, bestimmte Normen als bloße Programmsätze einzustufen.[217] Dieser umfassende Geltungsanspruch realisiert sich in zweifacher Art und Weise: Einerseits

1998, S. 495, 497: „Plus que tout autre, notre droit constitutionnel est investi par des principes de tous genres et de tous niveaux [...]. [...] Entre les „principes fondamentaux reconnus par les lois de la République", les principes de „valeur constitutionnelle", les „principes fondamentaux" de l'article 34 de la Constitution [...], et les „principes particulièrement nécessaires à notre temps", les effets miroirs ou d'occultation se multiplient et s'entrecroisent et l'interprète à [sic!] parfois du mal à retrouver la pureté architecturale des constructions cartésiennes"; a.A. ist z. T. *Brunet*, Le juge constitutionnel est-il un juge comme les autres?, in: *Grewe/ Jouanjan, et alt.* [Hrsg.], La notion de justice constitutionnelle, S. 115, 120: Er meint, Verfassungen seien nicht weniger unklar als manches Gesetz oder manche Verordnung, gesteht aber schlussendlich zu, dass dieses Phänomen bei Verfassungstexten häufiger auftritt.

212 Grundlegend hierzu BVerfGE 7, 198, 205

213 *Stern*, StR II, § 4 III 3, S. 128. Zwar wird in jedem Falle durch die Auslegung ein Rechtstext konkretisiert, der Konkretisierungsgrad ist aber bei Verfassungsrechtsnormen besonders hoch. Vgl. für das französische Verfassungsrecht *Denquin*, Justice constitutionnelle et justice politique, in: *Grewe/Jouanjan, et alt.* [Hrsg.], La notion de justice constitutionnelle, S. 75, 82

214 *Isensee*, Bundesverfassungsgericht – quo vadis?, in: JZ 1996, S. 1085

215 *Denquin*, Justice constitutionnelle et justice politique, in: *Grewe/Jouanjan, et alt.* [Hrsg.], La notion de justice constitutionnelle, S. 75, 82

216 *Heun*, Funktionell-rechtliche Schranken der Verfassungsgerichtsbarkeit, S. 10 f.

217 *Bryde*, Verfassungsentwicklung, S. 299 f.

sind sämtliche Staatsorgane an das Grundgesetz gebunden. Andererseits existieren grundsätzlich keine Regelungsbereiche, die von der Verfassungsbindung ausgenommen werden. Folglich ist weniger danach zu fragen, ob eine den Sachverhalt regelnde Norm überhaupt existiert – dies wird in den meisten Fällen nämlich zu bejahen sein –, sondern vielmehr ob eine Norm einen umfassenden Kontrollmaßstab für das Bundesverfassungsgericht beinhaltet.[218]

II. Weitere Kriterien zur Bestimmung der Grenzen der Verfassungsgerichtsbarkeit

Sind Kontrollnormen vorhanden, so stehen sich heute im Wesentlichen zwei Theorien zur Bestimmung weiterer Grenzen der Verfassungsgerichtsbarkeit gegenüber: Die materiell-rechtliche und die funktionell-rechtliche Theorie.

1. Materiell-rechtliche Theorie

Nach zum Teil in der Literatur vertretenem Ansatz sind Aufgaben und Grenzen der Verfassungsgerichtsbarkeit allein aus der Auslegung der im konkreten Fall einschlägigen Verfassungsnormen zu gewinnen.[219] Die Kontrolldichte richte sich ausschließlich nach der Regelungsdichte der jeweiligen Grundgesetzbestimmung.[220] Diese sogenannten materiell-rechtlichen Theorien erfahren in vielfacher Hinsicht Kritik:

Zunächst wird der Begriff der „Regelungsdichte" angegriffen: Er verleite dazu, von knapp formulierten Normen auf eine geringe Regelungsdichte zu schließen. Ein solcher Rückschluss sei jedoch gerade im Grundrechtsbereich – in dem die Normen ja bekanntlich äußerst knapp formuliert sind – mit großen Gefahren für den Rechtsschutz des Einzelnen verbunden.[221] Außerdem suggeriere der materiell-rechtliche Ansatz, die Regelungsdichte einer Norm sei eine „feste sprachliche Bezugsgröße".[222] Realiter könne jedoch das Bundesverfassungsgericht von seiner ihm nach dem Grundgesetz zustehenden, letztinstanzlichen Interpretationsmacht in unterschiedlichem Maße Gebrauch machen und so in erheblichem Umfang selbst bestimmen, ob eine bestimmte Norm stark konkretisiert wird oder

218 *Vogel*, Das Bundesverfassungsgericht und die übrigen Verfassungsorgane, S. 61
219 *Schlaich/Korioth*, Das Bundesverfassungsgericht, Rn. 506
220 *Heun*, Grenzen der Verfassungsgerichtsbarkeit, S. 84; *Schlaich/Korioth*, Das Bundesverfassungsgericht, Rn. 527 m.w.N.
221 *Riecken*, Verfassungsgerichtsbarkeit in der Demokratie, S. 442
222 *Riecken*, Verfassungsgerichtsbarkeit in der Demokratie, S. 443

weitgehend „offen" gehalten bleibt.[223] Die Regelungsdichte ist folglich von der Auslegung durch das Bundesverfassungsgericht abhängig. Faktisch behält das Bundesverfassungsgericht auf diese Weise die Kompetenz-Kompetenz.[224] Eine geringere Normdichte führe daher nicht zwangsläufig zu einer verminderten Kontrolldichte.[225]

Fraglich ist jedoch, ob der materiell-rechtliche Ansatz schon deshalb abzulehnen ist, weil das Bundesverfassungsgericht aufgrund seiner letztinstanzlichen Interpretationsmacht praktisch den Inhalt der materiell-rechtlichen Kontrollnorm bestimmt und sich daher die Auslegung als die eigentliche Wurzel des Problems und nicht als dessen Lösung darstellt. Die letztinstanzliche Auslegung des Grundgesetzes durch das Bundesverfassungsgericht ist nämlich im System der Verfassung angelegt, berührt daher jeglichen Versuch, Grenzen der Verfassungsgerichtsbarkeit zu entwickeln und ist demnach nicht spezifisch dem materiell-rechtlichen Ansatz anzulasten.[226]

2. Funktionell-rechtliche Theorie

Funktionell-rechtliche Theorien verwenden als Ausgangspunkt ihrer Überlegungen die Entscheidung des Grundgesetzes, das Bundesverfassungsgericht als selbständigen Entscheidungsträger zu „konzipieren".[227] Dies zeigt sich vor allem in dessen Gerichtsförmigkeit (Art. 92 GG). Aus diesem Gesichtspunkt heraus werden Folgerungen für die Grenzen der Verfassungsgerichtsbarkeit gezogen: So könne das Gericht nur auf Antrag in den in Art. 93 I GG abschließend aufgezählten Verfahrensarten tätig werden und müsse sich einem spezifisch geordneten Verfahren unterwerfen.[228] Als Gericht sei es außerdem an seinen Kontrollmaß-

---

223 Riecken, Verfassungsgerichtsbarkeit in der Demokratie, S. 441

224 *Schlaich/Korioth*, Das Bundesverfassungsgericht, Rn. 506

225 *Brenner*, Die neuartige Technizität des Verfassungsrechts und die Aufgabe der Verfassungsrechtsprechung, in: AöR 120 (1995), S. 248, 255

226 *Jestaedt*, Verfassungsrecht und einfaches Recht – Verfassungsgerichtsbarkeit und Fachgerichtsbarkeit, in: DVBl. 2001, S. 1309, 1313 in Fn. 34

227 *Schlaich/Korioth*, Das Bundesverfassungsgericht, Rn. 508; ebenso *Vogel*, Das Bundesverfassungsgericht und die übrigen Verfassungsorgane, S. 54 f.; anders hingegen *Schwarz*, Verfassungsgerichtliche Kontrolle der Außen- und Sicherheitspolitik, S. 54, der als Ausgangspunkt funktioneller Theorien ein bestimmtes Verständnis des Gewaltenteilungsgrundsatzes ansieht. Der Gewaltenteilungsgrundsatz ist aber vielmehr ein traditionell funktionell-rechtliches Argument. *Schlaich/Korioth*, Das Bundesverfassungsgericht, Rn. 509

228 *Vogel*, Das Bundesverfassungsgericht und die übrigen Verfassungsorgane, S. 68-70, bemängelt die Tauglichkeit des letzten Abgrenzungskriteriums: Das Verfahren vor dem Bundesverfassungsgericht sei nämlich trotz der Existenz des BVerfGG nur sehr rudimentär geregelt und hänge daher in großem Umfang von der Entwicklung durch

stab gebunden. Zuletzt sei es auf eine reaktiv nachträgliche punktuelle Kontrolle beschränkt – eine aktive politische Gestaltung sei ihm verwehrt. Das Bundesverfassungsgericht treffe stets auf bereits in der Politik diskutierte Sachfragen.[229]

Des weiteren müsse sich das Bundesverfassungsgericht als ein auf Verfassungsrechtsfragen spezialisiertes Gericht auch auf derartige Fragen beschränken. Rechtsprechungsfunktion sei mithin durch ihre Monodisziplinarität geprägt, wohingegen insbesondere gesetzgeberische Gesellschaftsgestaltung als multidisziplinär gekennzeichnet werden könne.[230] Sämtliche dieser Faktoren unterschieden das Bundesverfassungsgericht wesentlich von den Verfassungsorganen Parlament und Regierung.[231]

Rinken führt noch ein weiteres Kriterium in die Diskussion ein: Er meint, Grenzen der Verfassungsgerichtsbarkeit – und damit Kompetenzen der übrigen Verfassungsorgane – ließen sich danach bestimmen, ob das Bundesverfassungsgericht für die spezifisch zu treffende Entscheidung die geeignete Organstruktur besitzt.[232] Hierbei geht es vor allem um die spezifischen Mittel der Informationsgewinnung und um die Sachkunde der kontrollierten Organe und der Richter. Gegen solche weiteren funktionell-rechtlichen Kriterien neben Gerichtsförmigkeit und Maßstabsgebundenheit wenden sich *Schlaich* und *Korioth*:[233] Insbesondere fehle ihnen die grundgesetzliche Verankerung. Außerdem seien die Kriterien überwiegend beschreibender Natur, woraus sich keine normativen Grenzen ergäben.[234]

3. Eigene Stellungnahme

Zu betonen bleibt, dass diese Ansätze in der Literatur kaum in ihrer jeweiligen Reinform vertreten werden, sondern die Theorien meist vermischt werden.[235]

das Bundesverfassungsgericht selbst ab. Ihm ist insofern zuzustimmen, als dass aus diesem Grunde die eigentlich außerhalb des Bundesverfassungsgerichts liegende Grenze (spezifisch geordnetes Verfahren) wieder in das Gericht „hineintransportiert“ wird.

229 *Bryde*, Verfassungsentwicklung, S. 337

230 *Bryde*, Verfassungsentwicklung, S. 339

231 *Simon*, Verfassungsgerichtsbarkeit, in: *Benda/Maihofer, u.a.* [Hrsg.], HdbVerfR, § 34 Rn. 51

232 AK-*Rinken*, vor Art. 93 Rn. 99 (Stand GW AufbauL Oktober 2001)

233 *Schlaich/Korioth*, Das Bundesverfassungsgericht, Rn. 525-527

234 Zur Gegenkritik *Vogel*, Das Bundesverfassungsgericht und die übrigen Verfassungsorgane, S. 83-89, der eine Verankerung dieser Kriterien im Gewaltenteilungs- und Demokratieprinzip des Grundgesetzes nachzuweisen versucht.

235 Auch terminologisch überlappen sich die verschiedenen Theorien; so wird der hier bezeichnete materiell-rechtliche Ansatz von *Schlaich/Korioth* z. T. auch als funk-

Manche Autoren weisen deshalb darauf hin, dass funktionell-rechtliche und materiell-rechtliche Theorien gar nicht gegenübergestellt werden könnten, da sich beide Ansätze ergänzten.[236] Weiterhin ließe sich die Funktion der Verfassungsgerichtsbarkeit nicht unabhängig von den materiellen Kompetenznormen bestimmen. Vielmehr bestimmten diese entscheidend die Funktion des Bundesverfassungsgerichts mit.[237]

Die Vermischung der Theorien erscheint aus folgendem Gesichtspunkt auch nicht verwunderlich: So kann man durchaus die funktionell-rechtlichen Abgrenzungskriterien als nichts anderes auffassen, als die verschiedenen Parameter einer *systematischen Auslegung* der im Fall einschlägigen Kontrollnorm.[238] Hierbei wird die Interpretation der Norm durch Überlegungen zur Stellung des Bundesverfassungsgerichts im Gefüge des Grundgesetzes und zur Relevanz von Demokratie- und Gewaltenteilungsgrundsatz wesentlich beeinflusst. Es wird die Norm also – wie auch sonst im Rahmen der systematischen Auslegung – in Beziehung zum gesamten Verfassungsgefüge gesetzt.

Bereits diese Tatsache zeigt die Schwierigkeit, eine allgemein anwendbare Theorie zur Bestimmung der Grenzen der Verfassungsgerichtsbarkeit zu entwickeln. Auch das Bundesverfassungsgericht schließt sich ausdrücklich keiner der genannten Theorien an, sondern bedient sich je nach den spezifischen Gegebenheiten des Einzelfalls gewisser Kriterien der genannten Lösungsmöglichkeiten.

Daher werden im Folgenden nicht abstrakt Theorien zur Bestimmung der Grenzen der Verfassungsgerichtsbarkeit dargelegt – vielmehr ist die Einhaltung bzw. Überschreitung der Grenzen anhand der Entscheidungen der deutschen und französischen Verfassungsgerichte zu untersuchen. Dabei wird – wie von beiden Ansätzen nahegelegt – von den Kontrollnormen der jeweiligen Verfassung auszugehen sein. Diese sind zugleich Handlungsnorm für die kontrollierte Gewalt und räumen dieser in verschiedenem Maße Handlungsspielräume ein. Jedoch

---

tionell-rechtlicher Ansatz im weiteren Sinne bezeichnet. *Vogel*, Das Bundesverfassungsgericht und die übrigen Verfassungsorgane, S. 33

236 So *Jestaedt*, Verfassungsrecht und einfaches Recht – Verfassungsgerichtsbarkeit und Fachgerichtsbarkeit, in: DVBl. 2001, S. 1309, 1315, wonach das Funktionell-rechtliche das Materiell-rechtliche nicht ersetzen kann.

237 *Böckenförde*, Zur Lage der Grundrechtsdogmatik nach 40 Jahren Grundgesetz, S. 64

238 In eine ähnliche Richtung geht wohl auch *Bryde*, Verfassungsentwicklung, S. 303, wobei nicht ganz klar wird, ob er mit „funktionell-rechtlicher Verfassungsreduktion" auch die funktionell-rechtlichen Grenzen der Verfassungsgerichtsbarkeit meint. Schlussendlich lehnt auch er es ab, allein mit Hilfe der Auslegung die Kompetenzen des Bundesverfassungsgerichts von denen anderer Staatsorgane abzugrenzen (S. 306).

vermögen nicht nur die Kontrollnormen, dem Bundesverfassungsgericht und der französischen Verfassungsgerichtsbarkeit Grenzen zu setzen (sogenannte materiell-rechtliche Grenzen). Vielmehr erfüllen auch die Vorschriften über die Zulässigkeit die Funktion der Begrenzung der Verfassungsgerichte, indem diese gleichsam deren „Handlungsbedingungen" umreißen (sogenannte formell-rechtliche Grenzen).

Teil 2: Verfassungsrechtliche Ausgangslage in der Bundesrepublik Deutschland

A. Umfassender Zugang zum Bundesverfassungsgericht (formell-rechtliche Grenzen der Verfassungsgerichtsbarkeit bzw. institutionelle Grenzen[239])

Das Bundesverfassungsgericht ist das in Europa wohl mit der größten Kompetenzfülle ausgestattete Verfassungsgericht.[240] Dieser sich auch im Vergleich zu Frankreich bestätigende Befund stützt sich im Wesentlichen auf drei Gründe: So steht dem Verfassungsgericht mit Art. 93 I GG ein umfassender Katalog von Zuständigkeiten zur Verfügung (vgl. I.). Weiterhin lehnte das Bundesverfassungsgericht bereits früh die Übernahme einer „political question-doctrine" US-amerikanischer Prägung ab (vgl. II.). Zuletzt interpretierte es seine Zuständigkeiten in manchen Fällen äußerst extensiv (vgl. III.).

I. Umfassender Katalog von Zuständigkeiten gemäß Art. 93 I GG, § 13 BVerfGG

Art. 93 I GG und § 13 BVerfGG eröffnen dem Bundesverfassungsgericht – bei entsprechendem Antrag durch eine antragsberechtigte Institution oder Person – grundsätzlich den Zugriff auf sämtliche Akte der auswärtigen Gewalt. Im Folgenden sollen die im Rahmen der Kontrolle der Akte auswärtiger Gewalt meist einschlägigen Verfahrensarten vorgestellt werden. Diese können im Wesentlichen in zwei Gruppen aufgeteilt werden: Die abstrakte Normenkontrolle als objektives Rechtsbeanstandungsverfahren und der Organstreit bzw. die Verfassungsbeschwerde als Verfahren, in denen eine eigene Rechtsverletzung geltend gemacht werden muss. Dabei sollen nur die Voraussetzungen erörtert werden, die sich bislang in der Judikatur des Bundesverfassungsgerichts zur Kontrolle der auswärtigen Gewalt als problematisch erwiesen haben.

---

239 So der Begriff von *Hesse*, Funktionelle Grenzen der Verfassungsgerichtsbarkeit, in: Recht als Prozess und Gefüge, S. 261, 262

240 Vgl. anstatt vieler *Knies*, Auf dem Weg in den „verfassungsgerichtlichen Jurisdiktionsstaat"?, in: *Burmeister* [Hrsg.], Verfassungsstaatlichkeit, S. 1155, 1160

1. Abstrakte Normenkontrolle, Art. 93 I Nr. 2 GG als objektives Rechtsbeanstandungsverfahren

Im Rahmen der Überprüfung der Akte der auswärtigen Gewalt spielt die abstrakte Normenkontrolle dann eine zentrale Rolle, wenn die Verfassungsmäßigkeit völkerrechtlicher Verträge in Frage steht. Diese können als greifbares „Produkt" außenpolitischen Handelns der Bundesrepublik angesehen werden, so dass sich das Bundesverfassungsgericht anlässlich deren Überprüfung durchaus auch indirekt über die Verfassungsmäßigkeit der Außenpolitik selbst aussprechen könnte. Im Verfahren des Art. 93 I Nr. 2 GG entschied das Bundesverfassungsgericht z. B. über die Vereinbarkeit des Deutschland- und des EVG-Vertrages[241], des Saarstatuts[242] und des Grundlagenvertrages[243] mit dem Grundgesetz.

a. Antragsberechtigung und Antragsgegenstand

Antragsberechtigt ist die Bundesregierung, eine Landesregierung oder ein Drittel der Mitglieder des Bundestags.

Als Antragsgegenstand kommt Bundes- oder Landesrecht in Betracht. Im Zusammenhang mit der Kontrolle der auswärtigen Gewalt kann in einem solchen Verfahren das Zustimmungsgesetz zum völkerrechtlichen Vertrag gemäß Art. 59 II S. 1 GG[244] auf seine Vereinbarkeit mit dem Grundgesetz überprüft werden. Dieses – und gerade nicht der völkerrechtliche Vertrag selbst – stellt Bundesrecht im Sinne des Art. 93 I Nr. 2 GG dar.[245] Das Vertragsgesetz selbst enthält jedoch keine eigenen materiellen Regelungen, sondern nimmt nur auf den völkerrechtlichen Vertrag Bezug.[246] Auf diese Weise kontrolliert das Bundesverfassungsgericht in ständiger Rechtsprechung „mittelbar"[247] den Inhalt eines völkerrechtlichen Vertrages. Außerhalb des Anwendungsbereichs des Art. 59 II S. 1 GG kann

---

241 BVerfGE 1, 396

242 BVerfGE 4, 157

243 BVerfGE 36, 1

244 Ein solches Zustimmungsgesetz ist gemäß Art. 59 II S. 1 GG bei den völkerrechtlichen Verträgen erforderlich, die die politischen Beziehungen des Bundes regeln, oder sich auf die Gegenstände der Bundesgesetzgebung beziehen. Vgl. hierzu *Schweitzer*, Staatsrecht III, Rn. 162-188 m.w.N. sowie unten Teil 4 C. I. 1.

245 A.A. *Bernhardt*, Bundesverfassungsgericht und völkerrechtliche Verträge, in: *Starck* [Hrsg.], Bundesverfassungsgericht und Grundgesetz, Bd. II, S. 154, 172: Er vertritt die Auffassung, Gegenstand der verfassungsgerichtlichen Kontrolle sei der Vertrag selbst.

246 Vgl. das Beispiel eines Vertragsgesetzes bei *Schweitzer*, Staatsrecht III Rn. 176

247 *Schlaich/Korioth*, Das Bundesverfassungsgericht, Rn. 127

Antragsgegenstand ebenso eine Rechtsverordnung sein, die den völkerrechtlichen Vertrag in innerstaatliches Recht umsetzt.[248]

b. Meinungsverschiedenheiten oder Zweifel

Weiterhin verlangt Art. 93 I Nr. 2 GG Meinungsverschiedenheiten oder Zweifel des Antragstellers an der formellen oder materiellen Verfassungsmäßigkeit des Zustimmungsgesetzes. Inwieweit § 76 BVerfGG, der die Überzeugung von der Nichtigkeit verlangt, verfassungswidriges Gesetzesrecht oder „nur" eine verfassungsrechtlich zulässige Konkretisierung von Art. 93 I Nr. 2 GG darstellt, ist in der Literatur umstritten, bedarf hier aber keiner Entscheidung.[249]

c. Objektives Klarstellungsinteresse

Bei der abstrakten Normenkontrolle als objektivem Rechtsbeanstandungsverfahren entfällt das Erfordernis einer Antragsbefugnis – der Antragsteller muss mithin nicht geltend machen, er sei in seinen Rechten oder Interessen verletzt. Verlangt wird jedoch ein sogenanntes objektives Klarstellungsinteresse, d. h. es muss ein besonderes objektives Interesse „an der Klarstellung der Geltung der Norm"[250] bestehen. Ein solches besteht grundsätzlich erst nach Ausfertigung und Verkündung des Gesetzes – ein Inkrafttreten ist indes nicht erforderlich.

Im hier interessierenden Zusammenhang macht das Bundesverfassungsgericht jedoch eine Ausnahme: Das Zustimmungsgesetz zu völkerrechtlichen Verträgen ist nach ständiger Rechtsprechung des Bundesverfassungsgerichts bereits *vor* dessen Ausfertigung und Verkündung ein zulässiger Antragsgegenstand. Bis auf diese beiden Akte der Ausfertigung und Verkündung muss das Gesetzgebungsverfahren jedoch gänzlich seinen Abschluss gefunden haben.[251] Durch diese Rechtsprechung soll der Gefahr vorgebeugt werden, dass die Bundesrepublik Deutschland verfassungswidrige völkervertragliche Bindungen eingeht. Das Zustimmungsgesetz habe nämlich unter anderem die Funktion, den Bundespräsidenten zu ermächtigen, auf völkerrechtlicher Ebene den Vertrag zu ratifizieren. Mit dem Akt der Ratifikation trete in zwischenstaatlicher Hinsicht Bindungswirkung für die Bundesrepublik ein, und zwar ohne Rücksicht auf eine eventuelle

248 Vgl. hierzu *Burmeister*, Gutachten des Bundesverfassungsgerichts zu völkerrechtlichen Verträgen, S. 41-43

249 Vgl. zum Streitstand *Rozek*, in: *Maunz/Schmidt-Bleibtreu, u.a.*, Bundesverfassungsgerichtsgesetz – Kommentar, (Lfg. 20. Juni 2001), § 76 Rn. 45-47; *Schlaich/Korioth*, Das Bundesverfassungsgericht, Rn. 130 jeweils m.w.N.

250 BVerfGE 88, 203, 334

251 Ständige Rechtsprechung seit BVerfGE 1, 396, 413

Verfassungswidrigkeit des Vertrages (vgl. Artt. 14, 27 WVRK). Auf innerstaatlicher Ebene dürfe der Vertrag – falls diesem Verfassungsnormen entgegenstehen – jedoch nicht vollzogen werden. Um dem Verfassungsrecht ausreichend Rechnung zu tragen, bliebe der Bundesrepublik nichts anderes übrig als den Vertrag zu kündigen oder gegen ihn zu verstoßen – letzteres allerdings mit der Konsequenz völkerrechtlicher Haftung.[252]

2. *Organstreit, Art. 93 I Nr. 1 GG und Verfassungsbeschwerde, Art. 93 I Nr. 4a GG als Verfahren, die die Rüge einer Verletzung in eigenen*[253] *Rechten erfordern*

a. Organstreitverfahren gemäß Art. 93 I Nr. 1 GG

Mehr noch als die abstrakte Normenkontrolle stellt sich das Organstreitverfahren häufig als die gerichtliche Fortsetzung „parteipolitisch geformte[r] Machtkonflikte"[254] dar. Die jeweiligen Antragsteller konnten sich nämlich vor der Anrufung des Bundesverfassungsgerichts regelmäßig auf politischer Ebene mit ihren Ansichten bezüglich des Streitgegenstandes nicht durchsetzen.[255]

α. Antragsberechtigung und Antragsgegenstand

Antragsberechtigt sind im Rahmen des Organstreitverfahrens gemäß Art. 93 I Nr. 1 GG, § 63 BVerfGG oberste Bundesorgane oder andere Beteiligte, die durch das Grundgesetz oder durch die Geschäftsordnung von obersten Bundesorganen mit eigenen Rechten ausgestattet sind. Letztere sind im hier interessieren-

---

252 BVerfGE 1, 396, 410-413; z. T. wird die Begründung des Bundesverfassungsgerichts, nicht jedoch das Ergebnis kritisiert: So sei es insbesondere nicht einzusehen, warum der Bundespräsident trotz Ausfertigung und Verkündung des Zustimmungsgesetzes mit der Ratifikation des Vertrages nicht noch bis zur Klärung der Verfassungsmäßigkeit des Vertrages durch das Bundesverfassungsgericht zuwarten könne. Vgl. hierzu ausführlich *Burmeister*, Gutachten des Bundesverfassungsgerichts zu völkerrechtlichen Verträgen, S. 45-50

253 Der Begriff der eigenen Rechtsverletzung wird hier dem der subjektiven Rechtsverletzung vorgezogen, da im Organstreit strenggenommen keine subjektiven Rechte geltend gemacht werden. Antragsteller und Antragsgegner gehören nämlich demselben Rechtssubjekt „Staat" an. Daher geht es in diesem Rahmen nicht um subjektive Rechte, sondern um die Abgrenzung von Zuständigkeiten und Kompetenzen. Vgl. hierzu *Schlaich/Korioth*, Das Bundesverfassungsgericht, Rn. 79

254 *Schlaich/Korioth*, Das Bundesverfassungsgericht, Rn. 85

255 So jedenfalls zum Organstreit auch *Schlaich/Korioth*, Das Bundesverfassungsgericht, Rn. 85

den Zusammenhang insbesondere die Fraktionen als Teile des Organs Bundestag (§ 63 BVerfGG).

Zulässiger Antragsgegenstand ist gemäß § 64 I BVerfGG jede rechtserhebliche Maßnahme oder Unterlassung des Antragsgegners. Im Nachrüstungsverfahren[256] griffen die Antragsteller die Zustimmungserklärung der Bundesregierung zur Aufstellung von nuklear bestückten US-amerikanischen Mittelstreckenraketen der Bauart Pershing II und Marschflugkörpern in der Bundesrepublik Deutschland an. Im Streitkräfteverfahren wandten sich die Antragsteller jeweils gegen den konkreten Entsendebeschluss der Bundesregierung sowie gegen dessen Vollzug durch den Bundesminister der Verteidigung.[257] Im Urteil zur Fortentwicklung der NATO[258] wertete das Bundesverfassungsgericht die Zustimmung der Bundesregierung zu den Beschlüssen über das neue Strategische Konzept der NATO auf der Gipfelkonferenz der Staats- und Regierungschefs in Washington am 23. und 24. April 1999 als rechtserhebliche Maßnahme des Antragsgegners.

β. Antragsbefugnis

Gemäß § 64 I BVerfGG hat der Antragsteller in seiner Antragsschrift hinreichend substantiiert geltend zu machen, durch die Maßnahme oder Unterlassung des Antragsgegners „in seinen ihm durch das Grundgesetz übertragenen Rechten und Pflichten verletzt oder unmittelbar gefährdet" zu sein. Eine Rechtsverletzung des Antragstellers darf daher nicht von vornherein ausgeschlossen sein.[259] Funktion der Antragsbefugnis ist hierbei, den Prüfungsumfang auf die geltend gemachte Kompetenzverletzung zu reduzieren und den kontradiktorischen Charakter des Verfahrens hervorzuheben.[260]

Die Voraussetzung der Rüge eigener Rechte wird durch die Rechtsprechung zu Gunsten eines effektiven Minderheitenschutzes etwas abgemildert. Das Bundesverfassungsgericht billigt nämlich den Fraktionen zu, nicht nur eigene Rechte geltend zu machen, sondern – im Wege der Prozessstandschaft – auch Rechte des

256 BVerfGE 68, 1

257 BVerfGE 90, 286, 287-290

258 BVerfGE 104, 151

259 Vgl. für den hier interessierenden Zusammenhang zuletzt BVerfGE 104, 151, 196. In einer Entscheidung über die Beteiligung der Bundeswehr an NATO-Operationen gegen Jugoslawien stellte das Gericht fest, die antragstellende PDS-Fraktion habe nicht dargelegt, „daß der Bundestag durch die angegriffenen Maßnahmen in Rechten verletzt sein könnte". Folglich sei der Antrag im Organstreitverfahren unzulässig, BVerfGE 100, 266, 268.

260 *Schwarz*, Die verfassungsgerichtliche Kontrolle der Außen- und Sicherheitspolitik, S. 181 f.

Organs Bundestag.[261] Entsprechendes wurde in den Verfahren über die Raketenstationierung[262], über den Streitkräfteeinsatz[263] und über das neue Strategische Konzept der NATO[264] den jeweils antragstellenden Fraktionen zugestanden. In den genannten Verfahren rügten die Antragsteller jeweils die Verletzung eines gemäß Artt. 59 II S. 1 i.V.m. 24 GG bestehenden Mitwirkungsrechts des Bundestages.[265]

γ. Rechtsschutzbedürfnis

Auch wenn weder verfassungsrechtlich noch einfachgesetzlich ausdrücklich vorgesehen, verlangt das Bundesverfassungsgericht das Bestehen eines allgemeinen Rechtsschutzbedürfnisses.[266] Ein solches ist unter anderem dann zu verneinen, wenn dem Antragsteller einfachere und schnellere Mittel zur Verfügung stünden, um die rechtsverletzende Maßnahme abzustellen.

δ. Entgegenstehende Rechtskraft/Bindungswirkung der Entscheidung

Im Verfahren über das neue Strategische Konzept der NATO[267] hatte das Bundesverfassungsgericht darüber zu befinden, ob nicht die Rechtskraft der Streitkräfteentscheidung[268] der Zulässigkeit eines erneuten Verfahrens entgegensteht.

Zunächst wird klargestellt, dass Urteile des Bundesverfassungsgerichts aufgrund dessen Gerichtsförmigkeit der Rechtskraft fähig sind. Diese stehe jedoch in vorliegendem Verfahren nicht entgegen, da die materielle Rechtskraft sich nur auf denselben Streitgegenstand und auf die am Verfahren beteiligten Parteien be-

---

261 Dies wird wesentlich mit den Nachteilen eines parlamentarischen Regierungssystems begründet: Die Rechte des Bundestages können nur dann effektiv gegenüber der Regierung geltend gemacht werden, wenn man der parlamentarischen Opposition auch die Geltendmachung der Rechte des (gesamten) Bundestages zugesteht. *Schlaich/Korioth*, Das Bundesverfassungsgericht, Rn. 94

262 BVerfGE 68, 1

263 BVerfGE 90, 286

264 BVerfGE 104, 151

265 Im Nachrüstungsverfahren hatten die Antragsteller noch weitere Rügen vorgebracht, die das Bundesverfassungsgericht jedoch allesamt als unzulässig abwies, da es sich hierbei nicht um die Geltendmachung eigener Rechte des Bundestages handelte. Vgl. hierzu näher *Schwarz*, Die verfassungsgerichtliche Kontrolle der Außen- und Sicherheitspolitik, S. 182

266 Vgl. hierzu eingehend *Schwarz*, Die verfassungsgerichtliche Kontrolle der Außen- und Sicherheitspolitik, S. 187-194

267 BVerfGE 104, 151

268 BVerfGE 90, 286

ziehe, die PDS-Fraktion jedoch gerade nicht am Verfahren von 1993/1994 beteiligt war.[269]

Auch der Einwand, die Unzulässigkeit ergebe sich aus dem Umstand, dass beide Male Rechte des Bundestages prozessstandschaftlich geltend gemacht wurden und daher subjektive Rechtskrafterstreckung auf den Rechtsinhaber anzunehmen sei, wird vom Bundesverfassungsgericht verworfen. Da das Organstreitverfahren ein wesentliches Instrument des Minderheitenschutzes darstelle, könne eine subjektive Rechtskrafterstreckung in dieser Verfahrensart nicht anerkannt werden.[270]

b. Verfassungsbeschwerde gemäß Art. 93 I Nr. 4 a GG

Von äußerster Wichtigkeit nicht nur für die nationale, sondern gerade auch für die internationale Ebene ist der Rechtsbehelf der Verfassungsbeschwerde gemäß Art. 93 I Nr. 4a GG. Im hier interessierenden Zusammenhang wird dem Einzelnen durch diese Verfahrensart die Möglichkeit eröffnet, die Verfassungsmäßigkeit von außenpolitischen Maßnahmen vom Bundesverfassungsgericht überprüfen zu lassen – insbesondere dann, wenn sich die erforderlichen parlamentarischen Mehrheiten für eine abstrakte Normenkontrolle oder ein Organstreitverfahren nicht finden.[271]

---

269 BVerfGE 104, 151, 196

270 BVerfGE 104, 151, 196 f. Dieser komplizierten Argumentation mit der Ratio des Organstreitverfahrens hätte es allerdings gar nicht bedurft, wenn das Bundesverfassungsgericht den Gesichtspunkt des unterschiedlichen Streitgegenstandes bereits bei der materiellen Rechtskraft und nicht erst bei der Bindungswirkung der Entscheidung gemäß Art. 31 I BVerfGG behandelt hätte (BVerfGE 104, 151, 197 f.). Eine Rechtskrafterstreckung kommt – wie das Gericht selbst betont – nämlich nur dann in Betracht, wenn ein identischer Streitgegenstand vorliegt. Dies war jedoch im vorliegenden Verfahren nicht der Fall. Gegenstand der Entscheidung von 1994 war nämlich das Strategische Konzept von 1991, während im zu entscheidenden Verfahren das neue Strategische Konzept von 1999 streitgegenständlich war.

271 Eine weitere Funktion der Verfassungsbeschwerde auf internationaler Ebene sei hier nur am Rande erwähnt: Als „local remedies" im Sinne des Völkerrechts stellt dieses Verfahren nämlich häufig die letzte innerstaatliche Möglichkeit dar, einen eventuellen Völkerrechtsverstoß noch abzuwenden und damit die „rule of law" in den zwischenstaatlichen Beziehungen zu festigen. Die Verfassungsbeschwerde dient mithin als Instrument zur effektiven Durchsetzung völkerrechtlicher Pflichten der Bundesrepublik Deutschland. Vgl. hierzu *Giegerich*, Die Verfassungsbeschwerde an der Schnittstelle von deutschem, internationalem und supranationalem Recht, in: *Grabenwarter* [Hrsg.], Allgemeinheit der Grundrechte und Vielfalt der Gesellschaft, S. 101, 102, 105

α. Beschwerdeberechtigung und Beschwerdegegenstand

Gemäß Art. 93 I Nr. 4a GG, §§ 13 I Nr. 6a, 90 ff. BVerfGG kann „jedermann", der sich von einem Akt der öffentlichen Gewalt in seinen Grundrechten verletzt fühlt, Verfassungsbeschwerde zum Bundesverfassungsgericht erheben. Akt der öffentlichen Gewalt ist dabei jede staatliche Maßnahme, auch Gesetze. Letzteres lässt sich insbesondere auch einem Gegenschluss zu § 90 III BVerfGG entnehmen. Damit ist grundsätzlich auch das Zustimmungsgesetz gemäß Art. 59 II S. 1 GG zu einem völkerrechtlichen Vertrag mit der Verfassungsbeschwerde angreifbar. So wurde zum Beispiel in den Verfassungsbeschwerdeverfahren gegen die Ostverträge oder den Vertrag von Maastricht das jeweilige Zustimmungsgesetz angegriffen. Auch das deutsch-schweizerische Vermögensabkommen[272] gelangte auf dem Wege der Verfassungsbeschwerde zum Bundesverfassungsgericht. In den Eilanträgen gegen die Nachrüstung griffen die Beschwerdeführer die „Zustimmung der Bundesregierung zur Aufstellung mit nuklearen Gefechtsköpfen ausgestatteter Mittelstreckenwaffen der Bauart Pershing II und Cruise Missile auf dem Gebiet der Bundesrepublik Deutschland" oder ganz allgemein „die Aufstellung dieser Waffen" an.[273]

β. Beschwerdebefugnis

Der Beschwerdeführer muss substantiiert geltend machen, durch den Akt öffentlicher Gewalt selbst, gegenwärtig und unmittelbar in einem seiner Grundrechte oder grundrechtsgleichen Rechte verletzt worden zu sein.[274] Im hier interessierenden Zusammenhang sind insbesondere die Kriterien der gegenwärtigen und unmittelbaren Betroffenheit relevant:

Mit dem Merkmal der *gegenwärtigen* Betroffenheit soll verdeutlicht werden, dass der Beschwerdeführer durch die Maßnahme öffentlicher Gewalt aktuell eingeschränkt wird.[275] Unter Umständen kann auch eine erst zukünftige – jedoch bereits zum Zeitpunkt der Beschwerdeerhebung ernsthaft zu besorgende – Grundrechtsgefährdung zur Begründung eines gegenwärtigen Betroffenseins genügen.[276] Jedoch erscheint nicht abschließend geklärt, welchen Grad die Grund-

272 Vgl. BVerfGE 6, 290

273 BVerfGE 66, 39, 40

274 Vgl. hierzu eingehend *Löwer*, Zuständigkeiten und Verfahren des Bundesverfassungsgerichts, in: *Isensee/Kirchhof* [Hrsg.], HStR III³, § 70 Rn.187 ff., insbesondere Rn. 193 f. m.w.N.

275 *Schlaich/Korioth*, Das Bundesverfassungsgericht, Rn. 234

276 BVerfGE 49, 89, 141 zit. bei *Schlaich/Korioth*, Das Bundesverfassungsgericht, Rn. 236

rechtsgefährdung erreicht haben muss. In der Eilentscheidung zur Nachrüstung verneint das Bundesverfassungsgericht das Erreichen des erforderlichen Gefährdungsgrades. Im Gegensatz zu den bisherigen Fällen, in denen eine bloße Gefährdung als verletzungsgleiche Beeinträchtigung von Leib und Leben anerkannt wurde[277], fehle es an der Möglichkeit, hinsichtlich der Realisierung der Gefährdung bestimmte Annahmen zu machen; auch sei die Risikoquelle – das Verhalten der Sowjetunion – nicht der Erforschung durch naturwissenschaftliche Verfahren zugänglich.[278]

Die *Unmittelbarkeit* der Beschwer erweist sich vor allem bei Verfassungsbeschwerden gegen (Zustimmungs-)gesetze als problematisch. Das Gesetz muss in die Grundrechte des Beschwerdeführers eingreifen, ohne dass es „zu seiner Durchführung rechtsnotwendig oder auch nur nach der tatsächlichen Verwaltungspraxis eines besonderen, vom Willen der vollziehenden Gewalt beeinflußten Vollziehungsakts" bedarf.[279]

In den Verfassungsbeschwerdeverfahren gegen die Ostverträge präzisiert das Bundesverfassungsgericht die Voraussetzungen der Beschwerdebefugnis bei einer Verfassungsbeschwerde gegen ein Zustimmungsgesetz. Diese ist demnach nur dann gegeben, wenn entweder der völkerrechtliche Vertrag oder das Zustimmungsgesetz Regelungen enthält, die „unmittelbar nachteilige Wirkungen für den Schutzbereich der von den Beschwerdeführern als verletzt gerügten Grundrechte erzeugen"[280] können. Die „von ihm [dem Beschwerdeführer T.P.] angegriffene Rechtsnorm muß nach Struktur und Inhalt geeignet sein, in Grundrechte einzugreifen, das heißt unmittelbar eine grundrechtlich geschützte Position des Beschwerdeführers zu seinem Nachteil verändern."[281]

Konsequenterweise verwirft das Bundesverfassungsgericht mangels Unmittelbarkeit der Beschwer Verfassungsbeschwerden, mittels derer ein Eingreifen in noch laufende Vertragsverhandlungen verlangt wird.[282] Diese Rechtsprechung

277 BVerfGE 49, 89, 141 f.; BVerfGE 51, 324, 346 f.; BVerfGE 53, 30, 51

278 BVerfGE 66, 39, 58 f.

279 *Schlaich/Korioth*, Das Bundesverfassungsgericht Rn. 238 m.w.N. in Fn. 135

280 BVerfGE 40, 141, 156; nochmals betont in BVerfG, Beschluss vom 05.06.1992, 2 BvR 1613/91 u.a., in: NJW 1992, 3222; demgegenüber kritisch *Bernhardt*, Bundesverfassungsgericht und völkerrechtliche Verträge, in: *Starck* [Hrsg.], Bundesverfassungsgericht und Grundgesetz, Bd. II, S. 154, 174. Er meint, die für die Rechtssatzverfassungsbeschwerde aufgestellten Voraussetzungen ließen sich nicht ohne Weiteres auf Zustimmungsgesetze zu völkerrechtlichen Verträgen übertragen.

281 BVerfGE 40, 141, 156

282 *Giegerich*, Verfassungsgerichtliche Kontrolle der auswärtigen Gewalt im europäisch-atlantischen Verfassungsstaat, in: ZaöRV 57 (1997), S. 409, 529, unter Bezugnahme auf BVerfGE 77, 170, 209 f., wonach sich innerstaatliche Rechtswirkungen

des Verfassungsgerichts ist zu begrüßen, da der Exekutive auf diese Weise ein maximaler Handlungsspielraum bei Vertragsverhandlungen belassen wird.[283]

Ebenfalls kann im Rahmen der Verfassungsbeschwerde nicht geltend gemacht werden, die Bundesregierung habe es versäumt, in den Vertragsverhandlungen eine Aufnahme einer bestimmten sachlichen Regelung in den Vertrag durchzusetzen. So weit könne nämlich die „Abwehrfunktion der Verfassungsbeschwerde nicht gehen".[284]

Auch als unzulässig weist das Bundesverfassungsgericht eine gegen den deutschen Mitwirkungsakt im Rat der Europäischen Gemeinschaften gerichtete Verfassungsbeschwerde ab. Erst der Umsetzungsakt des deutschen Gesetzgebers könne Einzelpersonen in einer Weise belasten, dass eine Verfassungsbeschwerde als zulässig erscheine.[285]

Unter engen Voraussetzungen kann auch das Bestehen staatlicher Schutzpflichten eine Beschwerdebefugnis begründen. In seiner C-Waffen-Entscheidung führt das Bundesverfassungsgericht aus: „Werden diese Schutzpflichten [aus Art. 2 II S. 1 GG T.P.] verletzt, so liegt darin zugleich eine Verletzung des Grundrechts aus Art. 2 II S. 1 GG, gegen die sich der Betroffene mit Hilfe der Verfassungsbeschwerde zur Wehr setzen kann."[286] In einem solchen Falle sind die Anforderungen an die substantiierte Geltendmachung einer Verletzung der Grundrechte jedoch besonders hoch: So muss sich aus dem Vortrag des Beschwerdeführers ergeben, „daß die öffentliche Gewalt Schutzvorkehrungen entweder überhaupt nicht getroffen hat, oder daß offensichtlich die getroffenen Regelungen und Maßnahmen gänzlich ungeeignet oder völlig unzureichend sind, das Schutzziel zu erreichen".[287]

Insgesamt betrachtet stellt das Bundesverfassungsgericht also relativ strenge Anforderungen an die Beschwerdebefugnis. Dies lässt zum einen erkennen, dass das Gericht in bestimmten Fällen nicht gewillt ist, sich mit den materiellrechtlichen Fragen des jeweiligen Rechtsstreits auseinanderzusetzen. Zum anderen zeigt dies gerade bei Verfassungsbeschwerden das Bestreben des Gerichts, außenpolitische Entscheidungen nicht von dem einzelnen Bürger „zu Fall bringen" zu lassen.

---

zulasten von Einzelpersonen erst aus dem Zustimmungsgesetz ergeben, gegen das dann Verfassungsbeschwerde erhoben werden kann.

283 Ebenso *Giegerich*, Verfassungsgerichtliche Kontrolle der auswärtigen Gewalt im europäisch-atlantischen Verfassungsstaat, in: ZaöRV 57 (1997), S. 409, 529

284 BVerfGE 40, 141, 178; ebenso BVerfG, Beschluss vom 05.06.1992, 2 BvR 1613/91 u.a., in: NJW 1992, 3222

285 Vgl. BVerfG EuGRZ 1989, 339, 340

286 BVerfGE 77, 170, 214

287 BVerfGE 77, 170, 215

II. Umfassende Justiziabilität von Akten der auswärtigen Gewalt – insbesondere Ablehnung einer „political question doctrine"

Der umfassende Kompetenzkatalog in Art. 93 I GG würde aber wesentlich geschwächt werden, sofern das Bundesverfassungsgericht eine grundsätzliche Nichtjustiziabilität von Akten der auswärtigen Gewalt anerkennen würde. Hierbei wird in der deutschen Literatur häufig auf eine Rechtsfigur aus dem US-amerikanischen Recht Bezug genommen – die sogenannte political question doctrine. Bevor jedoch diskutiert werden kann, inwieweit eine solche Lehre auf das System des Grundgesetzes übertragbar ist (vgl. 2.), ist vorab eine Abgrenzung zum judicial self-restraint vorzunehmen sowie der Inhalt der political question doctrine im US-amerikanischen Recht kurz darzustellen (vgl. 1.).

1. Verhältnis der political question doctrine zum judicial self-restraint und Inhalt der political question doctrine

Auch wenn political question doctrine und judicial self-restraint häufig in einem Atemzug verwendet werden, ist dennoch die Frage, ob eine political question vorliegt, ein dem judicial self-restraint vorgelagertes Problemfeld. *Tomuschat* zeigt deutlich auf, inwiefern sich political question doctrine und judicial self-restraint unterscheiden: Obwohl beide Techniken dazu beitragen, politisch heiklen Streitstoff angemessen zu behandeln, setzen sie jedoch an völlig verschiedenen Stellen der Entscheidungsfindung an: Übt der Richter judicial self-restraint, so entscheidet er gleichwohl die ihm vorliegende Rechtsfrage in der Sache. Er versucht aber – meist im Wege der Auslegung – politischen Gestaltungsspielraum anderer Verfassungsorgane weitmöglichst offenzuhalten. Bei der Bejahung einer political question verzichtet der Richter dagegen völlig auf eine justizielle Streitaustragung – es wird bereits die Zulässigkeit des Begehrens verneint.[288] Die Rechtsfrage an sich bleibt völlig offen. [289]

Trotz dieses unterschiedlichen Ansatzpunktes der beiden Rechtsfiguren stehen diese nicht völlig isoliert nebeneinander. Vielmehr bedingen sie sich – worauf *Kriele* zutreffend verweist – faktisch gegenseitig. In dem Maße, in dem dem Richter nämlich eine Art von political question doctrine zur Verfügung steht, muss er nicht auf Mittel des judicial self-restraint zurückgreifen. Umgekehrt ist er

---

288 *Rau*, Selbst entwickelte Grenzen in der Rechtsprechung des United States Supreme Court und des Bundesverfassungsgerichts, S. 64, wonach sich das Vorliegen einer political question als absolute Zulässigkeitsschranke auswirke.

289 *Tomuschat*, Auswärtige Gewalt und verfassungsgerichtliche Kontrolle, in: DÖV 1973, S. 801, 807

auf letztere umso mehr angewiesen, als eine political question doctrine in einem Verfassungssystem abgelehnt wird.[290]

In neuerer Zeit hat sich insbesondere *Rau* um eine umfassende Analyse der political question doctrine in ihrem Ursprungsland bemüht: Als political question werden solche Fragen qualifiziert, die die US-amerikanischen Gerichte wegen ihres politischen Charakters als nicht justiziabel erachten. Die Doktrin wird als Ausprägung des Gewaltenteilungsgrundsatzes gewertet und gibt den Gerichten die Möglichkeit, sich mangels Justiziabilität des Streitgegenstandes für unzuständig zu erklären.[291]

Der Hauptanwendungsbereich der Lehre von der politischen Frage liegt – neben Fragen der nationalen Sicherheit – bei Rechtsstreitigkeiten, die auswärtige Angelegenheiten („foreign affairs") betreffen.[292] Hierbei ist jedoch zu betonen, dass die Entscheidung, ob eine political question vorliegt, stets im konkreten Einzelfall getroffen werden muss und nicht bei Akten der auswärtigen Gewalt etwa präjudiziert wäre.[293]

Zur Begründung, warum Entscheidungen der Exekutive im Bereich der auswärtigen Gewalt nicht justiziabel sind, verweist der Supreme Court vor allem auf den politischen und gerade nichtrechtlichen Charakter außenpolitischer Entscheidungen. Weiterhin hingen diese zu wesentlichen Teilen von Prognoseentscheidungen ab, die besser von denjenigen getroffen werden sollten, denen hierfür die geeigneten personellen und sachlichen Mittel zur Verfügung stünden. Zuletzt seien außenpolitische Entscheidungen nach der Konzeption der US-amerikanischen Verfassung den politischen Gewalten, also der Exekutive und der Legislative, zugewiesen. Diese seien der Bevölkerung unmittelbar verantwortlich, was bei der Justiz nicht der Fall sei.[294]

---

290 *Kriele*, Recht und Politik in der Verfassungsrechtsprechung, in: NJW 1976, S. 777, 780

291 *Rau*, Selbst entwickelte Grenzen in der Rechtsprechung des United States Supreme Court und des Bundesverfassungsgerichts, S. 72

292 *Rau*, Selbst entwickelte Grenzen in der Rechtsprechung des United States Supreme Court und des Bundesverfassungsgerichts, S. 92

293 *Rau*, Selbst entwickelte Grenzen in der Rechtsprechung des United States Supreme Court und des Bundesverfassungsgerichts, S. 71

294 Chicago & Southern Air Lines, Inc. vs. Waterman S.S. Corp. 333 U.S. 103 (1948) in der deutschen Übersetzung bei *Rau*, Selbst entwickelte Grenzen in der Rechtsprechung des United States Supreme Court und des Bundesverfassungsgerichts, S. 70; ähnlich Oetjen vs. Central Leather Co. 246 U.S. 297 (1918) zit. bei *Rau*, Selbst entwickelte Grenzen in der Rechtsprechung des United States Supreme Court und des Bundesverfassungsgerichts, S. 69

In der Entscheidung Baker vs. Carr[295] nahm der Supreme Court eine Systematisierung der political question doctrine vor, indem er einen Katalog von Kriterien aufstellte, nach denen eine political question vorliegen sollte:

> „Prominent on the surface of any case held to involve a political question is found a textually demonstrable constitutional commitment of the issue to a coordinate political department; or a lack of judicially discoverable and manageable standards for resolving it; or the impossibility of deciding without an initial policy determination of kind clearly for nonjudicial discretion; or the impossibility of a court's undertaking independent resolution without expressing lack of the respect due coordinate branches of government; or an unusual need for unquestioning adherence to a political decision already made; or the potentiality of embarrassment from multifarious pronouncements by various departments on one question."[296]

Jedoch – und das ist bereits ein wesentlicher Kritikpunkt an der Lehre – erschöpft sich der Katalog in der Beschreibung der Fallgruppen und führt nicht etwa zur Schaffung von Rechtssicherheit in dem Sinne, dass es für den Rechtsunterworfenen vorhersehbar wäre, wie die Rechtsprechung im Einzelfall das Vorliegen einer political question beurteilt.[297]

Zuletzt weist *Rau* in seiner Analyse darauf hin, dass der Supreme Court seit über zwanzig Jahren diese Doktrin nicht mehr angewandt hat. Diese Tatsache sei ein weiteres Indiz für deren beschränkte Tauglichkeit. Dem ist jedoch mit *Burchardt* entgegenzutreten: Nur weil der Supreme Court die political question doctrine nicht mehr wörtlich anführt, bedeutet dies nicht ihre endgültige Aufgabe. Gerade im hier interessierenden Bereich der Außen- und Sicherheitspolitik diskutierte ein unterinstanzliches Gericht im Fall Ange vs. Bush[298] exakt die Kriterien der political question doctrine.

---

295 Baker vs. Carr, 369 U.S. 186 (1962), zit. bei *Schwarz*, Die verfassungsgerichtliche Kontrolle der Außen- und Sicherheitspolitik, S. 70

296 Baker vs. Carr, 369 U.S. 186 (1962), zit. bei *Rau*, Selbst entwickelte Grenzen in der Rechtsprechung des United States Supreme Court und des Bundesverfassungsgerichts, S. 72; eine deutsche Übersetzung findet sich ebenda auf S. 78

297 Ebenso *Rau*, Selbst entwickelte Grenzen in der Rechtsprechung des United States Supreme Court und des Bundesverfassungsgerichts, S. 92

298 752 Fed. Suppl. (D.D.C. 1990), S. 509-519 (509) zit. bei *Burchardt*, Grenzen verfassungsgerichtlicher Erkenntnis, S. 40

2. *Übertragbarkeit ins deutsche Recht*

a. *Ansätze einer political question doctrine in der Judikatur des Bundesverfassungsgerichts und Vorteile der Übernahme einer solchen Rechtsfigur*

Manche Autoren werten Aussagen des Bundesverfassungsgerichts in Fällen zur Kontrolle der auswärtigen Gewalt als Annäherung des Gerichts an die Theorie der politischen Frage. So sehen *Blumenwitz* und *Tomuschat* im Grundlagenvertragsurteil Ansatzpunkte für eine Anwendung der political question doctrine durch das Bundesverfassungsgericht.[299] Dies zeige sich vor allem darin, dass das Gericht der Bundesregierung ohne nähere Substantiierung eine Risikosituation zubillige. Hier ließen sich Parallelen zu den Fallgruppen erkennen, wie sie im Rahmen von Baker vs. Carr entwickelt worden sind: So fehlten dem Gericht „judicially discoverable and manageable standards" zur Lösung des Rechtsstreits bzw. es leide an einem „lack of information".[300]

In anderen Entscheidungen stellt das Verfassungsgericht sogar ausdrücklich fest, es fehlten handhabbare rechtliche Maßstäbe bzw. es mangle dem Gericht an ausreichenden Informationen. Im Beschluss über die Anträge zum Erlass einstweiliger Anordnungen in den Verfassungsbeschwerden gegen die Nachrüstung betont das Gericht mehrfach, die Beurteilung der ihm unterbreiteten Fragen könne nicht anhand „rechtlich maßgebender Kriterien" erfolgen.[301]

In seiner Zivilangestelltenentscheidung führt das Gericht aus, die Einbindung der Bundesrepublik Deutschland in die NATO gehöre zu den „Eckpfeilern der deutschen Außenpolitik" und könne „in Anbetracht ihrer grundlegenden Bedeutung in Verhandlungen um Fragen der hier in Rede stehenden Art [über Mitbestimmungsrechte der Zivilangestellten bei den Stationierungstruppen T.P.] nicht ernstlich in Frage gestellt werden."[302] Hier zeigt sich durchaus eine Parallele zur 3. Fallgruppe der Baker vs. Carr-Entscheidung, wonach sich solche Fragen der richterlichen Kontrolle entziehen, deren Beantwortung auf vorangegangenen politischen Festlegungen beruhen, die offensichtlich nicht richterlichem Ermessen unterliegen. Auch die 5. Fallgruppe der political question doctrine klingt an.[303]

299 *Blumenwitz*, Judicial self-restraint und die verfassungsgerichtliche Überprüfung von Akten der Auswärtigen Gewalt, in: DVBl. 1976, S. 464, 467; *Tomuschat*, Auswärtige Gewalt und verfassungsgerichtliche Kontrolle, in: DÖV 1973, S. 801, 807

300 *Blumenwitz*, Judicial self-restraint und die verfassungsgerichtliche Überprüfung von Akten der Auswärtigen Gewalt, in: DVBl. 1976, S. 464, 467

301 BVerfGE 66, 39, 61; 60

302 BVerfGE 95, 39, 47

303 Ebenso *Giegerich*, Verfassungsgerichtliche Kontrolle der auswärtigen Gewalt im europäisch-atlantischen Verfassungsstaat, in: ZaöRV 57 (1997), S. 409, 541

Im Heß-Beschluss wird das Erfordernis für den Staat hervorgehoben, in außenpolitischen Angelegenheiten „mit einer einheitlichen Stimme" sprechen zu müssen.[304] Dies korrespondiert im Wesentlichen mit der letzten Fallgruppe von Baker vs. Carr.

Schließlich argumentiert das Gericht im Beschluss über die Verfassungsbeschwerden zu den Ostverträgen[305] wie folgt: „Die hier zu treffende Entscheidung über die Begrenzung des Inhalts und der Tragweite eines Vertages entziehen sich ihrer Natur nach richterlicher Beurteilung".[306]

Durch dieses bewusste oder unbewusste Rekurrieren des Bundesverfassungsgerichts auf die in Baker vs. Carr genannten Fallgruppen scheint das Gericht also die political question doctrine durchaus in das Rechtssystem der Bundesrepublik übertragen zu wollen. Gegen eine solche These sprechen jedoch gewichtige Gründe.

b. Wesentliche Kritikpunkte an der Übernahme der political question doctrine in das deutsche Recht

Das beinahe wörtliche Zitieren der Kriterien von Baker vs. Carr durch das Bundesverfassungsgericht kann nicht als gänzliche Übernahme der political question doctrine gewertet werden. Das Verfassungsgericht verwendet die Kriterien nur, um ein bestimmtes Phänomen – nämlich die Besonderheiten der auswärtigen Gewalt – herauszustellen. Diese Besonderheiten sind nicht spezifisch „US-amerikanisch" oder spezifisch „deutsch", so dass der Gleichklang der Kriterien sogar durchaus zufällig sein könnte.

Weiterhin werden die Fallgruppen der US-amerikanischen Rechtsfigur in gänzlich anderem Zusammenhang verwandt, als dies der U.S. Supreme Court tut. So gelangt das Bundesverfassungsgericht in Folge der Anwendung dieser Kriterien nicht zur Qualifikation des Streitfalls als a priori nicht justiziabel, sondern begründet mit deren Hilfe den den politischen Organen zugestandenen Einschätzungs- und Prognosespielraum.[307] Auch in der Zivilangestelltenentscheidung[308] stellt das Bundesverfassungsgericht – anders als das der Supreme Court tun würde – (zunächst) einen „Widerspruch zu Art. 3 I GG" fest, es erklärt die Frage also gerade nicht als per se nicht justiziabel. Das Rekurrieren auf die Kriterien der political question doctrine erfolgt erst auf dem Rechtfertigungsniveau. Ein Fruchtbarmachen dieser Theorie im Hinblick auf ihre Rechtsfolge findet also

304 BVerfGE 55, 349, 368
305 BVerfGE 40, 141
306 BVerfGE 40, 141, 179
307 Ebenso *Burchardt*, Grenzen verfassungsgerichtlicher Erkenntnis, S. 56 f.
308 BVerfGE 95, 39, 45

keineswegs statt.[309] Dies erscheint im Übrigen auch gar nicht möglich, wenn man sich folgende Gesichtspunkte vor Augen führt: Zuvörderst sind die genannten Unsicherheiten bereits im US-amerikanischen Recht anzuführen: Befürworter einer Übernahme der political question doctrine müssten also zunächst darlegen, welchen Inhalt sie dieser Rechtsfigur überhaupt zukommen lassen möchten. *Zuck* hält bereits die Bezeichnung „*political question* doctrine" für verfehlt, da im Prinzip alle verfassungsrechtlichen Fragen politische Implikationen aufwiesen.[310] Außerdem lassen sich als Gegenargumente die oben genannten strukturellen Unterschiede zwischen der Verfassungsgerichtsbarkeit in den USA und in Deutschland anführen.[311]

Weiterhin stehen insbesondere rechtliche Gesichtspunkte einer Übernahme der political question doctrine entgegen: In der Literatur wird in erster Linie Art. 19 IV GG angeführt. Diese Bestimmung kann jedoch nur dann herangezogen werden, wenn subjektive Rechte Einzelner im Raume stehen. In Fällen mit außenpolitischem Bezug ist dies aber nicht immer der Fall, so dass nach weiteren Argumenten gesucht werden muss. Hierbei ist Art. 93 I GG von zentraler Bedeutung: Ist eine der in dieser Norm aufgezählten Verfahrensarten einschlägig, *muss* das Gericht entscheiden und kann sich nicht – im Stile einer political question doctrine – für unzuständig erklären.[312] Eine Nichtentscheidung käme einer Justizverweigerung gleich.[313] *Geiger* erblickt im Rechtsstaatsprinzip gemäß Art. 20 II GG das tragende Argument gegen die Konzeption justizfreier Hoheitsakte im System des Grundgesetzes. Dieses Prinzip gewährleiste, dass sämtliches staatliche Handeln auf Recht basiert, und könne nur dann effektiv verwirklicht werden, wenn eine unabhängige Institution existiere, die gegebenenfalls das Recht auch gegenüber den staatlichen Gewalten durchsetzt, die dieses Recht geschaffen haben.[314] *Kriele* kritisiert die Folge einer eventuellen Annahme einer political question durch das Bundesverfassungsgericht und sieht darin die Friedensfunktion des Verfassungsrechts gefährdet. Diese realisiere sich gerade dadurch, dass eine Maßnahme entweder verfassungsmäßig oder verfassungswidrig

309 So ist z. B. das oben angeführte Zitat des Bundesverfassungsgerichts aus der Entscheidung zu den Ostverträgen nicht als Aussage über die Gerichtsfreiheit der auswärtigen Gewalt zu werten, sondern als Präzisierung der prozessualen Funktion der Verfassungsbeschwerde. Vgl. *Blumenwitz*, Verfassungsbeschwerde und politischer Vertrag, in: BayVBl. 1976, S. 520, 527

310 *Zuck*, Political-Question-Doctrine, Judicial-self-restraint und das Bundesverfassungsgericht, in: JZ 1974, S. 361, 364

311 *Schwarz*, Die verfassungsgerichtliche Kontrolle der Außen- und Sicherheitspolitik, S. 291 ff.

312 *Riecken*, Verfassungsgerichtsbarkeit in der Demokratie, S. 431

313 *Stern*, StR II, § 44 II 3, S. 962

314 *Geiger*, Grundgesetz und Völkerrecht, § 28 II S. 148

sei – die Frage aber keinesfalls offenbleibe.[315] Eine solche Argumentation erscheint jedoch in dieser Absolutheit fraglich. In den Fällen, in denen das Bundesverfassungsgericht nämlich bereits die Zulässigkeit des Antrags bzw. der Beschwerde verneint, wird die Verfassungsfrage jedenfalls nicht vollständig geklärt, sondern bleibt – was die Begründetheit anbelangt – offen. Entscheidet dagegen das Gericht in der Sache, lässt sich der Gedanke *Krieles* durchaus als Argument gegen die Anwendung einer political question doctrine unter dem Grundgesetz anführen.

Ein letztes Argument gegen eine Einbeziehung der political question doctrine in das deutsche Recht ergibt sich, wenn man sich das Ziel dieser Lehre vor Augen führt: Durch die Anwendung der political question doctrine soll einer Politisierung der Justiz entgegengewirkt werden. Hierzu ist die Doktrin jedoch nach Ansicht vieler Autoren gar nicht in der Lage: Das Gericht bestimme nämlich völlig frei, ob es entscheiden will oder nicht. Allein dieser Vorgang sei bereits hochpolitisch.[316] Auch die Entscheidung, aufgrund der Annahme einer political question nicht zu kontrollieren, müsse politisch verstanden werden, da automatisch dem Handelnden Recht gegeben werde.[317]

c. „Einpassung" der political question doctrine in das deutsche Recht?

Angesichts der eben geschilderten verfassungsrechtlichen Bedenken befürwortet *Bryde* – ähnlich wie beim judicial self-restraint – eine Einpassung der US-amerikanischen Rechtsfigur in das deutsche Verfassungssystem.[318] Er unterscheidet hierbei die verschiedenen Fallgruppen der political question doctrine.

Im Falle der Zuweisung der Beurteilung gewisser verfassungsrechtlicher Fragen an bestimmte Verfassungsorgane unter Ausschluss der Gerichte[319] könne die political question doctrine nicht ins deutsche Recht übernommen werden. Wegen Artt. 1 III, 20 III GG gebe es nämlich keine Verfassungsrechtsfrage, die der Beurteilung durch das Bundesverfassungsgericht entzogen ist. Außerdem sei eine solche Fallgruppe bei einer nicht verfassungsrechtlich vorgesehenen Verfassungsgerichtsbarkeit viel eher denkbar als in der Bundesrepublik.[320]

---

315 *Kriele*, Recht und Politik in der Verfassungsrechtsprechung, in: NJW 1976, S. 777, 780

316 *Benda/Klein*, Verfassungsprozeßrecht, Rn. 24; *Benda*, Deutsche Außenpolitik vor Gericht, in: Internationale Politik 1995, S. 40; *Stern*, StR II, § 44 II 3, S. 962

317 *Stern*, StR II, § 44 II 3, S. 962

318 *Bryde*, Verfassungsentwicklung, S. 309

319 Vgl. oben Fallgruppe 1

320 *Bryde*, Verfassungsentwicklung, S. 311

Fehle es gänzlich an den konkreten Sachverhalt regelnden Normen[321], erscheine ein Rückgriff auf die political question doctrine für das Bundesverfassungsgericht gänzlich überflüssig.[322]

In den übrigen Fällen will *Bryde* zwar die Argumentationsmuster der political question doctrine im deutschen Recht fruchtbar machen, wenn es um die Reduzierung der Kontrolldichte geht. Die konkrete Rechtsfolge der political question doctrine will jedoch auch er nicht in die deutsche Rechtsordnung übertragen.[323] Einer solchen Vorgehensweise neigt – wie gezeigt – durchaus auch das Bundesverfassungsgericht zu. Ob zur Begründung von geringerer Kontrolldichte jedoch die political question doctrine in das deutsche Rechtssystem eingepasst werden muss, erscheint fraglich, da hierfür durchaus auch autonom grundgesetzliche Argumentationsstrukturen zur Verfügung stehen.[324]

Es bleibt daher festzuhalten, dass ein Zurückgreifen auf die political question doctrine US-amerikanischer Prägung dem Bundesverfassungsgericht schon aufgrund der verfassungsrechtlichen Vorgaben des Grundgesetzes verwehrt ist. Zutreffend spricht *Blumenwitz* daher von der political question doctrine als einem „Fremdkörper in der deutschen Verfassungsgerichtsbarkeit".[325] Eine Einpassung in das System des Grundgesetzes ist ebenfalls nicht erforderlich.

III. Zum Teil fragwürdige Auslegung der Zulässigkeitsvorschriften durch das Bundesverfassungsgericht

Nachdem das Bundesverfassungsgericht also nicht auf eine Art political question doctrine zurückgreifen kann, muss das Gericht rechtliche Argumente finden, um eine ablehnende oder stattgebende Entscheidung zu treffen. Häufig stellen sich schon auf der Ebene der Zulässigkeit von Verfahren mit außenpolitischem Bezug schwierige Probleme. Gegebenenfalls ist bereits in der Zulässigkeitsfrage „der Kern des verfassungsrechtlichen und des ihm zugrundeliegenden politischen Streits"[326] enthalten.

Dabei fällt auf, dass das Bundesverfassungsgericht seine Kompetenznormen zum Teil extensiv auslegt (vgl. 2.). Bevor die einschlägigen Urteile daraufhin

---

321 Vgl. oben Fallgruppe 2

322 *Bryde*, Verfassungsentwicklung, S. 310

323 *Bryde*, Verfassungsentwicklung, S. 312

324 Vgl. dazu unten Teil 2 C. I. 4., 5.

325 *Blumenwitz*, Judicial self-restraint und die verfassungsgerichtliche Kontrolle von Akten der auswärtigen Gewalt, in: DVBl. 1976, S. 464, 469

326 *Knies*, Auf dem Weg in den „verfassungsgerichtlichen Jurisdiktionsstaat"?, in: *Burmeister* [Hrsg.], Verfassungsstaatlichkeit, S. 1155, 1162

untersucht werden sollen, ist zu zeigen, inwieweit bereits Fragen der Zulässigkeit für die Suche nach Grenzen der Verfassungsgerichtsbarkeit relevant sind (vgl. 1.).

1. Relevanz der Zulässigkeitsfrage für die Grenzen der Verfassungsgerichtsbarkeit

Schon auf der Ebene der Zulässigkeit können sich Fragen der Grenzen verfassungsgerichtlicher Rechtsprechung ergeben. So stellt *Knies* überzeugend heraus, dass bereits Zulässigkeitsfragen solche der Gewaltenteilung sind. Folglich stellt sich eine übergangene oder falsch beantwortete Zulässigkeitsfrage zugleich als eine Grenzüberschreitung seitens der Verfassungsgerichtsbarkeit dar.[327] Nach *Wolf* entscheidet die „Frage der Zulässigkeit eines Rechtsbehelfs zum Verfassungsgericht [...] regelmäßig darüber, wem das Letztentscheidungsrecht über eine verfassungsrechtliche Streitfrage zusteht, beantwortet insoweit die Frage nach dem ‚quis iudicabit?'."[328] *Burmeister* bezeichnet daher zu Recht die Probleme der Bestimmung des Zuständigkeitsbereichs des Bundesverfassungsgerichts als „Schlüsselfragen" der funktionsgerechten Eingrenzung der verfassungsgerichtlichen Kontrollkompetenz.[329]

Generell wird das Verfassungsprozessrecht als Mittel zur Bestimmung des Funktionsbereichs des Verfassungsgerichts gegenüber anderen Verfassungsorganen verstanden – mithin also als eine funktionell-rechtliche Grenze.[330] Aufgrund seiner Funktion als Gericht wird das Bundesverfassungsgericht nur auf Antrag tätig und nur in den in Art. 93 I GG und § 13 BVerfGG erwähnten Verfahren. Entscheidet es über Fragen, auf die sich der Antrag gar nicht bezieht, oder werden die Voraussetzungen der jeweiligen Verfahrensarten verkannt, so missachtet das Bundesverfassungsgericht die Grenzen seiner Entscheidungskompetenz.

Bryde schildert die Gefahren einer Entscheidung des Bundesverfassungsgerichts in Bereichen, die – aufgrund fehlenden Antrags oder wegen mangelnder Zuständigkeit gemäß Art. 93 I GG, § 13 BVerfGG – eigentlich seiner Judikatur

---

327 *Knies*, Auf dem Weg in den „verfassungsgerichtlichen Jurisdiktionsstaat"?, in: *Burmeister* [Hrsg.], Verfassungsstaatlichkeit, S. 1155, 1162

328 *Wolf*, Prozessuale Probleme des „Maastricht"-Urteils des Bundesverfassungsgerichts, S. 117

329 *Burmeister*, Stellung und Funktion des Bundesverfassungsgerichts im System der Gewaltenteilung, in: *Koenig/Rüfner* [Hrsg.], Die Kontrolle der Verfassungsmäßigkeit in Frankreich und in der Bundesrepublik Deutschland, S. 33, 39, 40

330 *Benda/Klein*, Verfassungsprozeßrecht, Rn. 38; *Knies*, Auf dem Weg in den „verfassungsgerichtlichen Jurisdiktionsstaat"?, in: *Burmeister* [Hrsg.], Verfassungsstaatlichkeit, S. 1155 ff.

verschlossen sind. Die Wahrscheinlichkeit, dass das Gericht in absehbarer Zeit wieder mit einer ähnlichen Frage konfrontiert werde, sei in diesen Fällen sehr gering. Eine Befassung mit derselben rechtlichen Problematik unter dem Blickwinkel verschiedener Fallgestaltungen erscheine daher schwierig. Folglich eröffne sich auch dem Bundesverfassungsgericht – abgesehen von einer erneuten Grenzüberschreitung – auch nicht so schnell die Möglichkeit, seine Judikatur zu präzisieren oder gegebenenfalls zu korrigieren.[331]

Die durch das Verfassungsprozessrecht gezogenen Grenzen sind freilich aufgrund des umfassenden Zuständigkeitskatalogs sehr weit gefasst.[332] Um mithin überhaupt eine effektive Grenzziehung durch den Zuständigkeitskatalog zu erreichen, wäre eigentlich eine restriktive Auslegung des Art. 93 I GG und des § 13 BVerfGG angezeigt.[333]

Wie bereits ausgeführt, interpretiert das Bundesverfassungsgericht in einigen Verfassungsbeschwerdeverfahren mit Bezug zur auswärtigen Gewalt die Zulässigkeitsvoraussetzungen auch äußerst restriktiv.[334] In letzter Zeit ist jedoch eher eine extensive Interpretation des Zuständigkeitskataloges des Art. 93 I GG zu beobachten.

2. Extensive Auslegung des Zuständigkeitskataloges

Im Verfassungsbeschwerdeverfahren gegen den Maastrichter Vertrag[335] legte das Gericht den Anwendungsbereich des Art. 93 I Nr. 4 a GG sehr weit aus (vgl. a.). Auch im Streitkräfteurteil, dem ein Organstreitverfahren zu Grunde lag, hätte – nach Auffassung einzelner Stimmen in der Literatur[336] und des Sondervotums[337] – der Antrag der FDP-Fraktion bereits aus Zulässigkeitsgründen abgelehnt werden können (vgl. b.). In beiden Fällen habe das Gericht in der Sache entscheiden wollen, und habe daher die Fragen der Zulässigkeit recht „großzügig“ behandelt.[338]

331 *Bryde*, Verfassungsentwicklung, S. 172; 370
332 *Bryde*, Verfassungsentwicklung, S. 168
333 *Bryde*, Verfassungsentwicklung, S. 364
334 Vgl. nochmals BVerfGE 40, 141; BVerfGE 66, 39
335 BVerfGE 89, 155
336 *Wiegandt*, Methodische Bedenken zur Entscheidungsfindung des BVerfG im Bereich der Außenpolitik, in: NJ 1996, S. 113
337 Abweichende Meinung der Richter *Böckenförde* und *Kruis* in: BVerfGE 90, 286, 390 ff.
338 *Wiegandt*, Methodische Bedenken zur Entscheidungsfindung des BVerfG im Bereich der Außenpolitik, in: NJ 1996, S. 113

a. Maastricht-Verfahren

In Urteilsbesprechungen wird das Maastricht-Urteil zum Teil als Verstoß gegen den Grundsatz des judicial self-restraint gewertet und es werden Parallelen zum Grundlagenvertragsurteil gezogen.[339] Im hier zu behandelnden Zusammenhang ist der Vergleich zum Verfahren von 1973 jedoch nicht ganz zutreffend: Während dem Bundesverfassungsgericht im Grundlagenvertragsurteil vor allem die Überschreitung materiell-rechtlicher Grenzen der Verfassungsgerichtsbarkeit durch einen Missbrauch des Instruments der verfassungskonformen Auslegung vorgeworfen wurde, setzt die Kritik am Maastricht-Urteil bereits bei der Beantwortung der Zulässigkeitsfrage ein. Erst „mit dem „Kunstgriff" einer extensiven Auslegung des Art. 38 GG hat es [das Bundesverfassungsgericht T.P.] [...] sich die Einflussnahme auf künftige Integrationsschritte gesichert".[340] *Gassner* bezeichnet das Urteil als „eine weitere Etappe in der [...] Entwicklung vom parlamentarischen Gesetzgebungsstaat zum verfassungsgerichtlichen Jurisdiktionsstaat."[341]

Entscheidende Frage der Zulässigkeit war, ob der Beschwerdeführer ausreichend substantiiert dargelegt hatte, durch das Zustimmungsgesetz zum Maastrichter Vertrag in einem seiner Grundrechte oder grundrechtsgleichen Rechte möglicherweise verletzt zu sein. Der Beschwerdeführer[342] hatte in diesem Zusammenhang die Verletzung verschiedener Grundrechte gerügt[343], das Verfassungsgericht erachtete jedoch eine Verfassungsbeschwerde nur hinsichtlich einer eventuellen Verletzung des Art. 38 GG als zulässig.

Diese positive Zulässigkeitsentscheidung des Bundesverfassungsgerichts kann in mehrfacher Weise in Frage gestellt werden: Zum einen ist zu untersuchen, inwieweit sich die vom Bundesverfassungsgericht im Maastricht-Urteil vorgenommene extensive Interpretation des Art. 38 GG rechtfertigen lässt (vgl. α.). Zum

---

339 Vgl. *König*, Das Urteil des Bundesverfassungsgerichts zum Vertrag von Maastricht – ein Stolperstein auf dem Weg in die europäische Integration?, in: ZaöRV 54 (1994), S. 17, 28

340 *König*, Das Urteil des Bundesverfassungsgerichts zum Vertrag von Maastricht – ein Stolperstein auf dem Weg in die europäische Integration?, in: ZaöRV 54 (1994), S. 17, 29

341 *Gassner*, Kreation und Repräsentation, in: Der Staat 34 (1995), S. 429, 452

342 Die Beschwerdeschrift des Beschwerdeführers ist abgedruckt bei *Winkelmann* [Hrsg.], Das Maastricht-Urteil des Bundesverfassungsgerichts vom 12. Oktober 1993, S. 102 ff.

343 Artt. 1 I, 2 I, 5 I, 9 I i.V.m. 21 I 2, 12 I, 14 I GG, sowie das Grundrecht auf die „deutsche Staatlichkeit" und das Grundrecht auf „verfassungsmäßige Gesetzgebung"; vgl. hierzu *Winkelmann* [Hrsg.], Das Maastricht-Urteil des Bundesverfassungsgerichts vom 12. Oktober 1993, S. 104

anderen ist die Entscheidung in Beziehung zur bisherigen Judikatur hinsichtlich der Beschwerdebefugnis im Rahmen von Verfassungsbeschwerden gegen Zustimmungsgesetze zu setzen (vgl. β.).

α. Interpretation des Art. 38 GG durch das Bundesverfassungsgericht

Art. 38 GG als grundrechtsgleiches Recht ist gemäß Art. 93 I Nr. 4a GG im Rahmen einer Verfassungsbeschwerde rügbar. Bislang gewährte Art. 38 GG lediglich ein subjektives Recht auf Teilnahme an den Wahlen zum Deutschen Bundestag und auf die Einhaltung der Wahlrechtsgrundsätze.[344] Im Maastricht-Urteil legt das Bundesverfassungsgericht Art. 38 GG hingegen extensiv aus und gibt diesem eine neue „Dimension".

„Art. 38 GG verbürgt nicht nur, daß dem Bürger das Wahlrecht zum Deutschen Bundestag zusteht und bei der Wahl die verfassungsrechtlichen Wahlrechtsgrundsätze eingehalten werden. Die Verbürgung erstreckt sich auch auf den grundlegenden demokratischen Gehalt dieses Rechts: Gewährleistet wird dem wahlberechtigten Deutschen das subjektive Recht, an der Wahl des Deutschen Bundestages teilzunehmen und dadurch an der Legitimation der Staatsgewalt durch das Volk [...] mitzuwirken und auf ihre Ausübung Einfluß zu nehmen. [...]

Gibt der Deutsche Bundestag Aufgaben und Befugnisse auf, insbesondere zur Gesetzgebung und zur Wahl und Kontrolle anderer Träger von Staatsgewalt, so berührt das den Sachbereich, auf den der demokratische Gehalt des Art. 38 GG sich bezieht.[...]

Art. 38 schließt es im Anwendungsbereich des Art. 23 GG aus, die durch die Wahl bewirkte Legitimation von Staatsgewalt und Einflußnahme auf deren Ausübung durch die Verlagerung von Aufgaben und Befugnissen des Bundestages so zu entleeren, daß das demokratische Prinzip, soweit es Art. 79 Abs. 3 i.V.m. Art. 20 Abs. 1 und 2 GG für unantastbar erklärt, verletzt wird.

Das Recht des Beschwerdeführers aus Art. 38 GG kann demnach verletzt sein, wenn die Wahrnehmung der Kompetenzen des Deutschen Bundestages so weitgehend auf ein von den Regierungen gebildetes Organ der Europäischen Union oder der Europäischen Gemeinschaften übergeht, daß die nach Art. 20 Abs. 1 und 2 i.V.m. Art. 79 Abs. 3 GG unverzichtbaren Mindestanforderungen demokratischer Legitimation der dem Bürger gegenübertretenden Hoheitsgewalt nicht mehr erfüllt werden."[345]

Mit dieser Auslegung des Art. 38 GG schloss sich das Gericht im Wesentlichen dem Vorbringen des Beschwerdeführers an.[346] Dem begegnen Teile der Literatur jedoch mit tiefgreifenden Bedenken:

344 Vgl. z. B. BVerfGE 69, 92, 105 f.

345 BVerfGE 89, 155, 171 f.

346 Vgl. die Argumentation des Beschwerdeführers bei *Winkelmann* [Hrsg.], Das Maastricht-Urteil des Bundesverfassungsgerichts vom 12. Oktober 1993, S. 115-117

Die wohl am meisten verbreitete Kritik besteht in der Behauptung, das Bundesverfassungsgericht lasse hierdurch (de facto) eine Popularklage zu.[347] Auf den ersten Blick scheint dieser Standpunkt überzeugend, kann sich doch im Prinzip jeder wahlberechtigte Deutsche auf den so ausgelegten Art. 38 GG berufen. Eine Einschränkung des Kreises der Beschwerdeberechtigten durch den Gesichtspunkt der Beschwerdebefugnis findet nicht statt. Dem sind jedoch zwei Gesichtspunkte entgegenzuhalten: Zum einen ist nämlich das Merkmal, dass eine sehr große Anzahl von Personen potenziell betroffen ist, der Rechtssatzverfassungsbeschwerde durchaus immanent. Es kommt nur auf die Größe der Adressatenzahl des jeweiligen Gesetzes an. Zum anderen verschärft sich bei Art. 38 GG diese Situation. Unabhängig vom Inhalt des konkreten Gesetzes umfasst der persönliche Schutzbereich des Art. 38 GG nun einmal alle Wahlberechtigten – und zwar unabhängig von seinem durch die Auslegung ermittelten konkreten Gehalt. Würde also das Bundeswahlgesetz den Wahlrechtsgrundsätzen nicht entsprechen, wären theoretisch auch alle wahlberechtigten Deutschen beschwerdeberechtigt und -befugt. Durch eine bestimmte Auslegung des Art. 38 GG kann das Bundesverfassungsgericht somit nicht (auch nicht bloß de facto) eine Popularklage zulassen. Allenfalls ist eine solche „de facto" bereits der Rechtssatzverfassungsbeschwerde bzw. der Rügefähigkeit des Art. 38 GG immanent. Von einer „actio popularis" könnte nur gesprochen werden, wenn formell – wie in Art. 98 S. 4 BV – das Erfordernis der Beschwerdebefugnis entfiele. Dies ist aber nicht bereits dann der Fall, wenn der Kreis der Beschwerdeberechtigten und -befugten identisch ist.[348]

Da der pauschale Verweis auf die Zulassung einer „actio popularis" nicht zielführend ist, muss die Kritik an der extensiven Auslegung des Art. 38 GG an anderer Stelle ansetzen. So wird vorgebracht, das Bundesverfassungsgericht „lade" Art. 38 GG in nicht zu rechtfertigender Weise objektiv-rechtlich „auf" und gestatte dem Bürger auch noch, sich auf diesen veränderten Gehalt zu berufen.[349] Die objektiv-rechtliche Aufladung besteht hierbei darin, dass Art. 38 GG – über seinen bisherigen Gehalt hinaus – auch eine hinreichende demokratische Legitimation von Hoheitsakten gewährleistet.[350] Überträgt der Deutsche Bundestag Kompetenzen auf die Europäischen Gemeinschaften oder die Europäische Union wird das Legitimationsniveau von sich auf dem Gebiet der Bundesrepublik aus-

347 So insbesondere *Tomuschat*, Die Europäische Union unter der Aufsicht des Bundesverfassungsgerichts, in: EuGRZ 1993, S. 489, 491; ebenso *Burmeister*, Gutachten des Bundesverfassungsgerichts zu völkerrechtlichen Verträgen, S. 66

348 Vom Ergebnis übereinstimmend jedoch in der Begründung verschieden *Cremer*, Rügbarkeit demokratiewidriger Kompetenzverschiebungen im Wege der Verfassungsbeschwerde?, in: NJ 1995, S. 5, 6

349 *Gassner*, Kreation und Repräsentation, in: Der Staat 34 (1995), S. 429, 433

350 Ebenso *Gassner*, Kreation und Repräsentation, in: Der Staat 34 (1995), S. 429, 434

wirkenden Hoheitsakten in zweifacher Richtung geschmälert: Zum einen verfügen die Europäischen Gemeinschaften bei ihren Entscheidungen nicht über dasselbe demokratische Legitimationsniveau wie der Deutsche Bundestag, zum anderen beschränkt sich die Entscheidungskompetenz des nationalen Parlaments nur noch auf die übrig gebliebenen Kompetenzen. Der Wahlakt wird also durch die Kompetenzübertragung nachträglich entwertet.[351] In einem zweiten Schritt subjektiviert das Bundesverfassungsgericht diese objektive Aufladung, indem es dem Einzelnen einen Anspruch auf Einhaltung hinreichend gesicherter demokratischer Legitimation von Hoheitsentscheidungen zubilligt.[352]

Beide Gedankenschritte des Bundesverfassungsgerichts werden von *Gassner* angegriffen:[353] So bestünden angesichts der bestehenden Schranke der Artt. 23 I 3 i.V.m. 79 III, 20 II GG, des Parlamentsvorbehalts und des Bestimmtheitsgrundsatzes bereits hinreichende Sicherungen gegenüber einer Entleerung parlamentarischer Kompetenzen. Für eine objektiv-rechtliche Aufladung des Art. 38 GG gebe es daher keinen Anlass.[354] Auch die vom Bundesverfassungsgericht vorgenommene Subjektivierung wird heftig attackiert. So versucht *Gassner* nachzuweisen, dass sich der einzelne Bürger – egal ob er an der vorangegangenen Bundestagswahl teilgenommen hat oder nicht – nicht auf ein schützenswertes Vertrauen in die Aufrechterhaltung eines bestimmten demokratischen Legitimationsniveaus berufen kann.[355] Des Weiteren würden wesentliche Teile des in Art. 38 I 2 GG verwurzelten Repräsentationsgedankens entwertet. So seien insbesondere die Grundsätze des freien Mandats gefährdet.[356]

Fraglich ist jedoch, ob diese Gegenargumente durchgreifen. So stellen sich *Gassners* Einwände eher als Grundsatzkritik an der Rechtssatzverfassungsbeschwerde im Allgemeinen dar. Im Prinzip stellt nämlich jede Verfassungsbeschwerde gegen ein Gesetz den Repräsentationsgedanken und insbesondere die Freiheit des Mandats in Frage. Diese Konsequenz ist folglich aufgrund der Zulassung der Rechtssatzverfassungsbeschwerde systemimmanent. Es ist zwar durchaus richtig, „daß die Staatsgewalt, abgesehen vom Vorgang der Wahl, nicht unmittelbar von Volk ausgeübt wird, sondern von den in Art. 20 Abs. 2 S. 2 GG erwähnten besonderen Organen, d. h. zuvörderst vom Bundestag."[357] Diese Ausübung von Staatsgewalt steht aber stets unter dem Vorbehalt ihrer Verfassungs-

---

351 *Gassner*, Kreation und Repräsentation, in: Der Staat 34 (1995), S. 429, 434
352 *Gassner*, Kreation und Repräsentation, in: Der Staat 34 (1995), S. 429, 433
353 Ebenso kritisch *Bethge*, in: *Maunz/Schmidt-Bleibtreu, u.a.* [Hrsg.] Bundesverfassungsgerichtsgesetz – Kommentar (Lfg. 16. März 1998), Vorbem. Rn. 152
354 *Gassner*, Kreation und Repräsentation, in: Der Staat 34 (1995), S. 429, 448
355 *Gassner*, Kreation und Repräsentation, in: Der Staat 34 (1995), S. 429, 435
356 *Gassner*, Kreation und Repräsentation, in: Der Staat 34 (1995), S. 429, 436-443
357 *Gassner*, Kreation und Repräsentation, in: Der Staat 34 (1995), S. 429, 442

mäßigkeit. Diese kann der einzelne Bürger als „jedermann" im Rahmen des Art. 93 I Nr. 4a GG einfordern, sofern möglicherweise eines seiner Grundrechte betroffen ist – und dies im Übrigen auch unabhängig davon, ob der betreffende Bürger an der vorangegangen Bundestagswahl teilgenommen hat oder nicht. Die Freiheit des Mandats ist also systembedingt schon beschränkt.

Des Weiteren wird kritisch angemerkt, Art. 93 I Nr. 4a GG enthalte als beschwerdefähige Rechte weder das Demokratieprinzip als objektives Staatsstrukturprinzip noch die Kompetenznormen.[358] Gegen dieses Argument wendet sich *Wolf*:[359] So sei es seit der Elfes-Rechtsprechung durchaus möglich, im Rahmen einer Verfassungsbeschwerde auch die Verletzung objektiven Verfassungsrechts zu rügen.[360]

Isoliert betrachtet erscheint also zunächst die vom Bundesverfassungsgericht vorgenommene Auslegung des Art. 38 GG jedenfalls nicht unvertretbar. Legt man diese im Folgenden zu Grunde, stellt sich weiterhin die Frage, ob sich das Maastricht-Urteil bezüglich der übrigen Voraussetzungen der Verfassungsbeschwerde gegen ein Zustimmungsgesetz zu einem völkerrechtlichen Vertrag im Rahmen der bisherigen Rechtsprechung bewegt.

β. Maastricht-Urteil angesichts der Grundsätze der Entscheidung zu den Ostverträgen

αα. Erfordernis der Unmittelbarkeit

Unabhängig vom genauen Gehalt des Art. 38 GG ist fraglich, inwieweit das Gericht die oben geschilderten Anforderungen an die Beschwerdebefugnis bei Verfassungsbeschwerden gegen Zustimmungsgesetze beachtet hat. Jedenfalls ist kritisch anzumerken, dass das Bundesverfassungsgericht sich dieser Frage gar nicht zuwendet und folglich jegliche Begründung vermissen lässt. Auch in der Literatur wird diese Problematik wenig diskutiert – vielmehr wird sogleich die Auslegung des Art. 38 GG durch das Bundesverfassungsgericht attackiert. Lediglich

---

358 *Gassner*, Kreation und Repräsentation, in: Der Staat 34 (1995), S. 429, 450

359 *Wolf*, Prozessuale Probleme des „Maastricht"-Urteils des Bundesverfassungsgerichts, S. 53

360 Der Hinweis auf die Elfes-Rechtsprechung ist in diesem Zusammenhang jedoch mit Vorsicht zu gebrauchen. Der Gedanke der zitierten Judikatur beruht nämlich gerade nicht auf einer objektiv-rechtlichen Aufladung des jeweils gerügten Grundrechts; vielmehr kommt die objektiv-rechtliche Seite erst im Rahmen der Rechtfertigung eines Eingriffs in den Schutzbereich ins Spiel. Es liegt mithin qualitativ etwas grundlegend Verschiedenes vor. Dass in beiden Fällen objektives Verfassungsrecht zum Prüfungsprogramm des Bundesverfassungsgerichts gehört, macht beide Fälle noch nicht zwingend vergleichbar.

Gassner stellt ohne nähere Begründung fest, das Gericht habe mit dem Maastricht-Urteil „seine Rechtsprechung zur Beschwerdefähigkeit von Zustimmungsgesetzen [sic!] zu völkerrechtlichen Verträgen [...] recht überraschend revidiert“.[361]

Nach der bisherigen ständigen Rechtsprechung müsste eine Bestimmung des Unionsvertrages möglicherweise unmittelbar Grundrechte des Beschwerdeführers verletzen. Diese Grundsätze hebt das Bundesverfassungsgericht zwar eingangs seiner Erörterungen hervor[362], in der nachfolgenden Argumentation wird dieser Gesichtspunkt jedoch nicht mehr aufgegriffen.

An der Unmittelbarkeit könnte jedoch aufgrund folgender Überlegungen zu zweifeln sein: Der Vertrag selbst entzieht oder beschränkt dem Einzelnen unmittelbar keine Rechte – vielmehr verleiht er in Artt. 8 bis 8 e EGV (heute Artt. 17 ff. EG) dem Unionsbürger besondere Rechte.[363] Des Weiteren tritt durch die Übertragung von Kompetenzen allein eine eventuelle Grundrechtsverletzung noch nicht unmittelbar ein – dies geschieht vielmehr möglicherweise erst durch die Ausübung der übertragenen Hoheitsrechte.[364] Durch die Übertragung von Gesetzgebungskompetenzen ist zunächst nur der Deutsche Bundestag unmittelbar in seinen Rechten betroffen. Die Rechtsstellung des Wahlberechtigten wird – selbst wenn man die Auslegung des Bundesverfassungsgerichts zu Grunde legt – nur mittelbar berührt.[365]

Diese Kritik an der fehlenden Unmittelbarkeit der Betroffenheit gilt es jedoch zu hinterfragen: Es genügt nämlich bereits die Übertragung ausschließlicher Kompetenzen auf die Europäischen Gemeinschaften, um für die Mitgliedsstaaten eine Kompetenzausübungssperre zu bewirken.[366] Das bedeutet, die Mitgliedsstaaten sind auf diesen Gebieten gar nicht mehr handlungsbefugt – werden sie dennoch tätig, so verhalten sie sich europarechtswidrig. Die Übertragung der Kompetenz erscheint somit als der letzte vom Mitgliedsstaat kontrollierbare Akt. Unmittelbarkeit scheint mithin gegeben. Dies gilt umso mehr, als dass nach der Rechtsprechung des Bundesverfassungsgerichts das deutsche Abstimmungsver-

---

361 *Gassner*, Kreation und Repräsentation in: Der Staat 34 (1995), S. 429, 430; ähnlich *Burmeister*, Gutachten des Bundesverfassungsgerichts zu völkerrechtlichen Verträgen, S. 66, wonach das Bundesverfassungsgericht von seiner bisherigen Rechtsprechung „abgerückt“ sei.

362 BVerfGE 89, 155, 171

363 *Cremer*, Rügbarkeit demokratiewidriger Kompetenzverschiebungen im Wege der Verfassungsbeschwerde?, in: NJ 1995, S. 5

364 So *Hilf* in Stellungnahme I der Bundesregierung in: *Winkelmann* [Hrsg.], Das Maastricht-Urteil des Bundesverfassungsgerichts vom 12. Oktober 1993, S. 165, 209 f.

365 *Gassner*, Kreation und Repräsentation, in: Der Staat 34 (1995), S. 429, 449

366 *Streinz*, Europarecht, Rn. 130

halten im Rat – also die Mitwirkung der Bundesrepublik Deutschland bei der Ausübung der Kompetenz – nicht mittels der Verfassungsbeschwerde angreifbar ist.[367]

Zuletzt könnte mit der bisherigen Rechtsprechung argumentiert werden, die Ausübung der Kompetenz stelle keinen Akt deutscher Staatsgewalt mehr dar, sondern sei vielmehr den Europäischen Gemeinschaften zuzurechnen.[368] Von diesem Gesichtspunkt aus gesehen tangiert bereits der Übertragungsakt den Beschwerdeführer unmittelbar in seinen Grundrechten. In diesem Zusammenhang kann die Rechtsprechung des Bundesverfassungsgerichts zum deutsch-schweizerischen Vermögensabkommen[369] vergleichend herangezogen werden, wonach eine Verfassungsbeschwerde gegen ein Zustimmungsgesetz bereits dann zulässig ist, wenn Vollzugsakte nicht vor deutschen Gerichten angegriffen werden können.[370]

Es lassen sich mithin gute Argumente anführen, die Unmittelbarkeit der Beschwer des Beschwerdeführers zu bejahen. Stellt man jedoch die Frage der Unmittelbarkeit in den Zusammenhang mit den übrigen Ausführungen im Maastricht-Urteil, kommen Zweifel an der stringenten Herleitung der Unmittelbarkeit der Beschwer auf.

Angesichts der Tatsache, dass das Bundesverfassungsgericht sich vorbehält, Sekundärrechtsakte (also die Kompetenzausübungsakte) der Europäischen Gemeinschaften auf ihre Vereinbarkeit mit den deutschen Grundrechten zu überprüfen[371], könnte der Beschwerdeführer eventuell vorrangig auf diesen Weg zu verweisen sein. Dies hätte zur Folge, dass der Beschwerdeführer durch das Zustimmungsgesetz nicht unmittelbar in seinen Rechten betroffen ist. Anderes würde nur dann gelten, wenn der Beschwerdeführer in diesem Rahmen – also im Rahmen der Kontrolle des Kompetenzausübungsaktes – sich nicht auf eine Verletzung von Art. 38 GG als grundrechtsgleichem Recht berufen könnte oder eine allgemein anerkannte Ausnahme vom Grundsatz der Unmittelbarkeit der Beschwer vorläge.

(1) Warum Art. 38 GG bei der Kontrolle des Sekundärrechtsaktes nicht als rügefähiges Recht in Betracht kommen soll, lässt sich jedoch schwerlich begrün-

---

367 BVerfGE 22, 293, 297

368 BVerfGE 22, 293, 295 ff.; 58, 1, 27

369 BVerfGE 6, 290, 295

370 Ähnlich *Wolf*, Prozessuale Probleme des „Maastricht"-Urteils des Bundesverfassungsgerichts, S. 41

371 BVerfGE 89, 155, 156 – Leitsatz 7; inwieweit sich das Bundesverfassungsgericht hierbei unzulässigerweise Kompetenzen gegenüber dem EuGH anmaßt, muss in diesem Zusammenhang offenbleiben. Es geht hier lediglich um die Stringenz der Argumentation des Bundesverfassungsgerichts.

den. Im Urteil finden sich hierzu auch keine Ausführungen. Es erscheint durchaus möglich, die Kompetenzausübung der Europäischen Gemeinschaften mit dem Argument anzugehen, ihr fehle eine hinreichende demokratische Legitimation, und sie verletze daher möglicherweise den Beschwerdeführer in seinem Recht aus Art. 38 GG. Eine Beschränkung der Kontrolle der Ausübungsakte auf ihre Vereinbarkeit mit Artt. 1-19 GG lässt sich daher nicht rechtfertigen. Insofern erscheint es inkonsequent, sowohl die grundsätzliche Angreifbarkeit von Sekundärrechtsakten als auch die Unmittelbarkeit der Betroffenheit durch das Zustimmungsgesetz zu bejahen.

(2) Diesen Widerspruch könnte man nur dadurch auflösen, dass man auf die vom Bundesverfassungsgericht anerkannten Ausnahmen zum Grundsatz der Unmittelbarkeit rekurriert. Dogmatischer Ansatzpunkt des Bundesverfassungsgerichts ist hierbei, die Voraussetzung der Unmittelbarkeit der Beschwer als Begriff des Verfassungsprozessrechts „im Lichte der Funktion dieser Verfahrensordnung zu erfassen".[372] Das bedeutet, dem Merkmal der Unmittelbarkeit wird lediglich indizielle Bedeutung für die Frage der Beschwerdebefugnis zugemessen. Eine auf diese Weise begründete Ausnahme zum Grundsatz der Unmittelbarkeit der Beschwer liegt dann vor, wenn dem Beschwerdeführer das Abwarten des Gemeinschaftsrechtsaktes unzumutbar erscheint. Man könnte argumentieren, ein Angreifen dieses Aktes sei weniger effektiv, da ein „Zurückholen" der Kompetenz von den Gemeinschaften zu den Mitgliedsstaaten extrem schwierig sei.[373] Weiterhin könnte die Unzumutbarkeit des Angreifens des Gemeinschaftsrechtsaktes mit den damit verbundenen kaum zu überwindenden Hürden begründet werden, die das Bundesverfassungsgericht – wohlgemerkt nach der Maastricht-Entscheidung – errichtet hat.[374] Jedoch muss es sich bei der Unzumutbarkeit – da es sich bei der Verfassungsbeschwerde um einen Individualrechtsbehelf handelt – zwingend um Umstände handeln, die in der Person des Beschwerdeführers liegen.[375] Dies ist indes bei den hier vorgebrachten Argumenten nicht der Fall. Ein Bezugnehmen auf die anerkannten Fallgruppen der Ausnahme vom Unmittelbarkeitserfordernis scheidet mithin aus.

372 BVerfGE 71, 305, 335

373 *Gassner*, Kreation und Repräsentation, in: Der Staat 34 (1995), S. 429, 436, meint sogar, die völkerrechtlichen Schwierigkeiten einer Revision des Vertrages könnten angesichts der bestehenden politischen Möglichkeiten, eine Rückübertragung der Kompetenzen zu erreichen, überwunden werden.

374 BVerfGE 102, 147, 164

375 So muss der Beschwerdeführer bereits jetzt zu Dispositionen gezwungen sein, die er später nicht mehr oder nur noch schwerlich revidieren kann, st. Rspr. vgl. z. B. BVerfGE 43, 291, 386

ββ. Dennoch Zulässigkeit aufgrund funktionell-rechtlicher Überlegungen?

Einen anderen Versuch, den geschilderten Widerspruch aufzulösen, unternimmt *Wolf*, indem er die Rechtsprechung des Bundesverfassungsgerichts mit systematischen und funktionellen Gesichtspunkten sowie mit Argumenten aus der Verfassungswirklichkeit rechtfertigt. Diese Topoi können deshalb herangezogen werden, weil – wie oben bereits erwähnt – den Voraussetzungen der gegenwärtigen und unmittelbaren Betroffenheit lediglich indizielle Bedeutung zukommt.[376]

Wolf meint, die positive Zulässigkeitsentscheidung und damit das entschiedene Zugreifen des Bundesverfassungsgerichts lasse sich damit rechtfertigen, dass im Maastricht-Verfahren eine „Not- bzw. Ausnahmesituation“[377] vorgelegen habe. So sei die Kontrolle der Verfassungsmäßigkeit der Fortentwicklung der europäischen Integration durch den Deutschen Bundestag bislang äußerst schwach ausgeprägt gewesen. Dies habe sich auch durch die Einführung des Art. 23 GG nicht geändert.[378] Ein solches Defizit werde durch strukturelle Probleme der Parteiendemokratie und fehlende öffentliche Diskussion aufgrund Einmütigkeit der Fraktionen im Bundestag noch weiter verstärkt.[379] Um diese Defizite auszugleichen, versucht *Wolf* nachzuweisen, dass das Bundesverfassungsgericht „von Verfassungs wegen berufen, d. h. verfassungsrechtlich ggf. legitimiert ist, zumindest Teile der Aufgaben des Bundestages kompensatorisch zu übernehmen“.[380] Weiterhin rechtfertige sich die Bejahung der Beschwerdebefugnis über Art. 38 GG – und damit auch der Unmittelbarkeit – damit, einen Konflikt mit dem Europäischen Gerichtshof – anläßlich der Kontrolle eines Sekundärrechtsaktes der Europäischen Gemeinschaften – durch eine möglichst frühzeitige Entscheidung zu den Grenzen der Integration zu vermeiden.[381] Zuletzt habe die positive Zulässigkeitsentscheidung dazu geführt, dass die eventuelle Verfassungswidrigkeit des Maastrichter Vertrages in den Blickpunkt der Öffentlichkeit gelangt ist, was auf-

376 BVerfGE 71, 305, 335
377 *Wolf*, Prozessuale Probleme des „Maastricht“-Urteils des Bundesverfassungsgerichts, S. 188
378 *Wolf*, Prozessuale Probleme des „Maastricht“-Urteils des Bundesverfassungsgerichts, S. 132-134
379 *Wolf*, Prozessuale Probleme des „Maastricht“-Urteils des Bundesverfassungsgerichts, S. 140-149
380 *Wolf*, Prozessuale Probleme des „Maastricht“-Urteils des Bundesverfassungsgerichts, S. 149
381 *Wolf*, Prozessuale Probleme des „Maastricht“-Urteils des Bundesverfassungsgerichts, S. 182

grund der Übereinstimmung der politischen Parteien im Bundestag zuvor nicht erfolgt war.[382]

Einer solchen Argumentation kann jedoch weder im Fortgang noch vom Ergebnis her gefolgt werden. Im Stile einer Art von Verhältnismäßigkeitsprüfung könnte nämlich gefragt werden, ob die positive Zulässigkeitsentscheidung „erforderlich" war, um die geschilderte „Notsituation" zu beseitigen – ob mit anderen Worten hierfür nicht „mildere jedoch gleich effektive Mittel" zur Verfügung gestanden hätten. So ist in die Betrachtung mit einzubeziehen, dass der als Argument herangezogene drohende Konflikt mit dem Europäischen Gerichtshof vom Bundesverfassungsgericht provoziert wurde, indem es seine grundsätzliche Überprüfungskompetenz von Sekundärrechtsakten bejahte. Die hieraus resultierende Notsituation hätte ebenso effektiv – und widerspruchsfrei – vermieden werden können, wenn das Gericht an seiner bisherigen Rechtsprechung festgehalten hätte, wonach EG-Sekundärrechtsakte keinen Akt deutscher Staatsgewalt darstellen und somit nicht mit der Verfassungsbeschwerde angreifbar sind.[383]

Auch kann es nicht Sinn und Zweck der Verfassungsbeschwerde nach Art. 93 I Nr. 4a GG sein, öffentliche Diskussion anzuregen. Selbst wenn man eine solche Ratio – neben der der Sicherung der Grundrechte des Einzelnen – anerkennt, so erfordert diese noch lange nicht, dass das Bundesverfassungsgericht die Verfassungsbeschwerde für zulässig erklärt. Allein die Anhängigkeit eines Verfahrens beim Bundesverfassungsgericht kann bereits diese Wirkung auslösen. Dies zeigte sich zuletzt beim Beschluss über den Antrag auf Erlass einer einstweiligen Anordnung gegen die Ratifikation der Europäischen Verfassung vom 28. April 2005.[384] Hier wurde durchaus die öffentliche Diskussion belebt, obwohl das Gericht den Antrag als unzulässig verworfen hat.

382 Besonders pointiert *Isensee*, Bundesverfassungsgericht – quo vadis?, in: JZ 1996, S. 1085, 1088: „Gefahr droht nicht von politisch motivierten Klageanträgen; zuweilen droht sie vom Unterlassen einer verfassungsgerichtlichen Klärung in verfassungsheiklen Fragen, wenn alle politischen Akteure sich praeterkonstitutionell arrangieren [...] oder wenn der parlamentarische Antagonismus von Regierung und Opposition praktisch ausfällt, wie bei der Ratifikation des Maastrichter Vertragswerkes und die Unruhe in der Bevölkerung keinen parlamentarischen Anwalt findet. Im letzten Fall hat die Verfassungsbeschwerde wenigstens den offenen Diskurs eröffnet und [...] für innerstaatliche Befriedung gesorgt und [...] der supranationalen Evolution Grenzmarken gesetzt. Nicht immer vermag jedoch die Verfassungsbeschwerde (in noch so offenherziger Zulassung) die Kontrollücke zu schließen, wenn die politische Klasse sich in verfassungsrechtlich prekären Fragen einig verhält."

383 BVerfGE 22, 293, 295 ff.; BVerfGE 37, 271, 283

384 Verbundene Verfahren 2 BvR 636/05 und 2 BvE 1/05

Schließlich vermag die Tatsache, dass der „parlamentarische Antagonismus von Regierung und Opposition praktisch ausfällt“[385], und in der Folge die im Rahmen der abstrakten Normenkontrolle oder des Organstreits antragsberechtigten Institutionen keinen Antrag beim Bundesverfassungsgericht stellen, auch keine Notsituation zu begründen. Ganz im Gegenteil spricht die Entscheidung der politischen Organe, den Maastrichter Vertrag gerade *nicht* einer verfassungsgerichtlichen Kontrolle zu unterwerfen, dafür, die Zulässigkeit des Antrags des Beschwerdeführers zu verneinen. Diese Untätigkeit hat das Bundesverfassungsgericht gar nicht in seinen Erwägungen zur Zulässigkeit der Verfassungsbeschwerde berücksichtigt. Nach Art. 93 I Nr. 1, 2 GG ist nämlich auch eine parlamentarische Minderheit antragsberechtigt. Dadurch ist *grundsätzlich* der mit dem Demokratieprinzip verbundene Gedanke des Minderheitenschutzes bereits hinreichend verwirklicht. Will man diesen Vorschriften überhaupt noch eine eigenständige Bedeutung gegenüber der Rechtssatzverfassungsbeschwerde zugestehen, kann diese daher nur absolute Ausnahmesituationen betreffen. Dem Ausnahmecharakter entsprechend sind die Zulässigkeitsvoraussetzungen bei Rechtssatzverfassungsbeschwerden eng auszulegen. Hierdurch wird die Vermutung für die Verfassungsmäßigkeit des Handelns des parlamentarischen Gesetzgebers gestärkt. Interpretiert man dagegen diese Voraussetzungen weit, so kehrt man diese Vermutung geradezu in ihr Gegenteil. Damit kann man es nicht als eine solche Ausnahmesituation ansehen, wenn sich strukturelle Defizite im parlamentarischen Regierungssystem zeigen. Schon aufgrund des Wortsinns des Begriffs „strukturell“ muss die Annahme einer Ausnahmesituation ausscheiden. Außerdem ist es nicht die Aufgabe (Funktion) des Bundesverfassungsgerichts, Schwächen des parlamentarischen Systems – dass zum Beispiel keine öffentliche Diskussion angesichts einer weitgehenden Einigkeit politischer Organe stattfindet – zu kompensieren. Bestehen in der Bevölkerung erhebliche Zweifel an der Entwicklung der europäischen Integration, muss vielmehr der Wähler dies mit seiner Wahlentscheidung kundtun. Ist dann im Parlament eine bestimmte Anzahl europaskeptischer Abgeordneter vorhanden, ist eine parlamentarische Diskussion und Kontrolle zu erwarten. Des Weiteren findet sich dann im Zweifel auch das entsprechende Quorum, um eine abstrakte Normenkontrolle beim Bundesverfassungsgericht anhängig zu machen. Die großzügige Behandlung der Zulässigkeitsfragen führt hier jedenfalls lediglich dazu, dass sich die politischen Parteien weiter aus ihrer Verantwortung zurückziehen und diese „nach Karlsruhe“ abschieben – es wird also auf lange Sicht gesehen genau das Gegenteil erreicht, was eigentlich angestrebt wurde. Dem könnte man entgegenhalten, ein Zurückdrehen der Europäischen Integration sei schwierig zu erreichen – ein Austritt aus der Europä-

385 *Isensee*, Bundesverfassungsgericht – quo vadis?, in: JZ 1996, S. 1085, 1088

ischen Union und den Europäischen Gemeinschaften verfassungs- und europarechtlich weitgehend ungeklärt. Eine solche Argumentation lässt jedoch die zweifelsohne vorhandenen politischen Möglichkeiten außer Betracht, mit denen in einer derartigen Lage eine Revision des Vertragswerkes erreicht werden könnte.[386] Bei Einigkeit der politischen Organe ist diese Kontrolllücke daher zumindest im Grundsatz hinzunehmen.[387]

γγ. Berücksichtigung der Folgen der Zulässigkeitsentscheidung

Neben diesen funktionellen Gesichtspunkten hat das Bundesverfassungsgericht zu wenig die politischen Folgen seiner Entscheidung auf nationaler und internationaler Ebene berücksichtigt: Auf die weitere Vertiefung der strukturellen Probleme des parlamentarischen Regierungssystems wurde oben bereits verwiesen. Der Furcht vor einer Flut von Verfassungsbeschwerden auf nationaler Ebene mag man noch mit dem Argument begegnen, es gebe schließlich die Möglichkeit, verschiedene Rechtssachen zu verbinden.

Auf internationaler Ebene ist der Schaden hingegen größer. So hat erst die Beantwortung der Zulässigkeitsfrage dazu geführt, dass künftig sämtliche weiteren Schritte der Integration theoretisch mit der Verfassungsbeschwerde angreifbar sind. Dadurch wird die außenpolitische Handlungsfreiheit eingeschränkt und die Verhandlungsposition Deutschlands geschwächt.[388] Hätte das Bundesverfassungsgericht bereits die Zulässigkeit des Begehrens des Beschwerdeführers verneint, hätte es sich über die Grenzen der Integration nach dem Grundgesetz nicht äußern und damit auch nicht gewisse Leitlinien formulieren können.

b. Streitkräfteentscheidung

In seiner Streitkräfteentscheidung legt das Bundesverfassungsgericht Art. 93 I Nr. 1 GG sehr weit aus. Im Rahmen der Zulässigkeit stand im Mittelpunkt des Interesses die Frage nach dem Rechtsschutzbedürfnis der FDP-Fraktion.[389] Von einigen Autoren und von Teilen des Gerichts wird nämlich vorgebracht, durch

386 Ähnlich *Gassner*, Kreation und Repräsentation, in: Der Staat 34 (1995), S. 429, 436

387 In diesem Sinne wohl auch *Isensee*, Bundesverfassungsgericht – quo vadis?, in: JZ 1996, S. 1085, 1088; ähnlich *Bryde*, Das Maastricht-Urteil des Bundesverfassungsgerichts, S. 4

388 *König*, Das Urteil des Bundesverfassungsgerichts zum Vertrag von Maastricht – ein Stolperstein auf dem Weg in die europäische Integration?, in: ZaöRV 54 (1994), S. 17, 29

389 Vgl. zu sämtlichen Zulässigkeitsproblemen im AWACS I-Verfahren *Limpert*, Auslandseinsatz der Bundeswehr, S. 111 ff.

die Erklärung des Antrags der FDP-Fraktion als zulässig habe das Bundesverfassungsgericht der Sache nach wieder das Gutachterverfahren eingeführt, das durch Streichung des § 97 a. F. BVerfGG nach dem Willen des Gesetzgebers eigentlich keine Anwendung mehr finden sollte. Das Bundesverfassungsgericht habe dadurch der Politisierung des Organstreitverfahrens Vorschub geleistet.[390] Die FDP-Fraktion hatte den Antrag gestellt, den ohne Beteiligung des Parlamentes erfolgten Entsendebeschluss der Bundesregierung für verfassungswidrig erklären zu lassen, obgleich sie als beteiligte Fraktion in der Regierungskoalition diesen Beschluss politisch mitgetragen hatte.

Das Rechtsschutzbedürfnis der FDP-Fraktion hätte hier aus zwei Gesichtspunkten verneint werden können: Der erste wird hierbei vom Bundesverfassungsgericht gar nicht angesprochen: Die FDP-Fraktion als Regierungsfraktion hätte nämlich eventuell durch regierungsinterne Einflussnahme andere Mittel zur Verfügung gehabt, um ihre verfassungsrechtliche Auffassung durchzusetzen.[391] Dem ist jedoch entgegenzuhalten, dass nach der Konzeption des Grundgesetzes Bundestag und Bundesregierung zwei selbstständige Verfassungsorgane bilden, die jeweils mit eigenen Rechten ausgestattet sind. Das Recht auf parlamentarische Beteiligung kann nicht durch regierungsinterne Einflussnahme ersetzt werden.[392] Ausserdem muss – um das Rechtsschutzbedürfnis verneinen zu können – die Rechtsverletzung durch die alternativ zur Verfügung stehende Maßnahme gleich effektiv beseitigt werden können. Die „bloße“ informelle Einflussnahme auf die Entscheidungsfindung in der Bundesregierung erscheint aber keinesfalls als gleich effektiv, um die Rechte des Bundestages zu wahren.

Der zweite vom Bundesverfassungsgericht thematisierte Gesichtspunkt betrifft die von der FDP-Fraktion nicht genutzte Möglichkeit, sich gegen die ihrer Auffassung nach verfassungswidrige Beschlussfassung der Bundesregierung zunächst durch einen vorherigen parlamentarischen Antrag zu wenden, anstatt sogleich das Bundesverfassungsgericht anzurufen. Bereits im Organstreit über die Nachrüstung hatte sich das Bundesverfassungsgericht mit der Frage zu beschäftigen, inwieweit das fehlende vorherige Einbringen eines Antrages im Parlament das Rechtsschutzbedürfnis beseitigen könnte.

„Wäre die antragstellende Fraktion in der Lage gewesen, die nunmehr gerügte Verletzung der Rechte des Bundestages durch eigenes Handeln rechtzeitig zu vermeiden, so wäre es zumindest fragwürdig, ihr Rechtsschutzbedürfnis für ein Organstreitverfahren ungeachtet ihrer diesbezüglichen parlamentarischen Untätigkeit anzuerkennen. Auf diese Weise hätte es die betreffende Fraktion in der Hand, ohne triftigen Grund parlamentarisches

390 *Limpert*, Auslandseinsatz der Bundeswehr, S. 123
391 *Degenhart*, Staatsrecht I, Rn. 753
392 Ähnlich *Degenhart*, Staatsrecht I, Rn. 753

Handeln durch verfassungsgerichtliche Schritte zu ersetzen. Die in einem solchen Vorgehen liegende Politisierung des Organstreitverfahrens liefe dem Grundgedanken von Verfassungsgerichtsbarkeit zuwider. Aufgabe der Verfassungsgerichtsbarkeit ist es, [...] anhand rechtlicher Maßstäbe darüber zu entscheiden, ob zumal bei Ausübung öffentlicher Gewalt – und sei es auch in hochpolitischen Angelegenheiten – die Verfassung beachtet worden ist; es ist indes nicht ihre Aufgabe, ersatzweise politische Entscheidungen zu treffen, etwa parlamentarischen Mehrheiten oder Minderheiten zu politisch gewünschten Ergebnissen zu verhelfen oder ihnen politisch unerwünschte Ergebnisse zu vereiteln."[393]

Trotz dieser Bemerkungen bejahte das Bundesverfassungsgericht im Nachrüstungsurteil das Rechtsschutzbedürfnis der Fraktion Die GRÜNEN und damit die Zulässigkeit des Antrags: Ein Antrag im Parlament hätte aufgrund der bestehenden Mehrheitsverhältnisse ohnehin keine Aussicht auf Erfolg gehabt und hätte mithin das Verfahren vor dem Bundesverfassungsgericht nicht verhindern können.[394]

Anders stellte sich jedoch die Situation im AWACS-Verfahren für die FDP-Fraktion dar. Diese wäre – zusammen mit den Fraktionen von SPD und Bündnis '90 Die GRÜNEN – durchaus in der Lage gewesen, auf parlamentarischem Wege eine Entscheidung gegen den AWACS-Einsatz zustande zu bringen.[395] Hätte das Bundesverfassungsgericht die Rechtsprechung aus dem Nachrüstungsurteil konsequent angewandt, wäre also das Rechtsschutzbedürfnis der FDP-Fraktion zu verneinen gewesen. Das Gericht begründet seine gegenteilige Auffassung jedoch wie folgt:

„Abgesehen davon, daß die F.D.P.-Fraktion hiermit [mit der Beschlussfassung im Bundestag T.P.] nicht eine verbindliche Klärung der Rechte des Bundestages erreichen könnte, die der Organstreit ihr gem. §§ 67, 31 BVerfGG eröffnet, würde die F.D.P-Fraktion damit auf den Weg des politischen Konflikts mit der von ihr mitgetragenen Bundesregierung und mit dem Koalitionspartner innerhalb des Parlaments verwiesen. Vom Verfahrensrecht des Bundesverfassungsgerichts darf ein solcher mittelbarer Zwang zu einem bestimmten politischen Verhalten nicht ausgehen. Steht einem Antragsteller die prozeßrechtliche Antragsbefugnis zu, so darf er ohne Rücksicht auf seine politischen Motive davon auch dann Gebrauch machen, wenn ihm daneben politische Handlungsmöglichkeiten zur Verfügung stehen, die angegriffene Maßnahme zu Fall zu bringen. Der Organstreit ist demgegenüber nicht subsidiär.

[...] Um so weniger darf es [das Bundesverfassungsgericht T.P.] einen Antragsteller auf einen Weg rein politischen Agierens verweisen, der dem Organstreit verfassungsrechtlich und prozessual nicht gleichwertig ist. Der politische Konflikt, der bis zur Aufkündigung der Koalition, die bisher die Regierung getragen hat, gehen kann, mag zwar die Durchführung der angegriffenen Maßnahme politisch verhindern, den dahinter ste-

393 BVerfGE 68, 1, 77 f.

394 BVerfGE 68, 1, 78

395 Ebenso *Limpert*, Auslandseinsatz der Bundeswehr, S. 123

henden Streit um die Rechte des Parlaments kann er jedoch nicht klären. Zugleich kann er politische Folgen haben, die weit über das im Organstreit erstrebte Rechtsschutzziel hinausgehen.

[...] Für die Anträge der F.D.P.-Fraktion besteht auch ein Rechtsschutzbedürfnis. Auf ihre parlamentarisch-politischen Handlungsmöglichkeiten kann sie unter diesem rechtlichen Gesichtspunkt [...] nicht verwiesen werden; sie hätte damit die von ihr behaupteten Rechte des Bundestages nicht zur Wirkung bringen können."[396]

Gegen die Zulässigkeit des Antrags der FDP-Fraktion wendet sich das Sondervotum der Richter *Kruis* und *Böckenförde*: Ausgehend vom Zweck des Instituts der Prozessstandschaft im Organstreitverfahren – nämlich dem effektiven Minderheitenschutz im parlamentarischen Regierungssystem – folgert die abweichende Meinung, dass zur Verhütung einer Instrumentalisierung des Bundesverfassungsgerichts zu politischen Zwecken der Antragsteller vorher durch die Inanspruchnahme parlamentarischer Mittel deutlich gemacht haben muss, „dass es ihm ernsthaft um die Verteidigung der Parlamentsrechte geht". Eine Subsidiarität sei mithin „das folgerichtige Gegenstück zur Eröffnung des Organstreitverfahrens auch für Organteile des Parlaments aus Gründen des Minderheitenrechts, um Rechte des Parlaments selbst geltend zu machen."[397] Indem die Mehrheit des Gerichts das Rechtsschutzbedürfnis der FDP-Fraktion bejahe, führe es der Sache nach die vom Gesetzgeber 1956 durch Streichung des § 97 BVerfGG weggefallene Zuständigkeit des Bundesverfassungsgerichts zur Erstellung von Rechtsgutachten wieder ein.[398] Dieser Ansicht ist zuzustimmen. Des Weiteren ist noch aus folgenden Gesichtspunkten der Auffassung der Mehrheitsmeinung zu widersprechen:[399]

Das Rechtsschutzbedürfnis ist zu verneinen, wenn dem Antragsteller einfachere und schnellere Mittel zur Verfügung stünden, um sein Ziel zu erreichen. Mit „Ziel" kann hierbei immer nur das mit der jeweiligen Verfahrensart verknüpfte Ziel sein. Im hier einschlägigen Organstreitverfahren erscheint es jedoch zweifelhaft, ob – wie die Mehrheitsauffassung meint – als Ziel legitimerweise die Klärung einer verfassungsrechtlichen Frage in Betracht kommt, oder ob die Klärung einer verfassungsgerichtlichen Frage nicht vielmehr lediglich eine „Nebenfolge" eines Verfahrens darstellt, das primär auf den Schutz von Minderheitenrechten abzielt. Nähme man als Ziel das von der Mehrheitsmeinung akzeptierte

396 BVerfGE 90, 296, 339 f.
397 BVerfGE 90, 286, 392
398 BVerfGE 90, 286, 394
399 Vgl. ebenso kritisch, teilweise aber mit anderen Begründungsansätzen *Pietzcker*, Organstreit, in: *Badura/Dreier* [Hrsg.], Festschrift 50 Jahre Bundesverfassungsgericht, S. 587, 611; *Hillgruber*, in: *Ders./Goos*, Verfassungsprozessrecht, Rn. 388 f.; *Heun*, Urteilsanmerkung, in: JZ 1994, S. 1073, 1074 f.

Begehren der FDP-Fraktion an, würde der kontradiktorische Charakter des Organstreitverfahrens erheblich geschmälert, wenn nicht sogar gänzlich aufgehoben.[400]

Weiterhin ist das Argument, das Verfahrensrecht des Bundesverfassungsgerichts dürfe nicht zu mittelbarem Zwang zu einem bestimmten politischen Handeln führen, nicht zielführend: Es ist nämlich eine Sache der politischen Abwägung für die FDP-Fraktion, ob ihr die Wahrung der Rechte des Parlaments derart wichtig erscheint, dass sie sogar die bestehende Regierungskoalition aufs Spiel setzt. Um die Koalition nicht zu gefährden hat die FDP-Fraktion sich entschlossen, nicht den parlamentarischen Weg zu beschreiten und hat damit implizit eine Abwägungsentscheidung gegen eine Stärkung der Parlamentsrechte getroffen. Es besteht also keinesfalls ein (mittelbarer) Zwang zu bestimmtem politischen Verhalten. Es mag sein, dass das Bundesverfassungsgericht politische Realitäten in seine Erwägungen mit einzubeziehen hat, insofern also auch die Tatsache, dass sich tendenziell eine in der Regierung vertretene Bundestagsfraktion eher für den Fortbestand der Regierung als für die Rechte des Parlaments entscheiden wird. Dieser (mittelbare) Zwang ist jedoch selbst auferlegt und kann daher nicht für die Beantwortung der Zulässigkeitsfrage beachtlich sein. Die Gefahr des Auseinanderfallens der Regierungskoalition kann auch nicht als „triftiger Grund" im Sinne des Nachrüstungsurteils aufgefasst werden. Die Zuerkennung des Instituts der Prozessstandschaft dient dem Minderheitenschutz. Durch die Qualifikation des Antrags der FDP-Fraktion als zulässig geht das Bundesverfassungsgericht jedoch über das erforderliche Maß an Minderheitenschutz hinaus, zumal man sich fragen kann, ob die FDP-Fraktion als Regierungsfraktion – bezieht man die politischen Realitäten in die Betrachtung mit ein – in diesem Zusammenhang überhaupt im engeren Sinne als Minderheit bezeichnet werden kann.

Wendet man zuletzt den Blick auf künftige vergleichbare Fälle, so erscheint die Rechtsprechung des Bundesverfassungsgerichts ebenfalls fraglich: Durch die Zubilligung des Rechtsschutzbedürfnisses schneidet das Bundesverfassungsgericht de facto für künftige Fälle die parlamentarische Debatte ab, ebnet den Weg für eine Fortführung des politischen Streits vor dem Bundesverfassungsgericht und trägt letztlich zu einem noch verstärkten Abschieben der politischen Verantwortung auf das Bundesverfassungsgericht bei.[401]

400 Ebenso *Hillgruber*, in: *Ders./Goos*, Verfassungsprozessrecht, Rn. 389
401 Ebenso *Heun*, Urteilsanmerkung, in: JZ 1994, S. 1073, 1074 f.

B. Umfassende Kontrollmaßstäbe des Bundesverfassungsgerichts (materiellrechtliche Grenzen – Teil 1)

Den verfassungsprozessual umfassenden Kompetenzen des Bundesverfassungsgerichts steht eine Fülle von Kontrollnormen zur Seite: Als Prüfungsmaßstab für Akte der auswärtigen Gewalt dienen dem Gericht grundsätzlich dieselben Normen wie bei einem Verfahren mit reinem Inlandsbezug. Die am häufigsten verwandten Kontrollnormen bei der Überprüfung der auswärtigen Gewalt sollen im Folgenden dargestellt werden. Innerhalb der Prüfungsmaßstäbe wird zwischen expliziten Vorgaben des Grundgesetzes für das Handeln auswärtiger Gewalt (vgl. I.), den Grundrechten (vgl. II.), den allgemeinen Verfassungsgrundsätzen (vgl. III.) und dem Völkerrecht (vgl. IV.) unterschieden. Bei der Anwendung sämtlicher Kontrollnormen sind die Spezifika des Kontrollgegenstandes – der Außenpolitik – zu beachten, um ein Auseinanderfallen von verfassungsrechtlicher und völkerrechtlicher Bindung zu vermeiden.[402]

I. Explizite Vorgaben für das Handeln der auswärtigen Gewalt

Explizite Vorgaben für das Handeln der auswärtigen Gewalt enthält das Grundgesetz in seiner Präambel sowie den Artt. 23, 24, 26, 59, 87 a, 115a GG.

Als eine zentrale Vorgabe für die deutsche Außenpolitik normiert das Grundgesetz die Pflicht zur Friedenswahrung.[403] Art. 23 GG – als lex specialis zu Art. 24 GG – enthält Anforderungen an die Übertragung von Hoheitsrechten an die Europäische Union. Eine solche darf gemäß Art. 23 I 1 GG nur erfolgen, wenn die Union einen den Grundprinzipien des Grundgesetzes vergleichbaren Standard demokratischer, rechtsstaatlicher und sozialer Grundsätze gewährleistet. Als absolute Schranke der Übertragung von Hoheitsrechten auf die Europäische Union nennt Art. 23 I 3 GG den Art. 79 III GG.[404] Die Artt. 24 I i.V.m. 59 II S. 1 GG stellen immer dann zentrale Prüfungsmaßstäbe dar, wenn darum gestritten wird, inwieweit die Fortentwicklung von Integrationsverträgen noch von der parlamentarischen Zustimmung zum ursprünglichen Gründungsvertrag gedeckt ist.[405]

402 *Giegerich*, Verfassungsgerichtliche Kontrolle der auswärtigen Gewalt im europäisch-atlantischen Verfassungsstaat, in: ZaöRV 57 (1997), S. 409, 519

403 Vgl. Präambel, Artt. 1 II, 24 II, 26 GG; vgl. hierzu ausführlich *Tomuschat*, Die staatsrechtliche Entscheidung für die internationale Offenheit, in: *Isensee/Kirchhof* [Hrsg.], HStR VII, § 172 Rn. 50 f.

404 Vgl. hierzu *Wolfrum*, Auswärtige Beziehungen und Verteidigungspolitik, in: *Badura/Dreier*, Festschrift 50 Jahre Bundesverfassungsgericht, Bd. II, S. 693, 714

405 Vgl. BVerfGE 68, 1; 90, 286; 104, 151; vgl. hierzu ausführlich Teil 4 C. I. 1. b.

Auch Art. 26 I GG wird im C-Waffen-Beschluss des Bundesverfassungsgerichts als Kontrollmaßstab herangezogen.[406]

Diese Normen bestätigen – mit Ausnahme des Art. 23 GG – die in Teil 1 geschilderten Besonderheiten und Eigenarten von Verfassungsrechtsnormen. So ist all diesen Vorschriften gemeinsam, dass sie Ziele im weitesten Sinne normieren, die Mittel zu deren Erreichung jedoch dem Inhaber der auswärtigen Gewalt überlassen.[407] Der offene Charakter der Normen ergibt sich hier zusätzlich aus den Besonderheiten des Regelungsgegenstandes: Die Spezifika der Außenpolitik bzw. der auswärtigen Gewalt wären nicht mit einer Detailregelung dieses Sachbereichs zu vereinbaren. Die Außenpolitik ist nämlich in hohem Maße geprägt von einer gewissen Unvorhersehbarkeit der Entwicklungen. Da sich die Staaten im Bereich des Völkerrechts auf der Ebene der Gleichordnung begegnen, besteht ein besonderer Zwang zum Kompromiss und zum Auffinden des politisch Erreichbaren. Weiterhin existiert eine enge Verknüpfung mit fremder Staatsgewalt, die gerade nicht den Vorgaben des Grundgesetzes unterworfen ist. Zuletzt wird noch die Komplexität internationaler Beziehungen als Begründung für die besonders „offenen" Normen im Bereich der auswärtigen Gewalt herangezogen.[408]

Interessant hierbei ist, dass das Bundesverfassungsgericht exakt diese Topoi auf einer später zu behandelnden Ebene verwendet, wenn es nämlich darum geht, einen weiten politischen Entscheidungsspielraum der Regierung im Bereich der auswärtigen Gewalt zu begründen.[409]

Neben diesen ausdrücklich die auswärtige Gewalt betreffenden Vorschriften sind aber weitere Verfassungsnormen zu nennen, an die die auswärtige Gewalt bei ihrem Handeln gebunden ist. Hierbei ist aufgrund ihrer überragenden Bedeutung zunächst auf die Grundrechte einzugehen.

---

406 BVerfGE 77, 179, 233 f. Zum Inhalt des Art. 26 I GG vgl. *Bleckmann*, Der Grundsatz der Völkerrechtsfreundlichkeit der deutschen Rechtsordnung, in: DÖV 1996, S. 137, 144: er diskutiert, ob dieser Vorschrift – in Verbindung mit dem verfassungsrechtlichen Grundsatz der Völkerrechtsfreundlichkeit – eine Pflicht des Bundes zur Zusammenarbeit mit anderen Staaten in allen Angelegenheiten als notwendige Voraussetzung für Frieden zu entnehmen ist.

407 Ebenso *Tomuschat*, Der Verfassungsstaat im Geflecht internationaler Beziehungen, in: VVDStRL 39 (1977), S. 7, 43, wonach die Vorschriften der Artt. 24-26 „arm an Aussagen darüber [seien], nach welchen inhaltlichen Kriterien sich die im Grundsatz befürwortete internationale Zusammenarbeit bestimmen soll."

408 *Hailbronner*, Kontrolle der auswärtigen Gewalt, in: VVDStRL 56 (1997), S. 7, 14

409 Vgl. hierzu unten Teil 2 C. I. 4. b

II. Grundrechte

Wegen seiner – aus historischer Sicht verständlichen – „introvertierten Betrachtungsweise" hatte der Parlamentarische Rat die Problematik der Bindung auch der auswärtigen Gewalt an die Grundrechte gar nicht erkannt.[410] Mittlerweile nehmen diese jedoch in der Judikatur des Bundesverfassungsgerichts zur Kontrolle der auswärtigen Gewalt eine herausragende Stellung ein. Fragen der Grundrechtsbindung können sich hierbei in verschiedenen Zusammenhängen ergeben.[411] Im Folgenden soll sich hauptsächlich auf die Fallgruppe der Grundrechtsbindung beim Abschluss völkerrechtlicher Verträge konzentriert werden.[412]

Bei Fällen mit außenpolitischem Bezug sind in der Regel die Grundrechte in ihrer Dimension als Schutzpflichten des Staates betroffen.[413] Diese Schutzpflichten, auf die sich auch der Einzelne berufen kann[414], leiten sich aus der objektiv-rechtlichen Dimension der Grundrechte ab – mithin aus der Konzeption

---

410 *Stern*, StR III/1, § 72 V 2, S. 1226

411 Vgl. hierzu den Überblick bei *Wolfrum*, Auswärtige Beziehungen und Verteidigungspolitik, in: *Badura/ Dreier* [Hrsg.], Festschrift 50 Jahre Bundesverfassungsgericht, Bd. II, S. 693, 715

412 Demgegenüber soll ein im Rahmen der Diskussion „Grundrechtsbindung und auswärtige Gewalt" wichtiger Aspekt – der aus den Grundrechten abgeleitete Anspruch des Einzelnen gegen die Bundesrepublik auf diplomatischen Schutz – hier unerörtert bleiben. Die Untersuchung soll vielmehr auf die Fälle beschränkt bleiben, in denen der Grundrechtsschutzsuchende der deutschen Hoheitsgewalt unterliegt.

413 *Stern*, Außenpolitischer Gestaltungsspielraum und verfassungsgerichtliche Kontrolle, in: NWVBl. 1994, S. 241, 248. Interessant ist auch ein von *Elbing* aufgeworfener – hier jedoch nur kurz erwähnter – Gesichtspunkt. Er stellt fest, die sonstige Begründung für staatliche Schutzpflichten – nämlich deren Qualifikation als Korrelat zum staatlichen Gewaltmonopol – greife bei Fällen mit Auslandsbezug nur bedingt ein, da – wenn sich der Bürger auf fremdem Territorium bewegt – der Staat das Verbot privater Gewaltanwendung gegenüber dem Bürger nicht mehr durchsetzen könne. *Elbing*, Zur Anwendbarkeit der Grundrechte bei Sachverhalten mit Auslandsbezug, S. 98 f. Zum einen kommt *Elbing* jedoch zu dem Schluss, dass staatliche Schutzpflichten auch dann existieren, wenn der genannte staatstheoretische Begründungszusammenhang nicht besteht (*Elbing*, ebenda S. 100). Zum anderen sind die hier behandelten Fälle von anderer Natur – der grundrechtsschutzsuchende Bürger befindet sich nämlich regelmäßig auf dem Territorium der Bundesrepublik. Die klassische Begründung für die Existenz staatlicher Schutzpflichten greift also ohnehin.

414 Dies ist nicht unumstritten – vgl. hierzu die kurze Streitdarstellung bei *Elbing*, Zur Anwendbarkeit der Grundrechte bei Sachverhalten mit Auslandsbezug, S. 101 f. Die Gegner einer Subjektivierung der Schutzpflichten begründen dies insbesondere mit der Konkretisierungsbedürftigkeit der Schutzpflichten durch den Gesetzgeber.

der Grundrechte als Wertordnung.[415] Eine solche Konzeption ist jedoch mit zwei Problemen verbunden:

Neben den mit der Interpretation der Grundrechte als objektive Wertordnung verbundenen grundsätzlichen Schwierigkeiten der effektiven Bestimmung von Grenzen der Verfassungsgerichtsbarkeit[416] ergibt sich in dem hier behandelten Zusammenhang aus der Kumulation der objektiv-rechtlichen Dimension der Grundrechte als Schutzpflichten mit den Spezifika der Kontrolle der auswärtigen Gewalt eine besondere Problematik: Sind nämlich die Grundrechte in ihrer Funktion als Schutzpflichten betroffen, so billigt das Bundesverfassungsgericht dem jeweiligen staatlichen Entscheidungsträger eine weitgehende Entscheidungsfreiheit hinsichtlich der Art und Weise der Erfüllung der Schutzpflicht zu.[417] *Elbing* spricht insoweit von einer bloßen „Bemühenslast".[418] Diese Entscheidungsfreiheit wird bei Fällen mit Auslandsbezug noch dadurch ausgeweitet, dass das Bundesverfassungsgericht dem Träger der auswärtigen Gewalt ohnehin einen Einschätzungs- und Bewertungsspielraum[419] gewährt.[420]

In der C-Waffen-Entscheidung fasst das Bundesverfassungsgericht seine bisherige diesbezügliche Rechtsprechung wie folgt zusammen:

> „[Der] vollziehenden Gewalt kommt bei der Erfüllung dieser Schutzpflichten ein weiter Einschätzungs-, Wertungs- und Gestaltungsspielraum zu, der auch Raum läßt, etwa konkurrierende öffentliche und private Interessen zu berücksichtigen. Diese weite Gestaltungsfreiheit kann [...] je nach Eigenart des in Rede stehenden Sachbereichs, den Möglichkeiten, sich ein hinreichend sicheres Urteil zu bilden und der Bedeutung der auf dem Spiel stehenden Rechtsgüter nur in begrenztem Umfang überprüft werden (vgl. BVerfGE 50, 290 [332 f.]). Der mit einer solchen Schutzpflicht verbundene grundrechtliche Anspruch ist im Blick auf diese Gestaltungsfreiheit nur darauf gerichtet, daß die öffentliche Gewalt Vorkehrungen zum Schutze des Grundrechts trifft, die nicht gänzlich ungeeignet oder völlig unzulänglich sind. Nur unter ganz besonderen Umständen kann

---

415 *Heun*, Funktionell-rechtliche Schranken der Verfassungsgerichtsbarkeit, S. 9 f.

416 Vgl. hierzu oben Teil 1 C. I.

417 *Pieroth/Schlink*, Grundrechte Staatsrecht II, Rn. 91 unter Bezugnahme auf BVerfGE 46, 160, 165

418 *Elbing*, Zur Anwendbarkeit der Grundrechte bei Sachverhalten mit Auslandsbezug, S. 121 f.

419 Vgl. hierzu unten Teil 2 C.

420 Der hier als „Kumulation" bezeichnete Gesichtspunkt klingt ein wenig auch in BVerfGE 66, 39, 61 an: „Dies [die Gewährung eines Einschätzungsspielraumes zu Gunsten der außenpolitischen Entscheidungsträger T.P.] gilt auch für die Frage, in welcher Weise der objektivrechtlichen Schutzpflicht des Staates in bezug auf Grundrechte im Bereich der Außen- und der Verteidigungspolitik gegenüber fremden Staaten genügt wird."

sich diese Gestaltungsfreiheit in der Weise verengen, daß allein durch eine bestimmte Maßnahme der Schutzpflicht Genüge getan werden kann."[421]

Die Kumulation dieser beiden Gesichtspunkte mag mit ein Grund für die in der Literatur geführte Kontroverse sein, inwieweit die Grundrechte überhaupt auf Fälle mit Auslandsbezug angewandt werden sollen.

1. Grundsätzliche Anwendbarkeit und Umfang der Geltung der Grundrechte

a. Auffassungen in der Literatur

α. „Einerseits-Andererseits-Theorie"

Die überwiegenden Ansichten in der Literatur unterscheiden zwischen der grundsätzlichen Anwendbarkeit der Grundrechte auf Fälle mit auswärtigem Bezug und dem Umfang (oder der Reichweite) der Geltung im Vergleich zu rein innerstaatlichen Sachverhalten.[422]

Ersteres leite sich aus Art. 1 III GG ab, der eine Anwendbarkeit der Grundrechte auf sämtliches Handeln deutscher Staatsgewalt anordne, unabhängig davon, wo dieses Handeln stattfindet, wo sich dieses auswirkt, und wie dieses geartet ist.[423]

Demgegenüber kann aus Art. 1 III GG nicht abgeleitet werden, dass der Umfang der Grundrechtsgeltung bei Fällen mit Bezügen zur auswärtigen Gewalt zwingend dem bei rein innerstaatlichen Angelegenheiten entsprechen muss. Art. 1 III GG ordnet nämlich nur die Bindung sämtlicher staatlicher Gewalt an das Grundgesetz an, sagt aber nichts über das Ausmaß der Bindung im konkreten Falle aus.[424] Aus diesem Grunde steht Art. 1 III GG nicht entgegen, in diesem Bereich Einschränkungen vorzunehmen. Im Hinblick auf den Abschluss völkerrechtlicher Verträge stellt *Stern* fest, es müsse aufgrund der Völkerrechtsfreundlichkeit des Grundgesetzes das Völkerrecht und das Recht des anderen Staates Berücksichtigung finden. Dies stelle zwar nicht die Grundrechtsbindung deutscher Staatsgewalt generell in Frage, bedeute „jedoch eine **Modifizierung** in dem Sinne, daß die Grundrechtsbindung nur insoweit effektiv ist, als die Grundrechts-

---

421 BVerfGE 77, 170, 215

422 Vgl. insbesondere *Hofmann*, Grundrechte und grenzüberschreitende Sachverhalte; *Elbing*, Zur Anwendbarkeit der Grundrechte bei Sachverhalten mit Auslandsbezug

423 *Tomuschat*, Die staatsrechtliche Entscheidung für die internationale Offenheit, in: *Isensee/Kirchhof* [Hrsg.], HStR VII, § 172 Rn. 53; ebenso *Herdegen*, in: *Maunz/Dürig, u.a.*, GG-Kommentar, (Lfg. 44 Febr. 2005), Art. 1 III Rn. 71

424 Ebenso *Hailbronner*, VVDStRL 56 (1997), S. 121 (Diskussionsbeitrag)

durchsetzung im Rahmen des allgemeinen Völkerrechts und bestehender völkerrechtlicher Verträge unter Abwägung von grundrechtsgeschützten Interessen einerseits und politischem Gesamtinteresse gegenüber der Völkergemeinschaft und dem Vertragspartner andererseits erreichbar ist."[425] Die Einschränkung der Grundrechtsgeltung in Fällen mit Auslandsbezug stellt sich also aufgrund der Völkerrechtsfreundlichkeit der Verfassung als eine „vom Grundgesetz selbst angeordnete Beschränkung des Geltungsanspruches seiner Grundrechtsordnung"[426] dar.

Tomuschat stellt den gebotenen „Respekt vor der Eigenverantwortlichkeit der fremden Herrschaftsordnungen" als weiteren Grund für die Einschränkung der Anwendbarkeit der Grundrechte in den Vordergrund.[427]

Diese „Modifikation" der Grundrechtsbindung unterliegt ihrerseits jedoch wiederum Grenzen: Die Einschränkung der Wirkkraft der Grundrechte darf nämlich keinesfalls dazu führen, dass „unabdingbare Grundprinzipen der deutschen öffentlichen Ordnung"[428] unterlaufen werden. Diese „unabdingbaren Grundprinzipen" sind unter Berücksichtigung des Wesensgehalts des jeweiligen Grund-

---

425 *Stern*, StR III/1, § 72 V 5, S. 1231 – Hervorhebung im Original; ebenfalls von einer Modifikation der Grundrechtsbindung wegen der „Notwendigkeit außenpolitischer Flexibilität und des politischen Gesamtinteresses gegenüber der Völkerrechtsgemeinschaft" spricht *Dreier*, in: *Ders.* [Hrsg.], Grundgesetz-Kommentar, Bd. I, Art. 1 III Rn. 45.

426 *Hofmann*, Grundrechte und grenzüberschreitende Sachverhalte, S. 69

427 *Tomuschat*, Der Verfassungsstaat im Geflecht internationaler Beziehungen, in: VVDStRL 36 (1977), S. 7, 45 f. Er kritisiert die Begründung der Grundrechtsreduktion mit dem Topos der Völkerrechtsfreundlichkeit der Verfassung. Die „Bereitschaft zur internationalen Zusammenarbeit [könne] grundsätzlich keine Handhabe bieten, das Niveau des Grundrechtsschutzes gegenüber dem Normalmaß abzusenken. Eine Grundrechtsreduktion findet nicht statt" (*Tomuschat*, Die staatsrechtliche Entscheidung für die internationale Offenheit, in: *Isensee/Kirchhof* [Hrsg.], HStR VII § 172 Rn. 54). Diese Äußerung kann jedoch nicht dahingehend verstanden werden, der Autor trete für einen im Vergleich zu rein innerstaatlichen Sachverhalten identischen Grundrechtsschutz ein. Sie ist vielmehr im Zusammenhang mit einer von ihm an anderer Stelle vertretenen Ansicht zu sehen, wonach deutlich zwischen Geltung der Grundrechte und deren Durchsetzbarkeit unterschieden werden muss (*Tomuschat*, VVDStRL 36 (1977), S. 169 f. (Diskussionsbeitrag); ähnlich *ders.*, in: VVDStRL 56 (1997), S. 114 f., wo er klarer zwischen (allgemeiner) Grundrechtsbindung und Grundrechtsverwirklichung im Rahmen rein innerstaatlicher Sachverhalte unterscheidet). Dann scheint es jedoch missverständlich, von einem „Niveau des Grundrechtsschutzes" zu sprechen, da eine solche Formulierung die Durchsetzbarkeit durch den einzelnen Bürger impliziert. Angebracht wäre daher vielmehr, von einer im Vergleich zu innerstaatlichen Sachverhalten identischen Anwendbarkeit der Grundrechte zu sprechen.

428 *Hofmann*, Grundrechte und grenzüberschreitende Sachverhalte, S. 71

rechts, Art. 19 II GG, und anhand des in jedem Grundrecht enthaltenen völkerrechtlichen Mindeststandards im Sinne von Art. 25 GG zu bestimmen.[429]

Hailbronner bezeichnet diese Auffassung prägnant als „Einerseits-Andererseits-Theorie". Demgemäß ist die auswärtige Gewalt zwar einerseits – wie jede andere staatliche Gewalt auch – gemäß Artt. 1 III, 20 II GG an die Grundrechte gebunden. Andererseits stößt die Außenpolitik aber an Realitäten, wie z. B. die Notwendigkeit des Zusammenwirkens mit anderen Staaten und sonstigen Völkerrechtssubjekten und die beschränkte Einwirkungsmöglichkeit auf Sachverhalte außerhalb des Einflusses deutscher Staatsgewalt. Folglich können die Grundrechte keine ausschließliche Geltung beanspruchen.[430] „Die Bindungswirkung deutscher Grundrechte kann sich nur im Rahmen [...] faktisch in Anspruch genommener Gestaltungsmöglichkeiten der Bundesrepublik Deutschland entfalten."[431]

β. Ablehnung der Anwendung der Grundrechte auf Akte der auswärtigen Gewalt

Demgegenüber lehnen manche Autoren die Geltung der Grundrechte im Bereich der auswärtigen Gewalt ab. Vor allem in der älteren Literatur wurde vertreten, die Grundrechte und insbesondere Art. 1 I GG dürften in der Außenpolitik „nicht mehr sein als Staatszielbestimmungen, welche die außenpolitische Führung auch nur als solche berücksichtigen sollte".[432] Als Staatszielbestimmungen könnten sie „nicht mehr als moralische Verpflichtungen" darstellen. Zur Qualifikation einer bestimmten Norm als Recht gehöre nämlich zwingend auch ihre (gerichtliche) Durchsetzbarkeit.[433] Die Notwendigkeit des Arrangements in der Außenpolitik ändere zwangsläufig den Stellenwert der Grundrechte hin zu bloßen moralischen Normen.[434] Weiterhin wurde früher mit Art. 23 GG a. F. argumentiert. Der nach dieser Vorschrift ursprünglich geregelte Anwendungsbereich des Grundgesetzes sei identisch mit dem Geltungsbereich der Grundrechte.[435] Auch wenn diese An-

429 *Hofmann*, Grundrechte und grenzüberschreitende Sachverhalte, S. 71
430 *Hailbronner*, Kontrolle der auswärtigen Gewalt, in: VVDStRL 56 (1997), S. 7, 15; *Herdegen*, in: *Maunz/Dürig, u.a.*, GG-Kommentar (Lfg. 44 Febr. 2005), Art. 1 III Rn. 72
431 *Herdegen*, in: *Maunz/Dürig, u.a.*, GG-Kommentar (Lfg. 44 Febr. 2005), Art. 1 III Rn. 72
432 *Geck*, VVDStRL 36 (1977), S. 160 (Diskussionsbeitrag)
433 *Brohm*, VVDStRL 36 (1977), S. 164, 165 (Diskussionsbeitrag)
434 *Roellecke*, VVDStRL 36 (1977), S. 165 f. (Diskussionsbeitrag)
435 *Oppermann*, Transnationale Ausstrahlung deutscher Grundrechte?, in: *Kroneck/Oppermann* [Hrsg.], Im Dienste Deutschlands und des Rechtes, S. 521, 525 f.

sicht bereits zuvor deutlichen Widerspruch erfahren hat[436], ist sie jedenfalls durch Aufhebung dieser Vorschrift gemäß Art. 4 Nr. 2 des Einigungsvertrages vom 31. August 1990[437] gegenstandslos geworden.

Hailbronner – als ein Vertreter des neueren Schrifttums – versucht daher seine ablehnende Haltung systematisch und funktionell-rechtlich zu begründen. Grundrechte seien ihrem Wesen nach nicht auf Fälle mit Auslandsbezug anwendbar, da der Zweck der Grundrechte in der Sicherung der individuellen Freiheitsentwicklung gegenüber staatlicher Herrschaftsgewalt bestünde. Diese sei jedoch auf das jeweilige Territorium begrenzt. Bei der auswärtigen Gewalt gehe es demgegenüber primär um staatliche „Interessenwahrung bei der Gestaltung der internationalen Ordnung" und um „Behauptung nach außen". Diese habe sich an dem (objektiven) Grundsatz der internationalen Offenheit und an der Respektierung der allgemeinen Regeln des Völkerrechts zu orientieren. Die Grundrechte lieferten hierfür keinen tauglichen Prüfungsmaßstab.[438] Er nähert sich also der früher auf Art. 23 a. F. GG gestützten Auffassung an, argumentiert jedoch mit dem allgemeinen Territorialitätsprinzip.

Des Weiteren führe das grundsätzliche Messen der Akte der auswärtigen Gewalt am Maßstab der Grundrechte zu einem Letztentscheidungsrecht des Bundesverfassungsgerichts über auswärtige Beziehungen. An einer solchen Kompetenz des Bundesverfassungsgerichts bestünden gerade Zweifel – Letztentscheidungskompetenz solle in Sachen der Außenpolitik nach der Konzeption des Grundgesetzes nämlich der Regierung zukommen. Außerdem schränke eine Ausweitung der grundrechtlichen Schutzpflichten die außenpolitische Handlungsfreiheit zu sehr ein.[439]

Freilich lehnt *Hailbronner* eine Grundrechtsbindung der auswärtigen Gewalt nicht gänzlich ab. Als Prüfungsmaßstab seien lediglich die völkerrechtlich gewährleisteten Grundrechte – als dem „sachnäheren Maßstab" – heranzuziehen.[440] Diesem Ansatz wird entgegengehalten, bei der Bestimmung des völkerrechtlichen Mindeststandards von Grundrechten bestünden – wie generell bei der Ermittlung von Völkergewohnheitsrecht – erhebliche Schwierigkeiten für den Richter.[441] Des Weiteren fehle es dem Völkerrecht aufgrund dessen Relativität

436 Zusammenfassend zu den Gegenargumenten, vgl. *Hofmann*, Grundrechte und grenzüberschreitende Sachverhalte, S. 13

437 BGBl. 1990 II, 885, 889, 890

438 *Hailbronner*, Kontrolle der auswärtigen Gewalt, in: VVDStRL 56 (1997), S. 7, 16

439 *Hailbronner*, Kontrolle der auswärtigen Gewalt, in: VVDStRL 56 (1997), S. 7, 15

440 *Hailbronner*, in: VVDStRL 56 (1997), S. 122 (Diskussionsbeitrag)

441 *Elbing*, Zur Anwendbarkeit der Grundrechte bei Sachverhalten mit Auslandsbezug, S. 202, 208

und Reziprozität wesentlich an der Bestimmtheit.[442] So spricht sich denn auch *Elbing* gegen eine „sklavische Ankopplung der Verfassung an das Völkerrecht" aus. Er verweist dabei insbesondere auf die strukturellen Unterschiede zwischen dem Völker- und dem Verfassungsrecht hinsichtlich Rechtserzeugung und -durchsetzung.[443] Diese Kritik greift allerdings nicht durch: Es ist nämlich mittlerweile in der überwiegenden Völkerrechtslehre und der Rechtsprechung des IGH anerkannt, dass die völkerrechtlichen Mindeststandards sogenannte erga omnes-Verpflichtungen der Staaten darstellen, die gerade nicht der Relativität der völkerrechtlichen Beziehungen bzw. deren Reziprozität unterliegen.[444] Außerdem existiert mit der Rechtsprechung des EGMR eine sehr ausdifferenzierte Judikatur, auf die in diesem Bereich durchaus zurückgegriffen werden kann, um den genannten Schwierigkeiten zu begegnen.

γ. Eigene Stellungnahme

Die beiden geschilderten Ansichten unterscheiden sich mithin offenbar doch nicht so stark, wie dies der erste Anschein vermuten lässt. Ob man nun die Grundrechte des Grundgesetzes anwendet, diese jedoch in ihrem Geltungsanspruch bis zu einem gewissen völkerrechtlichen Mindeststandard reduziert, oder ob man gleich „nur" den völkerrechtlichen Mindeststandard heranzieht, scheint auf den ersten Blick gleichgültig. Bei näherem Hinsehen ergeben sich jedoch entscheidende Unterschiede: Bei der Ansicht, die die Grundrechte des Grundgesetzes grundsätzlich anwenden will, stellt der völkerrechtliche Mindeststandard nämlich „lediglich" eine unterste und zugleich äußerste Grenze dar. Ein stärkerer grundrechtlicher Schutz ist – falls andere Gesichtspunkte nicht entgegenstehen – folglich möglich und auch erforderlich. Demgegenüber ist nach der Ansicht *Hailbronners* der Grundrechtsschutz bei der Kontrolle der auswärtigen Gewalt generell auf das Niveau des völkerrechtlichen Mindeststandards abgesenkt. Eine solche generelle Absenkung lässt sich jedoch schwerlich mit den Erfordernissen eines effektiven Grundrechtsschutzes und den Grundsätzen des Verhältnismäßig-

442 *Elbing*, Zur Anwendbarkeit der Grundrechte bei Sachverhalten mit Auslandsbezug, S. 208; auf den Gesichtspunkt der Reziprozität weist *Geck* in seinem Diskussionsbeitrag in VVDStRL 36 (1977), S. 160, hin.

443 *Elbing*, Zur Anwendbarkeit der Grundrechte bei Sachverhalten mit Auslandsbezug, S. 201 ff.

444 Vgl. hierzu IGH, Barcelona Traction, Case (Belgium v. Spain), ICJ Rep. 1970, 3, in Auszügen abgedruckt bei *Dörr*, Kompendium völkerrechtlicher Rechtsprechung, S. 266 ff.; Artt. 60 III WVRK; 50 I lit. b. der Resolution der UN-Generalversammlung 56/83 vom 12.12.2001 über die Verantwortlichkeit von Staaten für völkerrechtswidrige Handlungen.

keitsprinzips vereinbaren: So ist eben eine Modifikation der Grundrechtsgeltung stets von der Rechtfertigung durch besondere Umstände abhängig, die im Einzelfall darzulegen sind. Eine generelle Absenkung des Grundrechtsstandards ist damit aber nicht zu vereinbaren. Auch hinsichtlich des Ranges besteht ein entscheidender Unterschied. So haben die Grundrechte des völkerrechtlichen Mindeststandards gemäß Art. 25 GG lediglich den Rang über den Gesetzen, jedoch unterhalb der Verfassung.[445] Dies wirkt sich dann nachteilig für den grundrechtsschutzsuchenden Bürger aus, wenn im konkreten Fall eine Abwägung mit Gütern von Verfassungsrang stattfindet und die „lediglich" als völkerrechtlicher Mindeststandard garantierten Grundrechte des Einzelnen gegenüber diesen schon aufgrund ihres niedrigeren Ranges zurücktreten müssen.[446] Und gerade in der Entscheidung zum deutsch-österreichischen Rechtshilfeabkommen trifft das Bundesverfassungsgericht eine Abwägungsentscheidung mit anderen verfassungsrechtlich geschützten Interessen.[447]

Schon aus diesen Gründen erscheint also die überwiegende Ansicht vorzugswürdig. Hinzu kommt, dass – mögen die Erwägungen *Hailbronners* im Ergebnis auch zutreffen – sie vom Ansatz her jedoch fragwürdig erscheinen, da Normen des Grundgesetzes entgegenstehen: So kann *Hailbronner* nicht überzeugend nachweisen, warum in Art. 1 III GG das Territorialitätsprinzip „hineinzulesen" ist. Dem Grundgesetz kann zwar eine Beschränkung seiner Geltung auf Akte der deutschen Hoheitsgewalt entnommen werden, jedoch nicht eine Beschränkung in territorialer Hinsicht. Auch das von *Hailbronner* vorgebrachte funktionellrechtliche Argument greift nicht durch. Art. 93 I Nr. 4a GG weist mit der Verfassungsbeschwerde dem Bundesverfassungsgericht die Letztentscheidungskompetenz für Grundrechtsfragen nun einmal zu und zwar unabhängig vom inhaltlichen Zusammenhang der zu entscheidenden Sachfrage. Es ist zwar durchaus richtig, dass das Grundgesetz die Führung der auswärtigen Gewalt der Exekutive und allenfalls der Legislative zuweist, jedoch sind diese Erwägungen nicht im Rahmen der Frage nach der generellen Anwendbarkeit der Grundrechte anzustellen, son-

---

445 Dies ist jedoch streitig. Vgl. hierzu *Steinberger*, Allgemeine Regeln des Völkerrechts, in: *Isensee/Kirchhof*, [Hrsg.], HStR VII, § 173 Rn. 57-63 m.w.N.

446 In eine ähnliche Richtung argumentiert wohl *Elbing*, Zur Anwendbarkeit der Grundrechte bei Sachverhalten mit Auslandsbezug, S. 208. Wenn auch in einem etwas anderen Zusammenhang, zeigt auch *Bleckmann*, Der Grundsatz der Völkerrechtsfreundlichkeit der deutschen Rechtsordnung, in: DÖV 1996, S. 137, 141, auf, inwieweit sich die Rangfrage auf die Abwägung verschiedener Gesichtspunkte auswirkt.

447 Vgl. BVerfGE 63, 343, 377 f. Im konkreten Fall bestand das verfassungsrechtlich geschützte Interesse in der Aufrechterhaltung des Rechtshilfeverkehrs.

dern vielmehr im Rahmen der Reichweite ihrer Geltung bzw. bei der Kontrolldichte.

Weiterhin kann auch der Behauptung, die Gewährung staatlicher Schutzpflichten schränke die außenpolitische Handlungsfreiheit zu weit ein, angesichts des oben Gesagten nicht zugestimmt werden: Zum einen verkennt eine solche Argumentation den Charakter von Schutzpflichten als bloße „Bemühenslast“[448] für die öffentliche Gewalt. Das bedeutet, Schutzpflichten beinhalten nur in äußersten Ausnahmefällen die Verpflichtung zu einem bestimmten Verhalten. Was das „Wie“ der Erfüllung staatlicher Schutzpflichten anbelangt, bleibt den Trägern der auswärtigen Gewalt also weitestgehend die volle außenpolitische Handlungsfähigkeit erhalten. Nach der Rechtsprechung des Bundesverfassungsgerichts kann sich nämlich diese Gestaltungsfreiheit „[n]ur unter ganz besonderen Umständen [...] in der Weise verengen, daß allein durch eine bestimmte Maßnahme der Schutzpflicht Genüge getan werden kann.“[449] Zum anderen kommt der Regierung – ganz im Gegenteil – aufgrund der oben geschilderten Kumulation der Gewährung von Entscheidungsspielräumen eine noch weiter gehende Handlungsfreiheit zu, wenn es um die Art und Weise der Erfüllung staatlicher Schutzpflichten im außen- und sicherheitspolitischen Bereich geht.

Die Besonderheiten des Bezuges zur auswärtigen Gewalt sind daher nicht in der Weise zu berücksichtigen, dass die Grundrechte des Grundgesetzes ihrer Natur nach gar keine Anwendung finden sollen, sondern erst im Rahmen der Entscheidungsfindung – und hierbei insbesondere bei der vom Bundesverfassungsgericht angewandten Kontrolldichte. Vom Ergebnis her mag dies in den meisten Fällen keinen Unterschied machen, jedoch ist durch eine solche Vorgehensweise eine flexiblere Einzelfallgestaltung möglich. Außerdem werden – und das scheint der zentrale Gesichtspunkt zu sein – die Vorgaben des Grundgesetzes, insbesondere Art. 1 III GG, strikt beachtet.

Ein letztes Argument für eine grundsätzliche Anwendbarkeit der Grundrechte des Grundgesetzes auch bei der Überprüfung der Akte der auswärtigen Gewalt ist die Tatsache, dass das Bundesverfassungsgericht wie selbstverständlich – durch das Heranziehen der Grundrechte des Grundgesetzes – eine solche angenommen hat.[450]

---

448 So der von *Elbing*, Zur Anwendbarkeit der Grundrechte bei Sachverhalten mit Auslandsbezug, S. 121 f., gewählte Begriff.

449 BVerfGE 77, 170, 215

450 Ebenso *Hofmann*, Grundrechte und grenzüberschreitende Sachverhalte, S.18, 103

b. Rechtsprechung des Bundesverfassungsgerichts

Die Rechtsprechung des Bundesverfassungsgerichts entspricht hierbei im Wesentlichen der überwiegenden Meinung in der Literatur.

Zwar fehlt zur Begründung der grundsätzlichen Grundrechtsbindung auch der auswärtigen Gewalt ein ausdrücklicher Hinweis auf Art. 1 III GG. Jedoch wurde deren Grundrechtsbindung bereits sehr früh festgestellt. In der Entscheidung im Verfassungsbeschwerdeverfahren gegen das Zustimmungsgesetz zum deutsch-schweizerischen Abkommen über die deutschen Vermögenswerte in der Schweiz stellte das Bundesverfassungsgericht fest, „die Grundrechte binden die deutsche öffentliche Gewalt auch, soweit Wirkungen ihrer Betätigung im Ausland eintreten.“[451] Diese Judikatur wurde in der Folgezeit bestätigt.[452]

Auch nach der Rechtsprechung des Bundesverfassungsgerichts ist der Umfang (Reichweite) der Anwendbarkeit der Grundrechte beschränkt. Dies wurde besonders deutlich in der Entscheidung[453] zum deutsch-österreichischen Rechtshilfevertrag vom 11. September 1970. Hierbei ging es um die Frage, inwieweit Art. 11 dieses Vertrages, der die Vollstreckung ausländischer Abgabentitel ermöglicht, mit Art. 19 IV GG zu vereinbaren sei. Das Bundesverfassungsgericht führte diesbezüglich aus, eine solche Klausel müsse verfassungsrechtlichen Mindestanforderungen genügen, die den Grundgedanken des Art. 19 IV GG entsprächen. Diese verlangten die „Möglichkeit des Rechtswegs vor unabhängige und unparteiische Gerichte, ein Mindestmaß an gehörigem Verfahren, insbesondere die Gewährleistung des rechtlichen Gehörs und rechtskundigen Beistands sowie eine hinreichende, dem Rechtsschutzbegehren angemessene Prüfungs- und Entscheidungsmacht der Gerichte über das Rechtsschutzbegehren. Wo dies nicht *generell* gewährleistet erscheint, wird es regelmäßig eines Vorbehalts der deutschen öffentlichen Ordnung bedürfen, um den Anforderungen aus Art. 19 Abs. 4 Satz 1 GG zu genügen.“[454] Aufgrund einer Abwägung mit dem verfassungsrechtlich geschützten Interesse der Bundesrepublik an der Einrichtung und der Aufrechterhaltung eines reibungslosen Rechtshilfeverkehrs fordere Art. 19 IV GG in diesem

451 BVerfGE 6, 290, 295 – eine Kurzdarstellung des Inhalts des deutsch-schweizerischen Vermögensabkommens findet sich bei *Hofmann*, Grundrechte und grenzüberschreitende Sachverhalte, S. 14

452 Vgl. z. B. BVerfGE 40, 141, 166 ff.; indirekt auch BVerfGE 66, 39: in dieser Entscheidung greift das Bundesverfassungsgericht gerade nicht auf das eigentlich naheliegende Argument der territorialen Begrenzung der Grundrechte zurück (ähnlich *Cremer*, Der Schutz vor den Auslandsfolgen aufenthaltsbeendender Maßnahmen, S. 259).

453 BVerfGE 63, 343

454 BVerfGE 63, 343, 378 – Hervorhebung im Original

Falle jedoch nicht eine Überprüfung der materiellen Rechtmäßigkeit der ausländischen Vollstreckungstitel.[455]

Hofmann erblickt für diese Einschränkung der Anwendbarkeit der Grundrechte in der Rechtsprechung des Bundesverfassungsgerichts im Wesentlichen zwei Begründungen: Zum einen ist bei völkerrechtlichen Verträgen stets die tatsächliche und rechtliche Ausgangslage des jeweiligen Vertragspartners zu berücksichtigen[456]; zum anderen wird die Völkerrechtsfreundlichkeit der Verfassung angeführt und die hiermit eng verknüpfte Sicherung der effektiven Beteiligung der Bundesrepublik am internationalen Rechtsverkehr.[457]

Dieser Abschwächung der Grundrechtsgeltung sind jedoch auch nach der Rechtsprechung des Bundesverfassungsgerichts Grenzen gesetzt. Eine Einschränkung der Grundrechtsverbürgungen komme nur insoweit in Betracht, wie nicht gegen unabdingbare Grundprinzipien des Grundgesetzes verstoßen werde. Diese bestünden im Wesensgehalt der Grundrechte unter gleichzeitiger Heranziehung des völkerrechtlichen Mindeststandards.[458]

Die beschränkte Reichweite der Grundrechte und deren Grenzen bei Fällen mit Auslandsbezug fasst das Bundesverfassungsgericht „lehrbuchartig" in einem Fall zum Auslieferungsrecht zusammen. In diesem und ähnlichen Verfahren behauptet ein Straftäter, der in ein Land ausgeliefert werden soll, in dem ihm möglicherweise Folter oder eine unmenschliche oder erniedrigende Strafe droht, diese Auslieferung verletzte ihn in seinem Grundrecht aus Art. 2 II GG. Das Bundesverfassungsgericht fordert von deutschen Behörden und Gerichten, im Auslieferungsverfahren zu prüfen, „ob die Auslieferung [...] mit den unabdingbaren verfassungsrechtlichen Grundsätzen [...] vereinbar"[459] ist. Zu diesen rechnet das Bundesverfassungsgericht auch den Verhältnismäßigkeitsgrundsatz als einen Kernbereich des Rechtsstaatsprinzips; demgemäß ist es den deutschen Behörden verwehrt, einen Straftäter in ein Land auszuliefern, in dem ihm eine unerträglich harte, grausame, unmenschliche oder erniedrigende Strafe droht. „Anderes gilt hingegen dann, wenn die [...] Strafe lediglich als in hohem Maße hart anzusehen ist und bei einer strengen Beurteilung anhand deutschen Verfassungsrechts nicht mehr als angemessen erachtet werden könnte."[460] Die Eingliederung der Bundesrepublik Deutschland in die Völkerrechtsordnung der Staatengemeinschaft – wie

455 BVerfGE 63, 343, 378 f.
456 *Hofmann*, Grundrechte und grenzüberschreitende Sachverhalte, S. 106
457 *Hofmann*, Grundrechte und grenzüberschreitende Sachverhalte, S. 63; ähnlich *Wolfrum*, Auswärtige Beziehungen und Verteidigungspolitik, in: *Badura/Dreier* [Hrsg.], Festschrift 50 Jahre Bundesverfassungsgericht, Bd. II, S. 693, 715 f.
458 *Hofmann*, Grundrechte und grenzüberschreitende Sachverhalte, S. 106
459 BVerfGE 108, 129, 136
460 BVerfGE 108, 129, 137

sie sich aus der Präambel und Artt. 1 II, 9 II und 23-26 ergibt – erfordere nämlich gleichzeitig, fremde Rechtsordnungen und -anschauungen zu respektieren und zwar auch dann, wenn diese im Einzelfall nicht dem Standard des Grundgesetzes entsprechen. Dieses im Vergleich zu rein innerstaatlichen Sachverhalten abgesenkte Niveau des Grundrechtsschutzes wird mit dem gegenseitigen Interesse an der Aufrechterhaltung eines zwischenstaatlichen Auslieferungsverkehrs und der außenpolitischen Handlungsfreiheit der Bundesregierung begründet.[461]

Die vom Bundesverfassungsgericht und der vorwiegenden Ansicht in der Literatur vorgenommene Abwägung führt zwangsläufig zu dem in der Literatur festgestellten und zum Teil kritisierten einzelfallbezogenen Ansatz.[462]

Sowohl nach überwiegender Meinung in der Literatur als auch nach der Rechtsprechung des Bundesverfassungsgerichts sind also die Grundrechte in ihrer Geltung bei Fällen mit auswärtigem Bezug eingeschränkt. Dies drückt sich in der höchstrichterlichen Judikatur in verschiedener Art und Weise aus. Besonders hervorzuheben ist dabei die sogenannte Annäherungstheorie (vgl. 2.), die Prüfung des Zurechnungszusammenhangs (vgl. 3.), die Gewährung von Einschätzungs- und Prognosespielräumen zu Gunsten der auswärtigen Gewalt (vgl. 4.) sowie die Nichtanwendung der Wesentlichkeitslehre in diesem Bereich (vgl. 5.). All diesen Ansätzen ist gemein, dass zumindest im Hintergrund stets die Aufrechterhaltung außenpolitischer Handlungsfreiheit, beziehungsweise die Wahrung außenpolitischer Interessen als Abwägungstopos erscheint.

2. Annäherungstheorie als Einschränkung der Geltung der Grundrechte

Am deutlichsten ist dies bei der sogenannten Annäherungstheorie des Bundesverfassungsgerichts. Dieser auch als „Näher am Grundgesetz"-Theorie bezeichnete

461 BVerfGE 108, 129, 137: „Das Grundgesetz geht nämlich von der Eingliederung des von ihm verfassten Staates in die Völkerrechtsordnung der Staatengemeinschaft aus (vgl. Präambel, Art. 1 Abs. 2, Art. 9 Abs. 2, Art. 23 bis 26 GG). Es gebietet damit zugleich, fremde Rechtsordnungen und -anschauungen grundsätzlich zu achten [...], auch wenn sie im Einzelnen nicht mit den deutschen innerstaatlichen Auffassungen übereinstimmen. Soll der in gegenseitigem Interesse bestehende zwischenstaatliche Auslieferungsverkehr erhalten und auch die außenpolitische Handlungsfreiheit der Bundesregierung unangetastet bleiben, so dürfen die Gerichte als unüberwindbares Hindernis für die Auslieferung nur die Verletzung der unabdingbaren Grundsätze der deutschen verfassungsrechtlichen Ordnung zu Grunde legen."

462 Statt vieler *Dreier*, in: *Ders.* [Hrsg.], Grundgesetz-Kommentar, Bd. I., Art. 1 III Rn. 45; kritisch zum einzelfallbezogenen Ansatz *Elbing*, Zur Anwendbarkeit der Grundrechte bei Sachverhalten mit Auslandsbezug, S. 170-176

Ansatz wurde in der Entscheidung zum Saarstatut[463] entwickelt und auch in der neueren Judikatur ausdrücklich wieder aufgegriffen.[464] Demgemäß ist die Grundrechtsbindung gelockert, sofern es um die Folgen des politischen Zusammenbruchs des Deutschen Reiches und des damit zusammenhängenden Staatsbankrottes geht.[465]

In seinem Urteil vom 4. Mai 1955 stellt das Gericht jedoch Voraussetzungen für die Anwendung der Annäherungstheorie auf. Ausgangspunkt der Erwägungen des Gerichts stellt Art. 20 III GG dar – die Bindung *jeder* Ausübung staatlicher Gewalt an das Grundgesetz. Völkerrechtliche Verträge seien aber bereits dann als verfassungsgemäß anzuerkennen, wenn „die im Vertrag vorgesehenen Maßnahmen mit dem Willen unternommen sind und die Tendenz in sich tragen, dem voll verfassungsmäßigen Zustand wenigstens so weit, wie es politisch erreichbar ist, näher zu kommen, seiner Erreichung vorzuarbeiten."[466] „Einschränkungen [...] [von T.P.] Verfassungsnormen können für eine Übergangszeit hingenommen werden, wenn sie in einem *unmittelbaren* Zusammenhang mit der Regelung stehen, die in ihrer gesamten Tendenz darauf gerichtet ist, dem der Verfassung voll entsprechenden Zustand näherzukommen."[467] Die Voraussetzung der Vorläufigkeit wurde von Teilen der Literatur heftig kritisiert[468] und in späteren Entscheidungen des Bundesverfassungsgerichts nicht mehr aufgegriffen.[469]

Das Bundesverfassungsgericht zieht der Anwendung der Annäherungstheorie jedoch deutliche Grenzen. Diese „liegen dort, wo unverzichtbare Grundprinzipien des Grundgesetzes klar verletzt würden, also etwa die in Art. 79 Abs. 3 oder Art. 19 Abs. 2 GG bezeichneten Grundsätze."[470] Diese Einschränkung erwähnt das Bundesverfassungsgericht in seiner Zivilangestelltenentscheidung nicht (mehr). Hier hatte das Gericht auf Vorlage eines Arbeitsgerichts zu entscheiden, ob die Regelung des Abs. 6 (a) und (b) des Unterzeichnungsprotokolls zu Art. 56 IX ZA-NTS mit Art. 3 I GG vereinbar ist. Die Zivilangestellten der Stationierungstruppen waren nämlich bezüglich der Beteiligung ihrer Vertretung bei Ein-

463 BVerfGE 4, 157 ff. Die Antragsteller hatten dabei gerügt, die Träger der auswärtigen Gewalt hätten nicht einem Vertrag zustimmen dürfen, der das Saargebiet unter ein Regime stellt, das weder demokratischen Grundsätzen entspricht noch hinreichenden Grundrechtsschutz gewährleistet.

464 BVerfGE 95, 39, 46

465 *Geiger*, Grundgesetz und Völkerrecht, S. 151 f.

466 BVerfGE 4, 157, 169

467 BVerfGE 4, 157, 170 – Hervorhebungen im Original

468 Vgl. *Lerche P.*, Das Bundesverfassungsgericht und die Vorstellung der „Annäherung" an den verfassungsgewollten Zustand, in: DÖV 1971, S. 721, 722

469 Vgl. z. B. die Zivilangestelltenentscheidung, BVerfGE 95, 39, 46, 48

470 BVerfGE 4, 157, 170

stellungsentscheidungen schlechter gestellt als die Zivilangestellten der Bundeswehr.

Das Bundesverfassungsgericht stellt in seinem Beschluss fest, die vorgelegte Norm widerspreche zwar dem allgemeinen Gleichheitssatz des Art. 3 I GG. Auch bestünde kein im Regelungsgegenstand liegender Grund zur Rechtfertigung der Ungleichbehandlung. Dies sei „jedoch mit Rücksicht darauf hinzunehmen, daß die Bundesrepublik beim Aushandeln der Stationierungsverträge in ihrer Handlungsfreiheit beschränkt war".[471] Diese Verträge stünden in unlösbarem Zusammenhang mit dem schrittweisen Abbau der besatzungsrechtlichen Ordnung und seien daher schon dann grundgesetzkonform, „wenn der durch sie geschaffene Zustand der Verfassung näher steht als der frühere und wenn ein besseres Verhandlungsergebnis nicht erreicht werden konnte".[472] Die Bundesregierung habe überzeugend ausgeführt, sie bemühe sich ständig um eine volle Gleichstellung; eine solche sei aber bei den Verhandlungen nicht zu erreichen gewesen.[473]

Warum das Bundesverfassungsgericht in der Zivilangestelltenentscheidung nicht mehr die Grenze des Art. 79 III GG ausdrücklich erwähnt, hat in der Literatur zu Spekulationen Anlass gegeben. So meint *Giegerich*, dies hänge eventuell damit zusammen, dass der in dieser Sache erkennende Senat kurze Zeit zuvor in den Bodenreform-Entscheidungen die Grundelemente des allgemeinen Gleichheitssatzes zum Bestandteil der nach Art. 79 III GG unantastbaren Grundprinzipien erklärt hatte und ein Rechtfertigungsgrund hier nicht derartig auf der Hand lag, wie dies bei den Bodenreform-Entscheidungen mit dem Wiedervereinigungsgebot der Fall gewesen ist.[474]

Eine solche Argumentation ist jedoch keinesfalls zwingend. Ebenso könnte man vertreten, angesichts der in Rede stehenden Rechtsgüter („bloße" Mitbestimmungsrechte der Arbeitnehmer) sei schon der von Art. 79 III GG geschützte Kernbereich des Art. 3 I GG gar nicht berührt. Jedenfalls seien aber die Grundprinzipien der Verfassung nicht – wie es das Bundesverfassungsgericht in seiner Entscheidung zur Verfassungsmäßigkeit des Saarstatuts fordert[475] – *klar* verletzt worden.

Keinesfalls – und darüber besteht wohl Einigkeit – kann die Zivilangestelltenentscheidung als stillschweigende Aufgabe der wichtigen Einschränkung der Annäherungstheorie durch Art. 79 III GG verstanden werden. Dies gilt umso

471 BVerfGE 95, 39, 46
472 BVerfGE 95, 39, 46
473 BVerfGE 95, 39, 47
474 *Giegerich*, Verfassungsgerichtliche Kontrolle der auswärtigen Gewalt im europäisch-atlantischen Verfassungsstaat, in: ZaöRV 57 (1997), S. 409, 541 f.
475 BVerfGE 4, 157, 170

mehr als die Zivilangestelltenentscheidung ausdrücklich auf die Leitentscheidung des Bundesverfassungsgerichts zur Annäherungstheorie Bezug nimmt.

Fraglich ist, inwieweit angesichts dieses Befundes der Annäherungstheorie überhaupt eigenständige Bedeutung zugemessen werden kann – ob sie nicht vielmehr einen Spezialfall der generell eingeschränkten Grundrechtsgeltung für die Situation des schrittweisen Abbaus des Besatzungsregimes darstellt. Auch im Rahmen der Annäherungstheorie ist nämlich letztlich das rechtlich Geopferte mit dem politisch erreichten und erreichbaren Vorteil in Beziehung zu setzen und abzuwägen.[476] Das Ziel der Beseitigung der durch den politischen Zusammenbruch des Deutschen Reiches verursachten Folgen ist hier als Berücksichtigung der (besonderen) außenpolitischen Lage seitens des Bundesverfassungsgerichts zu bewerten, die, wie oben bereits gesehen, stets in die Abwägung mit einzubeziehen ist.

Auch bei den Grenzen der Annäherungstheorie – die strikte Beachtung der Grundprinzipien der Verfassung ist identisch mit den oben geschilderten Grenzen der Einschränkung der Grundrechtsgeltung – zeigt sich, dass diese lediglich einen Spezialfall zu der im hier interessierenden Zusammenhang allgemein eingeschränkten Grundrechtsgeltung darstellt. Die Wahrung des Wesensgehalts der Grundrechte und die gemäß Art. 79 III GG unverzichtbaren Grundprinzipien der Verfassung gelten nämlich ebenso als äußerste Grenze der Einschränkbarkeit der Grundrechtsgeltung.

In der Begründung des Bundesverfassungsgerichts zeigen sich ebenfalls Parallelen. So soll auch durch die Annäherungstheorie ein „verfassungsrechtlicher Rigorismus" vermieden werden, der so vom Grundgesetz nicht gewollt sein könne.[477]

Betrachtet man mithin die Annäherungstheorie als „bloßen" Spezialfall der allgemeinen Haltung des Bundesverfassungsgerichts zur Geltung der Grundrechte in Fällen mit Auslandsbezug, so sind auch sämtliche in der Literatur geführten Diskussionen[478] über deren Verallgemeinerungsfähigkeit nicht zielführend.

---

476 *Elbing*, Zur Anwendbarkeit der Grundrechte bei Sachverhalten mit Auslandsbezug, S. 307 f.

477 BVerfGE 4, 157, 170

478 Vgl. z. B. *Hailbronner*, Kontrolle der auswärtigen Gewalt in VVDStRL 56 (1997), S. 7, 28. Er sieht aber die Annäherungstheorie im Zusammenhang mit der Gewährung eines Einschätzungs- und Prognosespielraumes zu Gunsten der Träger der auswärtigen Gewalt.

3. Kriterium der Zurechenbarkeit als Einschränkung des Schutzbereichs der Grundrechte

In der Eilentscheidung zur Nachrüstung[479] begründet das Bundesverfassungsgericht die offensichtliche Unzulässigkeit des Hauptsacheantrags wesentlich damit, dass ein etwaiger Grundrechtsverstoß der Bundesrepublik nicht zurechenbar sei.

Die Beschwerdeführer hatten gerügt, die Zustimmung der Bundesregierung zur Aufstellung von Pershing II-Raketen auf dem Gebiet der Bundesrepublik Deutschland durch die Vereinigten Staaten beeinträchtige sie in ihren Rechten aus Art. 2 II 1 GG, da durch die Zustimmung die Gefahr erhöht werde, durch einen nuklearen Präventivschlag der Sowjetunion verletzt oder getötet zu werden.

Das Bundesverfassungsgericht räumt ein, dass sich die geschilderte Gefahr als mittelbare Folge der angegriffenen Maßnahme darstellt und als tatsächliche Beeinträchtigung durchaus dem Schutzbereich des Art. 2 II 1 GG unterfallen könnte. Hierfür müsste die gerügte Beeinträchtigung jedoch eine Folge der Zustimmungserklärung der Bundesregierung sein und ihr darüber hinaus zurechenbar sein. Beide Voraussetzungen sieht das Gericht jedoch nicht als erfüllt an. An der Kausalität fehle es bereits deshalb, weil nicht ausgeschlossen werden könne, dass die eventuelle Entscheidung zu einem Nuklearschlag seitens der Sowjetunion bereits vor der in Streit stehenden Zustimmungserklärung gefallen sei oder hiervon völlig unabhängig sei.[480] Doch selbst wenn man Kausalität unterstelle, sei ein erfolgender Nuklearschlag der Sowjetunion der deutschen öffentlichen Gewalt nicht zurechenbar. Der erforderliche Zusammenhang werde bereits dadurch unterbrochen, dass die von den Beschwerdeführern gerügte Gefahr auf dem Beschluss eines souveränen Staates beruht.

> „Es kann hier dahinstehen, ob und gegebenenfalls in welchen Fällen trotz des „Dazwischentretens“ eines auswärtigen Staates die Verantwortlichkeit der Bundesrepublik Deutschland für bestimmte Folgewirkungen bestehenbleiben kann. [...] Die Folge eines Aktes, wie ihn die Zustimmung der Bundesregierung zur Aufstellung von Pershing II-Raketen [...] darstellt, ist der an das Grundgesetz gebundenen Hoheitsgewalt nur dann

---

479 BVerfGE 66, 39

480 An der Argumentation der fehlenden Kausalität lässt sich freilich grundsätzliche Kritik üben. Diese bezieht sich allgemein auf die juristischen Kriterien der Kausalitätsfeststellung. So kann nun einmal – sind gewisse Zusammenhänge naturgesetzlich nicht erwiesen – mit der „conditio sine qua non“-Formel der Kausalitätsnachweis nicht geführt werden. In diesem Rahmen mit Kausalitätserwägungen zu argumentieren erscheint also wenig hilfreich. Vgl. zum Ganzen *Jahr*, Strafverfahren oder politischer Prozeß? Zur strafrechtlichen Ermittlung und Bewertung sicherheitspolitischer Tatsachen im Lichte des Grundgesetzes, in: Goltdammer's Archiv für Strafrecht 1987, S. 346, 357 f.

nicht zurechenbar, wenn sie *nicht* die Herrschaft über den Eintritt dieser Folgen hat. Ist die Bundesrepublik Deutschland aus rechtlichen oder tatsächlichen Gründen gehindert, auf einen Geschehensablauf, der zu einem Eingriff in ein grundrechtlich geschütztes Rechtsgut führt, durch Steuerung der als maßgebend erscheinenden Umstände Einfluß zu nehmen, kann ihr das Ergebnis dieses Geschehensablaufs verfassungsrechtlich nicht als Folge ihres eigenen Verhaltens zugerechnet werden. Die verfassungsrechtliche Verantwortlichkeit der an das Grundgesetz gebundenen Hoheitsgewalt und damit auch *der Schutzbereich der Grundrechte* [...] *endet grundsätzlich dort, wo ein Vorgang in seinem* **wesentlichen** *Verlauf von einem fremden Staat nach seinem, von der Bundesrepublik Deutschland* **unabhängigen** *Willen gestaltet wird*".[481]

„[Im konkreten Fall T.P.] muß der [...] Entschluß der Sowjetunion, im Krisenfall einen [...] nuklearen Präventivschlag zu führen [...] als die *wirkmächtigste Ursache* für die angenommene Gefährdung von Leib und Leben der Beschwerdeführer gewertet werden. Die von den Beschwerdeführern angegriffenen Akte der deutschen Hoheitsgewalt erschienen hiernach nur als eine der Vorbedingungen einer angenommenen Gefährdungslage, die eine grundrechtliche Verantwortlichkeit der deutschen Hoheitsgewalt [...] nicht zu begründen vermöchte."[482]

„Die Gefahr, von der sich die Beschwerdeführer bedroht sehen, kann der deutschen Hoheitsgewalt [...] nicht zugerechnet werden. Die Umstände, die [...] als wesentliche Bedingung für das Eintreten dieser Gefahr erscheinen, sind einer *bestimmenden Einflußnahme* durch die Bundesrepublik Deutschland entzogen."[483]

Ausgehend von der (doppelt) negativen Formulierung des Bundesverfassungsgerichts entnimmt *Cremer* der Entscheidung mehrere Kriterien zur Feststellung des Zurechnungszusammenhangs. Diese sind – wie in diesem Kontext stets der Fall – wertender Natur. Zunächst werde die Zurechenbarkeit durch die Qualität des Kausalitätszusammenhangs beeinflusst. Die Zustimmungserklärung der Bundesregierung könne „nur" einen bestimmten Willensbildungsprozess in der Sowjetunion anstoßen – es liege mithin lediglich ein Fall psychisch vermittelter Kausalität vor.[484] Da diese jedoch – insbesondere wegen der vom Bundesverfassungsgericht hervorgehobenen Feststellungsschwierigkeiten[485] – keine feste Grundlage für eine Zurechnung bilde, sei diese in einem solchen Fall eher zu verneinen. Weiterhin richte sich die Beurteilung des Zurechnungszusammen-

481 BVerfGE 66, 39, 62 – Hervorhebung durch Verfasser

482 BVerfGE 66, 39, 63 – Hervorhebung durch Verfasser

483 BVerfGE 66, 39, 63 – Hervorhebung durch Verfasser

484 *Cremer*, Der Schutz vor den Auslandsfolgen aufenthaltsbeendender Maßnahmen, S. 271

485 BVerfGE 66, 39, 59: „Nach Lage der Dinge ermangelt es im vorliegenden Fall [...] geeigneter, verläßlicher Verfahren, mit deren Hilfe der Steigerungsgrad der Gefahr für Leib und Leben der Beschwerdeführer im Wege richterlicher Erkenntnis ermittelt werden könnte."

hangs nach der Beherrschbarkeit des Vorgangs.[486] Zwar hätte die Bundesregierung die Zustimmungserklärung schlicht unterlassen können; dadurch hätte sich aber nicht eindeutig sicherstellen lassen, dass der befürchtete Angriff der Sowjetunion unterbleibt. Folglich genüge die bloße Möglichkeit des Unterlassens nicht, um eine Beherrschbarkeit anzunehmen; vielmehr müssten „aktive Handlungsmöglichkeiten" bestehen, mit denen die grundrechtswidrigen Folgewirkungen vermieden oder zumindest abgemildert werden könnten.[487] Ferner erfordere das Kriterium der Beherrschbarkeit, dass für die Bundesrepublik Deutschland bzw. für ihre Organe die grundrechtswidrige Folgewirkung im Zeitpunkt der Zustimmungserklärung objektiv vorhersehbar gewesen sei. Ansonsten hätten nämlich die Organe auch keine Maßnahmen zur Verhinderung dieser Folgewirkungen treffen können.[488] Den entscheidenden (wiederum wertenden) Gesichtspunkt für die Ablehnung des Zurechnungszusammenhangs in der vorliegenden Entscheidung stellt nach *Cremer* der „Erhalt der internationalen Handlungsfähigkeit der Bundesrepublik Deutschland" dar.[489] Hätte das Bundesverfassungsgericht die Zurechenbarkeit des Verhaltens der Sowjetunion bejaht, wäre dies außenpolitischer Erpressbarkeit der Bundesrepublik gleichgekommen. Wie das Bundesverfassungsgericht zutreffend ausführt, müsste die entgegengesetzte Entscheidung „dazu führen, daß die Bundesrepublik Deutschland über eine grundrechtliche „Mitverantwortlichkeit" für die von einem fremden Staat auf ein rechtmäßiges politisches Verhalten der Bundesrepublik Deutschland hin angedrohte Verletzung grundrechtlich geschützter Rechtsgüter sich der Politik fremder Staaten von Verfassungs wegen zu fügen hätte; dies kann dem Grundgesetz nicht entnommen werden."[490]

Obwohl also formell mit dem Topos des Zurechnungszusammenhangs argumentiert wird, steht auch hier eine Abwägungsentscheidung im Hintergrund, bei der dem Gesichtspunkt der außenpolitischen Handlungsfreiheit der Bundesrepublik Deutschland eine entscheidende Bedeutung zukommt.

Bei den Entscheidungen zur Verfassungsmäßigkeit des Restitutionsausschlusses zieht das Bundesverfassungsgericht gleichfalls Zurechnungsgesichtspunkte heran. Hierdurch soll begründet werden, warum die Beschwerdeführer

486 *Cremer*, Der Schutz vor den Auslandsfolgen aufenthaltsbeendender Maßnahmen, S. 273 f.

487 *Cremer*, Der Schutz vor den Auslandsfolgen aufenthaltsbeendender Maßnahmen, S. 274

488 *Cremer*, Der Schutz vor den Auslandsfolgen aufenthaltsbeendender Maßnahmen, S. 276

489 *Cremer*, Der Schutz vor den Auslandsfolgen aufenthaltsbeendender Maßnahmen, S. 282

490 BVerfGE 66, 39, 63 f.

nicht berechtigterweise einwenden können, die Enteignungen von 1945 bis 1949 verstießen gegen Art. 14 I GG.

> „Die Enteignungen im Gebiet der sowjetischen Besatzungszone Deutschlands können [...] nicht dem Verantwortungsbereich der dem Grundgesetz verpflichteten Staatsgewalt der Bundesrepublik Deutschland zugerechnet werden. Die Bundesrepublik hat sich zwar seit jeher [...] für das ganze Deutschland verantwortlich gefühlt [...]. Ihre Staatsgewalt beschränkte sich aber nicht nur tatsächlich, sondern auch staatsrechtlich auf das damalige Gebiet der Bundesrepublik (Art. 23 S.1 GG [a. F. T.P.]). Eine Verantwortlichkeit der Bundesrepublik Deutschland im Sinne eines Einstehenmüssens für etwaige aus ihrer Sicht rechts- oder verfassungswidrige Maßnahmen der deutschen Staatsgewalt in der sowjetisch besetzten Zone bestand danach ebensowenig wie etwa gegenüber Maßnahmen ausländischer Staatsgewalten [...]. Im übrigen können die Enteignungsmaßnahmen größtenteils schon deshalb nicht am Grundgesetz gemessen werden, weil es zum Zeitpunkt dieser Maßnahmen noch gar nicht in Kraft war."[491]

Hier wird also nicht mit dem Kriterium der bestimmenden Einflussnahme argumentiert, sondern vielmehr mit dem zeitlichen und territorialen Geltungsbereich des Grundgesetzes. Im Ergebnis hätte hier genauso gut das Kriterium des „bestimmenden Einflusses" verwendet werden können.

Noch völlig ungeklärt scheint das Verhältnis der eben referierten Rechtsprechung zum Beschluss vom 26. Oktober 2004.[492] Dieser hat ebenfalls die Verfassungsmäßigkeit der Enteignungen auf besatzungsrechtlicher bzw. besatzungshoheitlicher Grundlage zum Gegenstand. Das Bundesverfassungsgericht führt darin aus, die Verpflichtung der Bundesrepublik Deutschland gemäß Artt. 20 III i.V.m. 25 GG das Völkerrecht zu respektieren, umfasse auch die Pflicht der „deutschen Staatsorgane – unter hier nicht näher zu bezeichnenden Voraussetzungen – [...], das Völkerrecht im eigenen Verantwortungsbereich zur Geltung zu bringen, wenn andere Staaten es verletzen."[493] Die deutschen Staatsorgane seien verfassungsrechtlich verpflichtet, „alles zu unterlassen, was einer unter Verstoß gegen allgemeine Regeln des Völkerrechts vorgenommenen Handlung nichtdeutscher Hoheitsträger im Geltungsbereich des Grundgesetzes Wirksamkeit verschafft und gehindert, an einer gegen die allgemeinen Regeln des Völkerrechts verstoßenden Handlung bestimmend mitzuwirken".[494] Auch hier ist das Kriterium der Zure-

491 BVerfGE 84, 90, 122 f.; vgl. zuletzt im Wesentlichen gleichlautend auch BVerfGE 112, 1, 29

492 BVerfGE 112, 1 ff.

493 BVerfGE 112, 1, 26

494 BVerfGE 112, 1, 27. Dabei verkennt das Gericht durchaus nicht, dass diese Pflicht „in ein Spannungsverhältnis zu der gleichfalls verfassungsrechtlich gewollten internationalen Zusammenarbeit zwischen den Staaten und anderen Völkerrechtssubjekten geraten [kann T.P.], insbesondere wenn eine Rechtsverletzung nur auf dem

chenbarkeit – wenn auch nicht explizit – angesprochen (vgl. „bestimmend mitzuwirken“). Obwohl zunächst klargestellt wird, der Bundesrepublik Deutschland könnten die Eigentumsentziehungen in den Jahren 1945 bis 1949 nicht zugerechnet werden[495], wird die Zurechnung gleichsam „durch die Hintertür“ doch bejaht, indem eine Pflicht mit oben genanntem Inhalt formuliert wird. Würde man nämlich die Zurechenbarkeit verneinen, gelangte man auch nicht zu einer wie auch immer gearteten Pflicht zu erfolgsbezogener Zusammenarbeit.[496] Unabhängig davon, ob man Ausführungen des Gerichts in diese Richtung für angezeigt erachtet[497], sind diese jedenfalls ungeeignet, das Kriterium der Zurechenbarkeit näher zu präzisieren.[498] Das Gericht lässt es nämlich ausdrücklich offen, unter welchen Voraussetzungen die deutschen Staatsorgane verpflichtet sind, trotz eines Völkerrechtsverstoßes durch einen dritten Staat dem Völkerrecht auf eigenem Territorium Geltung zu verschaffen.[499]

Kriterien zur Feststellung der Zurechnung von Grundrechtsverstößen durch fremde Staaten können allenfalls dem Kapitel II der Resolution zur Staatenver-

---

Kooperationswege beendet werden kann. Dann kann sich diese Ausprägung der Respektierungspflicht [des Völkerrechts T.P.] nur im Zusammenspiel und Ausgleich mit den weiteren internationalen Verpflichtungen Deutschlands konkretisieren.“ (BVerfGE 112, 1, 27)

495 BVerfGE 112, 1, 29

496 Diesen Widerspruch zeigt auch *Lübbe-Wolff* in ihrem Sondervotum deutlich auf, vgl. BVerfGE 112, 1, 47-49.

497 Vgl. hierzu die abweichende Meinung der Richterin *Lübbe-Wolff*, BVerfGE 112, 1, 44 ff., 49: Sie kritisiert die vom Senat aufgestellte Pflicht, die Bundesrepublik Deutschland müsse die Folgen eines Völkerrechtsverstoßes durch fremde Staaten abmildern oder ausgleichen. Eine solche Pflicht existiere nicht nach Völkerrecht. Es bleibe jedoch ungeklärt, warum die verfassungsrechtliche Pflicht zur Respektierung des Völkerrechts Pflichten entstehen lassen könne, die nach Völkerrecht gar nicht bestehen.

498 Besonders deutlich drückt das *Lübbe-Wolff* in ihrer abweichenden Meinung aus: „Diese Aussage [= die verfassungsrechtliche Verpflichtung, das Völkerrecht im eigenen Verantwortungsbereich durchzusetzen, wenn andere Staaten es verletzen T.P.] entzieht sich jeder Widerlegung oder Bestätigung, denn sie hat keinen fixierbaren rechtlichen Gehalt.“ (BVerfGE 112, 1, 48)

499 Bemerkenswert ist ebenfalls, dass das Bundesverfassungsgericht Ausführungen dazu unterlässt, ob überhaupt ein Völkerrechtsverstoß seitens der Sowjetunion vorgelegen hat. Vgl. ebenso *Schweisfurth*, Die verfassungsgerichtlich eingetrübte Völkerrechtsfreundlichkeit des Grundgesetzes, in: NVwZ 2005, S. 1261, 1263. Zur Frage, ob ein Völkerrechtsverstoß seitens der Sowjetunion vorliegt, vgl. *Gornig*, Erwerbsmöglichkeiten von zwischen 1945 und 1949 enteigneten Vermögensgütern durch bevorzugte Personen und ihre Vereinbarkeit mit dem geltenden Recht, in: VIZ 1993, S. 136, 138.

antwortlichkeit[500] entnommen werden – hier geht es zwar um die Zurechnung von völkerrechtswidrigem Verhalten, eine Übertragbarkeit auf die hier einschlägige Fragestellung erscheint aber dennoch möglich: Zum einen betont das Bundesverfassungsgericht in ständiger Rechtsprechung, der Einzelne könne sich im Rahmen einer Rüge der Verletzung des Art. 2 I GG auch auf die Verletzung von Völkerrecht als Teil der verfassungsmäßigen Ordnung berufen.[501] Zum anderen stimmt der Inhalt der Grundrechte mit dem auf völkerrechtlicher Ebene gewährten Mindeststandard weitgehend überein. Gemäß dem Auffangtatbestand des Art. 11 der Resolution zur Staatenverantwortlichkeit ist ein Völkerrechtsverstoß eines Staates einem anderen Staat zurechenbar, „wenn und soweit der Staat dieses Verhalten als sein eigenes anerkennt und annimmt." Inwieweit hierdurch jedoch die geschilderten Zurechnungskriterien präzisiert werden können, erscheint mehr als fraglich.

4. Gewährung eines Einschätzungs- und Prognosespielraumes

Indem das Bundesverfassungsgericht der Bundesregierung im Bereich der auswärtigen Gewalt Einschätzungs- und Prognosespielräume zugesteht, wird im Ergebnis auch die Grundrechtsgeltung eingeschränkt. Da sich dieses Phänomen jedoch nicht allein auf die Grundrechte beschränkt, sondern bei sämtlichen Prüfungsmaßstäben des Grundgesetzes zu beobachten ist, soll dieser Punkt gesondert behandelt werden.[502]

5. Unanwendbarkeit der Wesentlichkeitslehre als weitere Einschränkung der Grundrechtsgeltung

Ebenfalls zu einer Einschränkung der Grundrechtsgeltung führt die Nichtanwendung der Wesentlichkeitslehre durch das Bundesverfassungsgericht im Rahmen der Kontrolle der auswärtigen Gewalt. Der Unterschied zu den oben erwähnten Fallgruppen besteht darin, dass die Einschränkung der Grundrechtsgeltung hier auf einer großzügigeren Handhabung der Schrankenebene beruht.

Nach ständiger Rechtsprechung des Bundesverfassungsgerichts verpflichtet der Grundsatz des Vorbehalts des Gesetzes den Gesetzgeber dazu, alle wesentlichen Entscheidungen selbst zu treffen.[503] In der Entscheidung über das Organstreitverfahren zur Nachrüstung und im C-Waffen-Beschluss stellte sich die Fra-

500 Resolution der UN-Generalversammlung Nr. 56/83 vom 12.12.2001, abgedruckt im Sartorius II

501 Vgl. zuletzt BVerfGE 112, 1, 21 f.

502 Vgl. hierzu unten Teil 2 C. I.

503 Vgl. z. B. BVerfGE 49, 89, 126 f.

ge, inwieweit die Wesentlichkeitslehre auch im Rahmen der Kontrolle der auswärtigen Gewalt Anwendung findet.[504] In beiden Fällen erkennt das Bundesverfassungsgericht zwar an, dass es sich bei der Zustimmungserklärung zur Aufstellung von Pershing II-Raketen bzw. zur Lagerung von C-Waffen um „wesentliche Entscheidungen" handelte, die den Grundrechtsbereich betreffen. Dennoch verneint das Gericht jeweils die Notwendigkeit eines gegenüber dem Zustimmungsgesetz zum NATO-Vertrag bzw. zum General- und zum Stationierungsvertrag zusätzlichen Gesetzes.

In der Nachrüstungsentscheidung argumentiert das Bundesverfassungsgericht, die Artt. 59 II S. 1 und 24 I GG stellten innerhalb ihrer Regelungsbereiche abschließende Bestimmungen dar. Eine darüber hinausgehende Gesetzespflichtigkeit aus dem Gesichtspunkt der Wesentlichkeit könne sich nicht ergeben. Auch die den parlamentarischen Entscheidungen aufgrund ihrer Transparenz des Entscheidungsprozesses zukommende erhöhte „Richtigkeitsgewähr" ändere nichts an der vom Grundgesetz ausdrücklich vorgenommenen Kompetenzverteilung.[505]

In der C-Waffen-Entscheidung begründet das Bundesverfassungsgericht seine ablehnende Haltung gegenüber der Ausdehnung des allgemeinen Vorbehalts des Gesetzes auf Art. 59 II S. 1 GG eher mit den Besonderheiten der auswärtigen Gewalt. Würde die Bundesregierung verfassungsrechtlich verpflichtet, nur noch solche völkerrechtlichen Verträge abzuschließen, die – was die Dichte der Regelungen anbelangt – den Anforderungen der Wesentlichkeitslehre entsprächen, würde die außenpolitische Handlungsfähigkeit der Bundesrepublik erheblich ge-

504 Zur Argumentation der Antragsteller, vgl. *Däubler*, Stationierung und Grundgesetz, S. 124 ff.

505 BVerfGE 68, 1, 108 f.: „Der Umstand, daß es sich bei der Erteilung dieser Zustimmung um einen für die Bundesrepublik Deutschland in ihrer Gesamtheit *wesentlichen* Akt handelt, vermag angesichts der ausdrücklich normierten Kompetenzregelungen für den Bereich der auswärtigen Angelegenheiten eine besondere Gesetzgebungsbefugnis des Bundestages nicht zu begründen. Sie ergibt sich nicht schon – diese Regelungen überspielend – aus dem im Grundgesetz normierten Demokratieprinzip. Unter der demokratisch-parlamentarischen Herrschaftsordnung [...] ist die Regierung institutionell wie funktionell gleichfalls demokratisch legitimiert. [...] Die Artt. 59 Abs. 2 Satz 1 und 24 Abs. 1 GG jedenfalls enthalten für die von ihnen erfaßten Sachbereiche eine insoweit abschließende Regelung, neben der sich die Gesetzespflichtigkeit nicht selbständig aus dem Gesichtspunkt der Wesentlichkeit [...] ergibt. Auch der Gedanke der „Richtigkeitsgewähr", die das parlamentarische Verfahren wegen der vergleichsweisen Transparenz der Entscheidungsprozesse bietet, kann nicht eine Änderung der vom Grundgesetz ausdrücklich vorgenommenen Verteilung der Kompetenzen zu Gunsten des Parlaments bewirken."

fährdet. Zumal zu bedenken sei, dass über den genauen Inhalt völkerrechtlicher Verträge die Bundesregierung nicht alleine zu entscheiden habe.[506]

III. Allgemeine Verfassungsgrundsätze

Weiterhin können allgemeine Verfassungsgrundsätze als Kontrollmaßstäbe für das Handeln der auswärtigen Gewalt dienen.[507] Besonders im Rahmen des Grundlagenvertragsverfahrens wurde als Prüfungsmaßstab das in der Präambel enthaltene Wiedervereinigungsgebot herangezogen. Auch das Rechtsstaats-, Demokratie-[508] und Sozialstaatsprinzip – eigentlich typische Kontrollmaßstäbe für innerstaatliche Normen – können Prüfungsmaßstäbe für das Handeln der auswärtigen Gewalt darstellen. So soll das Entstehen „schädlicher Rückwirkungen" verhindert werden, die sich aus dem Umstand ergeben, dass – insbesondere im Rahmen der europäischen Integration – Kompetenzen auf zwischenstaatliche Einrichtungen übertragen werden, die durch ihr Handeln dann die Gewährleistung dieser Grundsätze gefährden.[509]

Fraglich ist, ob dem Grundsatz der Völkerrechtsfreundlichkeit des Grundgesetzes[510] eine eigenständige Bedeutung als Kontrollnorm für das Handeln der auswärtigen Gewalt zugemessen werden kann und muss. *Frowein* bejaht jedenfalls in Ausnahmefällen einen eigenständigen Verstoß gegen den Grundsatz der Völkerrechtsfreundlichkeit – nämlich dann, wenn die Überführung eines völkerrechtlichen Vertrages in nationales Recht „geradezu in den Völkerrechtsverstoß

506 BVerfGE 77, 170, 231: „Anderenfalls [= im Falle der Anwendung des allgemeinen Vorbehalts des Gesetzes im Bereich des Art. 59 Abs. 2 Satz 1 GG T.P.] wäre die Bundesrepublik Deutschland von Verfassungs wegen gehalten, völkerrechtliche Verträge nur noch abzuschließen, wenn sie einen erheblichen Grad an Spezifizierung aufweisen. Da die Bundesrepublik Deutschland über den näheren Inhalt eines völkerrechtlichen Vertrages nicht einseitig bestimmen kann, würde eine Ausdehnung des allgemeinen Vorbehalts des Gesetzes auf Art. 59 Abs. 2 Satz 1 GG, soweit dieser das „Wie" einer gesetzlichen Regelung betrifft, im vertraglichen Bereich weithin die Gefahr außenpolitischer Handlungsunfähigkeit heraufbeschwören. Dies kann nicht der Sinn der Verfassung eines Staates in der Lage der Bundesrepublik Deutschland sein."

507 Vgl. hierzu *Schwarz*, Die verfassungsgerichtliche Kontrolle der Außen- und Sicherheitspolitik, S. 242 ff.

508 Vgl. insbesondere das Maastricht-Urteil des Bundesverfassungsgerichts, BVerfGE 89, 155

509 *Geiger*, Grundgesetz und Völkerrecht, S. 148

510 Vgl. zu dessen Herleitung aus der Präambel und den Artt. 1 II, 24-26 GG *Schwarz*, Die verfassungsgerichtliche Kontrolle der Außen- und Sicherheitspolitik, S. 244 f.

hineinführen muß".[511] Dies erscheint jedoch aus mehreren Gründen fraglich: Der Grundsatz der Völkerrechtsfreundlichkeit findet seine Bedeutung gewiss darin, bestimmte Rechtsinstitute, wie die völkerrechtskonforme Auslegung auf eine dogmatisch saubere Grundlage zu stellen, oder – als Abwägungsgesichtspunkt – für eine Absenkung der Grundrechtsbindung im Rahmen der auswärtigen Gewalt zu streiten. Als Prüfungsmaßstab erscheint er jedoch zu unbestimmt, als dass hieraus „manageable standards" für den Richter entnommen werden könnten. Die Völkerrechtsfreundlichkeit sollte nur als „Leitmaxime" dienen, „die darauf abzielt, im innerstaatlichen Rechtsraum die Befolgung völkerrechtlicher Gebote zu fördern und zu erleichtern".[512] Außerdem wird die Völkerrechtsfreundlichkeit ja gerade aus Normen des Grundgesetzes abgeleitet. Dann ist als Prüfungsmaßstab auch auf diese zurückzugreifen und nicht auf den aus diesen entwickelten Grundsatz der Völkerrechtsfreundlichkeit.[513] So lässt sich auch die von *Frowein* geschilderte Fallkonstellation genauso gut als Verstoß gegen Art. 25 GG i.V.m. einer entsprechenden Norm des Völkergewohnheitsrechts (z. B. dem völkergewohnheitsrechtlichen Grundsatz des „pacta sunt servanda", wonach Verträge nach Treu und Glauben zu erfüllen sind [vgl. auch Art. 26 WVRK]) werten und kann aus diesem Grunde als verfassungswidrig angesehen werden. Eines direkten Rekurrierens auf den Grundsatz der Völkerrechtsfreundlichkeit des Grundgesetzes bedarf es hingegen nicht.

IV. Völkerrecht als Kontrollmaßstab für das Handeln der auswärtigen Gewalt

Abschließend soll der Frage nachgegangen werden, inwieweit das Bundesverfassungsgericht die der auswärtigen Gewalt durch das Völkerrecht gezogenen Grenzen durchsetzt.[514] Eine solche verfassungsgerichtliche Kontrolle anhand des Maßstabes „Völkerrecht" erscheint zunächst aufgrund folgender Erwägung je-

---

511 Vgl. *Frowein*, in: BDGV 27 (1986), S. 172, 174 (Diskussionsbeitrag); ebenso *Tomuschat*, Die staatsrechtliche Entscheidung für die internationale Offenheit, in: *Isensee/Kirchhof* [Hrsg.], HStR VII, § 172 Rn. 22

512 *Tomuschat*, Die staatsrechtliche Entscheidung für die internationale Offenheit, in: *Isensee/Kirchhof* [Hrsg.], HStR VII, § 172 Rn. 8 – warum er dann doch in Ausnahmefällen den Grundsatz der Völkerrechtsfreundlichkeit als Prüfungsmaßstab heranziehen will (vgl. Rn. 22), bleibt leider offen.

513 Ebenso jedoch ohne weitere Begründung *Dörr*, in: VVDStRL 56 (1997), S. 143 (Diskussionsbeitrag)

514 Diese Frage ist – worauf *Giegerich* zutreffend verweist – lediglich ein Teilbereich des grundsätzlichen Problems der Beachtung und Anwendung völkerrechtlicher Normen durch die nationalen Gerichte. *Giegerich*, Verfassungsgerichtliche Kontrolle der auswärtigen Gewalt im europäisch-atlantischen Verfassungsstaat, in: ZaöRV 57 (1997), S. 409, 452

denfalls wünschenswert: Da es auf internationaler Ebene häufig keine obligatorische internationale Gerichtsbarkeit gibt, hängt die effektive Durchsetzung des Völkerrechts in der Staatengemeinschaft wesentlich von dessen Handhabung durch innerstaatliche Gerichte – inklusive der Verfassungsgerichte – ab.[515] Diesen Gesichtspunkt hebt auch das Bundesverfassungsgericht in seinem Beschluss vom 24. Oktober 2004 hervor, wenn es ausführt, das Grundgesetz stelle die „Staatsorgane [also auch das Bundesverfassungsgericht T.P.] mittelbar in den Dienst der Durchsetzung des Völkerrechts und [...] [vermindere T.P.] dadurch das Risiko der Nichtbefolgung internationalen Rechts".[516]

Eine Kontrolle am Maßstab des Völkerrechts ist jedoch mit zwei wesentlichen Problemen verbunden:[517] Zum einen ist es für ein Verfassungsgericht schwierig, die einschlägigen Normen, insbesondere des Völkergewohnheitsrechts, zu ermitteln. Zum anderen sind die Kontrollnormen in ihrer Entstehung und Durchsetzung wesentlich von der kontrollierten Instanz abhängig. Auf völkerrechtlicher Ebene besteht ein sogenannter „dédoublement fonctionnel". Folglich können die Träger der auswärtigen Gewalt indirekt ihre Bindungswirkung an die Regeln des Völkerrechts beeinflussen, indem sie auf völkerrechtlicher Ebene auf deren Existenz und Inhalt einwirken.[518] Es wäre allerdings verfehlt, aus diesen Erwägungen heraus das Völkerrecht gänzlich als Kontrollmaßstab abzulehnen. Die Problematik des Auffindens und der Qualifikation der streitentscheidenden Normen besteht bei rein innerstaatlichen Sachverhalten gleichermaßen, wobei zuzugeben ist, dass sich die Problematik im Zusammenhang mit dem Völkerrecht verschärft darstellt.[519] Auch die Frage des „dédoublement fonctionnel" ist der internen Rechtsordnung nicht unbekannt. So kann – bei rein innerstaatlichen Sachverhalten – der Gesetzgeber als kontrolliertes Organ zugleich in seiner Funktion als verfassungsändernder Gesetzgeber auf die Entstehung und den Inhalt des Kontrollmaßstabes „Grundgesetz" zumindest in den Grenzen des Art. 79 III GG Einfluss nehmen.

Die Bindung deutscher Staatsorgane an das Völkerrecht ergibt sich aus Art. 20 III GG und umfasst nach jüngster Rechtsprechung des Bundesverfas-

---

515 *Giegerich*, Verfassungsgerichtliche Kontrolle der auswärtigen Gewalt im europäisch-atlantischen Verfassungsstaat, in: ZaöRV 57 (1997), S. 409, 449

516 BVerfGE 112, 1, 25 m.w.N.

517 Vgl. zum Folgenden *Giegerich*, Verfassungsgerichtliche Kontrolle der auswärtigen Gewalt im europäisch-atlantischen Verfassungsstaat, in: ZaöRV 57 (1997), S. 409, 453 f.

518 *Giegerich*, Verfassungsgerichtliche Kontrolle der auswärtigen Gewalt im europäisch-atlantischen Verfassungsstaat, in: ZaöRV 57 (1997), S. 409, 453 f.

519 Giegerich, Verfassungsgerichtliche Kontrolle der auswärtigen Gewalt im europäisch-atlantischen Verfassungsstaat, in: ZaöRV 57 (1997), S. 409, 453

sungsgerichts drei Elemente: eine Befolgungspflicht hinsichtlich der für die Bundesrepublik Deutschland geltenden völkerrechtlichen Normen, eine Pflicht zur Korrektur völkerrechtswidrigen Verhaltens der Staatsorgane sowie die Pflicht, das Völkerrecht im eigenen Hoheitsbereich zur Geltung zu bringen, wenn andere Staaten es verletzen.[520] Die Bindung beziehe sich aber nicht auf jegliche Normen des Völkerrechts, sondern nur auf solche, die dem Konzept des Grundgesetzes entsprächen, das sich aus den Artt. 23-26, 1 II und 16 II 2 GG ergebe.[521] Die Verfassung normiere nämlich gerade keine Unterwerfung der deutschen Rechtsordnung (inklusive des Verfassungsrechts) unter die Völkerrechtsordnung, sondern belasse „die letzte Verantwortung für die Achtung der Würde des Menschen und die Beachtung der Grundrechte“ der deutschen öffentlichen Gewalt.[522]

Unabhängig von diesem allgemeinen „deutschen Souveränitätsvorbehalt“[523], ist – wie im Grundgesetz in den Artt. 25 und 59 bereits angedeutet – bei der Betrachtung des Völkerrechts als Prüfungsmaßstab für das Handeln der auswärtigen Gewalt zwingend zwischen Völkergewohnheitsrecht und Völkervertragsrecht zu unterscheiden. Rein unter dem Gesichtspunkt des Ranges betrachtet, scheint dabei allein eine Überprüfung von Akten der auswärtigen Gewalt am Maßstab des Völkergewohnheitsrechts möglich, denn nur dieses geht gemäß Art. 25 S.2 GG den Gesetzen vor.

1. Völkergewohnheitsrecht

Über Art. 25 GG, wonach die allgemeinen Regeln des Völkerrechts[524] Bestandteil des Bundesrechts sind (S. 1)[525] und den Gesetzen vorgehen (S. 2), können

---

520 Vgl. BVerfGE 112, 1, 24 f.; 26

521 BVerfGE 112, 1, 25

522 BVerfGE 112, 1, 25 f. unter Bezugnahme auf BVerfGE 111, 307, 319. In letztgenanntem Beschluss formuliert das Bundesverfassungsgericht wie folgt: „Das Grundgesetz [...] verzichtet [...] nicht auf die in dem letzen Wort der deutschen Verfassung liegende Souveränität.“

523 Im Unterschied zu dem für die europäische Integration geltenden „weit zurückgenommenen Souveränitätsvorbehalt (vgl. Art. 23 Abs. 1 GG)“. BVerfGE 111, 307, 319

524 Vgl. zum Begriff der „allgemeinen Regeln des Völkerrechtes“ und dessen Auslegung durch das Bundesverfassungsgericht *Steinberger*, Allgemeine Regeln des Völkerrechts, in: *Isensee/Kirchhof* [Hrsg.], HStR VII, § 173 Rn. 7-36; *Geck*, Das Bundesverfassungsgericht und die allgemeinen Regeln des Völkerrechts, in: *Starck* [Hrsg.], Bundesverfassungsgericht und Grundgesetz, Bd. II, S. 125, 127-137 m.w.N.

525 Art. 25 S. 1 GG erteilt hierbei den allgemeinen Regeln des Völkerrechts den innerstaatlichen Rechtsanwendungsbefehl; vgl. hierzu *Steinberger*, Allgemeine Regeln des Völkerrechts, in: *Isensee/Kirchhof* [Hrsg.], HStR VII, § 173 Rn. 44 m.w.N.

theoretisch auch diese als Kontrollmaßstäbe für das Handeln der auswärtigen Gewalt herangezogen werden.[526] Aufgrund der dispositiven Natur des Völkergewohnheitsrechts kam dieser Norm als Kontrollmaßstab jedoch bislang eher untergeordnete Bedeutung zu.[527] Immerhin prüfte das Bundesverfassungsgericht in der Eilentscheidung zur Nachrüstung und im C-Waffen-Beschluss, ob die Aufstellung von mit Kernwaffen bestückten Trägerraketen auf dem Gebiet der Bundesrepublik dem völkerrechtlichen Gewaltverbot widerspricht.[528]

Auch in seinem neuesten Beschluss zu zwei Verfassungsbeschwerden bezüglich auf besatzungsrechtlicher und besatzungshoheitlicher Grundlage vorgenommener Enteignungen[529] zieht das Bundesverfassungsgericht ausdrücklich Art. 25 GG als Prüfungsmaßstab heran. Unabhängig von der Frage, ob diese Ausführungen im konkreten Fall angezeigt waren[530], prüft das Gericht, ob die Bundesrepublik Deutschland beim Abschluss des Einigungsvertrages gegen allgemeine Regeln des Völkerrechts verstoßen hat.[531] Da dieses einen Teil der verfassungsmäßigen Ordnung im Sinne des Art. 2 I GG darstellt, bildet das allgemeine Völkerrecht über Art. 25 GG einen Bestandteil des Prüfungsmaßstabes.[532]

Aufgrund der besonderen Natur des Völkergewohnheitsrechts ist dieses – wenn es um die verfassungsgerichtliche Kontrolle von Völkervertragsrechts geht – jedoch nur dann heranzuziehen, wenn es sich zu ius cogens verdichtet hat.

---

526 A.A. offenbar *Hitzel-Cassagnes*, Rechtsstaatliche Domestizierung der Außenpolitik?, in: KJ 2000, S. 63, 67, wonach sich aus Art. 25 GG keine inhaltlichen Festlegungen für die Außenpolitik ergeben. Dieser beziehe „sich nicht auf die auswärtige Gewalt im Sinne staatlichen Handelns [...], sondern auf die Einwirkung der internationalen Rechtssphäre auf die nationale."

527 *Hailbronner*, Kontrolle der auswärtigen Gewalt in: VVDStRL 56 (1997), S. 7, 17

528 Vgl. BVerfGE 66, 39, 64 f.; BVerfGE 77, 170, 232 f.

529 BVerfGE 112, 1 ff.

530 Vgl. hierzu die abweichende Meinung der Richterin *Lübbe-Wolf*, BVerfGE 112, 1, 44 ff.: Sie ist der Auffassung, aufgrund der verfassungsrechtlichen Verankerung des Restitutionsausschlusses in Art. 143 III GG könnten als Prüfungsmaßstab allein Art. 79 III i.V.m. Artt. 1 und 20 GG herangezogen werden. In diesem Rahmen sei das Völkergewohnheitsrecht, das nach ständiger Rechtsprechung des Bundesverfassungsgerichts zwar den Gesetzen, nicht jedoch der Verfassung vorgehe, nicht in der Lage „die Grundrechte der Beschwerdeführer mit Kerngehalten anzureichern, die sich auch gegen den verfassungsändernden Gesetzgeber behaupten." (BVerfGE 112, 1, 46 f.)

531 Hierbei ging es v.a. um die Verletzung des als Völkergewohnheitsrecht geltenden Art. 46 der Haager Landkriegsordnung von 1907 (kriegsrechtliches Konfiskationsverbot); vgl. hierzu *Schweisfurth*, Die verfassungsgerichtlich eingetrübte Völkerrechtsfreundlichkeit des Grundgesetzes, in: NVwZ 2005, S. 1261 f.

532 Vgl. z. B. BVerfGE 112, 1, 20 f.; aus der Literatur z. B. *Steinberger*, Allgemeine Regeln des Völkerrechts, in: *Isensee/Kirchhof* [Hrsg.], HStR VII, § 173 Rn. 74

Schließlich könnte der Abschluss des kontrollierten Vertrages bereits ein erster Schritt hin zu einer desuetudo sein.[533]

2. Völkervertragsrecht

Fraglich ist, ob auch Völkervertragsrecht als Prüfungsmaßstab für die Kontrolle der auswärtigen Gewalt herangezogen werden kann. Aufgrund des Ranges der völkerrechtlichen Verträge als einfaches Bundesrecht scheidet Völkervertragsrecht zunächst als „unmittelbarer verfassungsrechtlicher Prüfungsmaßstab"[534] aus. So kann ein Beschwerdeführer im Rahmen eines Verfassungsbeschwerdeverfahrens z. B. nicht die EMRK-Widrigkeit einer Maßnahme rügen. Allerdings ist die EMRK bei der Auslegung der Grundrechte und der rechtsstaatlichen Grundsätze des Grundgesetzes mit zu berücksichtigen.[535] Nach der Rechtsprechung des Bundesverfassungsgerichts sei dies Ausdruck der aus den Artt. 23, 24, 25 S. 2, 59 II, 26 und der Präambel abgeleiteten Völkerrechtsfreundlichkeit des Grundgesetzes. Da dieser Grundsatz aber „nur im Rahmen des demokratischen und rechtsstaatlichen Systems des Grundgesetzes" Wirkung entfalte, widerspreche es nicht dem Ziel der Völkerrechtsfreundlichkeit des Grundgesetzes, „wenn der Gesetzgeber ausnahmsweise Völkervertragsrecht nicht beachtet, sofern nur auf diese Weise ein Verstoß gegen tragende Grundsätze der Verfassung abzuwenden ist."[536]

Aus diesen Ausführungen des Bundesverfassungsgericht lässt sich e contrario schließen, dass eine verfassungsrechtliche Pflicht des Gesetzgebers existiert, Völkervertragsrecht *grundsätzlich* zu beachten.[537] Das muss dann – zumindest im Grundsatz – auch für Akte der auswärtigen Gewalt gelten.[538] Die Kompetenz des

533 Ebenso *Giegerich*, Verfassungsgerichtliche Kontrolle der auswärtigen Gewalt im europäisch-atlantischen Verfassungsstaat, in: ZaöRV 57 (1997), S. 409, 520

534 BVerfGE 111, 307, 317

535 St. Rspr.; vgl. zuletzt BVerfGE 111, 307, 317 m.w.N.

536 BVerfGE 111, 307, 318 f. Dies entspricht wieder dem oben bereits erwähnten allgemeinen „deutschen Souveränitätsvorbehalt".

537 Ebenso *Vogel*, Völkerrechtliche Verträge und innerstaatliche Gesetzgebung, in: IStR 2005, S. 29, 30; auf der Schrankenebene hat dies das Bundesverfassungsgericht schon früher ausgesprochen. In seiner Entscheidung zur Auferlegung von Wartezeiten für einen Nachzug von Familienangehörigen führt das Gericht aus: „Weder das allgemeine Völkerrecht noch das die Bundesrepublik Deutschland bindende Völkervertragsrecht, auf dessen Einhaltung das Bundesverfassungsgericht seine Kontrolle zu erstrecken befugt ist [...], enthalten Regeln, die eine abweichende Beurteilung geböten." (BVerfGE 76, 1, 78)

538 Str., a.A., jedoch ohne weitere Begründung, *Dörr*, in: VVDStRL 56 (1997), S. 143 (Diskussionsbeitrag), wonach Völkerrecht nur insofern als Kontrollmaßstab in Betracht käme, als es sich um allgemeine Regeln handelt.

Bundesverfassungsgerichts, eine Verletzung dieser verfassungsrechtlichen Pflicht zu sanktionieren, kann aus der in der gleichen Entscheidung in anderem Zusammenhang erwähnten besonderen Verantwortung des Gerichts für die Völkerrechtskonformität deutscher Staatsakte hergeleitet werden.[539] Daher kann grundsätzlich auch Völkervertragsrecht als Prüfungsmaßstab für das Handeln der auswärtigen Gewalt herangezogen werden.[540] Hierbei gilt es jedoch zu differenzieren:

Bei der Überprüfung *völkerrechtlicher Verträge* am Maßstab des bereits in Kraft getretenen Völkervertragsrechts ist dieses nur bedingt als Prüfungsmaßstab heranzuziehen. In völkerrechtlicher Hinsicht ist nämlich zu berücksichtigen, dass die Parteien das potenziell als Prüfungsmaßstab ins Auge gefasste Völkervertragsrecht durch den Abschluss des zu überprüfenden völkerrechtlichen Vertrages ändern wollten. Anderes mag nur dann gelten, wenn das im völkerrechtlichen Vertrag kodifizierte Recht ius cogens darstellt und damit der Änderungskompetenz der Staaten entzogen ist (Art. 53 WVRK). In Fällen, in denen kein solcher Änderungswille vorliegt, kann das Völkervertragsrecht durchaus als Prüfungsmaßstab herangezogen werden.

Bei der Überprüfung *anderer* Akte der auswärtigen Gewalt als völkerrechtlicher Verträge steht nichts entgegen, das Völkervertragsrecht als Prüfungsmaßstab mit einzubeziehen – eben wegen der besonderen Verantwortung des Bundesverfassungsgerichts für die Beachtung des Völkerrechts durch die Bundesrepublik Deutschland. Allerdings ist auch in diesem Kontext die allgemeine Grenze deutscher Souveränität – die Grenze der unabdingbaren Wertentscheidungen des Grundgesetzes – zu beachten.

Abschließend ist nochmals deutlich herauszustellen, dass hier weder aus dem Gesichtspunkt der Völkerrechtsfreundlichkeit des Grundgesetzes[541], noch aus dem Grundsatz „pacta sunt servanda" i.V.m. Art. 25 GG[542] ein Verfassungsrang

539 Vgl. zuletzt BVerfGE 111, 307, 328

540 A.A. *Hailbronner*, Kontrolle der auswärtigen Gewalt, in: VVDStRL 56 (1997), S. 7, 18. Er meint, Völkervertragsrecht sei nur dann tauglicher Prüfungsmaßstab, wenn dieses von der Verfassung – wie in Art. 16 a II GG – in Bezug genommen werde.

541 So aber *Bleckmann*, Der Grundsatz der Völkerrechtsfreundlichkeit des Grundgesetzes, in: DÖV 1996, S. 137, 142. Er möchte aus dem Grundsatz der Völkerrechtsfreundlichkeit der deutschen Rechtsordnung den Verfassungsrang der von der Bundesrepublik Deutschland abgeschlossenen völkerrechtlichen Verträge ableiten. Dies erscheint jedoch zu weitgehend: Der (ungeschriebene) Grundsatz der Völkerrechtsfreundlichkeit kann nicht dazu herangezogen werden, die vom Verfassungsgeber in Art. 59 II S. 1 GG eindeutig getroffene Regelung ihres Inhaltes zu entleeren.

542 In der Literatur herrscht weitgehend Einigkeit, dass über die allgemeine Regel des Völkerrechts „pacta sunt servanda" die völkerrechtlichen Verträge nicht am Vor-

bzw. ein Übergesetzesrang des in Kraft getretenen Völkervertragsrechts begründet werden soll.

C. „Gegensteuern" des Bundesverfassungsgerichts durch Anerkennung von Einschätzungs-, Prognose- und Ermessensspielräumen und durch eine Reduzierung der Kontrolldichte (materiell-rechtliche Grenzen – Teil 2)

Angesichts der geschilderten verfassungsprozessualen und materiell-rechtlichen Ausgangslage muss das Bundesverfassungsgericht auf anderen Wegen die Handlungsfähigkeit der Träger der auswärtigen Gewalt sichern. Dies geschieht insbesondere durch die Gewährung von Einschätzungs- und Prognosespielräumen zu Gunsten der Bundesregierung und durch eine bei Fällen mit Bezug zur auswärtigen Gewalt regelmäßig zur Anwendung kommende reduzierte Kontrolldichte.

Beide Gesichtspunkte sind von größter Bedeutung: Mit der gerichtlichen Bemessung von Einschätzungs- oder Prognosespielräumen bzw. der Kontrolldichte ist nämlich in der Regel bereits die Entscheidung über das Ergebnis der Begründetheitsprüfung gefallen.[543] Schon im Rahmen der Behandlung der materiellen Prüfungsmaßstäbe wurde vor allem bei der Erörterung der Grundrechte deutlich, dass die Kontrolldichte bei außenpolitischen Sachverhalten nicht identisch mit rein innerstaatlichen Sachverhalten ist. Die Gewährung von Einschätzungs- und Prognosespielräumen zu Gunsten der Bundesregierung und die reduzierte Kontrolldichte stehen hierbei gewissermaßen im Verhältnis „indirekter Proportionalität".[544] Je größer also der dem Träger der auswärtigen Gewalt zugestandene Einschätzungsspielraum (vgl. I.), desto geringer die vom Bundesverfassungsgericht angelegte Kontrolldichte (vgl. II.).

---

rang vor dem Bundesrecht gemäß Art. 25 S. 2 GG teilnehmen; vgl. hierzu *Steinberger*, Allgemeine Regeln des Völkerrechts, in: *Isensee/Kirchhof* [Hrsg.], HStR VII, § 173 Rn. 53 m.w.N.

543 *Schuppert*, Self-restraints der Rechtsprechung, DVBl. 1988, S. 1191, 1193; ebenso *Giegerich*, Verfassungsgerichtliche Kontrolle der auswärtigen Gewalt im europäisch-atlantischen Verfassungsstaat, in: ZaöRV 57 (1997), S. 409, 431

544 *Brenner*, Die neuartige Technizität des Verfassungsrechts und die Aufgabe der Verfassungsrechtsprechung, in: AöR 120 (1995), S. 248, 255 Fn. 38, spricht von der Einschätzungsprärogative als der Kehrseite der reduzierten Kontrolldichte.

I. Einschätzungs- und Prognosespielräume der Bundesregierung im Bereich der auswärtigen Gewalt

In seiner bisherigen Rechtsprechung ist das Bundesverfassungsgericht noch nie einer außenpolitischen Einschätzung oder Prognose der Bundesregierung entgegengetreten, sondern hat diese stets akzeptiert und seiner jeweiligen Entscheidung zu Grunde gelegt. Angesichts umfassender eigener Beweiserhebungsmöglichkeiten des Bundesverfassungsgerichts gemäß §§ 26-28 BVerfGG erscheint dies zunächst überraschend, da sich das Bundesverfassungsgericht auf dieser Grundlage durchaus auch ein eigenes Bild von der zu beurteilenden außenpolitischen Situation machen könnte.[545] Von seinen Beweiserhebungsmöglichkeiten hat das Gericht in dem hier interessierenden Zusammenhang durchaus auch Gebrauch gemacht. So wurde im Eilverfahren zu den AWACS-Einsätzen der NATO-Generalsekretär gehört.[546] Im anschließenden Hauptsacheverfahren trat ein Untergeneralsekretär der Vereinten Nationen auf.[547] Im Rahmen des ersten Verfahrens zur Bodenreform wurden zu der Behauptung der Bundesregierung, die Sowjetunion habe den Fortbestand der Enteignungen zwischen 1945 und 1949 zur Bedingung der deutschen Wiedervereinigung gemacht, der damalige Ministerpräsident der DDR *de Maizière*, der damalige Bundesaußenminister *Kinkel* sowie der ehemalige Staatsminister *Kastrup* befragt.[548]

Die zuletzt genannte Entscheidung spielt im hier interessierenden Zusammenhang eine gewichtige Rolle. Aber auch den beiden Judikaten zur Nachrüstung kommt herausragende Bedeutung zu. Nach einer kurzen Darstellung der zu Grunde liegenden Sachverhalte (vgl. 1.), wird der Frage nachgegangen, ob das Grundgesetz den Trägern auswärtiger Gewalt überhaupt solche Spielräume einräumt (vgl. 2.), welche verschiedenen Arten von Spielräumen existieren (vgl. 3.) und wie diese begründet werden (vgl. 4.). Schließlich werden Kriterien zu deren Bemessung herausgearbeitet (vgl. 5.).

---

545 Sogar Geheimdokumente können vom Gericht herangezogen werden, sofern nicht zwei Drittel der Richter deren Verwendung als mit der Staatssicherheit unvereinbar erachten, § 26 II BVerfGG. Ebenso kann sich gemäß § 29 II BVerfGG ein Zeuge oder Sachverständiger, der eine Aussagegenehmigung nicht erhalten hat, nicht auf seine Schweigepflicht berufen, wenn das gleiche Quorum der Richter die Verweigerung der Aussagegenehmigung für unbegründet erklärt.

546 BVerfGE 88, 173, 179

547 BVerfGE 90, 286, 336

548 BVerfGE 84, 90, 127 f.

1. Einschlägige Entscheidungen des Bundesverfassungsgerichts – Nachrüstung und Bodenreform

Wie bereits geschildert, brachte die Bundestagsfraktion der Partei DIE GRÜNEN als Antragstellerin im Organstreitverfahren über die Verfassungsmäßigkeit der Zustimmung der Bundesregierung zur Stationierung von Pershing II-Raketen auf dem Gebiet der Bundesrepublik Deutschland unter anderem vor, eine solche Stationierung erhöhe die Gefahr eines atomaren Erstschlags seitens der Sowjetunion bzw. eines „Krieges aus Versehen" infolge fehleranfälliger technischer Systeme. Dieser Einschätzung trat der Bundesminister der Verteidigung in der mündlichen Verhandlung vor dem Bundesverfassungsgericht entgegen.[549] Das Bundesverfassungsgericht lehnte es ab, innerhalb der Grenze der offensichtlichen Willkür diese verteidigungspolitischen Erwägungen, Einschätzungen und Wertungen der Bundesregierung auf ihre Richtigkeit hin zu überprüfen. Auch weigerte sich das Gericht, darüber zu befinden, ob noch andere Einschätzungen der Situation möglich gewesen wären.[550] Da es hierfür nämlich an rechtlichen Maßstäben mangle, seien diese Erwägungen politisch zu verantworten.[551] Genauso überantwortete das Gericht die Einschätzung darüber, ob sich ein Bündnispartner an das Völkerrecht und an die rechtlichen Grenzen des NATO-Bündnisses halten werde, der Bundesregierung.[552] In ganz ähnlicher Weise hatte das Bundesverfassungsgericht bereits ein Jahr zuvor in seiner Eilentscheidung zu den Verfassungsbeschwerden gegen die Nachrüstung argumentiert.[553]

Die Einschätzung dessen, was beim Abschluss eines völkerrechtlichen Vertrages im Rahmen der Verhandlungen erreichbar gewesen war, bildete eine der zentralen Fragen im Rahmen der Bodenreformentscheidungen. Hier beschäftigte sich das Bundesverfassungsgericht in mehreren Verfassungsbeschwerdeverfahren mit der Verfassungsmäßigkeit des Einigungsvertrages zwischen der Bundesrepublik Deutschland und der DDR.[554] Dieser sieht in seinem Art. 41 I i.V.m. Ziff. 1 der Gemeinsamen Erklärung über Vermögensfragen[555] vor, dass die in den Jahren 1945 bis 1949 auf besatzungsrechtlicher bzw. besatzungshoheitlicher Grundlage vorgenommenen entschädigungslosen Enteignungen nicht mehr rückgängig zu machen sind. Zugleich wurde eine diesbezügliche verfassungsrechtliche Absicherung in Form der Einfügung von Art. 143 III GG vereinbart. Die Beschwerde-

549 Vgl. BVerfGE 68, 1, 103 f.
550 BVerfGE 68, 1, 104
551 BVerfGE 68, 1, 97
552 BVerfGE 68, 1, 106
553 BVerfGE 66, 39, 60 f.
554 BGBl. 1990 II, S. 889 ff.
555 BGBl. 1990 II, S. 1237

führer betrachteten die genannten Regelungen unter anderem als Verstoß gegen den allgemeinen Gleichheitssatz, da der Restitutionsausschluss nur für bestimmte Enteignungsakte in einem bestimmten Zeitraum eingreifen sollte. Aufgrund der verfassungsrechtlichen Verankerung des Restitutionsausschlusses in Art. 143 III GG konnte der allgemeine Gleichheitssatz des Art. 3 I GG nicht als Prüfungsmaßstab herangezogen werden, sondern lediglich dessen über Art. 79 III GG unantastbare Kernelemente.[556] Als sachgerechten Grund für die unterschiedliche Behandlung der Enteignungen vor und nach 1949 machte die Bundesregierung geltend, die DDR und die Sowjetunion hätten ohne die Vereinbarung eines Restitutionsausschlusses für den Zeitraum von 1945 bis 1949 der Wiedervereinigung nicht zugestimmt.[557] Nach Anhörung der an den Verhandlungen beteiligten Politiker akzeptierte das Bundesverfassungsgericht diesen Vortrag. Es stellte fest, dass das, was nach der Verhandlungslage erreichbar gewesen sei, der „eigenverantwortlichen, pflichtgemäßen Beurteilung der Bundesregierung“ unterliege und sich demgemäß der verfassungsgerichtlichen Kontrolle entziehe.[558]

In der zweiten Bodenreformentscheidung[559] zogen die Beschwerdeführer eben diese Pflichtgemäßheit der Einschätzung der Bundesregierung in Zweifel. Sie beriefen sich auf spätere Aussagen von *Gorbatschow* und *Schewardnadse*, wonach der Restitutionsausschluss von sowjetischer Seite nicht zur Bedingung für eine Wiedervereinigung Deutschlands gemacht worden sei.[560] Das Bundesverfassungsgericht verneinte jedoch die Pflichtwidrigkeit der von der Bundesregierung vorgenommenen Einschätzungen und wies auch diese Verfassungsbeschwerden ab.[561]

2. Existenz von Einschätzungs- und Prognosespielräumen zu Gunsten der Bundesregierung im Bereich der auswärtigen Gewalt?

In der Literatur wird zum Teil die Existenz von Einschätzungs- und Prognosespielräumen zu Gunsten der Bundesregierung im Bereich der auswärtigen Gewalt gänzlich bestritten. Für eine solche Annahme fehle es an jeglicher normativen

556 BVerfGE 84, 90, 120 ff.; hinsichtlich des Gleichheitssatzes S. 127
557 Ob dies tatsächlich einen sachgerechten Grund im Sinne eines auf die Regelungsmaterie bezogenen spezifischen Grundes darstellt, ist äußerst zweifelhaft. Der Grund betrifft hier nämlich das zur angegriffenen Regelung führende Verfahren und ist gerade nicht der Materie inhärent. Vgl. zum Ganzen die Urteilsbesprechung von *Maurer*, Die Eigentumsregelung im Einigungsvertrag, in: JZ 1992, S. 183, 190 f.
558 BVerfG 84, 90, 128, unter Bezugnahme auf BVerfGE 40, 141, 178 und E 66, 39, 61
559 BVerfGE 94, 12
560 Vgl. BVerfGE 94, 12, 26-28
561 BVerfGE 94, 12, 35-44

Grundlage in der Verfassung. Außerdem bestünden Bedenken im Hinblick auf die Vereinbarkeit mit den Gewährleistungen der EMRK. Die mit der Einräumung von Einschätzungs- und Prognosespielräumen einhergehende reduzierte Kontrolldichte ließe sich schließlich nicht mit Art. 1 III GG vereinbaren. Insbesondere gestatte dieser keine Differenzierung zwischen reinen Inlandssachverhalten und Fällen mit auswärtigem Bezug. Werde vom Bundesverfassungsgericht der Bundesregierung – wie z. B. im C-Waffen-Beschluss – ein weiter Raum politischen Ermessens eingeräumt, so ergebe sich dieser ausschließlich aus dem Umstand, dass es sich hierbei um die Erfüllung von Schutzpflichten handelte, und gerade nicht aus dem Bezug des Sachverhalts zur auswärtigen Gewalt.[562]

Diese Kritik kann aber aus mehreren Gründen nicht überzeugen: Zunächst ist der eben geschilderten Ansicht zuzugeben, dass es an einer ausdrücklichen Normierung von Einschätzungs- und Prognosespielräumen zu Gunsten der Bundesregierung fehlt. Jedoch darf aus der fehlenden positiven Festlegung nicht geschlossen werden, es gebe solche Spielräume nicht. Auch dem Gesetzgeber werden – soweit ersichtlich unstreitig – Einschätzungs- und Prognosespielräume zugestanden, ohne dass dies ausdrücklich im Grundgesetz normativ verankert wäre. Vielmehr ist aus einer systematischen Zusammenschau der die auswärtige Gewalt betreffenden Bestimmungen oder Normen des Grundgesetzes ein „Prinzip der außenpolitischen Handlungsfreiheit" abzuleiten, das eine Unterscheidung von Innen- und Außenpolitik rechtfertigt und folglich auch die Einräumung von Einschätzungs- und Prognosespielräumen zu begründen vermag.[563] Zentrale Frage ist mithin, ob das Grundgesetz Tatsachenfeststellungen und Prognoseentscheidungen den politischen Organen zuweist und folglich das Bundesverfassungsgericht auf eine Willkürkontrolle beschränkt.[564]

Hinsichtlich außen- und sicherheitspolitischer *Grundsatz*entscheidungen lässt sich ein solches Prinzip der außenpolitischen Handlungsfreiheit aus den Artt. 32,

---

562 *Pernice*, in: *Dreier* [Hrsg.], Grundgesetz-Kommentar, Bd. II, Art. 59 Rn. 53 f.

563 *Alexy*, in: VVDStRL 56 (1997), S. 141 (Diskussionsbeitrag). Ein solches Prinzip ist natürlich ebensowenig positivrechtlich im Grundgesetz verankert. Anders demgegenüber Art. 1 III des schweizerischen Bundesgesetzes vom 22.12.1999 über die Mitwirkung der Kantone an der Aussenpolitik des Bundes (BGMK), Inkrafttreten: 01.07.2000, SR 138.1, wonach die Mitwirkung der Kantone die außenpolitische Handlungsfähigkeit des Bundes nicht beeinträchtigen darf. Vgl. hierzu näher *Ehrenzeller*, Aussenpolitische Handlungsfähigkeit und Verfassung, in: *Cremer/Giegerich, u.a.* [Hrsg.], Tradition und Weltoffenheit des Rechts, S. 703, 707 ff., der auch die selbst bei ausdrücklicher Normierung vorhandenen Probleme der Auslegungsbedürftigkeit des Begriffes schildert.

564 *Giegerich*, Verfassungsgerichtliche Kontrolle der auswärtigen Gewalt im europäisch-atlantischen Verfassungsstaat, in: ZaöRV 57 (1997), S. 409, 447

59 und 87 a GG herleiten.[565] Es erstreckt sich dabei auch auf die Einschätzung der Tatsachengrundlagen und auf die Prognosen – beides notwendige Durchgangsstadien für außenpolitische Entscheidungen. Die sich aus den genannten Vorschriften ergebende weitgehende Freiheit außenpolitischen Entscheidens der politischen Organe wäre nämlich nicht viel wert, könnte deren Grundlage – also die Einschätzungen bezüglich der zu Grunde liegenden Annahmen – uneingeschränkt überprüft werden.[566] Weiterhin kann das Prinzip außenpolitischer Handlungsfreiheit als „notwendiger Bestandteil eines Kernbestands der Handlungsfähigkeit der Exekutive verstanden werden“.[567] Denn die „Handlungsfähigkeit der Bundesregierung nach außen ist mehr denn je unabdingbar, wenn die innenpolitischen Gestaltungsaufgaben adäquat erfüllt werden sollen.“[568]

Das Prinzip außenpolitischer Handlungsfreiheit muss aber dann zurücktreten, wenn der streitgegenständliche Sachverhalt Bezüge zu elementaren Menschenrechten aufweist. In diesem Bereich existiert mit Art. 94 I Nr. 4a GG eine ausdrückliche Zuweisung der Letztentscheidungskompetenz an das Bundesverfassungsgericht. Diese verfassungsrechtliche Wertung muss sich dann in einer verstärkten Überprüfung seitens des Bundesverfassungsgerichts bemerkbar machen. Die Kritik, es fehle an einer normativen Grundlage für die Gewährung eines Einschätzungs- und Prognosespielraumes zu Gunsten der Bundesregierung, greift also nicht durch.

Ebenso wenig kann der Hinweis auf Art. 1 III GG überzeugen. Es ist zwar unbestreitbar, dass dieser keine Differenzierung zwischen auswärtiger und innerstaatlicher Gewalt enthält, sondern vielmehr die Ausübung sämtlicher staatlichen Gewalt an die Grundrechte bindet. Jedoch enthält Art. 1 III GG gerade keine Vorgaben zur Intensität der Bindung der staatlichen Gewalt oder – von der Warte des Bundesverfassungsgerichts aus gesehen – zur Kontrolldichte.[569] Art. 1 III GG gebietet mithin nicht eine volle Überprüfung anhand der Maßstäbe des Grundgesetzes, sondern lässt es durchaus auch zu, den jeweils vorrangig zuständigen Organen einen Einschätzungs- und Prognosespielraum einzuräumen.

565 Vgl. auch *Giegerich*, Verfassungsgerichtliche Kontrolle der auswärtigen Gewalt im europäisch-atlantischen Verfassungsstaat, in: ZaöRV 57 (1997), S. 409, 448

566 In diesem Sinne auch *Hailbronner*, Kontrolle der auswärtigen Gewalt, in: VVDStRL 56 (1997), S. 7, 20

567 *Hailbronner*, in: VVDStRL 56 (1997), S. 155 (Diskussionsbeitrag); in ähnliche Richtung gehend *Giegerich*, Verfassungsgerichtliche Kontrolle der auswärtigen Gewalt im europäisch-atlantischen Verfassungsstaat, in: ZaöRV 57 (1997), S. 409, 436 f.

568 *Hailbronner*, in: VVDStRL 56 (1997), S. 155 (Diskussionsbeitrag)

569 In eine ähnliche Richtung argumentiert *Hailbronner*, in: VVDStRL 56 (1997), S. 121 (Diskussionsbeitrag)

Zuletzt muss dem pauschalen Hinweis auf die EMRK entgegengetreten werden: Nach der ständigen Rechtsprechung des EGMR wird den Mitgliedsstaaten in bestimmten Bereichen ein weiter Einschätzungsspielraum zugebilligt. Dieser sogenannte „margin of appreciation“[570] muss sich dann auch in einer niedrigeren Kontrolldichte seitens der nationalen Gerichte niederschlagen. Es ist also keineswegs so, dass eine reduzierte Kontrolldichte generell zu einem Verstoß gegen Konventionsrecht führt. Außerdem wird die Erörterung der französischen Rechtslage zeigen, dass die EMRK in manchen Fällen nicht einmal die Nichtjustiziabilität mancher Akte zu verhindern vermag. Dies muss dann erst recht für eine „lediglich“ reduzierte Kontrolldichte seitens der Gerichte gelten.

3. Verschiedene Arten von Spielräumen

Grundsätzlich unterscheidet *Alexy*[571] zwei verschiedene Arten von Spielräumen: Strukturelle Spielräume sowie Erkenntnisspielräume. Erstere zeichneten sich dadurch aus, dass eine bestimmte Materie durch die Verfassung weder verboten, noch geboten sei, sondern vielmehr von Verfassungs wegen freigestellt werde. „Strukturelle Spielräume beginnen also genau dort, wo die definitive materielle Normativität der Verfassung endet.“ Für die Reichweite verfassungsgerichtlicher Kontrolle dieser Spielräume bedeute das, dass diese dort ende, wo der strukturelle Spielraum beginnt.

Demgegenüber ergäben sich Erkenntnisspielräume aus der begrenzten Fähigkeit, die Grenzen der Verfassung zu erkennen – es sei also gerade ungewiss, was die Verfassung ge- oder verbietet bzw. offenlässt.[572] Diese Erkenntnisspielräume teilten sich auf in solche normativer und empirischer Art, je nachdem, ob die Ungewissheit im empirischen oder normativen Bereich auftritt.[573] Bei normativen Erkenntnisspielräumen gehe es „direkt um den materiellen Inhalt der Verfassung. Jede Einräumung von normativen Erkenntnisspielräumen bedeute eine ihrem Umfang nach entsprechende Aufhebung der verfassungsgerichtlichen Kontrolle der Bindung an die Verfassung.“[574] Die Einräumung normativer Erkenntnisspielräume bedeute „dass Gebundene über ihre Bindung entscheiden. Doch dies [...] ist hinnehmbar, solange die Rücknahme verfassungsgerichtlicher Kontrolle durch

570 Vgl. hierzu und zur diesbezüglichen Rechtsprechung des EGMR *Grabenwarter*, Europäische Menschenrechtskonvention, § 18 Rn. 20 ff., S. 112 f. m.w.N.
571 *Alexy*, Verfassungsrecht und einfaches Recht, in: VVDStRL 61 (2002), S. 7, 16 ff.
572 *Alexy*, Verfassungsrecht und einfaches Recht, in: VVDStRL 61 (2002), S. 7, 16
573 *Alexy*, Verfassungsrecht und einfaches Recht, in: VVDStRL 61 (2002), S. 7, 27
574 *Alexy*, Verfassungsrecht und einfaches Recht, in: VVDStRL 61 (2002), S. 7, 29

Zuerkennung normativer Erkenntnisspielräume begrenzt bleibt. Die Grenzen sind nur durch Abwägung materieller und formeller Prinzipen bestimmbar.“[575]

Im hier zu behandelnden Zusammenhang treten sämtliche der geschilderten Arten von Spielräumen auf. Im Bereich der auswärtigen Gewalt besteht oft eine Unsicherheit darüber, was das Grundgesetz gebietet, verbietet oder freistellt. Außenpolitische Sachverhalte sind außerdem häufig durch empirische Ungewissheit gekennzeichnet. Eine solche bestand beispielsweise in den Verfahren zur Nachrüstung[576] insofern, als nicht sicher war, auf welche Weise die Sowjetunion auf die Stationierung der Pershing II-Raketen auf dem Gebiet der Bundesrepublik Deutschland reagieren würde.

4. Verschiedene Ansätze zur Begründung von Einschätzungs- und Prognosespielräumen

a. Interdependenz von Regelungs- und Kontrolldichte

In der Literatur werden verschiedene Ansätze zur Begründung von Einschätzungs- und Prognosespielräumen vertreten.[577] Keinesfalls kann hierfür ein Ver-

---

575 *Alexy*, Verfassungsrecht und einfaches Recht, in: VVDStRL 61 (2002), S. 7, 29

576 BVerfGE 66, 39 ff.; 68, 1 ff.

577 *Riecken*, Verfassungsgerichtsbarkeit in der Demokratie, S. 465 f., weist überzeugend nach, dass eine vorhandene erhebliche Unsicherheit im normativen oder empirischen Bereich bezüglich Einschätzungen und Prognosen nicht ausreicht, um dem jeweilig vorrangig kompetenten Organ einen Spielraum einzuräumen. Es sei nämlich gerade zentrale Aufgabe des Bundesverfassungsgerichts, auch im Bereich des Unsicheren die Verfassung zu interpretieren – eine Beschränkung des Bundesverfassungsgerichts auf die Kontrolle von Fällen mit gesicherter Tatsachengrundlage würde insbesondere den Grundrechtsschutz erheblich verkürzen. Außerdem biete das Bundesverfassungsgericht aufgrund seines politisch neutralen, gerichtsförmigen Verfahrens eher die Gewähr, auf normativer Ebene zu den richtigen Einschätzungen zu gelangen. Aus diesen Erwägungen heraus kommt er zu dem Ergebnis, die normative oder empirische Unsicherheit sei eine notwendige, jedoch nicht hinreichende Bedingung für die Begründung von Spielräumen. *Alexy*, Verfassungsrecht und einfaches Recht, in: VVDStRL 61 (2002), S. 7, 13, begründet das Vorhandensein von Spielräumen als eine Art „Gegenreaktion“ bzw. – wie es der Titel dieses Abschnitts bezeichnet – als „Gegensteuern“ seitens des Bundesverfassungsgerichts in Bezug auf das durch die Lüth- und die Elfes-Rechtsprechung hervorgerufene Phänomen der „Überkonstitutionalisierung“. *Giegerich*, Verfassungsgerichtliche Kontrolle der auswärtigen Gewalt im europäisch-atlantischen Verfassungsstaat, in: ZaöRV 57 (1997), S. 409, 436 f., sieht das Bestehen von Einschätzungs- und Prognosespielräumen zu Gunsten der auswärtigen Gewalt verfassungsrechtlich in einem nach Art. 20 II 2 GG auch für die Judikative unantastbaren Eigenbereich der Exekutive begründet. Dies ergebe sich aus dem Verweis des Bundesverfassungsgerichts in seiner

weis auf die Zugehörigkeit der auswärtigen Gewalt zum Bereich des „(Hoch-)politischen" genügen.[578] Sonst würde wiederum auf eine Dichotomie von Politik und Recht rekurriert werden, die realiter nicht existiert.[579]

Besonders soll hier der Ansatz hervorgehoben werden, wonach die Einräumung von Einschätzungs- und Prognosespielräumen und die Kontrolldichte materiell-rechtlich über die Regelungsdichte gesteuert werden.[580] Dieser auf den ersten Blick einleuchtende Zusammenhang wird jedoch zum Teil in Zweifel gezogen. So versucht *Brenner* nachzuweisen, dass eine geringe Regelungsdichte gerade nicht eine geringere Prüfungsintensität durch das Bundesverfassungsgericht nach sich zieht. Im Prinzip führt er dieselben Einwände an, wie sie bereits gegen den materiell-rechtlichen Ansatz zur Bestimmung der Grenzen der Verfassungsgerichtsbarkeit geschildert wurden.[581] Um die Kontrolldichte bestimmen zu können, müsse zwingend vorher die Kontrollnorm ausgelegt werden. Diese Aufgabe komme letztinstanzlich dem Bundesverfassungsgericht zu, so dass die Kontrolldichte also wesentlich von der verfassungsgerichtlichen Interpretation abhänge und nur in zweiter Linie von der Regelungsdichte des Grundgesetzes.[582]

Diese Einwände greifen jedoch nicht durch. Aus dem durchaus richtigen Ansatzpunkt wird nämlich die falsche Schlussfolgerung gezogen. Die Konsequenz der Beobachtung einer Kompetenz-Kompetenz des Bundesverfassungsgerichts ist nämlich nicht, dass sich infolgedessen die Kontrolldichte nicht oder nur nachrangig nach der Regelungsdichte der Verfassung richtet. Vielmehr ergibt sich hieraus, dass sich auch die Interpretation des Gerichts an der Regelungsdichte des Grundgesetzes zu orientieren hat. Damit ist die Kontrolldichte über den notwendigen Zwischenschritt der Auslegung doch an die verfassungsrechtliche Regelungsdichte gekoppelt. Bei entsprechend geringer Regelungsdichte hat das Bundesverfassungsgericht folglich die Interpretation durch das vorrangig hierfür berufene Organ zu akzeptieren und nur auf seine Vertretbarkeit hin zu untersuchen oder dieser Auslegung nur im Falle evidenter Unrichtigkeit entgegenzutreten.

---

ersten Entscheidung zur Bodenreform auf den Beschluss zu den Ostverträgen, BVerfGE 40, 141, 178.

578 Ebenso *Merten*, Verfassungsgerichtsbarkeit und Politik, in: *Funk* [Hrsg.], Der Rechtsstaat vor neuen Herausforderungen, S. 463, 473

579 Vgl. hierzu zum Beispiel *Zeitler*, Verfassungsgericht und völkerrechtlicher Vertrag, S. 153 ff.

580 *Merten*, Verfassungsgerichtsbarkeit und Politik, in: *Funk* [Hrsg.], Der Rechtsstaat vor neuen Herausforderungen, S. 463, 473

581 Vgl. oben Teil 1 C. II.

582 *Brenner*, Die neuartige Technizität des Verfassungsrechts und die Aufgabe der Verfassungsrechtsprechung, in: AöR 120 (1995), S. 248, 255; ebenso *Vogel*, Das Bundesverfassungsgericht und die übrigen Verfassungsorgane, S. 62

Vogel kennzeichnet ein solches Vorgehen bei manchen Verfahren als „unpraktikabel“. Die Folgerung, dass das Bundesverfassungsgericht bei entsprechend geringer Regelungsdichte die jeweilige Interpretation der politischen Organe zu akzeptieren habe, sei auf die Verfahren gemäß Art. 93 I Nr. 4a und Art. 100 GG zugeschnitten – mithin also auf Fälle, in denen nur eine Partei zu den politischen Organen gehöre. Insbesondere im Organstreitverfahren, in dem das Bundesverfassungsgericht eine Schiedsrichterrolle zwischen zwei politischen Organen innehat, führe die Koppelung von der Kontrolldichte an die Regelungsdichte „zu einer Privilegierung des Verfassungsorgans, das sich im ersten Zugriff der umstrittenen Materie bemächtigt hat.“[583] Dem ist jedoch entgegenzutreten: Letztlich wird und darf das Bundesverfassungsgericht nicht der Interpretation einer Norm durch das Organ folgen, das sich der Materie als erstes bemächtigt hat. Vielmehr gilt der Grundsatz, das Gericht habe in der Regel die von den politischen Organen vorgenommene Auslegung zu akzeptieren, nur, wenn diese Auslegung von dem nach dem Grundgesetz *zuständigen* Organ vorgenommen wird. Kommt der Partei, die ihre Auslegung der Kontrollnorm vorbringt, von Verfassungs wegen in diesem Bereich keine Interpretationskompetenz zu (was wiederum durch Auslegung zu ermitteln ist), darf das Bundesverfassungsgericht diese Auslegung auch nicht seinen Erwägungen zu Grunde zu legen. In einem solchen Fall, in dem ein sachlich unzuständiges Organ seine Auslegung vorträgt, dürfte vielmehr ein Fall von Evidenz vorliegen. Kann nämlich schon die Richtigkeit einer bestimmten Interpretation einer Evidenzkontrolle unterworfen werden, so muss das erst recht für die Organzuständigkeit bezüglich einer solchen Auslegung gelten. Folglich führt auch im Organstreitverfahren die Akzeptanz einer bestimmten Interpretation einer Norm durch das Bundesverfassungsgericht zu „praktikablen Ergebnissen“. Die geschilderte Gefahr einer Privilegierung des Verfassungsorgans, das sich als erster der Materie bemächtigt hat, realisiert sich mithin nicht.

Demnach ist daran festzuhalten, dass die Kontrolldichte materiell-rechtlich von der Regelungsdichte gesteuert wird. Dieser Zusammenhang ist allerdings – und das ist der Kritik zuzugeben – ein indirekter: So bemisst sich die Interpretationskompetenz des Bundesverfassungsgerichts nach materiell-rechtlichen Gesichtspunkten. Bei entsprechend geringer Regelungsdichte muss das Bundesverfassungsgericht die vom zuständigen Organ vorgetragene Interpretation akzeptieren und darf dieser nur in begründeten Fällen entgegentreten. Dies entspricht dann einer allgemein geringeren Kontrolldichte seitens des Bundesverfassungsgerichts.

583 *Vogel*, Das Bundesverfassungsgericht und die übrigen Verfassungsorgane, S. 63 f.

b. Argumentation des Bundesverfassungsgerichts: Die Besonderheiten der auswärtigen Gewalt

Das Bundesverfassungsgericht begründet das Vorhandensein von Einschätzungs- und Prognosespielräumen zu Gunsten der auswärtigen Gewalt und die in diesem Bereich angewandte reduzierte Kontrolldichte damit, „daß die Gestaltung auswärtiger Verhältnisse und Geschehensabläufe nicht allein vom Willen der Bundesrepublik Deutschland bestimmt werden kann, sondern vielfach von Umständen abhängig ist, die sich ihrer Bestimmung entziehen. Um es zu ermöglichen, die jeweiligen politischen Ziele der Bundesrepublik Deutschland im Rahmen des völkerrechtlich und verfassungsrechtlich Zulässigen durchzusetzen, gewährt das Grundgesetz den Organen der auswärtigen Gewalt einen sehr weiten Spielraum in der Einschätzung außenpolitisch erheblicher Sachverhalte wie der Zweckmäßigkeit möglichen Verhaltens.“[584]

In der Nachrüstungsentscheidung begründet das Bundesverfassungsgericht die einschränkte Überprüfbarkeit von Einschätzungen und Wertungen der Bundesregierung mit dem Fehlen von materiell-verfassungsrechtlichen Maßstäben – Einschätzungen und Prognosen seien vielmehr politisch zu verantworten.[585]

In der zweiten Bodenreformentscheidung argumentiert das Gericht ebenfalls sachspezifisch. Es hebt hervor, dass gerade im Bereich des Abschlusses von Staatsverträgen „deren Inhalt nicht einseitig bestimmt werden kann, sondern von der Übereinstimmung der Verhandlungspartner abhängt.“[586] Die Zustimmung zum Restitutionsausschluss sei Sache der Bundesregierung gewesen und unterfalle der Außenpolitik.[587]

Auch der Sudanesen-Beschluss liegt auf dieser Linie: Darin führt das Bundesverfassungsgericht aus, Einschätzungen und Prognosen im Bereich der auswärtigen Gewalt fielen in den Kompetenzbereich der Bundesregierung. Sie verfüge über die notwendigen Kenntnisse vor Ort und trage die politische Verantwortung.[588] Des Weiteren betont das Gericht, durch die Einräumung von Ein-

584 BVerfGE 55, 349, 365

585 BVerfGE 68, 1, 97

586 BVerfGE 94, 12, 35

587 BVerfGE 94, 12, 35 – Man kann diese Passagen durchaus als funktionell-rechtliches Argumentieren des Bundesverfassungsgerichts werten. Vgl. z. B. *Hailbronner*, Kontrolle der auswärtigen Gewalt, in: VVDStRL 56 (1997), S. 7, 20, wonach es im Kompetenzbereich der Bundesregierung liege – es also deren Funktion sei –, Verhandlungen mit fremden Staaten zu führen und Verträge abzuschließen. Die Einschätzung der politischen Lage sei hierbei ein notwendiges Durchgangsstadium, das mit der darauf gestützten Handlung untrennbar verbunden sei.

588 BVerfGE 93, 248, 256

schätzungs- und Prognosespielräumen solle eine empfindliche Störung der völkerrechtlichen Handlungsfähigkeit gegenüber dem Sudan vermieden werden.[589]

In der Literatur wird der an den Besonderheiten der auswärtigen Gewalt orientierte Begründungsansatz zum Teil kritisiert. So seien rein innenpolitische Sachverhalte meist ebenso komplex und verlangten nach einer spezifischen Sachkompetenz.[590] Weiterhin seien die Grenzen zwischen Innen- und Außenpolitik infolge der Globalisierung ohnehin verschwommen.[591] Diese Ansicht verkennt jedoch, dass es sich bei der Begründung der Zuerkennung eines Einschätzungs- und Prognosespielraumes gerade um ein Motivbündel handelt. Außerdem stellt vor allem die Abhängigkeit von dem Grundgesetz nicht unterworfenen Völkerrechtssubjekten sehr wohl ein Spezifikum der auswärtigen Gewalt dar, das auch nicht durch eine fortschreitende Globalisierung relativiert wird.

5. Parameter zur Bemessung des Spielraumes

a. „Klassische“ Parameter zur Bemessung der Spielräume aus dem Mitbestimmungsurteil und damit verbundene Probleme

Betreibt das Bundesverfassungsgericht zur Begründung des Einschätzungs- und Prognosespielraumes noch einen relativ hohen Begründungsaufwand, so fehlen weitgehend Ausführungen des Gerichts zu dessen Bemessung.[592] Diese Einschätzung *Wolfrums* muss jedoch kritisch hinterfragt werden. So hat sich das Bundesverfassungsgericht in seiner Entscheidung zur Mitbestimmung[593] durchaus um eine Definition der Grenzen von Einschätzungs- und Prognosespielräumen bemüht. Diese Entscheidung kann – obgleich sie im Rahmen der Überprüfung gesetzgeberischer Einschätzungen und Prognosen ergangen ist – im hier interessierenden Zusammenhang fruchtbar gemacht werden. Das beweist nicht zuletzt der Verweis des Bundesverfassungsgerichts auf diese Entscheidung in seinem C-Waffen-Beschluss.[594] Dabei wird – je nach Eigenart des jeweiligen Sachverhalts,

589 BVerfGE 93, 248, 257

590 *Ehrenzeller*, Aussenpolitische Handlungsfähigkeit und Verfassung, in: *Cremer/Giegerich, u.a.* [Hrsg.], Tradition und Weltoffenheit des Rechts, S. 703, 710

591 *Ehrenzeller*, Aussenpolitische Handlungsfähigkeit und Verfassung, in: *Cremer/Giegerich, u.a.* [Hrsg.], Tradition und Weltoffenheit des Rechts, S. 703, 704 f.

592 *Wolfrum*, Auswärtige Beziehungen und Verteidigungspolitik, in: *Badura/Dreier* [Hrsg.], Festschrift 50 Jahre Bundesverfassungsgericht, Bd. II, S. 693, 715

593 BVerfGE 50, 290, 332 f.

594 Vgl. z. B. BVerfGE 77, 170, 215; es ist allerdings zuzugeben, dass der Hinweis auf das Mitbestimmungsurteil eher im Rahmen der Schutzpflichtdiskussion erfolgt und nicht in den Passagen, die sich auf die auswärtige Gewalt beziehen. Jedoch bereits im Beschluss zu den Anträgen einer einstweiligen Anordnung im Verfassungsbe-

der Bedeutung der streitgegenständlichen Rechtsgüter und der Eingriffsintensität – eine Evidenz-, Vertretbarkeits- oder Inhaltskontrolle seitens des Bundesverfassungsgerichts vorgenommen. Die Bemessung der Spielräume sowie der Kontrolldichte stellt sich mithin als das Ergebnis einer umfassenden Abwägung der genannten Kriterien untereinander und gegeneinander dar.[595]

Fraglich ist jedoch insbesondere, ob der Gesichtspunkt der Eigenart des in Rede stehenden Sachverhalts geeignet ist, den Umfang der Spielräume hinreichend präzise zu bestimmen. Abstrakt betrachtet erscheint es zwar durchaus sinnvoll, die Weite des Spielraums von sachspezifischen Gesichtspunkten abhängig zu machen. In der praktischen Umsetzung ruft dieses Kriterium jedoch Schwierigkeiten hervor.[596]

Möchte man nämlich wie das Bundesverfassungsgericht mit den Besonderheiten der auswärtigen Gewalt argumentieren, so setzt dies zunächst voraus, den betreffenden Sachverhalt unter diese Kategorie zu subsumieren. Die damit verbundenen Schwierigkeiten sollen anhand zweier Beispiele aus der Rechtsprechung erläutert werden:

(1) In dem dem Sudanesen-Beschluss zu Grunde liegenden Fall hatten sieben sudanesische Staatsangehörige, deren Asylanträge zuvor als offensichtlich unbegründet abgelehnt worden waren, beantragt, ihnen im Wege der einstweiligen Anordnung gemäß § 32 BVerfGG die Einreise zu gestatten. Sie trugen vor, im Falle ihrer Rückführung drohten ihnen in ihrem Heimatland schwerste politische Verfolgungsmaßnahmen. Das Auswärtiges Amt hatte im Verfahren eine Stellungnahme abgegeben, wonach wegen der Bekanntheit der Antragsteller bei einer westlichen Botschaft keine solchen Verfolgungsmaßnahmen zu erwarten seien. Außerdem habe das sudanesische Außenministerium eine mündliche Zusage gegeben, derzufolge keine politische Verfolgung oder menschenrechtswidrige Behandlung zu befürchten sei. Nach Einschätzung des Auswärtigen Amtes sei die Staatsgewalt im Sudan auch in der Lage, die Zusicherung effektiv durchzusetzen.

Das Bundesverfassungsgericht legt seiner Entscheidung, die den entsprechenden Antrag der Antragsteller zurückwies, ebendiese Einschätzung zu Grunde. „Die Einschätzung und Beurteilung, daß [...] völkerrechtliche Absprachen mit der

---

schwerdeverfahren gegen die Nachrüstung hatte das Gericht den Zusammenhang zwischen den Einschätzungen und Prognosen im Bereich der auswärtigen Gewalt und der Erfüllung von Schutzpflichten hergestellt: „dies [die Gewährung von Einschätzungs- und Prognosespielräumen im Bereich der auswärtigen Gewalt T.P.] gilt auch für die Frage, in welcher Weise der objektivrechtlichen Schutzpflicht des Staates [...] genügt wird." BVerfGE 66, 39, 61

595 *Riecken*, Verfassungsgerichtsbarkeit in der Demokratie, S. 468. Zu den Begriffen Evidenz-, Vertretbarkeits- und Inhaltskontrolle, vgl. unten Teil 2 C. II. 3.

596 Ebenso *Riecken*, Verfassungsgerichtsbarkeit in der Demokratie, S. 468

sudanesischen Regierung ein geeignetes und Effektivität versprechendes Mittel darstellen, um einem den Antragstellern drohenden schweren Nachteil zu begegnen, fällt in den Kompetenzbereich der Bundesregierung *im Rahmen der auswärtigen Gewalt*".[597] Das Bundesverfassungsgericht ordnete mithin den Fall einem Teilbereich der auswärtigen Gewalt zu.

Dieser Qualifikation tritt jedoch Richter *Sommer* in seinem Sondervotum entgegen: Die im Verfahren abgegebenen Stellungnahmen des Auswärtigen Amtes seien nicht als Akte der auswärtigen Gewalt zu qualifizieren; es handle sich vielmehr lediglich um vom Gericht eingeholte Auskünfte und Erklärungen, um die Sachverhaltsfeststellung zu ermöglichen.[598] Anstatt die Einschätzung der Bundesregierung zu übernehmen hätte das Gericht vielmehr *selbst* – freilich unter Berücksichtigung der besonderen Sachkunde des Auswärtigen Amtes – die Gefahrenlage im Sudan würdigen müssen.[599] Weiterhin hätte seiner Ansicht nach keine Störung der außenpolitischen Beziehungen zum Sudan gedroht, da eine Entscheidung des Bundesverfassungsgerichts durchaus auf diplomatischem Wege „erklärt" werden könne. Überdies wögen die den Antragstellern drohenden Gefahren für Leib, Leben und persönliche Freiheit mehr als das Interesse der Bundesregierung an einem ungestörten Fortgang der außenpolitischen Beziehungen zum Sudan.[600] Dieser kritischen Haltung des Sondervotums schließen sich Stimmen in der Literatur an. Der Einschätzung des Auswärtigen Amtes hätte kein größerer Stellenwert eingeräumt werden dürfen, als einem Sachverständigengutachten. Auch dürfe allein die Tatsache, dass das Auswärtige Amt von der sudanesischen Regierung eine Erklärung verlangt hat, nicht dazu führen, den Fall in den Bereich des Hochpolitischen einzuordnen und damit die reduzierte Kontrolldichte zu begründen. Vielmehr hätte das Gericht eine eigenständige Gefahrprognose vornehmen müssen.[601]

Zum Teil wird die infolge der fälschlichen Einordnung der Einschätzung des Auswärtigen Amtes als Akt der auswärtigen Gewalt nicht gerechtfertigte Anwendung des reduzierten Kontrollmaßstabes „zumindest" als Verstoß gegen Art. 13

597 BVerfGE 93, 248, 256 Hervorhebungen durch Verfasser
598 BVerfGE 93, 248, 259 f.
599 BVerfGE 93, 248, 260
600 BVerfGE 93, 248, 265
601 *Giegerich*, Verfassungsgerichtliche Kontrolle der auswärtigen Gewalt im europäisch-atlantischen Verfassungsstaat, in: ZaöRV 57 (1997), S. 409, 448. Er betont weiter, diese richterliche Zurückhaltung sei vom Bundesverfassungsgericht „selbstverschuldet" worden: Es habe sich selbst in diese Lage gebracht, indem es sich durch die Aufforderung an das Auswärtige Amt, von der sudanesischen Regierung eine Erklärung zu erlangen, selbst in den außenpolitischen Prozess eingeschaltet hätte.

EMRK gewertet.[602] Demgemäß hat der Einzelne ein Recht auf wirksame Beschwerde gegen Eingriffe in Konventionsrechte (hier Art. 3 EMRK). „Wirksame Beschwerde“ bedeute insbesondere auch, dass das Gericht eine der drohenden Gefahr angemessene Kontrolldichte anlegt. Nach der Rechtsprechung des EGMR erfordere der überragende Bedeutungsgehalt des Art. 3 EMRK eine eigenständige Gefahrprognose seitens der Gerichte.[603] In den Schutzbereich des Art. 13 EMRK fällt mithin auch die Wahl der zutreffenden Kontrolldichte seitens der Gerichte. Indem das Bundesverfassungsgericht die Einschätzung der Bundesregierung lediglich auf ihre Vertretbarkeit hin untersuchte und keine eigene Gefahrprognose anstellte, verstieß das Gericht gegen Art. 13 EMRK.

(2) Zweifel an der Zuordnung der zweiten Bodenreform-Entscheidung zum Bereich der Kontrolle der auswärtigen Gewalt und der damit begründeten Gewährung eines Einschätzungs- und Prognosespielraumes meldet *Kokott*[604] an: Zu bedenken sei nämlich, dass der Prüfungsgegenstand nicht nur das Handeln der Bundesregierung umfasste, sondern auch das Zustimmungsgesetz zum Einigungsvertrag. Ein solches sei nach teilweise in der Literatur vertretener Auffassung nicht als Akt der auswärtigen Gewalt anzusehen.[605] Außerdem hätte das Bundesverfassungsgericht berücksichtigen müssen, dass mit der DDR der Vertragspartner durch Beitritt zum Bundesgebiet weggefallen sei. Unter anderem aus diesen Gründen sei die Einräumung von Einschätzungs- und Prognosespielräumen in diesem Fall nicht gerechtfertigt gewesen.[606]

Selbst wenn das Vertragsgesetz von Teilen der Literatur nicht als Akt der auswärtigen Gewalt angesehen wird, so kann dies jedoch nicht dazu führen, dass hinsichtlich der Kontrolle der Einschätzungen und Prognosen der Bundesregierung bei Vertragsabschluss etwas anderes gelten soll als in den Fällen sonstigen Handelns der Bundesregierung auf völkerrechtlicher Ebene. Würde der völkerrechtliche Vertrag selbst den Gegenstand der verfassungsgerichtlichen Kontrolle bilden, würde niemand dessen Zugehörigkeit zu einem Akt auswärtiger Gewalt bestreiten. Der Tatsache, dass unter dem Grundgesetz eine Überprüfung der Verfassungsmäßigkeit des Vertrages nur über das Zustimmungsgesetz möglich ist, kann in diesem Rahmen keine entscheidende Bedeutung zukommen. Überdies enthält das Zustimmungsgesetz keine gegenüber dem völkerrechtlichen Vertrag

602 *Giegerich*, Verfassungsgerichtliche Kontrolle der auswärtigen Gewalt im europäisch-atlantischen Verfassungsstaat, in: ZaöRV 57 (1997), S. 409, 443

603 EGMR, Chahal c/ Royaume-Uni, 15.11.1996, in: Recueil des arrêts et décisions, 1996-V, Rn. 140 ff.

604 *Kokott*, Kontrolle der auswärtigen Gewalt, in: DVBl. 1996, S. 937, 947

605 Dabei verweist sie auf *Grewe*, Die auswärtige Gewalt der Bundesrepublik, in: VVDStRL 12 (1954), S. 129, 174

606 *Kokott*, Kontrolle der auswärtigen Gewalt, in: DVBl. 1996, S. 937, 947

eigenständigen materiellen Normen, so dass dessen Inhalt maßgeblich auch auf den von der Bundesregierung im Rahmen der Verhandlungen angestellten Einschätzungen und Prognosen beruht. Zuletzt kann es hinsichtlich der Einschätzungen und Prognosen, die die Bundesregierung auf völkerrechtlicher Ebene vornimmt, keinen Unterschied machen, in welcher Form sie völkerrechtlich handelt. Es ist daher nicht einzusehen, warum die Tatsache, dass das Zustimmungsgesetz den Prüfungsgegenstand bildet, zu einer Einschränkung der Einschätzungs- und Prognosespielräume führen soll. Es wäre geradezu paradox, wollte man der Bundesregierung beim Abschluss völkerrechtlicher Verträge als dem typischen Handlungsinstrument auf zwischenstaatlicher Ebene einen geringeren Einschätzungs- und Prognosespielraum zubilligen als in den übrigen Fällen völkerrechtlichen Handelns.

Auch die Tatsache, dass die DDR durch Beitritt als Völkerrechtssubjekt weggefallen ist, kann kein erheblicher Grund sein, die Einschätzungs- und Prognosespielräume der Bundesregierung einzuschränken. Bereits im Grundlagenvertragsurteil hat das Bundesverfassungsgericht entschieden, die für den zwischenstaatlichen Verkehr geltenden Vorschriften des Grundgesetzes griffen auch im Verhältnis zwischen der Bundesrepublik Deutschland und der DDR ein.[607] Dies gilt somit auch für die Rechtsprechung hinsichtlich der Gewährung von Einschätzungs- und Prognosespielräumen. Bei *Abschluss* des Einigungsvertrages existierte die DDR noch – dass sie *später* als Völkerrechtssubjekt wegfiel, kann folglich keine entscheidende Rolle spielen. Die Wahl des eingeschränkten Prüfungsmaßstabes in der zweiten Bodenreform-Entscheidung erscheint daher durchaus gerechtfertigt. Eine ganz andere Frage ist es demgegenüber, ob hier nicht aufgrund der späteren Stellungnahmen von *Gorbatschow* und *Schewardnadse* greifbare Anhaltspunkte im Sinne der Rechtsprechung im Sudanesen-Fall vorgelegen hätten, die es dem Bundesverfassungsgericht erlaubt hätten, den Einschätzungen der Bundesregierung entgegenzutreten.[608] Dies soll hier jedoch nicht weiter verfolgt werden.

b. Weitere in Literatur und Rechtsprechung anzutreffende Kriterien zur Bemessung der Spielräume

Die im Mitbestimmungsurteil angesprochenen Kriterien sind weder in der Judikatur des Bundesverfassungsgerichts noch in der Literatur abschließend.

So werden weitere Gesichtspunkte zur Bemessung der Einschätzungs- und Prognosespielräume der Bundesregierung genannt, wie z. B. die Dichte der zu

607 BVerfGE 36, 1, 13
608 *Kokott*, Kontrolle der auswärtigen Gewalt, in: DVBl. 1996, S. 937, 948

konkretisierenden Norm[609], die Intensität der politischen Implikationen eines Vertragsgegenstandes beim Abschluss völkerrechtlicher Verträge[610] sowie der Informationsstand und die Informationsmöglichkeiten des Gerichts im Vergleich zu den anderen politischen Organen.[611] Andere sehen in dem Topos der Erhaltung der völkerrechtlichen Handlungsfähigkeit der Bundesrepublik Deutschland den entscheidenden Abwägungsgesichtspunkt für die Bemessung von Einschätzungs- und Prognosespielräumen.[612]

Manche Äußerungen in der Literatur lassen durchaus den Schluss zu, auch die einschlägige Verfahrensart beeinflusse die Abwägung unter den kollidierenden Gesichtspunkten und damit die Bemessung der Spielräume. So sei im Rahmen von Verfassungsbeschwerdeverfahren der Spielraum in der Regel weiter bemessen als bei Verfahren der abstrakten Normenkontrolle oder bei Organstreitverfahren.[613] Diese Beobachtung lässt sich durchaus auch an neueren Verfahren vor dem Bundesverfassungsgericht festmachen. So zeichnen sich die Verfahren zur Bodenreform und zur Sudanesen-Abschiebung (beides Verfahren nach Art. 93 I Nr. 4a GG) durch eine geringe Kontrolldichte aus, während die Streitkräfteentscheidung – ein Organstreitverfahren – eine höhere Kontrolldichte erkennen lässt. Ein solcher Zusammenhang mag zwar empirisch vorliegen, ist aber lediglich die Folge der oben geschilderten Interdependenz von Regelungsdichte und Kontrolldichte. Im Streitkräfteverfahren – als Kompetenzstreitigkeit zwischen Regierung und Parlament – standen dem Bundesverfassungsgericht mit Artt. 24 I, II, 59 II S. 1, 87 a GG „manageable standards" zur Verfügung, während diese in den beiden anderen Verfahren fehlten.

---

609 *Haller*, Die Verfassungsgerichtsbarkeit im Gefüge der Staatsfunktionen, in: DÖV 1980, S. 465, 472

610 *Hailbronner*, Kontrolle der auswärtigen Gewalt, in: VVDStRL 56 (1997), S. 7, 28. Problematisch an dieser Auffassung ist allerdings, dass der Grad der politischen Implikation des Vertragsgegenstandes ein sehr konturloses Kriterium darstellt, das wieder in die bereits als überwunden betrachtete Gegenüberstellung von Recht und Politik mündet. In seiner Kritik ähnlich *Alexy*, in: VVDStRL 56 (1997), S. 140 f. (Diskussionsbeitrag).

611 *Haller*, Die Verfassungsgerichtsbarkeit im Gefüge der Staatsfunktionen, in: DÖV 1980, S. 465, 472

612 *Alexy*, in: VVDStRL 56 (1997), S. 141 (Diskussionsbeitrag)

613 *Blumenwitz*, Verfassungsbeschwerde und politischer Vertrag, in: BayVBl. 1976, S. 520, 527

II. Gerichtliche Überprüfung von Einschätzungen und Prognosen – die Frage nach der Kontrolldichte

Gleichsam als „Kehrseite“[614] der Einräumung von Einschätzungs- und Prognosespielräumen stellt sich die im Rahmen der Kontrolle der auswärtigen Gewalt regelmäßig anzutreffende reduzierte Kontrolldichte dar. So erscheint es auch nicht überraschend, dass zur Begründung und zur Bemessung der reduzierten Kontrolldichte im Wesentlichen dieselben Argumente vorgebracht werden wie im Rahmen der Einräumung von Einschätzungs- und Prognosespielräumen.[615] Bevor jedoch auf die abgestufte Kontrolldichte eingegangen werden kann (vgl. 3.) und eventuelle Ausnahmen diskutiert werden (vgl. 4.), ist zunächst die grundsätzliche gerichtliche Überprüfbarkeit von Einschätzungen und Prognosen (vgl. 1.) sowie der für eine solche Kontrolle entscheidende Zeitpunkt (vgl. 2.) darzustellen.

1. Grundsätzliche gerichtliche Überprüfbarkeit von Einschätzungen und Prognosen

Über die grundsätzliche gerichtliche Überprüfbarkeit von Einschätzungen und Prognosen anderer Staatsorgane besteht in der Literatur weitgehend Einigkeit.[616] Dies wird wesentlich damit begründet, dass die gerichtliche Überprüfung in einem Abgleich des zu überprüfenden Aktes mit einer Verfassungsnorm bestehe. Der Kontrollgegenstand werde aber wesentlich durch die zu Grunde liegenden Tatsachen und Wertungen beeinflusst, so dass diese ebenso von der verfassungsgerichtlichen Überprüfung erfasst würden.[617] Gelegentlich wird auch darauf verwiesen, die Alternative – also die Bindung des Gerichts an Tatsachenfeststellun-

614 So der von *Brenner*, Die neuartige Technizität des Verfassungsrechts und die Aufgabe der Verfassungsrechtsprechung, in: AöR 120 (1995), S. 248, 255, Fn. 38, treffend gewählte Begriff

615 Vgl. z. B. für den Zusammenhang zwischen Kontrolldichte und Intensität des Grundrechtseingriffs *Hailbronner*, Kontrolle der auswärtigen Gewalt, in: VVDStRL 56 (1997), S. 7, 21

616 Vgl. zum Ganzen *Ossenbühl*, Die Kontrolle von Tatsachenfeststellungen und Prognoseentscheidungen durch das Bundesverfassungsgericht, in: *Starck* [Hrsg.], Bundesverfassungsgericht und Grundgesetz, Bd. I, S. 458, 467-469, der ein funktionelles, ein hermeneutisches und ein kompetentielles Argument anführt.

617 Vgl. zur Überprüfbarkeit von Tatsachenfeststellungen und Prognosen des Gesetzgebers *Vogel*, Das Bundesverfassungsgericht und die übrigen Verfassungsorgane, S. 184 f. und S. 196 f.

gen und Prognosen – verstieße gegen die Maxime des Verfassungsprozessrechts der richterlichen Unabhängigkeit bei der Tatsachenfeststellung.[618]

2. Relevanter Zeitpunkt für die Überprüfung von Einschätzungen und Prognosen

Das Bundesverfassungsgericht und die wohl überwiegende Ansicht in der Literatur stellen für die Überprüfung von Prognosen maßgeblich auf die Sicht ex ante ab.[619] Entscheidend ist für die richterliche Beurteilung der Prognose der Zeitpunkt der Vornahme der Entscheidung durch *Organe der auswärtigen Gewalt.*

Vogel befürwortet hingegen eine ex post-Beurteilung von Einschätzungen und Prognosen und stellt folglich auf den Zeitpunkt der Entscheidung des *Bundesverfassungsgerichts* ab. Die Ansicht der herrschenden Lehre und der Rechtsprechung führe nämlich dazu, dass die gerichtliche Kontrolle der Überprüfung von Einschätzungen und Prognosen sich zu einer Kontrolle der Vorwerfbarkeit einer eventuellen Fehleinschätzung entwickle. Eine solche sei jedoch verfassungsrechtlich nicht vorgesehen – es fehle insbesondere an Prüfungsmaßstäben für den Prozess der Entscheidungsfindung der kontrollierten Organe, anhand derer man eine solche Vorwerfbarkeit feststellen könnte. Außerdem müssten die Vorteile der Nachträglichkeit des gerichtlichen Verfahrens voll ausgeschöpft werden, was bei einem Abstellen auf die ex ante-Sicht für die Beurteilung von Einschätzungen und Prognosen jedoch nicht der Fall sei.[620]

Die Ansicht *Vogels* verkennt jedoch, dass die Überprüfung von Prognoseentscheidungen größtenteils eine Verfahrenskontrolle und eben gerade keine Ergebniskontrolle ist. Eine Verfahrenskontrolle, anlässlich derer gefragt wird, ob das kontrollierte Organ alle ihm für die Erkenntnisgewinnung zur Verfügung stehenden Mittel ausgeschöpft hat, ist aber nun einmal eine Art von Vorwerfbar-

---

618 *Kluth*, Beweiserhebung und Beweiswürdigung durch das Bundesverfassungsgericht, in: NJW 1999, S. 3513, 3515

619 *Ossenbühl*, Die Kontrolle von Tatsachenfeststellungen und Prognoseentscheidungen durch das Bundesverfassungsgericht, in: *Starck* [Hrsg.], Bundesverfassungsgericht und Grundgesetz, Bd. I, S. 458, 517 f. m.w.N.; Passagen aus der Bodenreform II-Entscheidung können hingegen nicht als Argument dafür herangezogen werden, das Bundesverfassungsgericht nehme eine ex post-Beurteilung vor. Darin führt das Gericht aus: „Die Annahme einer pflichtgemäßen Einschätzung der Verhandlungslage durch die Bundesregierung wird schließlich nicht durch nachträgliche Äußerungen von Beteiligten an den Zwei-Plus-Vier-Verhandlungen in Frage gestellt“ (BVerfGE 94, 12, 43). Dieses Zitat ist vielmehr dahingehend zu verstehen, dass die nachträglichen Äußerungen an der ex ante-Beurteilung etwas ändern könnten. Schließlich bezogen sich ja auch die Aussagen der zitierten Staatsmänner *Gorbatschow* und *Schewardnadse* auf die *damalige* Verhandlungslage.

620 *Vogel*, Das Bundesverfassungsgericht und die übrigen Verfassungsorgane, S. 211 f.

keitskontrolle. Außerdem ergeben sich die Anforderungen an eine Verfahrenskontrolle sehr wohl aus dem Grundgesetz – nämlich aus der Verfahrensdimension der durch den angegriffenen Akt betroffenen Grundrechte.[621] Außerdem argumentiert *Vogel* damit, dass bei einer ex post-Beurteilung auch die Beobachtungspflicht und gegebenenfalls Anpassungspflicht des Gesetzgebers entfallen würde. Eine solche Argumentation ist jedoch auf internationaler Ebene *nicht* möglich. Zu einer Anpassung ist schließlich stets die Mitwirkung des anderen Vertragspartners erforderlich.

3. Grundsätzliche Kontrolldichte im Rahmen der Überprüfung von Einschätzungen und Prognosen im Bereich der auswärtigen Gewalt

Bereits oben wurde kurz die verschiedene Intensität der verfassungsgerichtlichen Kontrolle angesprochen. Unterschieden wird nach der Terminologie des Mitbestimmungsurteils zwischen Evidenz-, Vertretbarkeits- und Inhaltskontrolle.[622]

Bei der Vertretbarkeitskontrolle handelt es sich dabei um eine „Verfahrenskontrolle“, d. h. das Bundesverfassungsgericht überprüft, ob der Träger der öffentlichen Gewalt alle ihm zur Verfügung stehenden Erkenntnismöglichkeiten ausgeschöpft hat, um seine Einschätzung bzw. seine Prognose zu stützen. Bei der Evidenzkontrolle fragt das Gericht demgegenüber lediglich, ob die überprüften Einschätzungen und Prognosen offensichtlich falsch sind.

Im hier interessierenden Zusammenhang führt das Bundesverfassungsgericht in der Regel eine Evidenz- oder Vertretbarkeitskontrolle durch, wobei die Grenzen fließend sind.

Das Bundesverfassungsgericht füllt die Begriffe der Vertretbarkeit und Evidenz mit kaum präziseren Begriffen auf: So sieht es den Handlungsspielraum erst

621 BVerfGE 53, 30, 65: In dieser Entscheidung erkennt das Bundesverfassungsgericht an, „daß Grundrechtsschutz weitgehend auch durch die Gestaltung von Verfahren zu bewirken ist und daß die Grundrechte demgemäß nicht nur das gesamte materielle, sondern auch das Verfahrensrecht beeinflussen, soweit dieses für einen effektiven Grundrechtsschutz von Bedeutung ist.“ Zwar zielen die eben zitierten Ausführungen auf das einfachgesetzliche Genehmigungsverfahren nach dem Atomgesetz – also einem Verwaltungsverfahren – ab. Es steht jedoch kein Gesichtspunkt entgegen, diesen Gedanken auch auf eventuelle aus den Grundrechten abgeleitete Anforderungen an das Vorgehen der auswärtigen Gewalt zu übertragen. Ebenso für eine Verallgemeinerung der Judikatur des Bundesverfassungsgerichts *Stern*, StR III/1, § 69 V 7, S. 975 sowie *Lerche*, Vorbereitung grundrechtlichen Ausgleichs durch gesetzgeberisches Verfahren, in: *Lerche/Schmitt Glaeser, u.a.* [Hrsg.], Verfahren als staats- und verwaltungsrechtliche Kategorie, S. 97, 114

622 Zwischen diesen verschiedenen Formen der Kontrolldichte unterscheidet auch *Mahrenholz* in seiner abweichenden Meinung zum C-Waffen-Beschluss, vgl. BVerfGE 77, 170, 234.

dann als überschritten an, wenn die Bewertung der Prognosen unter keinem Gesichtspunkt mehr plausibel erscheint und sich deren Falschheit aufdrängen musste.[623] Im Organstreit über die Nachrüstung führt das Bundesverfassungsgericht aus, die Antragstellerin hätte Tatsachen vortragen müssen, die „ein gegenteiliges Ergebnis der Einschätzung [...] dringend und offensichtlich nahezulegen" vermögen.[624] Im oben bereits zitierten Sudanesen-Fall spricht das Gericht aus, es trete Einschätzungen und Prognosen des Trägers auswärtiger Gewalt lediglich dann entgegen, wenn „greifbare Anhaltspunkte" dies rechtfertigten.[625]

Fraglich ist jedoch, *wann* die Grenze der Vertretbarkeit überschritten sein mag. In der Literatur herrscht Einigkeit darüber, dass allein außenpolitische Staatsräson oder die Wahrung des Interesses an dem ungestörten Fortgang der auswärtigen Beziehungen nicht ausreichen, um bereits Vertretbarkeit annehmen zu können.[626]

4. Erhöhung der Kontrolldichte, sofern eine völkerrechtliche Haftung der Bundesrepublik Deutschland droht?

Fraglich ist, ob die Kontrolldichte seitens des Bundesverfassungsgerichts dann zu erhöhen ist, wenn eine völkerrechtliche Haftung der Bundesrepublik Deutschland droht. Das Bundesverfassungsgericht betont in ständiger Rechtsprechung seine besondere Verantwortung dafür, dass die Bundesrepublik ihre völkerrechtlichen Verpflichtungen nicht verletzt.[627] *Schwarz* sieht darin eine Konsequenz der Völkerrechtsfreundlichkeit des Grundgesetzes.[628]

Um eine Erhöhung der verfassungsgerichtlichen Kontrolldichte ging es zuletzt in einem Fall, in dem einem Vater türkischer Herkunft der Umgang mit seinem in Deutschland lebenden Kind, das von seiner Mutter am Tage nach der Geburt zur Adoption freigegeben wurde, untersagt wurde. Nach Erschöpfung des

---

623 BVerfGE 94, 12, 35: „[Von einer Pflichtwidrigkeit der Einschätzungen und Prognosen kann T.P.] nur dann die Rede sein, wenn sich der Bundesregierung bei den Verhandlungen aufdrängen muß, daß sie von falschen Voraussetzungen ausgeht."

624 BVerfGE 68, 1, 107

625 BVerfGE 93, 248, 256

626 *Hailbronner*, Kontrolle der auswärtigen Gewalt, in: VVDStRL 56 (1997), S. 7, 22

627 BVerfGE 58, 1, 34: „Im Rahmen seiner Gerichtsbarkeit hat das Bundesverfassungsgericht [...] in besonderem Maße darauf zu achten, daß Verletzungen des Völkerrechts, die in der fehlerhaften Anwendung oder Nichtbeachtung völkerrechtlicher Normen [...] liegen und eine völkerrechtliche Verantwortlichkeit der Bundesrepublik Deutschland begründen könnten, nach Möglichkeit verhindert oder beseitigt werden."

628 *Schwarz*, Die verfassungsgerichtliche Kontrolle der Außen- und Sicherheitspolitik, S. 245

innerstaatlichen Rechtswegs wandte sich der Vater an den EGMR, der eine Verletzung des Art. 8 EMRK feststellte.[629] Trotz dieses Urteils wurde die Untersagung durch deutsche Gerichte letztinstanzlich aufrechterhalten. Dagegen erhob der Vater Verfassungsbeschwerde[630] und obsiegte, da das Fachgericht nicht in ausreichendem Maße das Urteil des EGMR berücksichtigt habe.[631]

Zunächst könnte man meinen, dieser Fall könne im hier behandelten Zusammenhang nicht fruchtbar gemacht werden, da es sich beim Beschwerdegegenstand nicht um einen Akt der auswärtigen Gewalt handelt, sondern vielmehr um die Kontrolle einer fachgerichtlichen Entscheidung. Gemeinsamkeiten mit der hier untersuchten Problematik weist der Fall jedoch insoweit auf, als dass auch bei der Kontrolle fachgerichtlicher Entscheidungen die Kontrolldichte des Bundesverfassungsgerichts aufgrund der Beschränkung der Prüfung auf spezifisches Verfassungsrecht reduziert ist.[632] Außerdem ist gegen exekutivische Akte der auswärtigen Gewalt regelmäßig auch zunächst Rechtsschutz vor den Fachgerichten zu suchen. Gegen deren letztinstanzliche Entscheidung kann dann Verfassungsbeschwerde erhoben werden. Eine Unterscheidung in der Prüfungsdichte danach, ob der Akt der auswärtigen Gewalt gleich mittels der Verfassungsbeschwerde oder erst nach Erschöpfung des Rechtswegs angegriffen werden kann, erscheint daher nicht gerechtfertigt.[633] Weiterhin ist nicht einzusehen, warum dem Bundesverfassungsgericht eine besondere Verantwortung für die Einhaltung des Völkerrechts nur durch die Fachgerichte zukommen solle, und nicht vielmehr gegenüber sämtlichen staatlichen Organen.[634] Der Gedanke der besonderen Verantwortung des Bundesverfassungsgerichts für die Einhaltung des Völkerrechts kann also durchaus verallgemeinert werden und auch im hier interessierenden Zusammenhang als Begründung für eine Erhöhung der Kontrolldichte verwandt werden.

Gegen die Erhöhung der Kontrolldichte mit dieser Begründung wendet sich jedoch *Giegerich*: Er meint, eine Erhöhung der Kontrolldichte aus der Erwägung der drohenden völkerrechtlichen Haftung sei deshalb schon nicht geboten, weil

---

629 EGMR, Urteil vom 26.02.2004, in: EuGRZ 2004, 700 ff.

630 Er rügte dabei eine Verletzung seiner Grundrechte aus Artt. 1, 3, 6 GG.

631 Vgl. BVerfGE 111, 307

632 Der Gedanke der besonderen Verantwortung des Bundesverfassungsgerichts für die Völkerrechtskonformität deutscher Staatsakte stellt sich also in diesem Zusammenhang als Ausnahme zur sog. Heck'schen Formel dar. Ebenso *Giegerich*, Verfassungsgerichtliche Kontrolle der auswärtigen Gewalt im europäisch-atlantischen Verfassungsstaat, in: ZaöRV 57 (1997), S. 409, 462

633 *Giegerich*, Verfassungsgerichtliche Kontrolle der auswärtigen Gewalt im europäisch-atlantischen Verfassungsstaat, in: ZaöRV 57 (1997), S. 409, 462

634 Ebenso *Giegerich*, Verfassungsgerichtliche Kontrolle der auswärtigen Gewalt im europäisch-atlantischen Verfassungsstaat, in: ZaöRV 57 (1997), S. 409, 462

auf völkerrechtlicher Ebene die normative Grundlage meist unsicher sei und es in der Regel an Instanzen für die verbindliche Überprüfung der völkerrechtlichen Standpunkte der Bundesregierung fehle. Daher könne es – selbst wenn rein rechtlich gesehen eine völkerrechtliche Haftung drohe – bei einer Vertretbarkeitsprüfung seitens des Bundesverfassungsgerichts bleiben.[635]

Diese Argumentation vermag jedoch nicht zu überzeugen. Im Bereich der EMRK existiert nämlich mit dem EGMR eine Instanz auf völkerrechtlicher Ebene zur verbindlichen Klärung der von der Bundesregierung vorgebrachten Ansichten. In diesem Zusammenhang besteht also gerade keine normative Unsicherheit.

Auch kann gegen eine Erhöhung der Kontrolldichte nicht eingewandt werden, das Bundesverfassungsgericht sei zur Erörterung der völkerrechtlichen Haftungslage schon gar nicht kompetent, da hierfür mit dem EGMR eine spezielle Gerichtsbarkeit auf völkerrechtlicher Ebene bestehe und sich das Gericht daher eine Prüfungskompetenz anmaße, die eigentlich dem EGMR zustehe. Folglich könne ein „Handeln ultra vires" auch nicht zur Begründung der Erhöhung der Kontrolldichte herangezogen werden. Dem ist nämlich entgegenzuhalten, dass das Verfassungsgericht eben nicht das tatsächliche Bestehen einer völkerrechtlichen Verantwortlichkeit der Bundesrepublik untersucht, sondern lediglich, ob eine solche *droht*. Die Beschränkung der Prüfung auf die Drohung der völkerrechtlichen Haftung respektiert folglich die Kompetenzen des EGMR und kann nicht als Kompetenzanmaßung seitens des Bundesverfassungsgerichts gewertet werden.

Allerdings ist zuzugeben, dass der Gesichtspunkt der drohenden völkerrechtlichen Haftung nur dann zur Erhöhung der Kontrolldichte führt, wenn das Bundesverfassungsgericht *selbst* die Einschätzung vornimmt, ob eine völkerrechtliche Haftung droht. Ansonsten würde die propagierte höhere Kontrolldichte seitens des Bundesverfassungsgerichts dadurch sofort wieder eingeebnet, dass es – zumindest nach bislang ständiger Rechtsprechung – der Bundesregierung zukäme, die rechtliche Lage hinsichtlich der völkerrechtlichen Verantwortung der Bundesrepublik zu bestimmen. Daher ist die Erhöhung der Kontrolldichte für den Fall, dass eine völkerrechtliche Verantwortlichkeit der Bundesrepublik Deutschland droht, nur dann sinnvoll, wenn das Bundesverfassungsgericht auch die Einschätzungsprärogative in diesem Bereich einschränkt. Dies ist nach oben genannten Grundsätzen jedenfalls stets dann anzunehmen, wenn es um den Schutz elementarer Grundrechte geht. Bezieht man weiterhin den oben als „indirekte Proportionalität" bezeichneten Zusammenhang zwischen Einschätzungs- und

---

635 *Giegerich*, Verfassungsgerichtliche Kontrolle der auswärtigen Gewalt im europäisch-atlantischen Verfassungsstaat, in: ZaöRV 57 (1997), S. 409, 462 f.

Prognosespielräumen sowie der Kontrolldichte in die Betrachtung mit ein, erscheint ein solcher Schluss als zwingend.

III. Folgen der Gewährung von Einschätzungs- und Prognosespielräumen und der regelmäßig reduzierten Kontrolldichte

In der Folge der Rechtsprechung zur Gewährung von Einschätzungs- und Prognosespielräumen und zur reduzierten Kontrolldichte im Bereich der auswärtigen Gewalt kann die Bundesregierung – sei es als Partei im Verfahren oder als Vertreterin der Bundesrepublik Deutschland[636] – durch den Vortrag ihrer Einschätzungen und Prognosen den Verfahrensausgang in erheblichem Maße beeinflussen.[637] Wie *Hailbronner* richtig feststellt, eröffnet sich dem Gericht durch die Topoi „Eigenart des in Rede stehenden Sachverhalts“, „Eingriffsintensität“ sowie „Möglichkeit, sich ein hinreichend sicheres Urteil zu bilden“ „ein außerordentlich flexibler – man könnte auch sagen – fast beliebig einsetzbarer Prüfungsmaßstab.“[638]

Durch die reduzierte Kontrolldichte ergibt sich eine faktische Bindungswirkung an die Ausführungen der Bundesregierung.[639] Eine förmliche Bindung scheidet jedenfalls aus Gründen der grundsätzlichen Überprüfbarkeit sämtlicher Akte der auswärtigen Gewalt aus.[640] Wäre das Verfassungsgericht an das tatsächliche Vorbringen der Prozessbeteiligten gebunden, könnte es seine Aufgabe als „Hüter der Verfassung“ nicht wirksam ausüben.[641]

Manche Autoren gehen sogar so weit zu behaupten, die Praxis des Bundesverfassungsgerichts bezüglich der Gewährung von Einschätzungs- und Prognosespielräumen führe – in Kombination mit der Aussage, grundsätzlich stünde der Exekutive die Führung der auswärtigen Gewalt zu – „in die Richtung einer weitgehenden de-facto Exemption der auswärtigen Gewalt von der verfassungsge-

636 Obwohl es im Verfassungsbeschwerdeverfahren keinen Beschwerdegegner gibt, ist die Bundesrepublik Deutschland faktisch Partei, wenn eine Maßnahme des Bundes angegriffen wird – vgl. *Benda/Klein*, Verfassungsprozeßrecht, Rn. 468 f.

637 *Giegerich*, Verfassungsgerichtliche Kontrolle der auswärtigen Gewalt im europäisch-atlantischen Verfassungsstaat, in: ZaöRV 57 (1997), S. 409, 446

638 *Hailbronner*, Kontrolle der auswärtigen Gewalt, in: VVDStRL 56 (1997), S. 7, 20

639 Vgl. *Zeitler*, Judicial Review und Judicial Restraint gegenüber der auswärtigen Gewalt, in: JöR N.F. 25 (1976), S. 621, 636 f.

640 In diesem Sinne auch *Hailbronner*, Kontrolle der auswärtigen Gewalt, in: VVDStRL 56 (1997), S. 7, 20

641 Ebenso *Benda/Klein*, Verfassungsprozeßrecht, Rn. 253

richtlichen Kontrolle nach dem Vorbild des U.S. Supreme Court".[642] Diese Beobachtung *Wolfrums* mag zwar im Ergebnis zutreffen, jedoch liegen – wie gezeigt – zwischen der US-amerikanischen Praxis der political question doctrine und dem Vorgehen des Bundesverfassungsgerichts qualitativ erhebliche Unterschiede.[643]

IV. Zwischenergebnis zur Gewährung von Einschätzungs- und Prognosespielräumen und zur reduzierten Kontrolldichte

Bei der Gewährung von Einschätzungs- und Prognosespielräumen zu Gunsten der Bundesregierung und der reduzierten Kontrolldichte zeigt sich am besten die Interdependenz von political question doctrine und judicial self-restraint. Da das Bundesverfassungsgericht die Justizfreiheit von Akten der auswärtigen Gewalt ablehnt, muss es andere Wege finden, um den Trägern der auswärtigen Gewalt den notwendigen außenpolitischen Handlungsspielraum zu belassen. Dabei ist die „Diskrepanz zwischen der Weite der in Anspruch genommenen gerichtlichen Kompetenz und der Zurückhaltung, sie im Einzelfall auszuüben, [...] ein für die Verfassungsgerichtsbarkeit anscheinend typisches Phänomen."[644]

Für die Bestimmung der Reichweite der eingeräumten Spielräume ist die Frage nach der Einordnung eines Sachverhalts zum Bereich der auswärtigen Gewalt von entscheidender Bedeutung. Dabei zeigen das Sondervotum und die kritischen Stimmen in der Literatur zum Sudanesen-Beschluss, dass allein der Bezug eines Verfahrens zur Außenpolitik nicht genügt, um bereits größere Spielräume der Exekutive bzw. eine reduzierte Kontrolldichte zu rechtfertigen. Zumal weiterhin zu bedenken ist, dass rein nationale Sachverhalte kaum mehr existieren, da sie mehr und mehr vom Völkerrecht überwölbt werden. Um Einschätzungs- und Prognosespielräume tatsächlich begründen zu können, muss sich das Verfahren schon auf Felder der „klassischen" Außenpolitik beziehen. Denn nur in diesem Bereich sind die Grundrechte des Einzelnen in der Regel lediglich indirekt betroffen bzw. kommen die vom Bundesverfassungsgericht als Begründung der Spielräume herangezogenen Besonderheiten der auswärtigen Gewalt – insbeson-

642 *Wolfrum*, Auswärtige Beziehungen und Verteidigungspolitik, in: *Badura/Dreier* [Hrsg.], Festschrift 50 Jahre Bundesverfassungsgericht, Bd. II, S. 718, unter Bezugnahme auf BVerfGE 84, 90 (Restitutionsausschluss I); BVerfGE 93, 248 (Sudanesenbeschluss); BVerfGE 89, 155, 207 (Maastrichtentscheidung)
643 Vgl. hierzu bereits oben Teil 2 A. II. 1.
644 *Giegerich*, Verfassungsgerichtliche Kontrolle der auswärtigen Gewalt im europäisch-atlantischen Verfassungsstaat, in: ZaöRV 57 (1997), S. 409, 446 m.w.N.

dere der Gedanke der außenpolitischen Handlungsfreiheit – auch tatsächlich zum Tragen.[645]

Sind jedoch wesentliche Rechtsgüter des Einzelnen *unmittelbar* betroffen, muss dieser Gesichtspunkt in den Hintergrund treten und das Bundesverfassungsgericht hat eigene Einschätzungen anzustellen. Diese Zweiteilung lässt sich auch an Normen des Grundgesetzes festmachen. Während außenpolitische Grundsatzentscheidungen über Artt. 32, 59 und 87 a GG dem Träger der auswärtigen Gewalt zugewiesen sind, sieht das Grundgesetz für den Bereich des Grundrechtsschutzes gemäß Art. 93 I Nr. 4a GG eine Letztentscheidungskompetenz des Bundesverfassungsgerichts vor.[646] Keinesfalls kann in diesem Bereich den Interessen am ungestörten Fortgang der außenpolitischen Beziehungen der absolute Vorrang eingeräumt werden.[647] Zu einer Erhöhung der Kontrolldichte führt auch der Gesichtspunkt der drohenden völkerrechtlichen Haftung der Bundesrepublik Deutschland. Dies ist jedenfalls dann zu bejahen, wenn auf internationaler Ebene eine Gerichtsbarkeit existiert, die die Völkerrechtswidrigkeit verbindlich feststellen kann.

Kokott zieht aus der Rechtsprechung des Bundesverfassungsgerichts zur Gewährung von Einschätzungs- und Prognosespielräumen im Bereich der auswärtigen Gewalt folgenden Schluss: Das Gericht lege stets dann einen milden Maßstab an, wenn es Gefahr laufe, entgegen der (Grob-)Richtung deutscher Außenpolitik zu entscheiden bzw. – eventuell entgegen parlamentarischen Wertungen – inhaltliche Vorgaben für die Außenpolitik zu machen. Damit könne die niedrige Kontrolldichte in der Bodenreform II-Entscheidung und im Sudanesen-Beschluss erklärt werden. Demgegenüber sei die Kontrolldichte erhöht, wenn die allgemeine Linie der Außenpolitik nicht in Streit stehe und durch die verfassungsgerichtliche Entscheidungen keine materiell-rechtlichen Vorgaben für die Außenpolitik gemacht würden. Diesem Fazit kann jedoch nicht beigetreten werden. So ist die Behauptung, das Bundesverfassungsgericht habe in der Streitkräfteentscheidung keine materiellen Vorgaben für die künftige Außenpolitik gemacht, schwer nachvollziehbar. Die Frage, inwieweit und unter welchen verfassungsrechtlichen Voraussetzungen sich die Bundesrepublik Deutschland an militärischen Einsätzen der NATO beteiligen darf, ist nämlich sehr wohl eine Kernfrage der deutschen Außenpolitik. Weiterhin ist zweifelhaft, ob das Bundesverfassungsgericht im Su-

645 *Giegerich*, Verfassungsgerichtliche Kontrolle der auswärtigen Gewalt im europäisch-atlantischen Verfassungsstaat, in: ZaöRV 57 (1997), S. 409, 448

646 Ebenso *Giegerich*, Verfassungsgerichtliche Kontrolle der auswärtigen Gewalt im europäisch-atlantischen Verfassungsstaat, in: ZaöRV 57 (1997), S. 409, 448, Fn. 108, der in diesem Zusammenhang auf ein „textually demonstrable constitutional commitment“ im Sinne der political question doctrine verweist.

647 *Hailbronner*, Kontrolle der auswärtigen Gewalt, in: VVDStRL 56 (1997), S. 7, 20

danesen-Beschluss tatsächlich Gefahr lief, entgegen der Grobrichtung deutscher Außenpolitik zu entscheiden. Die mit dem Sudanesen-Beschluss und der Bodenreform II-Entscheidung kontrastierende Prüfungsdichte in der Streitkräfteentscheidung hängt vielmehr von der oben geschilderten Interdependenz von Regelungsdichte und Kontrolldichte ab. Im Streitkräfteverfahren – als Kompetenzstreitigkeit zwischen Regierung und Parlament – standen dem Bundesverfassungsgericht mit Artt. 24 I, II, 59 II S. 1, 87 a GG manageable standards zur Verfügung, während diese in den beiden anderen Verfahren fehlten.

Teil 3: Verfassungsrechtliche Ausgangslage in der Französischen Republik

A. Kompetenzen der französischen Verfassungsgerichtsbarkeit bezüglich außenpolitischer Fragen

I. Begriff und Funktion der „Verfassungsgerichtsbarkeit" in Frankreich

Verfassungsgerichtsbarkeit wird in Frankreich jedenfalls vom Conseil constitutionnel ausgeübt (vgl. 1.). Fraglich ist jedoch, ob diese Funktion darüber hinaus nicht zumindest zum Teil auch vom Conseil d'Etat wahrgenommen wird (vgl. 2.).

1. Verfassungsgerichtsbarkeit und Conseil constitutionnel

Der Conseil constitutionnel wurde erst durch die Verfassung der V. Republik im Jahre 1958 geschaffen. Seine Stellung und Funktion im Verfassungsgefüge waren daher lange Zeit in der französischen Lehre umstritten.[648]

Zum Teil wurde die Gerichtsnatur des Verfassungsrates gänzlich in Zweifel gezogen: Es handle sich lediglich um eine gerichts*ähnliche politische* Instanz, die sich mehr als ein Organ der Selbstkontrolle der politischen Entscheidungsträger darstelle, als ein Organ der dritten Gewalt.[649] Dies ergebe sich bereits aus seiner Zusammensetzung: Die Mitglieder – man spricht im Übrigen nicht von Richtern – sind Politiker, die als solche von den höchsten Staatsorganen ernannt werden. Weiterhin sei der Verfassungsrat auf eine präventive Kontrolle beschränkt, die ihn eher als Teilhaber des Gesetzgebungsprozesses denn als Gericht erscheinen lasse. Zuletzt könne der Conseil constitutionnel auch nur von den obersten Staatsorganen angerufen werden.[650]

Demgegenüber ist jedoch mit der überwiegenden Meinung in der Literatur dem Conseil constitutionnel durchaus die Qualität eines Gerichtes zuzumessen. So muss der Verfassungsrat nämlich durch Anwendung von Normen Rechtsfragen beantworten und gegebenenfalls Normkonflikte auflösen. Vor allem aber

648 Vgl. zum Streitstand *Rousseau*, Droit du contentieux constitutionnel, S. 53 ff. m.w.N.

649 *Bryde*, Verfassungsentwicklung, S. 103

650 *Rousseau*, Droit du contentieux constitutionnel, S. 55 f. m.w.N.

kommt den Entscheidungen des Conseil constitutionnel Rechtskraftwirkung zu.[651]

Ob dieser Streit über die Natur des Conseil constitutionnel tatsächlich nur eine künstliche Scheindebatte (controverse stérile) darstellt, da es nicht darauf ankomme, was eine bestimmte Einrichtung sei, sondern was sie mache[652], erscheint fraglich. Es ist zwar richtig, dass die Kontroverse sehr stark von der vermeintlichen Dichotomie von Politik und Recht geprägt ist. Die Einordnung des Verfassungsrates als politische Instanz oder als Gericht kann jedoch eine entscheidende Rolle für das Selbstverständnis seiner Mitglieder spielen, was sich insbesondere auch auf die Auslegung der Verfassungsnormen auswirkt.

Es wäre jedoch vorschnell, die Verfassungsgerichtsbarkeit in Frankreich ausschließlich mit der Institution des Conseil constitutionnel gleichzusetzen. Die diesem Verfassungsgericht zugeschriebenen Kompetenzen sind nämlich nur sehr unvollständig, was sich auch im Rahmen der Kontrolle von Akten der auswärtigen Gewalt zeigen wird. Eine Überprüfung der Verfassungsmäßigkeit von Regierungsakten, von sonstigen Akten der Exekutive und von Gerichtsentscheidungen ist in der Verfassung von 1958 nicht vorgesehen.[653] Gerade aber Maßnahmen der Exekutive sind im hier interessierenden Zusammenhang von größtem Interesse. Daher soll im Folgenden untersucht werden, ob nicht auch der Conseil d'Etat – das höchste französische Verwaltungsgericht – Funktionen von Verfassungsgerichtsbarkeit im französischen Rechtssystem erfüllt.

2. Wahrnehmung von Verfassungsgerichtsbarkeit durch den Conseil d'Etat

Die Lösung der eben aufgeworfenen Fragestellung erfordert eine Auseinandersetzung mit dem Begriff der Verfassungsgerichtsbarkeit in Frankreich. Was unter diesen Topos zu fassen ist, ist in der Literatur jedoch sehr umstritten.[654]

---

651 *Rousseau*, Droit du contentieux constitutionnel, S. 54 f. m.w.N.; CC, 16.01.1962, Loi d'orientation agricole, déc. no. 62-18 L, Rec. S. 31

652 *Rousseau*, Droit du contentieux constitutionnel, S. 59

653 *Maulin*, Aperçu d'une histoire française de la modélisation des formes de justice constitutionnelle, in: *Grewe/Jouanjan, et alt.* [Hrsg.], La notion de justice constitutionnelle, S. 137, 154; ebenso *Mathieu/Verpeaux*, Contentieux constitutionnel des droits fondamentaux, S. 116

654 *Heuschling*, Justice constitutionnelle et justice ordinaire. Épistémologie d'une distinction théorique, in: *Grewe/Jouanjan, et alt.* [Hrsg.], La notion de justice constitutionnelle, S. 85, 88 f. m.w.N., identifiziert neben der klassischen französischen Auffassung (Verfassungsgerichtsbarkeit strictissimo sensu) in der französischen Lehre drei weitere Begriffsverständnisse: Verfassungsgerichtsbarkeit im engeren, im weiten und weitesten Sinne. „Stricto sensu" unterfällt der Verfassungsgerichtsbarkeit alles, was ihr an Zuständigkeiten von Verfassungs wegen übertragen worden

Nach traditionellem französischen Konzept ist die Verfassungsgerichtsbarkeit auf die Kontrolle der Verfassungsmäßigkeit von Gesetzen und deren Nichtigkeitserklärung im Falle der Verfassungswidrigkeit beschränkt. Alle anderen Gerichte dürfen das Gesetz lediglich anwenden – der Zugang zur Verfassung als Prüfungsmaßstab ist ihnen aufgrund der „théorie de la loi écran“ verwehrt.[655] Nach dieser Auffassung wird die Kontrolle der Verfassungsmäßigkeit explizit und exklusiv dem Conseil constitutionnel zugeschrieben und folglich jedes andere Gericht von einer solchen Kontrolle ausgeschlossen. Demgemäß war auch lange Zeit die Prüfung der Vereinbarkeit eines späteren Gesetzes mit einem völkerrechtlichen Vertrag als „andere Form“ der Prüfung der Verfassungsmäßigkeit ausgeschlossen, da eine solche geeignet sei, den Gesetzgeber wegen Verstoßes gegen Art. 55 Const. 1958 zu maßregeln.[656]

In neuerer Zeit mehren sich jedoch die Stimmen in der Literatur, die den sehr engen Begriff der Verfassungsgerichtsbarkeit ablehnen und auch den Conseil d'Etat als Teil der französischen Verfassungsgerichtsbarkeit ansehen. Eine solche These kann im Wesentlichen auf drei Argumente gestützt werden: Zunächst legen einige Vorschriften der französischen Verwaltungsgerichtsordnung einen solchen Schluss nahe (vgl. a.). Weiterhin lässt sich die Rechtsprechung des Conseil d'Etat zum Verhältnis Völkerrecht/nationales Recht als Ausübung der Funktion von Verfassungsgerichtsbarkeit werten (vgl. b.). Zuletzt erscheint das klassische französische Konzept der Verfassungsgerichtsbarkeit nicht mehr zeitgemäß (vgl. c.).

---

ist. „Lato sensu“ umfasst der Begriff sämtliche gerichtlichen Streitigkeiten, bei denen die Gerichte Vorschriften der Verfassung anwenden oder unmittelbar auslegen. „Latissimo sensu“ ist Verfassungsgerichtsbarkeit bereits dann anzunehmen, wenn in einem gerichtlichen Verfahren materielle Verfassungsnormen betroffen sind, unabhängig davon, ob sie auch formell der Verfassung zuzuordnen sind. So ist z. B. jedes Gericht, das zur Garantie der Grundrechte – unabhängig von deren Herkunft und Rang – beiträgt, oder das mit Konflikten zwischen obersten Staatsorganen befasst ist, als Verfassungsgericht zu qualifizieren.

655 Der „Théorie de la loi écran“ zufolge bildet das Gesetz als Ausdruck der „volonté générale“ einen Schirm gegenüber der Verfassung und macht daher eine Überprüfung der Verfassungsmäßigkeit der Gesetze durch die einfachen Gerichte unmöglich. Zur „Théorie de la loi-écran“ und zu ihren Wurzeln vgl. *Rousseau*, Droit du contentieux constitutionnel, S. 228; aus der deutschsprachigen Literatur *Heun*, Verfassungsrecht und einfaches Recht – Verfassungsgerichtsbarkeit und Fachgerichtsbarkeit, in: VVDStRL 61 (2001), S. 80, 106

656 Vgl. *Questinaux*, Schlussanträge in der Rechtssache CE, 01.03.1968, Syndicat général des fabricants de semoules de France, in: AJDA 1968, 235; in der Retrospektive vgl. *Frydmann*, Schlussanträge in der Rechtssache CE, Ass., 20.10.1989, Nicolo, Rec. S. 190, in: ZaöRV 50 (1990), S. 629, 631 f.

a. *Zuständigkeiten des Conseil d'Etat in erster und letzter Instanz*

Die französische Verwaltungsgerichtsordnung (Code de la jurisprudence administrative – CJA) normiert in ihren Artt. L. 311-2 ff., R. 311-1 CJA erst- und letztinstanzliche Zuständigkeiten des Conseil d'Etat. Insbesondere in Art. R 311-1 Nr. 1 und 2 CJA wird dem Staatsrat die Kompetenz zugewiesen, über die Rechtmäßigkeit bestimmter Akte der höchsten Staatsorgane zu urteilen. So ist er zuständig für Klagen gegen Anordnungen (ordonnances) und Dekrete des Präsidenten (Nr.1). Weiterhin wird in Nr. 2 eine Zuständigkeit des Conseil d'Etat für Klagen gegen Rechtsverordnungen der Minister (actes réglementaires) begründet sowie gegen sämtliche Akte der Minister, die ein vorheriges Konsultieren des Staatsrates erfordern.

Die genannten gesetzgeberischen Festlegungen sind zwar Indizien dafür, dass auch der Conseil d'Etat Funktionen von Verfassungsgerichtsbarkeit ausübt, vermögen aber für sich genommen noch nicht zu begründen, auch dieses Gericht in die Untersuchung mit einzubeziehen. Hierfür ist vielmehr eine weitergehende Analyse der Rechtsprechung des Staatsrates notwendig.

b. *Rechtsprechung des Conseil d'Etat*

Die Entscheidungen des Conseil d'Etat zeigen, dass das Gericht (zumindest implizit) eine Prüfung der Verfassungsmäßigkeit von Gesetzen vornimmt und diese im Falle ihrer Verfassungswidrigkeit praktisch verwirft (vgl. α.). Weiterhin kann der Rechtsprechung des Staatsrates die Ausübung anderer typischer Funktionen von Verfassungsgerichtsbarkeit[657] entnommen werden (vgl. β.).

α. *Prüfung der Verfassungsmäßigkeit von Gesetzen*

Für die erste Gruppe sind insbesondere die Entscheidungen in den Rechtssachen Nicolo und Koné anzuführen.

Der Conseil d'Etat prüft – seit der berühmten Nicolo-Entscheidung[658] – generell die Vereinbarkeit von Gesetzen mit einem völkerrechtlichen Vertrag. Eine solche Befugnis leitet er aus Art. 55 Const. 1958 ab, der ihm als „Ermächti-

657 Die verschiedenen Funktionen von Verfassungsgerichtsbarkeit stellt *Drago*, Contentieux constitutionnel français, S. 51 ff. dar.

658 CE, Ass., 20.10.1989, Nicolo, Rec. S. 190 mit Anm. *Boulois*, in: RGDIP 1990, S. 91; *Favoreu*, in: RFDA 1989, S. 993; *Genevois*, in: RFDA 1989, S. 824; aus der deutschsprachigen Literatur vgl. *Lerche C.*, Ein Sieg für Europa? – Anmerkungen zum Urteil des Conseil d'Etat vom 20. Oktober 1989, Fall *Nicolo*, in: ZaöRV 50 (1990), S. 599 ff.

gungsnorm" dient. Er nimmt also mittlerweile ebendiese früher als andere Form der Verfassungskontrolle bezeichnete Prüfung der Vertragskonformität von Gesetzen vor.

Der Meinung mancher Autoren zufolge könne jedoch allein aus der Tatsache, dass mit Art. 55 Const. 1958 eine Verfassungsnorm als rechtliche Grundlage herangezogen wird, nicht geschlossen werden, dass der Conseil d'Etat bei der Prüfung von Gesetzen am Maßstab völkerrechtlicher Verträge die Funktion eines Verfassungsgerichts wahrnimmt.[659] Die Nicolo-Entscheidung sei vielmehr lediglich dahingehend zu verstehen, dass die Überprüfung von Gesetzen anhand völkerrechtlicher Verträge nicht mehr als verbotene Ausübung von Verfassungsgerichtsbarkeit durch den Conseil d'Etat anzusehen sei, sondern fortan die „Januskopfigkeit"[660] ein charakteristisches Merkmal der Fachgerichtsbarkeit darstelle.[661]

Betrachtet man jedoch die Regelungsgegenstände völkerrechtlicher Verträge und die Konsequenzen der Nicolo-Entscheidung, so lässt sich begründen, warum diese zumindest zum Teil dazu geführt hat, dass der Conseil d'Etat die Funktion von Verfassungsgerichtsbarkeit wahrnimmt.[662]

Was den Gegenstand völkerrechtlicher Verträge anbelangt, so werden seit dem Ende des Zweiten Weltkrieges Menschenrechtsfragen verstärkt auf internationaler und supranationaler Ebene geregelt – eine Materie also, die nach klassischem französischen Verständnis einen Kernbereich des Verfassungsbegriffs

659 *Heuschling*, Justice constitutionnelle et justice ordinaire. Épistémologie d'une distinction théorique, in: *Grewe/Jouanjan, et alt.* [Hrsg.], La notion de justice constitutionnelle, S. 85, 108 in Fn. 104: „L'existence d'un fondement constitutionnel (l'article 55 [...]) n'est pas, en soi, suffisant pour faire d'un contrôle *juridictionnel* d'un acte un contrôle de *constitutionnalité*. Sinon tout le contentieux administratif de l'annulation et de la réformation doit être qualifié de contrôle de constitutionnalité à raison de son fondement désormais constitutionnel (CC, 23.01.1987; v. art 19 al. 4 et 20 al 3 LF.)". Hervorhebungen im Original

660 Janusköpfigkeit meint in diesem Rahmen Folgendes: Es ist dem Conseil d'Etat zwar verwehrt, ein Gesetz aufgrund seiner *Verfassungs*widrigkeit nicht anzuwenden; gleichzeitig ist ihm eben dies (die Nichtanwendung des Gesetzes) im Falle des Widerspruchs zu einem *völkerrechtlichen Vertrag* gestattet; vgl. *Heuschling*, Justice constitutionnelle et justice ordinaire. Épistémologie d'une distinction théorique, in: *Grewe/Jouanjan, et alt.* [Hrsg.], La notion de justice constitutionnelle, S. 85, 106

661 *Heuschling*, Justice constitutionnelle et justice ordinaire. Épistémologie d'une distinction théorique, in: *Grewe/Jouanjan, et alt.* [Hrsg.], La notion de justice constitutionnelle, S. 85, 101

662 A.A. jedoch ohne weitergehende Begründung *Conseil d'Etat* [Hrsg.], La norme internationale en droit français, S. 47: „le contrôle de constitutionnalité [...] et le contrôle de conventionnalité n'ont ni le même objet ni le même contenu".

ausmacht.[663] So gibt es kaum mehr von der Verfassung garantierte Rechte, die nicht auch Gegenstand völkerrechtlicher Verträge sind.[664]

Außerdem ist im Ergebnis die Wirkung einer Kontrolle der Vereinbarkeit eines Gesetzes mit der Verfassung oder mit einem völkerrechtlichen Vertrag sehr ähnlich.[665] Im Falle des Widerspruchs zu einem völkerrechtlichen Vertrag wird zwar das Gesetz lediglich nicht angewandt, wegen der Endgültigkeit der Nichtanwendung kommt dies aber einer Nichtigkeitserklärung sehr nahe.[666]

Versteht man Verfassungsgerichtsbarkeit daher als Modell, das zur Funktion hat, letztinstanzlich[667] die Effektivität des Respekts der Grundrechte und Grundfreiheiten zu sichern, so muss – da es dann nicht mehr auf die Quelle der in Frage stehenden Rechte ankommt – auch die Rechtsprechung des Conseil d'Etat als Verfassungsrechtsprechung angesehen werden, jedenfalls dann, wenn das höchste französische Verwaltungsgericht ein Gesetz an einem völkerrechtlichen Vertrag misst, der solche Grundrechte und Grundfreiheiten garantiert. Der Schutz der Menschenrechte und Grundfreiheiten stellt ein wesentliches Merkmal der verfassungsrechtlichen Ordnung dar und fällt daher funktionell unter den Begriff der Verfassungsgerichtsbarkeit.[668]

---

663 *Heuschling*, Justice constitutionnelle et justice ordinaire. Épistémologie d'une distinction théorique, in: *Grewe/Jouanjan, et alt.* [Hrsg.], La notion de justice constitutionnelle, S. 85, 106 f.

664 *Maulin*, Aperçu d'une histoire française de la modélisation des formes de justice constitutionnelle, in: *Grewe/Jouanjan, et alt.* [Hrsg.], La notion de justice constitutionnelle, S. 137, 157. So werden beispielsweise das Recht auf freie Meinungsäußerung, die Vereinigungsfreiheit oder das Recht auf einen fairen Prozess von der EMRK bzw. den Internationalen Pakten geregelt und gleichzeitig vom Verfassungsgericht als „droits constitutionnels", „principes à valeur constitutionnelle" oder als „principes reconnus par les lois de la république" gewährleistet; vgl. *Rousseau*, Droit du contentieux constitutionnel, S. 233; ähnlich *de Béchillon*, De quelques incidences du contrôle de la conventionnalité internationale des lois par le juge ordinaire (Malaise dans la Constitution), in: RFDA 1998, S. 225, 226 f.

665 *Heuschling*, Justice constitutionnelle et justice ordinaire. Épistémologie d'une distinction théorique, in: *Grewe/Jouanjan, et alt.* [Hrsg.], La notion de justice constitutionnelle, S. 85, 108

666 *Rousseau*, Droit du contentieux constitutionnel, S. 233; ebenso *de Béchillon*, De quelques incidences du contrôle de la conventionnalité internationale des lois par le juge ordinaire (Malaise dans la Constitution), in: RFDA 1998, S. 225, 228

667 „Letztinstanzlich" ist hier untechnisch zu verstehen. In o. g. Sinne würde nämlich auch das Bundesverwaltungsgericht eine Art von Verfassungsgerichtsbarkeit ausüben. Dessen Urteile sind jedoch – obgleich letztinstanzlich – immer noch mit der Verfassungsbeschwerde gemäß Art. 93 I Nr. 4a GG angreifbar, was bei Entscheidungen des Conseil d'Etat nicht der Fall ist.

668 *Jouanjan*, Aperçu d'une histoire des fonctions de justice constitutionnelle en Allemagne (1815-1933), in: *Grewe/Jouanjan, et alt.* [Hrsg.], La notion de justice

Aufgrund vorstehender Erwägungen wurde die Monopolstellung des Conseil constitutionnel im Hinblick auf die Prüfung der Verfassungsmäßigkeit als „rein formal“ bezeichnet.[669] Zur ausschließlichen a priori-Kontrolle des Conseil constitutionnel kommt nämlich – in funktioneller Hinsicht – eine a posteriori-Kontrolle der Verfassungsmäßigkeit von Gesetzen durch die ordentlichen Gerichte und die Verwaltungsgerichtsbarkeit hinzu. *De Béchillon* spricht denn auch von einer „sorte de dédoublement discret de la justice constitutionnelle“.[670]

Weiterhin kann die Koné-Entscheidung des Staatsrates[671] als Beleg der Wahrnehmung von Verfassungsgerichtsbarkeit herangezogen werden. Hier legt das Gericht einen völkerrechtlichen Vertrag verfassungskonform aus, misst diesen also letztlich implizit am Maßstab der Verfassung und erkennt damit indirekt an, dass ein der Verfassung widersprechender völkerrechtlicher Vertrag außer Anwendung bleiben muss. Aus diesen Erwägungen kann nun in zweifacher Hinsicht geschlossen werden, der Conseil d'Etat prüfe die Verfassungsmäßigkeit eines Gesetzes.

Einerseits kann die Verfassungskontrolle des völkerrechtlichen Vertrages als implizite Kontrolle der Verfassungsmäßigkeit des Zustimmungsgesetzes (Art. 53 I Const. 1958) gewertet werden.[672]

Andererseits erscheint die Vorgehensweise, den völkerrechtlichen Vertrag im Falle seines Widerspruchs zur Verfassung außer Anwendung zu lassen, auch als Form der a posteriori-Kontrolle der Verfassungsmäßigkeit eines Gesetzes. In dem Augenblick nämlich, in dem das Gesetz mit dem völkerrechtlichen Vertrag vereinbar ist, aber beide Rechtsakte der Verfassung widersprechen, erscheint ein Außer-Anwendung-Lassen des völkerrechtlichen Vertrages gleichzeitig auch als negatives Urteil über die Verfassungsmäßigkeit des Gesetzes.[673] Indem letztlich der Akt an der Verfassung gemessen und ein entgegenstehendes völkerrechtliches Abkommen außer Anwendung gelassen wird, kann dieses Vorgehen in dem Fal-

---

constitutionnelle, S. 13, 16. Seiner Meinung nach fallen unter diesen Begriff sämtliche Gerichte, deren Aufgabe es ist, die verfassungsrechtliche Ordnung in ihren wesentlichen Merkmalen zu schützen.

669 *Jouanjan*, Die Verfassungsgerichtsbarkeit in Frankreich, in: ius full 2004, S. 10, 15

670 *de Béchillon*, De quelques incidences du contrôle de la conventionnalité internationale des lois par le juge ordinaire (Malaise dans la Constitution), in: RFDA 1998, S. 225, 226

671 CE, Ass., 03.07.1996, Koné, Rec. S. 255; vgl. hierzu ausführlich unten Teil 4 A. III. 2. c.

672 Dies gilt jedenfalls dann, wenn ein Zustimmungsgesetz tatsächlich ergangen ist. Vgl. *Chauvaux/Girardot*, Anm. zu CE, Ass., 03.07.1996, Koné, Rec. S. 255, in: AJDA 1996, S. 722, 727

673 *Gaïa*, Normes constitutionnelles et normes internationales, in: RFDA 1996, S. 885, 890

le, dass ein Gesetz zwar mit dem Vertrag vereinbar ist, beide aber im Widerspruch zur Verfassung stehen, tatsächlich als Verfassungskontrolle von Gesetzen gewertet werden.[674]

Mehreren Fällen der Rechtsprechung kann daher entnommen werden, dass auch der Conseil d'Etat die in Frankreich als zentral angesehene Funktion von Verfassungsgerichtsbarkeit erfüllt – nämlich die Kontrolle der Verfassungsmäßigkeit von Gesetzen.

Aus anderen Entscheidungen des Staatsrates lässt sich darüber hinaus die Wahrnehmung weiterer Funktionen von Verfassungsgerichtsbarkeit durch den Conseil d'Etat ableiten.

β. Wahrnehmung weiterer Funktionen von Verfassungsgerichtsbarkeit durch den Conseil d'Etat

Seit der Entscheidung in der Rechtssache Blotzheim[675] erfüllt der Staatsrat nämlich die Funktion der Konfliktlösung zwischen Verfassungsorganen.[676] Durch die Prüfung, ob ein völkerrechtliches Abkommen in den Anwendungsbereich des Art. 53 I Const. 1958 fällt und damit der parlamentarischen Zustimmung bedarf, grenzt er in diesem Bereich nämlich die Kompetenzen von Regierung und Parlament ab.[677] Auch wenn im französischen Schrifttum herausgehoben wird, diese Kontrolle stelle keine Prüfung der Verfassungsmäßigkeit dar[678], so hindert dies

674 *Gaïa*, Normes constitutionnelles et normes internationales, in: RFDA 1996, S. 885, 890

675 CE, Ass., 18.12.1998, SARL du parc d'activité de Blotzheim et SCI Haselaecker, Rec. S. 484; vgl. hierzu ausführlich unten Teil 3 B. IV. 2.

676 *Drago*, Contentieux constitutionnel français, S. 72 ff.

677 Allerdings ist zuzugeben, dass hier nicht der klassische Fall eines Kompetenzstreites zwischen Regierung und Parlament vorliegt, wie in Deutschland etwa beim Organstreitverfahren gemäß Art. 93 I Nr. 1 GG. Es ist nämlich gerade nicht das Parlament, das die Missachtung des Art. 53 I Const. 1958 und damit die Verletzung seiner Rechte rügen kann. Folglich nimmt der Conseil d'Etat auch keine Rolle eines „Schiedsrichters“ zwischen den Verfassungsorganen wahr. Vielmehr wird der einzelne Bürger zum „Prozessstandschafter“ des Parlamentes, indem er das Veröffentlichungsdekret eines völkerrechtlichen Abkommens mit dem Argument angreift, dieses (das Abkommen) hätte der parlamentarischen Zustimmung bedurft. Im Ergebnis jedoch entscheidet der Conseil d'Etat durch eine Prüfung der Voraussetzungen des Art. 53 I Const. 1958 über die Zuständigkeitsverteilung zwischen Regierung und Parlament und ist damit zumindest ein „indirekter Schiedsrichter“.

678 Vgl. *Bachelier*, Schlussanträge in der Rechtssache CE, Ass., 18.12.1998, SARL du parc d'activité de Blotzheim et SCI Haselaecker, Rec. S. 484, in: RGDIP 1999, S. 545, 560

jedoch nicht die Behauptung, der Staatsrat übe eben hierdurch eine *Funktion* von Verfassungsgerichtsbarkeit aus.

Zuletzt ergibt sich aus einer Zusammenschau der Nicolo- und der Blotzheim-Entscheidung die Wahrnehmung einer weiteren anerkannten Funktion von Verfassungsgerichtsbarkeit – nämlich die Gewährleistung des Vorrangs der Verfassung.[679] Während in der erstgenannten Rechtssache der Staatsrat den Vorrang der völkerrechtlichen Verträge gegenüber den Gesetzen durchsetzt und damit den verfassungsrechtlichen Vorgaben des Art. 55 Const. 1958 Rechnung trägt, gewährleistet er mit der Rechtsprechung in der Rechtssache Blotzheim die Beachtung des Art. 53 I Const. 1958.

Bereits in der Rechtsprechung des Conseil d'Etat zum Verhältnis Völkerrecht/nationales Recht lässt sich mithin die Ausübung von Verfassungsgerichtsbarkeit durch dieses Gericht erkennen. Dies ist – wie gezeigt – selbst dann der Fall, wenn man das klassische französische Verständnis von Verfassungsgerichtsbarkeit zu Grunde legt. Ebendieses wird aber in letzter Zeit verstärkt als überkommen bezeichnet.

c. *Überkommenheit des klassischen Konzepts der Verfassungsgerichtsbarkeit*

Das klassische französische Konzept, wonach Verfassungsgerichtsbarkeit sich allein auf die Kontrolle der Verfassungsmäßigkeit von Gesetzen beschränkt, erscheint als nicht mehr zeitgemäß. So steht das Gesetz – anders als zu den Anfängen der Fünften Republik – nicht mehr im Vordergrund. Viele Materien, die ursprünglich vom Gesetz geregelt wurden, sind nunmehr Gegenstand einer Regelung der Exekutive oder von völkerrechtlichen Verträgen. Das damit einhergehende immer stärker werdende Gewicht dieser Akte muss sich – wenn man die Kontrolle von Gesetzen als wesentlich für die Verfassungsgerichtsbarkeit ansieht – notwendigerweise auf den Begriff der Verfassungsgerichtsbarkeit auswirken.[680]

Des Weiteren kennt die Verfassung von 1958 als Adressaten nicht nur den Gesetzgeber, sie bildet den Prüfungsmaßstab nicht bloß für Gesetze und unterwirft auch andere ihrem Regime als lediglich die Regierenden.

Gemessen an den Vorschriften der Verfassung und der Verfassungswirklichkeit ist zuletzt die Behauptung nicht richtig, die französischen Verwaltungsgerichte würden – im Gegensatz zum Verfassungsgericht – nur das Gesetz auslegen und anwenden. Zum einen beansprucht der Conseil d'Etat durchaus das Recht,

679 *Favoreu, Gaïa et alt.*, Droit constitutionnel, S. 199

680 *Maulin*, Aperçu d'une histoire française de la modélisation des formes de justice constitutionnelle, in: *Grewe/Jouanjan, et alt.* [Hrsg.], La notion de justice constitutionnelle, S. 137, 138

Normen der Verfassung auszulegen.[681] Zum anderen überprüft der Staatsrat sehr wohl die Verfassungsmäßigkeit sämtlicher übrigen Akte (ausgenommen Gesetze), sofern diese nicht in Anwendung eines Gesetzes getroffen worden sind und ein solches daher keinen sogenannten „écran législatif" bilden kann.[682]

Insgesamt ist daher die Rechtsprechung des Conseil d'Etat als Ausübung der Funktion von Verfassungsgerichtsbarkeit anzusehen und in die vorliegende Untersuchung mit einzubeziehen. Vor der Erörterung der Fragen zur Zuständigkeit des Staatsrates auf dem Gebiet der Kontrolle der auswärtigen Gewalt sind jedoch die Kompetenzen des Conseil constitutionnel in diesem Bereich darzustellen.

II. Eingeschränkte Kompetenzen des Conseil constitutionnel auf dem Gebiet der Außenpolitik

Die Kompetenzen des Conseil constitutionnel beschränken sich im hier interessierenden Zusammenhang auf die Prüfung der Verfassungsmäßigkeit völkerrechtlicher Verträge. Eine diesbezügliche Kontrolle kann insofern auch als solche der Außenpolitik verstanden werden, als sich der Prüfungsgegenstand als Produkt internationaler Verhandlungen – ein Zentralbereich der Außenpolitik – darstellt.[683]

Völkerrechtliche Verträge können im Rahmen zweier Verfahren vom Conseil constitutionnel auf ihre Verfassungsmäßigkeit hin überprüft werden: Zum einen gemäß Art. 54 Const. 1958, zum anderen gemäß Art 61 II Const. 1958. Gemeinsam ist diesen Verfahren, dass der Verfassungsrat hierbei nicht proprio motu tätig wird, sondern nur auf Antrag hin. Keineswegs passiert also jede völkervertragliche Verpflichtung Frankreichs automatisch den Conseil constitutionnel.[684]

Diese nur fakultative Anrufung des Conseil constitutionnel wird teilweise negativ bewertet. Seien sich nämlich alle antragsberechtigten Institutionen über die Verfassungsmäßigkeit des in Frage stehenden Abkommens einig und hielten deshalb eine Anrufung des Verfassungsrates für nicht erforderlich, würden sämtliche Türen zu einer verdeckten Verfassungsänderung geöffnet, obwohl es eigentlich

681 Vgl. im hier interessierenden Zusammenhang insbesondere die Art. 53 I Const. 1958 betreffenden Entscheidungen CE, Ass., 18.12.1998, SARL du parc d'activité de Blotzheim et SCI Haselaecker, Rec. S. 484; CE, 23.02.2000, Bamba Dieng, Rec. S. 72

682 *Heuschling*, Justice constitutionnelle et justice ordinaire. Épistémologie d'une distinction théorique, in: *Grewe/Jouanjan, et alt.* [Hrsg.], La notion de justice constitutionnelle, S. 85, 110 f.

683 So auch *Zoller*, Droit des relations extérieures, S. 259

684 *Zoller*, Droit des relations extérieures, S. 265

gerade die Absicht des Verfassungsgebers gewesen sei, eben dies zu verhindern. Alternativ wird daher ein obligatorisches Konsultationsverfahren vorgeschlagen, wie es gemäß Art. 39 II Const. 1958 beim Conseil d'Etat bezüglich der Verfassungsmäßigkeit von Gesetzesentwürfen der Regierung existiert.[685] Eine dahingehende Änderung würde eine systematische Befassung des Conseil constitutionnel mit völkerrechtlichen Verpflichtungen ermöglichen, insbesondere auf dem Gebiet von Integrations- und Menschenrechtsverträgen.[686]

Eine weitere Gemeinsamkeit beider Verfahren besteht darin, dass in deren Rahmen grundsätzlich eine a priori-Kontrolle stattfindet – der Conseil also seine Prüfungskompetenz vor Inkrafttreten des völkerrechtlichen Vertrages wahrnimmt.[687]

1. Verfahren nach Art. 54 Const. 1958

Anders als im deutschen Verfassungsrecht sieht die französische Verfassung mit Art. 54 Const. 1958[688] eine spezielle Verfahrensart für die Kontrolle der Verfassungsmäßigkeit völkerrechtlicher Verträge vor. Diese Bestimmung wurde als Reaktion auf die während der IV. Republik anlässlich des Vertrages über die Europäische Verteidigungsgemeinschaft entstandenen verfassungsrechtlichen Streitigkeiten in den Verfassungstext aufgenommen.[689]

Scheint aus deutscher Sicht eine solche Verfahrensart begrüßenswert, da zur Überprüfung der Verfassungsmäßigkeit eines völkerrechtlichen Vertrages nicht mehr der Umweg über das Zustimmungsgesetz genommen werden müsste, so zeigen die Motive, die zu Art. 54 Const. 1958 geführt haben, ein tiefes Misstrauen des Verfassungsgebers gegenüber jeglichen Integrationsverträgen und supranationalen Organisationen und den unbedingten Willen, die „Souveraineté nationale" bestmöglich zu erhalten. Die Einfügung des Art. 54 Const. 1958 sollte

685 *Zoller*, Droit des relations extérieures, S. 269

686 *Verpeaux*, Anm. zu CC, 15.06.1999, Charte européenne des langues régionales ou minoritaires, déc. no. 99-412 DC, Rec. S. 71, in: RFDC 1999, S. 594, 597

687 Vgl. hierzu unten Teil 3 A. II. 3.

688 Wortlaut: „Si le Conseil constitutionnel, saisi par le président de la République, par le Premier ministre, par le président de l'une ou l'autre assemblée, ou par soixante députés ou soixante sénateurs, a déclaré qu'un engagement international comporte une clause contraire à la Constitution, l'autorisation de ratifier ou d'approuver l'engagement international en cause ne peut intervenir qu'après la révision de la Constitution".

689 *Ruzié*, Anm. zu CC 29./30.12.1976, Élection de l'Assemblée des Communautés européennes au suffrage universel direct, déc. no. 76-71 DC, Rec. S. 15, in: JDI 1977, 66, 69; ebenso *Emeri/Gautron*, Anm. zu CC, 19.06.1970, Ressources propres, déc. no.70-39 DC, Rec. S. 15, in: RDP 1971, S. 157, 173

nämlich ursprünglich dazu dienen, die Ratifikation zu erschweren und so die europäische Integration zu jedem Zeitpunkt durch den Conseil constitutionnel stoppen zu lassen.[690]

Während Art. 54 Const. 1958 in den Anfangsjahren der V. Republik selten zur Anwendung kam, ist seit den Neunzigerjahren ein Anstieg der Verfahrenszahlen zu beobachten.[691] Obgleich man diesen Befund auf die im Jahre 1992 erfolgte Ausweitung des Kreises der Antragsberechtigten zurückführen könnte, zeigt die Praxis, dass ein derartiger Zusammenhang nicht besteht.

a. Antragsberechtigung

Der Kreis der Antragsberechtigten beschränkt sich auf wenige Staatsorgane bzw. auf Teile von diesen: So können nur der Präsident, der Premierminister, der Präsident einer der beiden Parlamentskammern, sechzig Abgeordnete der Assemblée Nationale oder sechzig Senatoren den Conseil Constitutionnel anrufen, um die Verfassungsmäßigkeit einer internationalen Verpflichtung klären zu lassen.[692] Die Erweiterung des Kreises der Antragsberechtigten um die Mitglieder der beiden Parlamentskammern wurde erst mit der Verfassungsreform von 1992[693] verwirklicht.[694] Trotz dieser Entwicklung des Art. 54 Const. 1958 hin zu einem In-

690 *Coussirat-Coustère*, Le Conseil constitutionnel et l'élection au suffrage universel direct de l'assemblée européenne, in: AFDI 1976, 805, 808; ebenso *Emeri/Gautron*, Anm. zu CC, 19.06.1970, Ressources propres, déc. no. 70-39 DC, Rec. S. 15, in: RDP 1971, S. 157, 173

691 *Verpeaux*, Anm. zu CC, 15.06.1999, Charte européenne des langues régionales ou minoritaires, déc. no. 99-412 DC, Rec. S. 71, in: RFDC 1999, S. 594, 596

692 Die Formulierung des Art. 54 Const. 1958 lässt im Übrigen auch einen gemeinsamen Antrag (sog. „saisine conjointe") der dort genannten Institutionen zu. Ein solcher wurde z. B. vom Präsidenten und dem Premierminister sowohl im Verfahren über den Amsterdamer Vertrag als auch über das Römische Statut gestellt. Vgl. hierzu näher *Gautron/Monjal*, La décision 98-408 du Conseil constitutionnel relative au statut de la cour pénale internationale: un soutien juridique aux réticences nationales?, in: R.R.J. 1999, S. 1207, 1220

693 Vgl. verfassungsänderndes Gesetz No. 92-554 vom 25.06.1992, in: J.O.R.F. no. 147 vom 26.06.1992, S. 8406

694 Damit wurde die durch die Verfassungsänderung von 1975 hervorgerufene „dissymétrie juridique" beseitigt, wonach zwar im Verfahren nach Art. 61 II Const. 1958 parlamentarische Minderheiten antragsberechtigt waren, ihnen dieses Recht jedoch nicht im Verfahren nach Art. 54 Const. 1958 zustand. Dieses Ungleichgewicht wurde noch dadurch verstärkt, dass die Präsidenten der beiden Parlamentskammern regelmäßig erst dann von der internationalen Verpflichtung Kenntnis erlangten, wenn ihnen ein diesbezüglicher Gesetzesentwurf zugeleitet worden war. Mithin konnte ihnen die Exekutive stets mit der Einleitung des Verfahrens nach Art. 54 Const. 1958 zuvorkommen. Vgl. hierzu sowie zum Begriff der „dissymétrie

strument des parlamentarischen Minderheitenschutzes wurden völkerrechtliche Verpflichtungen weiterhin dem Verfassungsrat hauptsächlich von der Exekutive vorgelegt.[695] Diese Beobachtung mag angesichts der Tatsache, dass diese wesentlich am Entstehungsprozess der internationalen Verpflichtung beteiligt ist[696], überraschen, erklärt sich aber mit der von der Exekutive regelmäßig verfolgten Absicht, durch eine Entscheidung des Conseil constitutionnel den öffentlichen und parlamentarischen Debatten über die Verfassungsmäßigkeit des jeweiligen Vertrages die Grundlage zu entziehen[697], einer Anrufung des Verfassungsrates durch die Opposition zuvorzukommen[698] oder andere Ziele politischer Natur zu erreichen.[699] Die Einleitung eines Verfahrens nach Art. 54 Const. 1958 wurde daher zu Recht bisweilen als „politisches Manöver" bezeichnet.[700]

b. Antragsgegenstand

Antragsgegenstand bilden die sogenannten „engagements internationaux". Hierbei ist fraglich, wie der Begriff zu definieren ist (vgl. α.) und welche Bedeutung einem eventuell vorhandenen Zusammenhang der Artt. 54 und 53 I Const. 1958 zukommt (vgl. β.). Zuletzt erweist es sich als problematisch, inwieweit Interpetationserklärungen im Verfahren nach Art. 54 Const. 1958 zu berücksichtigen sind (vgl. γ.).

---

juridique" *Hamon*, Anm. zu CC, 29./30.12.1976, Élection de l'Assemblée des Communautés européennes au suffrage universel direct, déc. no. 76-71 DC, Rec. S. 15, in: Dalloz jurispr. 1977, S. 201, 203

695 So auch die Analyse von *Rousseau*, Droit du contentieux constitutionnel, S. 199, mit Verweis auf die Verfahren über den Amsterdamer Vertrag oder über das Statut des Internationalen Strafgerichtshofes.

696 *Favoreu/Philip*, Anm. zu CC, 29./30.12.1976, Élection de l'Assemblée des Communautés européennes au suffrage universel direct, déc. no. 76-71 DC, Rec. S. 15, in: RDP 1977, S. 129, 145

697 Vgl. statt vieler *Ruzié*, Anm. zu CC 29./30.12.1976, Élection de l'Assemblée des Communautés européennes au suffrage universel direct, déc. no. 76-71 DC, Rec. S. 15, in: JDI 1977, S. 66, 69

698 *Favoreu*, La décision du Conseil constitutionnel du 22 mai 1985 relative au protocole no 6 additionnel à la convention européenne des droits de l'homme, in: AFDI 1985, S. 868, 870

699 Vgl. z. B. zum politischen Hintergrund der Anrufung des Conseil constitutionnel durch den Präsidenten bzgl. der Europäischen Charta der Regional- und Minderheitensprachen, *Verpeaux*, Anm. zu CC, 15.06.1999, Charte européenne des langues régionales ou minoritaires, déc. no. 99-412 DC, Rec. S. 71, in: RFDC 1999, S. 594, 596

700 *Ruzié*, Anm. zu CC, 29./30.12.1976, Élection de l'Assemblée des Communautés européennes au suffrage universel direct, déc. no. 76-71 DC, Rec. S. 15, in: JDI 1976, S. 66, 69

a. Definition des Begriffs „engagement international"

Nach der Rechtsprechung des Conseil constitutionnel sind für die Annahme eines „engagement international" zwei Voraussetzungen wesentlich:[701] Es muss sich um eine Vereinbarung zwischen zwei oder mehreren Völkerrechtssubjekten handeln;[702] weiterhin muss diese aus sich heraus Rechte und Pflichten[703] für die Parteien entstehen lassen.[704]

Der Conseil constitutionnel hat den Begriff des „engagement international" jedoch keineswegs auf völkerrechtliche Verträge im formellen Sinne beschränkt. Auch Entscheidungen der im Rat vereinigten Vertreter der Mitgliedsstaaten – als zwischenstaatliche Vereinbarungen auf Regierungsebene[705] („accords entre gouvernements conclus sous une forme simplifiée") – fallen in den Anwendungsbereich des Art. 54 Const. 1958, was sich implizit aus der Entscheidung des Conseil constitutionnel zur Direktwahl des Europäischen Parlaments ergibt.[706] Eine sol-

701 *Gaïa*, Le Conseil constitutionnel et l'insertion des engagements internationaux dans l'ordre juridique interne, S. 22; ebenso *Abraham*, Droit international, droit communautaire et droit français, S. 47

702 Kein „engagement international" im Sinne des Art. 54 Const. 1958 stellt daher zum Beispiel eine vertragliche Vereinbarung zwischen der Französischen Republik und einem überseeischen Departement dar, da letzteres kein Völkerrechtssubjekt ist. Vgl. CC, 19.07.1983, Loi portant approbation d'une convention fiscale avec le territoire d'outre mer de la Nouvelle-Calédonie et dépendances, déc. no. 83-160 DC, Rec. S. 43, zitiert und besprochen bei *Gaïa*, Le Conseil constitutionnel et l'insertion des engagements internationaux dans l'ordre juridique interne, S. 23 f.

703 Nicht genügen beispielsweise bloße „Erklärungen mit politischem Charakter", vgl. CC, 29.12.1978, Loi de finances pour 1979, déc. no. 78-99 DC, Rec. S. 36, zitiert und besprochen bei *Gaïa*, Le Conseil constitutionnel et l'insertion des engagements internationaux dans l'ordre juridique interne, S. 27-30

704 Die Bezeichnung ist hierbei völlig gleichgültig. So qualifizierte der Conseil constitutionnel den Vertrag über eine Verfassung für Europa trotz seiner Bezeichnung als Verfassung als „traité international", der im Verfahren nach Art. 54 Const. 1958 auf seine Vereinbarkeit mit der Verfassung untersucht werden kann. Das Gericht begründet dies wesentlich mit den Vorschriften über das Inkrafttreten, die Vertragsänderung und die -kündigung. Vgl. CC, 19.11.2004, Traité établissant une Constitution pour l'Europe, déc. no. 2004-505 DC, Rec. S. 173, 9. Erwägungsgrund: „il résulte des stipulations du traité soumis au Conseil constitutionnel, intitulé „Traité établissant une Constitution pour l'Europe" et notamment de celles relatives à son entrée en vigueur, à sa révision et à la possibilité de le dénoncer, qu'il conserve le caractère d'un traité international".

705 *Ruzié*, Anm. zu CC, 29./30.12.1976, Élection de l'Assemblée des Communautés européennes au suffrage universel direct, déc. no. 76-71 DC, Rec. S. 15, in: JDI 1976, S. 66, 73 m.w.N.

706 CC, 29./30.12.1976, Élection de l'Assemblée des Communautés européennes au suffrage universel direct, déc. no. 76-71 DC, Rec. S. 15; nach Ansicht vieler franzö-

che Ausweitung rechtfertigt sich zum einen durch den Wortlaut des Art 54 Const. 1958, der sich eben nicht nur auf Verträge und Abkommen bezieht, zum anderen erfüllen solche Entscheidungen ebenso die oben geschilderten Voraussetzungen eines „engagement international“.[707]

Keinesfalls als tauglicher Antragsgegenstand können jedoch klassische Sekundärrechtsakte der Europäischen Gemeinschaften – wie die Richtlinie oder die Verordnung – angesehen werden.[708] „Engagement international“ meint nämlich lediglich internationale Verpflichtungen vertraglicher Natur. Diese müsse sich, wenn schon nicht aus der Bezeichnung, so doch aus dem Inhalt und dem anwendbaren juristischen System ergeben. Der Wortlaut des Art. 54 Const.1958 stelle eine Verbindung her zwischen dem Begriff „engagement international“ und dem Erfordernis einer speziellen Form der Verbindlichkeitserklärung (Ratifikation oder Billigung). Letzeres existiere aber nur bei den internationalen Verpflichtungen vertraglichen Charakters und gerade nicht bei den Sekundärrechtsakten der Gemeinschaften.[709]

---

sischer Autoren ist der Beschluss und der als Annex angefügte Akt nicht als eine Entscheidung der Gemeinschaft bzw. als eine Anwendungsmaßnahme der Gründungsverträge aufzufassen, obgleich der Grundsatz der Direktwahl schon in den Römischen Verträgen enthalten war (vgl. Artt. 138 III EWG, 21 III EGKS, 108 III Euratom in ihren jeweils ursprünglichen Fassungen). Vielmehr handle es sich um eine Maßnahme der im Rat vereinigten Vertreter der Mitgliedsstaaten; dies ergebe sich auch aus einer Analyse der Formalien: so ist der eben zitierte Akt eben nicht vom Präsidenten des Rates unterschrieben, sondern von den Vertretern der Mitgliedsstaaten. Auch spreche die Wendung „Annahme nach ihren jeweiligen verfassungsrechtlichen Vorschriften“ im Beschluss für eine solche Auslegung; vgl. hierzu ausführlich *Ruzié*, Anm. zu CC, 29./30.12.1976, Élection de l'Assemblée des Communautés européennes au suffrage universel direct, déc. no. 76-71 DC, Rec. S. 15, in: JDI 1977, 66, 73 f.; *Favoreu/Philip*, Anm. zu CC, 29./30.12.1976, Élection de l'Assemblée des Communautés européennes au suffrage universel direct, déc. no. 76-71 DC, Rec. S. 15, in: RDP 1977, S. 129, 135; *Gaïa*, Le Conseil constitutionnel et l'insertion des engagements internationaux dans l'ordre juridique interne, S. 39 f.

707 *Rousseau*, Droit du contentieux constitutionnel, S. 203 f.

708 A.A. *Favoreu/Philip*, Les grandes décisions du Conseil constitutionnel, 12. A., no. 45, Rn. 40; in der neuesten Auflage wird diese Ansicht jedoch zu Recht aufgegeben, vgl. *Favoreu/Philip*, Les grandes décisions du Conseil constitutionnel, no. 51, Rn. 17.

709 *Gaïa*, Le Conseil constitutionnel et l'insertion des engagements internationaux dans l'ordre juridique interne, S. 35 in Fn. 34

β. Notwendiger Zusammenhang zwischen den Artt. 54 und 53 I Const. 1958?

In der französischen Lehre ist die Frage sehr umstritten, ob sich der Begriff des „engagement international“ ausschließlich auf solche internationalen Verpflichtungen bezieht, deren Ratifikation bzw. Billigung gemäß Art. 53 I Const. 1958 der parlamentarischen Ermächtigung bedürfen.[710] Nach einer Auffassung besteht eine enge Verbindung zwischen den Artt. 53 I und 54 Const. 1958. Folglich beschränke sich die Kontrollkompetenz des Conseil constitutionnel lediglich auf die Überprüfung solcher internationaler Verpflichtungen, die in den Anwendungsbereich des Art. 53 I Const. 1958 fallen. Dies ergebe sich aus der in Art. 54 Const. 1958 geschilderten Rechtsfolge, wonach im Falle einer Verfassungswidrigkeit einer völkerrechtlichen Verpflichtung das Parlament solange nicht zur Vornahme der Ratifizierung oder der Billigung ermächtigen darf, bis die Verfassung geändert worden ist.[711] Diese Rechtsfolge mache aber nur Sinn bei den völkerrechtlichen Verpflichtungen, deren Ratifikation oder Billigung gemäß Art. 53 I Const. 1953 eine vorherige Ermächtigung seitens des Parlamentes tatsächlich erfordern.

Nach anderer Auffassung ist Art. 54 Const. 1958 von Art. 53 I Const. 1958 unabhängig, die Prüfungskompetenz des Conseil constitutionnel beziehe sich mithin auf sämtliche internationale Verpflichtungen. Hierfür lasse sich der gegenüber dem Art. 53 I Const. 1958 weiter gefasste Wortlaut des Art. 54 Const. 1958 anführen. Während jener lediglich von Verträgen und Abkommen spreche, werde in diesem der Begriff des „engagement international“ verwandt. Weiterhin würde eine extensive Auslegung des Art. 54 Const. 1958 und die damit einhergehende erweiterte Kompetenz des Verfassungsrates das Risiko der Verfassungswidrigkeit völkerrechtlicher Verträge und Abkommen vermindern. Zuletzt könne das Parlament (sein Präsident oder 60 Abgeordnete) auf diese Weise auch solche völkerrechtlichen Verpflichtungen auf ihre Verfassungsmäßigkeit hin überprüfen lassen, die diesem nicht im parlamentarischen Verfahren vorgelegt worden sind.[712]

Welche Auslegung der Conseil constitutionnel bevorzugt, ließ sich lange Zeit der Rechtsprechung nur sehr schwer entnehmen.[713] Während der Eigenmittel-

710 Vgl. zum Meinungsstand *Gaïa*, Le Conseil constitutionnel et l'insertion des engagements internationaux dans l'ordre juridique interne, S. 44 f.; *Rousseau*, Droit du contentieux constitutionnel, S. 202 f. jeweils m.w.N.

711 *Abraham*, Droit international, droit communautaire et droit français, S. 47

712 Vgl. zu diesen Argumenten *Gaïa*, Le Conseil constitutionnel et l'insertion des engagements internationaux dans l'ordre juridique interne, S. 45 m.w.N.

713 Zu einer eingehenden Analyse der Rechtsprechung vgl. *Gaïa*, Le Conseil constitutionnel et l'insertion des engagements internationaux dans l'ordre juridique interne, S. 45-51

Entscheidung das Erfordernis eines Zusammenhangs zwischen Artt. 54 und Art. 53 I Const. 1958 direkt entnommen werden kann[714], ist auf einen solchen aus den folgenden Entscheidungen allenfalls implizit zu schließen.

Manche Autoren verstehen die Direktwahl-Entscheidung dahingehend, dass der Conseil auch solche völkerrechtlichen Verpflichtungen auf ihre Verfassungsmäßigkeit überprüft, die nicht parlamentarischer Zustimmung bedürfen. Schließlich sei der Beschluss des Rates keine Maßnahme gewesen, die die Intervention des Gesetzgebers in der Form des Art. 53 I Const. 1958 erfordert.[715] *Abraham* schließt aus derselben Entscheidung, der Conseil constitutionnel gehe zwar von einer Verbindung zwischen den Artt. 53 I und 54 Const. 1958 aus, diese sei aber nicht so eng, dass die parlamentarische Beteiligung zwingend in der Form der gesetzlichen Ermächtigung zu einer Ratifizierung oder einer Billigung erfolgen müsse. Vielmehr genüge ein irgendwie geartetes erforderliches Tätigwerden des Parlaments.[716] Im eben zitierten Fall musste das Parlament beispielsweise die genaueren Bestimmungen über den Ablauf der Wahl zum Europäischen Parlament festlegen.[717]

Aus neueren Entscheidungen des Conseil constitutionnel kann man ableiten, die Rechtsprechung gehe von der Notwendigkeit aus, dass die ihr im Rahmen des Art. 54 Const. 1958 vorgelegten völkerrechtlichen Verpflichtungen in den Anwendungsbereich des Art. 53 I Const. 1958 fallen müssen. Einige Aussagen in

---

714 CC, 19.06.1970, Ressources propres, déc. no. 70-39 DC, Rec. S. 15, 6. Erwägungsgrund: „l'application [...] [des règles constitutionnelles françaises T.P.] exige que l'adoption des dispositions prévues par ladite décision [du 21.04.1970 T.P.] [...] soit subordonnée, conformément à l'article 53, à l'intervention d'une loi."

715 *Rousseau*, Droit du contentieux constitutionnel, S. 203; diese Auffassung fußt jedoch auf der Annahme, es handle sich bei dem streitgegenständlichen Beschluss und dem angefügten Akt um eine Anwendungsmaßnahme der Römischen Verträge. Gerade dies wird aber von weiten Teilen der Literatur bestritten. Vgl. z. B. *Ruzié*, Anm. zu CC 29./30.12.1976, Élection de l'Assemblée des Communautés européennes au suffrage universel direct, déc. no. 76-71 DC, Rec. S. 15, in: JDI 1977, S. 66, 73 f.

716 Da bei Verordnungen der Europäischen Gemeinschaften gerade kein wie auch immer geartetes parlamentarisches Tätigwerden erforderlich ist, scheiden diese als Antragsgegenstand im Rahmen des Art. 54 Const. 1958 aus. Vgl. *Abraham*, Droit international, droit communautaire et droit français, S. 48

717 *Abraham*, Droit international, droit communautaire et droit français, S. 47 f.; darüber hinaus hat das Parlament durch Gesetz vom 30.06.1977 die Ermächtigung zur Billigung des Beschlusses des Rates erteilt. Dies beweist, dass das Parlament im Anschluss an den Conseil constitutionnel der Auffassung war, es handle sich bei dem Beschluss um ein Abkommen, das in den Anwendungsbereich des Art. 53 I Const. 1958 fällt; vgl. hierzu *Abraham*, Droit international, droit communautaire et droit français, S. 48

der Entscheidung zum Amsterdamer Vertrag weisen deutlich in diese Richtung.[718] Dadurch, dass das Gericht aber zumindest die Tatbestände des Art. 53 I Const. 1958 sehr weit auslegt, ist es in der Regel ohnehin nicht schwierig, diese Verbindung zwischen den Artt. 54 und 53 I Const. 1958 herzustellen.[719]

Dennoch ist der (impliziten) Auffassung des Conseil constitutionnel nicht zuzustimmen. Gegen diese spricht insbesondere der Zweck des Art. 54 Const. 1958, wonach das Eingehen verfassungswidriger völkervertraglicher Bindungen durch die Französische Republik verhindert werden soll. Ein derartiger Zweck ist aber nur dann effektiv zu erreichen, wenn sämtliche internationalen Verpflichtungen im Verfahren nach Art. 54 Const. 1958 überprüft werden können und keine Einschränkung auf solche erfolgt, die dem Anwendungsbereich des Art. 53 I Const. 1958 unterfallen. Der Zielsetzung der Vorschrift entsprechend muss dann auch ihre Rechtsfolge ausgelegt werden. Ist also ein völkerrechtlicher Vertrag oder ein Abkommen, das nicht von Art. 53 I Const. 1958 erfasst wird, Antragsgegenstand, so darf dieses nur im Falle vorheriger Verfassungsänderung ratifiziert bzw. gebilligt werden. Eine parlamentarische Ermächtigung hierzu ist in vorliegendem Falle nicht erforderlich (teleologische Reduktion).

γ. Einbeziehung von Interpretationserklärungen in den Antragsgegenstand?

Eine spezielle Frage stellte sich im Rahmen der Überprüfung der Verfassungsmäßigkeit der Europäischen Charta der Regional- und Minderheitensprachen vom 7. Mai 1999. Der Präsident hatte in seiner Antragsschrift den Verfassungsrat aufgefordert, bei der Prüfung im Rahmen des Art. 54 Const. 1958 auch die von Frankreich anlässlich der Unterzeichnung formulierte Interpretationserklärung zu

718 CC, 31.12.1997, Traité d'Amsterdam, déc. no. 97-394 DC, Rec. S. 344, 23. Erwägungsgrund: „Un tel passage de la règle de l'unanimité à celle de la majorité qualifiée et à la procédure de „codécision" *ne nécessitera*, le moment venu, *aucun acte de ratification ou d'approbation nationale, et ne pourra* ***ainsi*** *pas faire l'objet d'un contrôle de constitutionnalité sur le fondement de l'article 54 ou de l'article 61 alinéa 2* de la Constitution". Hervorhebungen durch Verfasser. Ähnlich *Schoettl*, Anm. zu CC, 31.12.1997, Traité d'Amsterdam, déc. no. 97-394 DC, Rec. S. 344, in: AJDA 1998, S. 135, 143: „La décision du Conseil [des communautés européennes T.P] de „basculer" dans la majorité qualifiée et la „codécision", même pris à l'unanimité, constitue un acte de droit communautaire dérivé *qui n'appellera aucune révision du traité ni, par conséquent, aucune autorisation du Parlement français, et qui ne donnera prise à aucun contrôle de constitutionnalité.*" Hervorhebungen durch Verfasser.

719 *Gaïa*, Anm. zu 09.04.1992, Maastricht I, déc. no. 308-92 DC, Rec. S. 55, in: RFDC 1992, S. 398, 401

berücksichtigen, die mit der Charta eine Einheit bilde.[720] Obgleich man diese Position durchaus hätte verfassungsrechtlich begründen können[721], lehnte das Gericht eine solche ab, indem es auf den eingeschränkten normativen Charakter einer derartigen einseitigen Erklärung verwies und deren „bloße" Bedeutung als Auslegungsinstrument hervorhob.[722] Eine Interpretationserklärung muss sich darauf beschränken, den Sinn und die Tragweite zu präzisieren, die ein Vertragsstaat einer bestimmten Vertragsklausel geben möchte. Demgegenüber darf sie nicht – wie etwa der Vorbehalt – darauf abzielen, die Rechtswirkungen einzelner Vertragsbestimmungen auszuschließen oder zu modifizieren.[723]

Auf den ersten Blick scheint diese Rechtsprechung im Widerspruch zu Passagen der Schengen-Entscheidung zu stehen, in der das Verfassungsgericht betont, die im Hinblick auf Art. 41 Schengen-DurchfÜbk abgegebene Erklärung der Französischen Regierung stelle ein Element dar, das bei der Prüfung der Verfassungsmäßigkeit berücksichtigt werden müsse.[724] Dieser Widerspruch erweist sich jedoch bei näherer Analyse als lediglich scheinbarer. Es ist bereits zweifelhaft, ob es sich bei Erklärungen nach Art. 41 IX Schengen-DurchfÜbk tatsächlich um Interpretationserklärungen handelt[725] – schließlich wird darin nicht ausgeführt, wie eine Vertragspartei eine bestimmte Klausel versteht, sondern es werden ver-

---

720 Vgl. zur Antragsschrift des französischen Präsidenten *Schoettl*, Anm. zu CC, 15.06.1999, Charte européenne des langues régionales ou minoritaires, déc. no. 99-412 DC, Rec. S. 71, in: AJDA 1999, S. 573, 575

721 Vgl. z. B. *Schoettl*, Anm. zu CC, 15.06.1999, Charte européenne des langues régionales ou minoritaires, déc. no. 99-412 DC, Rec. S. 71, in: AJDA 1999, S. 573, 575: Er meint, eine dahingehende Argumentation hätte sich insbesondere auf Absatz 14 der Präambel der Verfassung von 1946 stützen müssen.

722 CC, 15.06.1999, Charte européenne des langues régionales et minoritaires, déc. no. 99-412 DC, Rec. S. 71, 4. Erwägungsgrund: „[U]ne telle déclaration [interprétative T.P.] unilatérale n'a d'autre force normative que de constituer un instrument en rapport avec le traité et concourant, en cas de litige, à son interprétation; [...] il appartient donc au Conseil constitutionnel [...] de procéder au contrôle de la constitutionnalité des engagements souscrits par la France indépendamment de cette déclaration".

723 Ebenso *Mélin-Soucramanien*, La République contre Babel – à propos de la décision du Conseil constitutionnel no. 99-412 DC du 15 juin 1999, in: RDP 1999, S. 985, 992 f.

724 CC, 25.07.1991, Accord de Schengen, déc. no. 91-294 DC, Rec. S. 91, 36. Erwägungsgrund: „[L]a déclaration faite par le Gouvernement de la République française [...] est un élément qui doit être pris en compte pour l'appréciation de la conformité à la Constitution [...] de la convention".

725 A.A. *Gaïa*, Commentaire de la décision du Conseil constitutionnel no. 91-294 DC du 25 juillet 1991, in: R.R.J. 1992, S. 25, 30 f.; er scheint davon auszugehen, bei den Erklärungen nach Art. 41 IX Schengen-DurchfÜbk handle es sich um Interpretationserklärungen.

bindlich die Modalitäten der Ausübung des Nacheilerechts *festgelegt* (vgl. Wortlaut des Art. 41 IX Schengen-DurchfÜbk). Diesen Erklärungen kommt also sehr wohl normative Bedeutung zu. Daher hat der Conseil constitutionnel sie zu Recht in die Prüfung der Verfassungsmäßigkeit einbezogen.

Insgesamt ist die Nichteinbeziehung von Interpretationserklärungen in die Prüfung der Verfassungsmäßigkeit zu begrüßen: Mit der Auffassung, Interpretationserklärungen hätten keine normative Kraft, ihnen käme lediglich Bedeutung als Auslegungsinstrumente zu, befindet sich der Verfassungsrat nämlich im Einklang mit dem Recht der Verträge – insbesondere mit Art. 31 II lit. b. WVRK. Außerdem wird so eine dadurch entstehende Gefahr gebannt, dass die ordentlichen Gerichte oder die Verwaltungsgerichte die Rechtmäßigkeit dieser Interpretationserklärung – sofern sie sich denn diesbezüglich in Zukunft für zuständig erachten sollten – später in Zweifel ziehen.[726]

c. Antragsfrist und -form

Anders als im Verfahren nach Art. 61 II Const. 1958 trifft Art. 54 Const. 1958 über die Antragsfrist keine Aussage. In Literatur und Rechtsprechung wird übereinstimmend jedoch eine gewisse Zeitspanne angegeben, in der ein Antrag zum Conseil constitutionnel möglich ist.[727] Demgemäß kann das Gericht frühestens mit einer völkerrechtlichen Verpflichtung befasst werden, wenn sie von den vertragschließenden Parteien unterzeichnet worden ist. Ab diesem Zeitpunkt erscheint die Vereinbarung nicht mehr als bloßes Projekt, sondern als feststehender – wenn auch noch nicht verbindlicher – Text.[728] Spätestens muss der Verfassungsrat vor der Annahme des Zustimmungsgesetzes durch das Parlament eingeschaltet werden. Dies ergibt sich indirekt aus Art. 54 Const. 1958 selbst. Die Rechtsfolge dieser Bestimmung besteht nämlich darin, dass die parlamentarische Zustimmung nicht ohne vorherige Verfassungsänderung erfolgen darf. Folglich muss das Verfahren des Art. 54 Const. 1958 vor dem Zeitpunkt der parlamentarischen Zustimmung stattfinden.[729]

726 *Mélin-Soucramanien*, La République contre Babel – à propos de la décision du Conseil constitutionnel no. 99-412 DC du 15 juin 1999, in: RDP 1999, S. 985, 993

727 Vgl. zum Folgenden z. B. *Abraham*, Droit international, droit communautaire et droit français, S. 45; *Rousseau*, Droit du contentieux constitutionnel, S. 200. CC, 02.09.1992, Maastricht II, déc. no. 92-312 DC, Rec. S. 76, 10. Erwägungsgrund: „il résulte de ces dispositions [les articles 52 à 54 Const. 1958 T.P.] qu'un engagement international peut être soumis au Conseil constitutionnel sur le fondement de l'article 54 [...] dès lors qu'il a été signé au nom de la République française et avant que ne soit adopté [...] le texte qui en autorise la ratification ou l'approbation".

728 *Abraham*, Droit international, droit communautaire et droit français, S. 45

729 *Abraham*, Droit international, droit communautaire et droit français, S. 45

Ist das Zustimmungsgesetz bereits erlassen, bleibt nur noch der Weg einer indirekten Kontrolle der völkerrechtlichen Verpflichtung gemäß Art. 61 II Const. 1958.[730]

Eine weitere Besonderheit gegenüber einer Anrufung des Conseil constitutionnel im Rahmen des Art. 61 II Const. 1958 weist das Verfahren nach Art. 54 Const. 1958 auch insoweit auf, als die einschlägigen Texte – Verfassung und die Ordonnance no. 58-1067 vom 7. November 1958 portant loi organique sur le Conseil constitutionnel – keinerlei Formvorschriften enthalten. Der Antragsteller muss keine Stellungnahme (conclusions) zur Verfassungsmäßigkeit des Abkommens abgeben und folglich auch keine juristischen Argumente (moyens) vortragen, die für oder gegen die Vereinbarkeit des Vertrages mit der Verfassung sprechen.[731]

Hier zeigt sich wiederum die gelegentlich auch politische Zielsetzung einer Einleitung des Verfahrens nach Art. 54 Const. 1958, die gerade nicht darin besteht, den vorgelegten Text für verfassungswidrig erklären zu lassen, sondern vielmehr bereits im Vorfeld einer – politisch motivierten – parlamentarischen Debatte über die Verfassungsmäßigkeit der völkerrechtlichen Verpflichtung die Grundlage zu entziehen.[732]

d. Entscheidungsfrist

Auch die Entscheidungsfrist ist nicht positiv geregelt. Hier wurde aber die Regel des Art 61 III Const. 1958 auf das Verfahren nach Art. 54 Const. 1958 übertragen.[733]

---

730 *Abraham*, Droit international, droit communautaire et droit français, S. 45

731 Dies erklärt sich zumindest im Falle der Antragstellung durch den Präsidenten oder den Premierminister damit, dass diese schließlich am Abschluss der internationalen Verpflichtung mitgewirkt haben und daher schlecht in Richtung einer Verfassungswidrigkeit argumentieren können. Vgl. *Gaïa*, Le Conseil constitutionnel et l'insertion des engagements internationaux dans l'ordre juridique interne, S. 114 f.

732 *Abraham*, Droit international, droit communautaire et droit français, S. 46, nennt als Beispiel die Anrufung des Verfassungsrates durch den Präsidenten zur Überprüfung der Verfassungsmäßigkeit des Zusatzprotokolls über die Abschaffung der Todesstrafe, CC, 22.05.1985, Peine de mort, déc. no. 85-88 DC, Rec. S. 15; ebenso *Gaïa*, Le Conseil constitutionnel et l'insertion des engagements internationaux dans l'ordre juridique interne, S. 114 f.

733 CC, 09.04.1992, Maastricht I, déc. no. 92-308 DC, Rec. S. 55; die Übertragung der Frist ergibt sich hierbei implizit aus der Aufnahme der Artt. 18 II, 19 und 20 der Ordonnance no. 58-1067 vom 07.11.1958 portant loi organique sur le Conseil constitutionnel in die Visa. Vgl. genauer zur Herleitung dieser Frist *Schoettl*, Anm. zu CC, 31.12.1997, Traité d'Amsterdam, déc. no. 97-394 DC, Rec. S. 344, in: AJDA 1998, S. 135 f.; ebenso zur Frist *Luchaire*, Le traité d'Amsterdam et la

e. Inhalt der Kontrolle – L'objet du contrôle

Im Verfahren nach Art. 54 Const. 1958 erstreckt sich die verfassungsgerichtliche Kontrolle auf sämtliche Klauseln des Vertrages; folglich muss der Conseil constitutionnel jeden Gesichtspunkt eventueller Verfassungswidrigkeit von Amts wegen erörtern.[734]

2. Verfahren nach Art. 61 II Const. 1958

Neben dem Verfahren nach Art. 54 Const. 1958 besteht noch ein weiteres Verfahren, in dessen Rahmen der Conseil constitutionnel die materielle[735] Verfassungsmäßigkeit einer völkerrechtlichen Verpflichtung überprüfen kann. Diese Kompetenz ähnelt sehr der Praxis des Bundesverfassungsgerichts, das über den Umweg der abstrakten Normenkontrolle gemäß Art. 93 I Nr. 2 GG des Zustimmungsgesetzes nach Art. 59 II S. 1 GG eine Prüfung der Verfassungsmäßigkeit völkerrechtlicher Verträge vornimmt.[736] Eine solche Kompetenz des Verfassungsrates ergibt sich aus einer weiten Auslegung[737] des Art. 61 II Const. 1958. Überprüft wird das Gesetz, durch das das Parlament die Exekutive zur Ratifikation oder Billigung eines völkerrechtlichen Vertrages oder Abkommens ermächtigt. Bevor die einzelnen Voraussetzungen des Art. 61 II Const. 1958 dargestellt

Constitution, in: RDP 1998, S. 331, 335 ff. Zur Kontroverse in der Literatur vor dieser verfassungsgerichtlichen Klarstellung vgl. *Gaïa*, Le Conseil constitutionnel et l'insertion des engagements internationaux dans l'ordre juridique interne, S.118-120 m.w.N.

734 *Favoreu/Philip*, Les grandes décisions du Conseil constitutionnel, no. 51, Rn. 18; *Rousseau*, Droit du contentieux constitutionnel, S. 200 – bei der Überprüfung von Gesetzen behält sich der Conseil lediglich vor, die Verfassungskontrolle auf andere Bestimmungen als die von den Antragstellern gerügten zu erweitern; vgl. zu letzerem CC, 25.02.1992, Loi portant modification de l'ordonnance no. 45-2658 du 02.11.1945 modifiée, relative aux conditions d'entrée et de séjour des étrangers en France, déc. no. 92-307 DC, Rec. S. 48

735 Es besteht im Verfahren nach Art. 61 II Const. 1958 noch die Möglichkeit, die *formelle* Verfassungsmäßigkeit einer völkerrechtlichen Verpflichtung indirekt zu rügen. In diesen Fällen ist ein Gesetz Antragsgegenstand, das eine Folge eines bereits in Kraft getretenen völkerrechtlichen Vertrages darstellt, bzw. diesen anwendet. Vgl. hierzu *Gaïa*, Le Conseil constitutionnel et l'insertion des engagements internationaux dans l'ordre juridique interne, S. 200 f.

736 Vgl. oben Teil 2 A. I. 1. c.

737 Manche sprechen in diesem Zusammenhang gar von „Rechtsschöpfung" seitens des Conseil constitutionnel, vgl. *Gundel*, Die Einordnung des Gemeinschaftsrechts in die französische Rechtsordnung, S. 58.

werden, ist vorab zu klären, inwieweit dieser überhaupt bei der Kontrolle völkerrechtlicher Verträge Anwendung finden kann.

a. Anwendbarkeit des Art. 61 II Const. 1958 angesichts des Art. 54 Const. 1958?

Die extensive Auslegung des Art. 61 II Const.1958 durch den Conseil constitutionnel kann nämlich aus systematischen Gründen durchaus kritisiert werden:[738] Zum einen wird argumentiert, mit Art. 54 Const. 1958 stehe eine lex specialis für die Überprüfung der Verfassungsmäßigkeit völkerrechtlicher Verträge zur Verfügung; ein Rückgriff auf Art. 61 II Const. 1958, der für sämtliche Gesetze gelte, sei daher ausgeschlossen.[739] Auch eine historische Auslegung des Art. 54 Const. 1958 ergebe, dass dieser als einzige Möglichkeit der Verfassungskontrolle völkerrechtlicher Verpflichtungen konzipiert worden sei.[740] Zum anderen wird der besondere Charakter von Zustimmungsgesetzen hervorgehoben. In einem monistisch geprägten System wie dem französischen hätten diese lediglich die Funktion, die Exekutive zur Ratifikation oder zur Billigung zu ermächtigen. Sie enthielten darüber hinaus jedoch keinerlei materielle Regelungen, die gegen die Verfassung verstoßen könnten. Folglich sei eine Gleichstellung von Zustimmungsgesetzen und „normalen“ Gesetzen abzulehnen, was auf prozessualer Ebene dazu führe, dass sämtliche im Verfahren nach Art. 61 II Const. 1958 gegen das Zustimmungsgesetz gerichteten Klagen unzulässig seien.[741]

Interessanterweise hat der Conseil constitutionnel seine weite Auslegung des Art. 61 II Const. 1958 in einem Verfahren gemäß Art. 54 Const. 1958 vorgenommen – es bestand also eigentlich zu einer solchen Klarstellung überhaupt kein Anlass.[742] In seiner Entscheidung zur Direktwahl des Europäischen Parla-

738 *Abraham*, Droit international, droit communautaire et droit français, S. 50

739 Die Anwendung der lex specialis Regel hätte bedeutet, der Antrag nach Art. 61 II Const. 1958 wäre bei einem Zustimmungsgesetz entweder gänzlich unzulässig gewesen, oder der Antragsteller hätte nur eine dem Gesetz selbst anhaftende Verfassungswidrigkeit rügen dürfen (sog. „vices propres“) und nicht auch die Verfassungswidrigkeit des völkerrechtlichen Vertrages selbst. Vgl. hierzu Abraham, Droit international, droit communautaire et droit français, S. 50 f.

740 Ebenso *Gaïa*, Commentaire de la décision du Conseil constitutionnel no. 91-294 DC du 25 juillet 1991, in: R.R.J. 1992, S. 25, 29

741 Vgl. zum Meinungsstand *Gaïa*, Le Conseil constitutionnel et l'insertion des engagements internationaux dans l'ordre juridique interne, S. 142 m.w.N.; *Vallée*, À propos de la décision du Conseil constitutionnel du 17 juillet 1980, in: RGDIP 1981, S. 202, 211 m.w.N.

742 *Abraham*, Droit international, droit communautaire et droit français, S. 51, spricht von einer „précision superfétatoire“.

ments[743] führt das Gericht nämlich aus, sämtliche Verschiebungen der Kompetenzen des Europäischen Parlaments könnten nur durch vorherige Änderungen der Verträge ermöglicht werden, die sowohl den Anwendungsbereich des Art. 54 als auch des Art. 61 Const. 1958 eröffneten.[744] Den ersten „echten" Anwendungsfall dieser Öffnung des Art. 61 II Const. 1958 stellt die Entscheidung zum deutsch-französischen Rechtshilfeabkommen in Strafsachen dar.[745]

Der Grund für diese weite Auslegung des Art. 61 II Const. 1958 liegt auf der Hand. Der Conseil constitutionnel wollte auch einer parlamentarischen Minderheit die Möglichkeit geben, die Verfassungsmäßigkeit eines Abkommens überprüfen zu lassen und so die Gewährleistung der Verfassungsprinzipien in diesem Bereich verbessern.[746] Das Gericht war bestrebt, in gewisser Weise das „bewusste oder unbewusste Vergessen"[747] des verfassungsändernden Gesetzgebers wettzumachen, der im Jahre 1974 zwar den Kreis der Antragsberechtigten im Rahmen des Verfahrens nach Art. 61 II Const. 1958 erweiterte, den Art. 54 Const. 1958 jedoch unverändert gelassen hatte.[748] Nach der Verfassungsänderung von 1992, wonach nun auch im Rahmen des Art. 54 Const. 1958 ein bestimmtes Quorum von Abgeordneten den Conseil constitutionnel mit der Frage der Verfassungsmäßigkeit von völkerrechtlichen Verpflichtungen befassen darf, wird das Verfahren nach Art. 61 II Const. 1958 wohl an Bedeutung verlieren.[749]

743 CC, 29./30.12.1976, Élection de l'Assemblée des Communautés européennes au suffrage universel direct, déc. no. 76-71 DC, Rec. S. 15

744 Vgl. CC, 30.12.1976, Élection de l'Assemblée des Communautés européennes au suffrage universel direct, déc. no. 76-71 DC, Rec. S. 15, 4. Erwägungsgrund: „toutes transformations ou dérogations [des compétences de l'Assemblée T.P.] ne pourraient résulter que d'une nouvelle modification des traités, susceptible de donner lieu à l'application tant des articles figurant au titre VI [= Art. 54 Const. 1958 T.P.] que de l'article 61 de la Constitution".

745 CC, 17.07.1980, Convention franco-allemande d'entraide judiciaire en matière pénale, déc. no. 80-116 DC, Rec. S. 36; vgl. hierzu insbesondere *Vallée*, À propos de la décision du Conseil constitutionnel du 17 juillet 1980, in: RGDIP 1981, S. 202, 210-212

746 *Abraham*, Droit international, droit communautaire et droit français, S. 51

747 *Vallée*, À propos de la décision du Conseil constitutionnel du 17 juillet 1980, in: RGDIP 1981, S. 202, 211 m.w.N.

748 *Favoreu*, La jurisprudence du Conseil constitutionnel en 1980, in: RDP 1980, 1627, 1641 f.; ebenso *Gaïa*, Commentaire de la décision du Conseil constitutionnel no. 91-294 DC du 25 juillet 1991, in: R.R.J. 1992, S. 25, 28

749 Ebenso *Rousseau*, Droit du contentieux constitutionnel, S. 202; *Drago*, Contentieux constitutionnel français, S. 399

b. Antragsberechtigung

Der Kreis der antragsberechtigten Personen und Institutionen ist im Verfahren gemäß Art. 61 II Const. 1958 identisch zum Verfahren nach Art. 54 Const. 1958. Antragsberechtigt sind mithin der Präsident, der Premierminister, die Präsidenten der beiden Parlamentskammern, sowie 60 Abgeordnete der Assemblée Nationale und 60 Senatoren.

c. Antragsgegenstand

Ähnlich wie im Verfahren der abstrakten Normenkontrolle gemäß Art. 93 I Nr. 2 GG bildet im Rahmen des Art. 61 II Const. 1958 das Gesetz, das den Präsidenten zur Ratifikation bzw. den Außenminister zur Billigung ermächtigt, den Antragsgegenstand.[750]

Hierbei muss es sich zwingend um ein *Parlaments*gesetz handeln – so weigerte sich der Conseil constitutionnel, ein Gesetz, das zur Ratifikation ermächtigte und vom Volk im Rahmen eines Referendums angenommen wurde, auf seine Verfassungsmäßigkeit hin zu überprüfen. Ein solches Gesetz sei nämlich direkter Ausdruck der „souveraineté nationale".[751]

Auch wenn in formeller Hinsicht das Zustimmungsgesetz Antragsgegenstand ist, so bezieht sich die Prüfung doch auf die materielle Verfassungsmäßigkeit des Vertrages. Nach Auffassung des Conseil constitutionnel bilden die beiden Akte –

---

750 Selbst wenn der Antragsgegenstand einmal falsch formuliert sein sollte und im Rahmen des Verfahrens nach Art. 61 II Const. 1958 beantragt wird, den völkerrechtlichen Vertrag selbst als verfassungswidrig zu erklären, hindert dies die Zulässigkeit nicht. Vielmehr legt der Verfassungsrat den Antrag dahingehend aus, es sei in Wirklichkeit beantragt, das Gesetz, das zur Ratifizierung oder zur Billigung ermächtigt, als verfassungswidrig zu erklären. Vgl. CC, 17.07.1980, Convention franco-allemande d'entraide judiciaire, déc. no. 80-116 DC, Rec. S. 36, 1. Erwägungsgrund: „une telle demande doit s'entendre comme concernant la loi autorisant la ratification et entraîne, par voie de conséquence, l'examen de la convention". Im Rahmen eines solchen Antrags können die Antragsteller dann auch die Verfassungswidrigkeit des völkerrechtlichen Vertrages selbst rügen. Diese als „requalifier une demande" bezeichnete Technik (*Abraham*, Droit international, droit communautaire et droit français, S. 51 f.) ist – da sie jeglichen übertriebenen Formalismus vermeidet – zu begrüßen.

751 CC, 23.09.1992, Maastricht III, déc. no. 92-313 DC, Rec. S. 94, 2. Erwägungsgrund: „les lois que [...] [la Constitution T.P.] a entendu viser dans son article 61 sont uniquement les lois votées par le Parlement et non point celles qui, adoptées par le Peuple français à la suite d'un référendum [...], constituent l'expression directe de la souveraineté nationale".

Vertrag und Zustimmungsgesetz – nämlich eine juristische Einheit.[752] Enthält also der völkerrechtliche Vertrag eine nicht verfassungsgemäße Klausel, so zieht das zwingend die Erklärung der Verfassungswidrigkeit des entsprechenden Zustimmungsgesetzes nach sich.[753]

Wie sich im Übrigen implizit aus der Entscheidung zum Schengen-Abkommen ergibt, überprüft der Conseil constitutionnel – wie er es bereits bei der Kontrolle sonstiger Gesetze tut – von Amts wegen jegliche in Betracht kommende Verfassungswidrigkeit des Zustimmungsgesetzes.[754]

d. Antragsfrist

Die Antragsfrist beträgt gemäß Art. 61 III Const. 1958 wie bei jedem Gesetz einen Monat, in dringenden Fällen acht Tage. Die Befassung des Conseil constitutionnel muss also zwingend nach dem Beschluss des Gesetzes durch das Parlament und vor seiner Verkündung[755] erfolgen.[756]

e. Reichweite einer Erklärung der „non-conformité" im Verfahren nach Art. 61 II Const. 1958

Fraglich ist, welche Konsequenzen sich ergeben, wenn ein Zustimmungsgesetz als nicht mit der Verfassung vereinbar erklärt wird, weil eine oder mehrere Bestimmungen der zu Grunde liegenden völkerrechtlichen Verpflichtung gegen die Verfassung verstoßen. Diese Frage stellte sich dem Conseil constitutionnel noch nicht, da bislang sämtliche völkerrechtlichen Verträge, die indirekt Gegenstand

---

752 *Favoreu*, Le Conseil constitutionnel et le droit international, in: AFDI 1977, S. 95, 104

753 Dies hindert die Antragsteller freilich nicht daran, weiterhin auch eine dem Gesetz selbst anhaftende Verfassungswidrigkeit zu rügen; vgl. *Gaïa*, Le Conseil constitutionnel et l'insertion des engagements internationaux dans l'ordre juridique interne, S. 146

754 So erörterte der Conseil constitutionnel in der Schengen-Entscheidung – obgleich nicht durch eine diesbezügliche Rüge von Seiten der Antragsteller veranlasst – die Vereinbarkeit der Bestimmungen des Titels V des Schengen Durchführungsübereinkommens mit der Verfassung. Aus dieser Erstreckung der Prüfungskompetenz auf den gesamten Vertrag folgt, dass das Parlament durch die gesetzliche Ermächtigung zur Ratifizierung oder zur Billigung die eventuelle Verfassungswidrigkeit einer völkerrechtlichen Verpflichtung nicht heilen kann; vgl. hierzu *Zoller*, Droit des relations extérieures, S. 281

755 Vgl. Wortlaut des Art. 61 II Const. 1958: „les lois peuvent être déférées au Conseil Constitutionnel [...] avant leur promulgation".

756 Zur Antragsform vgl. Art. 18 der Ordonnance vom 07.11.1958 portant loi organique sur le Conseil constitutionnel

eines Verfahrens nach Art. 61 II Const. 1958 waren, als mit der Verfassung vereinbar angesehen worden sind. Manche Autoren ziehen – obgleich im Rahmen des Art. 61 II Const. 1958 nicht direkt anwendbar – die Rechtsfolge des Art. 54 Const. 1958 heran, wonach das Ratifikations- bzw. das Billigungsverfahren erst nach vorheriger Verfassungsänderung erfolgen darf.[757]

3. Beschränkung des Conseil constitutionnel auf die a priori-Kontrolle und das hieraus folgende Prinzip der „Immunité des conventions ratifiées" bzw. der „Incontestabilité des engagements internationaux définitifs"

Unabhängig von der Verfahrensart bleibt der Verfassungsrat – jedenfalls was die materielle Verfassungsmäßigkeit völkerrechtlicher Verträge und Abkommen anbelangt – auf eine a priori-Kontrolle beschränkt – das heißt, das Gericht kann eine Prüfung nur vor der Ratifizierung bzw. der Billigung der völkerrechtlichen Verpflichtung vornehmen.

Folglich darf ein in Kraft getretenes Abkommen zu einem späteren Zeitpunkt verfassungsrechtlich nicht mehr in Frage gestellt werden – es verfügt über eine sogenannte „immunité juridictionnelle".[758] Diese gilt unabhängig davon, ob der Conseil constitutionnel vor dem Inkrafttreten mit der Verfassungsmäßigkeit der internationalen Verpflichtung befasst worden ist oder nicht.[759]

757 *Favoreu*, La jurisprudence du Conseil constitutionnel en 1980, in: RDP 1980, S. 1627, 1642

758 *Pellet*, Le Conseil constitutionnel, la souveraineté et les traités: à propos de la décision du Conseil constitutionnel du 31.12.1997 (traité d'Amsterdam), in: Les Cahiers du Conseil constitutionnel 1998, S. 113, 120, spricht in Anlehnung an die „autorité de la chose jugée" vom „respect de la « chose conclue »". Den Zusammenhang zwischen der a priori-Kontrolle und dem „Principe de l'immunité des conventions ratifiées" stellen *Favoreu/Philip* in ihrer Anmerkung zu CC, 29./30.12.1976, Élection de l'Assemblée des Communautés européennes au suffrage universel direct, déc. no. 76-71 DC, Rec. S. 15, in: RDP 1977, S. 129, 139 f., dar: „Il paraît clair que si l'article 54 a prévu ce contrôle de constitutionnalité *avant* la ratification, c'est précisément parce qu'il ne peut plus s'exercer *après*. Et il en résulte, logiquement, que le Conseil constitutionnel ne peut être saisi de dispositions d'un engagement international qui ont déjà fait l'objet d'une ratification ou d'une approbation." Hervorhebungen im Original. Zusammenfassend zum „Principe de l'immunité des conventions ratifiées", vgl. *Favoreu/Philip*, Les grandes décisions du Conseil constitutionnel, no. 51, Rn. 14-16

759 *Gaïa*, Le Conseil constitutionnel et l'insertion des engagements internationaux dans l'ordre juridique interne, S. 73; ebenso *Gautier*, La décision du Conseil constitutionnel relative au traité établissant une Constitution pour l'Europe est-elle une grande décision?, in: JCP Administrations et Collectivités locales 2005, S. 255, die als Beispiele die Einheitliche Europäische Akte sowie den Vertrag von Nizza anführt, die beide nicht dem Conseil constitutionnel zur Prüfung vorgelegt wurden.

Die „Immunität" kann natürlich nur dann zum Tragen kommen, wenn eine ordnungsgemäße Ratifikation oder Billigung und eine ordnungsgemäße Veröffentlichung des bereits in Kraft getretenen Vertrages vorliegt. Jedenfalls muss der Conseil constitutionnel eine diesbezügliche Prüfung vornehmen, bevor er die Verfassungsmäßigkeit dieses Vertrages nicht mehr in Frage stellt.[760]

Die Problematik dieses Prinzips zeigt sich immer dann, wenn dem Verfassungsrat ein Vertrag zur Prüfung unterbreitet wird, der einen bereits in Kraft getretenen Vertrag ändert oder ergänzt. Hierbei gebietet es der eben geschilderte Grundsatz, dass sich die Kontrolle ausschließlich auf den dem Gericht vorgelegten Vertrag bezieht – die Verfassungsmäßigkeit des ursprünglichen Vertrages darf nicht mehr in Frage gestellt werden.[761]

Das „Principe d'immunité contentieuse des conventions ratifiées" gehört zur ständigen Rechtsprechung des Conseil constitutionnel[762] und wurde in der Maastricht I-Entscheidung nochmals ausdrücklich hervorgehoben.[763] Der Verfassungsrat bezog sich hierbei auf Absatz 14 der Präambel der Verfassung von 1946, wonach sich die französische Republik verpflichtet, die Regeln des Völkerrechts zu beachten. Der Rechtssatz „pacta sunt servanda" gehört zu diesen völkerrechtlichen Regeln und impliziert, dass jeglicher in Kraft getretene Vertrag die Parteien bindet und die daraus entspringenden Pflichten nach Treu und Glauben zu erfüllen sind.[764] Die bereits in Kraft getretenen Verträge stellen einen

760 *Gaïa*, Le Conseil constitutionnel et l'insertion des engagements internationaux dans l'ordre juridique interne, S. 82 f.

761 *Lenoir*, Les rapports entre le droit constitutionnel français et le droit international à travers le filtre de l'article 54 de la Constitution de 1958, in: *Dupuy* [Hrsg.], Droit international et droit interne dans la jurisprudence comparée du Conseil constitutionnel et du Conseil d'Etat, S. 17

762 Z. B. im Verfahren nach Art. 54 Const. 1958: CC, 19.06.1970, Ressources propres, déc. no. 70-39 DC, Rec. S. 15, CC, 29./30.12.1976, Élection de l'Assemblée des Communautés européennes au suffrage universel direct, déc. no. 76-71 DC, Rec. S. 15; im Verfahren nach Art. 61 II Const. 1958: CC, 30.12.1977, Loi de finances pour 1978, déc. no 77-89 DC, Rec. S. 46; CC, 30.12.1977, Dernière loi de finances rectificative pour 1977, déc. no. 77-90 DC, Rec. S. 44; vgl. hierzu die Ausführungen von *Gaïa*, Le Conseil constitutionnel et l'insertion des engagements internationaux dans l'ordre juridique interne, S. 74-82

763 Vgl. CC, 09.04.1992, Maastricht I, déc. no. 92-308 DC, Rec. S. 55, 7. Erwägungsgrund: „le quatorzième alinéa du préambule de la Constitution de 1946 [...] proclame que la République française „se conforme aux règles du droit international public"; qu'au nombre de celles-ci figure la règle *Pacta sunt servanda* qui implique que tout traité en vigueur lie les parties et doit être exécuté par elles de bonne foi". Hervorhebungen im Original.

764 *Conseil d'Etat* [Hrsg.], La norme internationale en droit français, S. 38

„acquis" dar, der als gegeben hinzunehmen ist.[765] Dieser acquis ist jedoch anlässlich der Prüfung eines Änderungsvertrages nicht gänzlich unerheblich: So bestimmt der Conseil constitutionnel mit Hilfe des bereits in Kraft getretenen Vertrages, der durch den zur Prüfung vorgelegten Vertrag geändert wird, die Reichweite dieser Änderung.[766]

Durch die Anwendung des Prinzips der „Immunité contentieuse des conventions ratifiées" verwirft der Conseil constitutionnel eine Übertragung seiner Rechtsprechung bezüglich der Verfassungsmäßigkeit von Gesetzen, wonach anlässlich der Überprüfung eines Änderungsgesetzes unter Umständen auch das ursprüngliche – bereits verkündete – Gesetz auf seine Vereinbarkeit mit der Verfassung überprüft werden kann.[767]

Eine besondere Problematik des Grundsatzes der „Immunité contentieuse des conventions ratifiées" ergab sich anlässlich der Überprüfung des Vertrages über eine Verfassung für Europa. Hierbei handelte es sich erstmals seit 1957 nicht um einen Änderungsvertrag, sondern um einen gänzlich neuen Vertrag, der gemäß seines Art. IV-437 sämtliche früheren Bestimmungen aufhebt. Aufgrund dieses Gesichtspunktes hätte der Conseil constitutionnel sämtliche Vorschriften des Vertrages einer Verfassungskontrolle unterziehen können. Der Verfassungsrat versteht das Prinzip der „Immunité contentieuse des conventions ratifiées" jedoch nicht in einem formellen, sondern in einem materiellen Sinne[768] und prüft folglich diejenigen Vorschriften des Vertrages über eine Verfassung für Europa nicht, die lediglich bereits früher eingegangene völkerrechtliche Verpflichtungen Frankreichs wiederholen („reprendre").[769]

---

765 *Lenoir*, Les rapports entre le droit constitutionnel français et le droit international à travers le filtre de l'article 54 de la Constitution de 1958, in: *Dupuy* [Hrsg.], Droit international et droit interne dans la jurisprudence comparée du Conseil constitutionnel et du Conseil d'Etat, S. 18

766 Vgl. CC, 09.04.1992, Maastricht I, déc. no. 92-308 DC, Rec. S. 55, 8. Erwägungsgrund: „*il appartient au Conseil constitutionnel*, saisi, au titre de la procédure instituée par l'article 54 de la Constitution, d'un traité qui modifie ou complète un ou plusieurs engagements internationaux déjà introduits dans l'ordre juridique interne *de déterminer la portée du traité soumis à son examen en fonction des engagements internationaux que ce traité a pour objet de modifier ou compléter*". Hervorhebungen durch Verfasser

767 CC, 25.01.1985, État d'urgence en Nouvelle-Calédonie, déc. no. 85-187 DC, Rec. S. 43; vgl. zur Problematik des „contrôle des lois promulguées" *Rousseau*, Droit du contentieux constitutionnel, S. 221-227

768 Ebenso *Gautier*, La décision du Conseil constitutionnel relative au traité établissant une Constitution pour l'Europe est-elle une grande décision?, in: JCP Administrations et Collectivités locales 2005, S. 255

769 CC, 19.11.2004, Traité établissant une Constitution pour l'Europe, déc. no. 2004-505 DC, Rec. S. 173, 8. Erwägungsgrund: „sont toutefois soustraites au contrôle de

4. Zwischenergebnis zu den Kompetenzen des Conseil constitutionnel im Vergleich zum Bundesverfassungsgericht

Die im Vergleich zum Bundesverfassungsgericht wesentlich schwächer ausgestaltete Position des Conseil constitutionnel wird auch im Rahmen der Kontrolle der auswärtigen Gewalt deutlich. So ist der Antragsgegenstand auf „engagements internationaux“ beschränkt – einseitige völkerrechtliche Akte der Französischen Regierung unterfallen daher nicht der verfassungsgerichtlichen Kontrolle des Conseil constitutionnel. Weiterhin ist der Kreis der Antragsteller auf wenige oberste Staatsorgane oder auf Teile davon beschränkt. Insbesondere fehlt es an einer dem Art. 93 I Nr. 4a GG entsprechenden Individualbeschwerdemöglichkeit zum Verfassungsrat. Dies wirkt sich umso gravierender aus, als die Anrufung des Conseil constitutionnel durch die antragsberechtigten Institutionen fakultativer Natur ist.

Außerdem ist der Conseil auf eine grundsätzliche a priori-Kontrolle beschränkt – ein System dessen Vorteile nicht von der Hand zu weisen sind. Insbesondere wird – in Verbindung mit dem „Principe de l'immunité des conventions ratifiées“ – auf diese Weise ein entscheidender Beitrag zur Rechtssicherheit geleistet. Über Verfassungsmäßigkeit bzw. Verfassungswidrigkeit der völkerrechtlichen Verpflichtung ist nämlich bereits endgültig entschieden, bevor die Norm überhaupt Bindungswirkung entfaltet. So werden frühzeitig Normkonflikte zwischen Verfassungs- und Völkerrecht vermieden. Der Verfassungsrat erfüllt auf diese Weise seine Funktion der Vereinheitlichung der Rechtsordnung.[770] Das Bundesverfassungsgericht versucht zwar ähnliche Ergebnisse durch die Zulassung einer präventiven Normenkontrolle im Rahmen des Art. 93 I Nr. 2 GG zu erreichen. Jedoch hindert ein solches Vorgehen – die Problematik der Bindungswirkung verfassungsgerichtlicher Entscheidungen einmal beiseite gelassen – nicht eine a posteriori-Kontrolle im Verfahren gemäß Artt. 93 I Nr. 2, 93 I Nr. 4 a GG oder gemäß Art. 100 I GG. Betrachtet man also allein die prozessuale Ausgangslage, kann der Bewertung *Gaïas* zugestimmt werden, wonach das französische System der grundsätzlichen a priori-Kontrolle dem Völkervertragsrecht größeren Respekt entgegenbringt.[771] Auch ist das Risiko einer Desavouierung des

conformité à la Constitution celles des stipulations du traité qui reprennent des engagements antérieurement souscrits par la France“.

770 *Drago*, Droit constitutionnel français, S. 32

771 *Gaïa*, Le Conseil constitutionnel et l'insertion des engagements internationaux dans l'ordre juridique interne, S. 97: „[Le système français T.P.] manifeste dans l'ensemble un plus grand respect et [...] une plus grande ouverture d'esprit face au droit international d'origine conventionnelle que celle dont témoignent les systèmes voisins [allemands et italiens T.P.] du nôtre.“

Vertragspartners durch eine derartige Kontrolle erheblich verringert – schließlich besteht kein Anspruch des anderen Teils auf Vertragsschluss.[772] Andererseits muss aber auch zugestanden werden, dass durch das präventive Gutachtenverfahren dem Verfassungsgericht ein erheblich größerer Einfluss auf die außenpolitische Willensbildung gegeben wird als bei einer grundsätzlichen a posteriori-Kontrolle.[773]

Angesichts dieser, im Vergleich zum Bundesverfassungsgericht insgesamt relativ schwachen Position, sind die Ausweitungen der Kompetenzen des Conseil constitutionnel durch seine eigene Rechtsprechung bereits auf prozessualer Ebene bemerkenswert. So legt er den Begriff des „engagement international" im Sinne des Art. 54 Const. 1958 weit aus und sichert sich damit den Zugriff auf die Kontrolle der Verfassungsmäßigkeit nicht nur von völkerrechtlichen Verträgen und Abkommen im engeren Sinne.

Auch die Erstreckung des Art. 61 II Const. 1958 auf Zustimmungsgesetze im Sinne des Art. 53 I Const. 1958 ist als „kühne Vorgehensweise" des Conseil constitutionnel bezeichnet worden.[774] Sie schloss die Lücken des Art. 54 Const. 1958 und verstärkte vorübergehend – da damals die Antragsberechtigung der Abgeordneten im Rahmen des Art. 54 Const. 1958 noch nicht bestand – die Rolle des Parlaments bei der Kontrolle der Außenpolitik.[775] Weiterhin führte sie in gewisser Weise zu einer Wiederherstellung des Gleichgewichts zwischen den im Rahmen der Artt. 54 und 61 II Const. 1958 antragsberechtigten Institutionen, weil das Parlament so die Verfassungsmäßigkeit des völkerrechtlichen Vertrages oder Abkommens im Verfahren nach Art. 61 II Const. 1958 auch dann überprüfen lassen kann, wenn die gemäß Art. 54 Const. 1958 übrigen antragsberechtigten Personen und Institutionen sich über die Verfassungsmäßigkeit einig sind.[776]

Der Conseil constitutionnel stärkte jedoch durch die geschilderte Rechtsprechung nicht nur vorübergehend die Stellung des Parlaments. Vielmehr baute der Verfassungsrat auch seine eigene Rolle im Verfassungsgefüge erheblich aus. So kommt ihm mittlerweile eine zentrale Bedeutung im Laufe des gesamten Prozes-

772 *Rees*, Die Kontrolle internationaler Verträge und der Akte der Europäischen Gemeinschaften durch das Bundesverfassungsgericht, in: *Koenig/Rüfner* [Hrsg.], Die Kontrolle der Verfassungsmäßigkeit in Frankreich und in der Bundesrepublik Deutschland, S. 145, 152

773 Ebenso *Giegerich*, Verfassungsgerichtliche Kontrolle der auswärtigen Gewalt im europäisch-atlantischen Verfassungsstaat, in: ZaöRV 57 (1997), S. 409, 524

774 *Gaïa*, Le Conseil constitutionnel et l'insertion des engagements internationaux dans l'ordre juridique interne, S. 147

775 *Gaïa*, Le Conseil constitutionnel et l'insertion des engagements internationaux dans l'ordre juridique interne, S. 133 und S. 164

776 *Gaïa*, Le Conseil constitutionnel et l'insertion des engagements internationaux dans l'ordre juridique interne, S.152

ses der Inkorporation völkervertraglicher Normen in die innerstaatliche Rechtsordnung zu.[777]

III. Kompensation durch Zuständigkeiten des Conseil d'Etat?

Als „Hauptdefizite" der verfassungsgerichtlichen Kontrolle durch den Conseil constitutionnel wurden soeben der gegenüber dem Bundesverfassungsgericht verkleinerte Kreis der Antragsberechtigten und die Beschränkung des Antragsgegenstandes auf „engagements internationaux" genannt. Fraglich ist, inwieweit dieses „Defizit" durch eine Zuständigkeit des Conseil d'Etat in seiner Funktion als oberstes französisches Verwaltungsgericht[778] ausgeglichen wird, der – wie bereits dargelegt – Funktionen von Verfassungsgerichtsbarkeit in der französischen Rechtsordnung wahrnimmt.

Die Zulässigkeitsvoraussetzungen im Rahmen der in diesem Zusammenhang am häufigsten auftretenden Verfahrensart – dem „recours pour excès de pouvoir"[779] – sind vor allem hinsichtlich der Klage-/Beschwerdebefugnis weniger streng als in der Bundesrepublik bei der Anfechtungsklage oder der Verfassungsbeschwerde. So reicht in Frankreich bereits ein sogenannter „intérêt à agir"[780] –

777 Ebenso *Gaïa*, Le Conseil constitutionnel et l'insertion des engagements internationaux dans l'ordre juridique interne, S. 166 f.

778 Gänzlich unbehandelt bleiben die Zuständigkeiten des Conseil d'Etat in seiner Funktion als Berater der Regierung (Art. L 112-1 II CJA). In diesem Rahmen nimmt der Conseil d'Etat auch eine Prüfung der Verfassungsmäßigkeit von geplanten völkerrechtlichen Verträgen und Abkommen Frankreichs vor, sofern er darum von der Regierung gebeten wird. Diese Möglichkeit wurde von der Regierung auch des Öfteren genutzt (vgl. die Auflistung bei *Conseil d'Etat* [Hrsg.], La norme internationale en droit français, S. 36 f.). Fällt ein völkerrechtlicher Vertrag oder ein Abkommen in den Anwendungsbereich des Art. 53 I Const. 1958 – ist also ein Gesetz, das zur Ratifizierung oder zur Billigung ermächtigt, erforderlich – ist eine Stellungnahme des Conseil d'Etat gemäß Art. 39 II Const. 1958 sogar obligatorisch; diese bezieht sich dann auch auf die Verfassungsmäßigkeit der völkerrechtlichen Vereinbarung (Vgl. *Conseil d'Etat* [Hrsg.], La norme internationale en droit français, S. 40). Vgl. zum Ganzen umfassend *Guillaume*, Les traités devant les formations administratives du Conseil d'Etat, in: L'État de droit, S. 353 ff.

779 Einen guten Überblick über die verschiedenen Zulässigkeitsvoraussetzungen des „Recours pour excès de pouvoir" gibt *Chapus*, Droit administratif général, Rn. 999, 1005 ff.

780 So muss der Kläger lediglich ein direktes und persönliches Interesse an der Aufhebung der angegriffenen Entscheidung haben. Diese Voraussetzungen werden zudem von der Rechtsprechung sehr weit ausgelegt. So kann bereits ein rein moralisches Interesse genügen. Auch bei Vereinigungen wird der „intérêt à agir" grundsätzlich großzügig bejaht. Vgl. zum Ganzen *Chapus*, Droit administratif général,

der Kläger muss also nicht die Möglichkeit einer subjektiven (Grund-)rechtsverletzung darlegen. Dies führt zwangsläufig zu einer Ausweitung des Kreises der potenziellen Kläger. Hinzu kommt, dass der „recours pour excès de pouvoir" grundsätzlich gegen jegliche Entscheidung der Exekutive statthaft ist, falls nicht eine gesetzliche Regelung ausdrücklich diese Verfahrensart als Rechtsschutz gegen eine bestimmte Maßnahme verbietet.[781]

Es wäre jedoch verfehlt, aus den weniger strengen Zulässigkeitsvorschriften zu schließen, auch Fälle mit außenpolitischem Bezug unterfielen in weitem Umfang der Kontrolle der Verwaltungsgerichtsbarkeit. Im hier interessierenden Zusammenhang scheitert eine Entscheidung des Conseil d'Etat in der Sache nämlich häufig bereits an der fehlenden Rechtswegseröffnung infolge der Anwendung der sogenannten „théorie des actes de gouvernement".[782]

1. Fehlende Rechtswegseröffnung infolge der Anwendung der „théorie des actes de gouvernement" durch den Conseil d'Etat

a. Anwendungsbereich der Rechtsfigur

Neben der Bezugnahme auf die „théorie des actes de gouvernement" bei bestimmten rein innerstaatlichen Sachverhalten[783] stellen die internationalen Beziehungen Frankreichs einen Hauptanwendungsfall dieser qua Richterrecht[784] ent-

---

Rn. 1008; eingehend *Brisson*, Le recours pour excès de pouvoir, S. 56 ff. m.w.N. Den Grund für diesen Unterschied zum deutschen System erklärt *Fromont*, L'intensité du contrôle du juge sur les décisions administratives en France et en Allemagne, in: Mouvement du droit public, S. 1117, 1118 f.: Während die Anfechtungsklage oder die Verfassungsbeschwerde der Durchsetzung des subjektiven (Grund-)rechts des Klägers bzw. Beschwerdeführers dienen, ist der Zweck des „recours pour excès de pouvoir" ein gänzlich anderer: Als rein objektives Verfahren konzipiert, das zudem dem öffentlichen Interesse dient (*Chapus*, Droit administratif général, Rn. 999), setzt der Kläger lediglich die Rechtmäßigkeitskontrolle der Verwaltung durch das Gericht in Gang, er handelt gleichsam als „procureur de droit".

781 *Chapus*, Droit administratif général, Rn. 999

782 Vgl. hierzu aus der deutschsprachigen Literatur zum Beispiel *Rees*, Mangelhafte diplomatische Protektion und Staatshaftung, in: ZaöRV 32 (1972), S. 420 ff.

783 Hierzu gehören v.a. Akte der Exekutive gegenüber dem Parlament, Akte des Präsidenten gegenüber der Regierung oder die Ernennung der drei Mitglieder des Conseil constitutionnel durch den Präsidenten. Vgl. ausführlich *Auvret-Finck*, Les actes de gouvernement, irréductible peau de chagrin?, in: RDP 1995, S. 131, 132 f. m.w.N.

784 *Dupré de Boulois*, La théorie des actes de gouvernement à l'épreuve du droit communautaire, in: RDP 2000, S. 1791, 1822; a.A. z. B. *Lafferière*, Traité de la juridiction administrative et des recours contentieux, Bd. II, S. 30, der die Grundlage der

wickelten Rechtsfigur dar. Sie wird als Ausdruck richterlicher Zurückhaltung gewertet.[785]

Da für den „acte de gouvernement" keine allgemeine Definition existiert[786], entnimmt die Lehre der Rechtsprechung des Conseil d'Etat eine nicht abschließende[787] Liste von Fällen, in denen ein Regierungsakt bejaht worden ist. Im Bereich der internationalen Beziehungen gehören hierzu insbesondere Maßnahmen im Zusammenhang mit völkerrechtlichen Vereinbarungen (insbesondere die Verhandlungsführung seitens der französischen Regierung[788], die Verweigerung in Verhandlungen einzutreten[789], die Frage nach dem Vollzug oder Nichtvollzug internationaler Verpflichtungen[790], insbesondere die Suspendierung von Vertragspflichten[791]), Handlungen der französischen Behörden im Rahmen der diplomatischen Beziehungen[792], Akte der Anerkennung[793] sowie Kriegsakte.[794]

Theorie in Art. 26 des Gesetzes über die Organisation des Conseil d'Etat vom 24.05.1872 verborgen sieht. Dieser gibt den Ministern das Recht, solche Rechtsstreitigkeiten vor das Tribunal des conflits zu bringen, die zwar beim Conseil d'Etat anhängig gemacht wurden, aber nicht als verwaltungsrechtliche Streitigkeit zu werten sind.

785 *Dupré de Boulois*, La théorie des actes de gouvernement à l'épreuve du droit communautaire, in: RDP 2000, S. 1791, 1822: „[La jurisprudence concernant les actes de gouvernement T.P.] est [...] le fruit d'une autocensure du juge administratif."

786 Während der Zeit der sogenannten „justice retenue" wurde eine Maßnahme der Regierung dann zu einem Regierungsakt, wenn ein politisches Motiv zu deren Begründung angegeben worden ist. Diese Rechtsprechung zum „Mobile politique" wurde mit der Entscheidung CE, 19.02.1875, Prince Napoléon, Rec. S. 155 aufgegeben. Vgl. hierzu *Brisson*, Le recours pour excès de pouvoir, S. 23; *Binczak*, Acte de gouvernement, in: Encyclopédie Dalloz, Répertoire de contentieux administratif, Tome I (Stand 09/2005), Rn. 9 f.

787 *Brisson*, Le recours pour excès de pouvoir, S. 25

788 CE, 13.7.1979, COPAREX, Rec. S. 319; vgl. hierzu mit kleiner Sachverhaltsschilderung *Serrand*, L'acte de gouvernement (Contribution à la théorie des fonctions juridiques de l'Etat), Rn. 178

789 CE, 25.03.1988, Société Sapvin c/ Min des affaires étrangères Rec. S. 133

790 *Gounin*, Anm. zu CE, 05.07.2000, MM. Mégret et Mekhantar, Rec. S. 291, in: AJDA 2001, S. 95, 96 m.w.N.

791 CE, 23.09.1992, GISTI et MRAP, Rec. S. 346; CE, Ass., 18.12.1992, Préfet de la Gironde c/ Mhamedi, Rec. S. 446; CE, 30.07.1997, Etienne, Rec. Tables S. 627

792 Vgl. hierzu *Chapus*, Droit administratif général, Rn. 1155 m.w.N.; *Serrand*, L'acte de gouvernement (Contribution à la théorie des fonctions juridiques de l'Etat), Rn. 243

793 Vgl. hierzu *Serrand*, L'acte de gouvernement (Contribution à la théorie des fonctions juridiques de l'Etat), Rn. 245

794 *Kdhir*, La théorie de l'acte de gouvernement dans la jurisprudence du Conseil d'Etat relative aux relations internationales de la France à l'épreuve du droit international, in: JDI 2003, S. 1059, 1061 f.; ob Kriegsakte – außerhalb jeglichen Bezuges zu den

Bezüglich der letztgenannten Fallgruppe führte der Conseil d'Etat zu einem den Kosovo-Konflikt betreffenden Fall aus, der Einsatzbefehl für die Truppen stelle ebenso einen Regierungsakt dar wie auch die darauf folgenden Entscheidungen der französischen Behörden, die unter anderem die militärischen Ziele festlegten.[795]

Unter den Begriff „acte de gouvernement" fallen mithin alle an die Völkerrechtsordnung gerichteten Akte und solche Maßnahmen, die mit den internationalen Beziehungen Frankreichs untrennbar verbunden sind.[796]

Um jedoch die „théorie des actes de gouvernement" überhaupt zur Anwendung zu bringen, ist zunächst die Einordnung der in Frage stehenden Maßnahme in den Bereich der internationalen Beziehungen erforderlich. Wie auch in der Bundesrepublik Deutschland stellt man sich in Frankreich die Frage: „où commencent et où finissent les relations entre le gouvernement d'une part et les gouvernements étrangers d'autre part"?[797]

So wird zum Beispiel das Urteil des Conseil d'Etat, wonach die Entscheidung des französischen Präsidenten, die Atomversuche wieder aufzunehmen als „acte de gouvernement" zu qualifizieren sei[798], kritisiert, da diese eher eine nach innen gerichtete Maßnahme darstelle und gerade nicht auf internationaler Ebene getroffen worden sei. Die Frage nämlich, ob und wieweit Frankreich Atomwaffen besitzt, sei wesentlicher Bestandteil der nationalen Verteidigungspolitik.[799]

---

internationalen Beziehungen – tatsächlich eine dritte Kategorie von actes de gouvernement darstellen, ist in der französischen Lehre umstritten. Gegen eine Qualifikation solcher Maßnahmen als Regierungsakte z. B. *Gounin*, Anm. zu CE, 05.07.2000, MM. Mégret et Mekhantar, Rec. S. 291, in: AJDA 2001, S. 95, 96

795 CE, 05.07.2000, MM. Mégret et Mekhantar, Rec. S. 291: „la décision des autorités françaises d'engager des forces militaires en République fédérale de Yougoslavie en liaison avec les événements du Kosovo ainsi que les décisions subséquentes fixant les objectifs militaires et déterminant et répartissant les moyens mis en œuvre ne sont pas détachables de la conduite des relations internationales de la France".

796 *Meyring*, Die Entwicklung zustimmungsbedürftiger völkerrechtlicher Verträge nach ihrem Abschluss und ihre Auswirkungen in der deutschen Rechtsordnung, S. 420; vgl. hierzu auch den Überblick über die Rechtsprechung zu diesen sogenannten „actes non détachables" bei *Binczak*, Acte de gouvernement, in: Encyclopédie Dalloz, Répertoire de contentieux administratif, Tome I (Stand 09/2005), Rn. 31-33

797 *Odent*, L'acte de gouvernement, in: Encyclopédie Dalloz, Répertoire de contentieux administratif, S. 2 (frühere Bearbeitung)

798 CE, Ass., 29.09.1995, Association Greenpeace France, Rec. S. 347, mit Schlussanträgen *Sanson* in: RDP 1996, S. 256 ff. Vgl. hierzu aus der deutschsprachigen Literatur auch die Besprechung von *Mahraun/Oellers-Frahm*, Atomwaffen, Völkerrecht und die Internationale Gerichtsbarkeit, in: EuGRZ 1997, S. 221, 223 f.

799 *Stahl/Chauvaux*, Anm. zu CE, Ass., 29.09.1995, Association Greenpeace France, Rec. S. 347, in: AJDA 1995, S. 684, 687: „[I]l n'est sans doute pas illégitime de regarder la décision prise par le président de la République comme tournée davan-

b. Rechtsfolge der Annahme eines „acte de gouvernement"

Im Falle der Annahme eines „acte de gouvernement" ist die vom Kläger angegriffene Maßnahme nicht justiziabel. Sie kann also insbesondere weder im Rahmen eines „recours pour excès de pouvoir" noch eines „recours en indemnité" zum Gegenstand einer gerichtlichen Überprüfung gemacht werden.[800]

Die Regierungsakte „échappent [...] à tout contrôle juridictionnel"[801] oder sind „[insusceptibles] de faire l'objet d'une action contentieuse".[802] Vor allem in früheren Entscheidungen führte der Conseil d'Etat aus, „l'acte [rattachant aux relations internationales T.P.] n'est pas de nature à être déféré à la juridiction administrative".[803]

Lange Zeit war unklar und streitig, wie sich diese Nichtjustiziabilität exakt auf die Entscheidung des Conseil d'Etat auswirkt – ob die Annahme eines „acte de gouvernement" zur Unzulässigkeit der Klage oder zur Nichteröffnung des Rechtswegs führt.

Im Fall GISTI et MRAP hat der Conseil d'Etat endgültig klargestellt, dass das Vorliegen eines Regierungsaktes die Nichteröffnung des Verwaltungsrechtsweges (l'incompétence du juge administratif) begründet.[804] *Cayla* stellt die Bedeutung dieses scheinbar vernachlässigbaren Unterschiedes heraus: Indem der Conseil d'Etat „lediglich" den Rechtsweg für nicht eröffnet betrachtet, bedeutet das, dass der angegriffene Akt nicht einer Rechtmäßigkeitskontrolle durch die *Verwaltungs*gerichte unterzogen werden kann. Es bleibt dem Kläger jedoch unbenommen, sich mit seinem Begehren an ein anderes Gericht zu wenden und dort die Streitfrage entscheiden zu lassen. Die Klage wird nicht deshalb abgewiesen, weil sich der Kläger mit seinem Begehr *überhaupt* an ein Gericht gewandt hat,

---

tage vers l'« ordre interne » que vers l'« ordre international »". Ebenso *Kdhir*, La théorie de l'acte de gouvernement dans la jurisprudence du Conseil d'Etat relative aux relations internationales de la France à l'épreuve du droit international, in: JDI 2003, S. 1059, 1062

800 *Kdhir*, La théorie de l'acte de gouvernement dans la jurisprudence du Conseil d'Etat relative aux relations internationales de la France à l'épreuve du droit international, in: JDI 2003, S. 1059, 1060; ebenso *Binczak*, Acte de gouvernement, in: Encyclopédie Dalloz, Répertoire de contentieux administratif, Tome I (Stand 09/2005), Rn. 60

801 Vgl. z. B. CE, 23.09.1992, GISTI et MRAP, Rec. S. 346

802 *Chapus*, Droit administratif général, Rn. 1152; *Hervouët*, Les audaces calculées du Conseil d'Etat dans le domaine international, in: Au carrefour des droits, S. 67, 70

803 CE, 16.03.1962, Prince Sliman-Bey, Rec. S. 179

804 CE, 23.09.1992, GISTI et MRAP, Rec. S. 346; in dieser Rechtssache hatte der Regierungskommissar *Kessler* in seinen Schlussanträgen jedoch durchaus auch die Vorteile der Rechtsfolge der Unzulässigkeit herausgestellt; diese sind abgedruckt in: AJDA 1992, S. 752, 753

sondern weil er sich an das *falsche* Gericht gewandt hat. Die Abweisung der Klage als unzulässig würde demgegenüber definitiv das Vorgehen des Klägers beenden, denn diese setzt voraus, dass der Richter zuvor den Rechtsweg als eröffnet erachtet hat. Im Falle der Unzulässigkeit hält das Gericht die angegriffene Maßnahme aufgrund deren Natur als nicht justiziabel und zwar vor jeglichem Gericht.[805] Vom Ergebnis her gesehen macht diese Unterscheidung freilich nicht viel aus. Da es in Frankreich nämlich bislang keinen Rechtsweg gibt, der für die Rechtmäßigkeitskontrolle von Regierungsakten beschritten werden könnte, ist das praktische Resultat der Abweisung der Klage wegen Nichteröffnung des Rechtswegs oder wegen Unzulässigkeit identisch. Auf lange Sicht kann diese Unterscheidung jedoch durchaus eine gewisse Bedeutung erlangen. Zum einen ließe sich eine Rechtswegseröffnung durch Gesetz oder durch eine entsprechende richterliche Inanspruchnahme einer solchen Kompetenz relativ einfach begründen. Zum anderen liegt die Bedeutung der Betonung der Nichteröffnung des Rechtswegs vor allem in der damit einhergehenden impliziten Anerkennung durch den Conseil d'Etat, dass der Akt nicht *als solcher* jeglicher gerichtlicher Kontrolle entzogen ist. Die *Natur* des Aktes verbietet also eine Überprüfung nicht.[806]

c. Begründungsansätze der „théorie des actes de gouvernement"

Die Begründungsansätze für die „théorie des actes de gouvernement" sind sehr unterschiedlich.[807] Anders als in den Zwanzigerjahren des vergangenen Jahrhunderts, in denen die „actes de gouvernement" wegen ihrer politischer Natur als nicht justiziabel angesehen wurden[808], wird die Rechtsfigur heute im Wesentlichen damit begründet, die Einschätzungsprärogativen der Exekutive auf internationaler Ebene dürften nicht angetastet werden[809] und das darauf beruhende Handeln der Regierung solle nicht durch eine Rechtmäßigkeitskontrolle seitens der Gerichte „gestört" werden. Die Nichtjustiziabilität lasse sich durch des Vorliegen

805 *Cayla*, Le contrôle des mesures d'exécution des traités: réduction ou négation de la théorie des actes de gouvernement, in: RFDA 1994, S. 1, 16

806 *Cayla*, Le contrôle des mesures d'exécution des traités: réduction ou négation de la théorie des actes de gouvernement, in: RFDA 1994, S. 1, 16 f.

807 Vgl. hierzu überblicksartig *Binczak*, Acte de gouvernement, in: Encyclopédie Dalloz, Répertoire de contentieux administratif, Tome I (Stand 09/2005), Rn. 9-13 jeweils mit kritischen Anmerkungen zu den verschiedenen Begründungsansätzen

808 Vgl. z. B. *Hauriou*, Précis de droit administratif et de droit public, S. 416: „c'est à raison de la nature de l'acte que le recours n'est pas recevable."

809 *Cayla*, Le contrôle des mesures d'exécution des traités: réduction ou négation de la théorie des actes de gouvernement, in: RFDA 1994, S. 1, 6

„höherer Staatsinteressen“ rechtfertigen.[810] Als Richtschnur für die Außenpolitik gelte allein die Staatsräson.[811] Der Conseil d'Etat scheint implizit der Auffassung zu sein, die einzig zulässige Art der Kontrolle über Akte der auswärtigen Gewalt sei politischer Natur. Diese erfolge durch das Volk im Rahmen von Wahlen oder durch das Parlament.[812] Weiterhin wird darauf verwiesen, eine materielle Rechtmäßigkeitskontrolle sei schon deshalb nicht möglich, weil es an Rechtsnormen fehle, die die in Frage stehenden Materien regelten. Existierten im Einzelfall doch Prüfungsmaßstäbe, so seien diese viel zu offen formuliert.[813] Zuletzt wird insbesondere von Seiten des Conseil d'Etat vorgebracht, die Aufgabe der Verwaltungsgerichte beschränke sich auf eine Rechtmäßigkeitskontrolle rein innerstaatlicher Maßnahmen anhand des innerstaatlichen Rechts und erstrecke sich gerade nicht auf solche Maßnahmen, die französische und ausländische Behörden in einem wie auch immer gearteten Zusammenwirken getroffen hätten.[814]

Chapus begründet die Nichtjustiziabilität wie folgt: Er sieht im Regierungsakt die Realisierung der Funktion von Regierungstätigkeit, die von der Verwaltungstätigkeit grundsätzlich verschieden sei. Während sich letztere auf die tägliche Anwendung der Gesetze und auf die Überwachung der Beziehungen zwischen der Verwaltung und den Bürgern beschränke, bestehe die zentrale Bedeu-

810 *Binczak*, Acte de gouvernement, in: Encyclopédie Dalloz, Répertoire de contentieux administratif, Tome I (Stand 09/2005), Rn. 59: „[l'acte de gouvernement est T.P.] un acte justifié par des intérêts supérieurs de l'Etat“.

811 *Cayla*, Le contrôle des mesures d'exécution des traités: réduction ou négation de la théorie des actes de gouvernement, in: RFDA 1994, S. 1, 13

812 So die Analyse von *Kdhir*, La théorie de l'acte de gouvernement dans la jurisprudence du Conseil d'Etat relative aux relations internationales de la France à l'épreuve du droit international, in: JDI 2003, S. 1059, 1060

813 *Zoller*, Droit des relations extérieures, S. 310 f.; für den Bereich des Auslieferungsrechts vgl. implizit auch *Rolin*, Le Conseil d'État, juge des l'extradition, S. 33, die einen Zusammenhang zwischen der Existenz des Gesetzes vom 10.03.1927 und der nach diesem Zeitpunkt nicht mehr erfolgten Qualifikation des Auslieferungsdekrets als acte de gouvernement durch den Conseil d'Etat herstellt. A.A. mit guten Argumenten *Dupré de Boulois*, La théorie des actes de gouvernement à l'épreuve du droit communautaire, in: RDP 2000, S. 1791, 1818: er ist der Auffassung, z. B. für eine Suspendierungsmaßnahme stehe mit Artt. 57 ff. WVRK sehr wohl ein materiell-rechtlicher Prüfungsmaßstab zur Verfügung, der – da Frankreich nicht Vertragspartei der WVRK ist – zumindest gewohnheitsrechtlich Geltung beansprucht. Ebenfalls a.A. ist *Melleray*, L'immunité juridictionnelle des actes de gouvernement en question, in: RFDA 2001, S. 1086, 1099: „De ce que les éléments réglés des actes de gouvernement sont assez limités, on ne doit pas déduire qu'il est inutile de les contrôler mais au contraire qu'il est possible de les contrôler sans porter atteinte à l'autonomie de l'exécutif“.

814 So die bei *Zoller*, Droit des relations extérieures, S. 303 f., wiedergegebene Argumentation, die sie zu Recht zugleich kritisiert.

tung von Regierungstätigkeit darin, den Bedürfnissen der gesamten Gesellschaft Rechnung zu tragen.[815]

Schlussendlich kann jedoch keiner der Ansätze für sich alleine genügen, um die Nichtjustiziabilität ausreichend zu begründen.[816] Diese Schwierigkeit bildet auch schon einen wesentlichen Gesichtspunkt der Kritik an der „théorie des actes de gouvernement". Um ihr zu begegnen ist daher eine Synthese aus den geschilderten Aspekten anhand der Umstände des jeweiligen Einzelfalles zu bilden.

d. Kritik an der Rechtsfigur des „acte de gouvernement"

Die Kritik an der Theorie der Regierungsakte ist sehr vielschichtig. Sie setzt zum einem am Widerspruch der Rechtsfigur zu verfassungsrechtlichen Vorgaben an (vgl. α.), zum anderen an deren Unstimmigkeiten im Hinblick auf andere Rechtsprechungstendenzen (vgl. β.).

α. Kritik angesichts verfassungsrechtlicher Vorgaben

Die Rechtsfigur wird zunächst wegen ihrer vagen Formulierung, ihrer Einzelfallabhängigkeit und der damit einhergehenden Unbestimmtheit angegriffen.[817] Zu Recht wird darauf verwiesen, es handle sich eigentlich um gar keine „Theorie".[818] Im Mittelpunkt der Kritik steht jedoch – nachdem es in Frankreich keine dem Art. 19 IV GG entsprechende allgemeine Rechtsweggarantie[819] gibt – die

---

815 *Chapus*, Droit administratif général, Rn. 1153. Einen interessanten Begründungsansatz liefert auch *Favoreu*, L'acte de gouvernement, acte provisoirement et accidentellement injusticiable, in: RFDA 1987, S. 544, 547: Er meint, Regierungsakte seien nur „aus Zufall" nicht justiziabel, weil deren Rechtmäßigkeitskontrolle der Verfassungsrechtsprechung obliege, es jedoch an einer Zuweisung der Zuständigkeit an den Conseil constitutionnel fehle. Der Argumentation kann jedoch nicht gefolgt werden, da *Favoreu* erkennbar davon ausgeht, Verfassungsgerichtsbarkeit werde in Frankreich alleine durch den Conseil constitutionnel ausgeübt und die oben dargestellte Rolle des Conseil d'Etat völlig außer Acht lässt.

816 Ebenso *Brisson*, Le recours pour excès de pouvoir, S. 27

817 *Hervouët*, Les audaces calculées du Conseil d'Etat dans le domaine international, in: Au carrefour des droits, S. 67, 71

818 *Mitjaville*, Schlussanträge in der Rechtssache CE, 20.10.2000, Mme Bukspan, Rec. Tables S. 802; 893, in: RDP 2001, S. 311, 313

819 Die allgemeine Rechtsweggarantie als wesentlicher Bestandteil des Rechtsstaatsprinzips gehört aber nach der Rechtsprechung des Conseil constitutionnel zum bloc de constitutionnalité. Vgl. CC, 09.04.1996, Loi organique portant statut d'autonomie de la Polynésie française, déc. no. 96-373 DC, Rec. S. 43, 83. Erwägungsgrund; vgl. zur allgemeinen Rechtsweggarantie, zu dessen Grundlagen und Ausprägungen im französischen Verfassungsrecht *Renoux*, Le droit au recours juri-

Frage der Vereinbarkeit der Rechtsfigur mit dem Rechtsstaatsgedanken. So fehle der „théorie des actes de gouvernement“ jegliche rechtliche Grundlage.[820] Als einzige käme zwar das Gewaltenteilungsprinzip in Betracht. Der Conseil constitutionnel habe jedoch die Existenz, die Unabhängigkeit und die eigenständige Kompetenz des Conseil d'Etat zum verfassungsrechtlichen Prinzip erhoben.[821] Weiterhin könne das oberste französische Verwaltungsgericht seit den gesetzgeberischen Reformen von 1986 und 1987[822] nicht mehr als Teil der Verwaltung angesehen werden – der Conseil d'Etat sei sowohl organisatorisch als auch funktionell von der Exekutive unabhängig. Beide Gesichtspunkte müssten in einer *umfassenden und lückenlosen* richterlichen Kompetenz des Staatsrates zum Ausdruck kommen.[823] Letztlich könnten deshalb für die Theorie der Regierungsakte nur nicht-juristische Argumente angeführt werden.[824]

Weiterhin zeitigten die mit der „théorie des actes de gouvernement“ verbundenen Rechtsfolgen schwere Konsequenzen für die Rechtsunterworfenen. Da Regierungsakte der Rechtmäßigkeitskontrolle entzogen sind, kann der Einzelne auch keinen Haftungsprozess anstrengen, sofern ihm durch eine solche Maßnahme ein Schaden entstanden ist.[825]

Zuletzt wird darauf hingewiesen, dass sich auch der Conseil constitutionnel unter Berufung auf seine begrenzten Kompetenzen weigert, die Verfassungsmäßigkeit von Regierungsakten zu prüfen, obgleich diese jedenfalls am „bloc de

---

dictionnel en droit constitutionnel français, in: Présence du droit public et des droits de l'homme, S. 307 ff.

820 *Kdhir*, La théorie de l'acte de gouvernement dans la jurisprudence du Conseil d'Etat relative aux relations internationales de la France à l'épreuve du droit international, in: JDI 2003, S. 1059, 1064 f.

821 CC, 22.07.1980, Loi portant validation d'actes administratifs, déc. no. 80-119 DC, Rec. S. 46, 6. Erwägungsgrund

822 Bezüglich des Status der Mitglieder des Conseil d'Etat und bezüglich des Verfahrensrechts

823 *Kdhir*, La théorie de l'acte de gouvernement dans la jurisprudence du Conseil d'Etat relative aux relations internationales de la France à l'épreuve du droit international, in: JDI 2003, S. 1059, 1065

824 Vgl. z. B. *Duez*, Les actes de gouvernement, S. 24: „la soustraction des actes de gouvernement à l'emprise juridictionnelle se recommande par des raisons *d'art politique*.“ Hervorhebung durch Verfasser; *Hauriou*, Précis de droit administratif et de droit public, S. 421: „il y a des nécessités politiques qui s'imposent à l'Etat lui-même et sur lesquelles il ne doit pas être contraint de s'exprimer.“

825 *Kdhir*, La théorie de l'acte de gouvernement dans la jurisprudence du Conseil d'Etat relative aux relations internationales de la France à l'épreuve du droit international, in: JDI 2003, S. 1059, 1067

constitutionnalité“ zu messen wären. Die dadurch entstehende Rechtsschutzlücke wird ebenfalls als mit dem Rechtsstaatsgedanken unvereinbar angesehen.[826]

β. Kritik angesichts neuerer Rechtsprechungstendenzen

Neben der eben erörterten Kritik aus verfassungsrechtlicher Sicht wird die Theorie der Regierungsakte auch angesichts neuerer Tendenzen in der Rechtsprechung des Conseil d'Etat kritisiert. Insbesondere wird hierbei Art. 55 Const. 1958 und dessen Interpretation durch den Conseil d'Etat in der Rechtssache Nicolo[827] in die Diskussion eingebracht: Art. 55 Const. 1958 ordnet die Höherrangigkeit der völkerrechtlichen Verträge gegenüber den Gesetzen an. Würden die Gerichte die Justiziabilität einer Durchführungsmaßnahme zu einem völkerrechtlichen Vertrag verneinen, so käme dies einer prinzipiellen Ablehnung gleich, zu prüfen, ob die Durchführungsmaßnahme eine ordnungsgemäße Anwendung des völkerrechtlichen Vertrages darstellt.[828] Es sei ein Paradoxon, wenn sich eine Maßnahme der Verwaltung am völkerrechtlichen Vertrag aufgrund dessen Höherrangigkeit messen lassen müsse, eine Durchführungsmaßnahme bezüglich eines Vertrages hingegen aufgrund der „théorie des actes de gouvernement“ jeglicher richterlicher Kontrolle entzogen sei.[829] Anders gewendet erfordere der Vertrag als rechtlich höherrangige Norm zwar die Kontrolle auch der Durchführungsmaßnahmen, andererseits mache er eben diese Kontrolle aufgrund seiner internationalen Herkunft und der damit verbundenen diplomatischen Verflechtungen unmöglich.[830]

Bedenkt man weiterhin, dass Suspendierungsmaßnahmen in der Rechtssache Mhamedi vom Conseil d'Etat als Regierungsakte[831] qualifiziert worden sind, so steigert sich das Paradoxon zu einer von Teilen der Literatur als „Anomalie“ be-

---

826 *Kdhir*, La théorie de l'acte de gouvernement dans la jurisprudence du Conseil d'Etat relative aux relations internationales de la France à l'épreuve du droit international, in: JDI 2003, S. 1059, 1066

827 CE, Ass., 20.10.1989, Nicolo, Rec. S. 190

828 *Kdhir*, La théorie de l'acte de gouvernement dans la jurisprudence du Conseil d'Etat relative aux relations internationales de la France à l'épreuve du droit international, in: JDI 2003, S. 1059, 1078

829 *Kdhir*, La théorie de l'acte de gouvernement dans la jurisprudence du Conseil d'Etat relative aux relations internationales de la France à l'épreuve du droit international, in: JDI 2003, S. 1059, 1078

830 *Cayla*, Le contrôle des mesures d'exécution des traités: réduction ou négation de la théorie des actes de gouvernement, in: RFDA 1994, S. 1, 2: „En tant que norme juridique supérieure, le traité exigerait le contrôle juridictionnel des actes qui en assurent l'exécution, tandis qu'en tant que norme internationale susceptible de conférer à ces mêmes actes d'exécution une semblable dimension internationale, il rendrait lui-même impossible l'exercice d'un tel contrôle.“

831 CE, Ass., 18.12.1992, Préfet de la Gironde c/ Mhamedi, Rec. S. 446

zeichneten Situation. Seit der Grundsatzentscheidung Nicolo prüften die Verwaltungsgerichte auch die Vereinbarkeit eines späteren Gesetzes mit einem völkerrechtlichen Vertrag und räumten letzterem im Falle der Unvereinbarkeit einen Anwendungsvorrang ein. Demgegenüber könne die Exekutive, die ja grundsätzlich der Gesetzesbindung unterliegt, aufgrund der Rechtsprechung Mhamedi weiterhin – ohne dass dies der richterlichen Kontrolle unterliegen würde – die Geltung völkerrechtlicher Verträge aussetzen und damit den Anwendungsvorrang des völkerrechtlichen Vertrages vor den Gesetzen umgehen. Die Normenhierarchie werde somit durch die Nichtjustiziabilität der Suspendierungsmaßnahme ausgehebelt.[832]

2. Gleichwohl keine völlige Justizfreiheit der Akte der auswärtigen Gewalt

Die auf der „théorie des actes de gouvernement" fußende grundsätzliche Nichtjustiziabilität bedeutet jedoch nicht, dass die Regierung auf dem Gebiet der auswärtigen Gewalt gänzlich willkürlich handeln dürfte. So ist es schließlich der Richter selbst, der entscheidet, ob im konkreten Fall überhaupt ein „acte de gouvernement" anzunehmen ist. Weiterhin kann trotz der Qualifikation einer Maßnahme als „acte de gouvernement" keine offensichtliche Rechtswidrigkeit bestehen bleiben.[833] Zuletzt wurde das Anliegen des Einzelnen – auch wenn die Klage später vom Gericht wegen Nichteröffnung des Rechtswegs abgewiesen wird – meistens vom Regierungskommissar auch auf seine materiell-rechtliche Vereinbarkeit geprüft[834] – das bedeutet, das Begehren des Klägers hat in der Sache eine juristische Würdigung erfahren, obgleich auch nicht von Seiten des Gerichts.

Neben diesen Gesichtspunkten lässt sich der Rechtsprechung des Conseil d'Etat generell eine Tendenz hin zu einer verstärkten Annahme von Justiziabilität auch im Bereich der Kontrolle der auswärtigen Gewalt entnehmen. So wird das Dekret, durch das ein völkerrechtliches Abkommen veröffentlicht wird, auf seine Existenz hin überprüft – eine Lösung, die mittlerweile auch im Rahmen von Sus-

---

832 *Cayla*, Le contrôle des mesures d'exécution des traités: réduction ou négation de la théorie des actes de gouvernement, in: RFDA 1994, S. 1, 3

833 Ständige Rechtsprechung des Conseil d'Etat seit CE, Ass., 11.07.1975, Paris de Bollardière, Rec. S. 423

834 *Kdhir*, La théorie de l'acte de gouvernement dans la jurisprudence du Conseil d'Etat relative aux relations internationales de la France à l'épreuve du droit international, in: JDI 2003, S. 1059, 1061; dass eine materiell-rechtliche Prüfung der Klage nicht stets erfolgt, zeigt die Rechtssache CE, 05.07.2000, MM. Mégret et Mekhantar, Rec. S. 291, in: AJDA 2001, 95. Hier prüfte auch die Regierungskommissarin nicht die Rügen des Klägers bzgl. der Völkerrechtswidrigkeit der Maßnahme des Präsidenten und der fehlenden parlamentarischen Beteiligung, vgl. Anm. *Gounin*, in: AJDA 2001, S. 95, 96.

pendierungsmaßnahmen angewandt wird (vgl. a.). Weiterhin führte nach verbreiteter Literaturansicht die Ausweitung der sogenannten „actes détachables" zu einer Einschränkung des Anwendungsbereichs der Theorie der Regierungsakte (vgl. b.). Zuletzt wurde der Staatsrat aufgrund von Entwicklungen im Völkervertragsrecht zur Aufgabe der „théorie des actes de gouvernement" in bestimmten Bereichen veranlasst (vgl. c.).

a. Kontrolle von Akten auswärtiger Gewalt auf ihre Existenz hin

Gleichsam als „Kompensation"[835] für die grundsätzliche Nichtjustiziabilität werden die Veröffentlichung[836], die Ratifizierung eines Vertrages[837] und die Billigung eines „accord en forme simplifiée"[838] vom Conseil d'Etat *auf ihre jeweilige Existenz hin* untersucht.[839]

Diese Form der Kontrolle umfasst auch die Frage, ob die in Rede stehende Maßnahme von dem nach der Verfassung zuständigen Organ vorgenommen worden ist.[840]

Hinsichtlich des Veröffentlichungsdekretes wird über dessen Existenz hinaus noch seine formelle Rechtmäßigkeit („régularité") geprüft.[841] Hierfür spricht insbesondere, dass nur solche völkerrechtlichen Vereinbarungen Rechte und Pflichten für die Einzelnen hervorbringen können, die ihnen ordnungsgemäß bekannt gemacht worden sind.[842]

---

835 So Regierungskommissar *Lamy*, Schlussanträge in der Rechtssache CE, Ass., 18.12.1992, Préfet de la Gironde c/ M. Mhamedi, Rec. S. 446, in: RFDA 1993, 333, 336; ebenso *Cayla*, Le contrôle des mesures d'exécution des traités: réduction ou négation de la théorie des actes de gouvernement, in: RFDA 1994, S. 1, 3 f.

836 CE, 13.07.1961, Société indochinoise d'électricité, Rec. S. 519; CE, 03.03.1961, André et Société des tissages Nicolas Gaimant, Rec. S. 154 = RGDIP 1961, 626 mit Anm. *Rousseau* S. 630

837 CE, Ass., 16.11.1956, Villa, Rec. S. 433

838 CE, Ass, 13.07.1965, Société Navigator, Rec. S. 423

839 Vgl. bezüglich der Kontrolle der Existenz *Binczak*, Acte de gouvernement, in: Encyclopédie Dalloz, Répertoire de contentieux administratif, Tome I (Stand 09/2005), Rn. 42-47

840 CE, Ass, 13.07.1965, Société Navigator, Rec. S. 423

841 Vgl. z. B. CE, 30.10.1964, Société Prosagor, Rec. S. 496 = RGDIP 1965, 529 mit Anm. *Rousseau* S. 531

842 *Raynaud/Fombeur*, Anm. zu CE, Ass., 18.12.1998, SARL du parc d'activité de Blotzheim et SCI Haselaecker, Rec. S. 484, in: AJDA 1999, S. 127, 129

Diese Rechtsprechung weitete der Conseil d'Etat in der Rechtssache Mhamedi[843] auch auf Suspendierungsmaßnahmen aus. Das bedeutet, auch diese müssen – was die Zuständigkeit, die Form und die Veröffentlichung anbelangt – den Anforderungen der Verfassung genügen. Eine derartige Kontrolle wird als „dezenter Hinweis" des Gerichts verstanden, auch solche Akte, die untrennbar mit den auswärtigen Beziehungen Frankreichs verbunden sind, zumindest in sehr geringem Maße seiner Gerichtsbarkeit zu unterwerfen.[844]

Die Kontrolle der Existenz und der ordnungsgemäßen Veröffentlichung der in Frage stehenden Maßnahme ist durchaus nicht zu unterschätzen und darf daher nicht lediglich als „juristisches Feigenblatt" abgewertet werden.[845] Zum einen beweist die Rechtsprechung des Conseil d'Etat nämlich durchaus dessen Bereitschaft, im Falle der Feststellung einer „Nichtexistenz" diese durch eine Nichtanwendung des internationalen Abkommens zu sanktionieren.[846] Zum anderen zögert der Conseil d'Etat nicht, im Wege des Richterrechts das für die angegriffene Maßnahme zuständige Organ zu bestimmen, wenn in der Verfassung diesbezügliche Normen fehlen.[847]

Die Kontrolle der Existenz des angegriffenen Aktes beinhaltet – was das Prüfungsprogramm anbelangt – sicherlich Züge einer formellen Rechtmäßigkeitskontrolle („contrôle de légalité externe")[848], darf mit dieser aber keinesfalls

843 CE, Ass., 18.12.1992, Préfet de la Gironde c/ M. Mhamedi, Rec. S. 446 mit Schlussanträgen *Lamy*, in: RFDA 1993, S. 333 und Anm. *Ruzié*, in: RFDA 1993, S. 341

844 *Cayla*, Le contrôle des mesures d'exécution des traités: réduction ou négation de la théorie des actes de gouvernement, in: RFDA 1994, S. 1, 5; lediglich zwei Monate vor der Mhamedi-Entscheidung hatte der Conseil d'Etat in einer ebenfalls eine Suspendierungsmaßnahme betreffenden Entscheidung noch Folgendes ausgeführt: „Cons. que la circulaire [...] par laquelle le Ministre de l'Education nationale a demandé aux établissements d'enseignement supérieur de suspendre toute coopération scientifique [...] avec l'Irak [...] n'est pas détachable de la conduite des relations diplomatiques de la France et échappe ainsi à ***tout*** contrôle juridictionnel;" vgl. CE, 23.09.1992, GISTI et MRAP, Rec. S. 346 – Hervorhebung durch Verfasser

845 Vgl. hierzu *Cayla*, Le contrôle des mesures d'exécution des traités: réduction ou négation de la théorie des actes de gouvernement, in: RFDA 1994, S. 1, 4

846 CE, 13.07.1965, Société Navigator, Rec. S. 423

847 CE, 13.07.1965, Société Navigator, Rec. S. 423; CE, Ass., 18.12.1992, Préfet de la Gironde c/ M. Mhamedi, Rec. S. 446; ebenso wie die Verfassung von 1946 keine Bestimmungen über das Verfahren der „Ratifizierung" von „accords en forme simplifiée" enthielt, fehlten auch der Verfassung von 1958 Vorschriften über das Verfahren der Suspendierung von Vertragspflichten.

848 *Dupré de Boulois*, La théorie des actes de gouvernement à l'épreuve du droit communautaire, in: RDP 2000, S. 1791, 1815; ebenso *Cayla*, Le contrôle des mesures d'exécution des traités: réduction ou négation de la théorie des actes de gouverne-

gleichgesetzt werden.[849] Zum einen betont das Gericht durch ersteres Verfahren seine grundsätzliche Unzuständigkeit, über die Rechtmäßigkeit des Aktes zu befinden. Zum anderen könnte eine formelle Rechtmäßigkeitskontrolle zu einer Aufhebung des angegriffenen Aktes mit erga omnes-Wirkung führen und damit zu einer direkten Einmischung des Conseil d'Etat in die internationalen Beziehungen Frankreichs. Demgegenüber kann die (bloße) Kontrolle eines Aktes auf seine Existenz hin nur dessen Nichtanwendung im konkreten Streitfall zur Folge haben.[850]

Jenseits der Kontrolle ihrer bloßen Existenz und ihrer ordnungsgemäßen Veröffentlichung werden Ratifikations- und Suspendierungsmaßnahmen jedoch als „actes de gouvernement" gekennzeichnet und sind damit der Überprüfung durch die Verwaltungsgerichtsbarkeit entzogen. Dies wird wesentlich damit begründet, dass die genannten Maßnahmen von der Führung der internationalen Beziehungen nicht abtrennbar sind (sog. „actes non détachables de la conduite des relations internationales de la France"). Nach ständiger Rechtsprechung muss folglich unterschieden werden zwischen wesentlich von außenpolitischen Notwendigkeiten geprägten Akten („actes de gouvernement") und solchen Maßnahmen, die lediglich im Zusammenhang mit der Außenpolitik stehen. Letztere unterliegen – als sogenannte „actes détachables" – sehr wohl der Kontrolle des Conseil d'Etat.

b. „Actes détachables"

Solche „actes détachables" wurden in der Rechtsprechung des Conseil d'Etat in neuerer Zeit verstärkt angenommen[851], was nach verbreiteter Literaturansicht

ment, in: RFDA 1994, S. 1, 4: Er stellt „l'espèce d'infra-contrôle de légalité externe auquel se ramène le contrôle de l'existence d'un acte de gouvernement" heraus.

849 Vgl. in diesem Sinne *Lamy*, Schlussanträge in der Rechtssache CE, Ass. 18.12.1992, Préfet de la Gironde c/ M. Mhamedi, Rec. S. 446, in: RFDA 1993, S. 333, 336: „La différence [entre le contrôle de légalité externe et le contrôle de l'existence T.P.] n'est pas seulement dans les mots, elle est aussi dans les effets".

850 *Lamy*, Schlussanträge in der Rechtssache Mhamedi, in: RFDA 1993, S. 333, 337; kritisch demgegenüber *Dupré de Boulois*, La théorie des actes de gouvernement à l'épreuve du droit communautaire, in: RDP 2000, S. 1791, 1816: Er betont, dass die Konsequenz einer Rechtmäßigkeitsprüfung eines Verwaltungsaktes nicht zwingend dessen Aufhebung ist. Vielmehr wird bei einer Inzidentprüfung eines Aktes dieser im Falle seiner Rechtswidrigkeit lediglich für nicht anwendbar erklärt und gerade nicht aufgehoben.

851 Vgl. hierzu den Überblick über die Rechtsprechung zu den „actes détachables" bei *Binczak*, Acte de gouvernement, in: Encyclopédie Dalloz, Répertoire de contentieux administratif, Tome I (Stand 09/2005), Rn. 36

parallel zu einer Einschränkung des Anwendungsbereichs der „théorie des actes de gouvernement" führte. Auch bei Annahme eines acte détachable weisen die Sachverhalte einen deutlichen Bezug zu den internationalen Beziehungen auf, was hier jedoch deren Justiziabilität nicht hindert.[852]

α. Kriterien der „détachabilité"

Im hier interessierenden Zusammenhang wurde die Theorie des „acte détachable" vom Conseil d'Etat erstmals in der Rechtssache Dame Caraco angewandt.[853] Da diese Theorie hinsichtlich ihres Anwendungsbereichs und ihrer Tragweite sehr komplex ist[854], ist es auch sehr schwierig, anhand der Rechtsprechung des Conseil d'Etat den Begriff der „détachabilité" näher zu bestimmen[855] bzw. die diesbezügliche Judikatur zu systematisieren.[856] Dies ist wesentlich darin begründet, dass die Rechtsprechung des Conseil d'Etat zu den Regierungsakten und damit auch zu den „actes détachables" von einem sehr großen Pragmatismus geprägt

852 A.A. *Binczak*, Acte de gouvernement, in: Encyclopédie Dalloz, Répertoire de contentieux administratif, Tome I (Stand 09/2005), Rn. 37: „En définitive, l'acte détachable correspond vraisemblablement à un acte n'ayant aucune incidence sur la politique internationale [...] ou, pour le moins, n'ayant que des incidences négligeables."

853 CE, 05.02.1926, Dame Caraco, Rec. S. 125. Die Klägerin hatte ein Dekret des Präsidenten angegriffen, womit eine zwischen Frankreich und Tunesien geschlossene völkerrechtliche Vereinbarung ratifiziert und veröffentlicht worden war. Das Gericht unterscheidet hier zwischen den Bestimmungen des Dekrets bzgl. der Ratifikation, die aufgrund ihrer Natur nicht richterlicher Kontrolle unterliegen und den übrigen Bestimmungen, die die völkerrechtliche Vereinbarung nicht direkt betreffen.

854 *Kdhir*, La théorie de l'acte de gouvernement dans la jurisprudence du Conseil d'Etat relative aux relations internationales de la France à l'épreuve du droit international, in: JDI 2003, S. 1059, 1074. Diese 1905 entwickelte Theorie habe ursprünglich den Zweck verfolgt, die Grenze zwischen „juge de l'excès de pouvoir" und „juge de contrat" zurückzudrängen.

855 *Kdhir*, La théorie de l'acte de gouvernement dans la jurisprudence du Conseil d'Etat relative aux relations internationales de la France à l'épreuve du droit international, in: JDI 2003, S. 1059, 1075. Dies wird im Übrigen von den Regierungskommissaren durchaus nicht verkannt. Vgl. z. B. *Genevois*, Schlussanträge in der Rechtssache CE, 22.12.1978, Vo Thanh Nghia, Rec. S. 523, in: AJDA 1979, no. 4, S. 36, 37: „On ne peut pas dire qu'il se dégage de votre jurisprudence un critère permettant de définir de façon certaine ce qu'il faut entendre par acte détachable." *Cayla*, Le contrôle des mesures d'exécution des traités: réduction ou négation de la théorie des actes de gouvernement, in: RFDA 1994, S. 1, 6 in Fn. 29, spricht von einem „caractère flou et faiblement opératoire des critères de la détachabilité".

856 *Dupré de Boulois*, La théorie des actes de gouvernement à l'épreuve du droit communautaire, in: RDP 2000, S. 1791, 1804

ist.[857] Die äußerst schwierige Handhabung der „détachabilité“ zeigt sich nicht zuletzt auch in der vergleichsweise hohen Zahl von Entscheidungen des Conseil d'Etat, die im Widerspruch zu den Schlussanträgen der Regierungskommissare gefasst wurden.[858]

Lediglich zwei Kriterien der „détachabilité“ werden vom Staatsrat oder zumindest von den Regierungskommissaren entweder alternativ oder kumulativ angeführt: Zum einen wird ein „acte détachable“ angenommen, wenn eine Durchführungsmaßnahme zu einem völkerrechtlichen Akt sich an die nationale Rechtsordnung richtet und nicht an die internationale („tournée vers l'ordre interne et non vers l'ordre international“). Zum anderen wird eine nationale Maßnahme als „acte détachable“ qualifiziert, wenn diese sich nicht als eine direkte, notwendige und unabwendbare Folge eines völkerrechtlichen Aktes darstellt. Anders gewendet, liegt ein „acte détachable“ und kein „acte de gouvernement“ vor, wenn den französischen Behörden bei der auf internationaler Ebene getroffenen Maßnahme hinsichtlich der Wahl der Mittel und der Verfahren ein gewisser Spielraum zusteht.[859] Entscheidende Frage ist mithin, ob der angegriffene Akt unabhängig von seinem Ursprung und seinen internationalen Verflechtungen auf seine Rechtmäßigkeit hin überprüft werden kann, ohne dass dem Richter Gelegenheit gegeben wird, die Führung der Außenpolitik der Regierung zu bewerten.[860]

Im Zusammenhang mit dem Kampf gegen den internationalen Terrorismus hat der Conseil d'Etat ein weiteres Kriterium der „détachabilité“ genannt: das des engen zeitlichen Zusammenhangs mit der völkerrechtlichen Maßnahme. Im konkreten Fall griff die Association Secours Mondial de France ein Dekret vom 19. Oktober 2002 an, wonach diese in eine Liste von Vereinigungen aufgenommen werden sollte, deren finanzielle Transaktionen im In- und Ausland erst nach vorheriger Genehmigung des Finanz- und Wirtschaftsministers erfolgen dürfen. Obwohl der Erlass dieses Dekretes in Anwendung der Sicherheitsratsresolution Nr. 1390 vom 16. Januar 2002 erfolgte, handelte es sich nach Ansicht des Staatsrates um eine von den internationalen Beziehungen abtrennbare Maßnahme. Der Zeitraum zwischen der Sicherheitsratsresolution und dem Dekret sei nämlich der-

857 *Azibert/de Boisdeffre*, in: RFDA chron. 1988, S. 137, 138

858 *Dupré de Boulois*, La théorie des actes de gouvernement à l'épreuve du droit communautaire, in: RDP 2000, S. 1791, 1804 m.w.N.

859 *Cayla*, Le contrôle des mesures d'exécution des traités: réduction ou négation de la théorie des actes de gouvernement, in: RFDA 1994, S. 1, 7 unter Bezugnahme auf *Odent*, Schlussanträge in der Rechtssache TC, 02.02.1950, „Soc. Radio-Andorre“, in: RDP 1950, 423, 427 mit Anm. *Waline*, in: RDP 1950, S. 418 ff.

860 *Cayla*, Le contrôle des mesures d'exécution des traités: réduction ou négation de la théorie des actes de gouvernement, in: RFDA 1994, S. 1, 8

artig lang gewesen, dass letzteres nicht mehr als bloße Durchführungsmaßnahme angesehen werden könne, sondern als Akt der nationalen Sicherheitsbehörden.[861]

Vom Conseil d'Etat nicht aufgegriffen wurde hingegen ein von einem Regierungskommissar vorgeschlagenes Kriterium, wonach ein „acte détachable" bei einer konkret individuellen Regelung eher anzunehmen sei als bei einer generell abstrakten Regelung seitens der Exekutive.[862] Der Conseil d'Etat qualifizierte sowohl das Dekret als auch die sich darauf stützende Einzelentscheidung als Regierungsakte.[863]

Trotz der eben geschilderten Kriterien der „détachabilité" bleibt die Feststellung, ob eine im Zusammenhang mit den internationalen Beziehungen stehende Maßnahme ein „acte détachable" ist oder nicht, meist von den Besonderheiten des Einzelfalles abhängig.[864] So wurde die Entscheidung, das Synchrotron nicht

861 CE, 03.11.2004, Association Secours Mondial de France, Rec. Tables S. 548; 593 f.; 845 = AJDA 2005, S. 723: „Considérant que, eu égard à sa publication et en tout état de cause, le décret attaqué ne se borne pas [...] à tirer les conséquences d'une résolution du Conseil de sécurité des Nations-Unies; qu'il doit être regardé comme une mesure de police détachable de la conduite des relations internationales de la France". In einem ebenfalls im Zusammenhang mit einer Sicherheitsratsresolution stehenden Fall qualifizierte der Conseil d'Etat das Umsetzungsdekret hingegen als einen acte de gouvernement: „dans les circonstances où elle a été prise, la décision attaquée n'est pas détachable de la conduite des relations internationales de la France et échappe donc à tout contrôle juridictionnel". CE, 29.12.1997, Société Héli-Union, Rec. S. 501

862 Vgl. *Piveteau*, Schlussanträge (nicht veröffentlicht) in der Rechtssache CE, 29.12.1997, Société Héli-Union, Rec. S. 501, zit. in *Poirat*, Anm. zu CE, 12.03.1999, Société Héli-Union, Rec. Tables S. 577 f.; 697, in: RGDIP 2000, S. 544, 554: „une mesure ponctuelle, individuelle, est plus aisément détachable de la conduite des relations diplomatiques que la mesure générale qui en traduit directement l'orientation. Les décisions qui seront prises sur le fondement de ce décret et qui toucheront individuellement les sociétés [...] ne seront pas des actes de gouvernement".

863 Vgl. zum Dekret CE, 29.12.1997, Société Héli-Union, Rec. S. 501; zur Einzelentscheidung CE, 12.03.1999, Société Héli-Union, Rec. Tables S. 577 f.; 697 = RGDIP 2000, S. 541 f. mit Anm. *Poirat*

864 *Kdhir*, La théorie de l'acte de gouvernement dans la jurisprudence du Conseil d'Etat relative aux relations internationales de la France à l'épreuve du droit international, in: JDI 2003, S. 1059, 1075 f.; ebenso *Hervouët*, Les audaces calculées du Conseil d'Etat dans le domaine international, in: Au carrefour des droits, S. 67, 71; dieser weist jedoch auch daraufhin, dass der Conseil d'Etat nicht nur bei der Frage, ob ein Regierungsakt vorliegt oder nicht, mit den Umständen des Einzelfalls argumentiert, sondern vielmehr immer dann, wenn das Gericht eine begrenzte Kontrolle der Exekutive beabsichtigt.

in Straßburg, sondern in Grenoble zu bauen, als „acte détachable“[865] gewertet, obwohl diese in Anwendung eines völkerrechtlichen Vertrages getroffen worden ist.[866] Das Gericht erachtete es dabei offenbar als unerheblich für die internationalen Beziehungen, ob das europäische Strahlenzentrum in Frankreich an dieser oder jener Stelle errichtet wird.[867]

Auch die Qualifikation als „acte de gouvernement“ der Entscheidung zur Wiederaufnahme der Atomversuche durch den Präsidenten lässt sich weniger mit den Kriterien der „détachabilité“[868] als vielmehr mit den besonderen Umständen des Einzelfalles begründen. Die Entscheidung erfolgte nämlich im Vorfeld der Verhandlungen zum Vertrag über ein umfassendes Verbot von Nuklearversuchen (CTBT – Comprehensive Test Ban Treaty) und wurde als unerlässliche Bedingung dafür angesehen, dass die Französische Republik diesen Vertrag ohne Vorbehalte unterzeichnen konnte.[869]

β. Zweifelhafte Fälle der „détachabilité“

Wie schwierig sich die Handhabung der Kriterien der „détachabilité“ in der Praxis erweist, zeigen abschließend einige Fälle aus der Rechtsprechung des Conseil d'Etat, deren Einordnung als „actes non détachables“ von der Literatur zum Teil heftig kritisiert wurde.

Im Fall GISTI et MRAP[870] nahm der Conseil d'Etat entgegen der Auffassung des Regierungskommissars *Kessler* keinen „acte détachable“ an. Hier ging es um

---

865 CE, Ass., 08.01.1988, Ministre du Plan c/ Communauté urbaine de Strasbourg, in: RFDA 1988, 159

866 Auf die Einzelfallerwägungen des Conseil d'Etat in dieser Rechtssache weisen insbesondere *Azibert/de Boisdeffre* in: RFDA chron. 1988, S. 137, 138, hin.

867 *Hervouët*, Les audaces calculées du Conseil d'Etat dans le domaine international, in: Au carrefour des droits, S. 67, 71. Ebenfalls als Beweis der Einzelfallabhängigkeit kann der oben bereits zitierte Fall CE, 29.12.1997, Société Héli-Union, Rec. S. 501 herangezogen werden. Darin führt der Conseil d'Etat aus: „*dans les circonstances où elle a été prise*, la décision attaquée n'est pas détachable de la conduite des relations internationales de la France“ Hervorhebungen durch Verfasser

868 Dies zeigen *Stahl/Chauvaux*, Anm. zu CE, Ass., 29.09.1995, Association Greenpeace France, Rec. S. 347, in: AJDA 1995, S. 684, 687, deutlich auf.

869 *Braconnier*, Anm. zu CE, Ass., 29.09.1995, Association Greenpeace France, Rec. S. 347, in: Dalloz, jurispr. 1996, S. 205, 206; besonders deutlich *Stahl/Chauvaux*, Anm. zu CE, Ass., 29.09.1995, Association Greenpeace France, Rec. S. 347, in: AJDA 1995, S. 684, 687: „[La décision du Conseil d'Etat T.P.], motivée par le caractère indétachable à la conduite des relations internationales de la France, *repose cependant sur une appréciation circonstanciée du contexte international.*“ Hervorhebungen durch Verfasser

870 CE, 23.09.1992, GISTI et MRAP, Rec. S. 346 = RRJ 1993, S. 665 mit Anm. *Poli*

eine Verwaltungsrichtlinie (circulaire) des Bildungsministers an die Präsidenten der Universitäten, irakischen Studenten die Einschreibung zu verweigern. Diese Entscheidung beinhaltete zwar gleichzeitig die Suspendierung der Vertragspflichten bezüglich eines technischen und wissenschaftlichen Kooperationsabkommens zwischen dem Irak und Frankreich, hätte aber nach der bisherigen Definition als „acte détachable“ gewertet werden müssen. Die Verweigerung der Einschreibung hat nämlich wenig mit der Durchführung der Suspendierungsmaßnahme zu tun. Sie ist – da sie die Beziehung der Studenten zur jeweiligen Universität regelt – auch eher auf die innerstaatliche Rechtsordnung gerichtet als auf die internationale. Weiterhin verfügt der Staat eben über jene freie Wahl der Mittel, die einen „acte détachable“ eigentlich ausmachen.[871] Der Conseil d'Etat qualifizierte die angegriffene Maßnahme dennoch als „acte de gouvernement“ und damit als nicht justiziabel. Dies wird aber erst verständlich, wenn man die Hintergründe des Falles kennt, die im Zeitpunkt der Entscheidung des Staatsrates jedoch nicht publik gemacht werden konnten. Sieht man nämlich die Verweigerung der Einschreibung der irakischen Studenten als Druckmittel im Zusammenhang mit den Verhandlungen über die Freilassung französischer Geiseln im Irak, ist diese wieder von der Führung der internationalen Beziehungen Frankreichs nicht abtrennbar – es liegt mithin ein „acte de gouvernement“ vor.[872]

Die Frage, ob ein „acte non détachable de la conduite des relations internationales“ anzunehmen ist, stellte sich dem Conseil d'Etat auch im Zusammenhang mit dem Irakkrieg im Jahre 2003. In dem zu Grunde liegenden Fall[873] hatten verschiedene Antikriegsorganisationen die Entscheidung der französischen Behörden angegriffen, den US-amerikanischen und britischen Flugzeugen, die militärische Missionen im Irak zu erfüllen hatten, den Überflug über französisches Territorium zu gestatten. In den üblichen Formeln führt der Staatsrat aus, der Verwaltungsrechtsweg sei nicht eröffnet, da die angegriffene Entscheidung von der Führung der internationalen Beziehungen nicht abtrennbar sei.[874]

---

871 *Cayla*, Le contrôle des mesures d'exécution des traités: réduction ou négation de la théorie des actes de gouvernement, in: RFDA 1994, S. 1, 12

872 *Cayla*, Le contrôle des mesures d'exécution des traités: réduction ou négation de la théorie des actes de gouvernement, in: RFDA 1994, S. 1, 12 f.

873 CE, 30.12.2003, Comité contre la guerre en Iraq et autres, Rec. Tables S. 707, 914 = RGDIP 2004, S. 543

874 CE, 30.12.2003, Comité contre la guerre en Iraq et autres, Rec. Tables S. 707, 914 = RGDIP 2004, S. 543: „cette décision [du ministre de la défense nationale d'autoriser les avions militaires américaines et britanniques qui accomplissent des missions contre l'Irak à emprunter l'espace aérien français T.P.] *n'est pas détachable* de la conduite des relations internationales de la France; [...] la juridiction administrative n'est dès lors donc pas compétente pour connaître des

Die Feststellung der „non-détachabilité" erscheint jedoch aus mehreren Gründen fraglich. Zunächst kann die in Frage stehende Maßnahme ebenso als solche des Luftsicherheitsrechts betrachtet werden, deren Anwendungsbereich sich ausschließlich auf die nationale Rechtsordnung beschränkt. Außerdem ist der Zusammenhang zu Kriegsakten lediglich ein mittelbarer, da die französische Armee in diesem Falle gar nicht an den Kampfhandlungen teilnimmt. Zuletzt handelt es sich lediglich um eine „indirekte" Vollzugsmaßnahme des NATO-Vertrages.[875]

Schließlich ist die Entscheidung des Conseil d'Etat in der Rechtssache Ministre de la coopération c/ M. Bonn mit den oben genannten Kriterien der „détachabilité" schwerlich vereinbar. In diesem Fall wurden einem französischen Entwicklungshelfer nicht die Kosten für Unterkunft und sonstige Auslagen erstattet, obgleich eine dahingehende völkervertragliche Verpflichtung Zaires gegenüber Frankreich bestanden hätte. Sein Antrag, der französische Staat möge nun diese Kosten anstelle Zaires tragen, wurde von den französischen Behörden abgelehnt. Der Conseil d'Etat verurteilte den französischen Staat jedoch zur Kostenerstattung auf Grundlage des zwischen dem Kläger und der Verwaltung geschlossenen Vertrages (contrat de coopération). Dieser ist zweifelsohne als solcher als „acte détachable" zu werten. Jedoch musste der Conseil d'Etat, um überhaupt die im „contrat de coopération" enthaltene Pflicht des französischen Staates zur Anwendung bringen zu können, vorher zwingend feststellen, dass Zaire seine völkervertragliche Verpflichtung nicht erfüllt hat.[876] Der Conseil d'Etat wurde also veranlasst, das Verhalten eines fremden Staates zu bewerten. Die Anerkennung der Justiziabilität erfolgte hier wiederum aus Einzelfallgesichtspunkten: So hätte die Annahme eines Regierungsaktes dazu geführt, dass der Kläger nur noch die Möglichkeit gehabt hätte, sich an Gerichte in Zaire zu wenden, was angesichts der dortigen unsicheren Rechtslage beinahe einer Rechtsverweigerung (déni de justice) gleichgekommen wäre.[877] Die Zuständigkeit des Conseil d'Etat beruht hier mithin eher auf Wertungsgesichtspunkten als auf einer strikten Anwendung der Kriterien der „détachabilité".[878]

---

requêtes tendant à l'annulation pour excès de pouvoir de cette décision". Hervorhebungen durch Verfasser

875 *Poirat*, Anm. zu CE, 30.12.2003, Comité contre la guerre en Iraq et autres, Rec. Tables S. 707, 914, in: RGDIP 2004, S. 544, 545 f.

876 CE, 14.05.1993, Ministre de coopération c/ M. Bonn, Rec. S. 153: „Considérant que M. Bonn [= le requérant T.P.] [...] n'a pas été défrayé par le gouvernement zaïrois en violation des stipulations [...] de l'accord [franco-zaïrois T.P.]".

877 *Cayla*, Le contrôle des mesures d'exécution des traités: réduction ou négation de la théorie des actes de gouvernement, in: RFDA 1994, S. 1, 19

878 *Cayla*, Le contrôle des mesures d'exécution des traités: réduction ou négation de la théorie des actes de gouvernement, in: RFDA 1994, S. 1, 19

Die geschilderten Fälle zeigen, dass die Kriterien der „détachabilité“ zu unbestimmt sind, um in gesicherter und vor allem vorhersehbarer Art und Weise den Anwendungsbereich der „théorie des actes de gouvernement“ einzuschränken. Stattdessen ermöglichen sie eine Einzelfallrechtsprechung, die – insbesondere bei Heranziehung von Geheimhaltungsgesichtspunkten – beinahe jegliches Ergebnis zu begründen vermag.

c. Aufgabe der Rechtsfigur der „actes de gouvernement“ infolge von Entwicklungen des Völkervertragsrechts

Kann somit der Anwendungsbereich der „théorie des actes de gouvernement“ durch die „théorie des actes détachables“ nicht wirksam eingeschränkt werden, so lassen sich Tendenzen einer teilweisen Aufgabe der Rechtsfigur der Regierungsakte aufgrund von Entwicklungen des Völkervertragsrechts erkennen.

α. Aufgabe der Rechtsfigur im Bereich des Auslieferungsrechts

Zum Teil legt das internationale Recht in seinen materiell-rechtlichen Normen die Annahme von Justiziabilität nahe. So normiert z. B. Art. 1 des Europäischen Auslieferungsabkommens eine Pflicht zur Auslieferung. Dies dokumentiert eine Veränderung des Verständnisses der Auslieferungsentscheidung, die nun nicht mehr als Ausdruck staatlicher Souveränität („acte de souveraineté“) oder des „pouvoir discrétionnaire“ gewertet wird, sondern vielmehr als ein anhand rechtlicher Bestimmungen justiziabler Akt („acte de juridiction“).[879]

Zunächst hat der Conseil d'Etat Anfechtungsklagen gegen Dekrete zugelassen, die dem Auslieferungsantrag eines fremden Staates stattgaben.[880] Eine solche Kontrolle lässt sich schwer mit den oben geschilderten Kriterien der détacha-

879 Vgl. *Vigouroux*, Schlussanträge in der Rechtssache CE, Ass., 15.10.1993, Royaume-Uni de Grande-Bretagne et d'Irlande du Nord, Gouverneur de la colonie royale de Hong Kong, Rec. S. 268, in: RFDA 1993, S. 1179, 1182. Weiterhin stellt er ebenda fest: „[V]ous ne pouvez plus considérer l'extradition sans tenir compte de la construction d'un ordre [...] [juridique] international.“ Diese Argumentation aufgreifend: *Kdhir*, La théorie de l'acte de gouvernement dans la jurisprudence du Conseil d'Etat relative aux relations internationales de la France à l'épreuve du droit international, in: JDI 2003, S. 1059, 1077

880 Vgl. überblicksartig zu der Entwicklung der Rechtsprechung in diesem Bereich (insbesondere die Urteile CE, Ass., 28.05.1937, Decerf, Rec. S. 534; CE, Ass., 30.05.1952, Dame Kirkwood, Rec. S. 291) *Vigouroux*, Schlussanträge in der Rechtssache CE, Ass., 15.10.1993, Royaume-Uni de Grande-Bretagne et d'Irlande du Nord, Gouverneur de la colonie royale de Hong Kong, Rec. S. 268, in: RFDA 1993, S. 1179, 1180; *Rolin*, Le Conseil d'État, juge de l'extradition, S. 34-36

bilité begründen. Anlässlich der Prüfung eines Dekretes, das der Auslieferung stattgibt, erkennt das Gericht nämlich indirekt über die „Motive" des die Auslieferung beantragenden Staates und gegebenenfalls über dessen politisches und rechtliches System – beides Gesichtspunkte, die sehr wohl geeignet sind, die diplomatischen Beziehungen zu stören.[881] Vielmehr ergibt sich die Justiziabilität allein aus Erwägungen des effektiven Schutzes des Individuums.[882]

In der Rechtssache Royaume-Uni de Grande-Bretagne et d'Irlande du Nord, Gouverneur de la colonie royale de Hong Kong[883] stellte sich die Frage, ob auch die Ablehnung des Auslieferungsantrages durch die französische Regierung gegenüber einem fremden Staat gerichtlich überprüfbar ist. Hier hätte durchaus nahe gelegen, die Ablehnung als primär eine Angelegenheit zwischen den beteiligten Staaten zu werten und daher als geeignet anzusehen, deren diplomatische Beziehungen zu stören.[884] Im Gegensatz zur Stattgabe eines Auslieferungsantrags entfällt auch der Rechtfertigungsgrund des effektiven Schutzes des Individuums, da dieser mit der Verweigerung der Auslieferung bereits erfüllt ist.[885]

Trotz vorstehender Erwägungen bejahte der Conseil d'Etat die Justiziabilität der Ablehnung des Auslieferungsantrags und begründete dies mit deren Charakter als „acte détachable".[886] Diese Begründung gilt es jedoch kritisch zu hinter-

881 *Cayla*, Le contrôle des mesures d'exécution des traités: réduction ou négation de la théorie des actes de gouvernement, in: RFDA 1994, S. 1, 6

882 *Cayla*, Le contrôle des mesures d'exécution des traités: réduction ou négation de la théorie des actes de gouvernement, in: RFDA 1994, S. 1, 7; vgl. auch Fn. 36: „Si un tel contrôle est possible, ce n'est donc non pas parce que l'acte est sérieusement détachable des relations internationales, mais uniquement parce qu'il *faut* qu'il le soit". Hervorhebungen im Original

883 CE, Ass., 15.10.1993, Royaume-Uni de Grande-Bretagne et d'Irlande du Nord, Gouverneur de la colonie royale de Hong Kong, Rec. S. 268; etwas ausführlicher *Cayla*, Le contrôle des mesures d'exécution des traités: réduction ou négation de la théorie des actes de gouvernement, in: RFDA 1994, S. 1, 6

884 Vgl. hierzu *Vigouroux*, Schlussanträge in der Rechtssache CE, Ass., 15.10.1993, Royaume-Uni de Grande-Bretagne et d'Irlande du Nord, Gouverneur de la colonie royale de Hong Kong, Rec. S. 268, in: RFDA 1993, S. 1179, 1181

885 *Cayla*, Le contrôle des mesures d'exécution des traités: réduction ou négation de la théorie des actes de gouvernement, in: RFDA 1994, S. 1, 7

886 CE, Ass., 15.10.1993, Royaume-Uni de Grande-Bretagne et d'Irlande du Nord, Gouverneur de la colonie royale de Hong Kong, Rec. S. 268: „Considérant que la décision rejetant une demande d'extradition est détachable de la conduite des relations diplomatiques de la France avec l'État dont émane cette demande; que, par suite, la juridiction administrative est compétente pour connaître de la requête". Eine Weiterentwicklung dieser Rechtsprechung stellt die Entscheidung des Conseil d'Etat in der Rechtssache „Gouvernement suisse" dar. Hier qualifizierte der Staatsrat den Widerruf eines Auslieferungsdekretes ebenfalls als „acte détachable" und damit als gerichtlich überprüfbar. CE, 14.12.1994, Gouvernement suisse, Rec.

fragen. Da sich die Verweigerung der Auslieferung nämlich direkt an den anderen Staat richtet, kann nicht von einer nach innen gerichteten Maßnahme die Rede sein. Weiterhin wird die Verweigerung der Auslieferung von dem jeweiligen Staat gerade als Vollzug des strafrechtlichen Rechtshilfeabkommens angesehen. Wegen der oben geschilderten Pflicht zur Auslieferung besteht zuletzt gerade nicht der für die „détachabilité" typische Einschätzungs- und Handlungsspielraum. Entgegen der Auffassung des Conseil d'Etat ergibt sich die Justiziabilität der Verweigerung der Auslieferung also nicht aus deren Charakter als „acte détachable". Diese ist vielmehr Folge des den verschiedenen Auslieferungsabkommen zu Grunde liegenden juristischen Systems. Demgemäß stellt sich die Zustimmung zur Auslieferung als Regelfall des Vollzuges strafrechtlicher Rechtshilfeabkommen dar, wenn sämtliche Voraussetzungen des völkerrechtlichen Vertrages erfüllt sind (vgl. den oben erwähnten Art. 1 des Europäischen Auslieferungsabkommens). Demgegenüber ist die Verweigerung der Auslieferung als Ausnahmefall im Vergleich zu den eingegangenen völkervertraglichen Pflichten Frankreichs anzusehen.[887] Es wird Justiziabilität angenommen, weil die Verweigerung gerade nicht darauf abzielt, den völkerrechtlichen Vertrag in seinem „Regelfall" zu vollziehen. Mit anderen Worten wird die Verweigerung der Auslieferung einer gänzlichen Verweigerung des Vollzuges des Auslieferungsabkommens gleichgestellt.[888] Zuletzt ergibt sich die Justiziabilität aus folgendem Gesichtspunkt: Das System der Auslieferungsverträge ist darauf angelegt, von einem unparteiischen Dritten ausgelegt zu werden, der von den beteiligten Regierungen unabhängig ist. Der Conseil d'Etat sichert mithin so den Respekt der internationalen Rechtsordnung.[889]

Folglich ergibt sich die Justiziabilität von Akten im Zusammenhang mit Auslieferungen weniger aus deren Charakter als vom zu Grunde liegenden völkerrechtlichen Vertrag abtrennbaren Akten, sondern vielmehr aus der Tatsache, dass es diesen Abkommen selbst aufgrund ihres Gegenstandes an jeglichem diplomatischen Bezug fehlt.[890] Daher handelt es sich im Bereich des Auslieferungsrechts auch nicht um eine Eingrenzung des Anwendungsbereichs der „théorie des actes

S. 549; vgl. hierzu *Labayle*, Le „passage du gué" – Observation sur le contrôle juridictionnel du Conseil d'État en matière d'extradition, in: RFDA 1995, S. 109

887 *Vigouroux*, Schlussanträge in der Rechtssache CE, Ass., 15.10.1993, Royaume-Uni de Grande-Bretagne et d'Irlande du Nord, Gouverneur de la colonie royale de Hong Kong, Rec. S. 268, in: RFDA 1993, S. 1179, 1181

888 *Cayla*, Le contrôle des mesures d'exécution des traités: réduction ou négation de la théorie des actes de gouvernement, in: RFDA 1994, S. 1, 8 f.

889 *Cayla*, Le contrôle des mesures d'exécution des traités: réduction ou négation de la théorie des actes de gouvernement, in: RFDA 1994, S. 1, 10

890 *Cayla*, Le contrôle des mesures d'exécution des traités: réduction ou négation de la théorie des actes de gouvernement, in: RFDA 1994, S. 1, 10

de gouvernement" aufgrund einer Ausdehnung der „actes détachables", sondern um eine langsame Aufgabe dieser Rechtsfigur selbst.[891]

β. Aufgabe aufgrund des bestimmenden Einflusses von Artt. 6 I S. 1, 13 EMRK

Auch in anderen Bereichen als dem Auslieferungsrecht ist ein „Rückzug" der Theorie der Regierungsakte infolge des Einflusses der Artt. 6 I S. 1 und 13[892] EMRK zu beobachten. Die Rechtsfolge der „théorie des actes de gouvernement" erscheint unvereinbar mit dem Recht auf eine gerichtliche Entscheidung und dem Recht auf wirksame Beschwerde. Es ist jedoch stets zu beachten, dass die EMRK gerade keine allgemeine Rechtsweggarantie nach Muster des Art. 19 IV GG enthält[893], das Recht auf Zugang zu einem Gericht also gerade nicht absolut und abstrakt gewährt wird.[894] Vielmehr haben die beiden Vorschriften einen eng begrenzten Schutzbereich. Direkt kann die EMRK also nur zu einer Aufgabe der Rechtsfigur führen, sofern ihr Anwendungsbereich eröffnet ist.[895]

So muss der Kläger im Falle des Art. 13 EMRK in vertretbarer Weise behaupten („arguable claim"), er sei Opfer einer Verletzung eines von der EMRK oder von einem ihrer Zusatzprotokolle gewährten Rechts.[896]

Dass nicht jede Anwendung der „théorie des actes de gouvernement" eine Verletzung von Art. 6 I S. 1 EMRK darstellt, zeigt die Entscheidung des EGMR in der Rechtssache SARL du parc d'activité de Blotzheim et SCI Haselaecker c.

891 *Cayla*, Le contrôle des mesures d'exécution des traités: réduction ou négation de la théorie des actes de gouvernement, in: RFDA 1994, S. 1, 11

892 Zum Verhältnis der „théorie des actes de gouvernement" zu Art. 13 EMRK, vgl. ausführlich *Raux*, Acte de gouvernement et convention européenne des droits de l'homme. Étude à partir de l'arrêt du Conseil d'Etat de France, Comité contre la guerre en Irak, du 30 décembre 2003, in: RTDH 2005, S. 855, 865-868

893 *Raux*, Acte de gouvernement et convention européenne des droits de l'homme. Étude à partir de l'arrêt du Conseil d'Etat de France, Comité contre la guerre en Irak, du 30 décembre 2003, in: RTDH 2005, S. 855, 864; vgl. auch EGMR, Boyle et Rice, in: Série A no. 131 Rn. 52: „l'article 13 ne saurait [...] s'interpréter comme exigeant un recours interne pour toute doléance, si justifiée soit-elle, qu'un individu peut présenter sur le terrain de la Convention".

894 *Meyer-Ladewig*, Konvention zum Schutz der Menschenrechte und Grundfreiheiten, Art. 6 Rn. 20

895 Ebenso *Raux*, Acte de gouvernement et convention européenne des droits de l'homme. Étude à partir de l'arrêt du Conseil d'Etat de France, Comité contre la guerre en Irak, du 30 décembre 2003, in: RTDH 2005, S. 855, 863 f.

896 *Meyer-Ladewig*, Konvention zum Schutz der Menschenrechte und Grundfreiheiten, Art. 13 Rn. 5 m.w.N.

France.[897] In dem zu Grunde liegenden – später unter anderem Gesichtspunkt noch näher zu untersuchendem – Urteil des Conseil d'Etat hatte sich dieser unter Rückgriff auf die Theorie der Regierungsakte geweigert zu überprüfen, ob die Parteien zu Recht den Abschluss des Änderungsabkommens vom 12. und 29. Februar 1996 dem in Art. 12 des ursprünglichen Vertrages geregelten vereinfachten Änderungsverfahren unterworfen haben.[898] Die Kläger sahen darin eine Verletzung ihres Rechts auf eine gerichtliche Entscheidung.[899] Der EGMR gesteht zwar zu, es handle sich um einen echten Streit ernsthafter Natur („contestation réelle et sérieuse"). Auch wird nicht bestritten, dass der Ausgang des Rechtsstreits sich auf die Vermögenssituation und auf die wirtschaftliche Betätigung der Kläger auswirken könne. Dies reiche jedoch nicht um den Rechtsstreit zu einem solchen über zivilrechtliche Ansprüche im Sinne des Art. 6 I S. 1 EMRK zu machen. Vielmehr müsse mit der Klage selbst ein vermögensrechtliches Ziel verfolgt werden und sich auf die Verletzung von Vermögensrechten stützen. Da das von den Klägern angegriffene Dekret, wodurch das betreffende Änderungsabkommen veröffentlicht worden war, jedoch selbst weder auf die wirtschaftliche Betätigung der Kläger abzielte, noch deren Vermögensrechte zum Gegenstand hatte, und die Klage „nur" auf Aufhebung des Dekretes gerichtet war, handelte es sich nicht um eine Streitigkeit über zivilrechtliche Streitigkeiten im Sinne des Art. 6 I S. 1 EMRK.[900]

Trotz des beschränkten Anwendungsbereichs der EMRK sind manche Autoren gleichwohl der Ansicht, bestimmte Fälle des Conseil d'Etat wären bei entsprechend gebührender Berücksichtigung der EMRK (insbesondere Art. 13 EMRK) zu Gunsten des Kläger entschieden worden.[901]

897 EGMR, SARL du parc d'activité de Blotzheim et SCI Haselaecker, 18.03.2003, in: Recueil des arrêts et décisions, 2003-III. Vgl. zur näheren Sachverhaltsschilderung ebenda S. 347, bzw. unten Teil 3 B. IV. 2.

898 CE, Ass., 18.12.1998, SARL du parc d'activité de Blotzheim et SCI Haselaecker, Rec. S. 484: „si les sociétés requérantes soutiennent que l'accord des 12 et 29 février aurait un objet plus large que le seul établissement d'un avenant [...] et qu'en conséquence, il ne pouvait être conclu sous la forme simplifiée prévue à l'article 19 de [...] [la convention du 4 juillet 1949 T.P.], *le choix du mode de conclusion des traités et accords internationaux n'est pas détachable de la conduite des relations diplomatiques et, par suite, n'est pas susceptible d'être discuté par voie contentieuse devant le juge administratif*". Hervorhebungen durch Verfasser.

899 Vgl. EGMR, SARL du parc d'activité de Blotzheim et SCI Haselaecker, 18.03.2003, in: Recueil des arrêts et décisions, 2003-III, Rn. 3

900 EGMR, SARL du parc d'activité de Blotzheim et SCI Haselaecker, 18.03.2003, in: Recueil des arrêts et décisions, 2003-III, Rn. 9

901 Vgl. *Binczak*, Acte de gouvernement, in: Encyclopédie Dalloz, Répertoire de contentieux administratif, Tome I (Stand 09/2005), Rn. 70 unter Bezugnahme auf CE, 23.09.1992, GISTI et MRAP, Rec. S. 346 (wegen potenzieller Verletzung des Art. 2

Die Kritik aufnehmend bezieht der Conseil d'Etat neuerdings Art. 6 I S. 1 EMRK in seine Erwägungsgründe mit ein und prüft, ob dessen Anwendungsbereich eröffnet ist. In der Rechtssache Comité contre la guerre en Iraq et autres stellt der Staatsrat fest, die Kläger könnten sich nicht erfolgreich auf Art. 6 I S.1 EMRK berufen; *aus diesem Grunde* sei auch der Verwaltungsrechtsweg nicht eröffnet.[902]

Dieser Ausspruch macht deutlich, dass zur Begründung der Nichteröffnung des Rechtswegs die Aussage, es liege ein „acte de gouvernement" vor, nicht mehr ausreicht. Auch hängt die Justiziabilität einer Maßnahme nicht mehr von deren Charakter als „acte détachable" ab. Vielmehr kommt es für die Wahrnehmung der Gerichtsbarkeit durch den Conseil d'Etat entscheidend darauf an, dass der Anwendungsbereich des Art. 6 I S. 1 EMRK eröffnet ist. Ist dies der Fall, muss der Staatsrat zwingend seine Kompetenz ausüben.[903]

Fraglich ist, ob Art. 6 I S.1 EMRK auf lange Sicht nicht aufgrund zweier Gesichtspunkte zu einer gänzlichen Aufgabe der „théorie des actes de gouvernement" beitragen kann.

Zum einen führt – wie oben dargelegt – die Annahme eines Regierungsaktes auch dazu, dass für Entschädigungsklagen gegen den Staat wegen aufgrund einer solchen Maßnahme entstandener Schäden der Rechtsweg nicht eröffnet ist. Diesbezügliche Streitigkeiten sind jedoch solche in Bezug auf zivilrechtliche Ansprüche und unterfallen damit nach ständiger Rechtsprechung des EGMR dem Anwendungsbereich des Art. 6 I S. 1 EMRK.[904] Es ist – außer der Tatsache, dass einmal die EMRK Anwendung findet und einmal nicht – jedoch kein Grund ersichtlich, warum für ein und dieselbe Maßnahme einmal der Rechtsweg eröffnet sein soll (nämlich dann, wenn hierdurch ein Schaden entstanden ist) und einmal nicht (wenn durch den „acte de gouvernement" kein Schaden entstanden ist). Das

des ersten Zusatzprotokolls – Recht auf Bildung) und auf CE, Ass., 29.09.1995, Association Greenpeace France, Rec. S. 347 (wegen potenzieller Verletzung des Art. 2 I EMRK – Recht auf Leben)

902 CE, 30.12.2003, Comité contre la guerre en Iraq, Rec. Tables S. 707, 914 = RGDIP 2004, S. 543, 544: „[...] *sans que puisse etre utilement invoquées les stipulations de l'article 6* de la convention européenne de sauvegarde des droits de l'homme et des libertés fondamentaux, la juridiction administrative n'est *dès lors* pas compétente pour connaître des requêtes tendant à l'annulation pour excès de pouvoir de cette décision"; Hervorhebungen durch Verfasser. Der Anwendungsbereich von Art. 6 I S. 1 EMRK war in vorliegendem Fall nicht eröffnet, weil keine Streitigkeit in Bezug auf zivilrechtliche Ansprüche und Verpflichtungen im Sinne des Art. 6 I S. 1 EMRK vorlag.

903 So im Wesentlichen auch *Poirat*, Anm. zu CE, 30.12.2003, Comité contre la guerre en Iraq et autres, Rec. Tables S. 707, 914, in: RGDIP 2004, S. 544, 546

904 *Frowein/Peukert*, EMRK-Kommentar, Art. 6 Rn. 22 m.w.N.

Bedürfnis nach Rechtsschutz des Einzelnen ist unabhängig davon, ob ihm durch die streitgegenständliche Maßnahme ein Schaden entstanden ist oder nicht und ist in beiden Fällen gleich schutzwürdig. Daher führt die Koppelung der Justiziabilität an den Anwendungsbereich des Art. 6 I S. 1 EMRK zu einem nicht zu rechtfertigenden Widerspruch in der Rechtsordnung.

Zum anderen können die Schlussanträge des Regierungskommissars *Abraham* in der später zu erörternden Rechtssache G.I.S.T.I. fruchtbar gemacht werden. In diesem Fall stützt er seine Argumentation, mit der er den Conseil d'Etat von der Aufgabe einer anderen traditionellen Rechtsprechung überzeugt[905], wesentlich auf Art. 6 I S. 1 EMRK, obwohl er gleichzeitig einräumt, der Anwendungsbereich dieser Vorschrift sei in der vorliegenden Rechtssache mit hoher Wahrscheinlichkeit gar nicht eröffnet. Es ist also durchaus zulässig, auch außerhalb seines Schutzbereichs mit Art. 6 I S. 1 EMRK zu argumentieren.

3. Zwischenergebnis zu den Kompetenzen des Conseil d'Etat im Vergleich zum Bundesverfassungsgericht

Es ist festzustellen, dass das Bundesverfassungsgericht und der Conseil d'Etat vom Ansatz her mit außenpolitischen Fragestellungen gänzlich verschieden umgehen. Während das Bundesverfassungsgericht – aufgrund der weiten Kompetenznormen des Grundgesetzes – grundsätzlich alle Akte der auswärtigen Gewalt für justiziabel hält, ist beim Conseil d'Etat gerade die gegenteilige Haltung zu beobachten. Trotzdem lassen sich Parallelen in der Argumentation der beiden Gerichte erkennen, die sich allerdings – entsprechend der unterschiedlichen Ausgangspunkte – in verschiedener Art und Weise auf deren Entscheidungen auswirken.

Zunächst stellt sich sowohl für das Bundesverfassungsgericht als auch für den Conseil d'Etat die Einordnung eines Aktes zum Bereich der auswärtigen Beziehungen als Kardinalproblem dar. Die Beantwortung dieser Frage entscheidet häufig bereits über den Erfolg oder Misserfolg des Begehrens des Klägers bzw. des Beschwerdeführers. Ferner treffen beide Gerichte bei den angegriffenen Akten jeweils die Unterscheidung zwischen solchen Akten, die wesentlich von außenpolitischen Notwendigkeiten geprägt sind und daher dem Kernbereich der Exekutive zuzuschlagen sind, und solchen, die lediglich im Zusammenhang mit der Außenpolitik stehen. Auch die Begründungen der reduzierten Kontrolldichte

905 In diesem Fall gab der Conseil d'Etat seine traditionelle Rechtsprechung auf, wonach bei Unsicherheiten bezüglich der Auslegung eines völkerrechtlichen Vertrages dieser zur verbindlichen Auslegung dem Außenministerium vorzulegen ist. Vgl. hierzu ausführlich Teil 4 A. I. 2. b.

bzw. der grundsätzlichen Nichtjustiziabilität ähneln einander. So wird in beiden Ländern auf die für die Exekutive im Bereich der Außenpolitik essentiellen Einschätzungsprärogativen, auf die Abhängigkeit von anderen Völkerrechtssubjekten sowie auf das Fehlen von „manageable standards" – also tauglichen Kontrollnormen – hingewiesen. Zuletzt legen beide Gerichte großes Gewicht auf die besonderen Umstände des Einzelfalles, was in nicht unerheblichem Umfang (Verfassungs-) Case Law entstehen lässt.

Aufgrund der aufgezeigten Parallelen verwundert es auch nicht, dass sich vergleichbare Fälle im Ergebnis sehr stark annähern. Als Beispiel hierfür mag die Möglichkeit der gerichtlichen Überprüfung von Mitwirkungshandlungen der Minister im Rat der Europäischen Gemeinschaften gelten. Während der Conseil d'Etat diese als actes de gouvernement wertet[906], lehnt das Bundesverfassungsgericht die Beschwerdebefugnis mit der Begründung ab, es fehle an der Unmittelbarkeit der Beschwer.[907] Auch können die Kläger bzw. Beschwerdeführer weder in Frankreich noch in Deutschland rügen, die eigene Regierung hätte ein bestimmtes Ergebnis bei Vertragsverhandlungen auf internationaler Ebene erreichen müssen.[908] Auch ein gerichtliches Eingreifen in laufende Vertragsverhandlungen bzw. die Aufnahme von solchen kann nicht verlangt werden.[909]

Trotz des teilweisen Zurückdrängens der „théorie des actes de gouvernement" und ihrer erwarteten gänzlichen Aufgabe ist diese augenblicklich noch fester Bestandteil der Rechtsprechung des Conseil d'Etat. Ein derartiger Befund gibt Anlass, die Vor- und Nachteile des deutschen Systems der grundsätzlichen Justiziabilität mit dem französischen zu vergleichen.[910] Dabei erscheint es verfehlt, von vornherein davon auszugehen, das Vorhandensein gerichtlicher Kontrolle sei stets einer fehlenden gerichtlichen Kontrolle vorzuziehen[911] und als Indiz für das

906 CE, 23.11.1984, Association „les Verts" et autres, Rec. S. 382

907 Zumindest wenn es um die Verabschiedung einer Richtlinie geht, die noch der Umsetzung in innerstaatliches Recht bedarf. Vgl. BVerfG EuGRZ 1989, 339 f. Vgl. hierzu – insbesondere zum Unmittelbarkeitserfordernis – *Streinz*, Bundesverfassungsgerichtliche Kontrolle über die deutsche Mitwirkung am Entscheidungsprozeß im Rat der Europäischen Gemeinschaften, S. 52-60

908 Vgl. für den Conseil d'Etat CE, 29.10.1954, Taurin et Merienne, Rec. S. 566; für das Bundesverfassungsgericht BVerfGE 40, 141, 178

909 Vgl. für den Conseil d'Etat CE, 25.03.1988, Societé Sapvin, Rec. S. 143; für das Bundesverfassungsgericht BVerfGE 77, 170, 209

910 Überspitzt könnte man diese Diskussion unter der Überschrift „Acte de gouvernement" – Monster oder Opfer?" führen. So *Chapus*, L'acte de gouvernement, monstre ou victime?, in: Dalloz chron. 1958, S. 5 ff.

911 *Melleray*, L'immunité juridictionnelle des actes de gouvernement en question, in: RFDA 2001, S. 1086, 1095

„juristisch fortschrittlichere“ System zu werten.[912] Die Vorteile der Vorgehensweise der französischen Gerichte sind nämlich nicht von der Hand zu weisen:

Die grundsätzliche Nichtjustiziabilität von Akten der auswärtigen Gewalt ist die beste und effektivste Form, die Einschätzungsprärogativen der Exekutive zu schützen und zu erhalten und jegliches Einmischen der Gerichte in außenpolitische Angelegenheiten von vornherein auszuschließen. Durch das Fehlen jeglicher Begründung macht sich das Gericht in der Sache auch weniger angreifbar.[913] Schließlich wird durch die Nichtjustiziabilitätsdoktrin vermieden, die juristische Methodik bis an ihre Grenzen auszuschöpfen, um den außenpolitischen Akteuren den notwendigen Handlungsspielraum zu belassen. Die Verfassungsfrage an sich kann offenbleiben.

Weiterhin wird durch die Theorie der Regierungsakte ein potenzieller „Machtzuwachs“ der Gerichte im Keim erstickt. So zeigen nämlich die in Frankreich mit den Einschränkungen des Anwendungsbereichs der „théorie des actes de gouvernement“ gemachten Erfahrungen, dass diese weder zu einer Stärkung der Exekutive noch der Legislative beitrugen, sondern sich lediglich zu Gunsten der Gerichte auswirkten.[914]

Ferner kann eine „Überstrapazierung“ des Rechtsstaatsgedankens auch gegenteilige Folgen zeitigen als zunächst durch eine Ausweitung der Justiziabilität beabsichtigt worden ist: „summum ius, summa iniuria“.[915]

Zuletzt wird durch die Ablehnung der Eröffnung des Rechtsweges der Gefahr vorgebeugt, dass das Gericht – ist erst einmal grundsätzlich der Rechtsweg eröffnet – seine Kontrollmöglichkeiten extensiv ausnutzt und gegebenenfalls sogar seine Kompetenzen überschreitet.[916]

---

912 *Melleray*, L'immunité juridictionnelle des actes de gouvernement en question, in: RFDA 2001, S. 1086, 1087

913 Den entscheidenden Unterschied zwischen dem Conseil d'Etat und dem US-amerikanischen Supreme Court beschreibt *Zoller*, Droit des relations extérieures, S. 309, denn auch wie folgt: „là où le premier peut répondre en quelques lignes (imperatoria brevitas), les traditions historiques obligent le second à répondre en plusieurs pages.“ Diese Aussage kann unverändert auch auf das Verhältnis zwischen dem Conseil d'Etat und dem Bundesverfassungsgericht übertragen werden.

914 *Hervouët*, Les audaces calculées du Conseil d'Etat dans le domaine international, in: Au carrefour des droits, S. 67, 82

915 *Hervouët*, Les audaces calculées du Conseil d'Etat dans le domaine international, in: Au carrefour des droits, S. 67, 82

916 Als Parallele wird die Entwicklung der Verfahrensart des Recours pour excès de pouvoir herangezogen: diese wurde ursprünglich als eine Evidenzkontrolle konzipiert, ist mittlerweile jedoch – u.a. durch richterliche Rechtsentwicklung – zum Instrument eines „contrôle normal“ geworden. Vgl. hierzu *Melleray*, L'immunité juridictionnelle des actes de gouvernement en question, in: RFDA 2001, S. 1086, 1100

Trotz dieser Vorteile des französischen Systems ist die Vorgehensweise des Bundesverfassungsgerichts, Akte der auswärtigen Gewalt als grundsätzlich justiziabel zu qualifizieren, vorzugswürdig.

Zum einen erscheinen die geschilderten Gefahren nicht derartig gravierend, dass ihnen nicht auch auf andere Weise begegnet werden könnte. In Frankreich gibt es nämlich ebenfalls Möglichkeiten, auf eine andere Weise als durch Nichtjustiziabilität der Exekutive den erforderlichen Handlungsspielraum offenzuhalten.[917] So ermöglicht ein sogenannter „contrôle restreint“ eine Berücksichtigung außenpolitischer Besonderheiten unter gleichzeitiger grundsätzlicher Wahrung des Rechtsstaatsgedankens.[918] Wie *Bernhardt* zutreffend hervorhebt ist der Einklang von internationaler Ordnung und innerstaatlicher Rechtsordnung sowie der erforderliche Spielraum der außenpolitisch Handelnden „nicht durch einen Ausschluß bestimmter Akte oder bestimmter Tätigkeitsbereiche von der verfassungsgerichtlichen Kontrolle zu erreichen.“ Vielmehr muss bei der Auslegung des Verfassungsrechts und des übrigen nationalen Rechts den Besonderheiten der auswärtigen Gewalt Rechnung getragen werden.[919]

Außerdem kann der befürchtete „Machtzuwachs“ der Gerichte in Frankreich ebenso positiv als Wiederherstellung des Gleichgewichts unter den Gewalten gewertet werden.[920] So würde einerseits der durch die Entscheidungen des Conseil constitutionnel im Jahre 1971 (Liberté d'association)[921] und des Conseil d'Etat im Jahre 1989 (Nicolo)[922] hervorgerufenen Tendenz entgegengewirkt, wonach der Gesetzgeber die im System der V. Republik am meisten und intensivsten kontrollierte Gewalt ist. Durch eine grundsätzliche Kontrolle der „actes de gouvernement“ wäre die Exekutive verstärkt der Kontrolle der Gerichte unterworfen.[923] Andererseits gewönne die Judikative gegenüber den anderen Gewalten an Gewicht. Gleichzeitig beweist die Rechtsprechung des Conseil d'Etat zur Kontrolldichte in anderen Bereichen, dass das Gericht sich des Risikos der „schlei-

---

917 *Melleray*, L'immunité juridictionnelle des actes de gouvernement en question, in: RFDA 2001, S. 1086, 1100

918 Vgl. zum „contrôle restreint“ ausführlich unten Teil 3 C II. 1.

919 *Bernhardt*, Bundesverfassungsgericht und völkerrechtliche Verträge, in: *Starck* [Hrsg.], Bundesverfassungsgericht und Grundgesetz, S. 154, 162

920 *Hervouët*, Les audaces calculées du Conseil d'Etat dans le domaine international, in: Au carrefour des droits, S. 67, 82

921 CC, 16.07.1971, Liberté d'association, déc. no. 71-44 DC, Rec. S. 29

922 CE, Ass., 20.10.1989, Nicolo, Rec. S. 190

923 *Braconnier*, Anm. zu CE, Ass., 29.09.1995, Association Greenpeace France, Rec. S. 347, in: Dalloz, jurispr. 1996, S. 205, 208

chenden" Ausweitung seiner Kompetenz durchaus bewusst ist. Warum sollte ihm dies nicht auch bei einer eventuellen Kontrolle von Regierungsakten gelingen?[924]

Weiterhin trüge die Anerkennung einer grundsätzlichen Justiziabilität zu mehr Klarheit und Transparenz bei und beseitigte den über dem französischen Verwaltungsprozessrecht liegenden „Schatten".[925] Auf diese Weise würden manche in der Literatur durchaus umstrittenen Fragestellungen auch in der Rechtsprechung aufgegriffen. Als Beispiel mag hier der Einsatz französischer Streitkräfte im Rahmen von NATO-Operationen gelten, der momentan als „acte de gouvernement" jeglicher gerichtlichen Kontrolle entzogen ist.[926]

Eine richterliche Entscheidung in der Sache vermag darüber hinaus die Legitimität der außenpolitischen Maßnahme der Exekutive zu erhöhen, da sie dann von einer unabhängigen Instanz gegebenenfalls noch das „Label der Rechtmäßigkeit" verliehen bekommen hat.[927]

Zuletzt genügt eine grundsätzliche Kontrolle sämtlicher Akte der auswärtigen Gewalt am besten den Erfordernissen des Rechtsstaatsgedankens. Angesichts des heutigen Rechtsverständnisses erscheint es schwer vorstellbar, dass gewisse Akte, die direkt Rechte von Individuen betreffen können, jeglicher gerichtlicher Kontrolle entzogen sind, sobald sie der Kategorie der Regierungsakte unterfallen. Das Gebot effektiven Rechtsschutzes erscheint mehr und mehr als wahres Grundrecht, in dem Sinne, dass es die unabdingbare Voraussetzung für die effektive Durchsetzung anderer Grundrechte darstellt. Die „théorie des actes de gouvernement" hindert den ausreichenden Schutz aller Rechte sämtlicher Individuen. Seine gänzliche Abschaffung wäre ein Fortschritt hin zu einem „concept de légalité".[928] Abschließend ist daher der Bewertung *Kdhirs* zuzustimmen: „A terme la raison juridique doit l'emporter sur la raison d'Etat."[929]

---

924 *Melleray*, L'immunité juridictionnelle des actes de gouvernement en question, in: RFDA 2001, S. 1086, 1100

925 *Braconnier*, Anm. zu CE, Ass., 29.09.1995, Association Greenpeace France, Rec. S. 347, in: Dalloz, jurispr. 1996, S. 205, 208

926 CE, 05.07.2000, MM. Mégret et Mekhantar, Rec. S. 291

927 *Teboul*, Le juge administratif et le droit international, in: AJDA 1995, no. spéc., S. 43, 49 f.; nicht einsichtig ist hingegen, dass das Vorhandensein richterlicher Kontrolle auch die „efficacité" einer Maßnahme der Exekutive erhöhen soll.

928 *Braconnier*, Anm. zu CE, Ass., 29.09.1995, Association Greenpeace France, Rec. S. 347, in: Dalloz, jurispr. 1996, S. 205, 208

929 *Kdhir*, La théorie de l'acte de gouvernement dans la jurisprudence du Conseil d'Etat relative aux relations internationales de la France à l'épreuve du droit international, in: JDI 2003, S. 1059, 1082

B. Kontrollmaßstäbe der französischen Verfassungsgerichtsbarkeit

I. Bloc de constitutionnalité als Prüfungsmaßstab des Conseil constitutionnel

Art. 54 Const. 1958 selbst benennt keinen Prüfungsmaßstab, anhand dessen festgestellt werden kann, ob der Vertrag eine „clause contraire à la Constitution" enthält.[930] Folglich ist auf den sogenannten „bloc de constitutionnalité"[931] zurückzugreifen, der auch bei der Überprüfung der Verfassungsmäßigkeit von Gesetzen herangezogen wird.[932] Dieser umfasst neben dem Text der Verfassung von 1958 die Präambel der Verfassung von 1946 und die „Déclaration des droits de l'homme et du citoyen" von 1789. Auf die beiden letztgenannten Texte verweist die Präambel von 1958[933] und inkorporiert diese so in die Verfassung der V. Republik. Dabei ergibt sich die Erweiterung des Prüfungsmaßstabes auf die in der Präambel der Verfassung von 1958 in Bezug genommenen Texte keineswegs aus sich heraus und war vom Verfassungsgeber auch gar nicht beabsichtigt gewesen. Vielmehr entspringt die Ausdehnung der Kontrollnormen richterlicher Rechtsfortbildung durch den Conseil constitutionnel. In seiner berühmten Entscheidung zur Vereinigungsfreiheit[934] erhebt er die in der Präambel von 1958 erwähnte Präambel der Verfassung von 1946 und die Menschenrechtserklärung von 1789 in den Verfassungsrang.

In seiner Entscheidung über die Verfassungsmäßigkeit des Römischen Statuts des Internationalen Strafgerichtshofs vom 22. Januar 1999 präzisiert der Conseil constitutionnel den Prüfungsmaßstab bei der Verfassungskontrolle völkerrechtli-

---

930 *Zoller*, Droit des relations extérieures, S. 277

931 Ursprünglich stammt der Begriff „bloc de constitutionnalité" von *Favoreu*, Le principe de constitutionnalité, in: Recueil d'études en hommage à Charles Eisenmann, S. 33 ff. Was hierunter genau zu fassen ist, ist in der französischen Lehre umstritten. Während einige Autoren hierunter die Gesamtheit aller geschriebenen und ungeschriebenen Regeln von Verfassungsrang verstehen, streiten andere für ein weiteres Begriffsverständnis. Demgemäß unterfallen dem „bloc" alle Prüfungsmaßstäbe, anhand derer Gesetze überprüft werden können. Vgl. zum Meinungsstreit *Alberton*, De l'indispensable intégration du bloc de conventionnalité au bloc de constitutionnalité?, in: RFDA 2005, S. 249, 251 m.w.N.

932 *Zoller*, Droit des relations extérieures S. 280; ebenso *Drago*, Contentieux constitutionnel français, S. 392

933 Wortlaut: „Le peuple français proclame solennellement son attachement aux Droits de l'homme et aux principes de la souveraineté nationale tels qu'ils ont été définis par la Déclaration de 1789, confirmée et complétée par le préambule de la Constitution de 1946."

934 CC, 16.07.1971, Liberté d'association, déc. no. 71-44 DC, Rec. S. 29; den zu Grunde liegenden Sachverhalt schildert *Mels*, Bundesverfassungsgericht und Conseil constitutionnel, S. 442 ff.

cher Verpflichtungen, indem er drei Fälle aufführt, in denen Vertragsbestimmungen gegen die Verfassung verstoßen können.[935]

Entweder widerspricht eine Klausel direkt dem Wortlaut der Verfassung (sogenannte „contrariété frontale“[936]) (vgl. 1.), eine Vertragsbestimmung verstößt gegen die „conditions essentielles d'exercice de la souveraineté nationale“ (sogenannte „contrariété transversale“[937]) (vgl. 2.), oder die völkerrechtliche Verpflichtung stellt in Teilen die verfassungsmäßig garantierten Grundrechte und Grundfreiheiten in Frage (vgl. 3.).[938]

---

935 CC, 22.01.1999, Statut de Rome, déc. no. 98-408 DC, Rec. S. 29, 13. Erwägungsgrund: „au cas où ces engagements contiennent une clause contraire à la Constitution, mettent en cause les droits et libertés constitutionnellement garantis ou portent atteintes aux conditions essentielles d'exercice de la souveraineté nationale, l'autorisation de les ratifier appelle une révision constitutionnelle“. Diese Formel scheint sich zur ständigen Rechtsprechung zu entwickeln, vgl. die im Wesentlichen identische Wendung in CC, 19.11.2004, Traité établissant une Constitution pour l'Europe, déc. no. 2004-505 DC, Rec. S. 173, 7. Erwägungsgrund.

936 So der Begriff bei *Gaïa*, Anm. zu CC, 31.12.1997, Traité d'Amsterdam, déc. no. 97-394 DC, Rec. S. 344, in: RFDC 1998, S. 141, 145

937 So der Begriff bei *Gaïa*, Anm. zu CC, 31.12.1997, Traité d'Amsterdam, déc. no. 97-394 DC, Rec. S. 344, in: RFDC 1998, S. 141, 145

938 Eine solche Aufteilung erscheint zunächst überraschend. Betrachtet man jedoch die Folgen einer Erklärung der Verfassungswidrigkeit, so erscheint die vom Conseil constitutionnel vorgenommene Unterscheidung nachvollziehbar: Widerspricht eine Vertragsklausel direkt dem Wortlaut einer Verfassungsbestimmung, so steht die Exekutive vor einer klaren Alternative: entweder sie entschließt sich, den Vertrag gänzlich nicht zu ratifizieren oder zu billigen, oder sie leitet ein Verfassungsänderungsverfahren ein. Stellt der Verfassungsrat demgegenüber einen Verstoß gegen den Grundsatz der „souveraineté nationale“ fest, so existiert keine Norm – Art. 3 Const. 1958 spricht zwar von „souveraineté nationale“ meint aber die „souveraineté nationale interne“ – die im Wege einer Verfassungsänderung angepasst werden könnte. Vielmehr muss eine Verfassungsänderung im Wege einer Ergänzung der Verfassung um eine Ermächtigungsnorm (norme d'habilitation) erfolgen. Vgl. zum Ganzen *Combacau*, La souveraineté internationale de l'État dans la jurisprudence du Conseil constitutionnel français, in: Les Cahiers du Conseil constitutionnel no. 9/2000, S. 113, 115 f.
Die geschilderte Aufzählung durch den Conseil constitutionnel hindert die Literatur jedoch keineswegs, eigene Kriterien der Verfassungswidrigkeit einer völkerrechtlichen Verpflichtung aufzustellen. So meint *Genevois* in seiner Besprechung der Entscheidung zum 6. Zusatzprotokoll zur EMRK über die Abschaffung der Todesstrafe, eine Verfassungswidrigkeit einer internationalen Verpflichtung liege immer dann vor, wenn diese sich nicht darauf beschränken würde in ihrem Anwendungsbereich die Handlungsmöglichkeiten des Staates einzuschränken, sondern vielmehr Vorschriften enthalte, die gegen ein verfassungsrechtlich garantiertes Recht verstoßen. Vgl. *Genevois*, Anm. zu CC, 22.05.1985, Peine de mort, déc. no. 85-88 DC, Rec. S. 15, in: AIJC 1985, S. 399, 431

1. Verstoß gegen ausdrückliche Bestimmungen der Verfassung[939]

Der „contrariété frontale" kommt bei der Überprüfung der Verfassungsmäßigkeit völkerrechtlicher Verpflichtungen eher untergeordnete Bedeutung zu. Daher soll sie nur anhand einiger Beispiele aus der neueren Rechtsprechung illustriert werden.

In der Maastricht I-Entscheidung überprüfte der Verfassungsrat die Vereinbarkeit des Kommunalwahlrechts für Ausländer am Maßstab des Art. 3 Const. 1958 und stellte einen Verstoß hiergegen fest.[940]

In seiner Entscheidung zum Römischen Statut sah der Conseil constitutionnel die Vorschrift des Art. 27 des Statuts angesichts der Artt. 68, 68-1 und 26 Const. 1958 als verfassungswidrig an.[941] Hinsichtlich des Art. 68 Const. 1958 lag sogar ein Verstoß in zweifacher Hinsicht vor. Dieser normiert nämlich nicht nur eine Immunität des obersten Staatsorgans für die in Ausübung seines Amtes vorgenommenen Handlungen, sondern legt in seinem Satz 2 zweiter Halbsatz mit der „Haute Cour de Justice" auch ein allein hierfür zuständiges Gericht fest.

In derselben Entscheidung überprüfte der Verfassungsrat, ob die Formulierung der im Statut geregelten Verbrechenstatbestände den Anforderungen des Prinzips der „légalité des délits et des peines" (Art. 7 und 8 der Menschenrechtserklärung von 1789) genügt.[942]

Nicht in seine Erwägungen mit einbezogen hat der Conseil constitutionnel hingegen Art. 64 Const. 1958, der die Unabhängigkeit der ordentlichen Gerichtsbarkeit garantiert. Dies wird in der Literatur damit begründet, dass dieses Prinzip durch die im Verhältnis zu den nationalen Gerichten lediglich ergänzende Zuständigkeit des Internationalen Strafgerichtshofes nicht in Frage gestellt werde.

---

939 Ein Überblick der bei der Überprüfung der Verfassungsmäßigkeit von völkerrechtlichen Verpflichtungen bis 1998 eingewandten Verfassungsnormen findet sich bei *Kohlhammer*, Völkervertragsrecht in der französischen Rechtsordnung, insbesondere Europäische Konvention zum Schutze der Menschenrechte und Grundfreiheiten, S. 194.

940 CC, 09.04.1992, Maastricht I, déc. no. 92-308 DC, Rec. S. 55, 21.-27. Erwägungsgrund

941 CC, 22.01.1999, Statut de Rome, déc. no. 98-408 DC, Rec. S. 29, 15-17. Erwägungsgrund. Die Problematik an diesem Teil der Entscheidung liegt weniger in der festgestellten Verfassungswidrigkeit – diese war relativ offensichtlich. Vielmehr entzündete sich eine heftige Debatte an der sehr weiten Interpretation des Art. 68 Const. 1958 durch den Conseil constitutionnel, v.a. angesichts der in den Medien verstärkt diskutierten eventuellen strafrechtlichen Verwicklungen des amtierenden Präsidenten; vgl. hierzu *Ruiz-Fabri*, La convention de Rome créant la cour pénale internationale – questions de ratification, in: RIDC 2002, S. 441, 454-458 m.w.N.

942 CC, 22.01.1999, Statut de Rome, déc. no. 98-408 DC, Rec. S. 29, 22. Erwägungsgrund

Die ordentliche Gerichtsbarkeit werde nämlich nicht gehindert, über die vor sie gebrachten Strafsachen mit Bezug zu internationalen Verbrechen in völliger Unabhängigkeit zu erkennen.[943] Hierdurch hat sich der Conseil constitutionnel auch von einer älteren Rechtsprechung bezüglich eines deutsch-französischen Rechtshilfeabkommens in Strafsachen[944] distanziert, in der das Prinzip der Unabhängigkeit der ordentlichen Gerichtsbarkeit als Ausfluss des Prinzips der „souveraineté nationale" angesehen wurde.

Bereits mehrfach als Prüfungsmaßstab wurde Art. 1 der Verfassung von 1958 und das darin unter anderem enthaltene Prinzip der Unteilbarkeit der Republik[945] herangezogen.[946] Zuletzt stellte sich die Frage der Vereinbarkeit mit diesem Prinzip bei der Prüfung der Verfassungsmäßigkeit der Europäischen Charta der Regional- und Minderheitensprachen. Hier stellt der Verfassungsrat fest, die in der Präambel, dem Teil I (Art. 1 lit. a) und dem Teil II (Art. 7 I, IV) enthaltenen Vorschriften der Charta missachteten den in Art. 1 Const. 1958 enthaltenen Grundsatz, indem sie bestimmten Sprachgruppen spezielle Rechte in Teilbereichen des französischen Territoriums einräumen. Das Prinzip der Unteilbarkeit der Republik verbiete es jedoch, jeglichen nach Herkunft, Kultur, Sprache oder Glauben definierten Gruppen kollektive Rechte einzuräumen. Insbesondere sei das im 4. Absatz der Präambel der Charta eingeräumte Recht, sich auch im Kontakt mit Behörden der Regional- oder Minderheitensprachen bedienen zu dürfen, nicht verfassungsgemäß.[947]

---

943 *Lenoir*, Les rapports entre le droit constitutionnel français et le droit international à travers le filtre de l'article 54 de la Constitution de 1958, in: *Dupuy* [Hrsg.], Droit international et droit interne dans la jurisprudence comparée du Conseil constitutionnel et du Conseil d'Etat, S. 24

944 CC, 17.07.1980, 80-116 DC, Convention franco-allemande d'entraide judiciaire en matière pénale, Rec. S. 36, mit Anm. Vallée, in: RGDIP 1981, S. 202 ff.

945 Zu Grundlagen und Inhalt dieses Prinzips vgl. *Verpeaux*, Anm. zu CC, 15.06.1999, Charte européenne des langues régionales ou minoritaires, déc. no. 99-412 DC, Rec. S. 71, in: RFDC 1999, S. 594, 598-600

946 Vgl. z. B. CC, 29./30.12.1976, Élection de l'Assemblée des Communautés européennes au suffrage universel direct, déc. no. 76-71 DC, Rec. S. 15, 5. Erwägungsgrund; CC, 25.07.1991, Accord de Schengen, déc. no. 91-294 DC, Rec. S. 91, 52.-55. Erwägungsgrund

947 CC, 15.06.1999, Charte européenne des langues régionales ou minoritaires, déc. no. 99-412 DC, Rec. S. 71, 10. Erwägungsgrund: „[I]l résulte de ces dispositions combinées [le préambule, la partie I (article premier, a) et la partie II (article 7, § 1 et 4) T.P.] que la Charte européenne des langues régionales ou minoritaires, en ce qu'elle confère des droits spécifiques à des „groupes" de locuteurs de langues régionales ou minoritaires, à l'intérieur de „territoires" dans lesquels ces langues sont pratiquées, porte atteinte aux principes constitutionnels d'indivisibilité de la République".

2. Respect des conditions essentielles d'exercice de la souveraineté nationale

Der Grundsatz der „souveraineté nationale" ist der zentrale Maßstab bei der Überprüfung der Verfassungsmäßigkeit der „engagements internationaux" Frankreichs.[948] Ein Hauptanwendungsfeld stellt freilich das Primärrecht der Europäischen Gemeinschaften und der Europäischen Union dar. Dies liegt daran, dass die Gemeinschaften aufgrund ihres enormen Integrationsgrades die nationale Souveränität natürlich in erheblich größerem Maße „bedrohen" als dies auf bilateraler oder multilateraler Ebene der Fall ist.[949] Dennoch wurde der Grundsatz der „souveraineté nationale" auch in letzterem Zusammenhang als Prüfungsmaßstab herangezogen, worauf im Folgenden das Hauptaugenmerk gerichtet werden soll.

Das Zentralproblem dieses Prüfungsmaßstabes ist, dass die Verfassung nicht genau umschreibt, was dieser beinhaltet. Da es eigentlich dem Souverän obliegt, zu definieren, was Souveränität ist, kann der Conseil constitutionnel nur feststellen, wo die Souveränität aufhört, nicht jedoch, wo diese beginnt.[950]

Verfassungsrechtlich erwähnt wird das Prinzip nationaler Souveränität in mehreren Bestimmungen des „bloc de constitutionnalité": Art. 3 der Menschenrechtserklärung von 1789[951], Absatz 15 der Präambel der Verfassung von 1946[952] und Art. 3 I der Verfassung von 1958.[953] Zusätzlich erwähnt der Verfassungsrat bei der Prüfung des Prinzips nationaler Souveränität regelmäßig noch Art. 53 I Const. 1958, Absatz 14 der Präambel der Verfassung von 1946 sowie – sofern es um die Überprüfung von primärem Gemeinschaftsrecht geht – Art. 88-1 Const. 1958.[954] Obgleich der Conseil constitutionnel sämtliche dieser Normen heranzieht, betrifft eigentlich nur Absatz 15 der Präambel von 1946 die hier in-

948 *Combacau*, La souveraineté internationale de l'État dans la jurisprudence du Conseil constitutionnel français, in: Les Cahiers du Conseil constitutionnel no. 9/2000, S. 113, 114: „Parmi les éléments que le Conseil constitutionnel prend en considération lors de son contrôle au titre de l'article 54, la souveraineté occupe une place tout à fait singulière".

949 Ebenso *Pellet*, Le Conseil constitutionnel, la souveraineté et les traités: à propos de la décision du Conseil constitutionnel du 31.12.1997 (traité d'Amsterdam), in: Les Cahiers du Conseil constitutionnel 1998, S. 113, 121

950 *Zoller*, Droit des relations extérieures, S. 292

951 Wortlaut: „le principe de toute souveraineté réside essentiellement dans la nation".

952 Wortlaut: „Sous réserve de réciprocité, la France consent aux limitations de souveraineté nécessaires à l'organisation et à la défense de la paix."

953 Wortlaut: „La souveraineté nationale appartient au peuple qui l'exerce par ses représentants et par voie de référendum."

954 Vgl. zuletzt CC, 19.11.2004, Traité établissant une constitution pour l'Europe, déc. no. 2004-505 DC, Rec. S. 173, Erwägungsgründe 1-5

teressierende Souveränität im völkerrechtlichen Sinne.[955] Aus der Formulierung eben dieses Absatzes der Präambel von 1946 entstammt denn auch die inzwischen aufgegebene, aus der Mitte der Siebzigerjahre stammende Rechtsprechung, wonach für die Frage, ob das Prinzip der „souveraineté nationale" durch eine Vertragsbestimmung verletzt worden ist, zwischen einer erlaubten Begrenzung und einer verbotenen Übertragung von Souveränität zu unterscheiden war.[956]

Aus dem eben geschilderten Normbestand zieht der Conseil constitutionnel zwei Folgerungen: Zum einen leitet er hieraus das Prinzip ab, die Beachtung des Grundsatzes nationaler Souveränität hindere die Französische Republik nicht, völkerrechtliche Verpflichtungen einzugehen, die auf die Bildung oder Weiter-

955 Vgl. ausführlich hierzu *Combacau*, La souveraineté internationale de l'État dans la jurisprudence du Conseil constitutionnel français, in: Les Cahiers du Conseil constitutionnel no. 9/2000, S. 113; er versteht „Souveränität im völkerrechtlichen Sinne" als die Tatsache, keine höhere Autorität in der internationalen Rechtsordnung anzuerkennen, und sich folglich nur solchen Regeln zu unterwerfen, denen man vorher ausdrücklich oder durch Acquiescement zugestimmt hat.

956 CC, 29./30.12.1976, Élection de l'Assemblée des Communautés européennes au suffrage universel direct, déc. no. 76-71 DC, Rec. S. 15, 2. Erwägungsgrund: „aucune disposition de nature constitutionnelle n'autorise des transferts de tout ou partie de la souveraineté nationale à quelque organisation internationale que ce soit". In eine ähnliche Richtung noch CC, 25.07.1991, Accord de Schengen, déc. no. 91-294 DC, Rec. S. 91, 39. Erwägungsgrund: „en raison des modalités de son exercice la procédure de poursuite transfrontalière ne procède pas à un transfert de souveraineté". Demgemäß sollte ein „transfert de souveraineté" vorliegen, wenn der Inhalt und die Ausübung einer bestimmten Kompetenz gänzlich und dauerhaft einer anderen Institution oder Autorität zuerkannt werden als der, die ursprünglich über diese Kompetenzen verfügte. Demgegenüber wurde eine „limitation de souveraineté" angenommen, sofern die in Frage stehenden Kompetenzen und deren Ausübung lediglich teilweise und jederzeit widerruflich einer anderen Institution anvertraut werden (vgl. hierzu *Gaïa*, Commentaire de la décision du Conseil constitutionnel no. 91-294 DC du 25 juillet 1991, in: R.R.J. 1992, S. 25, 33). Die oben zitierten Formulierungen des Conseil constitutionnel sind – zumindest von einem völkerrechtlichen Blickwinkel aus betrachtet – missverständlich und daher in der Literatur heftig kritisiert worden. Die Souveränität als konstitutives Merkmal des Staates selbst kann nämlich weder begrenzt noch aufgeteilt werden – das Einzige, was ein Staat übertragen oder begrenzen kann, sind seine Kompetenzen, die er kraft seiner Souveränität besitzt. Vgl. hierzu *Pellet*, Le Conseil constitutionnel, la souveraineté et les traités: à propos de la décision du Conseil constitutionnel du 31.12.1997 (traité d'Amsterdam), in: Les Cahiers du Conseil constitutionnel 1998, S. 113, 115; ebenso kritisch gegenüber der früheren Unterscheidung *Combacau*, La souveraineté internationale de l'État dans la jurisprudence du Conseil constitutionnel français, in: Les Cahiers du Conseil constitutionnel no. 9/2000, S. 113, 116

entwicklung einer Internationalen Organisation abzielen[957] oder deren Hauptzweck es ist, den Weltfrieden und internationale Sicherheit zu fördern und die Beachtung der allgemeinen Prinzipien des Völkerrechts zu sichern.[958] Zum anderen fügt das Gericht aber zugleich einschränkend hinzu, dass in dem Fall, in dem diese völkerrechtlichen Verpflichtungen die unabdingbaren Voraussetzungen der Ausübung nationaler Souveränität beeinträchtigen („portent atteinte aux conditions essentielles d'exercice de la souveraineté"), vor der parlamentarischen Ermächtigung zur Ratifikation bzw. zur Billigung zwingend eine Verfassungsänderung erfolgen müsse.[959]

Die Formulierung der „conditions essentielles" stammt schon aus einer früheren Entscheidung bezüglich der Verfassungsmäßigkeit des 6. Zusatzprotokolls zur Abschaffung der Todesstrafe.[960] In dieser Entscheidung umschreibt der Conseil constitutionnel auch die Fälle, bei denen die Gefahr besteht, als Verstoß gegen die unabdingbaren Voraussetzungen der Ausübung nationaler Souveränität gewertet zu werden.[961] Das sind zunächst Vertragsklauseln, die die Aufgabe des

---

957 So die Formulierung bei der Überprüfung des Primärrechts der EU; vgl. CC, 31.12.1997, Traité d'Amsterdam, déc. no. 97-394 DC, Rec. S. 344, 6. Erwägungsgrund: „[L]e respect de la souveraineté nationale *ne fait pas obstacle* à ce que [...] la France puisse conclure [...] des engagements internationaux en vue de participer à la création ou au développement d'une organisation internationale permanente". Vgl. demgegenüber die wesentlich „europafreundlichere" – da positiv formulierte – Wendung bei CC, 19.11.2004, Traité établissant une constitution pour l'Europe, déc. no. 2004-505 DC, Rec. S. 173, 6. Erwägungsgrund: „Considérant que ces textes de valeur constitutionnelle *permettent* à la France de participer à la création et au développement d'une organisation européenne permanente". Hervorhebungen durch Verfasser

958 CC, 22.01.1999, Statut de Rome, déc. no. 98-408 DC, Rec. S. 29, 12. Erwägungsgrund: „[L]e respect de la souveraineté nationale ne fait pas obstacle à ce que [...] la France puisse conclure des engagements internationaux en vue de favoriser la paix et la sécurité du monde et d'assurer le respect des principes généraux du droit public international".

959 Vgl gleichlautend CC, 09.04.1992, Maastricht I, déc. no. 308-92 DC, Rec. S. 55, 14. Erwägungsgrund; CC, 31.12.1997, Traité d'Amsterdam, déc. no. 97-394 DC, Rec. S. 344, 7. Erwägungsgrund: „[A]u cas où des engagements internationaux [...] portent atteinte aux conditions essentielles d'exercice de la souveraineté nationale, l'autorisation de les ratifier appelle une révision constitutionnelle". Vom Wortlaut zumindest in dieser Hinsicht nur unwesentlich abweichend CC, 22.01.1999, Statut de Rome, déc. no. 98-408 DC, Rec. S. 29; CC, 19.11.2004, Traité établissant une constitution pour l'Europe, déc. no. 2004-505 DC, Rec. S. 173, 7. Erwägungsgrund

960 CC, 22.05.1985, Peine de mort, déc. no. 85-188 DC, Rec. S. 15, 3. Erwägungsgrund

961 CC, 22.05.1985, Peine de mort, déc. no. 85-188 DC, Rec. S. 15, 2. Erwägungsgrund

Staates gefährden, die Aufrechterhaltung der Einrichtungen der Republik zu sichern („le devoir pour l'Etat d'assurer le respect des institutions de la République").[962] Weiterhin liegt dann eine verfassungswidrige Beeinträchtigung der „souveraineté nationale" nahe, wenn der Fortbestand des Lebens der Nation gefährdet wird („continuité de la vie de la nation") – eine Formulierung, die im Übrigen stark an Art. 16 Const. 1958 erinnert.[963] Zuletzt geht es um eine Gefährdung der Grundrechte und Grundfreiheiten durch bestimmte Vertragsbestimmungen („garantie des droits et libertés des citoyens").

Über diese Präzisierungen hinaus hat der Conseil constitutionnel sich fortan lediglich auf die allgemeine Formulierung der „conditions essentielles d'exercice de la souveraineté nationale" gestützt und so eine eher auf Pragmatismus beruhende Einzelfallrechtsprechung entwickelt.[964] Im Prinzip entscheidet der Verfassungsrat „nach eigenem Ermessen", ob die unabdingbaren Voraussetzungen der Ausübung nationaler Souveränität verletzt sind oder nicht.[965]

Die Einzelfallabhängigkeit wird weiter dadurch begünstigt, dass die in der Entscheidung bezüglich der Verfassungsmäßigkeit des 6. Zusatzprotokolls zur EMRK genannten Fallgruppen keinesfalls abschließend zu verstehen sind.[966]

962 Beispielhaft ist hier die Übertragung von Kompetenzen auf Internationale Organisationen, die „extrem" supranationale Züge aufweisen, zu nennen; vgl. *Lenoir*, Les rapports entre le droit constitutionnel français et le droit international à travers le filtre de l'article 54 de la Constitution de 1958, in: *Dupuy* [Hrsg.], Droit international et droit interne dans la jurisprudence comparée du Conseil constitutionnel et du Conseil d'Etat, S. 21

963 *Lenoir*, Les rapports entre le droit constitutionnel français et le droit international à travers le filtre de l'article 54 de la Constitution de 1958, in: *Dupuy* [Hrsg.], Droit international et droit interne dans la jurisprudence comparée du Conseil constitutionnel et du Conseil d'Etat, S. 21

964 *Gautron/Monjal*, La décision 98-408 du Conseil constitutionnel relative au statut de la cour pénale internationale: un soutien juridique aux réticences nationales?, in: R.R.J. 1999, S. 1207, 1224; ebenso *Lenoir*, Les rapports entre le droit constitutionnel français et le droit international à travers le filtre de l'article 54 de la Constitution de 1958, in: *Dupuy* [Hrsg.], Droit international et droit interne dans la jurisprudence comparée du Conseil constitutionnel et du Conseil d'Etat, S. 21

965 *Favoreu*, La décision du Conseil constitutionnel du 22 mai 1985 relative au protocole no 6 additionnel à la convention européenne des droits de l'homme, in: AFDI 1985, S. 868, 873: „[C']est le Conseil constitutionnel qui décide discrétionnairement si sont ou non en question les conditions essentielles d'exercice de la souveraineté."

966 *Pellet*, Le Conseil constitutionnel, la souveraineté et les traités: à propos de la décision du Conseil constitutionnel du 31.12.1997 (traité d'Amsterdam), in: Les Cahiers du Conseil constitutionnel 1998, S. 113, 117 unter Bezugnahme auf CC, 25.07.1991, Accord de Schengen, déc. no. 91-294 DC, Rec. S. 91, 35. Erwägungsgrund und weniger deutlich im 38. Erwägungsgrund

Dies bringt den Nachteil mit sich, dass die Rechtsprechung des Conseil constitutionnel zu den „conditions essentielles" wenig vorhersehbar ist und damit zu einer gewissen Rechtsunsicherheit auch und vor allem für die jeweiligen Vertragspartner beiträgt.[967]

---

967 *Pellet*, Le Conseil constitutionnel, la souveraineté et les traités: à propos de la décision du Conseil constitutionnel du 31.12.1997 (traité d'Amsterdam), in: Les Cahiers du Conseil constitutionnel 1998, S. 113, 117. Gelegentlich wurde diese Einzelfallrechtsprechung damit erklärt, dass die Kriterien der eventuellen Verfassungswidrigkeit vom Inhalt und den Zielen des zu untersuchenden „engagement international" abhängig seien. So sei zum Beispiel für die Verfassungsmäßigkeit der Kompetenzübertragung im Rahmen der Europäischen Integration das Prinzip der Gegenseitigkeit „conditio sine qua non" für die Beachtung des Prinzips der „souveraineté nationale", während bei Menschenrechtsverträgen dieses Erfordernis nicht verlangt werde. (Vgl. einerseits CC, 09.04.1992, Maastricht I, déc. no. 92-308 DC, Rec. S. 55, 13. Erwägungsgrund und CC, 31.12.1997, Traité d'Amsterdam, déc. no. 97-394 DC, Rec. S. 344, 6. Erwägungsgrund: „le respect de la souveraineté nationale ne fait pas obstacle à ce que [...] la France puisse conclure, *sous réserve de réciprocité*, des engagements en vue de participer à la création ou au développement d'une organisation internationale permanente, dotée de la personnalité juridique et investie de pouvoirs de décisions par l'effet de transferts de compétences consenties par les Etats". Hervorhebungen durch Verfasser. Andererseits CC, 22.01.1999, Statut de Rome, déc. no. 98-408 DC, Rec. S. 29, 12. Erwägungsgrund: „le respect de la souveraineté nationale ne fait pas obstacle à ce que [...] la France puisse conclure des engagements internationaux en vue de favoriser la paix et la sécurité du monde et d'assurer le respect des principes généraux du droit public international".) (Vgl. zum Ganzen *Gautron/Monjal*, La décision 98-408 du Conseil constitutionnel relative au statut de la cour pénale internationale: un soutien juridique aux réticences nationales?, in: R.R.J. 1999, S. 1207, 1223 f.) Nach der Entscheidung des Conseil constitutionnel zum Vertrag über eine Verfassung für Europa kann dies so aber nicht mehr aufrechterhalten werden, da das Gericht mittlerweile auch im Zusammenhang mit der europäischen Integration vom Erfordernis der „Réciprocité" abgewichen ist (Vgl. CC, 19.11.2004, Traité établissant une constitution pour l'Europe, déc. no. 2004-505 DC, Rec. S. 173, 6. Erwägungsgrund: „Considérant que ces textes de valeur constitutionnel [Art. 3 DDHC, Art. 3 Const. 1958, 14 e alinéa du préambule de la Constitution de 1946, Art 53 Const. 1958, Art. 88-1 Const. 1958 T.P.] permettent à la France de participer à la création et au développement d'une organisation européenne permanente, dotée de la personnalité juridique et investie de pouvoirs de décision par l'effet de transferts de compétences consentis par les Etats membres"). Der Rechtsprechung des Conseil constitutionnel ist nunmehr zu entnehmen, dass er weniger aus dem Ziel und dem Gegenstand des Gesamtvertrages Rückschlüsse auf eine eventuelle Verletzung der „conditions essentielles" zieht, sondern vielmehr die einzelnen Vertragsbestimmungen genau analysiert.

Bei der Prüfung, ob eine Verletzung der „conditions essentielles d'exercice de la souveraineté nationale" vorliegt, geht der Conseil constitutionnel methodisch in zwei Schritten vor:[968] Zunächst klärt das Gericht den Vertragsgegenstand, insbesondere die Reichweite und die Natur der übertragenen Zuständigkeiten. Er prüft insbesondere, ob die Übertragung solche staatlichen Kompetenzen betrifft, die direkt der Souveränität des Staates entspringen, ob der Anwendungsbereich des Vertrages mithin in zentrale Kompetenzen eingreift, die für das Staatswesen schlechthin konstituierend sind.[969] Hierbei geht es insbesondere um die Ausübung von Gerichtsbarkeit, die Ausübung von polizei- und sicherheitsrechtlichen Befugnissen, die Währungspolitik[970] und die Einwanderungs- und Asylpolitik.[971] Als bloß am Rande die Ausübung nationaler Souveränität berührend wertete der Conseil constitutionnel (implizit) demgegenüber zum Beispiel die Wirtschafts-, Handels-, Gesundheits- und Bildungspolitik.[972] Ist ein Kernbereich staatlicher Kompetenz betroffen, so wird vermutet, dass die entsprechende Vertragsbestimmung die „conditions essentielles" verletzt.[973] Da diese Vermu-

---

968 *Pellet*, Le Conseil constitutionnel, la souveraineté et les traités: à propos de la décision du Conseil constitutionnel du 31.12.1997 (traité d'Amsterdam), in: Les Cahiers du Conseil constitutionnel 1998, S. 113, 117 f., bezeichnet diese Vorgehensweise als „le double test nature/importance".

969 *Gautron/Monjal*, La décision 98-408 du Conseil constitutionnel relative au statut de la cour pénale internationale: un soutien juridique aux réticences nationales?, in: R.R.J. 1999, S. 1207, 1226

970 So missachtet beispielsweise die Übertragung der Kompetenz zur Festlegung und Durchführung einer einheitlichen Geld- und Wechselpolitik die „conditions essentielles d'exercice de la souveraineté nationale". CC, 09.04.1991, Maastricht I, déc. no. 92-308 DC, Rec. S. 55, 43. Erwägungsgrund: „la réalisation d'un semblable objectif (= 3e phase de l'Union économique et monétaire) se traduira par la mise en œuvre d'une politique monétaire et d'une politique de change uniques suivant des modalités telles qu'un État membre se trouvera *privé de compétences propres dans un domaine où sont en cause les conditions essentielles d'exercice de la souveraineté nationale*". Hervorhebungen durch Verfasser

971 Vgl. zum Beispiel CC, 31.12.1997, Traité d'Amsterdam, déc. no. 97-394 DC, Rec. S. 344, 21. Erwägungsgrund: „[L]es domaines de l'asile, de l'immigration et du franchissement des frontières intérieures [...] intéressent l'exercice de la souveraineté nationale".

972 So die Analyse von *Schoettl*, Anm. zu CC, 31.12.1997, Traité d'Amsterdam, déc. no. 97-394 DC, Rec. S. 344, in: AJDA 1998, S. 135, 139

973 *Clerckx*, Le statut de la cour pénale internationale et le droit constitutionnel français, in: RTDH 2000, S. 649, 655, führt sehr klar aus: „Cette notion [=conditions essentielles d'exercice de la souveraineté nationale T.P.] permet au Conseil de déclarer inconstitutionnel un engagement international qui *est à la source d'un empiétement ou d'une dépossession d'une compétence essentielle de l'Etat*". Hervorhebungen durch Verfasser

tung nicht unwiderlegbar ist, untersucht der Verfassungsrat in einem zweiten Schritt die Ausübungsmodalitäten der übertragenen Kompetenz.

Zwischen den beiden Schritten besteht zwar kein Rangverhältnis, vielmehr ergänzen sich diese. Jedoch prüft der Conseil regelmäßig zunächst die Natur der übertragenen Kompetenz (vgl. a.), bevor er sich den Ausübungsmodalitäten zuwendet (vgl. b.).[974]

a. Natur der übertragenen Kompetenz

Ein Kernbereich nationaler Souveränität liegt sicherlich im Recht des Staates zu strafen und in damit verbundenen Akten der Strafverfolgung.[975] Diesbezüglich stellten sich dem Conseil constitutionnel bei der Überprüfung des Römischen Statuts mehrere Fragen.

(1) Zunächst handelte es sich um die Ausnahmen zur lediglich ergänzenden Zuständigkeit des Internationalen Strafgerichtshofs gemäß Art. 17 I lit. a, II, III des Statuts. Im Falle des Eingreifens dieser Ausnahmevorschriften kann der Internationale Strafgerichtshof mit Fällen befasst werden, die entweder bei nationalen Strafgerichten noch anhängig sind oder von diesen bereits abgeurteilt worden sind. Dennoch wurden diese Ausnahmevorschriften – jedenfalls zum Teil – vom Conseil constitutionnel nicht als verfassungswidrig angesehen. Dies begründet er damit, dass diese Ausnahmen – in den Fällen, in denen sich der *Staat aus eigenem Willen* seinen vertraglichen Verpflichtungen entzieht – dem völkerrechtlichen Grundsatz „pacta sunt servanda“ entsprängen und überdies abschließend im Statut aufgeführt seien. Folglich liege keine Verletzung der „conditions essentielles“ vor.[976]

---

974 Ebenso *Pellet*, Le Conseil constitutionnel, la souveraineté et les traités: à propos de la décision du Conseil constitutionnel du 31.12.1997 (traité d'Amsterdam), in: Les Cahiers du Conseil constitutionnel 1998, S. 113, 117

975 So auch *Schoettl*, Cour pénale internationale, in: AJDA 1999, S. 230, 232; *Mathieu/Verpeaux*, Contentieux constitutionnel des droits fondamentaux, S. 322

976 Vgl. CC, 22.01.1999, Statut de Rome, déc. no. 98-408 DC, Rec. S. 29, 32. Erwägungsgrund: „[L]es stipulations du traité qui apportent des restrictions au principe de complémentarité de la Cour par rapport aux juridictions criminelles nationales, dans les cas où l'État partie se soustrairait délibérément aux obligations nées de la convention, *découlent de la règle „Pacta sunt servanda“*, en application de laquelle tout traité en vigueur lie les parties et doit être exécuté par elles de bonne foi; [...] ces dispositions fixent *limitativement et objectivement* les hypothèses dans lesquelles la Cour pénale internationale pourra se déclarer compétente; [...] par suite, elles ne méconnaissent pas les conditions essentielles de la souveraineté nationale“. Hervorhebungen durch Verfasser

Diese Argumentation des Conseil constitutionnel hat in der Literatur zum Teil Kritik erfahren. Dabei wird nicht so sehr moniert, dass sich der Internationale Strafgerichtshof in den Fällen des Art. 17 I lit. a, II, III des Statuts an die Stelle der nationalen Strafgerichte setzt, sondern vielmehr, dass es das Verfassungsgericht nicht als Verstoß gegen die „conditions essentielles d'exercice de la souveraineté nationale" ansieht, wenn einer internationalen Instanz das Recht zugestanden wird, allein zu prüfen, ob eine dieser Ausnahmen einschlägig ist. Der Internationale Strafgerichtshof erkennt auf diese Weise verbindlich über den Willen Frankreichs, die Ermittlungen oder die Strafverfolgung ernsthaft durchzuführen, bzw. über das Funktionieren seiner Institutionen insbesondere seines Justiz- und Polizeiapparates, ohne dass für die Französischen Republik irgendeine Möglichkeit bestünde, sich dagegen zu wehren.[977]

(2) Nach Auffassung des Conseil constitutionnel verhält es sich demgegenüber anders mit dem Umstand, dass der Internationale Strafgerichtshof wirksam mit einer Sache befasst werden kann, obgleich zu Gunsten der betreffenden Person ein nationales Amnestiegesetz oder eine nationale Verjährungsvorschrift eingreifen würde. In einem solchen Falle müsste diese Person von französischen Behörden verhaftet und an den Gerichtshof übergeben werden, obwohl nach Ansicht des Conseil constitutionnel kein Fall des Art. 17 I lit. a des Statuts vorliege, also kein mangelnder Wille des Staates im Sinne des Absatzes II bzw. kein Unvermögen im Sinne des Absatzes III feststellbar ist. Unter diesen Umständen bestünde daher eine Verletzung der unabdingbaren Voraussetzungen der Ausübung nationaler Souveränität.[978]

Diese Rechtsprechung wird zum Teil als Bestreben des Conseil constitutionnel begrüßt, den gesetzgeberischen Willen in solchen Angelegenheiten zu erhal-

977 *Clerckx*, Le statut de la cour pénale internationale et le droit constitutionnel français, in: RTDH 2000, S. 649, 660; vgl. auch *Luchaire*, La Cour pénale internationale et la responsabilité du chef de l'État devant le Conseil constitutionnel, in: RDP 1999, S. 457, 468 f. Letzerer versucht – wenig überzeugend – diese Rechtsprechung dennoch damit zu erklären, dass ein vollständiger Zusammenbruch oder ein Zusammenbruch zu einem wesentlichen Teil des Justizapparates in einem Staat wie Frankreich ohnehin nicht vorstellbar erscheint.

978 CC, 22.01.1999, Statut de Rome, déc. no. 98-408 DC, Rec. S. 29 , 34. Erwägungsgrund: „il résulte du statut que la Cour pénale internationale pourrait être valablement saisie du seul fait de l'application d'une loi d'amnistie ou des règles internes de prescription; [...] en pareil cas, la France, en dehors de tout manque de volonté ou d'indisponibilité de l'État, pourrait être conduite à arrêter et à remettre à la Cour une personne à raison des faits couverts, selon la loi française, par l'amnistie ou la prescription; [...] il serait, dans ces conditions, porté atteinte aux conditions essentielles d'exercice de la souveraineté nationale".

ten, die im besonderen Maße als Ausdruck von nationaler Souveränität oder der nationalen Rechtskultur angesehen werden können.[979]

Andererseits wird diese Argumentation – angesichts der oben geschilderten teilweisen Verfassungsmäßigkeit von Art. 17 I lit. a, II, III des Statuts – als wenig überzeugend kritisiert. Insbesondere kann der Conseil – von einem völkerrechtlichen Blickwinkel aus betrachtet – nicht berechtigterweise behaupten, im Falle der Verabschiedung eines Amnestiegesetzes oder nationaler Verjährungsvorschriften läge kein mangelnder Wille im Sinne des Art. 17 I lit. a, II des Statuts vor. Es kann nicht darauf ankommen, welche staatliche Institution diesen Willen objektiv kundtut. Ebenso spielt es keine Rolle, ob dieser Wille in bewusster oder unbewusster Weise bekundet wird.[980] Da in der Präambel zum Statut bekräftigend ausgeführt wird, „dass die schwersten Verbrechen, welche die internationale Gemeinschaft als Ganzes berühren, nicht unbestraft bleiben dürfen und dass ihre wirksame Verfolgung durch Maßnahmen auf einzelstaatlicher Ebene [...] gewährleistet werden muss", würde die Verabschiedung jeglicher Amnestiegesetze, die diese Verbrechen betreffen, ebenfalls einen Verstoß gegen den vom Conseil selbst zitierten Grundsatz „pacta sunt servanda" darstellen. Bei den Verjährungsvorschriften tritt die fragwürdige Argumentation noch deutlicher zu Tage. Sobald Frankreich Verjährungsvorschriften erlässt, die denen des Art. 29 des Statuts zuwiderlaufen, verletzt es ipso facto das Prinzip „pacta sunt servanda". Folglich dürfte konsequenterweise die Möglichkeit, dass der Gerichtshof seine Gerichtsbarkeit auch gegenüber solchen Personen ausübt, zu deren Gunsten eigentlich ein Amnestiegesetz oder eine innerstaatliche Verjährungsvorschrift eingreifen würde, auch nicht als Verstoß gegen die unabdingbaren Voraussetzungen der Ausübung der nationalen Souveränität gewertet werden.[981]

(3) Weiterhin untersuchte der Conseil constitutionnel die Zuständigkeiten des Anklägers beim Internationalen Strafgerichtshof auf ihre Vereinbarkeit mit der

979 *Lenoir*, Les rapports entre le droit constitutionnel français et le droit international à travers le filtre de l'article 54 de la Constitution de 1958, in: *Dupuy* [Hrsg.], Droit international et droit interne dans la jurisprudence comparée du Conseil constitutionnel et du Conseil d'Etat, S. 22; in eine ähnliche Richtung geht *Schoettl*, La cour pénale internationale, in: AJDA 1999, S. 230, 233: „l'obstacle ainsi mis à la volonté du législateur français est constitutif d'une atteinte aux conditions essentielles d'exercice de la souveraineté nationale."

980 *Sciortino-Bayart*, Anm. zu CC, 22.01.1999, Statut de Rome, déc. no. 98-408 DC, Rec. S. 29, in: Dalloz, somm. 2000, S. 197

981 Ebenso *Sciortino-Bayart*, Anm. zu CC, 22.01.1999, Statut de Rome, déc. no. 98-408, Rec. S. 29, in: RFDC 1999, S. 317, 322; etwas anders argumentierend, aber ebenso kritisch gegenüber der Auffassung des Conseil constitutionnel ist *Genevois*, Le Conseil constitutionnel et le droit pénal international, in: RFDA 1999, S. 285, 299 f.

Verfassung hin. So wurde zum Beispiel dessen Kompetenz, auf dem Gebiet eines Vertragsstaates eigenständig und ohne gleichzeitige Anwesenheit der Behörden des betroffenen Staates zu ermitteln (Art. 99 IV des Römischen Statuts), als verfassungswidrig erklärt, da dies eine Verletzung der unabdingbaren Voraussetzungen der Ausübung nationaler Souveränität darstellt.[982] Damit führt der Conseil constitutionnel zwar eine ständige Rechtsprechung fort, wonach dem Prinzip der „souveraineté nationale" der Grundsatz zu entnehmen ist, dass alleine die zuständigen französischen Behörden Maßnahmen treffen dürften, um deren Durchführung eine ausländische Behörde im Rahmen eines Rechtshilfegesuchs bittet.[983] Andererseits geht diese Entscheidung aber auch über die bisherige Rechtsprechung hinaus: In der Schengen-Entscheidung war nämlich für die Feststellung des Gerichts, es liege keine Verletzung der „conditions essentielles" vor, noch entscheidend, dass den ausländischen Behörden im Rahmen der Nacheile der Einsatz von Zwangsmitteln weitgehend untersagt wurde (vgl. Art. 41 II-V Schengen-DurchfÜbk).[984] Demgegenüber könne die Tatsache, dass gemäß Art. 99 IV des Statuts der Ankläger keine Zwangsmaßnahmen durchführen darf, einen Verstoß gegen die unabdingbaren Voraussetzungen der Ausübung nationaler Souveränität nicht hindern.[985]

982 Vgl. CC, 22.01.1999, Statut de Rome, déc. no. 98-408 DC, Rec. S. 29, 38. Erwägungsgrund: „le pouvoir reconnu au procureur de réaliser ces actes [de recueillir des dépositions de témoins et d'inspecter un site public ou un autre lieu public T.P.] hors la présence des autorités judiciaires françaises compétentes est de nature à porter atteinte aux conditions essentielles d'exercice de la souveraineté nationale".

983 CC, 17.07.1980, Convention franco-allemande d'entraide judiciaire en matière pénale, déc. no. 80-116 DC, Rec. S. 36, 4. Erwägungsgrund: „la convention franco-allemande n'apporte aucune atteinte à la règle qui découle du principe de la souveraineté nationale, selon laquelle les autorités judiciaires françaises [...] sont seules compétentes pour accomplir en France [...] les actes qui peuvent être demandés par une autorité étrangère au titre de l'entraide judiciaire en matière pénale"; ebenso, jedoch lediglich implizit, CC, 31.12.1997, Traité d'Amsterdam, déc. no. 97-394 DC, Rec. S. 344: Die Überprüfungen des europäischen Rechnungshofes auf dem Gebiet der Mitgliedsstaaten verletzen nicht die „conditions essentielles d'exercice de la souveraineté nationale" – schließlich sieht Art. 248 III S. 2 EG stets eine Prüfung in Zusammenarbeit mit den einzelstaatlichen Rechnungsprüfungsorganen vor; vgl. zu letzterem *Clerckx*, Le statut de la cour pénale internationale et le droit constitutionnel français, in: RTDH 2000, S. 649, 657

984 CC, 25.07.1991, Accord de Schengen, déc. no. 91-294 DC, Rec. S. 91, 38. Erwägungsgrund: „[L]es agents poursuivants ne disposent en aucun cas du droit d'interpellation; [...] l'entrée dans les domiciles et les lieux non accessibles au public leur est interdit".

985 Diese Abweichung von der Schengen-Entscheidung mag – wie manche in der französischen Literatur meinen – daran liegen, dass der Schengenraum lediglich Länder umfasst, die auf denselben demokratischen Werten basieren, während die Kompe-

Demzufolge wurde denn auch die Erklärung der non-conformité des Art. 99 IV des Statuts durch den Conseil constitutionnel in der Literatur kritisiert. Schließlich würden einerseits in Art. 99 IV des Römischen Statuts ausdrücklich Zwangsmaßnahmen ausgeschlossen und andererseits handelte es sich beim Ankläger eher um eine internationale Behörde denn um eine „ausländische".[986] Zumindest aus ersterem Gesichtspunkt kann man berechtigterweise den Schluss ziehen, dass jedenfalls nicht die *unabdingbaren* Voraussetzungen der Ausübung der nationalen Souveränität verletzt sind. Mit anderen Worten hat der Conseil bei der Beurteilung der Verletzung der „conditions essentielles d'exercice de la souveraineté nationale" nicht in ausreichendem Maße die Ausübungsmodalitäten für die dem Ankläger übertragenen Kompetenzen berücksichtigt. Dies erscheint in der Tat als Abweichung von der sonstigen Rechtsprechung, wonach sich der Verfassungsrat – nachdem er die Natur der übertragenen Kompetenz untersucht hat – den Ausübungsmodalitäten zuwendet.

b. Ausübungsmodalitäten der übertragenen Kompetenz

Die Ausübungsmodalitäten stellen einen entscheidenden Gesichtspunkt bei der Frage dar, ob die unabdingbaren Voraussetzungen der Ausübung nationaler Souveränität verletzt sind.[987] Den zuständigen nationalen Behörden dürfen bei der Ausübung der übertragenen Kompetenz durch die entsprechenden Organe nicht notwendige Einschätzungsprärogativen genommen werden.[988]

Dies zeigt sich besonders deutlich an der Amsterdam-Entscheidung des Conseil constitutionnel: Obgleich zentrale Kompetenzen des Staates betreffend, hat

---

tenz des Internationalen Strafgerichtshofs und damit auch des Anklägers sich theoretisch auf die ganze Völkergemeinschaft erstreckt – mithin auch auf solche Staaten, die eben diese Werte nicht achten; vgl. *Lenoir*, Les rapports entre le droit constitutionnel français et le droit international à travers le filtre de l'article 54 de la Constitution de 1958, in: *Dupuy* [Hrsg.], Droit international et droit interne dans la jurisprudence comparée du Conseil constitutionnel et du Conseil d'Etat, S. 22 in Fn. 20

986 *Genevois*, Le Conseil constitutionnel et le droit pénal international, in: RFDA 1999, S. 285, 301

987 Beispielhaft sei hier eine Passage aus der Schengen-Entscheidung zur Verfassungsmäßigkeit grenzüberschreitender Verfolgung („poursuite transfrontalière") genannt, CC, 25.07.1991, déc. no. 91-294 DC, Rec. S. 91, 39. Erwägungsgrund: „*[E]n raison des modalités de son exercice*, la procédure de la poursuite transfrontalière [n'est pas contraire à la Constitution T.P.]". Hervorhebungen durch Verfasser

988 *Gautron/Monjal*, La décision 98-408 du Conseil constitutionnel relative au statut de la cour pénale internationale: un soutien juridique aux réticences nationales?, in: R.R.J. 1999, S. 1207, 1226

der Verfassungsrat die Vorschriften des Unionsvertrages über die Gemeinsame Außen- und Sicherheitspolitik oder die Bestimmungen über die polizeiliche und justizielle Zusammenarbeit in Strafsachen implizit als mit der Verfassung vereinbar angesehen. Dies liegt im Wesentlichen darin begründet, dass der Conseil constitutionnel die „conditions essentielles" durch die Ausübungsmodalitäten in diesen Bereichen als nicht gefährdet wertete. Gemeinsame Standpunkte und Gemeinsame Aktionen sind lediglich Ausdruck eines Wunsches nach verstärkter Zusammenarbeit bei gleichzeitiger Beibehaltung der Einschätzungsprärogativen der Mitgliedsstaaten.[989]

Wie oben bereits angedeutet, stellte der Conseil constitutionnel bei der Frage, ob das durch das Schengener Durchführungsübereinkommen eingerichtete System der grenzüberschreitenden Nacheile die „conditions essentielles d'exercice de la souveraineté nationale" verletzt, entscheidend auf die in Art. 41 II-V Schengen-DurchfÜbk genannten Ausübungsmodalitäten ab. Hierbei entschied das Gericht, ein Verfassungsverstoß liege nicht vor, da den ausländischen Behörden im Rahmen der Nacheile der Einsatz von Zwangsmitteln weitgehend untersagt sei.[990]

Im Bereich des Europarechts im engeren Sinne verletzt insbesondere der automatische (d. h. ohne erneute Vertragsänderung) Übergang vom Einstimmigkeitsprinzip zum Verfahren der Mitentscheidung in den Bereichen der Asyl- und Einwanderungspolitik (Art. 67 II EG) die „conditions essentielles d'exercice de la souveraineté nationale".[991] Anderes ergibt sich auch nicht aus dem Umstand, dass dieser Übergang nur möglicherweise erfolgt, denn wegen des fehlenden Erfordernisses einer erneuten Ratifikation hat der Conseil constitutionnel nicht die Möglichkeit, nochmals mit der Frage befasst zu werden.[992] Zu betonen bleibt jedoch, dass das Vorsehen von qualifizierten Mehrheitsbeschlüssen alleine noch keinen Verstoß gegen die „conditions essentielles" zu begründen vermag. Dies ist vielmehr nur dann der Fall, wenn dieses Verfahren in Bereichen angewandt wird, die die unabdingbaren Voraussetzungen der Ausübung nationaler Souveränität betreffen.[993]

---

989 *Schoettl*, Anm. zu CC, 31.12.1997, Traité d'Amsterdam, déc. no. 97-394 DC, Rec. S. 344, in: AJDA 1998, S. 135, 139

990 CC, 25.07.1991, Accord de Schengen, déc. no. 91-294 DC, Rec. S. 91, 38. Erwägungsgrund: „[L]es agents poursuivants ne disposent en aucun cas du droit d'interpellation; [...] l'entrée dans les domiciles et les lieux non accessibles au public leur est interdit".

991 CC, 31.12.1997, Traité d'Amsterdam, déc. no. 97-394 DC, Rec. S. 344, 25. Erwägungsgrund

992 *Schoettl*, Anm. zu CC, 31.12.1997, Traité d'Amsterdam, déc. no. 97-394 DC, Rec. S. 344, in: AJDA 1998, S. 135, 141 und S. 143

993 *Mathieu/Verpeaux*, Contentieux constitutionnel des droits fondamentaux, S. 314

Aus den beispielhaft aufgeführten Entscheidungen des Verfassungsrates lassen sich gewisse Leitlinien ableiten, inwiefern die Ausübungsmodalitäten die unabdingbaren Voraussetzungen der Ausübung nationaler Souveränität verletzen können: Sichern die in Frage stehenden Ausübungsmodalitäten einen ausreichenden Einfluss Frankreichs, so werden die fraglichen Bestimmungen als verfassungskonform erachtet.[994] Fraglich ist also stets, ob den französischen Behörden weiterhin ein Letztentscheidungsrecht zusteht oder nicht. Eine Verletzung der „conditions essentielles" ist immer dann gegeben, wenn Frankreich die Entscheidungsmacht über eine bestimmte Angelegenheit derartig verliert, dass es entweder riskiert, künftig Maßnahmen ausgesetzt zu sein, denen es nicht zugestimmt hat oder gegen die es gestimmt hat, oder dass der Französischen Republik jegliches eigenes Initiativrecht genommen wird.[995]

c. *Sonstige Kriterien zur Feststellung der Verletzung der „conditions essentielles"*

Die Natur der übertragenen Kompetenzen sowie die Art und Weise deren Ausübung sind jedoch nicht die einzigen Kriterien, die darüber entscheiden, ob die „conditions essentielles d'exercice de la souveraineté nationale" verletzt sind.

So kann aus der Rechtsprechung des Conseil constitutionnel geschlossen werden, dass zeitlich begrenzte Beschneidungen staatlicher Kompetenzen keine

---

994 *Pellet*, Le Conseil constitutionnel, la souveraineté et les traités: à propos de la décision du Conseil constitutionnel du 31.12.1997 (traité d'Amsterdam), in: Les Cahiers du Conseil constitutionnel 1998, S. 113, 118

995 In seiner Entscheidung zum Vertrag über eine Verfassung für Europa führt der Conseil constitutionnel diesbezüglich in seinem 29. Erwägungsgrund lehrbuchartig aus: „Considérant qu'appelle une révision de la Constitution toute disposition du traité qui [...] modifie les règles de décision applicables, *soit en substituant la règle de la majorité qualifiée à celle de l'unanimité* au sein du Conseil, *privant ainsi la France de tout pouvoir d'opposition*, [...] *soit en privant la France de tout pouvoir propre d'initiative*". Hervorhebungen durch Verfasser. Folglich erklärt das Gericht im 30. Erwägungsgrund „insbesondere" u.a. die Artt. III-270 und III-271 EV wegen der Einführung von qualifizierten Mehrheitsbeschlüssen auf den betroffenen Gebieten und im 32. Erwägungsgrund den Art. III-264 EV wegen des Verlusts Frankreichs von jeglichem eigenständigen Initiativrecht für verfassungswidrig. Damit setzt der Conseil constitutionnel die bereits vorher bestehende ständige Rechtsprechung fort. Vgl. hierzu *Pellet*, Le Conseil constitutionnel, la souveraineté et les traités: à propos de la décision du Conseil constitutionnel du 31.12.1997 (traité d'Amsterdam), in: Les Cahiers du Conseil constitutionnel 1998, S. 113, 119, der auf die vom Conseil constitutionnel als verfassungswidrig angesehene Einführung von Mehrheitsbeschlüssen auf dem Gebiet der Visa- und Asylpolitik sowie im Rahmen des freien Personenverkehrs durch den Amsterdamer Vertrag verweist. Vgl. CC, 31.12.1997, Traité d'Amsterdam, déc. no. 97-394 DC, Rec. S. 344, 26. und 29. Erwägungsgrund

Verletzung der unabdingbaren Voraussetzungen für die Ausübung nationaler Souveränität darstellen. Dies gilt im Übrigen unabhängig von dem Gewicht oder der Natur der übertragenen Kompetenz. Mit anderen Worten muss der Verletzung der „conditions *essentielles* d'exercice de la souveraineté" ein *dauerhafter* Charakter zukommen:[996] So begründet der Conseil in der Schengen-Entscheidung beispielsweise die Verfassungsmäßigkeit des Rechts ausländischer Ermittlungsbehörden, sich ohne vorherige Zustimmung französischer Behörden auf französischem Territorium aufzuhalten, damit, dass die Observation gemäß Art. 40 II lit. b Schengen-DurchfÜbk spätestens fünf Stunden nach dem Überschreiten der Grenze abgeschlossen sein muss.[997]

In ähnlicher Weise verfuhr der Verfassungsrat in seiner Maastricht I-Entscheidung:[998] Er wertete zwar die Abschaffung des Prinzips der Einstimmigkeit bei der Festlegung der Visapolitik ab dem 1. Januar 1996 als Verletzung der unabdingbaren Voraussetzungen der Ausübung nationaler Souveränität. Wird dieses Prinzip jedoch vor diesem Datum im Zuge von *vorläufigen* Maßnahmen ausgesetzt, deren Dauer auf höchstens sechs Monate begrenzt ist, so liegt keine Verletzung des Grundsatzes nationaler Souveränität vor.[999]

Eng verwandt mit dieser zeitlichen Komponente ist die Voraussetzung, dass es sich um eine *irreversible* Verletzung der nationalen Souveränität handeln muss. In seiner Entscheidung zum 6. Zusatzprotokoll zur EMRK über die Abschaffung der Todesstrafe stellt der Conseil constitutionnel fest, das Prinzip der „souveraineté nationale" sei deshalb nicht verletzt, weil das Protokoll aufgrund seiner Kündbarkeit keinen endgültigen und unumkehrbaren Charakter aufweise.[1000]

---

996 *Zoller*, Droit des relations extérieures, S. 288

997 CC, 25.07.1991, Accord de Schengen, déc. no. 91-294 DC, Rec. S. 91, 35. Erwägungsgrund: „dans le cas d'urgence visé au paragraphe 2, il est expressément stipulé que l'observation doit prendre fin, dès que l'État sur le territoire duquel se déroule l'observation le demande et au plus tard cinq heures après le franchissement de la frontière; [...] ainsi l'article 40 ne porte pas atteinte aux conditions essentielles d'exercice de la souveraineté nationale".

998 Vgl. *Zoller*, Droit des relations extérieures, S. 288

999 CC, 09.04.1992, Maastricht I, déc. no. 92-308 DC, Rec. S. 55, 49. Erwägungsgrund: „la politique commune des visas [...] est décidée par le Conseil des ministres des communautés à l'unanimité, *sous la seule réserve de mesures de sauvegarde motivées par l'urgence et temporaires dans leurs effets*". Hervorhebungen durch Verfasser

1000 CC, 22.05.1985, Peine de mort, déc. no. 85-88 DC, Rec. S. 15, 1. Erwägungsgrund: „[C]et accord peut être dénoncé dans les conditions fixées par l'article 65 de la Convention européenne des droit de l'homme". Kritisch hierzu *Abraham*, Droit international, droit communautaire et droit français, S. 62.

3. Droits et libertés constitutionnellement garantis

a. Bedeutung der Grundrechtsjudikatur in Frankreich

Gegenüber der Beachtung des Grundsatzes der „souveraineté nationale" kommt den Grundrechten bei der Überprüfung der Verfassungsmäßigkeit völkerrechtlicher Verträge eine vergleichsweise untergeordnete Bedeutung zu. Wie *Gundel* zutreffend hervorhebt, findet in Frankreich eher ein Grundrechtsschutz *durch* das Völkervertragsrecht (insbesondere durch die EMRK) als gegen dieses statt.[1001] Darüber kann auch die Tatsache nicht hinwegtäuschen, dass der Conseil constitutionnel die Grundrechte in der Entscheidung zum Römischen Statut erstmals als eigenständigen Prüfungsmaßstab heranzieht[1002] und diese nicht mehr – wie in der Entscheidung bezüglich des 6. Zusatzprotokolls zur EMRK – als integrierten Bestandteil des Prinzips der „souveraineté nationale" ansieht. In materiell-rechtlicher Hinsicht ändert diese Klarstellung des Gerichts mithin nichts.[1003] In Anbetracht der Bedeutung der Grundrechte und der deutlichen Unterscheidung in der Präambel der Verfassung von 1958 zwischen der Verbundenheit des französi-

---

Im Verfahren über das Schengen-Abkommen hat der Verfassungsrat das Zustimmungsgesetz für nicht verfassungswidrig erklärt, obwohl der Vertrag selbst keine Kündigungsklausel enthielt. Dies rechtfertigte das Gericht damit, eine Änderung des Vertrages könne nicht gegen den Willen Frankreichs erfolgen. CC, 25.07.1991, Accord de Schengen, dec. no. 91-294 DC, Rec. S. 91, 58. Erwägungsgrund: „[A]u regard des procédures de modification [...] l'absence de référence à une clause de retrait ne saurait constituer en elle-même un abandon de souveraineté". Vgl. hierzu *Zoller*, Droit des relations extérieures, S. 286. Im Rahmen des Europarechts im engeren Sinne hat der Conseil constitutionnel diese Problematik explizit bislang nicht erörtert. Im Maastricht I-Verfahren führte das Gericht lediglich aus, sämtliche anderen Bestimmungen des Vertrages seien nicht verfassungswidrig – eine Formulierung, die also auch Art. Q EUV (heute Art. 51 EU) umfasst, wonach der Vertrag auf unbegrenzte Zeit gilt; vgl. CC, 09.04.1992, Maastricht I, déc. no. 92-308 DC, Rec. S. 55, 51. Erwägungsgrund

1001 *Gundel*, Die Einordnung des Gemeinschaftsrechts in die französische Rechtsordnung, S. 159

1002 CC, 22.01.1999, Statut de Rome, déc. no. 98-408 DC, Rec. S. 29; vgl. zuletzt CC, 19.11.2004, Traité établissant une Constitution pour l'Europe, déc. no. 2004-505 DC, Rec. S. 173, 7. Erwägungsgrund; eine solche Entwicklung der Rechtsprechung hatte sich schon seit der Maastricht I-Entscheidung des Verfassungsrates abgezeichnet; vgl. hierzu *Gaïa*, Anm. zu CC, 09.04.1992, Maastricht I, déc. no. 92-308 DC, Rec. S. 55, in: RFDC 1992, S. 398, 407

1003 So auch *Genevois*, Le Conseil constitutionnel et le droit pénal international, in: RFDA 1999, S. 285, 291: „*Sur le fond, il n'y a pas de changement* car la jurisprudence antérieure englobait déjà dans le „bloc de constitutionnalité" opposable aux traités la garantie des droits et libertés." Hervorhebungen durch Verfasser

schen Volkes mit den Menschenrechten und der Beachtung der Grundsätze der nationalen Souveränität erscheint diese Neuerung in der Rechtsprechung des Conseil constitutionnel jedoch ohne Zweifel begrüßenswert.

Die im Vergleich zur Bundesrepublik Deutschland eher untergeordnete Bedeutung der Grundrechtsjudikatur bei der Überprüfung völkerrechtlicher Verträge wird in der Literatur wie folgt begründet: Zum einen fehle es beim Conseil constitutionnel an einer verfahrensrechtlichen Absicherung der Grundrechte – eine der Verfassungsbeschwerde entsprechende Verfahrensart existiere in Frankreich nicht. Zum anderen habe der Conseil constitutionnel auch bei rein innerstaatlichen Sachverhalten gegenüber dem Gesetzgeber nur sehr langsam eine Grundrechtsrechtsprechung entwickelt.[1004]

Gleichwohl zieht der Conseil constitutionnel auch bei der Überprüfung völkerrechtlicher Verträge Grundrechte in seine Erwägungen mit ein.

b. Einzelne vom Conseil constitutionnel thematisierte Grundrechte

In der Entscheidung zum Statut des Internationalen Strafgerichtshofs erwähnt der Verfassungsrat zwar die Menschenwürde – ein im ersten Absatz der Präambel von 1946 genannter Grundsatz –, zieht diese aber nicht als Prüfungsmaßstab im engeren Sinne heran. Durch die Erwähnung der Menschenwürde anlässlich der Bekämpfung von schwersten Verbrechen von internationalem Belang hebt der Conseil vielmehr die direkte Verbindung hervor, die zwischen den von der Verfassung anerkannten Grundrechten und solchen, die auf internationaler Ebene gewährleistet werden, besteht.[1005]

Als Prüfungsmaßstab diente jedoch in mehreren Entscheidungen das in Absatz 4 der Präambel von 1946 gewährleistete Asylrecht.[1006]

Während der Verfassungsrat in der Entscheidung zum deutsch-französischen Rechtshilfeabkommen in Strafsachen lediglich in einem Satz dessen Vereinbar-

1004 Vgl. hierzu *Gundel*, Die Einordnung des Gemeinschaftsrechts in die französische Rechtsordnung, S. 158 f. m.w.N.

1005 *Lenoir*, Les rapports entre le droit constitutionnel français et le droit international à travers le filtre de l'article 54 de la Constitution de 1958, in: *Dupuy* [Hrsg.], Droit international et droit interne dans la jurisprudence comparée du Conseil constitutionnel et du Conseil d'Etat, S. 23

1006 Wortlaut: „Tout homme persécuté en raison de son action en faveur de la liberté a droit d'asile sur les territoires de la République." Zur problematischen Reichweite dieser Vorschrift und zu ihrer Anwendung durch den Conseil d'Etat und den Conseil constitutionnel, vgl. *Grewe/Ruiz-Fabri*, Le conseil constitutionnel et l'intégration européenne, in: RUDH 1992, S. 277, 291

keit mit dem Asylrecht feststellte[1007], befasste sich das Gericht in seiner Schengen-Entscheidung ausführlich mit einem eventuellen Verstoß gegen dieses Grundrecht durch Art. 29 III und Art. 30 des Schengen-DurchfÜbk. Die Antragsteller hatten vorgetragen, das in diesen Bestimmungen enthaltene Prinzip, wonach nur eine Vertragspartei für die Behandlung eines Asylantrages zuständig sei, missachte das Asylrecht. Überdies seien die in Art. 30 festgelegten Kriterien zur Feststellung des nach Art. 29 IV zuständigen Staates zu unpräzise, um eine effektive Entfaltung dieses Grundrechts sicherzustellen.[1008]

Diese Argumentation wies der Conseil jedoch zurück. Da das Übereinkommen in Art. 29 IV bei Vorliegen besonderer Gründe, insbesondere des nationalen Rechts, einem Vertragsstaat selbst die Möglichkeit eröffne, einen Asylantrag zu verbescheiden, obwohl eigentlich ein anderer Vertragsstaat zuständig wäre, könne Frankreich, auch wenn ein anderer Vertragsstaat einen Asylantrag abgelehnt haben sollte, der antragstellenden Person immer noch Asyl gewähren. Mit dem Verweis auf das nationale Recht sei für die Französische Republik insbesondere Absatz 4 der Präambel der Verfassung von 1946 gemeint. Des Weiteren lege Art. 30 Schengen-DurchfÜbk objektive Kriterien zur Bestimmung des nach Art. 29 IV Schengen-DurchfÜbk zuständigen Vertragsstaates fest.[1009]

Ferner verletzten die Kompetenzen ausländischer Behörden im Rahmen des Art. 41 Schengen-DurchfÜbk weder das von den Gesetzen der Republik aner-

---

1007 CC, 17.07.1980, Convention franco-allemande d'entraide judiciaire en matière pénale, déc. no. 80-116 DC, Rec. S. 36, 5. Erwägungsgrund: „Considérant qu'aucune disposition de la convention [...] n'ouvre la possibilité de porter atteinte au droit d'asile [...] proclamé par le préambule de la Constitution du 27 octobre 1946". Wegen der gänzlich fehlenden Argumentation durch den Verfassungsrat zurecht kritisch: *Vallée*, À propos de la décision du Conseil constitutionnel du 17 juillet 1980, in: RGDIP 1981, S. 202, 219.

1008 Vgl. zum Vorbringen der Antragsteller *Gaïa*, Commentaire de la décision du Conseil constitutionnel no. 91-294 DC du 25 juillet 1991, in: R.R.J. 1992, S. 25, 39 und *Prétot*, Anm. zu CC, 25.07.1991, Accord de Schengen, déc. no. 91-294 DC, Rec. S. 91, in: RTDE 1992, S. 187, 203

1009 CC, 25.07.1991, Accord de Schengen, déc. no. 91-294, Rec. S. 91, 31. Erwägungsgrund: „[L]a détermination de l'État responsable du traitement d'une demande d'asile résulte des règles objectives stipulées à l'article 30 de la convention; [...] le paragraphe 4 de l'article 29 réserve le droit de toute Partie contractante „pour des raisons particulières tenant notamment au droit national" d'assurer le traitement d'une demande d'asile même si la responsabilité incombe à une autre Partie; [...] ces dernières stipulations sont appelées à recevoir application au profit des personnes susceptibles de bénéficier du droit d'asile en vertu du quatrième alinéa du Préambule de la Constitution de 1946".

kannte grundlegende Prinzip der „liberté individuelle“[1010] noch Art. 66 der Verfassung, der die Existenz dieses Grundsatzes bestätigt und dessen Überwachung der ordentlichen Gerichtsbarkeit überträgt. Der Conseil constitutionnel begründet dies im Wesentlichen damit, dass die angegriffene Bestimmung (Art. 41 Schengen-DurchfÜbk) weder explizit noch implizit ein Abweichen von der innerstaatlichen Gesetzgebung, die dem Schutz der „liberté individuelle“ und den „droits de la défense“[1011] (Prozessgrundrechten) dient, vorsehe bzw. ermögliche. Speziell hinsichtlich der „liberté individuelle“ begründet der Verfassungsrat seine Auffassung damit, dass die ausländischen Ermittlungsbehörden das Recht des Vertragsstaates beachten müssten, in dem sie sich aufhalten (Art. 41 V lit. a Schengen-DurchfÜbk). Weiterhin dürfe das Festhalterecht zum Zwecke der Vernehmung nur unter sinngemäßer Anwendung der einschlägigen Bestimmungen des nationalen Recht ausgeübt werden (vgl. Art. 41 VI Schengen-DurchfÜbk).

Auch die Einrichtung des Schengener Informationssystems (Titel IV des Abkommens) wurde als mit den „libertés individuelles“ vereinbar angesehen. Im Rahmen einer kurzen Prüfung stellt der Verfassungsrat heraus, dass das Übereinkommen das Recht auf Zugang zu Informationen beachte, und dass die den anderen Vertragsstaaten zur Verfügung gestellten Daten nur für die im Übereinkommen vorgesehenen Zwecke genutzt werden dürften (Art. 102 Schengen-DurchfÜbk).[1012]

In anderer Weise hat der Conseil die Grundrechte in seiner Entscheidung über die Verfassungsmäßigkeit der Europäischen Charta der Regional- und Minderheitensprachen zur Entfaltung gebracht. Das Gericht zieht hier die Kommunikationsgrundrechte des Art. 11 der Menschenrechtserklärung von 1789[1013] weniger als direkten Prüfungsmaßstab heran – schließlich fördert das Abkommen diese ja eher, als dass es sie einschränkt. Vielmehr dient der Verweis auf die Kommunikationsgrundrechte dazu, verfassungsrechtliche Grenzen des Art. 2 I Const. 1958, wonach die Sprache der Republik Französisch ist, zu formulieren.[1014] Es findet

1010 Vgl. zum Umfang dieses Rechts *Mathieu/Verpeaux*, Contentieux constitutionnel des droits fondamentaux, S. 533 ff.

1011 Vgl. zum Umfang dieser Rechte *Mathieu/Verpeaux*, Contentieux constitutionnel des droits fondamentaux, S. 686 ff.

1012 CC, 25.07.1991, Accord de Schengen, déc. no. 91-294 DC, Rec. S. 91, 49. und 50. Erwägungsgrund

1013 Wortlaut: „La libre communication des pensées et des opinions est un des droits les plus précieux de l'homme: tout citoyen peut donc parler, écrire, imprimer librement, sauf à répondre de l'abus de cette liberté dans les cas déterminés par la loi“.

1014 *Verpeaux*, Anm. zu CC, 15.06.1999, Charte européenne des langues régionales ou minoritaires, déc. no. 99-412 DC, Rec. S. 71, in: RFDC 1999, S. 594, 602; ebenso *Schoettl*, Anm. zu CC, 15.06.1999, Charte européenne des langues régionales ou minoritaires, déc. no. 99-412 DC, Rec. S. 71, in: AJDA 1999, S. 573, 576

also ein Ausgleich zwischen den beiden widerstreitenden Prinzipen im Sinne einer praktischen Konkordanz statt.[1015]

c. Besonderheiten der Grundrechtsprüfung

Ob den Grundrechten bei der Kontrolle internationaler Abkommen eine Sonderstellung von Seiten des Conseil constitutionnel eingeräumt wird, lässt sich angesichts der äußerst spärlichen Rechtsprechung zu diesem Punkt und den stets knappen Ausführungen des Gerichts schwer einschätzen.

Einigkeit scheint jedenfalls über die grundsätzliche Grundrechtsbindung der französischen Organe auch beim Abschluss völkerrechtlicher Verträge zu bestehen. Fraglich ist demgegenüber jedoch das Maß. Manche Autoren behaupten, in der Schengen-Entscheidung habe der Conseil das Abkommen am Asylrecht genauso gemessen wie an jeder anderen Norm von Verfassungsrang.[1016] Diese Analyse scheint sich auch für die Entscheidung des Conseil constitutionnel zur Europäischen Charta der Minderheiten- und Regionalsprachen zu bestätigen.[1017] Was die Kontrolldichte anbelangt, bestehen nämlich bei der Überprüfung eines völkerrechtlichen Vertrages am Maßstab des verfassungsrechtlichen Gleichheitssatzes keinerlei Besonderheiten gegenüber der Kontrolle eines Gesetzes an jenem Verfassungsgrundsatz. Dieser Eindruck wird noch dadurch verstärkt, dass die Literatur diese Entscheidung des Verfassungsrates wie selbstverständlich in die übrige Judikatur des Conseil constitutionnel zur Verfassungsmäßigkeit von Gesetzen einreiht, ohne auf das Spezifikum des Prüfungsgegenstandes einzugehen.[1018]

1015 CC, 15.06.1999, Charte européenne des langues régionales et minoritaires, déc. no. 99-412, Rec. S. 71, 7. Erwägungsgrund: „[L]a liberté proclamée par l'article 11 de la Déclaration des droits de l'homme et du citoyen de 1789 [...] doit être conciliée avec le premier alinéa de l'article 2 de la Constitution".

1016 Gundel, Die Einordnung des Gemeinschaftsrechts in die französische Rechtsordnung, S. 169

1017 CC, 15.06.1999, Charte européenne des langues régionales ou minoritaires, déc. no. 99-412 DC, Rec. S. 71, 10. Erwägungsgrund

1018 Vgl. hierzu *Mélin-Soucramanien*, La République contre Babel – à propos de la décision du Conseil constitutionnel no. 99-412 DC du 15 juin 1999, in: RDP 1999, S. 985, 994 f.: „Cette solution [contrariété de la charte européenne des langues régionales ou minoritaires aux principes d'indivisibilité de la République et d'égalité devant la loi T.P.] est cohérente avec la jurisprudence antérieure du Conseil constitutionnel. [...] [S']agissant du respect du principe constitutionnel d'égalité, il est désormais acquis que le Conseil [...] met en œuvre un contrôle *strict* lorsque sont en jeu des discriminations expressément interdites par la Constitution telles que celles reposant sur l'origine, la race, la religion, les croyances ou le sexe. Lorsque le législateur pénètre dans la sphère de ce que les constitutionnalistes

Andere schließen aus der Schengen-Entscheidung, der Verfassungsrat lege – sofern es sich um „weniger zentrale“ Grundrechte handle – eine geringere Kontrolldichte an, um den Besonderheiten des Prüfungsgegenstandes Rechnung zu tragen.[1019]

II. Textes exclus du bloc de constitutionnalité

Nach der Rechtsprechung des Conseil constitutionnel stellen lediglich die Verfassung sowie die Regeln von Verfassungsrang taugliche Prüfungsmaßstäbe bei der Kontrolle der Verfassungsmäßigkeit völkerrechtlicher Verträge dar. *Favoreu* und *Philip* fassen dies in dem Trikolon *„La Constitution, toute la Constitution, rien que la Constitution“* zusammen.[1020] Folglich kann das bereits in Kraft getretene Völkervertragsrecht nicht als „norme de référence“ herangezogen werden (vgl. 1.). Wie die Judikatur des Verfassungsrates zum Völkergewohnheitsrecht zu verstehen ist, ist in der französischen Literatur umstritten (vgl. 2.).

1. Völkerrechtliche Verträge

a. Einschlägige Rechtsprechung und ihre Begründung

Nach ständiger Rechtsprechung lehnt es der Conseil constitutionnel ab, völkerrechtliche Verträge am Maßstab früherer völkerrechtlicher Verpflichtungen Frankreichs zu messen – die bereits in Kraft getretenen völkerrechtlichen Verträge gehören mithin nicht zum „bloc de constitutionnalité“.[1021] Die Haltung des

---

nord-américains appellent des „classifications suspectes“, l'étau du contrôle de constitutionnalité se resserre. À tel point qu'en France le Conseil constitutionnel a invariablement déclaré contraire à la Constitution ce type de discrimination qu'il s'agisse d'ailleurs de traitement fondées sur le sexe [...] ou sur l'origine“. Hervorhebungen im Original

1019 *Prétot*, Anm. zu CC, 25.07.1991, Accord de Schengen, déc. no. 91-294 DC, Rec. S. 91, in: RTDE 1992, S. 187, 203: „On observera cependant [...] que le Conseil paraît s'en tenir à un contrôle limité, propre aux droits et libertés de second rang, de nature à ouvrir à la Convention internationale et à la loi une marge d'appréciation certaine.“

1020 *Favoreu/Philip*, Les grandes décisions du Conseil constitutionnel, no. 51, Rn. 27; Hervorhebungen im Original

1021 Ein hier nicht näher beleuchtetes Sonderproblem stellt die umstrittene Frage der Zugehörigkeit zum bloc de constitutionnalité solcher völkerrechtlicher Verträge dar, auf die der Verfassungstext ausdrücklich Bezug nimmt, vgl. z. B. Artt. 88-2, 88-3 Const. 1958 bezüglich des Vertrages über die Europäische Union, oder Artt. 76 f. Const. 1958 bezüglich des „Accord de Nouméa“. Zum Teil wird hier parallel

Conseil constitutionnel findet ihren Ursprung in der berühmten Abtreibungsentscheidung aus dem Jahre 1975. Darin weigerte sich das Gericht, bei der Kontrolle der Verfassungsmäßigkeit von *Gesetzen* völkerrechtliche Verträge als Prüfungsmaßstab heranzuziehen.[1022] Diese sogenannte IVG-Rechtsprechung[1023] mag zunächst überraschen, da Art. 55 Const. 1958 den in Kraft getretenen völkerrechtlichen Verträgen schließlich einen Rang über den Gesetzen einräumt. Nach Auffassung des Conseil constitutionnel ist dieser Vorrang aber sehr instabil, da er von verschiedenen Voraussetzungen abhänge, die nicht von französischer Staatsgewalt gesteuert werden könnten („caractère à la fois relatif et contingent"). Solche Instabilität lasse sich nicht mit dem sich aus Art. 62 Const. 1958 ergebenden absoluten und endgültigen Charakter der Entscheidungen des Conseil constitutionnel vereinbaren.[1024]

Die IVG-Rechtsprechung fand auch bei der Kontrolle von völkerrechtlichen Verträgen Anwendung: Ließen bestimmte Ausführungen des Conseil constitutionnel in älteren Verfahren eventuell noch eine andere Deutung zu[1025], so stellt

---

zur Aufnahme der Präambel der Verfassung von 1946 oder der Allgemeinen Menschenrechtserklärung von 1789 in den bloc de constitutionnalité argumentiert, jegliche explizite Inbezugnahme eines außerhalb der Verfassung stehenden Textes durch den Verfassungstext integriere diesen in den „bloc de constitutionnalité". Vgl. z. B. *Rousseau*, Droit du contentieux constitutionnel, S. 116-122. A.A. *Clerckx*, Le statut de la cour pénale internationale et le droit constitutionnel français, in: RTDH 2000, S. 649, 672-676; vgl. auch *Mathieu/Verpeaux*, Jurisprudence constitutionnel, in: J.C.P. 26.01.2000, S. 139, 140

1022 CC, 15.01.1975, IVG, déc. no. 74-54 DC, Rec. S. 19, 7. Erwägungsgrund: „il n'appartient pas au Conseil constitutionnel [...] d'examiner la conformité d'une loi aux stipulations d'un traité ou d'un accord international". Vgl. auch den 5. Erwägungsgrund: „une loi contraire à un traité ne serait pas, pour autant, contraire à la Constitution".

1023 Vgl. hierzu aus der deutschsprachigen Literatur zum Beispiel *Rees*, Der Rang völkerrechtlicher Verträge nach französischem Verfassungsrecht, in: ZaöRV 35 (1975), S. 445 ff.

1024 Vgl. CC, 15.01.1975, IVG, déc. no. 74-54 DC, Rec. S. 19, 4. Erwägungsgrund: „les décisions prises en application de l'article 61 de la Constitution revêtent un caractère absolu et définitif, ainsi qu'il résulte de l'article 62 [...]; [...] *au contraire, la supériorité des traités sur les lois* [...] présente *un caractère à la fois relatif et contingent, tenant, d'une part, à ce qu'elle est limitée au champs d'application du traité, et, d'autre part, à ce qu'elle est subordonnée à une condition de réciprocité dont la réalisation peut varier selon le comportement du ou des États signataires* du traité et le moment où doit s'apprécier le respect de cette condition". Hervorhebungen durch Verfasser

1025 CC, 29./30.12.1976, Élection de l'Assemblée des Communautés européennes au suffrage universel direct, déc. no. 76-71 DC, Rec. S. 15, 3. Erwägungsgrund: „[L]'acte soumis à l'examen du Conseil constitutionnel ne contient aucune disposition ayant pour objet de modifier les compétences et pouvoirs limitativement at-

das Gericht in der Entscheidung über die Verfassungsmäßigkeit des deutsch-französischen Rechtshilfeabkommens in Strafsachen klar, es obliege ihm nicht, die Vereinbarkeit dieses Abkommens mit den Vorschriften des Europäischen Übereinkommens über die Rechtshilfe in Strafsachen vom 20. April 1959 zu überprüfen.[1026] Ebenso lehnte es der Verfassungsrat ab, das Schengen-Durchführungsabkommen am Maßstab des Vertrages über die Europäische Wirtschaftsgemeinschaft und auf dessen Grundlage ergangener Sekundärrechtsakte zu messen.[1027] Ein völkerrechtlicher Vertrag, der einem bereits in Kraft getretenen Vertrag widerspricht, ist folglich nicht gleichzeitig verfassungswidrig.[1028]

---

tribués dans le texte du traité aux communautés européennes, et en particulier, à leur Assemblée par les Etats membres". Vgl. in diesem Sinne *Vallée*, À propos de la décision du Conseil constitutionnel du 17 juillet 1980, in: RGDIP 1981, S. 202, 215; CC, 29.04.1978, Augmentation de la quote-part de la France au Fonds monétaire international, déc. no 78-39 DC, Rec. S. 23. In letzterem Fall hatte der Conseil in seinen Erwägungsgründen 3-5 geprüft, ob die vom Gouverneursrat beschlossene Neufassung vom 30.04.1976 mit den Regeln der Statuten vereinbar war. Dies ließ manche Autoren vermuten, der Verfassungsrat sei der Auffassung, bereits in Kraft getretene völkerrechtliche Verträge gehörten zum Prüfungsmaßstab; vgl. *Carreau* in seiner Anm. zu der eben zitierten Entscheidung des Conseil constitutionnel in: RGDIP 1979, S. 209, 215 f.

1026 Vgl. CC, 17.07.1980, Convention franco-allemande d'entraide judiciaire, déc. no. 80-116 DC, Rec. S. 36, 7. Erwägungsgrund: „il n'appartient pas au Conseil constitutionnel [...] d'apprécier la conformité d'un engagement international aux stipulations d'un traité où d'un accord international; [...] dès lors, il n'y a pas lieu d'examiner la conformité de la Convention franco-allemande aux stipulations de la Convention européenne".

1027 CC, 25.07.1991, Accord de Schengen, déc. no. 91-294 DC, Rec. S. 91, 60. Erwägungsgrund: „il n'appartient pas au Conseil constitutionnel, [...] saisi en application de l'article 61 de la Constitution, d'apprécier la conformité d'un engagement international aux stipulations d'un traité; [...] dés lors, il n'y a pas lieu d'examiner si la convention dont la loi déférée autorise l'approbation serait contraire au traité instituant la Communauté économique européenne ou aux actes pris par les institutions communautaires sur le fondement de ce traité". Diese Ausführungen des Conseil constitutionnel werden in der Literatur als Argument dafür herangezogen, dass die oben zitierte Entscheidung zum Internationalen Währungsfonds lediglich dahingehend zu deuten sei, dass der Verfassungsrat nur die Existenz des Änderungsverfahrens der Quoten geprüft hat und nicht dessen Vereinbarkeit mit den Statuten des Internationalen Währungsfonds. Vgl. *Prétot*, Anm. zu CC, 25.07.1991, Accord de Schengen, déc. no. 91-294 DC, Rec. S. 91, in: RTDE 1992, S. 187, 197

1028 *Zoller*, Droit des relations extérieures, S. 281

b. Kritik

Die Rechtsprechung des Conseil constitutionnel, wonach bereits in Kraft getretene völkerrechtliche Verträge bei der Überprüfung völkerrechtlicher Verpflichtungen nicht als Prüfungsmaßstab herangezogen werden können, erscheint unter mehreren Gesichtspunkten fragwürdig.[1029] Ansatzpunkte der Kritik sind hierbei ein eventueller Widerspruch der IVG-Rechtsprechung zur verfassungsrechtlichen Ausgangslage, die vom Conseil constitutionnel in dieser Entscheidung gegebene Begründung sowie die (völkerrechtlichen) Folgen, die sich aus einer solchen Haltung des Verfassungsrates ergeben.

(1) Schon angesichts des Art. 55 Const. 1958 ist die Abtreibungsentscheidung angreifbar. In der Literatur wird argumentiert, wegen des hierin verfassungsrechtlich angeordneten Vorrangs des Vertrages gegenüber den Gesetzen sei ein mit einem völkerrechtlichen Vertrag unvereinbares Gesetz seinerseits wegen Verstoßes gegen Art. 55 Const. 1958 verfassungswidrig.[1030] Anders gewendet sei jedes einem völkerrechtlichen Vertrag widersprechende Gesetz auch verfassungswidrig, da es die Verpflichtung des Gesetzgebers missachte, den völkerrechtlichen Vertrag zu respektieren.[1031] Durch die Weigerung des Verfassungsrates, ein Gesetz am Maßstab eines völkerrechtlichen Vertrages zu messen, verhindere das Gericht die Befolgung der zentralen Verfassungsnorm zum Verhältnis nationales Recht/Völkerrecht.[1032]

Auch im Vergleich zur übrigen Rechtsprechung scheint die IVG-Entscheidung im Hinblick auf Art. 55 Const. 1958 inkonsequent. Der Verfassungsrat prüft nämlich die Vereinbarkeit eines einfachen Gesetzes mit einer demgegenüber vorrangigen „Loi organique", die ihrerseits jedoch gemäß Art. 55 Const. 1958 im Rang unter dem völkerrechtlichen Vertrag steht. Es scheint daher paradox, ein einfaches Gesetz auf seine Vereinbarkeit mit der „Loi organique" hin zu

---

1029 *Pellet*, Le Conseil constitutionnel, la souveraineté et les traités: à propos de la décision du Conseil constitutionnel du 31.12.1997 (traité d'Amsterdam), in: Les Cahiers du Conseil constitutionnel 1998, S. 113, 114 bezeichnet die in der Abtreibungsentscheidung begründete Rechtsprechung als „malheureuse jurisprudence IVG".

1030 *de Béchillon*, De quelques incidences du contrôle de la conventionnalité internationale des lois par le juge ordinaire (Malaise dans la Constitution), in: RFDA 1998, S. 225, 234

1031 *de Béchillon*, De quelques incidences du contrôle de la conventionnalité internationale des lois par le juge ordinaire (Malaise dans la Constitution), in: RFDA 1998, S. 225, 234

1032 *Pellet*, Le Conseil constitutionnel, la souveraineté et les traités: à propos de la décision du Conseil constitutionnel du 31.12.1997 (traité d'Amsterdam), in: Les Cahiers du Conseil constitutionnel 1998, S. 113, 114

überprüfen, jedoch nicht auf seine Vereinbarkeit mit dem beiden Legislativakten vorrangigen völkerrechtlichen Vertrag.[1033]

(2) Weiterhin ist die tragende Begründung des Conseil constitutionnel, der Vorrang völkerrechtlicher Verträge gemäß Art. 55 Const. 1958 weise einen „caractère relatif et contingent" auf, angesichts neuerer Entwicklungen des Völkervertragsrechts nicht mehr stichhaltig.

Da nämlich insbesondere im Bereich der Menschenrechtsverträge der Vorbehalt der Gegenseitigkeit nicht eingreift[1034], ist deren Vorrang gegenüber den Gesetzen auch nicht mit Unsicherheiten verbunden. Diesen in Art. 60 V WVRK niedergelegten Grundsatz erkennt der Conseil constitutionnel mittlerweile in seiner Entscheidung zum Römischen Statut an[1035], wenn er ausführt, die Bedingung der Gegenseitigkeit des Art. 55 Const. 1958 sei auf Menschenrechtsverträge nicht anwendbar.[1036]

1033 In diesem Sinne auch *Gundel*, Die Einordnung des Gemeinschaftsrechts in die französische Rechtsordnung, S. 106 und 312. Eine mögliche Rechtfertigung der unterschiedlichen Behandlung von völkerrechtlichen Verträgen und von „Lois organiques" als Prüfungsmaßstab besteht allerdings eventuell darin, dass die Anzahl letzterer von Verfassungs wegen begrenzt ist, was naturgemäß bei ersteren nicht der Fall sein kann. Weiterhin ist der Inhalt von „Lois organiques" aufgrund der vorherigen obligatorischen Kontrolle durch den Conseil constitutionnel weitgehend bekannt; vgl. *Gundel*, Die Einordnung des Gemeinschaftsrechts in die französische Rechtsordnung, S. 312

1034 Warum dem so ist, stellt *de Béchillon*, De quelques incidences du contrôle de la conventionnalité internationale des lois par le juge ordinaire (Malaise dans la Constitution), in: RFDA 1998, S. 225, 235 f., in überzeugender Weise heraus: Menschenrechtsverträge weisen gerade die Besonderheit auf, dass sich die Vertragsstaaten gegenüber der internationalen Gemeinschaft verpflichten, den Schutz der Menschenrechte allen auf ihrem Territorium befindlichen Personen zu gewähren, insbesondere auch den eigenen Staatsangehörigen. Angesichts eines solchen Zwecks erscheint es widersinnig, die Missachtung eines solchen Vertrages damit zu rechtfertigen, ein anderer Vertragsstaat habe dies bereits ebenfalls getan.

1035 Vgl. auch *Conseil d'Etat* [Hrsg.], La norme internationale en droit français, S. 45

1036 CC, 22.01.1999, Statut de Rome, déc. no. 98-408 DC, Rec. S. 29, 12. Erwägungsgrund: „les obligations nées de tels engagements [les engagements prévoyant la création d'une juridiction internationale permanente destinée à protéger les droits fondamentaux appartenant à toute personne humaine et compétente pour juger les responsables de crimes d'une gravité telle qu'ils touchent l'ensemble de la communauté internationale T.P.] s'imposent à chacun des Etats parties indépendamment des conditions de leur exécution par les autres Etats parties; [...] *ainsi, la réserve de réciprocité mentionnée à l'article 55 de la Constitution n'a pas lieu de s'appliquer*". Hervorhebungen durch Verfasser. *Ruiz-Fabri*, La convention de Rome créant la cour pénale internationale – questions de ratification, in: RIDC 2002, S. 441, 454 f., kritisiert die Ausführungen des Conseil constitutionnel zu Art. 55 Const. 1958 als in diesem Zusammenhang fraglich: Im Verfahren nach Art. 54

Bleiben zur Begründung folglich künftig lediglich praktische Gründe, die den Verfassungsrat dazu veranlassen, weiterhin völkerrechtliche Verträge als Prüfungsmaßstäbe abzulehnen. Diese sind vor allem in der Art und Weise seiner Anrufung und in der kurzen Frist bis eine Entscheidung erfolgen muss zu suchen.[1037] Ob jedoch das bloße Vorhandensein praktischer Gründe das Festhalten an der IVG-Rechtsprechung rechtfertigt, erscheint mehr als fraglich, zumal sich selbst diese praktischen Gründe bei genauerer Analyse als wenig überzeugend erweisen.[1038]

Obwohl sich sogar in der neueren Literatur noch Befürworter der IVG-Rechtsprechung finden, die für eine Aufrechterhaltung dieses Ansatzes eintreten[1039], lassen die eben geschilderten Gesichtspunkte und die teilweise Aufgabe

Const. 1958 gehe es um die Vorschriften des „bloc de constitutionnalité“, die das Prinzip der Gegenseitigkeit im Stadium des *Vertragsschlusses* betreffen (Abs. 15 der Präambel von 1946 oder Art. 88-2 Const. 1958), nicht jedoch um Art. 55 Const. 1958, der das Prinzip der Gegenseitigkeit im Moment der *Anwendung* des Vertrages betrifft. Ebenso *Genevois*, Le Conseil constitutionnel et le droit pénal international, in: RFDA 1999, S. 285, 293 und besonders deutlich auf S. 307: „Certaines principes proclamés [notamment la neutralisation de la clause de réciprocité T.P.] sont sans rapport direct avec l'examen auquel devait procéder le juge constitutionnel.“

1037 *Lenoir*, Les rapports entre le droit constitutionnel français et le droit international à travers le filtre de l'article 54 de la Constitution de 1958, in: *Dupuy* [Hrsg.], Droit international et droit interne dans la jurisprudence comparée du Conseil constitutionnel et du Conseil d'Etat, S. 29. So würde die Aufnahme völkerrechtlicher Verträge in den „bloc de constitutionnalité“ angesichts deren Anzahl von mehreren Tausenden bedeuten, den Prüfungsmaßstab enorm zu erweitern. Angesichts der kurzen Frist, in der der Conseil constitutionnel entscheiden muss (vgl. Art 61 III Const. 1958) erscheint es daher in praxi schwierig, völkerrechtliche Verträge in den „bloc de constitutionnalité“ aufzunehmen.

1038 Es ist nämlich zu berücksichtigen, dass sich lediglich ein kleiner Teil völkervertraglicher Normen überhaupt als Prüfungsmaßstab eignet, und sich daher die Problematik des grenzenlosen Anwachsens des „bloc de constitutionnalité“ nicht als derart gravierend herausstellt; vgl. hierzu ausführlich *de Béchillon*, De quelques incidences du contrôle de la conventionnalité internationale des lois par le juge ordinaire (Malaise dans la Constitution), in: RFDA 1998, S. 225, 236 f. m.w.N.

1039 Vgl. z. B. *Clerckx*, Le statut de la cour pénale internationale et le droit constitutionnel français, in: RTDH 2000, S. 649, 678 ff. Sie betont, der Vorrang der Verträge nach Art. 55 Const. 1958 sei weiterhin instabil, weil – auch nach der eben geschilderten Klarstellung des Conseil constitutionnel zum Römischen Statut – die Bindung Frankreichs stets durch eine einfache Kündigung von Seiten der Exekutive beseitigt werden könne. Weiterhin habe die Aufnahme völkerrechtlicher Verträge in den „bloc de constitutionnalité“ die Folge, dass mit der Änderung eines völkerrechtlichen Vertrages gleichzeitig eine Verfassungsänderung einhergeht, die sich allerdings außerhalb der besonderen Verfahren nach Art. 89 und gegebenender Begründung der IVG-Rechtsprechung in der Entscheidung über das Statut des Internationalen Strafgerichtshofs vermuten, dass der Verfassungsrat in absehbarer Zeit von seiner ständigen Rechtsprechung abrücken wird und völkerrechtliche Verträge als Prüfungsmaßstab heranziehen wird.[1040] Eine solche Rechtsprechungsänderung bezüglich der Kontrolle der Verfassungsmäßigkeit von Gesetzen hätte zwangsläufig auch Auswirkungen auf den Prüfungsmaßstab bei der Kontrolle völkerrechtlicher Verträge. Es kann nämlich dann hinsichtlich des Prüfungsmaßstabes keinen Unterschied mehr machen, ob der völkerrechtliche Vertrag dem Conseil constitutionnel über den „Umweg" über das Zustimmungsgesetz nach Art. 53 I Const. 1958 vorgelegt wird (Art. 61 II Const. 1958) oder direkt im Verfahren nach Art. 54 Const. 1958.

(3) Eine solche Rechtsprechungsänderung erscheint umso wünschenswerter, als dadurch gleichzeitig einem völkerrechtlichen Kritikpunkt begegnet werden könnte: Die Nichtüberprüfung völkerrechtlicher Verträge am Maßstab bereits in Kraft getretener völkerrechtlicher Verpflichtungen führt nämlich gegebenenfalls zum Eingehen sich widersprechender völkerrechtlicher Verpflichtungen durch die Französische Republik. Ein solcher Widerspruch lässt sich aber nur durch die Verletzung einer der beiden Verpflichtungen „auflösen", mit der Folge der völkerrechtlichen Verantwortlichkeit Frankreichs.[1041] *Gundel* meint, aus dieser Gefahr lasse sich dogmatisch nicht herleiten, völkerrechtliche Verpflichtungen müssten im Rahmen der Verfahren gemäß Artt. 54 und 61 II Const. 1958 anhand bereits in Kraft getretener völkerrechtlicher Verträge überprüft werden, da diese Kompetenzen des Verfassungsrates „ersichtlich nicht in der Perspektive geschaffen [wurden T.P.] [...], den durch den Abschluss widersprechender Verträge drohenden Eintritt völkerrechtlicher Haftung zu vermeiden."[1042] Es wird also be-

---

falls Art. 11 Const. 1958 vollzieht. Außerdem könne eine Verfassungsänderung nur durch den alleinigen Willen des „pouvoir constituant" erfolgen – eine Beteiligung fremder Staaten hieran sei unvermeidbar mit dem Problem eines Angriffs auf den Grundsatz der „souveraineté nationale" verbunden. Eine Prüfung neuer völkerrechtlicher Verpflichtungen am Maßstab bereits in Kraft getretener völkerrechtlicher Verträge im Rahmen des Art. 54 Const. 1958 würde zuletzt bedeuten, die Verfassungsmäßigkeit einer Verfassungsänderung zu prüfen. Dies setze jedoch voraus, innerhalb der Verfassungsnormen eine gewisse Hierarchie zu etablieren. Derartiges habe der Conseil constitutionnel jedoch stets abgelehnt.

1040 Ebenso *Rousseau*, Droit du contentieux constitutionnel, S. 116 ff., der der Judikatur des Conseil constitutionnel bereits Ansätze einer Aufgabe der IVG-Rechtsprechung entnimmt.

1041 Ebenso *Gundel*, Die Einordnung des Gemeinschaftsrechts in die französische Rechtsordnung, S. 469 f.

1042 *Gundel*, Die Einordnung des Gemeinschaftsrechts in die französische Rechtsordnung, S. 470

zweifelt, dass der Conseil – wie das Bundesverfassungsgericht – eine Kompetenz zur Verhinderung der völkerrechtlichen Haftung der Französischen Republik beanspruchen kann.

Es erscheint jedoch verfehlt, mit der Stellung des Conseil constitutionnel im Zeitpunkt seiner Einrichtung zu argumentieren. Der Verfassungsrat wurde nämlich ebensowenig „ersichtlich in der Perspektive geschaffen“, die Beachtung der Grundrechte durch den Gesetzgeber zu prüfen und gegebenenfalls zu sanktionieren. Gleichwohl hinderte diese Tatsache den Conseil constitutionnel nicht daran, diese in sein Prüfungsprogramm seit seiner Entscheidung zur Vereinigungsfreiheit[1043] aufzunehmen.

Beschränkt man sich daher nicht allein auf eine prozessuale und historische Sichtweise, und bezieht man die seit der Schaffung der Artt. 61 II und 54 Const. 1958 im Rahmen dieser Verfahren ergangenen Entscheidungen des Conseil constitutionnel in die Betrachtungen mit ein, so erscheint eine Prüfung völkerrechtlicher Verpflichtungen am Maßstab bereits in Kraft getretener völkerrechtlicher Verträge aus verfassungsrechtlicher Sicht durchaus geboten. Schließlich hat der Verfassungsrat in der Maastricht I-Entscheidung aus dem 14. Absatz der Präambel von 1946 geschlossen, dieser umfasse auch den Rechtssatz „pacta sunt servanda“.[1044] Zwar kann dieses Dictum nicht so weit gedeutet werden, dieser Grundsatz sei als Prüfungsmaßstab herangezogen worden bzw. die in Kraft getretenen völkerrechtlichen Verträge hätten nun sämtlich Verfassungsrang.[1045] In der Nennung dieses Prinzips kann man aber durchaus das Bestreben des Conseil constitutionnel erblicken, die völkerrechtliche Verantwortlichkeit der Französischen Republik zu verhindern. Lässt der Conseil constitutionnel die bestehenden völkerrechtlichen Verträge außer Betracht und nimmt dadurch die Gefahr des Inkrafttretens sich widersprechender völkerrechtlicher Verträge in Kauf, wird diese als Verfassungsrecht geltende Regel zumindest hinsichtlich eines Vertrages verletzt. Daher lässt sich durchaus dogmatisch herleiten, warum die bereits in Kraft

1043 CC, 16.07.1971, Liberté d'association, déc. no. 71 44 DC, Rec. S. 29

1044 CC, 09.04.1992, Maastricht I, déc. no. 92-308 DC, Rec. S. 55, 7. Erwägungsgrund: „le quatorzième alinéa du préambule de la Constitution de 1946 [...] proclame que la République française „se conforme aux règles du droit international public“; qu'au nombre de celles-ci figure la règle *Pacta sunt servanda* qui implique que tout traité en vigueur lie les parties et doit être exécuté par elles de bonne foi“. Hervorhebungen im Original

1045 Vgl. hierzu *Gaïa*, Anm. zu CC, 09.04.1992, Maastricht I, déc. no. 92-308 DC, Rec. S. 55, in: RFDC 1992, S. 398, 404; eine ähnliche Debatte wurde in Deutschland im Rahmen des Art. 25 GG geführt; vgl. hierzu *Steinberger*, in: HStR VII, § 173 Rn. 53

getretenen völkerrechtlichen Verträge in das Prüfungsprogramm im Rahmen der Verfahren nach Art. 61 II und Art. 54 Const. 1958 aufzunehmen sind.[1046]

Der hier vertretene Ansatz, völkerrechtliche Verträge als Prüfungsmaßstab des Verfassungsrates heranzuziehen, bedarf jedoch abschließend einiger Präzisierungen und Einschränkungen.[1047]

Erstens bedeutet eine solche Vorgehensweise keineswegs, den in Kraft getretenen völkerrechtlichen Verträgen und Abkommen Verfassungsrang einzuräumen. Dies widerspräche der Vorschrift des Art. 55 Const. 1958, wonach den völkerrechtlichen Verträgen – nach überwiegender Ansicht – lediglich ein Rang über den Gesetzen zukommt.[1048]

Zweitens bilden nur solche Verträge einen tauglichen Prüfungsmaßstab, deren Vorrang keinen „caractère à la fois relatif et contingent“ aufweist, auf die also der Vorbehalt der Gegenseitigkeit gerade keine Anwendung findet. Ob darüber hinaus eine weitere Einschränkung auf multilaterale Verträge erforderlich ist, erscheint jedoch fraglich. Akzeptiert man es als eine Aufgabe des Conseil constitutionnel, eine völkerrechtliche Haftung der Französischen Republik zu verhindern, so kann es keine Rolle spielen, ob durch den Abschluss eines neuen Vertrages gegen einen bereits in Kraft getretenen bi- oder multilateralen Vertrag verstoßen wird.

Drittens darf eine Aufnahme der völkerrechtlichen Verträge und Abkommen in das Prüfungsprogramm des Conseil constitutionnel nicht dazu führen, dass der Conseil d'Etat seine Nicolo-Rechtsprechung wegen eines Kompetenzkonflikts zum Conseil constitutionnel wieder aufgibt und fortan nicht mehr eine a posteriori-Kontrolle der Gesetze am Maßstab völkerrechtlicher Verträge vornimmt. Ein solcher Kompetenzkonflikt besteht aber nicht, wenn man die verschiedenen Zeit-

---

1046 Die Ableitung der Aufnahme bereits in Kraft getretener völkerrechtlicher Verträge in das Prüfungsprogramm des Verfassungsrates aus dem Grundsatz „pacta sunt servanda“ lässt sich im Übrigen nicht zwingend auch als Argument für eine Ausweitung des bloc de constitutionnalité bei der Überprüfung von Gesetzen heranziehen. Die Verletzung des Grundsatzes „pacta sunt servanda“ lässt sich in diesem Falle dadurch vermeiden, dass das dem Vertrag widersprechende Gesetz im konkreten Fall außer Anwendung bleibt. Ebenso *Gundel*, Die Einordnung des Gemeinschaftsrechts in die französische Rechtsordnung, S. 469

1047 Evident und daher hier nicht weiter zu behandeln ist folgende Einschränkung: So muss ein völkerrechtlicher Vertrag als Prüfungsmaßstab freilich dann ausscheiden, wenn ein Änderungsvertrag zu diesem Vertrag den Antragsgegenstand im Verfahren nach Artt. 54 oder 61 II Const. 1958 bildet. Hier ist der Widerspruch zum ursprünglichen Vertrag durch die Vertragsparteien gewollt und kann daher nicht Gegenstand verfassungsgerichtlicher Beanstandung sein.

1048 Vgl. statt vieler *Costa*, La Convention européenne des droits de l'homme et la Constitution de la France, in: Le nouveau constitutionnalisme, S. 241, 245

punkte der Kontrolle in die Betrachtungen mit einbezieht. So beschränkt sich nämlich die ausschließliche Kompetenz des Conseil constitutionnel auf eine a priori-Kontrolle der Vertragskonformität von Gesetzen. Der Conseil d'Etat kann weiterhin seine a posteriori-Kontrolle vornehmen, ohne in Kompetenzen des Verfassungsrates einzugreifen.

Manche Autoren führen als weiteres Argument für eine Aufgabe der IVG-Rechtsprechung an, eine solche würde einen Widerspruch in der Judikatur des Conseil beseitigen, wonach die Normen des Völkergewohnheitsrechts dem bloc de constitutionnalité angehörten.[1049] Ob dem tatsächlich so ist, ist in der Lehre und Rechtsprechung umstritten.

2. *Völkergewohnheitsrecht*

Unter den Normen des „bloc de constitutionnalité" betrifft lediglich Absatz 14 der Präambel der Verfassung von 1946[1050] die Regeln des Völkergewohnheitsrechts. Demgemäß passt sich Frankreich den „règles de droit public international" an, worunter das ungeschriebene Völkerrecht sowie die allgemeinen Rechtsprinzipien zu fassen sind.[1051] Anders als beim Völkervertragsrecht enthält die französische Verfassung für das Völkergewohnheitsrecht also keine den Rang dieser Normen eindeutig festlegende Vorschrift.[1052] Folglich ist diese Frage in der Lehre auch sehr umstritten.[1053]

Auch die Position des Conseil constitutionnel erscheint nicht eindeutig. Trotz der für die Gerichte mit der Identifizierung und Anwendung von Völkergewohn-

---

1049 *Pellet*, Le Conseil constitutionnel, la souveraineté et les traités: à propos de la décision du Conseil constitutionnel du 31.12.1997 (traité d'Amsterdam), in: Les Cahiers du Conseil constitutionnel 1998, S. 113, 114

1050 Wortlaut: „La République française, fidèle à ses traditions, se conforme aux règles du droit public international."

1051 Bereits das ist streitig; Vgl. zu den beiden möglichen Lesarten des Absatz 14 der Präambel von 1946 *Teboul*, Le droit international non écrit devant le juge administratif, in: RGDIP 1991, S. 321, 328-334; aus der deutschsprachigen Literatur *Oellers-Frahm*, Die Beachtung völkerrechtlicher Verpflichtungen in Frankreich, in: *Cremer/Giegerich, u.a.* [Hrsg.], Tradition und Weltoffenheit des Rechts, S. 865, 882 m.w.N.

1052 Vgl. zur Rangfrage des Völkergewohnheitsrechts in der französischen Rechtsordnung *Oellers-Frahm*, Die Beachtung völkerrechtlicher Verpflichtungen in Frankreich, in: *Cremer/Giegerich, u.a.* [Hrsg.], Tradition und Weltoffenheit des Rechts, S. 865, 890-893

1053 Vgl. zum Streitstand *Grewe/Ruiz-Fabri*, Le conseil constitutionnel et l'intégration européenne, in: RUDH 1992, S. 277, 279 f.

heitsrecht verbundenen Probleme[1054] kann manchen Entscheidungen des Gerichts entnommen werden, es ziehe bei der Überprüfung von Gesetzen das Völkergewohnheitsrecht als Prüfungsmaßstab heran.[1055] Die Aussage, bestimmte Regelungen eines Gesetzes widersprächen nicht den Regeln des Völkergewohnheitsrechts, könne nämlich nur dann getroffen werden, wenn der Conseil constitutionnel diese als taugliche Kontrollnorm angesehen hat. Andere Autoren interpretieren die Rechtsprechung des Conseil constitutionnel jedoch dahingehend, dass die Regeln des Völkergewohnheitsrechts als Prüfungsmaßstab ausscheiden, jedenfalls solange diese nicht ausdrücklich in der Verfassung aufgegriffen werden.[1056]

Aus der Bezugnahme des Conseil constitutionnel auf den Grundsatz „pacta sunt servanda“ in seiner Maastricht I-Entscheidung könnte man folgern, der Verfassungsrat räume dem Völkergewohnheitsrecht einen Rang über der Verfassung ein und rechne dieses daher zum „bloc de constitutionnalité“ hinzu.[1057]

Dies wird jedoch zum Teil aus zwei Gründen heftig bestritten: Zum einen werde der Grundsatz „pacta sunt servanda“ in der Maastricht I-Entscheidung nicht als Prüfungsmaßstab herangezogen, sondern zur Begründung des Prinzips der „Immunité des conventions ratifiées“ zitiert.[1058] Außerdem hätten die Antragsteller in der Maastricht II-Entscheidung in ihrer Antragsschrift den Conseil ausdrücklich aufgefordert, das Ratifikationsverfahren am Maßstab der WVRK zu messen, was das Gericht aber abgelehnt habe.[1059] Es stelle nur die Existenz von Regeln des Völkerrechts fest, inkorporiere diese aber nur dann in den bloc de

1054 Vgl. hierzu *Teboul*, Le droit international non écrit devant le juge administratif, in: RGDIP 1991, S. 321, 345-357

1055 Vgl. CC, 30.12.1975, Autodétermination des Comores, déc. no. 75-59 DC, Rec. S. 26, 6. Erwägungsgrund: „les dispositions de la loi déférée au Conseil constitutionnel [...] ne mettent en cause aucune règle du droit public international“. CC, 16.01.1982, Loi de nationalisation, déc. no. 81-132 DC, Rec. S. 18, 36. und 37. Erwägungsgrund

1056 *Drago*, Contentieux constitutionnel français, S. 393: „Le Conseil constitutionnel exclut également des normes de référence les règles du droit international général, en ce sens qu'il ne les prend en considération que si elles sont intégrées aux règles constitutionnelles.“

1057 *Grewe/Ruiz-Fabri*, Le conseil constitutionnel et l'intégration européenne, in: RUDH 1992, S. 277, 280: „La primauté du droit international conduit alors à différencier les statuts du droit écrit *et du droit non écrit en intégrant ce dernier dans le bloc de constitutionnalité*.“ Hervorhebungen durch Verfasser.

1058 *Favoreu/Philip*, Les grandes décisions du Conseil constitutionnel, no. 51, Rn. 37

1059 CC, 02.09.1992, Maastricht II, déc. no. 92-312 DC, Rec. S. 76, 12. Erwägungsgrund: „[L']exercice [...] d'un tel contrôle [à savoir si l'autorisation de ratifier le traité doit ou non être précédée d'une révision de la Constitution T.P.] ne contrevient nullement aux règles du droit public international“.

constitutionnalité, wenn sie von der Verfassung explizit in Bezug genommen würden.[1060]

Für die Aufnahme auch des Völkergewohnheitsrechts in den bloc de constitutionnalité sprechen jedoch folgende Argumente: Zum einen weist der hier vertretene Vorrang des Völkergewohnheitsrechts keinen „caractère à la fois relatif et contingent" auf; dieses zeichnet sich vielmehr durch eine allgemeine Geltung und eine weitgehende Stabilität aus.[1061] Folglich greift der vom Conseil constitutionnel bei völkerrechtlichen Verträgen als entscheidend angesehene Gesichtspunkt im Falle von Völkergewohnheitsrecht nicht ein. Zum anderen erscheint auch eine Aufnahme der Regeln des Völkergewohnheitsrecht in den „bloc de constitutionnalité" aus völkerrechtlichen Gesichtspunkten begrüßenswert. So ist gerade diese Rechtsquelle zu ihrer effektiven Durchsetzung besonders auf nationale (Verfassungs-)gerichte angewiesen.

Auch in diesem Rahmen ist jedoch eine Einschränkung zu machen. So kann nicht jedes völkerrechtliche Abkommen verfassungswidrig sein, das gegen eine Norm des Völkergewohnheitsrechts verstößt. Schließlich könnte der Abschluss eines solchen Vertrages das erste Anzeichen einer desuetudo sein. Daher erscheint es gerechtfertigt – zumindest bei der Kontrolle völkerrechtlicher Verträge – nur solche Normen des Völkergewohnheitsrechts als Prüfungsmaßstab heranzuziehen, die dem ius cogens zuzurechnen sind.

3. Art. 54 Const. 1958 als Beleg für den Ausschluss jeglichen Völkerrechts als Prüfungsmaßstab des Conseil constitutionnel?

Fraglich ist, ob der hier vertretenen Auffassung, sowohl in Kraft getretene völkerrechtliche Verträge als auch Normen des Völkergewohnheitsrechts unter bestimmten Voraussetzungen als Prüfungsmaßstab bei der Kontrolle der Verfassungsmäßigkeit völkerrechtlicher Vereinbarungen heranzuziehen, nicht der Wortlaut des Art. 54 Const. 1958 entgegensteht. Nach verbreiteter Auffassung in der Literatur sehe dieser im Falle der Verfassungswidrigkeit einer völkerrechtlichen Verpflichtung als Rechtsfolge eine Änderung der Verfassung vor, was jedoch dann nicht möglich sei, wenn die Verfassungswidrigkeit aus einem Widerspruch zu einer völker-(gewohnheits)rechtlichen Norm herrühre.[1062]

Bedenkt man jedoch, dass völkerrechtliche Verpflichtungen auch im Rahmen des Verfahrens nach Art. 61 II Const. 1958 auf ihre Verfassungsmäßigkeit hin

1060 *Favoreu/Philip*, Les grandes décisions du Conseil constitutionnel, no. 51, Rn. 37

1061 Ebenso *Oellers-Frahm*, Die Beachtung völkerrechtlicher Verpflichtungen in Frankreich, in: *Cremer/Giegerich, u.a.* [Hrsg.], Tradition und Weltoffenheit des Rechts, S. 865, 893

1062 *Favoreu/Philip*, Les grandes décisions du Conseil constitutionnel, no. 51, Rn. 38

überprüft werden können, und dass diese Vorschrift als Rechtsfolge eine Verfassungsänderung nicht enthält, erscheint derartige Kritik nicht mehr ohne weiteres überzeugend. Das Zustimmungsgesetz wäre verfassungswidrig, weil der zu Grunde liegende Vertrag oder das Abkommen gegen eine Norm des Völkergewohnheitsrechts verstößt. Folglich müsste Frankreich versuchen, durch einen Neuabschluss des Vertrages diesen Widerspruch aufzuheben – ein Bestreben, das in der Regel auch den anderen Vertragspartnern zu Gute kommen würde, zumal wenn diese ebenfalls an die völkerrechtliche Norm gebunden sind, gegen die der fragliche Vertrag verstößt.

Eine solche Rechtsfolge muss auch im Verfahren nach Art. 54 Const. 1958 möglich sein. Die in Art. 54 Const. 1958 angeordnete Rechtsfolge der Verfassungsänderung ist nämlich weder zwingend noch die einzig mögliche. Nach völlig einhelliger Meinung kann die Erklärung der Verfassungswidrigkeit – obgleich in Art. 54 Const. 1958 nicht explizit aufgeführt – auch zur Folge haben, dass der Vertrag eben nicht ratifiziert oder gebilligt wird. Warum sollte dann – gleichsam als Minus zur gänzlichen Nichtratifizierung/Nichtbilligung – als Folge des Verfahrens nach Art. 54 Const. 1958 nicht noch eine dritte Variante denkbar sein, wonach Frankreich erneut in Verhandlungen eintritt, um den mit dem Völkervertragsrecht oder dem Völkergewohnheitsrecht festgestellten Widerspruch durch einen erneuten Vertragsabschluss aufzuheben?[1063] Dies muss umso mehr gelten, wenn die Vertragsänderung im Sinne aller Vertragsparteien ist. Folglich bestehen noch andere Möglichkeiten als die Verfassungsänderung, um einen Einklang zwischen der Verfassung und dem völkerrechtlichen Vertrag herzustellen – der Wortlaut des Art. 54 Const. 1958 steht der hier vertretenen Auffassung mithin nicht entgegen.

III. Problem: Prüft der Conseil Constitutionnel, ob ein Abkommen der parlamentarischen Zustimmung bedurft hätte?

In den beiden oben geschilderten Verfahrensarten, in denen *a priori* über die Verfassungsmäßigkeit einer völkervertraglichen Verpflichtung entschieden wird, kann die Frage, ob das Abkommen zur Ratifizierung oder zur Billigung gemäß

1063 Ebenso, jedoch in völlig anderem Zusammenhang, *Schoettl*, Anm. zu CC, 31.12.1997, Traité d'Amsterdam, déc. no. 97-394 DC, Rec. S. 344, in: AJDA 1998, S. 135, 137: „Il appartient [...] aux pouvoirs publics [...] [de T.P.] tirer les conséquences [d'une déclaration de non-conformité d'un traité international à la Constitution par le Conseil constitutionnel T.P.]: soit en renonçant à la ratification du traité, soit en le renégociant, soit en révisant la Constitution".

Art. 53 I Const. 1958[1064] einer parlamentarischen Zustimmung bedurft hätte, nicht erörtert werden.

Im Verfahren nach Art. 54 Const. 1958 können nämlich nur Fragen der *materiellen* Verfassungsmäßigkeit des Inhalts des Vertrages erörtert werden. Ob das innerstaatliche Verfahren gemäß Art. 53 I Const. 1958 eine Beteiligung des Parlamentes erfordert, ist unabhängig davon, ob das streitgegenständliche Abkommen eine „clause contraire à la Constitution" enthält.[1065] Außerdem kann der Conseil constitutionnel im Rahmen des Art. 54 nur *vor* der Ratifizierung angerufen werden. Damit wird die Überprüfung der Frage ausgeschlossen, ob eine diesbezügliche Ermächtigung durch das Parlament notwendig ist. Es ist einfach zu früh, um sich über eine eventuelle Missachtung parlamentarischer Beteiligungsrechte zu äußern.[1066]

Da im Verfahren nach Art. 61 II Const. 1958 ein verabschiedetes Zustimmungsgesetz als Verfahrensgegenstand vorausgesetzt wird, kann auch in diesem Rahmen nicht die Beachtung der Erfordernisse des Art. 53 I Const. 1958 überprüft werden. Ist ein solches ergangen, erübrigt sich die Frage nach der parlamentarischen Beteiligung, fehlt es an einem solchen, kann dies im Rahmen des Art. 61 II Const. 1958 mangels tauglichen Antragsgegenstandes nicht gerügt werden.[1067]

Kann sich der Conseil constitutionnel somit – zumindest theoretisch[1068] – nicht im Rahmen einer a priori-Kontrolle über ein eventuelles Erfordernis einer

1064 Wortlaut: Absatz 1: „Les traités de paix, les traités de commerce, les traités ou accords relatifs à l'organisation internationale, ceux qui engagent les finances de l'État, ceux qui modifient des dispositions de nature législative, ceux qui sont relatifs à l'état des personnes, ceux qui comportent cession, échange ou adjonction de territoire, ne peuvent être ratifiés ou approuvés qu'en vertu d'une loi." Absatz 2: „Ils ne prennent effet qu'après avoir été ratifiés ou approuvés."

1065 Ebenso *Abraham*, Droit international, droit communautaire et droit français, S. 48

1066 *Gaïa*, Le Conseil constitutionnel et l'insertion des engagements internationaux dans l'ordre juridique interne, S. 90

1067 *Gaïa*, Le Conseil constitutionnel et l'insertion des engagements internationaux dans l'ordre juridique interne, S. 90

1068 *Faktisch* hat sich der Conseil constitutionnel im Rahmen eines Verfahrens gemäß Art. 54 Const. 1958 sehr wohl schon für kompetent erachtet, sich über die Notwendigkeit einer parlamentarischen Beteiligung am Ratifizierungsprozess zu äußern. Vgl. CC, 19.06.1970, Ressources propres, déc. no. 70-39 DC, Rec. S. 15, 6. Erwägungsgrund: „[L']application de ces règles [= les règles constitutionnelles françaises T.P.] exige que *l'adoption des dispositions prévues par ladite décision* [qui recommande le remplacement des contributions financières des Etats membres par des ressources propres aux Communautés T.P.] [...] *soit subordonnée*, conformément à l'article 53, *à l'intervention d'une loi*". Hervorhebungen durch Verfasser

parlamentarischen Zustimmung äußern, so bestehen für das Gericht doch Möglichkeiten, dies implizit zu tun.

Ausgehend von der oben geschilderten Auffassung, im Rahmen von Art. 54 Const. 1958 könnten vom Verfassungsrat nur solche völkerrechtliche Verpflichtungen untersucht werden, die in den Anwendungsbereich des Art. 53 I Const. 1958 fallen, kann man nämlich die Konsequenz ziehen, dass in dem Moment, in dem der Conseil über die Zulässigkeit des Verfahrens nach Art. 54 Const. 1958 entschieden hat, dieser sich *implizit und a priori* auch für das Erfordernis einer parlamentarischen Intervention ausspricht.[1069] So wird die Einschätzungsprärogative der Exekutive, wonach diese grundsätzlich entscheidet, ob ein Vertrag oder ein Abkommen dem Parlament zur Zustimmung vorgelegt wird, erheblich beschnitten.

Weiterhin prüft das Gericht in einem Ausnahmefall *implizit* und *a posteriori*, ob ein bereits in Kraft getretener völkerrechtlicher Vertrag der parlamentarischen Zustimmung gemäß Art. 53 I Const. 1958 bedurft hätte. Hierbei geht es um die Überprüfung von Gesetzen, die in Anwendung eines völkerrechtlichen Vertrages ergangen sind. So enthielt zum Beispiel das Haushaltsgesetz von 1976 Vorschriften, die sich aus Verpflichtungen Frankreichs ergaben, die in zwei mit Chile geschlossenen Konsolidierungsabkommen über Verbindlichkeiten aus Handelsgeschäften (accord de consolidation de la dette commerciale) aus den Jahren 1972 und 1974 enthalten waren. Die Antragsteller argumentierten, die Bestimmungen des Haushaltsgesetzes, wonach Kredite aufzunehmen sind, um die Verpflichtungen aus den französisch-chilenischen Abkommen zu erfüllen, seien deshalb verfassungswidrig, weil die beiden Abkommen entgegen Art. 53 I Const. 1958 ohne die vorherige parlamentarische Zustimmung gebilligt worden waren. Die angegriffenen Bestimmungen des Haushaltsgesetzes bildeten einen Anwendungsfall dieser verfassungswidrig gebilligten Abkommen und seien daher ihrerseits verfassungswidrig.[1070] Auch wenn der Conseil constitutionnel den Antrag als unbegründet zurückwies, so akzeptierte er doch grundsätzlich, anlässlich eines Gesetzes, das einen völkerrechtlichen Vertrag oder ein Abkommen anwendet, das Verfahren der Ratifizierung oder der Billigung auf seine Verfassungsmäßigkeit gemäß Art. 53 I Const. 1958 zu überprüfen.[1071]

Eine solche a posteriori-Kontrolle – eine Ausnahme zum oben geschilderten „principe de l'immunité des conventions ratifiées" – wurde im Wesentlichen da-

1069 *Coussirat-Coustère*, Le Conseil constitutionnel et l'élection au suffrage universel direct de l'assemblée européenne, in: AFDI 1976, S. 805, 811 f.

1070 Die Argumentation der Antragsteller wird ausführlich dargestellt von *Gaïa*, Le Conseil constitutionnel et l'insertion des engagements internationaux dans l'ordre juridique interne, S. 87.

1071 CC, 30.12.1975, Loi de finances pour 1976, déc. no 75-60, Rec. S. 28

mit gerechtfertigt, dass diese die einzige Möglichkeit darstelle, die Beachtung von Art. 53 I Const. 1958 zu gewährleisten.[1072] Die ordentliche Gerichtsbarkeit und die Verwaltungsgerichtsbarkeit hatten sich nämlich lange geweigert zu prüfen, ob der innerstaatliche Ratifizierungsprozess den Anforderungen des Art. 53 I Const. 1958 genügt.

IV. Prüfungsmaßstäbe des Conseil d'Etat

1. Vereinbarkeit der Akte auswärtiger Gewalt mit der EMRK

Da der Conseil d'Etat in der Regel auf Grundlage der „théorie des actes de gouvernement" bereits die Justiziabilität der Akte auswärtiger Gewalt verneint, existiert – soweit ersichtlich – kaum einschlägige Rechtsprechung, anhand derer die Prüfungsmaßstäbe des Staatsrates auf diesem Gebiet untersucht werden könnten. Insbesondere existiert keine Judikatur zur Vereinbarkeit der Akte auswärtiger Gewalt mit den Gewährleistungen der EMRK, die ja materiell durchaus als Verfassungsrecht bezeichnet werden kann. In letzter Zeit ist mit Art. 53 I Const. 1958 jedoch eine Verfassungsvorschrift im Rahmen der Kontrolle des Conseil d'Etat in den Vordergrund getreten, anhand derer das Gericht indirekt die Führung der internationalen Beziehungen Frankreichs kontrolliert.

1072 *Abraham*, Droit international, droit communautaire et droit français, S. 55. Nach *Gaïa*, Le Conseil constitutionnel et l'insertion des engagements internationaux dans l'ordre juridique interne, S. 90, soll eine weitere Rechtfertigung der a posteriori-Kontrolle darin bestehen, dass durch die Missachtung von Art. 53 I Const. 1958 eine wesentliche Verfahrensvorschrift verletzt worden sei, die zur Nichtexistenz des Ratifizierungsaktes und damit auch zur Nichtexistenz des Vertrages führe. „Nichtexistenz" wird hierbei in dem Sinne verstanden, dass der Staat an diesen Vertrag nicht mehr gebunden ist. Eine solche Argumentation ist aber völkerrechtlich nicht haltbar. Die Verletzung einer nach nationalem Verfassungsrecht erforderlichen Beteiligung des Parlamentes an der Ratifizierung oder der Billigung ist nicht offenkundig im Sinne des Art. 46 II WVRK, so dass der Staat weiterhin an den völkerrechtlichen Vertrag gebunden ist. Ebenso *Bachelier*, Schlussanträge in der Rechtssache CE, Ass., 18.12.1998, SARL du parc d'activité de Blotzheim et SCI Haselaecker, Rec. S. 484, in: RGDIP 1999, S. 545, 554 f. Weiter unten (S. 91) nennt *Gaïa* dann die richtige Konsequenz eines Verstoßes gegen Art. 53 I Const. 1958, die (lediglich) darin besteht, dass der Vertrag oder das Abkommen nicht ordnungsgemäß in die nationale Rechtsordnung integriert worden ist – an der völkerrechtlichen Bindung des Staates ändert dies aber nichts.

2. Überprüfung der parlamentarischen Zustimmungsbedürftigkeit eines völkerrechtlichen Vertrages durch den Conseil d'Etat – die Rechtssache Blotzheim

a. Sachverhalt und Inhalt der Entscheidung

Auch um die durch die oben geschilderte Rechtsprechung des Conseil constitutionnel entstandene Lücke zu schließen[1073], hat der Conseil d'Etat in der Rechtssache Blotzheim[1074] seine bisherige Judikatur aufgegeben, wonach er das Vorliegen einer möglicherweise nach Art. 53 I Const. 1958 erforderlichen parlamentarischen Zustimmung zu einer völkerrechtlichen Vereinbarung nicht überprüfte.[1075]

In dem zu Grunde liegenden Fall hatten die Kläger – verschiedene Gesellschaften – ein Dekret angegriffen, durch das ein französisch-schweizerischer Notenaustausch vom 29. Februar 1996 über den Ausbau des Flughafens Basel-Mülhausen veröffentlicht worden war. Im Wesentlichen argumentierten sie, die-

1073 Ebenso *Raynaud/Fombeur*, Anm. zu CE, Ass., 18.12.1998, SARL du parc d'activité de Blotzheim et SCI Haselaecker, Rec. S. 484, in: AJDA 1999, S. 127, 131; *Bachelier*, Schlussanträge in der Rechtssache CE, Ass., 18.12.1998, SARL du parc d'activité de Blotzheim et SCI Haselaecker, Rec. S. 484, in: RGDIP 1999, S. 545, 559, spricht von einem „vide juridique". *Gundel*, Der Status des Völkerrechts in der französischen Rechtsordnung nach der neueren Rechtsprechung des Conseil d'Etat: Von der Öffnung zum Rückzug?, in: AVR 37 (1999), S. 438, 460, übersetzt dies treffend mit „tote[m] Winkel in der gerichtlichen Kontrolle".

1074 CE, Ass., 18.12.1998, SARL du parc d'activité de Blotzheim et SCI Haselaecker, Rec. S. 484

1075 CE, Ass., 16.11.1956, Villa, Rec. S. 433; die Verweigerung des Conseil d'Etat, die Ordnungsgemäßheit der Ratifikation oder der Billigung zu überprüfen, stützte sich im Wesentlichen auf die „Théorie des actes de gouvernement". Präsidentin *Questinaux* formulierte treffend: „l'ombre de l'acte de gouvernement sous ses deux aspects des relations diplomatiques et des relations entre le gouvernement et le Parlement plane sur la procédure d'introduction des conventions en droit interne." Es wurde nämlich befürchtet, durch eine diesbezügliche Kontrolle würde sich das Verwaltungsgericht in die auswärtigen Beziehungen Frankreichs einmischen. Außerdem stelle die Entscheidung des Präsidenten, ob er – durch Vermittlung durch die Regierung – dem Parlament ein völkerrechtliches Abkommen vorlegt oder nicht, selbst einen „acte de gouvernement" dar, da er direkt die Beziehungen zwischen Exekutive und Legislative betreffe. Vgl. hierzu ausführlich *Bachelier*, Schlussanträge in der Rechtssache CE, Ass., 18.12.1998, SARL du parc d'activité de Blotzheim et SCI Haselaecker, Rec. S. 484, in: RGDIP 1999, S. 545, 554 ff.; ebenda (S. 554) ist auch das Zitat von *Questinaux* angeführt. *Abraham*, Droit international, droit communautaire et droit français, S. 42 f., sieht zwar durchaus die mit dieser früheren Lösung verbundenen Probleme, wertet aber eine Überprüfung des Erfordernisses parlamentarischer Zustimmung als unzulässige (implizite) Verfassungskontrolle des Ratifizierungsaktes.

ser Notenaustausch ziehe Konsequenzen für die Staatsfinanzen nach sich, falle daher in den Anwendungsbereich des Art. 53 I Const. 1958 und hätte folglich der parlamentarischen Zustimmung bedurft. Der Conseil d'Etat vertrat im konkreten Fall zwar die Auffassung, der Notenaustausch sei lediglich eine Ergänzung zu einer 1949 geschlossenen Vereinbarung und damit noch durch die diesbezügliche parlamentarische Zustimmung aus dem Jahre 1950 gedeckt. Entscheidend ist jedoch, dass der Staatsrat die geschilderten Argumente der Kläger in der Sache geprüft hat.[1076] Die Notwendigkeit parlamentarischer Zustimmung wird damit über den „Umweg" der Rechtmäßigkeitskontrolle des Dekrets geprüft, durch das die völkerrechtliche Vereinbarung veröffentlicht wird.[1077]

Aus einer Zusammenschau der Artt. 53 und 55 Const. 1958 ergebe sich, dass völkerrechtliche Vereinbarungen, die ohne eine nach Art. 53 I erforderliche parlamentarische Zustimmung ratifiziert oder gebilligt wurden, nicht als ordnungsgemäß ratifiziert oder gebilligt im Sinne des Art. 55 angesehen werden könnten. Es sei also Aufgabe des Verwaltungsgerichts über die Begründetheit einer Rüge der Verletzung des Art. 53 I Const. 1958 zu entscheiden.[1078]

Zu beachten ist jedoch, dass das Fehlen der parlamentarischen Zustimmung vom Kläger gerügt werden muss und das Gericht diesen eventuellen Mangel nicht von Amts wegen untersucht.[1079]

1076 Zunächst bestätigt der Conseil d'Etat allerdings seine bisherige Rechtsprechung zum „acte de gouvernement", wonach es nicht seiner Kompetenz unterliege zu kontrollieren, ob die Vertragsparteien die Notwendigkeit eines erneuten Vertragsschlusses richtig eingeschätzt haben. Es wurde den Klägern also verwehrt, sich darauf zu berufen, der Zweck des Notenaustauschs gehe über das Ziel der ursprünglichen Vereinbarung von 1949 hinaus. Eine Klage, die sich gegen von französischen Behörden auf internationaler Ebene getroffene Maßnahmen richtet, bleibt also weiterhin nicht möglich. Vgl. hierzu *Dehaussy*, La constitution, les traités et les lois: à propos de la nouvelle jurisprudence du Conseil d'Etat sur les traités, in: JDI 1999, S. 675, 684

1077 *Dehaussy*, La constitution, les traités et les lois: à propos de la nouvelle jurisprudence du Conseil d'Etat sur les traités, in: JDI 1999, S. 675, 684

1078 CE, Ass., 18.12.1998, SARL du parc d'activité de Blotzheim et SCI Haselaecker, Rec. S. 484: „[...] il résulte de la combinaison des dispositions [des articles 55 et 53 de la Constitution T.P.] que les traités ou accords relevant de l'article 53 et dont la ratification ou l'approbation est intervenue sans avoir été autorisée par la loi, ne peuvent être regardés comme régulièrement ratifiés ou approuvés au sens de l'article 55 [...]; [...] il appartient au juge administratif de se prononcer sur le bien-fondé d'un moyen soulevé devant lui et tiré de la méconnaissance [...] des dispositions de l'article 53".

1079 Dies ergibt sich aus der Formulierung „moyen soulevé *devant lui*", CE, Ass., 18.12.1998, SARL du parc d'activité de Blotzheim et SCI Haselaecker, Rec. S. 484 – Hervorhebungen durch Verfasser; vgl. hierzu auch *Raynaud/Fombeur*, Anm. zu CE, Ass., 18.12.1998, SARL du parc d'activité de Blotzheim et SCI Haselaecker,

Diese Rechtsprechungsänderung ist angesichts der durch die Nicolo-Entscheidung angestoßenen Entwicklung wenig überraschend. Sieht sich der Conseil d'Etat nämlich aufgrund Art. 55 Const.1958 als ermächtigt an, den Vorrang völkerrechtlicher Verträge vor späteren Gesetzen durchzusetzen, so muss er auch dazu ermächtigt sein, zunächst – gleichsam als Vorfrage – zu überprüfen, ob die Voraussetzungen der Anwendbarkeit des Vertrages überhaupt gegeben sind. Außerdem wog die fehlende gerichtliche Kontrolle hinsichtlich eines eventuellen parlamentarischen Zustimmungserfordernisses nach der Nicolo-Entscheidung wesentlich schwerer. Vor dieser Entscheidung hätte der Gesetzgeber nämlich „seinen Willen durchsetzen" können, indem er nach dem ohne parlamentarische Zustimmung in Kraft getretenen Vertrag ein gegen diesen verstoßendes Gesetz erlassen hätte. Das Gericht hätte dann in Anwendung der „théorie de la loi écran" lediglich das spätere Gesetz angewandt. Nachdem nun aber der Conseil d'Etat stets dem Vertrag den Anwendungsvorrang einräumt, unabhängig davon, ob das Gesetz diesem zeitlich vor- oder nachgeht, hätte die Exekutive an der Kreation von Normen mitwirken können, die jeglichen Gesetzen – früheren und späteren – vorgehen, ohne dass das Parlament beteiligt oder auch nur informiert worden wäre.[1080]

b. Bedenken gegen eine solche Entwicklung

Trotz der konsequent erscheinenden Aufgabe der bisherigen Rechtsprechung durch die Blotzheim-Entscheidung sind mit dieser Judikatur sowohl innerstaatliche als auch zwischenstaatliche Probleme verbunden.[1081]

Auf nationaler Ebene muss der Staatsrat Art. 53 I Const. 1958 auslegen, um überprüfen zu können, ob das Parlament in ordnungsgemäßer Art und Weise am innerstaatlichen Ratifizierungs- bzw. Billigungsprozess beteiligt worden ist.[1082] Hierbei muss er sich an der Rechtsprechung des Conseil constitutionnel orientieren, um nicht mit dieser in Konflikt zu geraten. Fraglich ist jedoch, ob die Rechtsprechung des Conseil constitutionnel sämtliche der denkbaren Konstellationen

Rec. S. 484, in: AJDA 1999, S. 127, 133 und *Bachelier*, Schlussanträge in der Rechtssache CE, Ass., 18.12.1998, SARL du parc d'activité de Blotzheim et SCI Haselaecker, Rec. S. 484, in: RGDIP 1999, S. 545, 564

1080 *Raynaud/Fombeur*, Anm. zu CE, Ass., 18.12.1998, SARL du parc d'activité de Blotzheim et SCI Haselaecker, Rec. S. 484, in: AJDA 1999, S. 127, 131

1081 *Dehaussy*, La constitution, les traités et les lois: à propos de la nouvelle jurisprudence du Conseil d'Etat sur les traités, in: JDI 1999, S. 675, 688 f.

1082 *Raynaud/Fombeur*, Anm. zu CE, Ass., 18.12.1998, SARL du parc d'activité de Blotzheim et SCI Haselaecker, Rec. S. 484, in: AJDA 1999, S. 127, 132

abdeckt und welche Konsequenzen sich ergeben, wenn eine einschlägige Rechtsprechung des Verfassungsrates einmal nicht vorliegen sollte.[1083]

Auf internationaler Ebene kann die mögliche Nichtigkeitserklärung des Veröffentlichungsdekretes (im Falle eines recours pour excès de pouvoir) oder die bloße Nichtanwendbarkeit der völkerrechtlichen Vereinbarung im Streitfalle (voie de l'exception d'illégalité) zur völkerrechtlichen Haftung führen, da das Gerichtsurteil Frankreich nicht dazu berechtigt, sich von seinen internationalen Verpflichtungen zu lösen.[1084]

Insbesondere die zuletzt geäußerten Bedenken können jedoch nicht überzeugen. Sie sind nämlich keineswegs der Kontrolle des Vorliegens der parlamentarischen Zustimmung eigen. Die geschilderte Gefahr besteht zum Beispiel auch, wenn das Gericht einen völkerrechtlichen Vertrag mangels ordnungsgemäßer Veröffentlichung nicht anwendet.[1085] In diesem Falle hindert die drohende völkerrechtliche Haftung auch nicht die richterliche Überprüfung.

c. Reichweite der Blotzheim-Entscheidung

α. Ausweitung der Blotzheim-Entscheidung durch die Rechtsprechung des Conseil d'Etat

Wie bereits von Regierungskommissar *Bachelier* in seinen Schlussanträgen zur Rechtssache Blotzheim angedeutet[1086], überprüft der Conseil d'Etat das Erfordernis parlamentarischer Beteiligung nicht nur, wenn das Veröffentlichungsdekret direkt („par voie d'action") angegriffen wird, sondern auch dann, wenn in einem Rechtsstreit geltend gemacht wird, das in Frage stehende Abkommen sei

---

1083 *Dehaussy*, La constitution, les traités et les lois: à propos de la nouvelle jurisprudence du Conseil d'Etat sur les traités, in: JDI 1999, S. 675, 688

1084 *Dehaussy*, La constitution, les traités et les lois: à propos de la nouvelle jurisprudence du Conseil d'Etat sur les traités, in: JDI 1999, S. 675, 689; wie *Bachelier*, Schlussanträge in der Rechtssache CE, Ass., 18.12.1998, SARL du parc d'activité de Blotzheim et SCI Haselaecker, Rec. S. 484, in: RGDIP 1999, S. 545, 554 f., zutreffend betont, stellt die Missachtung von Art. 53 I Const. 1958 keine offenkundige Verletzung innerstaatlicher Vorschriften im Sinne des Art. 46 II WVRK dar.

1085 Vgl. *Bachelier*, Schlussanträge in der Rechtssache CE, Ass., 18.12.1998, SARL du parc d'activité de Blotzheim et SCI Haselaecker, Rec. S. 484, in: RGDIP 1999, S. 545, 562; ebenso *Raynaud/Fombeur*, Anm. zu CE, Ass., 18.12.1998, SARL du parc d'activité de Blotzheim et SCI Haselaecker, Rec. S. 484, in: AJDA 1999, S. 127, 131

1086 *Bachelier*, Schlussanträge in der Rechtssache CE, Ass., 18.12.1998, SARL du parc d'activité de Blotzheim et SCI Haselaecker, Rec. S. 484, in: RGDIP 1999, S. 545, 564

wegen Missachtung des Art. 53 I Const. 1958 nicht anwendbar („par voie d'exception").[1087] Diese Art von Inzidentkontrolle ist im Übrigen davon unabhängig, ob die Klagefrist gegen das Veröffentlichungsdekret – sie beträgt zwei Monate seit der Veröffentlichung im Journal officiel – bereits abgelaufen ist oder noch nicht.[1088] Wäre dem nicht so, würde das Verwaltungsgericht einem verfassungswidrig – da unter Missachtung der erforderlichen Beteiligung des Parlamentes – ratifizierten Vertrag den Vorrang vor einem späteren Gesetz einräumen.[1089]

Die geschilderte Ausweitung der Blotzheim-Entscheidung hat zur Folge, dass die Frage der parlamentarischen Beteiligung am Ratifizierungs- bzw. Billigungsprozess nicht nur für kürzlich abgeschlossene völkerrechtliche Abkommen relevant werden kann, sondern auch für solche, deren Abschluss schon lange zurückliegt.[1090] Diese Konsequenz zieht zwar eine gewisse Rechtsunsicherheit nach sich, muss aber aus rechtsstaatlichen Gesichtspunkten hingenommen werden. Die Missachtung der Beteiligung des Parlaments im Ratifizierungsprozess oder beim Prozess der Billigung muss effektiv sanktioniert werden. Hierzu gehört auch die Inzidentkontrolle der Voraussetzungen des Art. 53 I Const. 1958. Auch der mit der Blotzheim-Entscheidung und seiner Ausweitung einhergehende „Machtzuwachs" bei der Kontrolle des Verfahrens beim Abschluss völkerrechtlicher Verträge[1091] ist aus diesen Gründen nicht negativ zu bewerten.

1087 CE, Ass., 05.03.2003, Aggoun, Rec. S. 77 = RGDIP 2003, S. 487, 492 ff. mit Anm. *Laugier-Deslandes*

1088 CE, Ass., 05.03.2003, Aggoun, Rec. S. 77: „Considérant [...] qu'il appartient au juge administratif [...] de s'assurer qu'un traité ou accord a été régulièrement ratifié ou approuvé, non seulement lorsqu'un tel moyen est invoqué à l'appui d'un recours pour excès de pouvoir directement formé à l'encontre du décret de publication [...], mais aussi par voie d'exception, à l'occasion d'un litige mettant en cause l'application de cet engagement international, *sans que puisse y faire obstacle la circonstance que le décret de publication* dont la légalité est ainsi nécessairement contestée *n'a pas été attaqué dans le délai de recours contentieux*". Hervorhebungen durch Verfasser

1089 *Laugier-Deslandes*, Anm. zu CE, Ass., 05.03.2003, Aggoun, Rec. S. 77, in: RGDIP 2003, S. 495, 501

1090 *Laugier-Deslandes*, Anm. zu CE, Ass., 05.03.2003, Aggoun, Rec. S. 77, in: RGDIP 2003, S. 495, 502

1091 *Laugier-Deslandes*, Anm. zu CE, Ass., 05.03.2003, Aggoun, Rec. S. 77, in: RGDIP 2003, S. 495, 501

β. Grenzen der Blotzheim-Entscheidung in der Rechtsprechung des Conseil d'Etat

Da die Blotzheim-Entscheidung wesentlich der Ergänzung der durch die Rechtsprechung des Conseil constitutionnel entstandenen Lücke dient, müssen sich die Grenzen dieser neueren Judikatur auch an den Kompetenzen des Verfassungsrates orientieren.

1. Grenze: Zunächst kann ein Kläger im Rahmen eines „recours pour excès de pouvoir" gegen das Veröffentlichungsdekret nicht rügen, das vom Parlament zu einem völkerrechtlichen Abkommen gemäß Art. 53 I Const. 1958 erlassene Zustimmungsgesetz sei materiell verfassungswidrig.[1092] So hatte in der Rechtssache Commune de Porta die klagende Gemeinde vergeblich vorgetragen, das Dekret, wodurch ein Grenzvertrag zwischen dem Fürstentum Andorra und der Französischen Republik veröffentlicht worden war, verstoße gegen Art. 53-3 bzw. gegen Art. 72 Const. 1958, weil im Ratifizierungsverfahren weder die für eine Gebietsabtretung erforderliche Anhörung des Gemeinderates noch die Zustimmung der Bevölkerung erfolgt sei.[1093] Der Conseil d'Etat weigerte sich, die Verfassungsmäßigkeit des Dekretes daraufhin zu untersuchen, da ihn eine solche Kontrolle dazu zwingen würde, sich über die Verfassungsmäßigkeit des Zustimmungsgesetzes zu äußern.[1094] Der Staatsrat bestätigt hierdurch lediglich seine bereits sehr alte, ständige Rechtsprechung des „écran législatif"[1095], wonach das (Zustimmungs-)gesetz einen Schirm (écran) zwischen der Verfassung und dem (Veröffentlichungs-)dekret bildet und so eine Kontrolle der Verfassungsmäßigkeit von letzterem hindert.[1096] Zumindest wenn man dem traditionellen französischen

---

1092 Ebenso unmöglich dürfte es sein, die formelle Verfassungswidrigkeit des Zustimmungsgesetzes einwenden zu können. Vgl. ebenso *Gundel*, Der Status des Völkerrechts in der französischen Rechtsordnung nach der neueren Rechtsprechung des Conseil d'Etat: Von der Öffnung zum Rückzug?, in: AVR 37 (1999), S. 438, 459

1093 Vgl. zur Argumentation der klagenden Gemeinde ausführlich *Laugier-Deslandes*, Anm. zu CE, 08.07.2002, Commune de Porta, Rec. S. 260, in: RGDIP 2003, S. 495, 497

1094 CE, 08.07.2002, Commune de Porta, Rec. S. 260: „Considérant que si [...] la Commune de Porta soutient que le décret [de publication T.P.] serait intervenu en méconnaissance des articles 53, 55 et 72 de la Constitution, *ces moyens tendent, en réalité, à mettre en cause la conformité à la Constitution de la loi [...] ayant autorisé la ratification du traité*, et, par suite, ne sont, en tout état de cause, pas susceptibles d'être utilement présentés devant le Conseil d'Etat statuant au contentieux". Hervorhebungen durch Verfasser

1095 Vgl. CE, 06.11.1936, Arrighi, Rec. S. 966

1096 CE, 08.07.2002, Commune de Porta, Rec. S. 260: „[il n']appartient pas [au juge administratif T.P.], en revanche, dès lors que sa ratification ou son approbation a été autorisée en vertu d'une loi, de se prononcer sur le moyen tiré de ce que la loi

Konzept der Verfassungsgerichtsbarkeit folgt, ist die Weigerung des Conseil d'Etat zu begrüßen, da sie die von Verfassungs wegen vorgesehene Kompetenzverteilung zwischen dem Conseil d'Etat und dem Conseil constitutionnel respektiert. Demnach ist die Kontrolle der materiellen Verfassungsmäßigkeit von Gesetzen – also auch von Gesetzen im Sinne des Art. 53 I Const. 1958 – dem Conseil constitutionnel überantwortet. Ein die Blotzheim-Rechtsprechung rechtfertigender „vide juridique" besteht diesbezüglich also gerade nicht.[1097] Dass in der Rechtssache Commune de Porta ein offensichtlich verfassungswidriges Gesetz[1098] sanktionslos fortbesteht, ist weniger der Anwendung der „théorie de la loi-écran" durch den Conseil d'Etat anzulasten, als vielmehr der nicht erfolgten Kontrolle der Verfassungsmäßigkeit durch den Conseil constitutionnel.[1099]

2. Grenze: Weiterhin bleibt die Untersuchung der materiellen Verfassungsmäßigkeit des Abkommens die Aufgabe des Conseil constitutionnel.[1100] Der Conseil d'Etat hält sich diesbezüglich – wie er in der Rechtssache Commune de Porta[1101] ausführt – für unzuständig.[1102] Leider lässt das Gericht aber offen, worauf es diese Unzuständigkeit stützt. Es spricht viel dafür, die Festlegung des In-

autorisant cette ratification ou cette approbation serait contraire à la Constitution". Die „Théorie de la loi-écran" wird in der französischen Literatur heftig kritisiert und stattdessen die Einführung einer konkreten Normenkontrolle zum Conseil constitutionnel gefordert. Vgl. *Ondoua*, Interactions possibles entre le contrôle de conventionnalité et contrôle de constitutionnalité, in: J.C.P., 05.02.2003, S. 240, 244 m.w.N.

1097 Wesentlich kritischer gegenüber der Rechtsprechung „Commune de Porta" zeigt sich *Lachaume* in seiner Urteilsbesprechung. Durch den Vorbehalt der „loi-écran" lese die Rechtsprechung in Art. 55 Const. 1958 eine weitere Voraussetzung hinein, die der Wortlaut nicht enthält. Art. 55 Const. 1958 ordne den Vorrang bedingungslos an, ohne auf die „théorie de la loi-écran" Bezug zu nehmen. Das Adverb „ordnungsgemäß" in Art. 55 Const. 1958 beziehe sich auch auf eine Prüfung der Verfassungsmäßigkeit des Gesetzes, das zur Ratifizierung oder zur Billigung ermächtigt; vgl. hierzu und zu weiteren Argumenten *Lachaume*, Anm. zu CE, 08.07.2002, Commune de Porta, Rec. S. 260, in: RFDA 2003, S. 1223, 1227

1098 So *Laugier-Deslandes*, Anm. zu CE, 08.07.2002, Commune de Porta, Rec. S. 260, in: RGDIP 2003, S. 495, 498

1099 *Laugier-Deslandes*, Anm. zu CE, 08.07.2002, Commune de Porta, Rec. S. 260, in: RGDIP 2003, S. 495, 498

1100 *Raynaud/Fombeur*, Anm. zu CE, Ass., 18.12.1998, SARL du parc d'activité de Blotzheim et SCI Haselaecker, Rec. S. 484, in: AJDA 1999, S. 127, 133

1101 CE, 08.07.2002, Commune de Porta, Rec. S. 260

1102 CE, 08.07.2002, Commune de Porta, Rec. S. 260: „Considérant qu'il n'appartient pas au Conseil d'Etat statuant au contentieux de se prononcer sur le bien-fondé des stipulations d'un engagement international [...] ou sur le moyen tiré de ce qu'il méconnaîtrait les principes énoncés à l'article 17 de la Déclaration des droits de l'homme et du citoyen".

halts völkervertraglicher Bestimmungen als eine der zentralen Aufgaben der Diplomatie anzusehen und daher die „théorie des actes de gouvernement" heranzuziehen.[1103] Genauso gut könnte man sich auf Art. 54 Const. 1958 stützen und daraus schließen, die Kontrolle der materiellen Verfassungsmäßigkeit eines Abkommens sei von Verfassungs wegen ausschließlich dem Conseil constitutionnel übertragen – es fehle mithin an einem die Blotzheim-Rechtsprechung rechtfertigenden „vide juridique".

Indem der Conseil d'Etat also die inhaltliche Festlegung von völkervertraglichen Bestimmungen weiterhin der Exekutive überlässt und sie nicht einer richterlichen Kontrolle unterwirft, leistet er – nach Meinung mancher Autoren – einen Beitrag zur Rechtssicherheit was den Fortbestand dieser Bestimmungen anbelangt.[1104] Nachdem aber eben diese Rechtssicherheit durch die Blotzheim-Rechtsprechung erheblich beeinträchtigt worden ist, muss diese Bewertung nuanciert werden. Durch die Weigerung des Conseil d'Etat, die materielle Verfassungsmäßigkeit von völkervertraglichen Bestimmungen zu überprüfen, wird lediglich die durch die Blotzheim-Rechtsprechung hervorgerufene Rechtsunsicherheit nicht weiter verstärkt. Der Beitrag zur Rechtssicherheit beschränkt sich mithin allein auf die materielle Verfassungsmäßigkeit des Abkommens.

3. Grenze: Ob die Blotzheim-Entscheidung auf das Tatbestandsmerkmal des Art. 55 Const. 1958 „régulièrement ratifiés ou approuvés" beschränkt bleibt, oder ob diese nicht vielmehr auch im Zusammenhang mit dem Erfordernis der Gegenseitigkeit fruchtbar gemacht werden kann, soll erst im Rahmen des Teils 4 erörtert werden.[1105]

d. Fazit

Die Entscheidung des Conseil d'Etat in der Rechtssache Blotzheim ist uneingeschränkt zu begrüßen. Die hierin erstmalig vorgenommene Kontrolle der verfahrensrechtlich erforderlichen parlamentarischen Beteiligung am Ratifizierungs- bzw. Billigungsprozess lässt sich nämlich wie folgt rechtfertigen: Die Regierung ist mit der Führung der Vertragsverhandlungen und mit deren Abschluss befasst, sie entscheidet zugleich, ob ein Abkommen dem Parlament zur Zustimmung vorgelegt wird, und zuletzt ist sie für die Veröffentlichung der völkerrechtlichen

1103 So *Laugier-Deslandes*, Anm. zu CE, 08.07.2002, Commune de Porta, Rec. S. 260, in: RGDIP 2003, S. 495, 499, die in Fn. 27 auch auf die Ausführungen des Regierungskommissars *Collin* Bezug nimmt.

1104 *Laugier-Deslandes*, Anm. zu CE, 08.07.2002, Commune de Porta, Rec. S. 260, in: RGDIP 2003, S. 495, 500

1105 Vgl. unten Teil 4 A. I. 4.

Vereinbarung zuständig.[1106] Eine potenzielle Kontrolle der Tatbestandsmerkmale des Art. 53 I Const. 1958 durch den Conseil d'Etat wirkt somit einer Monopolstellung der Regierung zulasten des Parlaments entgegen und führt zu einem Gleichgewicht unter den verschiedenen Gewalten.[1107] Durch die seit der Blotzheim-Entscheidung vorgenommene Kontrolle schützt der Conseil d'Etat mithin auch den nationalen Gesetzgeber. Auch die mit der Rechtsprechung in der Rechtssache Nicolo angestoßene Entwicklung rechtfertigt die vom Conseil d'Etat vorgenommene Kontrolle.[1108] Angesichts der hierdurch erfolgten voll umfänglichen Anerkennung des Vorrangs des völkerrechtlichen Vertrages gegenüber den Gesetzen ist es schwer vorstellbar, dass ein solcher Vorrang auch für solche Verträge angenommen wird, die den verfassungsrechtlichen Vorgaben des Art. 53 I Const. 1958 widersprechen.[1109]

V. Zwischenergebnis zu den Prüfungsmaßstäben der französischen Verfassungsgerichtsbarkeit im Vergleich zum Bundesverfassungsgericht

Anders als im Bereich der Zulässigkeitsvoraussetzungen unterscheiden sich die von den Verfassungsgerichten beider Länder angewandten Kontrollnormen auf den ersten Blick kaum.

Konkrete Vorgaben für die Außenpolitik enthalten die Verfassungen beider Länder nur in sehr begrenztem Umfang – dies mag in erster Linie daran liegen, dass die Materie aufgrund der Natur der Sache nur schwer durch entsprechende Normen regelbar ist. Aufgrund seiner besonderen Situation nach dem Zweiten Weltkrieg kommt für die Bundesrepublik noch ein weiterer Aspekt hinzu: Im Jahre 1949 bestand die „Außenpolitik" lediglich im Kontakt mit dem Alliierten

---

1106 *Dehaussy*, La constitution, les traités et les lois: à propos de la nouvelle jurisprudence du Conseil d'Etat sur les traités, in: JDI 1999, S. 675, 688

1107 *Dehaussy*, La constitution, les traités et les lois: à propos de la nouvelle jurisprudence du Conseil d'Etat sur les traités, in: JDI 1999, S. 675, 690

1108 Manche Kommentatoren sehen sogar in der Blotzheim-Entscheidung den „corollaire nécessaire à la jurisprudence *Nicolo*"; vgl. *Raynaud/Fombeur*, Anm. zu CE, Ass., 18.12.1998, SARL du parc d'activité de Blotzheim et SCI Haselaecker, Rec. S. 484, in: AJDA 1999, S. 127, 134

1109 Dieser Zusammenhang wird vom Conseil d'Etat selbst hergestellt, wenn er ausführt: „eu égard aux effets qui lui sont attachés en droit interne, la publication d'un traité ou accord relevant de l'article 53 de la Constitution ne peut intervenir légalement que si la ratification ou l'approbation de ce traité ou accord a été autorisée en vertu d'une loi;" CE, Ass., 18.12.1998, SARL du parc d'activité de Blotzheim et SCI Haselaecker, Rec. S. 484

Kontrollrat. Insbesondere die Vorschriften zur Wehrverfassung wurden erst im Jahre 1968 in das Grundgesetz eingefügt.[1110]

So bleiben als Kontrollnormen lediglich die allgemeinen – auch für das rein innerstaatliche Recht geltenden – Vorschriften. Hier ergeben sich bei genauerer Analyse erhebliche Abweichungen:

Während in der Bundesrepublik Deutschland – wiederum aus historischer Sicht verständlich – die Fülle der Kontrollnormen bereits im Verfassungstext selbst angelegt ist, beruht diese in Frankreich auf einer Erweiterung durch richterliche Rechtsfortbildung. So ist insbesondere eine Überprüfung völkerrechtlicher Verträge am Maßstab der Grundrechte erst seit der berühmten Entscheidung zur Vereinigungsfreiheit möglich. Anders als in der Bundesrepublik spielen die Grundrechte jedoch keine zentrale Rolle bei der Überprüfung der Akte der auswärtigen Gewalt. Zwar stünde es dem Conseil d'Etat durchaus offen, Maßnahmen im Bereich der Außenpolitik am Maßstab der EMRK zu messen – eine solche Kontrolle scheitert aber in der Regel bereits an der Anwendung der „théorie des actes de gouvernement".

Den zentralen Prüfungsmaßstab für die Kontrolle der Verfassungsmäßigkeit völkerrechtlicher Verträge bildet in Frankreich vielmehr die „souveraineté nationale". Der unterschiedliche Schwerpunkt ist ebenfalls in erster Linie historisch zu erklären. Da das Grundgesetz das Konzept der Souveränität gar nicht kennt und da die Bundesrepublik Deutschland bis 1990 ohnehin lediglich eingeschränkt souverän war, spielte dieser Gesichtspunkt naturgemäß eine eher untergeordnete Rolle.[1111] Weiterhin wurde das Bundesverfassungsgericht von Anfang an als Gericht konzipiert, das primär dem Schutz der Grundrechte zu dienen bestimmt ist, wohingegen der Conseil constitutionnel in diese Rolle erst langsam „hineinwachsen" musste.

Ferner existiert in Frankreich unter den Verfassungsnormen keine Hierarchie.[1112] Demgegenüber lässt sich in Deutschland eine solche aus Artt. 79 III, 1, 20 GG ableiten. Dieser Unterschied wirkt sich insbesondere bei der Frage aus, inwieweit Völkerrecht als Prüfungsmaßstab herangezogen werden kann. Wäh-

1110 Vgl. 17. Gesetz zur Änderung des Grundgesetzes vom 24.06.1968, BGBl. 1968 I, S. 709

1111 *Scheuing*, Deutscher Bericht, in: Nationales Verfassungsrecht mit Blick auf die europäische Integration, S. 70; a.A. *Quaritsch*, La souveraineté de l'État dans la jurisprudence constitutionnelle allemande, in: Les Cahiers du Conseil constitutionnel, no. 9/2000, S. 99: Er meint, dieser Umstand ergebe sich nicht aus der spezifischen Situation von 1948/1949, sondern sei bereits sämtlichen deutschen Verfassungen seit 1871 eigen gewesen.

1112 Vgl. hierzu *Alberton*, De l'indispensable intégration du bloc de conventionnalité au bloc de constitutionnalité?, in: RFDA 2005, S. 249, 252

rend das Bundesverfassungsgericht hier eine differenzierte Lösung anwenden kann, indem es dem Völkerrecht bis zur Grenze der „tragenden Grundsätze der Verfassung" Geltung verschafft, gibt es in Frankreich vom Grundsatz her nur die Möglichkeit, entweder das Völkerrecht als Prüfungsmaßstab heranzuziehen oder nicht. Aus anderen Gesichtspunkten erscheint jedoch – wie gezeigt – auch in der Französischen Republik eine differenzierte Lösung möglich, indem man auf eine Art von „Hierarchie" auf der Ebene des Völkerrechts abstellt. Der Conseil constitutionnel ist in diesem Punkt – zumindest was das Völkervertragsrecht anbelangt – (noch) anderer Auffassung.

Auch hinsichtlich der Kontrollnormen befindet sich also das Bundesverfassungsgericht gegenüber dem Conseil constitutionnel und dem Conseil d'Etat (noch) in einer stärkeren Position. Auch wenn im Hinblick auf die außenpolitische Handlungsfreiheit der Akteure auf den ersten Blick eine schwächere Verfassungsgerichtsbarkeit den Vorzug zu verdienen scheint, sind die Vorteile einer „starken" Verfassungsgerichtsbarkeit nicht von der Hand zu weisen. Dies gilt vor allem in einem parlamentarischen Regierungssystem, in dem die Regierung regelmäßig durch die Parlamentsmehrheit getragen wird und die Willensbildung in Regierung und Parlament wesentlich von den politischen Parteien beeinflusst wird.[1113] Trotz der damit verbundenen Vorteile[1114] bringt ein solches System den entscheidenden Nachteil mit sich, dass aufgrund der geschilderten Situation das Parlament kein entscheidendes Gegengewicht zur Regierung mehr darstellt. Ein solches bildet allenfalls die Opposition bzw. – soweit sich die Mehrheitsverhältnisse umgekehrt gestalten – die zweite Kammer. Folglich findet eine parlamentarische Kontrolle nur in sehr geringem Maße statt. Diese bereits im System angelegte schwache Stellung des Parlaments wird durch die Praxis noch weiter verschlechtert. Besonders deutlich wurde dies jüngst im Zusammenhang mit der Entscheidung des Bundestages im Jahre 2001 zum Afghanistan-Einsatz der Bundeswehr: So standen die Regierungsfraktionen nicht geschlossen hinter dem Regierungsantrag. Vor allem in der Fraktion von Bündnis 90/ Die GRÜNEN waren nicht sämtliche Parlamentarier bereit, dem Einsatz deutscher Streitkräfte zuzustimmen. Um den Widerstand der Abgeordneten zu brechen, verband Bundeskanzler *Gerhard Schröder* die Frage nach dem Bundeswehreinsatz in Afghanistan mit einer Vertrauensfrage. Auf diese Weise konnte er die Abstimmung im Bundestag mit der sogenannten „Kanzlermehrheit" zu seinen Gunsten entschei-

1113 *Stern*, Staatsrecht II, § 44 II 2, S. 955

1114 So kann die Regierung beispielsweise in der Regel darauf vertrauen, dass die von ihr eingebrachten Gesetzesentwürfe und sonstigen Anträge auch von der sie unterstützenden Parlamentsmehrheit befürwortet werden, was zu einer nicht unerheblichen Beschleunigung der Aufgabenerfüllung des Staates führt.

den.[1115] Durch eine derartige Praxis wird die parlamentarische Kontrolle der Bundesregierung weiter geschwächt. Manche Autoren gehen sogar so weit, die parlamentarische Kontrollfunktion gegenüber der Regierung als „historisches Relikt“ zu bezeichnen, das aus Zeiten der parlamentarischen Monarchie stamme, in denen das Parlament ein Gegengewicht zu der vom Monarchen ernannten Regierung darstellte.[1116] In dieser Hinsicht ist jedenfalls eine starke Verfassungsgerichtsbarkeit als Kompensation für den teilweisen Ausfall parlamentarischer Kontrolle zu begrüßen.

C. „Gegensteuern“ des Conseil Constitutionnel und des Conseil d’Etat

Die geschilderte verfassungsrechtliche Ausgangslage und die Rechtsprechung des Conseil d’Etat zu den „actes de gouvernement“ lassen vermuten, dass – anders als in der Bundesrepublik Deutschland – kein besonderes „Gegensteuern“ durch die in die Untersuchung mit einbezogenen Gerichte erforderlich ist. Sowohl für den Conseil constitutionnel als auch für den Conseil d’Etat ist der Zugriff auf Sachverhalte mit außenpolitischem Bezug sehr begrenzt. In beiden Fällen erweist sich bereits die Zulässigkeitsstation als starker Filter. Dennoch lassen sich sowohl der Rechtsprechung des Verfassungsrates (vgl. I.) als auch des Staatsrates (vgl. II.) Tendenzen entnehmen, die man durchaus als „Gegensteuern“ deuten kann.

I. Conseil constitutionnel

Eine gewisse Zurückhaltung wird dem Verfassungsrat dabei schon vom Wortlaut des Art. 54 Const. 1958 nahegelegt. Demgemäß untersucht das Gericht, ob die ihm vorgelegte völkerrechtliche Verpflichtung eine der Verfassung widersprechende Klausel („clause contraire à la Constitution“) enthält. Der Conseil constitutionnel führt konsequenterweise eine Kontrolle der Nicht-Verfassungswidrigkeit („contrôle de non-contrariété“) bzw. eine Vereinbarkeitskontrolle („contrôle de compatibilité“) durch und gerade keine Verfassungsmäßigkeitskontrolle („contrôle de constitutionnalité“). Dieser scheinbar zu vernachlässigende Unterschied wirkt sich auf die vom Conseil constitutionnel vorgenommene

1115 Inwieweit die Verknüpfung einer Sachfrage mit der Vertrauensfrage verfassungsrechtlich zulässig ist, muss hier offenbleiben. Vgl. hierzu *Epping*, in: von *Mangoldt/Klein/Starck*, Grundgesetzkommentar, Art. 68 Rn. 10 m.w.N.

1116 *Burmeister*, Stellung und Funktion des Bundesverfassungsgerichts im System der Gewaltenteilung, in: *Koenig/Rüfner* [Hrsg.], Die Kontrolle der Verfassungsmäßigkeit in Frankreich und in der Bundesrepublik Deutschland, S. 33, 47

Prüfung erheblich aus. So kann – kurz gesprochen – alles, was nicht explizit von der Verfassung verboten wird, zum Inhalt völkerrechtlicher Verpflichtungen Frankreichs gemacht werden.[1117] Eine Verfassungsmäßigkeitskontrolle würde der Exekutive demgegenüber nur den Abschluss solcher völkerrechtlicher Verpflichtungen gestatten, die in der Verfassung bereits angelegt sind und diese lediglich „konkretisieren" würden. Es ist aber undenkbar, will man die diplomatische Handlungsfreiheit nicht gänzlich ihrer Substanz berauben, dass die Verfassung konkrete Vorgaben bezüglich der zu schließenden Verträge und deren Gegenstände enthält.[1118] Das Prinzip der Vereinbarkeitskontrolle belässt also der Exekutive die auf internationaler Ebene unbedingt erforderliche Handlungsfreiheit. Sie verfügt über das alleinige Initiativrecht hinsichtlich des Abschlusses und des Inhalts völkerrechtlicher Verpflichtungen, das nur dann eingeschränkt ist, sofern die Verfassung Verbotsregeln enthält („règles prohibitives"). Ansonsten ist die Exekutive frei, sämtliche völkerrechtlichen Verpflichtungen einzugehen, die ihr zur Führung der Außenpolitik dienlich erscheinen.[1119] Obwohl im Verfahren nach Art. 61 II Const. 1958 grundsätzlich eine Verfassungsmäßigkeitskontrolle stattfindet, greift der Conseil constitutionnel dann auf einen „contrôle de non-contrariété" zurück, wenn den Antragsgegenstand ein Zustimmungsgesetz zu einem völkerrechtlichen Vertrag bildet.[1120] Angesichts der Tatsache, dass in materieller Hinsicht der völkerrechtliche Vertrag Prüfungsgegenstand ist, erscheint dies auch konsequent.

Neben dieser bereits im Verfassungstext angelegten Form der Zurückhaltung drückt sich beim Conseil constitutionnel ein gewisses Gegensteuern insbesondere in einer Offenheit gegenüber dem Völkerrecht und seinen Besonderheiten aus.

So ist seiner Rechtsprechung das Bestreben zu entnehmen, die eher integrationsfeindliche Gesinnung der Verfassung der V. Republik abzufedern. Eine strikte Anwendung des Grundsatzes der „souveraineté nationale" könnte nämlich dazu führen, Frankreich in die internationale Isolation zu führen. Mit der Formel der „conditions *essentielles* d'exercice de la souveraineté nationale" tritt der Verfassungsrat einer solchen Gefahr entgegen. Es reicht eben gerade nicht aus, dass eine Vertragsklausel das Prinzip nationaler Souveränität angreift, vielmehr muss es sich um einen Angriff auf die unabdingbaren Voraussetzungen der Aus-

1117 *Zoller*, Droit des relations extérieures, S. 275

1118 *Zoller*, Droit des relations extérieures, S. 275. Es kommt jedoch noch ein entscheidendes Argument hinzu: Ob ein Vertrag abgeschlossen wird und wie sich dessen konkreter Inhalt gestaltet, ist stets von den Vertragspartnern abhängig. Diese wären an solche konkreten Vorgaben der französischen Verfassung gar nicht gebunden.

1119 *Zoller*, Droit des relations extérieures, S. 277

1120 *Zoller*, Droit des relations extérieures, S. 276 unter Bezugnahme auf CC, 25.07.1991, Accord de Schengen, déc. no. 91-294 DC, Rec. S. 91

übung nationaler Souveränität handeln. Diese Wendung erweist sich als hinreichend flexibel, um die widerstreitenden Verfassungsprinzipien „souveraineté nationale“ und den Grundsatz der Zugehörigkeit Frankreichs zur internationalen Gemeinschaft in Ausgleich zu bringen.[1121] Hierin können durchaus Ansätze einer völkerrechtsfreundlichen Auslegung durch den Conseil constitutionnel erblickt werden.[1122]

Eine ebensolche lässt sich auch der Maastricht II-Entscheidung des Conseil constitutionnel entnehmen. Hier zieht der Verfassungsrat Art. 88-III Const. 1958 heran, wonach das aktive und passive Kommunalwahlrecht den Bürgern der Europäischen Union mit Wohnsitz in Frankreich gewährt werden kann. Er legt diese Verfassungsvorschrift dahingehend aus, dass die darauf beruhende „Loi organique“ die auf europäischer Ebene hierzu getroffenen Vorschriften zur Anwendung des gemäß Art. 8 b I EGV (= Art. 19 n. F. EG) eingeräumten Rechts beachten müsse.[1123]

Gleichermaßen als Ausdruck der Völkerrechtsfreundlichkeit des Conseil constitutionnel kann das „principe de l’immunité des conventions ratifiées“ gewertet werden. Ein bereits in Kraft getretener völkerrechtlicher Vertrag kann demgemäß nicht mehr zum Gegenstand einer verfassungsgerichtlichen Prüfung gemacht werden.

Aber auch außerhalb der europäischen Integration lässt sich vor allem der Entscheidung zum Römischen Statut entnehmen, der Conseil constitutionnel zeige eine gewisse Offenheit gegenüber dem Völkerrecht. Hier legt er bei der Frage, inwieweit die Formulierung mancher Delikte im Statut (insbesondere Art. 7 I lit. k[1124]) mit dem verfassungsrechtlichen Prinzip der „légalité des délits et des peines“ gemäß Art. 7, 8 der Menschenrechtserklärung von 1789, das den Bestimmtheitsgrundsatz beinhaltet, vereinbar ist, einen weniger strengen Prü-

1121 Ebenso *Favoreu/Philip*, Les grandes décisions du Conseil constitutionnel, no. 51, Rn. 31

1122 *Kohlhammer*, Völkervertragsrecht in der französischen Rechtsordnung, insbesondere Europäische Konvention zum Schutz der Menschenrechte und Grundfreiheiten, S. 202

1123 CC, 02.09.1992, Maastricht II, déc. no. 92-312 DC, Rec. S. 76, 28. Erwägungsgrund; vgl. hierzu *Alberton*, De l’indispensable intégration du bloc de conventionnalité au bloc de constitutionnalité?, in: RFDA 2005, S. 249, 259

1124 Wortlaut: „Im Sinne dieses Statuts bedeutet „Verbrechen gegen die Menschlichkeit“ jede der folgenden Handlungen, die im Rahmen eines ausgedehnten oder systematischen Angriffs gegen die Zivilbevölkerung und in Kenntnis des Angriffs begangen wird: [...] *andere unmenschliche Handlungen ähnlicher Art*, mit denen vorsätzlich große Leiden oder eine schwere Beeinträchtigung der körperlichen Unversehrtheit oder der geistigen oder körperlichen Gesundheit verursacht werden.“ Hervorhebungen durch Verfasser.

fungsmaßstab an, als wenn der Prüfungsgegenstand ein innerstaatliches Gesetz wäre. Auch wenn der Verfassungsrat sich hierzu nicht explizit äußert, kann man dies damit erklären, dass sich das französische Verfassungsgericht des Charakters des Römischen Statuts als völkerrechtlicher Norm und dessen äußerst schwierigen Gegenstandes durchaus bewusst ist und daher einen nicht so strengen Prüfungsmaßstab anlegt.[1125]

II. Conseil d'Etat

Beim Conseil d'Etat könnte ein „Gegensteuern" über die bei der Überprüfung einer Maßnahme angewandte Kontrolldichte erfolgen. Dabei stellt sich die Problematik freilich nur dann, wenn das Gericht einen „acte détachable de la conduite des relations internationales" angenommen hat.[1126] Bevor die einschlägige Rechtsprechung des Conseil d'Etat analysiert werden kann, ist vorab kurz das französische System der verwaltungsgerichtlichen Kontrolldichte vorzustellen.

1. „Contrôle normal", „restreint" und „maximum"

Ähnlich wie in Deutschland ist zwischen einem „contrôle normal", einem „contrôle minimum" und gegebenenfalls einem „contrôle maximum" zu unterscheiden, wobei die Grenzen zwischen den verschiedenen Graden der Kontrolldichte

---

1125 Ebenso *Sciortino-Bayart*, Anm. zu CC, 22.01.1999, Statut de Rome, déc. no. 98-408 DC, Rec. S. 29, in: RFDC 1999, S. 317, 318; er spricht von einem „contrôle minimum bien compréhensible". Schließlich begnügt er sich mit der Feststellung „de minimis non curat praetor".

1126 Im Rahmen der verschiedenen Klagegründe für die materielle Rechtswidrigkeit – violation directe de la règle de droit, détournement de pouvoir ou de procédure, illégalité relative aux motifs – stellt sich die Problematik der Kontrolldichte insbesondere im letztgenannten Klagegrund, also der Rechtswidrigkeit wegen fehlender rechtlicher oder tatsächlicher Begründung (ebenso *Lerche*, Landesbericht Frankreich, in: *Frowein* [Hrsg.], Die Kontrolldichte bei der gerichtlichen Überprüfung von Handlungen der Verwaltung, S. 1, 3). Innerhalb dieses Klagegrundes ist weiter zu unterscheiden: Entweder beruht die Begründung auf einem Rechtsirrtum, auf einem Sachverhaltsirrtum oder auf einer fehlerhaften Subsumtion eines Sachverhalts unter einen unbestimmten Rechtsbegriffs. Vgl. zum Ganzen *Fromont*, L'intensité du contrôle du juge sur les décisions administratives en France et en Allemagne, in: Mouvement du droit public, S. 1117, 1125; aus der deutschsprachigen Literatur vgl. *Lerche*, Landesbericht Frankreich, in: *Frowein* [Hrsg.], Die Kontrolldichte bei der gerichtlichen Überprüfung von Handlungen der Verwaltung, S. 1, 3

durchaus ineinander übergehen.[1127] Der „contrôle minimum“ oder auch „contrôle restreint“ ist im Wesentlichen durchaus mit der Lehre vom Beurteilungsspielraum vergleichbar – einer „rechtlichen Qualifizierung von Tatsachen“ durch die Exekutive tritt die Rechtsprechung nur im Falle einer sog. „erreur manifeste d'appréciation“ – also eines offensichtlichen Bewertungsfehlers – entgegen.[1128] Der „contrôle normal“ entspricht demgegenüber einer vollständigen gerichtlichen Kontrolle der durch die Exekutive vorgenommenen rechtlichen Qualifikation der zu Grunde liegenden Tatsachen.[1129]

Kriterien zur Frage, wann ein „contrôle minimum“ und wann ein „contrôle normal“ vorgenommen wird, können den Schlussanträgen des Regierungskommissars *Mosset* in einem Fall aus dem Jahre 1956 entnommen werden. Der „contrôle minimum“ soll dabei zum einen dann anzuwenden sein, wenn technische Fragen im Vordergrund stehen, in denen die Richter am Conseil d'Etat nicht über die entsprechende Sachkunde verfügen. Zum anderen sei eine reduzierte Kontrolldichte angemessen, wenn es um schwierige (politische) Fragen geht, die eine entsprechend große Handlungsfreiheit der Exekutive erforderten.[1130]

Diese Kriterien sind jedoch keineswegs abschließend – zur Bemessung der Kontrolldichte werden auch die Regelungsdichte der Kontrollnorm, die durch die angegriffene Maßnahme in Rede stehenden Grundrechte[1131] sowie das öffentliche

---

1127 *Fromont*, L'intensité du contrôle du juge sur les décisions administratives en France et en Allemagne, in: Mouvement du droit public, S. 1117, 1125

1128 Wann eine solche Offensichtlichkeit gegeben ist, lässt sich der Rechtsprechung allerdings nur schwer entnehmen. In der Lehre findet man Formulierungen wie der Fehler müsse „ins Auge springen“ oder einen Verstoß „gegen den gesunden Menschenverstand“ erkennen lassen. Vgl. hierzu ausführlich *Lerche*, Landesbericht Frankreich, in: *Frowein* [Hrsg.], Die Kontrolldichte bei der gerichtlichen Überprüfung von Handlungen der Verwaltung, S. 1, 9 f. m.w.N.
Die Technik des „contrôle minimum“ darf aber nicht zu der Vermutung verleiten, das Gericht würde die Akten nicht im Detail studieren. Bei einer auf eine „erreur manifeste d'appréciation“ beschränkten Kontrolle führt das Gericht in seiner Entscheidung lediglich nicht aus, welche Tatsachenelemente es berücksichtigt hat. Vgl. hierzu *Rolin*, Le Conseil d'État, juge de l'extradition, S. 138

1129 *Lerche*, Landesbericht Frankreich, in: *Frowein* [Hrsg.], Die Kontrolldichte bei der gerichtlichen Überprüfung von Handlungen der Verwaltung, S. 1, 11

1130 Regierungskommissar *Mosset* in der Rechtssache CE, 05.12.1956, Thibault, Rec. S. 463, in: Dalloz jurispr. 1957, 21; die entscheidenden Passagen gibt auch *Lerche*, Landesbericht Frankreich, in: *Frowein* [Hrsg.], Die Kontrolldichte bei der gerichtlichen Überprüfung von Handlungen der Verwaltung, S. 1, 11 f., wieder.

1131 Vgl. *Donnat*, Anm. zu CE, 03.11.2004, Association Secours mondial de France, Rec. Tables S. 548; 593 f.; 845, in: Droit administratif, Dec. 2004, S. 31: „la décision commentée précise que le juge de l'excès de pouvoir exerce un contrôle normal sur la décision par laquelle le ministre chargé de l'Economie estime que „la défense des intérêts nationaux“ justifie, en application de l'art. L. 151-2 du Code

Interesse herangezogen.[1132] Folglich variiert die Kontrolldichte häufig nach den Spezifika des Einzelfalles.[1133]

2. Fallbeispiele aus der Rechtsprechung des Conseil d'Etat

Angesichts der Tatsache, dass der Conseil d'Etat lange Zeit eine Justiziabilität aufgrund der Theorie der Regierungsakte gänzlich ablehnte, liegt der Schluss nahe, der Staatsrat beschränke sich – wenn er schon einen „acte détachable" annimmt – lediglich auf einen „contrôle restreint". Wie die nachfolgend geschilderten Fälle zeigen, wird diese Vermutung zum Teil bestätigt, zum Teil aber auch widerlegt.

(1) So hatte Regierungskommissar *Sanson* im Fall der Wiederaufnahme der französischen Atomversuche in seinen Schlussanträgen für den – nicht eingetretenen – Fall, dass der Conseil d'Etat den Rechtsweg für eröffnet erklärt hätte, vorgeschlagen, die Maßnahme des Präsidenten bezüglich gewisser Fragen gar nicht zu kontrollieren (sog. „absence de contrôle"). Im Wesentlichen sollte der Conseil d'Etat überhaupt nicht nachprüfen, inwieweit die Wiederaufnahme der Versuche unerlässlich ist und inwieweit sich die Maßnahme des Präsidenten als „unnütz" („inutile") darstellt.[1134]

Hinsichtlich der vom Präsidenten am 13. Juni 1995 geäußerten Einschätzung, wonach die Atomversuche unter Voraussetzungen stattfänden, die keine ökologischen Konsequenzen nach sich zögen[1135], schlägt der Regierungskommissar demgegenüber vor, diese einem „contrôle restreint" zu unterziehen. Die Kläger

monétaire et financier, la mesure prise à l'encontre de cette association. *Militaient dans le sens de ce degré de contrôle le fait, d'une part, qu'un texte fixe une condition légale à l'usage par le gouvernement des prérogatives confiées à lui par le Code monétaire et financier ainsi que, d'autre part, la circonstance que la mesure en cause a pour effet de restreindre les conditions d'exercice d'une liberté publique.*" Hervorhebungen durch Verfasser.

1132 *Lerche*, Landesbericht Frankreich, in: *Frowein* [Hrsg.], Die Kontrolldichte bei der gerichtlichen Überprüfung von Handlungen der Verwaltung, S. 1, 12

1133 Teilweise wird in diesem Zusammenhang deshalb von „Ansätzen eines „richterlichen Ermessens"" gesprochen. Vgl. *Lerche*, Landesbericht Frankreich, in: *Frowein* [Hrsg.], Die Kontrolldichte bei der gerichtlichen Überprüfung von Handlungen der Verwaltung, S. 1, 12

1134 Vgl. hierzu ausführlich *Sanson*, Schlussanträge in der Rechtssache CE, Ass., 29.09.1995, Association Greenpeace France, Rec. S. 347, in: RDP 1996, S. 256, 279, 281

1135 Vgl. den Wortlaut der Erklärung des Präsidenten zit. bei *Sanson*, Schlussanträge in der Rechtssache CE, Ass., 29.09.1995, Association Greenpeace France, Rec. S. 347, in: RDP 1996, S. 256, 282: „les essais ont lieu dans des conditions où il n'y a strictement aucune conséquence écologique".

hatten vorgebracht, die Atomversuche verursachten sehr wohl Gefahren für die Umwelt, für die Bevölkerung des Pazifiks und für die gesamte Weltbevölkerung.[1136] Angesichts des Gegenstandes und der Umstände befürwortet der Regierungskommissar einen „contrôle minimum“ bezüglich der „exactitude matérielle des faits“ und hinsichtlich einer „erreur manifeste d'appréciation“.[1137]

Eine solche Kontrolle führe aber nicht zur Rechtswidrigkeit der Entscheidung. Zum einen bestehe keine „inexactitude des faits“ – die Erklärung, es bestünden keine Gefahren für Mensch und Umwelt, ist nur *eventuell* mit einer „erreur manifeste d'appréciation“ behaftet. Zum anderen ergebe sich aus den Akten, dass jedenfalls keine kurzfristigen ökologischen Risiken mit den Versuchen verbunden seien – diesbezüglich weise die Erklärung des Präsidenten also keine „erreur manifeste d'appréciation“ auf. Zwar verfüge die Verwaltung möglicherweise über weiterführende Studien hinsichtlich der Langzeitfolgen, es bestünde jedoch die Gefahr, dass die Verwaltung deren Preisgabe unter Berufung auf das „secret de la défense“ verweigere. Dann könnte der Conseil d'Etat nur folgern, aus den vorliegenden Akten ergebe sich keine „erreur manifeste d'appréciation“ oder die Verweigerung der Preisgabe zusätzlicher Untersuchungen zeige, dass Langzeitrisiken durchaus bestünden und deshalb eine „erreur manifeste d'appréciation“ annehmen. Beide dieser Lösungen könnten jedoch nicht befriedigen.[1138] Daher solle der Conseil d'Etat gleich gar nicht weitere Untersuchungen anfordern, sondern auf der Basis der vorliegenden Gutachten entscheiden.[1139]

(2) Auch im oben bereits zitierten Fall Association Secours Mondial de France stellte sich – nachdem der Conseil d'Etat einen justiziablen „acte détachable de la conduite des relations internationales“ angenommen hatte – die Frage nach der Kontrolldichte.

Um die finanziellen Transaktionen der klagenden Vereinigung einer vorangehenden behördlichen Genehmigung unterwerfen zu können, musste der Wirt-

1136 Abgesehen von den während der Versuche selbst auftretenden Risiken bestünde die Gefahr, dass infolge der Versuche das Gestein des Atolls brüchig werde; vgl. zu der Argumentation der Kläger ausführlich *Sanson*, Schlussanträge in der Rechtssache CE, Ass., 29.09.1995, Association Greenpeace France, Rec. S. 347, in: RDP 1996, S. 256, 280

1137 *Sanson*, Schlussanträge in der Rechtssache CE, Ass., 29.09.1995, Association Greenpeace France, Rec. S. 347, in: RDP 1996, S. 256, 281: „Il nous paraît difficile dans ces conditions et compte tenu de la matière de ne pas admettre un contrôle minimum portant sur l'exactitude matérielle des faits et l'erreur manifeste d'appréciation.“

1138 Vgl. *Sanson*, Schlussanträge in der Rechtssache CE, Ass., 29.09.1995, Association Greenpeace France, Rec. S. 347, in: RDP 1996, S. 256, 282

1139 *Sanson*, Schlussanträge in der Rechtssache CE, Ass., 29.09.1995, Association Greenpeace France, Rec. S. 347, in: RDP 1996, S. 256, 282

schafts- und Finanzminister zwingend Tatsachen darlegen, die ihn zur Einschätzung veranlassten, die Vereinigung sei mit Al-Qaida verbunden. Der Beweis dieser Tatsachen war aber sehr schwierig zu führen, da gegebenenfalls Staatsgeheimnisse berührt werden könnten.[1140] Der kontradiktorische Charakter des französischen Verwaltungsprozesses verbietet es nämlich dem Gericht, von Akten Kenntnis zu nehmen, die aufgrund des „secret de la défense nationale" nicht der anderen Partei zur Verfügung gestellt werden können.[1141]

Vor diesem Hintergrund erweist sich die richterliche Kontrolle bezüglich der vom Ministerium vorgenommenen „qualification juridique des faits" als sehr problematisch. Zwar kommt den „renseignements" seitens des Ministeriums ein sehr geringer Beweiswert zu. Trotzdem erachtete der Staatsrat diese als ausreichend, um zur erforderlichen richterlichen Überzeugung zu gelangen. In vorliegendem Fall war es für den Conseil d'Etat offenbar entscheidend, dass die vom Wirtschaftsminister abgegebenen „renseignements" durch Akte internationaler Organisationen bestätigt worden sind.[1142] Folglich stellte das Gericht fest, unter diesen Umständen habe keine „erreur d'appréciation" bei der Anordnung der vorherigen Genehmigung für finanzielle Transaktionen der Klägerin vorgelegen.[1143] Weiterhin habe die klagende Vereinigung nichts vorgetragen, was die Einschätzung des Ministers erschüttern könnte. Diese beschränke sich vielmehr lediglich darauf, ihren Charakter als unabhängige Organisation mit humanitärer Zwecksetzung zu betonen und auf ihre Satzung zu verweisen.[1144]

1140 Vgl. CE, 03.11.2004, Association Secours Mondial de France, Rec. Tables S. 548; 593 f.; 845 = AJDA 2005, S. 723: „il ressort des pièces du dossier que les motifs ayant justifié l'inscription de l'association requérante sur la liste [...] sont couverts par le secret de la défense nationale". Vgl. diesbezüglich Anm. *Clamour*, in: Dalloz jurispr. 2005, S. 824, 826

1141 *Clamour*, Anm. zu CE, 03.11.2004, Association Secours Mondial de France, Rec. Tables S. 548; 593 f.; 845, in: Dalloz jurispr. 2005, S. 824, 827

1142 So wurde die klagende Vereinigung wenige Tage nach dem streitgegenständlichen Dekret durch die Resolution 1267/2002 vom 22.10.2002 des „Comité du Conseil de sécurité" und durch die Verordnung der Europäischen Kommission 1893/2002 vom 23.10.2002 in die Listen der Einheiten aufgenommen, die mit dem Al-Qaida-Netzwerk verbunden sind.

1143 CE, 03.11.2004, Association Secours Mondial de France, Rec. Tables S. 548; 593 f.; 845 = AJDA 2005, S. 723, 724: „il ne ressort pas des pièces du dossier que le ministre de l'Économie, des Finances et de l'Industrie a, dans ces circonstances, commis une erreur d'appréciation".

1144 CE, 03.11.2004, Association Secours Mondial de France, Rec. Tables S. 548; 593 f.; 845 = AJDA 2005, S. 723, 724: „l'association Secours mondial de France, qui se borne à soutenir qu'elle constitue une association indépendante à vocation humanitaire [...] [et T.P.] que son objet statuaire n'appelait aucune objection,

Aus der Formulierung „erreur d'appréciation" lässt sich schließen, der Conseil d'Etat habe die Maßnahme einem „contrôle normal" unterworfen. Eine solche Kontrolldichte war angesichts des Zusammenhangs des Verfahrens mit dem Kampf gegen den internationalen Terrorismus und angesichts des Gewichts des „secret de la défense nationale" nicht zu erwarten. Da, wie der Conseil d'Etat selbst in der Entscheidung hervorhebt, eine sicherheitsrechtliche Maßnahme („mesure de (haute) police") vorliegt, wäre genauso gut ein bloßer „contrôle restreint" durch das Gericht denkbar gewesen.[1145] Im Sinne eines effektiven Rechtsschutzes ist jedoch die Wahl des „contrôle normal" durch den Conseil d'Etat zu begrüßen: Ist dieser doch geeignet, die durch die Verbindung zu einem „secret de défense" verursachten Nachteile für den Kläger auszugleichen. Außerdem erlaubt eine solche Kontrolldichte größtmöglichen Nutzen aus dem kontradiktorischen Verfahren zu ziehen, bei dem sich das Gericht auf den kleinsten gemeinsamen Nenner der Parteien – die vorliegenden Akten – stützt, um besser die „unscharfen Antworten" der Verwaltung gegenüber den „präzisen Rügen" des Klägers sanktionieren zu können.[1146] Weiterhin führt die Anwendung des „contrôle normal" in solchen Fällen, in denen große Teile der Tatsachen von dem „secret de la défense" überlagert werden, keineswegs zu einer gänzlichen Beweislastumkehr zum Nachteil des Klägers. Dieser muss vielmehr mit sämtlichen geeigneten Mitteln seine tatsächlichen Aktivitäten konkret beschreiben, anstatt sich auf einen Verweis auf die Satzung zu beschränken. In einem solchen Falle würde das Gericht denn auch die präzisen Darlegungen des Klägers mit denen der Exekutive vergleichen und eventuell die vom Kläger geschilderte Sachlage seiner Entscheidung zu Grunde legen.[1147]

(3) Zuletzt wird im Auslieferungsrecht – also bei Fällen mit eventuellen außenpolitischen Implikationen – ein „contrôle normal" durchgeführt. Dies betrifft insbesondere die Frage nach der Vertrauenswürdigkeit von Zusicherungen bezüglich der Behandlung des Ausgelieferten in dem die Auslieferung beantragenden Staat. Der Conseil d'Etat sanktioniert in diesem Zusammenhang sowohl das gänzliche Fehlen solcher Zusagen[1148] als auch deren Unzulänglichkeit[1149], indem

---

n'apporte aucun élément de nature à remettre en cause de façon probante l'appréciation du ministre".

1145 Ebenso *Clamour*, Anm. zu CE, 03.11.2004, Association Secours Mondial de France, Rec. Tables S. 548; 593 f.; 845, in: Dalloz jurispr. 2005, S. 824, 827

1146 *Clamour*, Anm. zu CE, 03.11.2004, Association Secours Mondial de France, Rec. Tables S. 548; 593 f.; 845, in: Dalloz jurispr. 2005, S. 824, 828

1147 *Clamour*, Anm. zu CE, 03.11.2004, Association Secours Mondial de France, Rec. Tables S. 548; 593 f.; 845, in: Dalloz jurispr. 2005, S. 824, 828

1148 CE, 27.02.1987, Fidan, Rec. S. 81

1149 CE, 14.12.1987, Gacem, Rec. Tab. S. 733

er jeweils das Auslieferungsdekret aufhebt. In letzterem Fall hatte die algerische Regierung in einer Verbalnote („note diplomatique“) angezeigt, der Kläger werde nicht zum Tode verurteilt. Da diese Verbalnote aber weder die algerischen Gerichte binde noch garantiere, dass die Todesstrafe, sofern sie denn verhängt würde, nicht vollstreckt werde, hob der Staatsrat das Auslieferungsdekret auf.[1150]

III. Zwischenergebnis zur Kontrolldichte der französischen Verfassungsgerichtsbarkeit im Vergleich zum Bundesverfassungsgericht

Trotz der unterschiedlichen verfassungsprozessualen und materiell-rechtlichen Ausgangslage ist ein „Gegensteuern“ auch bei den französischen Verfassungsgerichten zu beobachten – wenngleich in geringerem Umfang als beim Bundesverfassungsgericht.

Bei der Bemessung der Kontrolldichte durch den Conseil d'Etat werden in der französischen Rechtsprechung und Lehre die in Rede stehenden Rechtsgüter des Einzelnen nicht in gleichem Maße in die Betrachtungen mit einbezogen wie dies in Deutschland der Fall ist. Dies erklärt sich aber wiederum aus dem Umstand, dass der französische Verwaltungsprozess (ursprünglich) nicht der Wahrung und Durchsetzung der Rechte Einzelner diente, sondern lediglich die Beachtung der Gesetze durch die Verwaltung sicherstellen sollte.[1151]

Anders als in der Bundesrepublik ist auch die Tatsache, dass der Fall Bezüge zur Außenpolitik aufweist, für die Bestimmung der Kontrolldichte unerheblich. So erörtert Regierungskommissar *Sanson* die außenpolitischen Implikationen der Rechtssache Association Greenpeace France in seinen vorher zitierten Schlussanträgen zwar ausführlich bei der Frage, ob ein „acte de gouvernement“ vorliegt – bei der Bemessung der Kontrolldichte kommt er aber hierauf nicht mehr zu sprechen. Er zitiert „lediglich“ aus der Rechtsprechung des Conseil d'Etat zur Risikoanalyse im Bereich des Atomrechts.[1152] Der Regierungskommissar spricht

1150 Diese Rechtsprechung ist durchaus in manchen Fällen mit Problemen verbunden, was sich in der Rechtssache CE, Ass., 15.10.1993, Mme Aylor, Rec. S. 283 deutlich zeigte. Es ist nämlich fraglich, welche Behörde in einem Bundesstaat die entsprechenden Zusicherungen abgeben muss, und wie solche Zusicherungen zu bewerten sind, die zeitlich *nach* dem Auslieferungsdekret abgegeben worden sind. Vgl. hierzu die Schlussanträge des Regierungskommissars *Vigouroux*, in: RFDA 1993, S. 1166, denen der Conseil d'Etat jedoch nicht gefolgt ist. Vgl. hierzu *Rolin*, Le Conseil d'État, juge de l'extradition, S. 150-155

1151 *Fromont*, L'intensité du contrôle du juge sur les décisions administratives en France et en Allemagne, in: Mouvement du droit public, S. 1117, 1118 f.

1152 *Sanson*, Schlussanträge in der Rechtssache CE, Ass., 29.09.1995, Association Greenpeace France, Rec. S. 347, in: RDP 1996, S. 256, 281: „la présente espèce

zwar davon, er berücksichtige den Gegenstand und die sonstigen Umstände, meint hiermit aber ersichtlich lediglich die Bezüge des Falles zum Umweltrecht.

Gerade im Bereich des Auslieferungsrechts erweist es sich als besonders vorteilhaft, dass der Conseil d’Etat eventuelle außenpolitischen Implikationen bei der Bemessung der Kontrolldichte außer Betracht lässt. In diesem Rechtsgebiet ist die Anwendung des „contrôle normal“ uneingeschränkt zu begrüßen.

peut être rapprochée de votre décision d’Assemblée du 28 février 1975, Société Herr et autres, p. 162 [...], dans laquelle vous avez exercé un contrôle d’erreur manifeste sur les conséquences écologiques d’un décret autorisant la construction d’une centrale nucléaire.“

Teil 4: Einzelfragen der Kontrolle der auswärtigen Gewalt in Frankreich und Deutschland

A. Auslegung völkerrechtlicher Verträge

Wie *Bernhardt* zutreffend ausführt wird bei „der Auslegung eines völkerrechtlichen Vertrages [...] das mögliche Spannungsverhältnis zwischen völkerrechtlicher und staatsrechtlicher Betrachtung besonders sichtbar.“[1153] Gemäß Art. 31 f. WVRK sind nämlich rein innerstaatliche Vorgänge keine völkerrechtlich relevanten Auslegungsfaktoren. Vielmehr sind zur Auslegung nur solche Gesichtspunkte heranzuziehen, die auf den Willen des oder der Vertragspartner schließen lassen.[1154] Bevor jedoch erörtert werden kann, welche Auslegungsgrundsätze die Gerichte in Deutschland und Frankreich bei völkerrechtlichen Verträgen zur Anwendung bringen (vgl. II.), stellt sich zunächst die Frage, welchem staatlichen Organ in einem anhängigen Rechtsstreit die Kompetenz zur Auslegung völkerrechtlicher Verträge zukommt (vgl. I.). Abschließend ist das in beiden Ländern äußerst umstrittene Problem der verfassungskonformen Auslegung völkerrechtlicher Verträge zu untersuchen (vgl. III.).

I. Bindung an eine vom Außenministerium vorgenommene Auslegung

Die Problematik, inwieweit die Gerichte an eine vom Außenministerium vorgenommene Auslegung gebunden sind, ist ein Teilbereich eines größeren Fragenkomplexes, in dessen Rahmen untersucht wird, inwieweit Stellungnahmen der Exekutive überhaupt für die Gerichte verbindlich sind. Dabei ist die Frage, wem die Auslegungskompetenz für völkerrechtliche Verträge zukommt, von entscheidender Bedeutung. Ein Text gilt nämlich immer nur in der Weise, wie er

---

1153 *Bernhardt*, Völkerrechtliche Bemerkungen zum Grundvertrags-Urteil des Bundesverfassungsgerichts, in: *Delbrück, u.a.* [Hrsg.], Recht im Dienst des Friedens, S. 109, 117

1154 *Bernhardt*, Völkerrechtliche Bemerkungen zum Grundvertrags-Urteil des Bundesverfassungsgerichts, in: *Delbrück, u.a.* [Hrsg.], Recht im Dienst des Friedens, S. 109, 117

ausgelegt worden ist.[1155] *Lambert* betrachtet das für die Auslegung zuständige Organ sogar als den wahren „Gesetzgeber".[1156]

1. Bundesrepublik Deutschland

In der Bundesrepublik Deutschland ist es mittlerweile unbestritten[1157], dass einer vom Außenministerium vorgenommenen Auslegung eines Abkommens „lediglich" die Wirkung eines Sachverständigengutachtens zukommt.[1158] Das bedeutet, die Gerichte können zwar eine Auskunft beim Auswärtigen Amt einholen, sind aber an dessen Ausführungen nicht gebunden.[1159] Auch wenn die Gefahren einer unabhängigen Auslegung durch die Gerichte deutlich gesehen werden[1160], scheidet eine formelle Bindung an eine vom Außenministerium gegebene Auslegung schon aufgrund funktionell-rechtlicher Gesichtspunkte aus: So erfordert die Gerichtsförmigkeit des Bundesverfassungsgerichts, dass dieses das im Fall anwendbare Recht selbst ermittelt – hierzu gehört zwingend auch die Auslegung.[1161] Ein Verstoß gegen Art. 97 I GG dürfte demgegenüber nicht vorliegen – schließlich wird durch eine Bindung der Gerichte an eine vom Auswärtigen Amt vorgenommene Auslegung nicht die Art und Weise der Ausübung der Rechtsprechung beeinflusst, sondern das hierfür maßgebliche Recht, das das Gericht seiner Beurteilung zu Grunde legt.[1162] Überdies ist Art. 97 I GG ohnehin nur bedingt heranzuziehen, da dieser sich als Teilkonkretisierung des Gewaltenteilungsgrundsat-

---

1155 *Pacteau,* Le juge administratif français et l'interprétation européenne, in: *Sudre* [Hrsg.], L'interprétation de la Convention des droits de l'homme, S. 251, 254. Er folgert daraus: „*Interpréter c'est gouverner.*"

1156 *Lambert*, Le gouvernement des juges et la lutte contre la législation sociale aux États-Unis, S. 58: „Quand quelqu'un a une autorité absolue pour interpréter des lois écrites ou orales, c'est lui qui est en réalité le législateur à tous égards et à toutes fins et non pas la personne qui la première les a écrites ou prononcées"

1157 Zu früher vertretenen abweichenden Auffassungen vgl. *Bolewski*, Zur Bindung deutscher Gerichte an Äußerungen und Maßnahmen ihrer Regierung auf völkerrechtlicher Ebene, S. 161 m.w.N.

1158 *Bolewski*, Zur Bindung deutscher Gerichte an Äußerungen und Maßnahmen ihrer Regierung auf völkerrechtlicher Ebene, S. 160

1159 *Bleckmann*, Grundgesetz und Völkerrecht, S. 256

1160 Vgl. hierzu *Bolewski*, Zur Bindung deutscher Gerichte an Äußerungen und Maßnahmen ihrer Regierung auf völkerrechtlicher Ebene, S. 177

1161 *Schreuer*, Wechselwirkungen zwischen Völkerrecht und Verfassung bei der Auslegung völkerrechtlicher Verträge, in: BDGV 23 (1982), S. 61, 63 m.w.N.

1162 *Schulze-Fielitz*, in: *Dreier* [Hrsg.], Grundgesetz-Kommentar, Bd. III, Art. 97, Rn. 26; fraglich ist jedoch, inwieweit eine Abgrenzung, Art und Weise der Rechtsprechungstätigkeit – Beeinflussung des zu Grunde liegenden Rechts, klar vorgenommen werden kann.

zes[1163] darstellt. Art. 20 II 2 GG ist jedoch – wie bereits erwähnt – zur konkreten Kompetenzabgrenzung zwischen Exekutive und Judikative ungeeignet.

Ausnahmen von dieser grundsätzlichen Ungebundenheit des Bundesverfassungsgerichts bei der Auslegung sind nur bei Vorliegen eines Ergänzungs- oder Interpretationsvertrages zu dem auszulegenden völkerrechtlichen Vertrag zu machen.[1164] An diesen ist das Gericht dann nämlich über Art. 20 III GG gebunden. Hierbei handelt es sich jedoch um eine „unechte" Ausnahme: Eine Auslegung im Wege eines Interpretationsvertrages erfolgt nämlich nicht im Rahmen eines Gerichtsverfahrens – sie wird also nicht im Hinblick auf einen etwaigen Ausgang eines Prozesses vorgenommen. Außerdem ist es in einem solchen Fall nicht die Exekutive der Bundesrepublik Deutschland allein, die den Inhalt des Vertrages durch Auslegung bestimmt – vielmehr muss stets auch der Vertragspartner der jeweiligen Interpretation zustimmen.

Trotz der fehlenden Bindungswirkung ist die Bedeutung einer anlässlich eines Prozesses vorgenommenen Auslegung durch das Auswärtige Amt nicht zu unterschätzen. So tut das Bundesverfassungsgericht gut daran, sich die besondere Sachkunde des Auswärtigen Amtes zu Nutze zu machen. Dieses war nämlich regelmäßig an der Aushandlung des auszulegenden Vertrages beteiligt, kann also am ehesten Aussagen zum Willen der vertragschließenden Parteien machen.[1165] Ferner fördert eine Anfrage beim Außenministerium eine einheitliche Rechtsfindung und Rechtsprechung.[1166]

Weiterhin hindert eine fehlende Bindungswirkung nicht eine Diskussion darüber, ob ein Ersuchen des Bundesverfassungsgerichts um eine Auslegung durch das Auswärtige Amt stets im freien Ermessen des Gerichts steht, oder in Einzelfällen nicht eine diesbezügliche Pflicht bestehen kann. Hierbei wird vertreten, grundsätzlich stehe das Einholen einer Auskunft im freien Ermessen der Gerichte, dieses könne sich jedoch im Einzelfall zu einer Pflicht zur Auskunftseinholung verdichten.[1167] Offengelassen wird hingegen, welche Umstände zu einer „Ermessensreduktion" führen können. Hier erscheint es durchaus legitim, Art. 19

1163 *Herzog*, in: *Maunz/Dürig/Herzog*, GG-Kommentar, Art. 97 Rn. 2

1164 *Bolewski*, Zur Bindung deutscher Gerichte an Äußerungen und Maßnahmen ihrer Regierung auf völkerrechtlicher Ebene, S. 178 f.

1165 Ähnlich *Bolewski*, Zur Bindung deutscher Gerichte an Äußerungen und Maßnahmen ihrer Regierung auf völkerrechtlicher Ebene, S. 178

1166 *Bolewski*, Zur Bindung deutscher Gerichte an Äußerungen und Maßnahmen ihrer Regierung auf völkerrechtlicher Ebene, S. 163

1167 *Bolewski*, Zur Bindung deutscher Gerichte an Äußerungen und Maßnahmen ihrer Regierung auf völkerrechtlicher Ebene, S. 164

IV GG[1168] bzw. die Verfahrensdimensionen der Grundrechte[1169] des Grundgesetzes fruchtbar zu machen, um eine solche Pflicht in Einzelfällen zu begründen. Ebenso erscheint es möglich, auf Art. 6 I S. 1 EMRK zurückzugreifen, sofern dessen Anwendungsbereich eröffnet ist.

2. *Französische Republik: Le renvoi préjudiciel en interprétation des traités internationaux*

a. *Traditionelle Rechtsprechung: grundsätzliche Vorlagepflicht zum Außenministerium*

Nach der traditionellen Rechtsprechung des Staatsrates wurde bei Zweifeln über die Interpretation eines völkerrechtlichen Vertrages dieser – nach Aussetzung des Verfahrens – dem Außenministerium zur *verbindlichen* Auslegung vorgelegt[1170] (sogenannter „renvoi préjudiciel en interprétation des traités internationaux“[1171]). Die Auslegung eines völkerrechtlichen Abkommens wurde gleichsam als „acte de gouvernement“ gewertet, der untrennbar mit der Führung der internationalen Be-

1168 Art. 19 IV GG gewährt nämlich nicht nur die Eröffnung des Rechtswegs, sondern darüber hinaus auch die Effizienz und die Effektivität des Rechtsschutzes; vgl. hierzu *Möller*, Verfahrensdimensionen materieller Garantien der Europäischen Menschenrechtskonvention, S. 24 m.w.N.

1169 Inwieweit hierbei dem Art. 19 IV GG eine Vorrangstellung gegenüber der Verfahrensdimension der materiellen Grundrechte zukommt, ist umstritten. Das Bundesverfassungsgericht nimmt eine solche Vorrangstellung an und entnimmt den materiellen Grundrechten nur dann Anforderungen an das gerichtliche Verfahren, wenn Art. 19 IV GG nicht anwendbar ist oder keinen ausreichenden Schutz gewährt. Vgl. hierzu *Möller*, Verfahrensdimensionen materieller Garantien der Europäischen Menschenrechtskonvention, S. 29-33 m.w.N.

1170 Ständige Rechtsprechung seit CE, Ass., 03.07.1931, Sieurs Karl et Toto Samé, Rec. S. 722. Zuvor hatte das Vorliegen eines Auslegungsproblems sogar dazu geführt, dass das Begehren des Klägers entweder gänzlich abgewiesen wurde, weil eine Auslegungsfrage nicht vor den Conseil d'Etat gebracht werden konnte, oder dass lediglich das sich auf die Auslegung beziehende Argument des Klägers zurückgewiesen wurde. CE, 23.7.1823, Veuve Murat, Rec. S. 545; vgl. zum Sachverhalt und zu den entscheidenden Considérants des Conseil d'Etat *Kdhir*, L'interprétation par le juge français des traités internationaux, in: LPA, 15.04.1991, no. 45, S. 9, 15 in Fn. 70

1171 Vgl. hierzu aus der deutschsprachigen Literatur *Rees*, Der Rang völkerrechtlicher Verträge nach französischem Verfassungsrecht, in: ZaöRV 35 (1975), S. 445, 485-492

ziehungen verbunden ist.[1172] Mit Teilen der Literatur ist diese Rechtsprechung als Ausdruck richterlicher Zurückhaltung des Conseil d'Etat zu werten.[1173]

Der „renvoi en interprétation" wurde vor allem mit den damit verbundenen Vorteilen begründet. So sichere dieser eine einheitliche Auslegung völkerrechtlicher Abkommen und trage folglich zur Rechtssicherheit bei. Außerdem verfüge das Außenministerium über die größere Sachnähe. Es sei nämlich aufgrund seines Zugangs auch zu informellen oder nicht veröffentlichten Interpretationserklärungen am ehesten befähigt, das Gericht über die gemeinsamen Absichten der Parteien zu informieren. Weiterhin sei das Vorlagesystem Ausfluss des institutionellen Gleichgewichts zwischen Judikative, Exekutive und Legislative.[1174] Zuletzt verringere der „renvoi en interprétation" das Risiko völkerrechtlicher Haftung der Französischen Republik – diese könne schließlich von jeglichem Organ des Staates ausgelöst werden, also auch von den Gerichten.[1175]

Ausnahmen zu dieser – gesetzlich im Übrigen nicht geregelten – Vorlagepflicht wurden vom Conseil d'Etat nur im Falle eines sogenannten „acte clair" zugelassen.[1176] Ein solcher wurde dann angenommen, wenn der Wortlaut eines völkerrechtlichen Vertrages keine ernsthaften Zweifelsfragen aufwarf.[1177] In die-

1172 Den Zusammenhang zwischen dem „Renvoi préjudiciel en interprétation des traités" und der „Théorie des actes de gouvernement" betonen auch *Abraham*, Schlussanträge in der Rechtssache CE, Ass., 29.06.1990, G.I.S.T.I., Rec. S. 171, in: RGDIP 1990, S. 882, 895, *Kdhir*, L'interprétation par le juge français des traités internationaux, in: LPA, 15.04.1991, no. 45, S. 9, 14 sowie EGMR, 24.11.1994, Beaumartin c/ France, Série A, no. 296-B Rn. 19

1173 *Delajoux*, Le Conseil d'Etat et les sources supranationales du droit, S. 410. Allerdings sei hier nochmals auf die grundsätzlichen Unterschiede zwischen judicial self-restraint und political question doctrine bzw. der théorie des actes de gouvernement hingewiesen. Vgl. hierzu bereits oben Teil 2. II. 1.

1174 Argumentation der französischen Regierung vor dem EGMR wiedergegeben in: EGMR, 24.11.1994, Beaumartin c/ France, Série A, no. 296-B Rn. 37

1175 So die von *Abraham*, Schlussanträge in der Rechtssache CE, Ass., 29.06.1990, G.I.S.T.I., Rec. S. 171, in: RGDIP 1990, S. 882, 894, wiedergegebene Argumentation. Zu weiteren Vor- und Nachteilen dieser Praxis, vgl. *Meyring*, Die Entwicklung zustimmungsbedürftiger völkerrechtlicher Verträge nach ihrem Abschluss und ihre Auswirkungen in der deutschen Rechtsordnung, S. 406 f.

1176 Ständige Rechtsprechung seit CE, Ass., 01.07.1938, Jabin-Dudognon, Rec. S. 607

1177 Nach einer bekannten Formel von *Laferrière* ist eine Vertragsbestimmung unter folgender Voraussetzung als „acte clair" zu qualifizieren: „[il n'est pas] de nature à faire naître un doute dans un esprit éclairé". Zit. bei *Abraham*, Schlussanträge in der Rechtssache CE, Ass., 29.06.1990, G.I.S.T.I., Rec. S. 171, in: RGDIP 1990, S. 882, 890.
Die Praxis der „acte clair"-Doktrin wird verschiedentlich im Hinblick auf eine drohende völkerrechtliche Haftung kritisiert: Schließlich ermögliche die Einordnung einer Vertragsklausel als „acte clair" zwar eine möglichst wortgenaue Anwendung

sem Falle habe im engeren Sinne gar keine Auslegung vorgelegen, vielmehr handelte es sich hierbei um eine bloße Rechtsanwendung.[1178]

Diese Ausnahme wurde vom Conseil d'Etat im Laufe der Zeit immer häufiger genutzt. In seinen Schlussanträgen zum nachfolgend geschilderten Fall G.I.S.T.I. nennt Regierungskommissar *Abraham* sogar einen Fall, in dem der Conseil d'Etat eine Vertragsklausel als „acte clair" qualifizierte, obgleich die von der Vorinstanz eingeholte Interpretation des Außenministeriums der dann vorgenommenen Auslegung durch den Staatsrat widersprach.[1179]

Dieser Fall verdeutlicht zugleich die Schwäche der Theorie des „acte clair". Da keine objektiven Kriterien bestehen, anhand derer festgestellt werden kann, ob eine Vertragsbestimmung eindeutig ist oder nicht, genügt bereits ein Bestreiten durch eine Partei, um eine Kontoverse über den tatsächlichen Sinn der Vertragsklausel entstehen zulassen.[1180] Auch muss die fragliche Bestimmung eigentlich vorher ausgelegt werden, um die Eindeutigkeit ihres Inhalts klären zu können. Ebendiese Kompetenz zur Auslegung billigte sich der Conseil d'Etat nach traditioneller Rechtsprechung jedoch gerade nicht zu.

Die Theorie des „acte clair" ist allerdings nicht allein kritikwürdig, bereits der Regelfall des „renvoi préjudiciel en interprétation" erscheint zweifelhaft.

Im Zentrum der Kritik[1181] an der verbindlichen Auslegung völkerrechtlicher Verträge durch das Außenministerium steht der Gesichtspunkt, dass hierdurch die Regierung partiell zum Richter in eigener Sache erhoben werde. So könne die Exekutive nicht nur einseitig den Inhalt der im Rechtsstreit anwendbaren Normen bestimmen[1182], sondern darüber hinaus in entscheidender Weise auf den soge-

derselben, zugleich trage sie jedoch die Gefahr in sich, dass internationale Institutionen von dieser Auslegung abweichen. Vgl. hierzu *Conseil d'Etat* [Hrsg.], Droit international et droit français, S. 30. Diese Argumentation erscheint jedoch wenig überzeugend. Die befürchtete Gefahr besteht nämlich bei jeglicher innerstaatlichen Interpretation völkerrechtlicher Verträge und nicht bloß bei der Annahme eines acte clair durch ein Gericht.

1178 *C. Lerche*, Die Kompetenz des französischen Conseil d'Etat zur Auslegung völkerrechtlicher Verträge, in: ZaöRV 50 (1990), S. 869, 875;

1179 Vgl. *Abraham*, Schlussanträge in der Rechtssache CE, Ass., 29.06.1990, G.I.S.T.I., Rec. S. 171, in: RGDIP 1990, S. 882, 901 unter Bezugnahme auf CE, Ass., 08.04.1987, Ministre de l'intérieur de la décentralisation c/ Peltier, Rec. S. 128

1180 *Kdhir*, L'interprétation par le juge français des traités internationaux, in: LPA, 15.04.1991, no. 45, S. 9, 13

1181 Die Aussage, die Rechtsprechung des Conseil d'Etat verstoße gegen das verfassungsrechtliche Prinzip der Gewaltenteilung, erscheint zu unbestimmt; so aber *Kdhir*, L'interprétation par le juge français des traités internationaux, in: LPA, 15.04.1991, no. 45, S. 9, 15

1182 *Kdhir*, L'interprétation par le juge français des traités internationaux, in: LPA, 15.04.1991, no. 45, S. 9, 14

nannten „Dispositif" – also auf die Urteilsformel, den Tenor, Einfluss nehmen. Daher erscheine es auch nicht überraschend, dass die meisten Auslegungsentscheidungen des Außenministeriums sich zulasten des Klägers und zu Gunsten der Regierung auswirkten.[1183] Zum Teil wurde die Praxis des „renvoi en interprétation des traités" als „Verstümmelung" der richterlichen Funktion bezeichnet – schließlich gehöre die Ermittlung des Inhalts der im Rechtsstreit anwendbaren Norm zum Kernbereich richterlicher Tätigkeit.[1184] Zuletzt leide eine durch das Außenministerium vorgenommene Interpretation an mangelnder Publizität – die ministerielle Auslegung erschließe sich nur indirekt durch das jeweilige Urteil.[1185]

b. Neuere Entwicklungen in der Rechtsprechung – Entscheidung des Conseil d'Etat in der Rechtssache G.I.S.T.I.

Die geschilderte Rechtsprechung zum „renvoi en interprétation des traités internationaux" hat der Conseil d'Etat in seiner Entscheidung zur Rechtssache G.I.S.T.I. aufgegeben.[1186]

In diesem Fall hatte eine Vereinigung zum Schutz für Gastarbeiter[1187] mit Hilfe des „recours pour excès de pouvoir" eine Verwaltungsrichtlinie („circulaire") des Innen- und des Sozialministers angegriffen, die die Auslegung und Anwendung des Zusatzvertrages vom 22. Dezember 1985 zum französisch-algerischen Abkommen über die Einreise und den Aufenthalt algerischer Gastarbeiter vom 27. Dezember 1968 präzisierte. Von zentraler Bedeutung war die Bestimmung der Circulaire, wonach unter Familienmitgliedern im Sinne des Zusatzabkommens auch minderjährige Kinder unter 18 Jahren zu verstehen sei-

---

1183 *Abraham*, Schlussanträge in der Rechtssache CE, Ass., 29.06.1990, G.I.S.T.I., Rec. S. 171, in: RGDIP 1990, S. 882, 904, entnimmt der Rechtsprechung des Conseil d'Etat lediglich zwei Entscheidungen, in denen sich eine ministerielle Auslegung zulasten der Exekutive auswirkte.

1184 Vgl. *Labetoulle*, Schlussanträge in der Rechtssache CE, 27.10.1978, Debout, Rec. S. 395, 403: „cette mutilation de la fonction juridictionnelle que constitue toujours le renvoi pour interprétation au ministre".

1185 *Buffet-Tchakaloff*, L'interprétation des Traités internationaux par le Conseil d'Etat, in: RGDIP 1991, S. 109, 111; ebenso *Meyring*, Die Entwicklung zustimmungsbedürftiger völkerrechtlicher Verträge nach ihrem Abschluss und ihre Auswirkungen in der deutschen Rechtsordnung, S. 406 f.

1186 CE, Ass., 29.06.1990, G.I.S.T.I., Rec. S. 171

1187 Sogenannter Groupe d'information et de soutien des travailleurs immigrés – G.I.S.T.I.

en.[1188] Demgegenüber trug die klagende Vereinigung vor, aus dem Wortlaut des im Anhang zum Zusatzabkommen befindlichen Protokolls ergebe sich zwingend, die Minderjährigkeit sei nach algerischem Recht zu bestimmen, die bei Jungen bis zur Vollendung des 19. Lebensjahres, bei Mädchen bis zur Vollendung des 21. Lebensjahres andauere. Aus diesem Grunde sei die Verwaltungsrichtlinie rechtswidrig. Zwar schloss sich der Conseil d'Etat nicht dem Vortrag der Klägerin an – entscheidend ist jedoch, dass er eigenständig das einschlägige Protokoll auslegte, ohne es vorher zur verbindlichen Interpretation dem Außenministerium vorzulegen. Die Rechtsprechungsänderung ist – wie bei französischen Urteilen häufig der Fall – nicht offensichtlich. Sie zeigt sich lediglich an einer von der sonstigen Terminologie abweichenden Formulierung des Staatsrates. Statt der bislang verwendeten Formel „il ressort de l'interprétation donnée par le ministre des Affaires étrangères“ bedient sich der Conseil d'Etat nun folgender Wendung: „il ressort des pièces du dossier“.[1189] Diese Kehrtwendung, die sich im Übrigen auf sämtliche Interpretationsprobleme bezieht[1190], wird im Urteil auch nicht begründet – eine Erklärung ist jedoch den Schlussanträgen des Regierungskommissars *Abraham* zu entnehmen, die man in zwei große Blöcke einteilen kann:

Zunächst entkräftet er die Argumente, die für eine Bindungswirkung von Interpretationen durch das Außenministerium angeführt wurden: So überzeuge der Ansatz nicht, lediglich auf diese Art und Weise könne eine einheitliche Auslegung durch die Vertragsparteien gewährleistet werden. Eine solche Auslegung sei genauso „unilateral“, wie wenn sie von einem Gericht durchgeführt worden wäre. Auch existiere kein vernünftiger Grund, warum einer Auslegung durch den Außenminister eine höhere Richtigkeitsgewähr zukommen solle – schließlich habe auch das Gericht die Möglichkeit, in die Verhandlungsprotokolle Einsicht zu nehmen.[1191] Weiterhin stellt der Regierungskommissar einen Zusammenhang zur kurz zuvor ergangenen Nicolo-Entscheidung[1192] des Conseil d'Etat her, in der das Gericht eine effektive Durchsetzung des Vorranges eines völkerrechtlichen

1188 Vgl. zum exakten Wortlaut der Circulaire *Abraham*, Schlussanträge in der Rechtssache CE, Ass., 29.06.1990, G.I.S.T.I., Rec. S. 171, in: RGDIP 1990, S. 882, 884

1189 CE, Ass., 29.06.1990, G.I.S.T.I., Rec. S. 171; vgl. hierzu insbesondere *Teboul*, Anm. zu CE, Ass., 29.06.1990, G.I.S.T.I., Rec. S. 171, in: AJDA 1990, S. 631, 632

1190 So erfasst die G.I.S.T.I.-Rechtsprechung nicht nur Fragen nach dem konkreten Inhalt einer Vertragsbestimmung, sondern auch die Frage, inwieweit diese als „self-executing“ zu qualifizieren ist. Vgl. hierzu *Delajoux*, Le Conseil d'Etat et les sources supranationales du droit, S. 411

1191 *Abraham*, Schlussanträge in der Rechtssache CE, Ass., 29.06.1990, G.I.S.T.I., Rec. S. 171, in: RGDIP 1990, S. 882, 897

1192 CE, Ass., 20.10.1989, Nicolo, Rec. S. 190 mit Schlussanträgen *Frydmann* in: ZaöRV 50 (1990), S. 629 ff.

Vertrages auch gegenüber einem späteren Gesetz anerkannte.[1193] Die Auslegung des völkerrechtlichen Vertrages als der vorrangigen Norm könne nun aus zwei Gründen nicht mehr dem Außenministerium vorbehalten bleiben. Zum einen führe die Nicolo-Rechtsprechung dazu, dass vermehrt Normen des Völkervertragsrechts in einem Rechtsstreit eingewandt würden. Zum anderen könnte sonst die effektive Durchsetzung des Vorrangs des völkerrechtlichen Vertrages zu leicht wieder zunichte gemacht werden. Die Exekutive könnte nämlich über den Umweg der verbindlichen Auslegung indirekt über das Außer-Anwendung-Lassen eines Gesetzes entscheiden. Schlussendlich setze sich die Exekutive auf diese Weise gleichsam über den Gesetzgeber[1194] – das bis zur Nicolo-Entscheidung bestehende Gleichgewicht hätte sich zulasten der Legislative verschoben.[1195] Einer solchen Entwicklung müsse durch die Aufgabe der traditionellen Rechtsprechung Einhalt geboten werden. Zuletzt könne nicht nachvollzogen werden, warum eine richterliche Auslegung eher das Risiko in sich trage, auf internationaler Ebene nicht Bestand zu haben als eine ministerielle Interpretation und warum daher das Risiko völkerrechtlicher Haftung bei einer Aufgabe des „renvoi préjudiciel en interprétation" steigen solle.[1196]

Der zweite und zentrale[1197] Block seiner Argumentation besteht in der Behauptung, die bisherige Praxis verstoße in zweifacher Hinsicht gegen Art. 6 I S. 1

1193 Vgl. hierzu ausführlich *Gundel*, Die Einordnung des Gemeinschaftsrechts in die französische Rechtsordnung, S. 371 ff.; die Ermächtigung des Conseil d'Etat, die Vertragskonformität eines späteren Gesetzes zu überprüfen wird hierbei auf Art. 55 Const. 1958 gestützt. Diese für das Gemeinschaftsrecht entwickelte Lösung wurde wenig später auch auf die EMRK angewandt, vgl. CE, Ass., 21.12.1990, Confédération nationale des associations familiales catholiques et autres, Rec. S. 369 mit Schlussanträgen *Stirn*, in: Rec. S. 371 ff.

1194 *Abraham*, Schlussanträge in der Rechtssache CE, Ass., 29.06.1990, G.I.S.T.I., Rec. S. 171, in: RGDIP 1990, S. 882, 900. Vgl. hierzu eingehend *Delajoux*, Le Conseil d'Etat et les sources supranationales du droit, S. 425-429

1195 *Delajoux*, Le Conseil d'Etat et les sources supranationales du droit, S. 427 f.; dieses Gleichgewicht hatte darin bestanden, dass der Gesetzgeber – vor der Nicolo-Entscheidung – durch die Verabschiedung eines einem völkerrechtlichen Vertrag widersprechenden Gesetzes die Anwendung des Vertrages durch die Gerichte verhindern konnte. Dadurch kam dann auch der Auslegung des Vertrages durch die Exekutive keine Bedeutung mehr zu.

1196 *Abraham*, Schlussanträge in der Rechtssache CE, Ass., 29.06.1990, G.I.S.T.I., Rec. S. 171, in: RGDIP 1990, S. 882, 898 f.

1197 Dies bestreitet *Delajoux*, Le Conseil d'Etat et les sources supranationales du droit, S. 424: Sie vertritt die Ansicht, die EMRK habe zwar die Rechtsprechungsänderung durch die G.I.S.T.I.-Entscheidung beeinflusst, könne diese aber nicht entscheidend begründen.

EMRK.[1198] Einerseits sei bei einer verbindlichen Auslegung durch das Außenministerium kein faires Verfahren gegeben, da der Grundsatz der Waffengleichheit verletzt sei. Der Staat als Prozesspartei könne durch das Mittel der bindenden Auslegung den Prozessausgang entscheidend steuern.[1199] Andererseits werde aufgrund der bisherigen Praxis das Recht auf eine richterliche Entscheidung verletzt, da für den Ausgang des Rechtsstreits entscheidende Vorfragen von einer nichtrichterlichen Instanz entschieden würden.[1200] Im Ergebnis wurde diese Argumentation einige Jahre später vom EGMR in der Rechtssache Consorts Beaumartin c/ France[1201] bestätigt. Durch die bisherige Praxis sei der Staat nämlich in derselben Sache gleichzeitig Richter und Partei.

Trotz der Aufgabe des „renvoi préjudiciel en interprétation des traités" bleibt jedoch abschließend Folgendes zu betonen: Die G.I.S.T.I.-Entscheidung schließt es nicht aus, dem Außenministerium weiterhin Auslegungsfragen zu völkerrechtlichen Verträgen vorzulegen. Eine solche Praxis wird dem Staatsrat von Regierungskommissar *Abraham* sogar nahegelegt: Immer wenn dies notwendig erscheine, müsse beim Außenministerium um eine Stellungnahme nachgesucht werden.[1202] Dessen Interpretation sei dann den Parteien zu unterbreiten, wobei

---

1198 Bemerkenswert ist, dass Art. 6 I S. 1 EMRK in vorliegendem Fall wohl gar nicht anwendbar gewesen wäre, da zumindest zweifelhaft erscheint, ob zivilrechtliche Ansprüche oder Verpflichtungen im Sinne dieser Vorschrift im Streit standen. Vgl. hierzu *Abraham*, Schlussanträge in der Rechtssache CE, Ass., 29.06.1990, G.I.S.T.I., Rec. S. 171, in: RGDIP 1990, S. 882, 903; im Ergebnis genauso, jedoch mit anderer Begründung *Delajoux*, Le Conseil d'Etat et les sources supranationales du droit, S. 420 f.

1199 *Abraham*, Schlussanträge in der Rechtssache CE, Ass., 29.06.1990, G.I.S.T.I., Rec. S. 171, in: RGDIP 1990, S. 882, 903 f.

1200 *Abraham*, Schlussanträge in der Rechtssache CE, Ass., 29.06.1990, G.I.S.T.I., Rec. S. 171, in: RGDIP 1990, S. 882, 904. Gegen diesen letzten Punkt wendet sich zu Recht *Lerche C.*, Die Kompetenz des französischen Conseil d'Etat zur Auslegung völkerrechtlicher Verträge, in: ZaöRV 50 (1990), S. 869, 883 f. So komme weniger eine Verletzung des Rechts auf eine *richterliche* Entscheidung in Betracht, sondern vielmehr sei bei einer Bindungswirkung einer vom Außenministerium abgegebenen Interpretationserklärung die *Unabhängigkeit* des Gerichts in Frage gestellt.

1201 EGMR, 24.11.1994, Beaumartin c/ France, Série A, no. 296-B

1202 Kritisch *Teboul*, Anm. zu CE, Ass., 29.06.1990, G.I.S.T.I., Rec. S. 171, in: AJDA 1990, S. 631, 632: Er meint, eine generelle Verpflichtung zur Vorlage beim Ministerium würde die Dauer des Prozesses unnötig in die Länge ziehen. Außerdem würde eine obligatorische Nachfrage beim Außenministerium dessen neuer Rolle als „bloßem Sachverständigen" nicht gerecht. Schließlich würde ein Sachverständiger von den Gerichten auch nur dann konsultiert, wenn eine richterliche Aufklärung nicht möglich sei.

jedoch in jedem Falle dem Gericht das letzte Wort verbleiben müsse.[1203] Die Stellungnahme der Exekutive hat entgegen der bisherigen Rechtsprechung mithin lediglich die Funktion eines Sachverständigengutachtens und ist für das Gericht nicht mehr bindend.[1204]

c. Möglichkeit der Umgehung des G.I.S.T.I.-Urteils durch die Exekutive?

Fraglich ist, ob das durch die Rechtssache G.I.S.T.I. gewonnene Mehr an Rechtsstaatlichkeit nicht dadurch konterkariert werden kann, dass die Exekutive nun verstärkt Interpretationserklärungen zu völkerrechtlichen Verträgen abgibt. Diese sind Ausdruck exekutivischer Einschätzungsprärogativen und stehen in enger Verbindung mit internationalen Verhandlungen, sind damit als „actes de gouvernement" zu werten und können folglich nicht gerichtlich angegriffen werden.[1205] Soweit ersichtlich existiert diesbezüglich noch keine Rechtsprechung des Conseil d'Etat. Jedoch urteilte eine Strafkammer der Cour de Cassation in diese Richtung, als sie es ablehnte, französische Gesetze über die Abtreibung wegen deren Verstoßes gegen das Übereinkommen über die Rechte des Kindes vom 20. November 1989 nicht anzuwenden. Dies wurde im Wesentlichen mit einer von der Französischen Republik anlässlich der Unterzeichnung abgegebenen Interpretationserklärung begründet, wonach das Übereinkommen nicht derart ausgelegt werden dürfe, dass es einer Anwendung der französischen Gesetzeslage entgegensteht.[1206]

Die Gefahr der Umgehung der G.I.S.T.I.-Rechtsprechung durch eine verstärkte Abgabe von Interpretationserklärungen ist jedoch nicht überzubewerten. Die bei Abschluss eines völkerrechtlichen Vertrages geäußerten Erklärungen

---

1203 *Abraham*, Schlussanträge in der Rechtssache CE, Ass., 29.06.1990, G.I.S.T.I., Rec. S. 171, in: RGDIP 1990, S. 882, 905

1204 *Teboul*, Anm. zu CE, Ass., 29.06.1990, G.I.S.T.I., Rec. S. 171, in: AJDA 1990, S. 631, 632, weist zu Recht darauf hin, dass der Vergleich zwischen der vom Außenministerium gegebenen Interpretation eines völkerrechtlichen Vertrages und einem Sachverständigengutachten mit Vorsicht zu gebrauchen ist, da letzteres aufgrund seiner Unabhängigkeit weniger tendenziös ist.

1205 Vgl. *Schoettl*, Anm. zu CC, 15.06.1999, Charte européenne des langues régionales ou minoritaires, déc. no. 99-412 DC, Rec. S. 71, in: AJDA 1999, S. 573, 575 in Fn. 5: „Les [...] déclarations interprétatives énoncées par la France sont en effet indétachables de la conduite de ses relations internationales et constituent, à ce titre, des actes de gouvernement". Anderes wird zum Teil für Vorbehaltserklärungen erwogen, für die mit Art. 19 WVRK durchaus ein gewisser rechtlicher Rahmen existiert, vgl. *Conseil d'Etat* [Hrsg.], La norme internationale en droit français, S. 63.

1206 Cass. Crim., 27.11.1996, Bull. no. 431, zit. bei *Conseil d'Etat* [Hrsg.], La norme internationale en droit français, S. 63

werden nämlich – anders als die vor der Rechtssache G.I.S.T.I. im Rahmen des „renvoi préjudiciel en interprétation“ vorgenommene Auslegung – auf internationaler Ebene abgegeben und sind in keiner Weise mit einem anhängigen Rechtsstreit verbunden. Solche Erklärungen dürften sich mithin eher an objektiven Erfordernissen orientieren und nicht am Ausgang eines konkreten Rechtsstreits. Außerdem erscheint auch die Qualifikation von Interpretationserklärungen als „acte de gouvernement“ fragwürdig: Wird schon eine eventuelle gerichtliche Angreifbarkeit von Vorbehaltserklärungen im Hinblick auf Art. 19 WVRK erwogen[1207], so muss dies erst recht für Interpretationserklärungen als rechtlichem Weniger gelten. Ganz offenkundig erscheint dies für Interpretationserklärungen der oben geschilderten Art: Warum sollte eine Erklärung, die lediglich die Anwendbarkeit der nationalen Gesetzgebung betrifft, die Außenbeziehungen zu anderen Staaten berühren und zu diplomatischen Verstimmungen führen können?

3. Vergleichende Bewertung

Seit der G.I.S.T.I.-Entscheidung des Conseil d'Etat messen sich auch die Verfassungsgerichte in Frankreich eine eigenständige Kompetenz zu, völkerrechtliche Verträge auszulegen. Obwohl durchaus zum Teil die – spezifisch aus dem französischen System resultierenden – Gefahren einer solchen Haltung der Gerichte herausgestellt werden[1208], ist die Rechtsprechungsänderung uneingeschränkt zu begrüßen. Rechtsstaatliche Gesichtspunkte, insbesondere die Unabhängigkeit der Gerichte, lassen keine andere Lösung zu. Vor allem im öffentlichen Recht, wo der Staat regelmäßig Partei des Verfahrens ist, ist die Bindung der Gerichte an eine vom Außenministerium vorgenommene Auslegung völkerrechtlicher Verträge „schlechthin unerträglich“.[1209] Weiterhin spricht auch die zentrale Bedeutung der Auslegung für die richterliche Tätigkeit zu Gunsten einer eigenständigen Interpretation völkerrechtlicher Verträge durch die Gerichte.[1210] Zuletzt gewähr-

1207 Vgl. *Conseil d'Etat* [Hrsg.], La norme internationale en droit français, S. 63

1208 So befürchtet z. B. *Buffet-Tchakaloff*, L'interprétation des Traités internationaux par le Conseil d'Etat, in: RGDIP 1991, S. 109, 122, der Conseil d'Etat könne auch deshalb die Kompetenz zur Auslegung völkerrechtlicher Verträge beansprucht haben, um besser die Auswirkungen des Vorrangs der völkerrechtlichen Verträge gegenüber den Gesetzen begrenzen zu können.

1209 *Schreuer*, Wechselwirkungen zwischen Völkerrecht und Verfassung bei der Auslegung völkerrechtlicher Verträge, in: BDGV 23 (1982), S. 61, 64

1210 Vgl. auch *Lachaume*, Anm. zu CE, Ass., 29.06.1990, G.I.S.T.I., Rec. S. 171, in: RFDA 1990, S. 925 f.: „L'interprétation de la règle de droit [...] est de l'essence de la mission du juge, elle, lui est consubstantielle“. Und ebenda S. 926: „Il n'existait pas de mission juridictionnelle sans fonction d'interprétation“.

leistet eine gerichtliche Auslegung eher eine gewisse Objektivität und trägt dadurch zur Rechtssicherheit bei.[1211]

Durchaus diskutabel erscheint eine Pflicht der Gerichte zur Vorlage beim Außenministerium, sofern sich eine Auslegungsproblematik ergibt. Darüber, inwieweit eine solche Pflicht für französische Gerichte besteht, herrscht in Frankreich Unklarheit.[1212] Auch in Deutschland ist diese Frage wenig erörtert. In Fällen, in denen fundamentale Grundrechte des Einzelnen betroffen sind, kann aus dem deutschen Verfassungsrecht eine obligatorische Anfrage beim Auswärtigen Amt geboten sein. Das Gericht muss schließlich alle ihm zur Verfügung stehenden Möglichkeiten zur Bestimmung von Inhalt und Tragweite des völkerrechtlichen Vertrages ausschöpfen. Gleichzeitig erscheint auch ein Fruchtbarmachen des Art. 6 I S. 1 EMRK als möglich. Darüber hinaus bietet sich eine Vorlage beim Außenministerium bereits aus praktischen Gründen an. Auf diese Weise können die Gerichte auch de facto-Entwicklungen völkerrechtlicher Verträge besser berücksichtigen. „Der Richter [...] erhält [...] Informationen aus erster Hand, die er bei seiner Interpretation verwerten kann."[1213]

4. Exkurs: Bleibende Bindung der Verwaltungsgerichte an Aussagen des Außenministeriums hinsichtlich der Beachtung der Gegenseitigkeit der Vertragserfüllung gemäß Art. 55 Const. 1958 (sogenannte „réserve de réciprocité")?

Nach der in Teil 3 besprochenen Blotzheim-Entscheidung war in der französischen Lehre fraglich und umstritten, ob sich diese Rechtsprechung fortan auf sämtliche Voraussetzungen des Art. 55 Const 1958[1214] bezieht.[1215] Insbesondere

---

1211 Ebenso *Bolewski*, Zur Bindung deutscher Gerichte an Äußerungen und Maßnahmen ihrer Regierung auf völkerrechtlicher Ebene, S. 160

1212 Vgl. einerseits *Teboul*, Anm. zu CE, Ass., 29.06.1990, G.I.S.T.I., Rec. S. 171, in: AJDA 1990, S. 631, 632; *Delajoux*, Le Conseil d'Etat et les sources supranationales du droit, S. 430: „rien ne permet de penser que le juge administratif consultera systématiquement, obligatoirement, le ministre des Affaires étrangères dans le cadre de l'instruction, et en qualité de technicien". Vgl. andererseits *Abraham*, Schlussanträge in der Rechtssache CE, Ass., 29.06.1990, G.I.S.T.I., Rec. S. 171, in: RGDIP 1990, S. 882, 905: „chaque fois que cela est nécessaire, le ministre [des Affaires étrangères] doit être consulté".

1213 *Meyring*, Die Entwicklung zustimmungsbedürftiger völkerrechtlicher Verträge nach ihrem Abschluss und ihre Auswirkungen in der deutschen Rechtsordnung, S. 445

1214 Wortlaut: „Les traités ou accords régulièrement ratifiés ou approuvés ont, dès leur publication, une autorité supérieure à celle des lois *sous réserve*, pour chaque accord ou traité, *de son application par l'autre partie*." Hervorhebungen durch Verfasser

1215 Vgl. z. B. *Bachelier*, Schlussanträge in der Rechtssache CE, Ass., 18.12.1998, SARL du parc d'activité de Blotzheim et SCI Haselaecker, Rec. S. 484 in: RGDIP

hätte aus der Kombination mit der soeben erörterten G.I.S.T.I.-Entscheidung der Schluss nahegelegen, der Conseil d'Etat werde künftig auch die Frage nach der Vertragserfüllung durch die Gegenseite (sogenannte „réserve de réciprocité") selbst beurteilen und – entgegen der bisherigen sogenannten Rekhou-Rechtsprechung[1216] – diese nicht mehr zur verbindlichen Klärung dem Außenministerium vorlegen.[1217] Bereits in seinen Schlussanträgen in der Rechtssache G.I.S.T.I. hatte Regierungskommissar *Abraham* dem Staatsrat nahegelegt, auch seine bisherige Rechtsprechung zur „réserve de réciprocité" zu ändern. Es könne

---

1999, S. 545, 565; *Raynaud/Fombeur,* Anm. zu CE, Ass., 18.12.1998, SARL du parc d'activité de Blotzheim et SCI Haselaecker, Rec. S. 484, in: AJDA 1999, S. 127, 134

1216 CE, Ass., 29.05.1981, Rekhou, Rec. S. 219 mit Schlussanträgen *Théry*, in: RDP 1981, S. 1707 ff.; mit Anm. *Chappez*, in: JDI 1982, S. 440; umfassend *Regourd*, L'article 55 de la constitution et les juges: de la vanité de la clause de réciprocité, in: RGDIP 1983, S. 780 ff.

1217 Die Problematik entfaltet freilich wenig praktische Relevanz. Dies wird insbesondere in Untersuchungen des Regierungskommissars *Schwartz* deutlich, wonach die nachfolgend zu erörternde Rechtssache Chevrol-Benkeddach erst den vierten Fall in vierzig Jahren darstellte, in dem sich die Frage der Gegenseitigkeit der Vertragserfüllung überhaupt stellte (vgl. *Schwartz*, Schlussanträge in der Rechtssache CE, Ass., 09.04.1999, Mme Chevrol-Benkeddach, Rec. S. 115, zum Teil zit. bei *Lachaume*, Juridiction administrative et contrôle de réciprocité des traités et accords internationaux, in: RFDA 1999, S. 937, 939, 943). Dies hängt vor allem mit der beschränkten Reichweite und dem eingeschränkten Anwendungsbereich des Erfordernisses der Gegenseitigkeit zusammen. Zum einen stellt sich die Frage nach der Gegenseitigkeit der Vertragserfüllung nämlich gar nicht, wenn sich der Kläger schon deshalb nicht auf die in Rede stehende völkerrechtliche Norm berufen kann, weil der Richter diese nicht als „self-executing" einstuft (*Lachaume*, Juridiction administrative et contrôle de réciprocité des traités et accords internationaux, in: RFDA 1999, S. 937, 946 f.). Zum anderen unterfallen insbesondere Menschenrechtsverträge nicht dem Erfordernis der Gegenseitigkeit. Dies wird auch von der Rechtsprechung des Conseil constitutionnel und des Conseil d'Etat bestätigt (für die Rechtsprechung des Conseil constitutionnel, vgl. CC, 22.01.1999, Statut de Rome, déc. no. 98-408 DC, Rec. S. 29, 12. Erwägungsgrund: „[les engagements nés des traités humanitaires T.P.] s'imposent à chacun des États parties indépendamment des conditions de leur exécution par les autres États parties; [...] ainsi, la réserve de réciprocité mentionnée à l'article 55 de la Constitution n'a pas lieu de s'appliquer". Für die Rechtsprechung des Conseil d'Etat, vgl. implizit CE, Ass., 21.12.1990, Confédération nationale des associations catholiques et autres, Rec. S. 368 bezüglich Art. 2 EMRK). Vgl. zur Rechtsprechung des Conseil constitutionnel und des Conseil d'Etat *Sciotti-Lam*, L'applicabilité des traités internationaux relatifs aux droits de l'homme en droit interne, S. 310-312 m.w.N.

nämlich nur einen Gleichlauf zwischen der Lösung in den Bereichen der Auslegung und der Prüfung der Gegenseitigkeit geben.[1218]

a. Haltung von Teilen der französischen Literatur und des Conseil d'Etat

Nach verbreiteter Auffassung in der französischen Lehre und in der französischen Regierung kann aus den Urteilen in den Rechtssachen G.I.S.T.I. und Blotzheim nicht geschlossen werden, der Conseil d'Etat werde künftig auch selbst überprüfen, ob die andere Partei ihre Verpflichtungen aus dem völkerrechtlichen Abkommen erfüllt und damit die Bedingung für dessen Vorrang vor den Gesetzen gegeben ist.[1219] Art. 55 Const 1958 versuche nämlich in sehr knapper Form die völkerrechtlichen Regeln über die Staatenverantwortung und über das Recht der Verträge aufzugreifen. Diese Vorschriften überließen jedoch bezüglich der Wahl der Mittel den Vertragsparteien einen großen Spielraum[1220], um die andere Vertragspartei zur Befolgung ihrer Verpflichtungen anzuhalten.[1221] Die Freiheit der Vertragsparteien würde durch ein richterliches Prüfungsrecht bezüglich der Reziprozität der Vertragserfüllung erheblich eingeschränkt. Die einzige Konsequenz, die ein Gericht aus der Missachtung der Gegenseitigkeitsbedingung ziehen könnte, wäre die Nichtanwendung des Vertrages, weil dieser – da eine der Voraussetzungen des Art. 55 Const. 1958 nicht gegeben ist – dann nicht (mehr) am Vorrang der Völkervertragsrechts gegenüber den Gesetzen teilnimmt.

Ferner sei zu berücksichtigen, dass zum Adressatenkreis des Art. 55 Const. 1958 nicht nur Gerichte zählten, sondern sämtliche staatlichen Gewalten. Dieses systematische Argument wird herangezogen, um eine Zuständigkeit des Außen-

---

1218 *Abraham*, Schlussanträge in der Rechtssache CE, Ass., 29.06.1990, G.I.S.T.I., Rec. S. 171, in: RGDIP 1990, S. 882, 905: „la solution adoptée en matière d'interprétation nous paraît devoir être nécessairement en harmonie avec celle qui gouverne l'appréciation de la condition de réciprocité. [...] [L]e moment venu [...] vous deviez remettre en cause la solution consacrée par votre arrêt de 1981 [= l'arrêt Rekhou T.P.]".

1219 Vgl. die Zusammenstellung sämtlicher gegen die Übertragung der Rechtsprechung GISTI und Blotzheim sprechender Gründe bei *Raynaud/Fombeur*, Anm. zu CE, Ass., 09.04.1999, Mme Chevrol-Benkeddach, Rec. S. 115, in: AJDA 1999, S. 401, 403 ff.

1220 Freilich in den Schranken des Verhältnismäßigkeitsgrundsatzes.

1221 *Dehaussy*, La constitution, les traités et les lois: à propos de la nouvelle jurisprudence du Conseil d'Etat sur les traités, in: JDI 1999, S. 675, 695; *Kdhir*, L'interprétation par le juge français des traités internationaux, in: LPA, 15.04.1991, no. 45, S. 9, 13, spricht daher von der „réserve de réciprocité" als einer „arme de haute diplomatie".

ministeriums zur Bestimmung der adäquaten Reaktion auf eine Verletzung des Vertrages durch eine andere Partei zu begründen.[1222]

Die mit dieser Auffassung einhergehende unterschiedliche Bindungswirkung von Äußerungen des Außenministeriums hinsichtlich der Auslegung eines Abkommens und hinsichtlich des Erfordernisses der Gegenseitigkeit lasse sich weiterhin mit folgender funktioneller Erwägung rechtfertigen: Während die Auslegung eine typisch juristische Operation darstelle und damit in das richterliche Aufgabenfeld falle, sei die Frage der Gegenseitigkeit eine politische, deren Beantwortung dem Kompetenzbereich des Außenministers zuzuordnen sei.[1223] Die Prüfung, ob die Voraussetzung der Gegenseitigkeit erfüllt sei, sei untrennbar mit der Beurteilung des Verhaltens eines fremden Staates verbunden. Diese falle aber eher in den Aufgabenkreis der Diplomatie als der Gerichte.[1224] Auch die Einschätzung des Außenministeriums bezüglich der Beachtung der Gegenseitigkeit wird also in den Zusammenhang mit der „théorie des actes de gouvernement" gestellt.[1225]

Außerdem sprächen die Folgen, die die Verneinung der Voraussetzung der „réciprocité" durch ein Gericht zeitigen würde, gegen ein diesbezügliches Prüfungsrecht. Die Konsequenz der Nichtanwendbarkeit der völkerrechtlichen Vereinbarung sei vergleichbar mit der Suspendierung der Vertragspflichten durch eine Partei – ein Vorgang der zweifelsfrei der Außenpolitik und ihren Trägern zuzuordnen sei. Würde ein Gericht eine solche Prüfungskompetenz in Anspruch nehmen, nähme es der Regierung die ihr auf dem Gebiet der Außenpolitik zustehenden essentiellen Einschätzungsprärogativen und missachtete letztlich das Gewaltenteilungsprinzip.[1226]

1222 *Dehaussy*, La constitution, les traités et les lois: à propos de la nouvelle jurisprudence du Conseil d'Etat sur les traités, in: JDI 1999, S. 675, 696

1223 *Hervouët*, Les audaces calculées du Conseil d'Etat dans le domaine international, in: Au carrefour des droits, S. 67, 76; ebenso die abweichende Meinung der Richterin Mularoni in: EGMR, 13.02.2003, Chevrol c/ France, in: Recueil des arrêts et décisions 2003-III; in eine ähnliche Richtung argumentiert *Genevois*, Anm. zu CE, Ass., 20.10.1989, Nicolo, Rec. S. 190, in: RFDA 1989, S. 824, 830: „Il s'agit moins d'une question de droit ou de fait relevant du juge que d'un problème d'opportunité politique".

1224 Argumentation der französischen Regierung vor dem EGMR, wiedergegeben in: EGMR, 13.02.2003, Chevrol c/ France Rn. 68, in: Recueil des arrêts et décisions 2003-III

1225 *Hervouët*, Les audaces calculées du Conseil d'Etat dans le domaine international, in: Au carrefour des droits, S. 67, 76

1226 Argumentation der französischen Regierung vor dem EGMR, wiedergegeben in: EGMR, 13.02.2003, Chevrol c/ France Rn. 69, in: Recueil des arrêts et décisions 2003-III

Zuletzt werden praktische Gründe gegen ein solches Prüfungsrecht angeführt. Zum einen habe ein Gericht erhebliche Schwierigkeiten, um glaubhafte Informationen über die Frage der Gegenseitigkeit der Vertragserfüllung zu erhalten, während das Außenministerium sich seines diplomatischen Apparates bedienen könne.[1227] Zum anderen führe eine bindende Beurteilung der Frage der Gegenseitigkeit durch das Außenministerium zu einer einheitlichen Anwendung bzw. Nichtanwendung des Vertrages und leiste so einen Beitrag zur Rechtssicherheit.[1228]

Dieser in der Lehre nach der Blotzheim-Entscheidung schon angedeuteten Richtung ist der Conseil d'Etat in der Rechtssache Mme Chevrol-Benkeddach[1229] gefolgt. Er hält also an seiner bisherigen Rekhou-Rechtsprechung fest und übernimmt die Einschätzungen des Außenministeriums, wonach die Bestimmungen der französisch-algerischen Erklärung über die Anerkennung des an der Universität Algier erworbenen Medizin-Abschlusses – mangels Vertragserfüllung der anderen Seite – nicht als in Kraft getreten angesehen werden könnten. Folglich wird – zumindest im Verwaltungsprozess – die Frage nach dem Tatbestandsmerkmal der Gegenseitigkeit gemäß Art. 55 Const. 1958 weiterhin in verbindlicher Weise vom Außenministerium beantwortet.[1230]

b. Kritik an der Chevrol-Rechtsprechung des Conseil d'Etat

Die geschilderte Rechtsprechung des Conseil d'Etat ist in der Literatur nicht ohne Widerspruch geblieben.

1227 Argumentation der französischen Regierung vor dem EGMR, wiedergegeben in: EGMR, 13.02.2003, Chevrol c/ France Rn. 70, in: Recueil des arrêts et décisions 2003-III

1228 Vgl. *Raynaud/Fombeur*, Anm. zu CE, Ass., 09.04.1999, Chevrol-Benkeddach, Rec. S. 115, in: AJDA 1999, S. 401, 404; besonders nachteilig wäre es für die diplomatischen Beziehungen Frankreichs, wenn in ein und derselben Rechtssache verschiedene Instanzen die Frage der Gegenseitigkeit jeweils unterschiedlich beurteilen würden.

1229 CE, Ass., 09.04.1999, Chevrol-Benkeddach, Rec. S. 115 = RFDA 1999, S. 937 mit Anm. *Lachaume*

1230 CE, Ass., 09.04.1999, Mme Chevrol-Benkeddach, Rec. S. 115: „[...] *il n'appartient pas au juge administratif d'apprécier si et dans quelle mesure les conditions d'exécution par l'autre partie d'un traité ou d'un accord sont de nature à priver les stipulations de ce traité ou de cet accord de l'autorité qui leur est conférée par la Constitution*; [...] le ministre des affaires étrangères a fait savoir que les stipulations précitées de l'article 5 de la déclaration [...] ne pouvaient être regardées comme ayant été en vigueur [...] dès lors que [...] la condition de réciprocité [...] n'était pas remplie“. Hervorhebungen durch Verfasser

Mit dem Urteil in der Rechtssache Mme Chevrol-Benkeddach halte der Staatsrat an einer Auffassung fest, die der Spruchpraxis der Cour de Cassation widerspricht. Derzufolge wird nämlich die Vertragserfüllung durch die andere Partei solange vermutet, wie die Regierung keine Initiative ergreift, den Vertrag zu kündigen oder seine Anwendung auszusetzen.[1231]

Den mit der Beurteilung der Gegenseitigkeit verbundenen praktischen Schwierigkeiten könne außerdem dadurch vorgebeugt werden, dass das Gericht ein unverbindliches Gutachten des Außenministeriums einhole und sich so dessen besondere Sachkunde zu Nutze mache.[1232]

Weiterhin sei die Chevrol-Rechtsprechung schwer mit der Haltung des Conseil d'Etat in der Rechtssache G.I.S.T.I. in Einklang zu bringen. Auch wenn durchaus zugestanden wird, dass Auslegung eines Vertrages und Beurteilung der Vertragserfüllung durch die andere Partei zwei gänzlich verschiedene Vorgänge seien, so gehe es doch in beiden Fällen um die Ermittlung der im Streitfall anwendbaren Norm. Dies stelle jedenfalls eine zentrale richterliche Aufgabe dar.[1233]

Außerdem müsse das in der Rechtssache G.I.S.T.I. angeführte Argument, das Außenministerium dürfe es über das Mittel der Auslegung nicht in der Hand haben, wesentlichen Einfluss auf den Ausgang des Rechtsstreits auszuüben, bei der Frage nach der Beurteilung der Gegenseitigkeit erst recht gelten. Da eine vom Außenministerium gegebene Auslegung nicht nur für den konkreten Rechtsstreit gegolten habe, sondern auch für die Zukunft, sei die Exekutive nämlich weniger geneigt gewesen, die Interpretation des Abkommens im Hinblick auf den Ausgang des konkreten Verfahrens vorzunehmen. Bei der Beurteilung der Gegenseitigkeit der Vertragserfüllung bestehe eine solche Gefahr jedoch viel mehr, da die Befolgung der völkerrechtlichen Verpflichtungen durch die andere Vertragspartei sich immer wieder ändern könne – das Gericht also bei jedem Rechtsstreit neu

---

1231 *Hervouët*, Les audaces calculées du Conseil d'Etat dans le domaine international, in: Au carrefour des droits, S. 67, 76, unter Verweis auf Cass. Civ. 1er, 06.03.1984, Kryla c/ Dame Lisak, in: RGDIP 1985, S. 538, mit Anm. *Rousseau* ebenda S. 541, mit Anm. *Lachaume*, in: AFDI 1985, S. 925; Cass. Civ. 1er, 23.03.1994, N'Guyen Duy Thong c/ Conseil de l'ordre, in: JDI 1995, S. 119 mit Anm. *Chappez* ebenda S. 120 ff. Diese Lösung hatte im Übrigen auch der Regierungskommissar *Schwartz* in der Rechtssache Chevrol-Benkeddach vorgeschlagen; vgl. *Raynaud/Fombeur*, Anm. zu CE, Ass., 09.04.1999, Mme Chevrol-Benkeddach, Rec. S. 115, in: AJDA 1999, S. 401, 407; diese Autoren diskutieren auch ausführlich die Vor- und Nachteile einer solchen Lösung.

1232 *Raynaud/Fombeur*, Anm. zu CE, Ass., 09.04.1999, Mme Chevrol-Benkeddach, Rec. S. 115, in: AJDA 1999, S. 401, 408

1233 *Raynaud/Fombeur*, Anm. zu CE, Ass., 09.04.1999, Mme Chevrol-Benkeddach, Rec. S. 115, in: AJDA 1999, S. 401, 405

beim Außenministerium nachfragen müsse, inwieweit zum jeweiligen Moment die Voraussetzung der Gegenseitigkeit erfüllt sei.[1234]

Zudem greife das Argument nicht durch, wonach der Conseil d'Etat deshalb nicht die Voraussetzung der Gegenseitigkeit überprüfen dürfe, weil er sonst das Verhalten eines fremden Staates beurteilen würde. In Fällen politischer Verfolgung nimmt der Staatsrat nämlich sehr wohl eine solche Beurteilung vor, etwa bei der Frage, ob ein Auslieferungsdekret deshalb aufzuheben sei, weil dem Betreffenden in dem die Auslieferung beantragenden Land die Folter droht. Solche Ausführungen des Gerichts sind nicht weniger geeignet, diplomatische Verstimmungen hervorzurufen.[1235]

Ferner wird auch in diesem Zusammenhang die Interpretation des Art. 55 Const. 1958 durch den Conseil d'Etat in der Nicolo-Entscheidung angeführt. Entnehme man nämlich dieser Verfassungsbestimmung eine Ermächtigung für das Gericht, den Vorrang des völkerrechtlichen Vertrages vor dem Gesetz durchzusetzen, so erscheine es nicht nachvollziehbar, warum sich ebendieses Gericht weigere, über das Vorliegen einer Voraussetzung dieses Vorrangs zu erkennen.[1236]

Zuletzt wird die Rechtsprechung des Conseil d'Etat als Verstoß gegen die EMRK gewertet, da das Recht auf ein unabhängiges Gericht verletzt sei.[1237] Das letztgenannte Argument hat der EGMR in seiner Entscheidung zum eben geschilderten Fall Chevrol bestätigt, indem er in der Praxis des Conseil d'Etat eine Verletzung von Art. 6 I S. 1 EMRK erblickte. Zwar gesteht der EGMR durchaus zu, die nunmehr autonome Auslegung der völkerrechtlichen Vereinbarungen durch die nationalen Gerichte ziehe nicht automatisch die richterliche Beurteilung auch der Gegenseitigkeit der Vertragserfüllung nach sich. Weiterhin erachteten es die Straßburger Richter ebenfalls als zulässig, die Frage nach der Gegenseitigkeit dem Außenministerium aufgrund dessen größerer Sachnähe vorzule-

---

1234 *Raynaud/Fombeur*, Anm. zu CE, Ass., 09.04.1999, Mme Chevrol-Benkeddach, Rec. S. 115, in: AJDA 1999, S. 401, 406

1235 *Raynaud/Fombeur*, Anm. zu CE, Ass., 09.04.1999, Mme Chevrol-Benkeddach, Rec. S. 115, in: AJDA 1999, S. 401, 405, unter Bezugnahme auf CE, 27.02.1987, Fidan, Rec. S. 87; CE, Ass., 15.10.1993, Mme Aylor, Rec. S. 283 mit Anm. *Maugüé/Touvet*, in: AJDA 1993, S. 848; mit Anm. *Chabanol*, in: Gazette du Palais 1994, no. 37-39, S. 25; CE, 15.02.1999, Cimpœsu, Rec. Tables S. 602, 830

1236 *Raynaud/Fombeur*, Anm. zu CE, Ass., 09.04.1999, Mme Chevrol-Benkeddach, Rec. S. 115, in: AJDA 1999, S. 401, 408

1237 *Hervouët*, Les audaces calculées du Conseil d'Etat dans le domaine international, in: Au carrefour des droits, S. 67, 77; ebenso *Raynaud/Fombeur*, Anm. zu CE, Ass., 09.04.1999, Mme Chevrol-Benkeddach, Rec. S. 115, in: AJDA 1999, S. 401, 406

gen.[1238] Da sich der Conseil d'Etat jedoch an die Aussage des Außenministeriums gebunden hält und das Gericht sich weigert, dem Kläger die Möglichkeit zu geben, diese Einschätzung der Exekutive durch eventuelle Gegenbeweise zu erschüttern beziehungsweise auf gerichtlichem Wege anzugreifen, stellt der EGMR fest, dass die Klägerin keinen Zugang zu einem Gericht hatte, das sich eine ausreichende Kompetenz zugesprochen hätte, um sich mit allen relevanten Rechts- und Tatsachenfragen zu befassen. Folglich liege eine Verletzung von Art. 6 I S. 1 EMRK vor.[1239] Wie sich diese Rechtsprechung des Straßburger Gerichts auf die Haltung des Conseil d'Etat zu dieser Frage auswirken wird, bleibt abzuwarten.[1240]

II. Anwendbare Auslegungsmaßstäbe

Nachdem – wie gezeigt – die Verfassungsgerichte beider Länder eine eigenständige Interpretation völkerrechtlicher Verträge vornehmen, schließt sich konsequenterweise die Frage nach den von den Gerichten angewandten Auslegungsgrundsätzen an. Dabei ist im Folgenden stets im Auge zu behalten, dass die von dem jeweiligen Spruchkörper zitierte Auslegungsmethode nicht zwingend mit der tatsächlich angewandten übereinstimmt.[1241]

1. Bundesrepublik Deutschland

In der Lehre besteht Einigkeit darüber, dass das Zustimmungsgesetz als Gegenstand der abstrakten Normenkontrolle gemäß Art. 93 I Nr. 2 GG nicht anhand der innerstaatlichen Auslegungskanones zu interpretieren ist, sondern nach den Re-

---

1238 EGMR, 13.02.2003, Chevrol c/ France Rn. 80, in: Recueil des arrêts et décisions 2003-III

1239 EGMR, 13.02.2003, Chevrol c/ France Rn. 82 f., in: Recueil des arrêts et décisions 2003-III

1240 Vgl. lediglich andeutungsweise CE, 11.02.2004, Chevrol, in: RGDIP 2005, 242 mit Anm. *Haupais*

1241 *Schreuer*, Wechselwirkungen zwischen Völkerrecht und Verfassung bei der Auslegung völkerrechtlicher Verträge, in: BDGV 23 (1982), S. 61, 62; *Rees*, Die Kontrolle internationaler Verträge und der Akte der Europäischen Gemeinschaften durch das Bundesverfassungsgericht, in: *Koenig/Rüfner* [Hrsg.], Die Kontrolle der Verfassungsmäßigkeit in Frankreich und in der Bundesrepublik Deutschland, S. 145, 156 f.; aus französischer Sicht, vgl. *Teboul*, Anm. zu CE, Ass., 29.06.1990, G.I.S.T.I., Rec. S. 171, in: AJDA 1990, S. 631, 639 f.: Er untersucht, ob Regierungskommissar *Abraham* tatsächlich die von ihm genannten Vorschriften der WVRK korrekt angewandt hat.

geln der Wiener Vertragsrechtskonvention.[1242] Nur auf diese Weise kann nämlich der Völkerrechtsfreundlichkeit des Grundgesetzes und der dadurch gebotenen Harmonie von völkerrechtlichen Geboten und der innerstaatlichen Rechtsordnung Rechnung getragen werden.[1243]

Auch das Bundesverfassungsgericht wendet bei der Auslegung völkerrechtlicher Verträge weitgehend die Artt. 31 f. WVRK an.[1244] So zitiert und subsumiert das Gericht in seinem Beschluss zu den Ostverträgen zum Beispiel Art. 31 II WVRK, um die Erklärung des Bundesaußenministers, wonach „durch den Vertrag niemandem Rechte verlorengehen sollen, die ihm nach geltenden deutschen Gesetzen zustehen", bei der Vertragsauslegung berücksichtigen zu können.[1245] Um einen „Ausrutscher" handelt es sich bei der Entscheidung zum Grundlagenvertrag: Hier behandelt das Gericht unzulässigerweise[1246] „den Vertrag wie ein vom Bundesgesetzgeber erlassenes Gesetz, läßt also beiseite, daß es auch spezifische Grenzen für die *Vertrags*auslegung gibt."[1247]

Jedoch selbst wenn das Bundesverfassungsgericht die Artt. 31 f. WVRK anwendet, so ist das Auslegungsergebnis immer noch von Argumentations- und Informationslücken beeinflusst.[1248] Im Verfahren stehen sich nämlich nicht beide

---

1242 *Rees*, Die Kontrolle internationaler Verträge und der Akte der Europäischen Gemeinschaften durch das Bundesverfassungsgericht, in: *Koenig/Rüfner* [Hrsg.], Die Kontrolle der Verfassungsmäßigkeit in Frankreich und in der Bundesrepublik Deutschland, S. 145, 156; ebenso *Bernhardt*, Bundesverfassungsgericht und völkerrechtliche Verträge, in: *Starck* [Hrsg.], Bundesverfassungsgericht und Grundgesetz, S. 154, 185 f.: „Eine zutreffende Würdigung auch der innerstaatlichen Bedeutung völkerrechtlicher Verträge läßt sich nur erreichen, wenn am Anfang der Vertragsauslegung die völkerrechtlichen Auslegungsregeln berücksichtigt werden". Vgl. allgemein zur Anwendung der völkerrechtlichen Auslegungskanones durch die deutschen Gerichte *Rojahn*, in: *von Münch/Kunig* [Hrsg.], Grundgesetz-Kommentar, Bd. II, Art. 59, Rn. 38 a-c.
Dabei ist es unerheblich, ob man der Transformations- oder der Vollzugstheorie folgt. Vgl. *Schreuer*, Wechselwirkungen zwischen Völkerrecht und Verfassung bei der Auslegung völkerrechtlicher Verträge, in: BDGV 23 (1982), S. 61, 65 f. m.w.N. Er schildert eine mögliche Argumentation, wie auch die Transformationslehre zur Anwendung völkerrechtlicher Auslegungsgrundsätze kommt.

1243 *Bernhardt*, Bundesverfassungsgericht und völkerrechtliche Verträge, in: *Starck* [Hrsg.], Bundesverfassungsgericht und Grundgesetz, S. 154, 160, 185

1244 BVerfGE 4, 157, 168: „Bei der Auslegung des Abkommens sind die für die Auslegung völkerrechtlicher Verträge allgemein entwickelten Grundsätze anzuwenden."

1245 BVerfGE 40, 141, 175 f.

1246 Vgl. hierzu unten Teil 4 A. III. 1. b.

1247 BVerfGE 36, 1, 35 – Hervorhebungen im Original

1248 *Rees*, Die Kontrolle internationaler Verträge und der Akte der Europäischen Gemeinschaften durch das Bundesverfassungsgericht, in: *Koenig/Rüfner* [Hrsg.], Die

Vertragsparteien gegenüber. Des Weiteren wird das Bundesverfassungsgericht den Auslegungsvorgang abbrechen, wenn es eine mit dem Grundgesetz konforme Auslegungsmöglichkeit gefunden hat.[1249] Es ist folglich keinesfalls sicher, ob diese auch vor internationalen Gerichten bestand haben wird. Allerdings vermindert das Heranziehen völkerrechtlicher Auslegungsgrundsätze in erheblichem Maße das Risiko, dass internationale Gerichte den Vertrag in anderer Weise beurteilen und damit auch das Risiko völkerrechtlicher Verantwortlichkeit der Bundesrepublik Deutschland.

2. Französische Republik

Mit der Grundsatzentscheidung des Conseil d'Etat in der Rechtssache G.I.S.T.I. wurde auch in Frankreich die Frage relevant, welche Auslegungsgrundsätze das Gericht anzuwenden habe. Die Problematik verschärft sich noch angesichts des Ranges völkerrechtlicher Verträge über den Gesetzen, Art. 55 Const. 1958.[1250]

Der Conseil d'Etat hat noch nicht eindeutig zu dieser Frage Stellung genommen. Manche Autoren kommen zum Schluss, der Rechtsprechung ließen sich nicht die angewandten Auslegungsmethoden für völkerrechtliche Verträge entnehmen. Die Gerichte erforschten zwar den Willen der Vertragsparteien, beriefen sich jedoch nicht auf die Regeln der WVRK.[1251] Demgegenüber analysieren andere Autoren die Rechtsprechung dahingehend, der Conseil d'Etat unterwerfe sich strikt den Auslegungsregeln des Völkerrechts.[1252] In der Tat scheint eine ab-

---

Kontrolle der Verfassungsmäßigkeit in Frankreich und in der Bundesrepublik Deutschland, S. 145, 160

1249 *Rees*, Die Kontrolle internationaler Verträge und der Akte der Europäischen Gemeinschaften durch das Bundesverfassungsgericht, in: *Koenig/Rüfner* [Hrsg.], Die Kontrolle der Verfassungsmäßigkeit in Frankreich und in der Bundesrepublik Deutschland, S. 145, 160 f.

1250 Wortlaut: „*Les traités ou accords* régulièrement ratifiés ou approuvés *ont*, dès leur publication, *une autorité supérieure à celle des lois* sous réserve, pour chaque accord ou traité, de son application par l'autre partie." Hervorhebungen durch Verfasser.
Die Verschärfung der Problematik durch Art. 55 Const. 1958 sieht auch *Meyring*, Die Entwicklung zustimmungsbedürftiger völkerrechtlicher Verträge nach ihrem Abschluss und ihre Auswirkungen in der deutschen Rechtsordnung, S. 421.

1251 *Decaux, Eisemann, et alt.*, France, in: *Eisemann* [Hrsg.], L'intégration du droit international et communautaire dans l'ordre juridique national, S. 241, 269

1252 *Delajoux*, Le Conseil d'Etat et les sources supranationales du droit, S. 442: „l'attitude du juge administratif s'inscrit parfaitement dans une jurisprudence favorable à l'utilisation des principes du droit international codifiés par la convention de Vienne de 1969". Ebenso S. 446: „la jurisprudence paraît témoigner d'un [sic!]

schließende Bewertung schwierig. So bezieht sich der Staatsrat in der Rechtssache Mme Amine[1253] zur Auslegung eines völkerrechtlichen Vertrages auf die gemeinsame Absicht der Parteien. In zwei anderen Entscheidungen gibt das Gericht dagegen dem Wortlaut des Abkommens den Vorzug gegenüber der Absicht der Vertragsparteien.[1254] Weiterhin berücksichtigt der Staatsrat im Rahmen eines fachlichen Dialogs mit den internationalen Gerichten (insbesondere dem EGMR) bei der Auslegung völkerrechtlicher Normen die hierzu von diesen getroffenen Entscheidungen.[1255]

Keinesfalls wendet der Conseil d'Etat die Regeln der Artt. 31-33 WVRK in der später zu erörternden Koné-Entscheidung[1256] an. Hier legt der Staatsrat das streitentscheidende Abkommen verfassungskonform aus, zieht also innerstaatliche Normen als Auslegungsmaßstäbe heran.

Die Regierungskommissare weisen ihrerseits in ihren Schlussanträgen vermehrt darauf hin, es seien die Auslegungsmethoden der WVRK heranzuziehen, die in Frankreich als Völkergewohnheitsrecht gelte.[1257]

---

réelle volonté du Conseil d'Etat [...] de recourir aux règles d'interprétation valables en droit international".

1253 CE, 24.02.1992, Mme Amine, Rec. S. 72

1254 CE, 16.02.1990, SAS France, in: RJF 1990, 258 f., mit Schlussanträgen *Ph. Martin* ebenda S. 230-234; lediglich implizit CE, 30.12.1996, Ministre chargé du Budget c/ Benmiloud, Rec. S. 519. Zu den Auslegungsmethoden des Conseil d'Etat in seiner Funktion als Berater der Regierung, vgl. CE, Avis, 04.04.1997, *Jammet*, Rec. S. 129 bezüglich Art. 14 VII IPbpR.

1255 *Conseil d'Etat* [Hrsg.], La norme internationale en droit français, S. 66 f. Im Übrigen hält sich der Conseil d'Etat jedoch an die vom EGMR vorgenommene Auslegung nicht gebunden, da den Entscheidungen der Straßburger Richter nicht die „autorité de la chose interprétée" zukomme, sondern die lediglich inter partes wirkende „autorité de la chose jugée". Vgl. hierzu eingehend *Delajoux*, Le Conseil d'Etat et les sources supranationales du droit, S. 267-274

1256 CE, Ass., 03.07.1996, Koné, Rec. S. 255; vgl. hierzu unten Teil 4 A. III. 2. c.

1257 Vgl. *Abraham*, Schlussanträge in der Rechtssache CE, Ass., 20.06.1990, G.I.S.T.I., Rec. S. 171, in: RGDIP 1990, S. 882, 889: „Le juge [...] n'est pas inapte à mettre en œuvre les techniques d'interprétation résultant des principes généraux du droit international public et rappelées par les articles 31 à 33 de la Convention de Vienne sur le droit des traités, qui ne sont pas si éloignées de celles qui président à l'interprétation des lois internes". Vgl. weiterhin *Scanvic*, Schlussanträge in der Rechtssache CE, 29.01.1993, Bouilliez, Rec. S. 15, in: RFDA 1993, S. 794, 798: „[Il propose de se référer T.P.] aux techniques résultant des principes généraux du droit international public tels que rappelés dans les articles 31 à 33 de la convention de Vienne sur le droit des traités". Vgl. hierzu eingehend *Delajoux*, Le Conseil d'Etat et les sources supranationales du droit, S. 438-442 bzgl. der Rechtssache Bouilliez; S. 443 f. bezüglich der Rechtssache G.I.S.T.I.; a.A. *Burdeau*, Anm. zu CE 29.01.1993, Bouilliez, Rec. S. 15, in: AJDA 1993, S. 365, 366: „L'ambiguïté des formules utilisées [...] ne permet toutefois pas d'affirmer que ceux-ci consi-

Welche Auslegungsgrundsätze der Conseil constitutionnel seinen Entscheidungen über die Verfassungsmäßigkeit völkerrechtlicher Verträge zu Grunde legt, ist ebenfalls nur schwer zu beurteilen. Der Entscheidung zur Verfassungsmäßigkeit der Europäischen Charta der Minderheiten- und Regionalsprachen lässt sich jedoch entnehmen, dass die Interpretationsregeln der WVRK dem Conseil constitutionnel jedenfalls nicht gänzlich „unbekannt" sind. So weist die Formulierung des Gerichts Parallelen zu Art. 31 II lit. b WVRK auf.[1258] Auch rechtstheoretisch gesehen spricht vieles dafür, die völkerrechtlichen Regeln über die Auslegung anzuwenden. In einem monistischen System wie dem französischen wird das Völkervertragsrecht ja gerade als solches und nicht als nationales Recht in die innerstaatliche Rechtsordnung integriert. Daher erscheint es konsequent, auch die völkerrechtlichen Auslegungsregeln anzuwenden.

III. Sonderproblem der verfassungskonformen Auslegung bzw. der „interprétation conforme"

Die Vornahme verfassungskonformer Auslegung durch die Gerichte wird gelegentlich als Ausdruck besonderer Beachtung des Grundsatzes richterlicher Zurückhaltung angesehen.[1259] Legt das Verfassungsgericht den völkerrechtlichen Vertrag verfassungskonform aus und erklärt ihn in diesem Lichte für verfassungsgemäß, so scheint tatsächlich eine Entscheidung zu Gunsten der den Vertrag abschließenden Organe getroffen. Weiterhin erfüllt das Verfassungsgericht auf diese Weises offenbar am besten seine Befriedungsfunktion, da in der Regel beide Prozessparteien den Richterspruch als „politischen Sieg" verbuchen kön-

---

dèrent les principes d'interprétation rappelés dans les articles 30 à 33 de la convention de Vienne comme s'imposant au juge administratif français à titre de règle coutumière obligatoire".

1258 Vgl. einerseits CC, 15.06.1999, Charte européenne des langues régionales ou minoritaires, déc. no. 99-412 DC, Rec. S. 71, 4. Erwägungsgrund: „[une déclaration interprétative constitue T.P.] *un instrument en rapport avec le traité* [...] concourant, en cas de litige, à son interprétation"; und andererseits Art. 31 II lit. b WVRK: „Aux fins de l'interprétation d'un traité, le texte comprend [...]: b) tout instrument établi par une ou plusieurs parties [...] et accepté par les autres parties en tant qu'*instrument ayant rapport au traité*." Hervorhebungen durch Verfasser

1259 Vgl. zum Beispiel *Wittig*, Politische Rücksichten in der Rechtsprechung des Bundesverfassungsgerichts?, in: Der Staat 8 (1969), S. 137, 145 f.; kritisch demgegenüber *Bryde*, Verfassungsentwicklung, S. 176

nen.[1260] Dementsprechend positiv fällt daher zunächst auch die Bewertung der verfassungskonformen Auslegung durch *Schwarz* aus: Diese sei „Ausdruck des Gewaltenteilungsprinzips und des Respekts der Verfassungsgerichtsbarkeit vor der Tätigkeit der anderen Verfassungsorgane."[1261]

Für das deutsche Recht sehen manche Autoren den Rückgriff auf das Mittel verfassungskonformer Auslegung als eine aus funktionell-rechtlichen Gesichtspunkten entspringende Pflicht des Bundesverfassungsgerichts an.[1262] Insbesondere im Kontext der Kontrolle völkerrechtlicher Verträge lege der Grundsatz der Völkerrechtsfreundlichkeit des Grundgesetzes eine solche Auslegung sogar nahe, da sie auf Vertragserhaltung abziele – ohne verfassungskonforme Auslegung wäre die Bundesrepublik Deutschland gegebenenfalls gezwungen, den Vertrag zu kündigen.[1263]

Ob jedoch dieses auf den ersten Blick positive Bild der verfassungskonformen Auslegung bestätigt werden kann, bedarf eingehender differenzierter Analyse. Über diese Technik kommt nämlich der Verfassung nicht nur Bedeutung als Prüfungsmaßstab zu, sondern auch als Element zur Inhaltsbestimmung einer konkreten Vertragsklausel.[1264] Dies kann im Ergebnis zu einem möglichen Auseinanderfallen von völkerrechtlicher Bindung und innerstaatlicher Durchsetzung des völkerrechtlichen Vertrages führen.[1265]

1260 *Schwarz*, Die verfassungsgerichtliche Kontrolle der Außen- und Sicherheitspolitik, S. 233, unter Hinweis auf die Entscheidungen des Bundesverfassungsgerichts in den Verfahren zum Grundlagen- und zum Maastrichter Vertrag.

1261 *Schwarz*, Die verfassungsgerichtliche Kontrolle der Außen- und Sicherheitspolitik, S. 229

1262 *Zeitler*, Judicial Review und Judicial Restraint gegenüber der auswärtigen Gewalt, in: JöR N.F. 25 (1976), S. 621, 640. Seine funktionell-rechtliche Erwägung besteht darin, dem Gesetzgeber komme bei der Konkretisierung von Verfassungsnormen eine Vorrangstellung zu. In dieser Allgemeinheit kann dieser Aussage jedoch nicht zugestimmt werden. So ist in jedem Einzelfall anhand der einschlägigen Norm zu prüfen, wem eine solche Vorrangstellung gebührt.

1263 *Rees*, Die Kontrolle internationaler Verträge und der Akte der Europäischen Gemeinschaften durch das Bundesverfassungsgericht, in: *Koenig/Rüfner* [Hrsg.], Die Kontrolle der Verfassungsmäßigkeit in Frankreich und in der Bundesrepublik Deutschland, S. 145, 161; ebenso *Zeitler*, Judicial Review und Judicial Restraint gegenüber der auswärtigen Gewalt, in: JöR N.F. 25 (1976), S. 621, 640

1264 *Cronauer*, Der internationale Vertrag im Spannungsfeld zwischen Verfassung und Völkerrecht, S. 35

1265 *Rees*, Die Kontrolle internationaler Verträge und der Akte der Europäischen Gemeinschaften durch das Bundesverfassungsgericht, in: *Koenig/Rüfner* [Hrsg.], Die Kontrolle der Verfassungsmäßigkeit in Frankreich und in der Bundesrepublik Deutschland, S. 145, 160

1. Bundesrepublik Deutschland

a. Grundlagen verfassungskonformer Auslegung völkerrechtlicher Verträge in der Entscheidung des Bundesverfassungsgerichts zum Saar-Statut

Obgleich in der Literatur durchaus umstritten ist, ob[1266] und inwieweit[1267] auch ein Vertragsgesetz einer verfassungskonformen Auslegung zugänglich sein kann, hat das Bundesverfassungsgericht in seiner Entscheidung über die Verfassungsmäßigkeit des Saar-Statuts die grundsätzliche Möglichkeit einer verfassungskonformen Auslegung auch in diesem Bereich bejaht:

> „Wird der Inhalt völkerrechtlicher Verträge vom Verfassungsgericht auf seine Verfassungsmäßigkeit geprüft, so sind Auslegungsmöglichkeiten, die bei den in solchen Verträgen oft verwandten vagen und mehrdeutigen Formulierungen an sich denkbar wären, außer Betracht zu lassen, falls sie fernliegen. Es wäre nicht vertretbar, einen Vertrag für unvereinbar mit dem Grundgesetz zu erklären, weil bei einer fernliegenden Auslegung das Grundgesetz in der Tat verletzt wäre. Es muß grundsätzlich davon ausgegangen werden, daß die politischen Organe der Bundesrepublik Deutschland, die am Zustandekommen eines völkerrechtlichen Vertrages beteiligt waren, nicht grundgesetzwidrige Bindungen haben eingehen wollen, daß sie vielmehr die Vereinbarkeit mit dem Grundgesetz geprüft haben und auch weiter auf eine grundgesetzmäßige Auslegung und Anwendung des Vertrages achten werden. *Solange und soweit* die Auslegung offen ist, muß deshalb unter verschiedenen in Betracht kommenden Auslegungsmöglichkeiten derjenigen der Vorzug gegeben werden, bei der der Vertrag vor dem Grundgesetz bestehen kann.“[1268]

Nach diesen Grundsätzen kann eine verfassungskonforme Auslegung völkerrechtlicher Verträge nur subsidiär einsetzen, nämlich dann, wenn die Auslegung nach völkerrechtlichen Gesichtspunkten zu keinem eindeutigen Ergebnis geführt

---

1266 Vgl. zum Meinungsstreit *Zeitler*, Verfassungsgericht und völkerrechtlicher Vertrag, S. 230-232 m.w.N.; *Cronauer*, Der internationale Vertrag im Spannungsfeld zwischen Verfassung und Völkerrecht, S. 53-55 m.w.N.

1267 In diesem Zusammenhang ist streitig, ob eine verfassungskonforme Auslegung nur bei solchen völkerrechtlichen Verträgen möglich ist, die sogenannte self-executing-Normen enthalten. In diesem Sinne *Rupp*, Die Überprüfung völkerrechtlicher Verträge durch das Bundesverfassungsgericht, in: EuGRZ 1974, S. 100; *Cronauer*, Der internationale Vertrag im Spannungsfeld zwischen Verfassung und Völkerrecht, S. 206-212; dagegen *Rees*, Die Kontrolle internationaler Verträge und der Akte der Europäischen Gemeinschaften durch das Bundesverfassungsgericht, in: *Koenig/Rüfner* [Hrsg.], Die Kontrolle der Verfassungsmäßigkeit in Frankreich und in der Bundesrepublik Deutschland, S. 145, 162

1268 BVerfGE 4, 157, 168 – Hervorhebungen durch Verfasser

hat.[1269] In vorliegendem Fall war die verfassungskonforme Auslegung jedoch nicht entscheidungserheblich – sie stellte sich vielmehr als bloßes „obiter dictum“ dar.[1270]

b. Nachfolgende Entscheidungen des Bundesverfassungsgerichts

Den wohl immer noch bedeutendsten Anwendungsfall verfassungskonformer Auslegung bildet das Urteil im Hauptsacheverfahren zum Grundlagenvertrag. Hier wurde die vom Gericht vorgenommene Interpretation zu den tragenden Gründen erklärt[1271] und ist Teil des Tenors.[1272] Das Gericht ist der Auffassung, von den im Saar-Urteil aufgestellten Grundsätzen abweichen zu können.[1273] Es bestehe nämlich aufgrund des in der Präambel des Grundvertrages festgeschriebenen Grunddissenses zwischen den Parteien über die nationale Frage kein die verfassungskonforme Auslegung hindernder übereinstimmender Parteiwille.[1274] Folglich versucht das Gericht auch erst gar nicht einen solchen anhand völkerrechtlicher Gesichtspunkte zu ermitteln, sondern zieht sogleich verfassungsrechtliche Gesichtspunkte zur Auslegung heran.[1275] Hierbei spielen insbesondere das Wiedervereinigungsgebot und der Rechtsstatus Deutschlands nach dem Grundgesetz eine entscheidende Rolle.[1276] Nach eigener Aussage des Bundesverfassungsgerichts behandelt es „den Vertrag wie ein vom Bundesgesetzgeber erlassenes

---

1269 Ebenso *Zeitler*, Judicial Review und Judicial Restraint gegenüber der auswärtigen Gewalt, in: JöR N.F. 25 (1976), S. 621, 638 f.

1270 Ebenso *Zeitler*, Verfassungsgericht und völkerrechtlicher Vertrag, S. 216; *Giegerich*, Verfassungsgerichtliche Kontrolle der auswärtigen Gewalt im europäisch-atlantischen Verfassungsstaat, in: ZaöRV 57 (1997), S. 409, 532

1271 BVerfGE 36, 1, 36: „Alle Ausführungen der Urteilsbegründung, auch die, die sich nicht ausschließlich auf den Inhalt des Vertrags selbst beziehen, sind nötig, also im Sinne der Rechtsprechung des Bundesverfassungsgerichts Teil der die Entscheidung tragenden Gründe.“

1272 BVerfGE 36, 1, 3: Das Zustimmungsgesetz zum Grundlagenvertrag „ist in der sich aus den Gründen ergebenden Auslegung mit dem Grundgesetz vereinbar.“

1273 BVerfGE 36, 1, 35; diese Argumentation des Gerichts wohl akzeptierend *Giegerich*, Verfassungsgerichtliche Kontrolle der auswärtigen Gewalt im europäisch-atlantischen Verfassungsstaat, in: ZaöRV 57 (1997), S. 409, 532

1274 BVerfGE 36, 1, 35: „Alle Ausführungen zur verfassungskonformen Auslegung des Vertrags lassen sich zurückführen auf den *einen* Grunddissens, den der Vertrag selbst in der Präambel offenlegt“. Hervorhebungen im Original.

1275 *Bernhardt*, Völkerrechtliche Bemerkungen zum Grundvertrags-Urteil des Bundesverfassungsgerichts, in: *Delbrück, u.a.* [Hrsg.], Recht im Dienst des Friedens, S. 109, 112

1276 BVerfGE 36, 1, 15-20; *Zeitler*, Verfassungsgericht und völkerrechtlicher Vertrag, S. 217, entnimmt den Ausführungen des Gerichts nicht weniger als 16 Festlegungen.

Gesetz, läßt also beiseite, daß es auch spezifische Grenzen für die *Vertrags*auslegung gibt."[1277]

Dieses Urteil ist von weiten Teilen der Lehre zu Recht kritisiert worden.[1278] Ein in der Präambel festgeschriebener Dissens kann nämlich allenfalls als Indiz für einen fehlenden Willen zur Einigung der Parteien dienen, enthebt das Bundesverfassungsgericht aber nicht seiner Pflicht, für jede einzelne Klausel getrennt zu untersuchen, ob sich die Parteien nicht doch zu bestimmten Punkten geeinigt haben.[1279] Wären tatsächlich sämtliche Vertragsbestimmungen in ihrer Auslegung offen geblieben, käme dies der Behauptung gleich, es sei gar kein Vertrag zustande gekommen.[1280] Die im Urteil zum Grundlagenvertrag erfolgte verfassungskonforme Auslegung mache daher aus dem Vertrag ein „aliud gegenüber dem Vereinbarten".[1281]

Ob – wie in der Literatur vereinzelt behauptet wird[1282] – auch das Maastricht-Urteil einen Anwendungsfall verfassungskonformer Auslegung durch das Bundesverfassungsgericht darstellt, erscheint fraglich. Hier stützt das Gericht seine Ausführungen nämlich auf völkerrechtliche bzw. europarechtliche Auslegungsgrundsätze und kommt bereits auf dieser Ebene zum Ergebnis der Grundgesetzkonformität des Vertrages.[1283] Besonders deutlich wird das bei der Erörterung der Frage, inwieweit Art. F III EUV (heute Art. 6 IV EU) eine Kompetenz-Kompetenz der Europäischen Union vorsieht. Zur Ablehnung einer solchen Be-

1277 BVerfGE 36, 1, 35

1278 Vgl. z. B. *Schröder M.*, Zur verfassungskonformen Auslegung völkerrechtlicher Verträge, in: JR 1974, S. 182 ff.; *Tomuschat*, Auswärtige Gewalt und verfassungsgerichtliche Kontrolle, in: DÖV 1973, S. 801, 803 f.; aus französischer Sicht *Koenig*, Le traité fondamental entre les deux Républiques allemandes et son interprétation par le Tribunal constitutionnel fédéral, in: AFDI 1973, S. 147 ff.

1279 *Rees*, Wechselwirkungen zwischen Völkerrecht und Verfassung bei der Auslegung völkerrechtlicher Verträge, in: BDGV 23 (1981), S. 7, 44

1280 So zutreffend *Koenig*, Le traité fondamental entre les deux Républiques allemandes et son interprétation par le Tribunal constitutionnel fédéral, in: AFDI 1973, S. 147, 168: „revient à dire qu'il n'y a pas de traité".

1281 *Cronauer*, Der internationale Vertrag im Spannungsfeld zwischen Verfassung und Völkerrecht, S. 52

1282 Vgl. *Schwarz*, Die verfassungsgerichtliche Kontrolle der Außen- und Sicherheitspolitik, S. 232: Er beruft sich dabei insbesondere auf Ausführungen des Gerichts zur Charakterisierung der Europäischen Union als Staatenverbund, zu der im Vertrag nicht vorgesehenen Kündigungsmöglichkeit sowie zum „Kooperationsverhältnis" zwischen dem Bundesverfassungsgerichts und dem EuGH bei der Kontrolle von Akten der Europäischen Union.

1283 Ebenso *Giegerich*, Verfassungsgerichtliche Kontrolle der auswärtigen Gewalt im europäisch-atlantischen Verfassungsstaat, in: ZaöRV 57 (1997), S. 409, 530 f. in Fn. 374

hauptung argumentiert das Gericht vor allem mit dem Begriff des „übereinstimmenden Parteiwillens“. So sei kein solcher erkennbar, der auf die Schaffung der Europäischen Union als eigenständiges Rechtssubjekt schließen lasse. Weiterhin widerspräche eine Auslegung des Art. F III EUV als Kompetenz-Kompetenz „dem durchgehend geäußerten Willen der Vertragsparteien, das Prinzip der begrenzten Einzelermächtigung vertraglich festzuschreiben und einzelne Befugnisnormen deutlich einzugrenzen.“[1284] Anders als in der Entscheidung zum Grundlagenvertrag wird also sehr wohl versucht, den gemeinsamen Willen der Vertragsparteien zu erkunden und bei der Auslegung zu berücksichtigen.[1285] Gleichwohl lässt sich freilich nicht bestreiten, dass das Maastricht-Urteil weitgehende Vorgaben für die weitere Vertragspraxis enthält[1286] und insoweit Gemeinsamkeiten zur Entscheidung des Bundesverfassungsgerichts zum Grundlagenvertrag aufweist.[1287] Diese Vorgaben beruhen im Maastricht-Urteil jedoch gerade nicht auf einer verfassungskonformen Auslegung.

Der aufgrund obiger Erwägungen an sich bereits kritikwürdige Ansatz in der Entscheidung zum Grundlagenvertrag erscheint noch fragwürdiger, wenn man die Ausführungen des Gerichts zur Bindungswirkung einer verfassungskonformen Auslegung in die Betrachtungen mit einbezieht.

c. Bindungswirkung verfassungskonformer Auslegung

α. Bindung der Bundesregierung, § 31 I BVerfGG

Die Bindungswirkung verfassungsgerichtlicher Entscheidungen richtet sich nach § 31 I BVerfGG. Die Problematik, ob eine verfassungskonforme Auslegung auch dann an der Bindungswirkung teilnimmt, wenn diese nicht – wie in der Entscheidung zum Grundlagenvertrag – im Tenor wieder aufgenommen wird, ist eng mit

---

1284 BVerfGE 89, 155, 195

1285 Als Ansatz verfassungskonformer Auslegung können allenfalls die Ausführungen des Gerichts zur Wahrung der Staatsqualität der Bundesrepublik Deutschland gewertet werden. So geht das Bundesverfassungsgericht – ohne eingehende auf völkerrechtlichen Grundsätzen beruhende Begründung – von einer Kündbarkeit des Vertrages aus. Vgl. BVerfGE 89, 155, 190

1286 Vgl. z. B. BVerfGE 89, 155, 211: Im Rahmen der Praxis des Rates „hat die Bundesregierung ihren Einfluß zu Gunsten einer strikten Handhabung des Art. 3 b Abs. 2 EGV [heute Art. 5 II EG T.P.] geltend zu machen und damit die ihr durch Art. 23 Abs. 1 Satz 1 GG auferlegte Verfassungspflicht zu erfüllen.“

1287 Diese Parallele hebt *Schwarz*, Die verfassungsgerichtliche Kontrolle der Außen- und Sicherheitspolitik, S. 233 f., deutlich hervor.

der umstrittenen Frage nach der Reichweite des § 31 I BVerfGG verbunden.[1288] Während das Bundesverfassungsgericht und Teile der Literatur von einer Erstreckung der Bindungswirkung auch auf die tragenden Gründe einer Entscheidung ausgehen, treten andere Autoren für eine Bindungswirkung nur hinsichtlich des Tenors ein.[1289] Nach richtiger Ansicht nehmen die tragenden Gründe an der Bindungswirkung nach § 31 I BVerfGG teil.[1290] Sieht man nämlich den Geltungsgrund dieser Vorschrift in der Verfassungsbindung der staatlichen Gewalt gemäß Artt. 1 III, 20 III GG, die durch die Entscheidung des Bundesverfassungsgerichts konkretisiert wird[1291], so müssen die tragenden Gründe an der Bindungswirkung teilnehmen. Die Konkretisierung der jeweiligen Verfassungsnorm vollzieht sich nämlich gerade nicht im Tenor, sondern wesentlich in den Gründen[1292], zu denen auch die verfassungskonforme Auslegung zu rechnen ist. Die Notwendigkeit eines solchen Ergebnisses wird im Falle einer verfassungskonformen Auslegung besonders deutlich. Bezöge man die Bindungswirkung ausschließlich auf den Tenor, müsste die Bundesregierung auf völkerrechtlicher Ebene strenggenommen lediglich verfechten, das Zustimmungsgesetz sei verfassungskonform. Die Einschränkung des Bundesverfassungsgerichts, der völkerrechtliche Vertrag sei nur in einer bestimmten Auslegung verfassungskonform würde „gänzlich unter den Tisch fallen".[1293]

1288 *Zeitler*, Verfassungsgericht und völkerrechtlicher Vertrag, S. 239 f., meint, aus dem Wesen der verfassungskonformen Auslegung als funktionellem Äquivalent einer Teilnichtigkeitserklärung des Zustimmungsgesetzes sei eine Bindungswirkung auch aus § 31 II BVerfGG abzuleiten. Demgegenüber ist *Cronauer*, Der internationale Vertrag im Spannungsfeld zwischen Verfassung und Völkerrecht, S. 313-324, der Auffassung, aus § 31 II BVerfGG könne sich keine weitergehende Bindungswirkung ergeben; die Bindungswirkung gemäß § 31 II BVerfGG beziehe sich ausschließlich auf den Tenor. Ebenso *Benda/Klein*, Verfassungsprozeßrecht, Rn. 1320. Unstreitig ist lediglich, dass die Bindungswirkung über die bloß inter partes wirkende Rechtskraft hinausgeht, vgl. z. B. *Benda/Klein*, Verfassungsprozeßrecht, Rn. 1289

1289 Vgl. zum Streitstand *Benda/Klein*, Verfassungsprozeßrecht, Rn. 1323-1330 m.w.N.; speziell zur Bindungswirkung verfassungskonformer Auslegung völkerrechtlicher Verträge *Cronauer*, Der internationale Vertrag im Spannungsfeld zwischen Verfassung und Völkerrecht, S. 309-313 m.w.N.

1290 Zu den entscheidenden Argumenten, vgl. *Benda/Klein*, Verfassungsprozeßrecht, Rn. 1329

1291 *Bryde*, Verfassungsentwicklung, S. 428

1292 *Benda/Klein*, Verfassungsprozeßrecht, Rn. 1329

1293 Was zu den tragenden Gründen gehört, ergibt sich mithin aus der Argumentation des Bundesverfassungsgerichts – keinesfalls jedoch daraus, dass das Gericht – wie in der Entscheidung zum Grundlagenvertrag – beliebige Ausführungen zu tragenden Gründen erklärt. Vgl. hierzu *Benda/Klein*, Verfassungsprozeßrecht, Rn. 1327 m.w.N.

Folglich ist die Regierung an die vom Verfassungsgericht vorgenommene Auslegung gebunden. Das bedeutet, sie muss (auch) auf völkerrechtlicher Ebene die Sichtweise des Bundesverfassungsgerichts als Rechtsbehauptung vertreten.[1294] Von dieser Bindung der Bundesregierung als Teil der öffentlichen Gewalt ist streng die Frage zu unterscheiden, inwieweit eine verfassungskonforme Auslegung auf völkerrechtlicher Ebene Bindungswirkung entfalten kann – insbesondere, inwieweit sie dem oder den Vertragspartnern erfolgreich entgegengehalten werden kann.

β. Völkerrechtliche Bindungswirkung

Eine *direkte* Bindung auch des Vertragspartners an die verfassungskonforme Auslegung durch das Bundesverfassungsgericht muss jedenfalls ausscheiden. Daran ändert sich – entgegen der Auffassung der Karlsruher Richter in der Entscheidung zum Grundlagenvertrag – auch dann nichts, wenn der Vertragspartner „volle Kenntnis von dem beim Bundesverfassungsgericht anhängigen Verfahren, von der Kompetenz des Bundesverfassungsgerichts [und T.P.] von der Bindung der Bundesregierung und aller Verfassungsorgane, Gerichte und Behörden [...] an die Entscheidungen des Bundesverfassungsgerichts“[1295] hatte und von der Bundesregierung vermehrt darauf hingewiesen worden ist, „daß sie den Vertrag nur abschließen könne so, wie er mit dem Grundgesetz vereinbar sei.“[1296] Völkerrechtlich führen diese Umstände allenfalls dazu, dass der Vertragspartner die

1294 *Giegerich*, Verfassungsgerichtliche Kontrolle der auswärtigen Gewalt im europäisch-atlantischen Verfassungsstaat, in: ZaöRV 57 (1997), S. 409, 531 f.

1295 BVerfGE 36, 1, 36

1296 BVerfGE 36, 1, 36. Das Bundesverfassungsgericht spricht im Übrigen auch nicht von einer formalen Bindung des anderen Teils, sondern lediglich davon, dass „auch in der völkerrechtlichen Auseinandersetzung, insbesondere auch gegenüber dem Vertragspartner dem Vertrag die Auslegung zu geben [ist T.P.], die nach dem Grundgesetz erforderlich ist.“ Das Gericht wähnt sich hierbei in seiner Auffassung „im Einklang mit einem Satz des allgemeinen Völkergewohnheitsrechts, der in der Staatenpraxis Bedeutung hat, wenn es darum geht, ob ausnahmsweise ein Vertragsteil sich dem anderen gegenüber darauf berufen kann, dieser hätte erkennen können und müssen, daß dem Vertrag in einer bestimmten Auslegung das innerstaatliche Verfassungsrecht entgegensteht.“ (BVerfGE 36, 1, 36) *Bernhardt*, Völkerrechtliche Bemerkungen zum Grundvertrags-Urteil des Bundesverfassungsgerichts, in: *Delbrück, u.a.* [Hrsg.], Recht im Dienst des Friedens, S. 109, 119, bemängelt hieran zu Recht, dass das Gericht zwei Problemkreise in unzulässiger Weise vermischt. So hat die Auslegung stets unabhängig vom Verfassungsrecht eines Staates zu erfolgen; eine andere Frage ist demgegenüber, inwieweit offensichtliche Verfassungsverletzungen beim Vertragsschluss die völkerrechtliche Gültigkeit eines Vertrages berühren können (vgl. Art. 46 WVRK).

verfassungskonforme Auslegung nicht als vertragswidrig bezeichnen darf, keinesfalls jedoch zu einer Bindung an dieselbe.[1297] Um als für die Auslegung relevanter Zusammenhang im Sinne des Art. 31 I, II WVRK angesehen werden zu können, wäre darüber hinaus eine *eindeutige und vom Vertragspartner akzeptierte* Erklärung erforderlich gewesen.[1298] Im Beschluss über den ersten Antrag der Bayerischen Staatsregierung zum Erlass einer einstweiligen Anordnung vom 4. Juni 1973 hatten vier Richter dies richtig erkannt und ausgeführt, dem Vertragspartner könne „der Ausspruch des Gerichts [...] nicht mehr entgegengehalten werden" und gehe – zumindest was den Vertragspartner anbelangt – „faktisch ins Leere".[1299]

Bedeutung kann die verfassungskonforme Auslegung aber in mehrerer Hinsicht auf *indirektem* Wege gewinnen. Hierbei ist jedoch danach zu unterscheiden, ob die Interpretation vor oder nach Eintritt der Bindungswirkung vorgenommen wird.

Erfolgt die Kontrolle des Vertragsgesetzes *a priori*, was nach ständiger Rechtsprechung des Bundesverfassungsgerichts möglich ist[1300], so kann die vom Verfassungsgericht vorgenommene verfassungskonforme Auslegung als Auslegungsinstrument im Sinne des Art. 31 II lit. b WVRK herangezogen werden. Der Ausspruch des Gerichts gilt dann als anlässlich des Vertragsabschlusses abgefasste Urkunde. Denkbare wäre ebenfalls, die vom Gericht formulierte verfassungskonforme Auslegung als Vorbehalt im Sinne der Artt. 19 ff. WVRK anzubringen.[1301] Hiergegen wird eingewandt, der „Hinweis darauf, daß die vom Bundesverfassungsgericht für unzulässig erklärte Auslegung verfassungsrechtlich [sic! – gemeint ist wohl völkerrechtlich T.P.] noch durch Vorbehalts- oder Interpretationserklärung zur Geltung gebracht werden könne, [...] [greife T.P.] in die allein der Bundesregierung zustehende Aktionsbefugnis ein und [...] [überschreite

1297 *Zeitler*, Verfassungsgericht und völkerrechtlicher Vertrag, S. 246. Die Fragwürdigkeit der Argumentation des Bundesverfassungsgerichts streicht *Bernhardt*, Völkerrechtliche Bemerkungen zum Grundvertrags-Urteil des Bundesverfassungsgerichts, in: *Delbrück, u.a.* [Hrsg.], Recht im Dienst des Friedens, S. 109, 118, Fn. 24, besonders pointiert heraus. So könnte man mit dieser ebenso die Maßgeblichkeit der Auffassung der DDR zur deutschen Frage für die Auslegung begründen – schließlich war deren Standpunkt der Bundesregierung ebenfalls hinreichend bekannt.

1298 *Rees*, Wechselwirkungen zwischen Völkerrecht und Verfassung bei der Auslegung völkerrechtlicher Verträge, in: BDGV 23 (1981), S. 7, 23

1299 BVerfGE 35, 193, 199

1300 Vgl. oben Teil 2 A. I. 1. a.

1301 Ebenso *Zeitler*, Verfassungsgericht und völkerrechtlicher Vertrag, S. 243 f.; *Schwarz*, Die verfassungsgerichtliche Kontrolle der Außen- und Sicherheitspolitik, S. 235

T.P.] daher die Grenzen der verfassungsgerichtlichen Kontrolle."[1302] Diese Bedenken können aber nicht überzeugen. Erfolgt nämlich die Überprüfung a priori, hat die Exekutive immer noch die Möglichkeit, den Vertrag überhaupt nicht abzuschließen, wenn sie mit der verfassungskonformen Auslegung durch das Bundesverfassungsgericht nicht einverstanden ist.

Zu betonen ist jedoch, dass eine *einseitige* Durchsetzung der verfassungskonformen Auslegung auf völkerrechtlicher Ebene auch im Falle einer a priori-Kontrolle keinesfalls möglich ist – sämtliche der eben geschilderten Möglichkeiten erfordern nämlich die Zustimmung des oder der anderen Vertragspartner (vgl. Artt. 31 II lit. b 2. HS bzw. 20 I WVRK).

Die beiden genannten Möglichkeiten des indirekten Einflusses der verfassungskonformen Auslegung auch auf die völkerrechtliche Ebene bestehen allerdings nicht, wenn der Vertrag bereits in Kraft getreten ist und eine *a posteriori*-Kontrolle durch das Verfassungsgericht erfolgt. Aber selbst in dem Falle, in dem die Methode verfassungskonformer Auslegung im Rahmen eines solchen Verfahrens angewandt wird, geht sie nicht völlig ins Leere. So kann das Bundesverfassungsgericht durch ein derartiges Vorgehen eine spätere „dynamische Auslegung" des Vertrages verhindern. Die Bindungswirkung verfassungsgerichtlicher Entscheidungen gemäß § 31 I BVerfGG hindert die Bundesregierung nämlich daran, an einer die Auslegung gemäß Art. 31 III lit. a und b WVRK beeinflussenden Vertragspraxis (spätere Übereinkunft der Parteien über die Auslegung oder spätere Übung der Parteien, aus der die Übereinstimmung der Parteien über eine bestimmte Auslegung hervorgeht) mitzuwirken, die gegen eine vom Bundesverfassungsgericht vorgenommene (verfassungskonforme) Auslegung verstößt.[1303] Unter diesem Aspekt kommt der verfassungskonformen Auslegung im Rahmen einer a posteriori-Kontrolle also lediglich „negative" Wirkung zu – keinesfalls führt die verfassungskonforme Auslegung ohne Zustimmung der oder des Vertragspartners („positiv") zu einer die Auslegung beeinflussenden nachfolgenden Vertragspraxis.[1304]

Nichtsdestotrotz ist diese indirekte Wirkung verfassungskonformer Auslegung auch auf völkerrechtlicher Ebene vor allem im Hinblick auf die in Verträ-

1302 *Hailbronner*, Kontrolle der auswärtigen Gewalt, in: VVDStRL 56 (1997), S. 7, 26, Fn. 83

1303 Ebenso *Zeitler*, Verfassungsgericht und völkerrechtlicher Vertrag, S. 241 f.; dagegen *Cronauer*, Der internationale Vertrag im Spannungsfeld zwischen Verfassung und Völkerrecht, S. 329-338.

1304 Diese lediglich „negative" Wirkung der verfassungskonformen Auslegung verkennt offenbar *Cronauer*, Der internationale Vertrag im Spannungsfeld zwischen Verfassung und Völkerrecht, S. 329-338, bei seiner Kritik an der Auffassung *Zeitlers*.

gen häufig verwendeten vagen Formulierungen und das spätere „Ringen der Partner, den Vertrag [...] ‚mit Leben zu erfüllen' nicht zu unterschätzen."[1305]

Insgesamt betrachtet sind die völkerrechtlichen Möglichkeiten, erfolgreich dem Vertragspartner eine verfassungskonforme Auslegung durch das Bundesverfassungsgericht entgegenzuhalten, sehr begrenzt. Schließlich setzt dies in der Regel das Einverständnis des anderen Vertragspartners voraus. Fehlt ein solches, bleibt der Bundesregierung nichts anderes übrig als den Vertrag zu kündigen, oder in Verhandlungen über eine Abänderung des Vertrages einzutreten, um den Vorgaben des Gerichts gerecht zu werden. Ein wie auch immer gearteter Spielraum, z. B. die Anrufung eines Schiedsgerichts zur verbindlichen Auslegung des Vertrages verbleibt der Bundesregierung nicht.[1306] Daher ist von verfassungskonformer Auslegung nur in sehr begrenztem Umfang Gebrauch zu machen. Das Bundesverfassungsgericht muss in jedem Fall unter Einbeziehung des jeweiligen Vertragsgegenstandes und der jeweiligen Vertragspartner abwägen, ob der Bundesregierung unter Umständen durch eine klare Nichtigkeitserklärung des Zustimmungsgesetzes auf völkerrechtlicher Ebene nicht eher gedient ist als durch eine verfassungskonforme Auslegung.

2. *„Interprétation conforme" eines völkerrechtlichen Vertrages in Frankreich – la „déclaration de constitutionnalité sous réserves"*

a. Grundsätzliches zur verfassungskonformen Auslegung in Frankreich

Die verfassungskonforme Auslegung völkerrechtlicher Verträge folgt auch in Frankreich im Ausgangspunkt den gleichen Prinzipien wie die verfassungskonforme Auslegung eines Gesetzes: Anstatt eine Klausel für verfassungswidrig zu erklären, wird diese in einer Weise interpretiert, in der sie als verfassungskonform angesehen werden kann.[1307] In der Lehre werden verschiedene Arten verfassungskonformer Auslegung von Gesetzen unterschieden: „Réserve d'interprétation neutralisante", „constructive" oder „directive".

Bei der „interprétation neutralisante" wird den verfassungsrechtlich fraglichen Bestimmungen die juristische Geltung abgesprochen, oder es werden diejenigen Auslegungsmöglichkeiten des Gesetzes außer Acht gelassen, die dieses als ver-

---

1305 *Zeitler*, Judicial Review und Judicial Restraint gegenüber der auswärtigen Gewalt, in: JöR N.F. 25 (1976), S. 621, 642

1306 Ebenso *Giegerich*, Verfassungsgerichtliche Kontrolle der auswärtigen Gewalt im europäisch-atlantischen Verfassungsstaat, in: ZaöRV 57 (1997), S. 409, 531 f.

1307 *Gaïa*, Le Conseil constitutionnel et l'insertion des engagements internationaux dans l'ordre juridique interne, S. 123

fassungswidrig erscheinen ließen.[1308] Es wird also die Tragweite des Legislativaktes eingeschränkt.[1309] Im Falle einer „interprétation constructive“ werden demgegenüber der gesetzlichen Regelung weitere Bestimmungen „hinzugefügt“ oder es wird dieser ein über den Wortlaut hinausgehender Sinn beigelegt, damit das Gesetz den verfassungsrechtlichen Anforderungen genügt.[1310] Mit der „interprétation directive“ legt der Conseil constitutionnel Grundsätze fest, die bei der Anwendung des Gesetzes durch die hierfür zuständigen Organe zu beachten sind. Diese „Richtlinien“ sind notwendig für die Verfassungsmäßigkeit des Gesetzes selbst.[1311]

Die Technik der verfassungskonformen Auslegung völkerrechtlicher Verträge ist sowohl in der Rechtsprechung des Conseil constitutionnel als auch des Conseil d'Etat zu beobachten.

b. Conseil Constitutionnel

α. Möglichkeit einer „interprétation conforme“ im Verfahren nach Art. 54 Const. 1958?

Ob im Verfahren nach Art. 54 Const. 1958 allerdings eine verfassungskonforme Auslegung der „engagements internationaux“ überhaupt möglich bzw. denkbar ist, ist in der französischen Lehre umstritten.

Zum Teil wird vertreten, anlässlich einer Kontrolle nach Art. 54 Const. 1958 habe der Conseil constitutionnel nur die Wahl, die ihm vorgelegte völkerrechtliche Verpflichtung für verfassungskonform oder für verfassungswidrig zu erklären.[1312] Demgegenüber sei es dem Verfassungsrat nicht möglich, die völkerrechtliche Verpflichtung nur unter dem Vorbehalt für verfassungskonform zu erklären, dass eine bestimmte Klausel des Vertrages in einer gewissen Weise ausgelegt wird.[1313] Dies wird damit begründet, die Praxis verfassungskonformer Auslegung führte dazu, dass einer Partei – also der Französischen Republik –

1308 *Rousseau*, Droit du contentieux constitutionnel, S. 158 f.

1309 *Mathieu/Verpeaux*, Contentieux constitutionnel des droits fondamentaux, S. 237 f.

1310 *Rousseau*, Droit du contentieux constitutionnel, S. 159 f.

1311 *Rousseau*, Droit du contentieux constitutionnel, S. 160

1312 *Lenoir*, Les rapports entre le droit constitutionnel français et le droit international à travers le filtre de l'article 54 de la Constitution de 1958, in: *Dupuy* [Hrsg.], Droit international et droit interne dans la jurisprudence comparée du Conseil constitutionnel et du Conseil d'Etat, S. 16 f., spricht daher von einer „binären“ Kontrolle („le contrôle est [...] „binaire““) der Verfassungsmäßigkeit völkerrechtlicher Verpflichtungen im Rahmen des Art. 54 Const. 1958.

1313 *Rousseau*, Droit du contentieux constitutionnel, S. 200; ebenso *Conseil d'Etat* [Hrsg.], La norme internationale en droit français, S. 38

einseitig und a priori die Interpretation eines internationalen Abkommens überlassen würde.[1314] Ein solches müsse jedoch in allen Vertragsstaaten einheitlich ausgelegt und angewendet werden.[1315] Überdies binde eine verfassungskonforme Auslegung völkerrechtlicher Verträge durch den Conseil constitutionnel ohnehin nicht den Vertragspartner, da sie nicht auf einer gemeinsamen Übereinkunft zwischen den Parteien beruhe.[1316] Anderes wird allerdings erwogen, wenn ein völkerrechtlicher Vertrag die Formulierung von Vorbehalten durch die Parteien für das gesamte Vertragswerks oder einzelne seiner Bestimmungen vorsieht. In diesem Falle könnte der Conseil constitutionnel sich das Recht zubilligen, selbst solche Vorbehalte – in Form einer verfassungskonformen Auslegung – zu formulieren.[1317]

Andere Autoren vertreten die Auffassung, im Rahmen des Verfahrens nach Art. 54 Const. 1958 sei generell eine verfassungskonforme Auslegung denkbar.[1318] Teile der Literatur verweisen dabei auf die diesbezügliche Praxis des Conseil constitutionnel.[1319] Andere begründen ihre Ansicht damit, eine solche

---

1314 *Lenoir*, Les rapports entre le droit constitutionnel français et le droit international à travers le filtre de l'article 54 de la Constitution de 1958, in: *Dupuy* [Hrsg.], Droit international et droit interne dans la jurisprudence comparée du Conseil constitutionnel et du Conseil d'Etat, S. 17; *Genevois*, Le Traité sur l'Union européenne et la Constitution, in: RFDA 1992, S. 373, 378, formuliert denn auch treffend: „Par sa nature un engagement international se prête mal à une interprétation *unilatérale* émanant d'une des parties". Hervorhebung im Original

1315 *Schoettl*, Anm. zu CC, 31.12.1997, Traité d'Amsterdam, déc. no. 97-394 DC, Rec. S. 344, in: AJDA 1998, S. 135, 136

1316 *Rousseau*, Droit du contentieux constitutionnel, S. 200; ebenso *Schoettl*, Anm. zu CC, 31.12.1997, Traité d'Amsterdam, déc. no. 97-394 DC, Rec. S. 344, in: AJDA 1998, S. 135, 136

1317 *Lenoir*, Les rapports entre le droit constitutionnel français et le droit international à travers le filtre de l'article 54 de la Constitution de 1958, in: *Dupuy* [Hrsg.], Droit international et droit interne dans la jurisprudence comparée du Conseil constitutionnel et du Conseil d'Etat, S. 17 und ebenda in Fn. 11. Diese Frage wurde aber bislang nicht höchstrichterlich entschieden. Die Entscheidung zur Europäischen Charta der Regional- und Minderheitensprachen beschränkt sich lediglich darauf, die anlässlich der Unterzeichnung des Vertrages von der französischen Regierung formulierte Interpretationserklärung zur Kenntnis zu nehmen. Das Gericht führt aus, eine solche einseitige Erklärung habe keine weitergehende normative Kraft, sondern stelle lediglich eine sich auf den Vertrag beziehende Urkunde dar, die im Falle eines Rechtsstreits als Auslegungshilfe herangezogen werden könne. Vgl. CC, 15.6.1999, Charte européenne des langues régionales ou minoritaires, déc. no. 99-412 DC, Rec. S. 71, 4. Erwägungsgrund: „une telle déclaration unilatérale n'a d'autre force normative que de constituer un instrument en rapport avec le traité et concourant, en cas de litige, à son interprétation".

1318 *Drago*, Contentieux constitutionnel français, S. 396 f.

1319 *Drago*, Contentieux constitutionnel français, S. 396 f.

Auslegung sei unter der Bedingung möglich, dass deren Bindungswirkung auf den nationalen Rechtskreis beschränkt bleibe und damit nicht den jeweiligen Vertragspartnern entgegengehalten werden könne.[1320] Es ist jedoch fraglich, ob die Bindungswirkung der Entscheidungen des Conseil constitutionnel „aufgeteilt" werden kann. So ist es schwer verständlich, warum z. B. die Regierung nach innen an die Auslegung durch den Conseil constitutionnel gebunden sein soll, jedoch nicht gegenüber dem Vertragspartner. Die Bindungswirkung der Entscheidungen des Verfassungsrates ist schließlich unabhängig davon, auf welcher Ebene die Regierung gerade handelt. Außerdem kann die Technik der verfassungskonformen Auslegung – von ihrer Wirkung her – mit einer innerstaatlichen Durchführungsmaßnahme zu einem völkerrechtlichen Vertrag verglichen werden. Eine solche bindet zwar ebenfalls „nur nach innen", ihre Auswirkungen auch auf das Völkerrecht sind jedoch unbestreitbar.

Für die Lösung des Problems, ob – aus völkerrechtlicher Perspektive – im Rahmen des Art. 54 Const. 1958 eine verfassungskonforme Auslegung möglich und zulässig sein kann, muss in der Tat bei der Frage angesetzt werden, inwieweit diese dem Vertragspartner erfolgreich entgegengehalten werden kann. Dabei ist gar nicht zu bestreiten, dass der Vertragspartner nicht direkt an die Entscheidung des Conseil constitutionnel gebunden ist. Gänzlich irrelevant ist jedoch – entgegen der verbreiteten Ansicht in der Lehre – die Auslegung des Conseil constitutionnel auf internationaler Ebene auch nicht. Da diese nämlich anlässlich einer a priori-Kontrolle – also vor Inkrafttreten des Abkommens – erfolgt, kann die vom Verfassungsrat vorgenommene Auslegung gemäß Art. 31 II lit. b WVRK als eine von einem der Vertragspartner anlässlich des Vertragsschlusses verfasste Urkunde gewertet werden, die dann bei der Auslegung des Vertrages durch internationale Gerichte Berücksichtigung finden muss. Vorausgesetzt, der Vertragspartner akzeptiert diese Urkunde als sich auf den Vertrag beziehend, kommt auf diese Weise der verfassungskonformen Auslegung – was die Möglichkeit des Entgegenhaltens gegenüber dem Vertragspartner anbelangt – wenn schon keine direkte Wirkung, so doch ein indirekter Einfluss auch auf internationalem Niveau zu. Durch einen generellen Ausschluss der Möglichkeit der verfassungskonformen Auslegung im Verfahren nach Art. 54 Const. 1958 würde sich Frankreich also des Vorteils begeben, in eventuell entscheidender Weise auf die Auslegung des völkerrechtlichen Vertrages durch internationale Gerichte Einfluss zu nehmen. Daher ist – trotz aller damit verbundenen Kritik – die verfassungskonforme Auslegung im Rahmen des Verfahrens gemäß Art. 54 Const.

1320 *Viala*, Les réserves d'interprétation dans la jurisprudence du Conseil constitutionnel, S. 60 und ganz deutlich S. 62

1958 zuzulassen.[1321] Vielleicht liegt ja auch gerade darin der Grund für den Conseil constitutionnel, die verfassungskonforme Auslegung im Rahmen des Verfahrens gemäß Art. 54 Const. 1958 vorzunehmen.

β. Verfassungskonforme Auslegung durch den Conseil constitutionnel

Bei der Kontrolle der Verfassungsmäßigkeit völkerrechtlicher Verträge hat sich der Conseil constitutionnel des öfteren der verfassungskonformen Auslegung bedient. Zunächst sollen kurz die älteren Entscheidungen zu diesem Problemkreis erörtert werden, bevor auf die Entscheidung des Conseil constitutionnel zum Vertrag über eine Verfassung von Europa eingegangen wird.

αα. Die ältere Judikatur des Conseil constitutionnel

Teile der Literatur erblicken in der Direktwahl-Entscheidung des Conseil constitutionnel erstmals sowohl Elemente einer „réserve d'interprétation neutralisante" als auch einer „réserve d'interprétation directive".[1322]

1321 Als letztes Argument ist noch auf Art. 61 II Const. 1958 zu verweisen: Die Ansicht, die eine verfassungskonforme Auslegung im Rahmen des Art. 54 Const. 1958 ablehnt, müsste nämlich konsequenterweise die Zulässigkeit einer verfassungskonformen Auslegung auch im Rahmen des Verfahrens gemäß Art. 61 II Const. 1958 ablehnen, wenn ein Vertragsgesetz den Antragsgegenstand bildet. Dies wird aber – soweit ersichtlich – nicht vertreten.
Sehr offen gegenüber der Möglichkeit einer verfassungskonformen Auslegung völkerrechtlicher Verpflichtungen im Rahmen des Art. 54 Const. 1958 zeigen sich neuerdings auch *Favoreu/Philip*, Les grandes décisions du Conseil constitutionnel, no. 51, Rn. 21-25; sie halten die verfassungskonforme Auslegung immer dann für zulässig, wenn nach den Regeln der WVRK die Erklärung eines Vorbehalts zulässig wäre.

1322 *Gaïa*, Le Conseil constitutionnel et l'insertion des engagements internationaux dans l'ordre juridique interne, S. 123; *Viala*, Les réserves d'interprétation dans la jurisprudence du Conseil constitutionnel, S. 60
Bereits die Eigenmittel-Entscheidung vom 19.07.1970 werten manche Autoren als Anwendungsfall der verfassungskonformen Auslegung in Form der „interprétation constructive" (vgl. *Gaïa*, Le Conseil constitutionnel et l'insertion des engagements internationaux dans l'ordre juridique interne, S. 124 f). Entscheidende Bedeutung kommt hierbei Art. 201 III EWG (heute Art. 201 II EG) zu, bzw. genauer, der Wendung „gemäß ihren verfassungsrechtlichen Vorschriften". Der Verfassungsrat führt aus, die Anwendung dieser Regelung *erfordere*, dass die Annahme der in der streitgegenständlichen Entscheidung enthaltenen Vorschriften nur im Falle einer vorherigen parlamentarischen Beteiligung im Sinne des Art. 53 Const. 1958 möglich sei, da diese zum Teil Gegenstände der Gesetzgebung beträfen (6. Erwägungsgrund). Hieraus zieht das Gericht den Schluss, die Entscheidung des Rates stehe,

Diejenigen, die die Entscheidung des Rates der Europäischen Gemeinschaften vom 20. September 1976 bezüglich der Organisation der Wahlen zur Europäischen Versammlung für verfassungswidrig hielten, hatten geltend gemacht, die Einteilung Frankreichs in größere Wahlkreise trage ein erhebliches Risiko der Verletzung des Art. 1 Const. 1958 (Prinzip der Unteilbarkeit der Republik) in sich. Außerdem wurde eingewandt, die Einteilung in derart große Wahlkreise begünstige eine Tendenz, wonach sich die Abgeordneten mehr als Vertreter einer bestimmten Region, mehr als spezielle Vertreter eines Teils des europäischen Volkes ansehen würden als als Vertreter Frankreichs bei einer Internationalen Organisation.[1323]

Diesen Einwänden hat der Conseil constitutionnel Rechnung getragen, indem er eine „interprétation neutralisante" vornahm. Zwar enthalte die Entscheidung des Rates momentan keine Bestimmungen, die den Grundsatz der Unteilbarkeit der Republik in Frage stellen würden. Art. 7 dieser Entscheidung über das einheitliche Wahlverfahren dürfe aber nicht dahingehend ausgelegt werden, dass er einen Verstoß gegen den Grundsatz der Unteilbarkeit der Republik erlaube. Gleichzeitig fügt der Conseil an, dass die von ihm vorgenommene Auslegung des Begriffs „einheitliches Wahlverfahren" von vornherein jeglichen Wahlmodus ausschließe, der zwar noch nicht im verfahrensgegenständlichen Text enthalten sei, aber auf dessen Grundlage beschlossen werde und seinerseits gegen das Prinzip der Unteilbarkeit der Republik verstoße.[1324] Das Gericht entleert so die inter-

unter dem Vorbehalt, dass diese gesetzlich noch gebilligt werde, nicht im Widerspruch zur Verfassung (vgl. CC, 19.07.1970, Ressources propres, déc. no. 70-39 DC, Rec. S. 15, 7. Erwägungsgrund: „en conséquence, et sous réserve de son approbation par la loi, [...] ladite décision n'est pas en contradiction avec la Constitution".). In dieser Entscheidung handelt es sich jedoch nicht um einen klassischen Anwendungsfall verfassungskonformer Auslegung – schließlich geht es *nicht* um den *Inhalt* der völkerrechtlichen Verpflichtung, sondern lediglich um den innerstaatlichen Ratifizierungsprozess.

1323 So die von *Gaïa*, Le Conseil constitutionnel et l'insertion des engagements internationaux dans l'ordre juridique interne, S. 123 f., wiedergegebenen Argumente.

1324 CC, 30.12.1976, Élection de l'Assemblée des Communautés européennes au suffrage universel direct, déc. no. 76-71 DC, Rec. S. 15, 5. Erwägungsgrund: „l'engagement international du 20 septembre 1976 ne contient aucune stipulation fixant, pour l'élection des représentants français à l'assemblée [...], des modalités de nature à mettre en cause l'indivisibilité de la République, dont le principe est réaffirmé à l'article 2 de la Constitution; [...] les termes de „procédure électorale uniforme" dont il est fait mention à l'article 7 [...] *ne sauraient être interprétés comme pouvant permettre qu'il soit porté atteinte à ce principe*". Hervorhebungen durch Verfasser.

nationale Verpflichtung teilweise ihrer Substanz.[1325] Auf diese Weise stellt sich nämlich der Verfassungsrat zwar nicht einer Direktwahl nach einem einheitlichen Wahlverfahren in allen Mitgliedsstaaten entgegen, verwirft aber im Voraus sämtliche in Anwendung des verfahrensgegenständlichen Beschlusses festgelegten Modalitäten, die gegen den Grundsatz der Unteilbarkeit der Republik verstoßen. Hinsichtlich derjenigen Wahlmodalitäten, die der Beschluss nicht ausdrücklich ausgeschlossen hat und die gegen den Grundsatz der Unteilbarkeit der Republik verstoßen, erachtet sich der Conseil constitutionnel als kompetent, diese im Voraus zu verbieten.[1326]

In einem zweiten Schritt – nachdem er also einen Teil des streitgegenständlichen Beschlusses „neutralisiert" hat – wendet sich der Conseil constitutionnel an die mit dem Vollzug der internationalen Verpflichtung betrauten Organe mit dem Ziel, dass seine Auslegung auch beachtet wird. Er führt aus, dass die in Anwendung des Beschlusses getroffenen Maßnahmen die vom Conseil vorgenommene Auslegung sowie sämtliche Verfassungsprinzipien zu beachten hätten.[1327]

Ohne eine solche Auslegung hätte der Verfassungsrat jedoch wahrscheinlich Art. 7 der Entscheidung des Rates für verfassungswidrig erklärt.[1328] In der Direktwahl-Entscheidung erscheint die verfassungskonforme Auslegung im Übrigen auch im Tenor.[1329]

1325 *Gaïa*, Le Conseil constitutionnel et l'insertion des engagements internationaux dans l'ordre juridique interne, S. 124

1326 *Gaïa*, Le Conseil constitutionnel et l'insertion des engagements internationaux dans l'ordre juridique interne, S. 124

1327 CC, 30.12.1976, Élection de l'Assemblée des Communautés européennes au suffrage universel direct, déc. no. 76-71 DC, Rec. S. 15, 5. Erwägungsgrund: „de façon générale, *les textes d'application* de cet acte *devront respecter les principes énoncés ci-dessus* ainsi que tous autres principes de valeur constitutionnelle". Hervorhebungen durch Verfasser. Aus dieser Formulierung ist deutlich der Hinweis zu erkennen, es bestehe die Möglichkeit den Conseil constitutionnel mit Ausführungsmaßnahmen zu befassen, wenn diese nicht mit der vom Gericht vorgenommenen Auslegung übereinstimmen. Dies gilt im Übrigen unabhängig davon, ob die Ausführungsmaßnahme auf gemeinschaftsrechtlicher oder auf innerstaatlicher Ebene getroffen worden ist. Vgl. *Gaïa*, Le Conseil constitutionnel et l'insertion des engagements internationaux dans l'ordre juridique interne, S. 124

1328 *Viala*, Les réserves d'interprétation dans la jurisprudence du Conseil constitutionnel, S. 60

1329 „Sous le bénéfice des considérations qui précèdent, la décision du Conseil des Communautés européennes en date du 20 septembre 1976 et l'acte qui y est annexé ne comportent pas de clause contraire à la Constitution". CC, 30.12.1976, Élection de l'Assemblée des Communautés européennes au suffrage universel direct, déc. no. 76-71 DC, Rec. S. 15

Die Bewertung dieser Entscheidung fällt zwiespältig aus. Einerseits war die Anwendung der Methode der verfassungskonformen Auslegung kurzfristig sehr effektiv. Die Regierung und das Parlament haben sich strikt an die Vorgaben des Gerichts gehalten – insbesondere sah das Gesetz, das das Wahlverfahren regelte[1330], die Verhältniswahl vor und setzte einen einheitlichen Wahlkreis fest, der das gesamte Gebiet der Französischen Republik, einschließlich der überseeischen Territorien und Départements umfasste (Art. 4 des Gesetzes 77-729 vom 7. Juli 1977[1331]). Auf lange Sicht schob das Gericht jedoch durch seine verfassungskonforme Auslegung künftigen Entwicklungen einen Riegel vor.[1332] Dies erscheint umso kritikwürdiger, als sämtliche auf Grundlage von Art. 138 III EWG getroffenen Maßnahmen zwingend der Annahme der Mitgliedsstaaten bedürfen und der Conseil constitutionnel jederzeit mit diesen Maßnahmen im Verfahren nach Art. 54 Const. 1958 befasst werden kann. Eine Auslegung, die auch in Zukunft getroffene Maßnahmen umfasst, war also keinesfalls erforderlich.

In seiner Schengen-Entscheidung – ergangen im Verfahren nach Art. 61 II Const. 1958 – hat der Conseil constitutionnel ebenfalls zwei Klauseln des Durchführungsabkommens verfassungskonform ausgelegt. Hinsichtlich der Einrichtung eines Exekutivausschusses (Art. 131 ff. Schengen-DurchfÜbk), dessen Aufgabe es ist, über die korrekte Anwendung des Abkommens zu wachen, führt der Conseil constitutionnel aus, diese sei nur verfassungsgemäß, sofern die Entscheidungen des Exekutivausschusses keine direkte Wirkung auf dem Gebiet der Vertragsstaaten entfalteten und sofern deren innerstaatliche Umsetzungsmaßnahmen durch die französischen Behörden auch der französischen Gerichtsbarkeit unterworfen seien.[1333]

Auch hier handelt es sich um eine „interprétation neutralisante".[1334] Jede andere Auslegung wäre verfassungswidrig, da sie dazu führen würde, einer interna-

---

1330 Vgl. Loi no. 77-729 vom 07.07.1977, in: J.O.R.F vom 08.07.1977, S. 3579

1331 Wortlaut: „Le territoire de la République forme une circonscription unique."

1332 *Gaïa*, Le Conseil constitutionnel et l'insertion des engagements internationaux dans l'ordre juridique interne, S. 126

1333 CC, 25.07.1991, Accord de Schengen, déc. no 91-294 DC, Rec. S. 91, 62. Erwägungsgrund: „[S]i la convention n'assujettit pas le Comité exécutif à un contrôle juridictionnel, son institution comme la définition de ses attributions *ne sont pas contraires à la Constitution dès lors qu'*aucune stipulation de la convention ne confère aux décisions de ce Comité un effet direct sur les territoires des Parties contractantes; *que* les mesures prises par les autorités françaises, à la suite des décisions dudit Comité, seront elles-mêmes soumises au contrôle des juridictions françaises". Hervorhebungen durch Verfasser

1334 Einer solchen hatte sich bereits der Conseil d'Etat in seiner Funktion als Berater der Regierung (sogenannte formations administratives) in einem Gutachten über das Schengen Durchführungsabkommen bedient, um dessen Verfassungsmäßigkeit

tionalen Instanz das Recht zuzuerkennen, Regelungen zu treffen, ohne gleichzeitig hiergegen einen Rechtsschutz vorzusehen.[1335]

Neben den Gefahren, die eine verfassungskonforme Auslegung auf völkerrechtlicher Ebene allgemein mit sich bringt, erscheint die Argumentation des Conseil constitutionnel auch aus folgenden Gesichtspunkten angreifbar:

Der Conseil constitutionnel macht hier die Verfassungsmäßigkeit eines Abkommens davon abhängig, dass eine gerichtliche Kontrollmöglichkeit für Anwendungsmaßnahmen dieses Abkommens besteht. Eine solche Kontrollmöglichkeit existiert aber aufgrund der Theorie der Regierungsakte in weitem Umfang gar nicht.[1336]

Außerdem vermischt das Gericht zwei verschiedene Probleme – die direkte Wirkung der Entscheidungen des Exekutivkomitees und die Frage nach der gerichtlichen Kontrolle dieser Akte. Entweder ergibt sich die Verfassungswidrigkeit aus der direkten Wirkung der Entscheidungen aufgrund eines Verstoßes gegen das Prinzip der nationalen Souveränität. Dann ist auch die Frage nach einer effektiven Kontrolle durch die Gerichte irrelevant. Oder aber die Verfassungswidrigkeit resultiert aus der fehlenden gerichtlichen Kontrollmöglichkeit.[1337]

Die zweite Klausel, die der Conseil constitutionnel einer verfassungskonformen Auslegung unterwirft, ist Art. 29 IV des Durchführungsabkommens. Das Gericht stellt fest, unter „Vorschriften des nationalen Rechts" im Sinne des Art. 29 IV des Durchführungsübereinkommens sei im französischen Recht vor allem der vierte Absatz der Präambel der Verfassung von 1946 zu subsumieren.[1338] Wenn man hier überhaupt von verfassungskonformer Auslegung sprechen möchte, so handelt es sich in diesem Falle jedoch um eine relativ „harmlose" Form. Dass die anderen Vertragspartner oder eine internationale Instanz diese Vorschrift anders auslegen, erscheint sehr unwahrscheinlich.

---

zu begründen. Vgl. hierzu *Prétot*, Anm. zu CC, 25.07.1991, Accord de Schengen, déc. no. 91-294 DC, Rec. S. 91, in: RTDE 1992, S. 187, 209

1335 *Prétot*, Anm. zu CC, 25.07.1991, Accord de Schengen, déc. no. 91-294 DC, Rec. S. 91, in: RTDE 1992, S. 187, 210

1336 *Prétot*, Anm. zu CC, 25.07.1991, Accord de Schengen, déc. no. 91-294 DC, Rec. S. 91, in: RTDE 1992, S. 187, 211

1337 *Prétot*, Anm. zu CC, 25.07.1991, Accord de Schengen, déc. no. 91-294 DC, Rec. S. 91, in: RTDE 1992, S. 187, 209 f.

1338 CC, 25.07.1991, Accord de Schengen, déc. no 91-294 DC, Rec. S. 91, 31. Erwägungsgrund: „le paragraphe 4 de l'article 29 réserve le droit de toute Partie contractante „pour des raisons particulières tenant notamment au droit national" d'assurer le traitement d'une demande d'asile même si la responsabilité incombe à une autre Partie; [...] ces dernières stipulations sont appelées à recevoir application au profit des personnes susceptibles de bénéficier du droit d'asile en vertu du quatrième alinéa du Préambule de la Constitution de 1946".

Wesentlich problematischer stellt sich der Rückgriff auf die Technik der verfassungskonformen Auslegung im Rahmen der Entscheidung zum Vertrag über eine Verfassung für Europa dar.

ββ. Die Entscheidung zum Vertrag über eine Verfassung für Europa

Hierbei stehen die Vereinbarkeit des Prinzips des Vorrangs des Gemeinschaftsrechts sowie der Grundrechtecharta mit der französischen Verfassung im Zentrum der Betrachtungen. In beiden Fällen nimmt der Verfassungsrat eine „interprétation neutralisante“ vor.

(1) Bei einer der Rechtsprechung des Conseil d'Etat[1339] entsprechenden Lektüre des Art. 55 Const. 1958, wonach – was die innerstaatliche Rechtsordnung anbelangt – völkerrechtliche Verträge lediglich den Gesetzen nicht jedoch der Verfassung vorgehen, hätte durchaus der Schluss nahegelegen, Art. I-6 EV als verfassungswidrig zu betrachten, da dieser den Vorrang des Gemeinschaftsrechts vor jeglichem nationalen Recht – also auch vor Verfassungsrecht – anordnet.[1340] Auch die jüngste Rechtsprechung des Conseil constitutionnel, die in den Visa zur hier besprochenen Entscheidung zitiert wird und in Teilen auch im 11. Erwägungsgrund wieder aufgenommen wird, spricht eigentlich für eine Verfassungswidrigkeit des Art. I-6 EV.[1341] Demgemäß sei aus Art. 88-1 Const. 1958 zu schließen, dass der verfassungsändernde Gesetzgeber die Existenz einer Gemeinschaftsrechtsordnung anerkannt habe, die zwar Bestandteil der innerstaatlichen Rechtsordnung sei, jedoch von der internationalen Rechtsordnung verschieden.[1342] Das Gemeinschaftsrecht verdanke seine Existenz und Wirkung folglich alleine dem Willen des verfassungsändernden Gesetzgebers und sei daher in der innerstaatlichen Rechtsordnung der Verfassung nachrangig. Für diese (die inner-

1339 CE, Ass., 30.10.1998, Sarran, Levacher et autres, Rec. S. 368
1340 Vgl. *Gautier*, La décision du Conseil constitutionnel relative au traité établissant une Constitution pour l'Europe est-elle une grande décision?, in: JCP Administrations et Collectivités locales 2005, S. 255, 258
1341 Vgl. insbesondere CC, 10.06.2004, Loi sur la confiance dans l'économie numérique, déc. no. 2004-496 DC, mit Anm. *Gohin*, JCP Administrations et Collectivités locales 2004, S. 1620
1342 CC, 19.11.2004, Traité établissant une Constitution pour l'Europe, déc. no. 2004-505 DC, Rec. S. 173, 11. Erwägungsgrund: „le constituant a ainsi [par l'article 88-1 Const. 1958 T.P.] consacré l'existence d'un ordre juridique communautaire intégré à l'ordre juridique interne et distinct de l'ordre juridique international“.

staatliche Rechtsordnung) bestimme die französische Verfassung schlussendlich über das Verhältnis von Gemeinschaftsrecht und innerstaatlichem Recht.[1343]

Dennoch kommt der Conseil constitutionnel zum Schluss, Art. I-6 EV erfordere keine Verfassungsänderung. Das Gericht legt die Vorschrift des Art. I-6 EV nämlich im Lichte insbesondere des Art. I-5 I EV aus, wonach die Union die nationale Identität der Mitgliedstaaten achtet, die in deren verfassungsrechtlichen und politischen Grundstrukturen zum Ausdruck kommt. So ergebe sich aus der Zusammenschau dieser beiden Vorschriften, dass Art. I-6 EV nicht die Tragweite des Prinzips des Vorrang des Gemeinschaftsrechts, *wie es sich aus der Auslegung des Art. 88-1 Const. 1958 durch den Conseil constitutionnel ergibt*, zu verändern vermag.[1344] Weiterhin schließt der Verfassungsrat aus der im Anhang des Vertrages aufgeführten Erklärung zu Art. I-6 EV, wonach dieser die geltende Rechtsprechung des EuGH und des EuG zum Ausdruck bringt, dass dem Prinzips des Vorrangs des Gemeinschaftsrechts künftig keine weitgehendere Bedeutung zukommen soll als dies bereits vorher der Fall gewesen sei.[1345]

Diese Einschränkung der Reichweite des Art. I-6 EV ist – auch wenn zum Teil die Vorteile durchaus nicht verkannt werden[1346] – in der Literatur großenteils auf Ablehnung gestoßen.[1347] Art. I-5 I EV sei nämlich keineswegs geeignet,

1343 *Champeil-Desplats*, Commentaire de la décision du Conseil constitutionnel no. 2004-505 DC du 19 novembre 2004 relative au Traité établissant une Constitution pour l'Europe, in: RTDE 2005, S. 557, 562 f.

1344 CC, 19.11.2004, Traité établissant une Constitution pour l'Europe, déc. no. 2004-505 DC, Rec. S. 173, 13. Erwägungsgrund: „il ressort [...] du rapprochement [...] [des T.P.] articles I-5 et I-6, qu'il ne modifie ni la nature de l'Union européenne, ni la portée du principe de primauté du droit de l'Union *telle qu'elle résulte, ainsi que l'a jugé le Conseil constitutionnel* par ses décisions susvisées, *de l'article 88-1* de la Constitution". Hervorhebungen durch Verfasser

1345 CC, 19.11.2004, Traité établissant une Constitution pour l'Europe, déc. no. 2004-505 DC, Rec. S. 173, 12. Erwägungsgrund: „il résulte d'une déclaration annexée au traité que cet article [art. I-6 EV T.P.] ne confère pas au principe de primauté une portée autre que celle qui était antérieurement la sienne".

1346 *Champeil-Desplats*, Commentaire de la décision du Conseil constitutionnel no. 2004-505 DC du 19 novembre 2004 relative au Traité établissant une Constitution pour l'Europe, in: RTDE 2005, S. 557, 566: Durch diese Rechtsprechung werde zum einen eine schwierige Debatte über eine andernfalls notwendige Verfassungsänderung vermieden, zum anderen füge sich diese Judikatur nahtlos in die im Sommer 2004 ergangenen Entscheidungen des Conseil constitutionnel ein.

1347 Vgl. z. B. *Champeil-Desplats*, Commentaire de la décision du Conseil constitutionnel no. 2004-505 DC du 19 novembre 2004 relative au Traité établissant une Constitution pour l'Europe, in: RTDE 2005, S. 557, 564-567; *Gautier*, La décision du Conseil constitutionnel relative au traité établissant une Constitution pour l'Europe est-elle une grande décision?, in: JCP Administrations et Collectivités locales 2005, S. 255, 258. Positiv zur Rechtsprechung des Conseil constitutionnel

den absoluten Vorrang des Gemeinschaftsrechts in irgendeiner Weise zu relativieren. Vielmehr sei diese Vorschrift Ausdruck der grundsätzlichen Gleichgültigkeit des Gemeinschaftsrechts gegenüber den nationalen Strukturen institutioneller und politischer Art oder ein bloß politischer Appell, das Gewicht der Mitgliedsstaaten nicht zu gering zu schätzen.[1348]

Außerdem missachte der Conseil constitutionnel durch eine derartige Interpretation des Vertrages die letztinstanzliche Interpretationskompetenz des EuGH. Dass dieser seine bisherige Rechtsprechung zum Vorrang des Gemeinschaftsrechts angesichts des Art. I-6 EV ändern werde, erscheine nämlich mehr als fraglich.[1349]

(2) Auch bei der Prüfung der Grundrechtecharta greift der Verfassungsrat in fragwürdiger Weise auf das Mittel der verfassungskonformen Auslegung zurück. Hierbei geht es um von der Europäischen Verfassung gewährte Rechte, die aufgrund der Erstreckung ihres persönlichen Schutzbereichs auch auf Minderheiten (vgl. insbesondere Art. I-2 EV) hinsichtlich des „Principe de laïcité" und verfassungsrechtlicher Prinzipien des Strafrechts problematisch sind.

In diesem Zusammenhang stellt Art. II-112 IV EV den Ansatzpunkt für die verfassungskonforme Auslegung der von der Charta gewährten Rechte dar. Ohne auf eine konkrete Bestimmung der Charta einzugehen, erklärt er diese mit den Artt. 1-3 Const. 1958 vereinbar, obgleich diese verböten, einer bestimmten durch eine gemeinsame Herkunft, Kultur, Sprache oder Glaube definierten Gruppe kollektive Rechte einzuräumen. Die in der Charta gewährten Grundrechte seien nämlich gemäß Art. II-112 IV EV im Lichte der gemeinsamen Verfassungsüberlieferungen der Mitgliedsstaaten auszulegen, worunter auch die Artt. 1-3 Const. 1958 zu fassen seien.[1350]

---

bezüglich des Vorrangs des Gemeinschaftsrechts äußert sich demgegenüber *Maugüé*, Le Traité établissant une Constitution pour l'Europe et les juridictions constitutionnelles, in: RFDA 2005, S. 30, 31: „la décision du Conseil constitutionnel s'écarte donc de la lettre du Traité mais s'attache à l'esprit du texte."

1348 *Gautier*, La décision du Conseil constitutionnel relative au traité établissant une Constitution pour l'Europe est-elle une grande décision?, in: JCP Administrations et Collectivités locales 2005, S. 255, 258

1349 *Champeil-Desplats*, Commentaire de la décision du Conseil constitutionnel no. 2004-505 DC du 19 novembre 2004 relative au Traité établissant une Constitution pour l'Europe, in: RTDE 2005, S. 557, 566

1350 CC, 19.11.2004, Traité établissant une Constitution pour l'Europe, déc. no. 2004-505 DC, Rec. S. 173, 16. Erwägungsgrund: „conformément au paragraphe 4 de l'article II-112 du traité, dans la mesure où la Charte reconnaît des droits fondamentaux tels qu'ils résultent des traditions constitutionnelles communes aux États membres, „ces droits doivent être interprétés en harmonie avec lesdites traditions"; [...] *sont dès lors* respectés les articles 1er à 3 de la Constitution qui s'opposent à ce que soient reconnus des droits collectifs à quelque groupe que ce soit, défini par

Der Conseil verkennt hier jedoch die exakte Formulierung des Art. II-112 IV EV, wonach die *gemeinsamen* Verfassungsüberlieferungen bei der Auslegung der Grundrechte zu Grunde zu legen sind.[1351] Zum einen erstreckt sich Art. II-112 IV EV nicht auf alle in der Charta gewährten Grundrechte, sondern lediglich auf die, die sich aus den gemeinsamen Verfassungstraditionen ergeben. Deren Anzahl ist jedoch sehr gering.[1352] Außerdem ist es schwer zu ermitteln, welche Grundrechte unter Art. II-112 IV EV fallen. Der Gerichtshof in Luxemburg ist bei der Festlegung der gemeinsamen Verfassungsüberlieferungen zwar großzügig und lässt im Einzelfall auch die Verfassung eines einzigen Mitgliedsstaates als Quelle der gemeinsamen Verfassungsüberlieferungen genügen.[1353] Jedoch erscheint es zumindest zweifelhaft, ob hierunter auch eine französische Besonderheit fällt, wie der Ausschluss der Anerkennung jeglicher kollektiver Rechte für eine durch Herkunft, Kultur, Sprache oder Glaube definierte Gruppe.[1354] Auch das laizistische Prinzip mag durchaus der französischen Tradition entsprechen, jedoch weniger den gemeinsamen Verfassungsüberlieferungen der Mitgliedstaaten.[1355] Überdies bindet diese Auslegung keineswegs die Gerichte der Union, die eine gänzlich verschiedene und gegebenenfalls auch gegensätzliche Interpretation vornehmen können.[1356] Und selbst wenn sich der EuGH dieser Auslegung durch den Conseil constitutionnel anschließen sollte, bleibt immer noch die Frage nach den Konse-

---

une communauté d'origine, de culture, de langue ou de croyance". Hervorhebungen durch Verfasser

1351 *Sudre*, Les approximations de la décision 2004-505 DC du Conseil constitutionnel „sur la Charte des droits fondamentaux de l'Union". Réflexions critiques, in: RFDA 2005, S. 34, 36, spricht von einem „contresens flagrant" in der Auslegung des Art. II-112 IV EV.

1352 *Sudre*, Les approximations de la décision 2004-505 DC du Conseil constitutionnel „sur la Charte des droits fondamentaux de l'Union". Réflexions critiques, in: RFDA 2005, S. 34, 36 Fn. 15, nennt lediglich Art. II-70 II, II-74 I, Art. II-77 I, Art. II-80 sowie Art. II-109 III EV.

1353 Vgl. hierzu *Dord*, Le Conseil constitutionnel face à la „Constitution européenne": contrôle des apparences ou apparence de contrôle?, in: AJDA 2005, S. 211, 218

1354 *Dord*, Le Conseil constitutionnel face à la „Constitution européenne": contrôle des apparences ou apparence de contrôle?, in: AJDA 2005, S. 211, 218

1355 In diesem Sinne auch *Champeil-Desplats*, Commentaire de la décision du Conseil constitutionnel no. 2004-505 DC du 19 novembre 2004 relative au Traité établissant une Constitution pour l'Europe, in: RTDE 2005, S. 557, 571

1356 *Gautier*, La décision du Conseil constitutionnel relative au traité établissant une Constitution pour l'Europe est-elle une grande décision?, in: JCP Administrations et Collectivités locales 2005, S. 255, 259

quenzen für die Verfassungsmäßigkeit der Charta bei einer eventuell erfolgenden Rechtsprechungsänderung auf europäischer Ebene.[1357]

Weiterhin ging es um die Frage, inwieweit das in Art. II-70 I S. 2 EV gewährte Recht der freien und öffentlichen Religionsausübung mit dem „Principe de laïcité" (Art. 1 Const. 1958) vereinbar ist. Im Endeffekt interpretiert der Conseil die fraglichen Bestimmungen der Grundrechtecharta in einer Weise, die sie als mit der französischen Verfassung konform erscheinen lassen. Er bezieht sich dabei auf die gemäß Absatz 5 der Präambel der Grundrechtecharta und Art. II-112 VII EV gebührend bei der Auslegung durch die nationalen Gerichte zu berücksichtigenden Erläuterungen des Präsidiums, wonach Art. II-70 EV dieselbe Bedeutung und Tragweite zukomme wie Art. 9 EMRK. Weiterhin zitiert der Verfassungsrat eine zu dieser Norm ergangene – im Übrigen noch nicht rechtskräftige – Entscheidung des EGMR, derzufolge die Straßburger Richter den Mitgliedsstaaten einen weiten Ermessensspielraum bei der Festlegung von Maßnahmen einräumten, um die freie Religionsausübung mit dem Prinzip der Laizität in Einklang zu bringen.[1358] *Unter diesen Umständen* sei Art. II-70 I S. 2 EV mit Art. 1 Const. 1958 vereinbar.[1359]

Von Teilen der Literatur wird die verfassungskonforme Auslegung durch den Conseil constitutionnel im Bereich der Grundrechtecharta als nicht so problematisch angesehen.[1360] Der Inhalt der Grundrechte sei zu einem gewissen Grade ungewiss, da die Europäische Gerichtsbarkeit bei deren Auslegung die nationale Interpretation berücksichtige und den Mitgliedsstaaten eine gewisse Einschätzungsprärogative überlasse. Außerdem erscheine es nicht völlig unwahrscheinlich, dass der EuGH und das EuG sich der vom Conseil constitutionnel vorgenommenen Auslegung anschlössen.[1361]

1357 *Dord*, Le Conseil constitutionnel face à la „Constitution européenne": contrôle des apparences ou apparence de contrôle?, in: AJDA 2005, S. 211, 219

1358 CC, 19.11.2004, Traité établissant une Constitution pour l'Europe, déc. no. 2004-505 DC, Rec. S. 173, 18. Erwägungsgrund. An der richtigen Deutung dieses Urteils durch den Conseil constitutionnel zweifelt *Sudre*, Les approximations de la décision 2004-505 DC du Conseil constitutionnel „sur la Charte des droits fondamentaux de l'Union". Réflexions critiques, in: RFDA 2005, S. 34, 36 f.

1359 CC, 19.11.2004, Traité établissant une Constitution pour l'Europe, déc. no. 2004-505 DC, Rec. S. 173, 18. Erwägungsgrund: „*dans ces conditions*, sont respectées les dispositions de l'article 1er de la Constitution". Hervorhebungen durch Verfasser

1360 *Gautier*, La décision du Conseil constitutionnel relative au traité établissant une Constitution pour l'Europe est-elle une grande décision?, in: JCP Administrations et Collectivités locales 2005, S. 255, 259

1361 *Gautier*, La décision du Conseil constitutionnel relative au traité établissant une Constitution pour l'Europe est-elle une grande décision?, in: JCP Administrations et Collectivités locales 2005, S. 255, 259

Sicherlich wurde die verfassungskonforme Auslegung durch innerstaatliche Gerichte durch die häufige Erwähnung der gemeinsamen Verfassungsüberlieferungen der Mitgliedsstaaten von den vertragschließenden Parteien praktisch „herausgefordert". Auch aus diesem Gesichtspunkt erscheint die Technik der verfassungskonformen Auslegung in dem Zusammenhang nicht allzu problematisch. Allerdings darf man dann nicht – wie beim Conseil constitutionnel geschehen – lediglich die eigenen Verfassungstraditionen zur Auslegung heranziehen. Dies stellt eine Auslegung gegen den Wortlaut dar, was in jedem Falle zu unterbleiben hat.

Man könnte behaupten, in den letztgenannten Fällen läge gar keine verfassungskonforme Auslegung vor, da diese nicht im Tenor erscheine. Den einzigen Anwendungsfall der „interprétation conforme" stelle daher die Direktwahl-Entscheidung des Conseil constitutionnel dar, da hier die verfassungskonforme Auslegung in den Tenor aufgenommen worden sei. Es erscheint jedoch fraglich, die verfassungskonforme Auslegung auf Fälle dieser Art zu beschränken. Dies wird umso deutlicher, wenn man sich die Bindungswirkung der Entscheidungen des Conseil constitutionnel vor Augen führt.

γ. Bindungswirkung verfassungskonformer Auslegung auf verfassungsrechtlicher Ebene

Gemäß Art. 62 II Const. 1958[1362] sind die Entscheidungen des Conseil constitutionnel unanfechtbar. Weiterhin sind sie für die öffentliche Gewalt und sämtliche Verwaltungsbehörden und Gerichte verbindlich.

Ob sich die Bindungswirkung auch auf die verfassungskonforme Auslegung erstreckt, hängt entscheidend von deren *Reichweite* ab. Diesbezüglich führte der Conseil constitutionnel aus, die Bindungswirkung beziehe sich nicht lediglich auf den Tenor, sondern auch auf die tragenden Gründe.[1363] Da sämtliche Arten verfassungskonformer Auslegung stets die Begründung des Tenors selbst darstellen, nimmt diese (die verfassungskonforme Auslegung) an der Bindungswirkung teil. Ohne verfassungskonforme Auslegung wäre der untersuchte Akt schließlich ver-

1362 Wortlaut: „Les décisions du Conseil Constitutionnel ne sont susceptibles d'aucun recours. Elles s'imposent aux pouvoirs publics et à toutes les autorités administratives et juridictionnelles." Die Vorschrift entspricht also weitgehend § 31 I BVerfGG. Ebenso *Heun*, Verfassungsrecht und einfaches Recht – Verfassungsgerichtsbarkeit und Fachgerichtsbarkeit, in: VVDStRL 61 (2001), S. 80, 107

1363 CC, 16.01.1962, Loi d'orientation agricole, déc. no. 62-18 L, Rec. S. 31, 1. Erwägungsgrund: „l'autorité des décisions [du Conseil constitutionnel T.P.] [...] s'attache non seulement à leur dispositif mais aussi aux motifs qui en sont le soutien nécessaire et en constituent le fondement même".

fassungswidrig. Aus dieser notwendigen Abhängigkeit zwischen dem Inhalt des Urteils und der Auslegung, die es begründet, ergibt sich, dass dieser dieselbe Bindungswirkung zukommen muss wie dem Tenor selbst.[1364]

c. Conseil d'Etat

Auch der Conseil d'Etat hat in seiner Entscheidung zur Rechtssache Moussa Koné eine verfassungskonforme Auslegung vorgenommen.[1365] Für den Staatsrat handelt es sich dabei um ein relativ neues Problem, da bis zur Nicolo-Entscheidung ein Konflikt von Verfassung und völkerrechtlichem Vertrag aufgrund der „théorie de la loi-écran" so gut wie ausgeschlossen war. Da nunmehr ein späteres Gesetz den Anwendungsvorrang des völkerrechtlichen Vertrages nicht mehr hindern kann, kann nur noch die Verfassung einer Durchsetzung des völkerrechtlichen Vertrages entgegenstehen.[1366]

In der angesprochenen Entscheidung ging es um die Anfechtung eines Dekrets der französischen Regierung, das einem Auslieferungsbegehren Malis auf Grundlage eines im Jahre 1962 zwischen beiden Ländern geschlossenen Auslieferungsvertrages stattgab. Die Behörden Malis hatten ihren Auslieferungsantrag damit begründet, gegen den Kläger sei Haftbefehl unter anderem wegen des Verdachts der Beihilfe zur Veruntreuung öffentlicher Gelder erlassen worden. Demgegenüber wandte dieser ein, das wahre Ziel der malischen Behörden sei es, ihn wegen seiner freundschaftlichen Beziehungen zum inzwischen gestürzten Regime zu bestrafen. Hierbei handle es sich um ein politisches Motiv (but politique), das nach Art. 5 II des französischen Auslieferungsgesetzes vom 10. März 1927[1367] mit einem Auslieferungsbegehren nicht verfolgt werden dürfe. Dieses auch als „clause française"[1368] bezeichnete Auslieferungshindernis war jedoch nicht in dem einschlägigen Art. 44 des Auslieferungsabkommen zwischen Frank-

1364 *Rousseau*, Droit du contentieux constitutionnel, S. 165

1365 CE, Ass., 03.07.1996, Koné, Rec. S. 255

1366 *Gundel*, Der Status des Völkerrechts in der französischen Rechtsordnung nach der neueren Rechtsprechung des Conseil d'Etat: Von der Öffnung zum Rückzug? in: AVR 37 (1999), S. 438, 441

1367 Wortlaut: „[L'extradition n'est pas accordée T.P.] lorsque le crime ou le délit a un caractère politique ou lorsqu'il résulte des circonstances que l'extradition est demandée dans un but politique". zit. bei: *Braud*, Anm. zu CE, Ass., 03.07.1996, Koné, Rec. S. 255, in: RDP 1996, S. 1751; ebenda (Fn.1) befindet sich auch eine Definition, was unter „but politique" zu verstehen ist.

1368 Vgl. zum Beispiel *Chauvaux/Girardot*, Anm. zu CE, Ass., 03.07.1996, Koné, Rec. S. 255, in: AJDA 1996, S. 722, 727; *Labayle*, Le juge, la Constitution et l'extradition, in: RFDA 1996, S. 891, 897

reich und Mali enthalten.[1369] Um dennoch den vom Kläger vorgebrachten Einwand berücksichtigen zu können, ging der Conseil d'Etat in zwei Schritten vor: Zunächst erklärte er den in Art. 5 II des französischen Auslieferungsgesetzes enthaltenen Grundsatz, die Auslieferung sei zu versagen, sofern sie aus politischen Motiven beantragt worden sei, zu einem Verfassungsprinzip (sogenanntes „principe fondamental reconnu par les lois de la République“). Sodann legte er Art. 44 des französisch-malischen Abkommens im Lichte dieses Prinzips aus – nahm also eine verfassungskonforme Auslegung vor.[1370] Demgemäß sei das Abkommen um diesen Grundsatz zu erweitern. Im konkreten Fall nutzte dem Kläger diese Erweiterung jedoch nichts – seine Klage wurde abgewiesen, da sich aus den Akten nicht ergeben hatte, dass die malischen Behörden bei ihrem Auslieferungsgesuch tatsächlich ein politisches Motiv verfolgt hätten.[1371]

Obgleich diese Entscheidung vom Ergebnis her als Verbesserung der Rechtsstellung der von einem Auslieferungsgesuch betroffenen Personen uneingeschränkt zu begrüßen ist[1372], sind in der Literatur die beiden Schritte des Gerichts in methodischer und rechtstheoretischer Hinsicht zum Teil heftig kritisiert worden.

1369 Wortlaut: „L'extradition ne sera pas exécutée si l'infraction pour laquelle elle est demandée est considérée par la partie requise comme une infraction politique ou comme une infraction connexe à une telle infraction“; zit. bei CE, Ass., 03.07.1996, Koné, Rec. S. 255. Das Auslieferungsabkommen schließt eben nur solche Auslieferungsbegehren aus seinem Anwendungsbereich aus, die sich auf politische Vergehen, oder Vergehen, die in einem solchen Zusammenhang stehen, gründen. Die Ausnahme des Art. 44 umfasst aber gerade nicht den Fall, dass eine Auslieferung aufgrund politischer Motive beantragt wird.

1370 CE, Ass., 03.07.1996, Koné, Rec. S. 255: „[...] ces stipulations [de l'article 44 de l'accord franco-malien T.P.] doivent être interprétées conformément au principe fondamental reconnu par les lois de la République, selon lequel l'État doit refuser l'extradition d'un étranger lorsqu'elle est demandée dans un but politique“.

1371 CE, Ass., 03.07.1996, Koné, Rec. S. 255: „il ne ressort toutefois pas des pièces du dossier que l'extradition du requérant ait été demandée dans un but politique“.

1372 So auch *Braud*, Anm. zu CE, Ass., 03.07.1996, Koné, Rec. S. 255, in: RDP 1996, S. 1751, 1759; es muss jedoch einschränkend hinzugefügt werden, dass dieser Verbesserung der Rechtsstellung des Betroffenen in praxi eine sehr geringe Bedeutung zukommen wird, da das Vorliegen der Voraussetzungen der französischen Klausel – wie auch der vorliegende Fall zeigt – äußerst schwierig nachprüfbar ist und diese daher im französischen Auslieferungsrecht fast nie zum Tragen kommt. Vgl. hierzu *Labayle*, Le juge, la Constitution et l'extradition, in: RFDA 1996, S. 891, 904

Bezüglich der Entwicklung eines Verfassungsprinzips wird die Frage gestellt, ob der Conseil d'Etat hierfür überhaupt zuständig ist und ob die vom Conseil constitutionnel hierfür aufgestellten Voraussetzungen erfüllt sind.[1373]

Im Folgenden sollen aber nur die sich aus der verfassungskonformen Auslegung ergebenden Problemkreise näher beleuchtet werden. Im Wesentlichen lässt sich dabei eine verfassungsrechtliche und eine völkerrechtliche Kritik unterscheiden.

(1) Die verfassungsrechtliche Kritik betrifft die Stellung des Conseil d'Etat im Verhältnis zum Conseil constitutionnel. Der Staatsrat konkretisiert die völkerrechtliche Norm durch eine verfassungsrechtliche Norm. Damit „strahlt" über den Umweg der verfassungskonformen Auslegung die Kontrollnorm in die interpretierte Norm „hinein", um einen eventuellen Widerspruch beider Vorschriften zu vermeiden. *Formell* bewegt sich der Staatsrat zwar im Rahmen der Auslegung einer Norm, ohne eine Prüfung der Vereinbarkeit der völkerrechtlichen Norm mit der verfassungsrechtlichen vorzunehmen.[1374] Bei genauerer Betrachtung nimmt der Conseil d'Etat die verfassungskonforme Auslegung jedoch in der Form der „interprétation neutralisante" vor. Die Regelungen des französisch-malischen Abkommens werden ihrer Substanz entleert und durch ein vom Staatsrat zuvor richterrechtlich hergeleitetes Verfassungsprinzip ersetzt, das den Staat verpflichtet, nicht auszuliefern, sofern das Begehren auf politischen Motiven gründet.[1375] Vom Ergebnis her stellt sich also die Situation ebenso dar, wie wenn das Gericht den völkerrechtlichen Vertrag wegen Verstoßes gegen das verfassungsrechtliche Prinzip für im Fall unanwendbar erklärt hätte[1376] – wie wenn der Conseil d'Etat also eine Verfassungskontrolle des völkerrechtlichen Vertrages vorgenommen hätte.

1373 Vgl. zu diesen Problemkreisen zum Beispiel *Mathieu/Verpeaux*, La reconnaissance et l'utilisation des principes fondamentaux reconnus par les lois de la République par le juge, in: Rec. Dalloz, chron. 1997, S. 219, 219-223; *Alland*, Anm. zu CE, Ass., 03.07.1996, Koné, Rec. S. 255, in: RGDIP 1997, S. 237, 240-243

1374 *Gaïa*, Normes constitutionnelles et normes internationales, in: RFDA 1996, S. 885, 888; *Alland*, Anm. zu CE, Ass., 03.07.1996, Koné, Rec. S. 255, in: RGDIP 1997, S. 237, 240, 246, verdeutlicht dies dadurch, dass er das Wort „Auslegung" – „interprétation" – im Zusammenhang mit der Rechtssache Koné stets in Anführungsstriche setzt. *Dubouis*, Le Conseil d'Etat, interprète des conventions internationales: du refus à l'abus, in: *Pararas* [Hrsg.], État – Loi – Administration, S. 67, 78, spricht von einer „pseudo-interprétation".

1375 *Gaïa*, Normes constitutionnelles et normes internationales, in: RFDA 1996, S. 885, 888

1376 *Braud*, Anm. zu CE, Ass., 03.07.1996, Koné, Rec. S. 255, in: RDP 1996, S. 1751, 1759

Diese Problematik tritt noch deutlicher zu Tage, wenn man sich die Konsequenzen im Falle eines offensichtlichen Widerspruchs der beider Normen vor Augen führt. Da dann eine verfassungskonforme Auslegung nicht mehr möglich ist, muss entschieden werden, welche Norm schlussendlich für die Rechtmäßigkeit des streitgegenständlichen Aktes ausschlaggebend ist: die völkerrechtliche Norm oder die Verfassung.[1377] Die Koné-Entscheidung beantwortet diese Frage implizit zu Gunsten der Verfassung. Wenn ein völkerrechtlicher Vertrag und die Verfassung gegensätzliche Bestimmungen enthalten, ist die Rechtmäßigkeit eines Aktes der öffentlichen Gewalt allein an letzterer zu messen.[1378] Damit misst sich der Conseil d'Etat die Kompetenz zu, die Anwendung geltender völkerrechtlicher Verträge zu Gunsten verfassungsrechtlicher Normen auszusetzen.[1379]

Dies setzt den Conseil d'Etat natürlich in Konkurrenz zum Conseil constitutionnel, der gemäß Art. 54 Const. 1958 für die a priori-Kontrolle der Verfassungsmäßigkeit völkerrechtlicher Verpflichtungen zuständig ist. Jedoch schließt diese alleinige Zuständigkeit des Conseil constitutionnel *nicht* aus, dass der Conseil d'Etat eine Kontrolle der Anwendbarkeit des völkerrechtlichen Abkommens (contrôle d'applicabilité) am Maßstab der Verfassung im konkreten Fall vornimmt.[1380] In diesem Zusammenhang wird zum Teil eine Parallele zum Gemeinschaftsrecht gezogen – hier schließt die a priori-Kontrolle gemäß Art. 300 VI EG eine a posteriori-Kontrolle im Rahmen des Art. 230 EG ebenfalls nicht aus.[1381] Dieser Vergleich stellt jedoch nur bedingt ein tragfähiges Argument dar, da auf

1377 *Gaïa*, Normes constitutionnelles et normes internationales, in: RFDA 1996, S. 885, 888

1378 *Gaïa*, Normes constitutionnelles et normes internationales, in: RFDA 1996, S. 885, 889 und 890; gänzlich Gegenteiliges vertreten *Chauvaux* und *Girardot* in ihrer Analyse: Sie meinen aus der Vorgehensweise des Conseil d'Etat schließen zu können, dass in dem Falle, in dem eine verfassungskonforme Auslegung wegen eines offensichtlichen Widerspruchs von Verfassung und Vertrag nicht möglich ist, das Argument, der Akt der öffentlichen Gewalt verstoße gegen die Verfassung, als unzulässig („inopérant") zurückgewiesen werden müsse. Dies ergebe sich aus der Unzuständigkeit des Staatsrates, die Verfassungsmäßigkeit des Zustimmungsgesetzes zu prüfen; eine solche Prüfung finde immer dann statt, wenn ein völkerrechtlicher Vertrag an der Verfassung gemessen wird. Vgl. *Chauvaux/Girardot*, Anm. zu CE, Ass., 03.07.1996, Koné, Rec. S. 255, in: AJDA 1996, S. 722, 727 f.

1379 *Gaïa*, Normes constitutionnelles et normes internationales, in: RFDA 1996, S. 885, 889

1380 *Gaïa*, Normes constitutionnelles et normes internationales, in: RFDA 1996, S. 885, 990

1381 Vgl. *Gundel*, Der Status des Völkerrechts in der französischen Rechtsordnung nach der neueren Rechtsprechung des Conseil d'Etat: Von der Öffnung zum Rückzug? in: AVR 37 (1999), S. 438, 444 m.w.N. Ebenda befinden sich auch weitere Nachweise zur Rechtsprechung des EuGH.

europäischer Ebene die Vereinbarkeit des völkerrechtlichen Vertrages mit dem Primärrecht sowohl im Rahmen einer a priori-Kontrolle als auch einer a posteriori-Kontrolle (letztinstanzlich) von demselben Gericht, dem EuGH, durchgeführt wird. Demgegenüber fällt in Frankreich die Kontrolle jeweils verschiedenen Gerichten zu, was davon abhängt, wann diese erfolgt. Dies birgt die Gefahr von Divergenzen in der Rechtsprechung des Conseil constitutionnel und des Conseil d'Etat. Der Gefahr kann aber über die Bindungswirkung gemäß Art. 62 II Const. 1958 begegnet werden. Ist eine Kontrolle der Verfassungsmäßigkeit einer völkerrechtlichen Verpflichtung durch den Conseil constitutionnel erfolgt, kann der Conseil d'Etat – jedenfalls soweit die Bindungswirkung nach Art. 62 II Const. 1958 reicht – keine gegenteilige Auffassung vertreten. Hat der Conseil constitutionnel nicht über die Verfassungsmäßigkeit entschieden, besteht ohnehin keine Gefahr der Divergenz.

Die Schlussfolgerung, eine verfassungskonforme Auslegung völkerrechtlicher Verträge sei eine verdeckte Verfassungsmäßigkeitsprüfung, erscheint ohnehin sehr konstruiert. So wendet der Conseil d'Etat diese Technik auch bei Gesetzen an[1382], ohne dass ihm hier der Vorwurf gemacht wird, er prüfe die Verfassungsmäßigkeit des Gesetzes. Und selbst wenn dies zutreffen sollte, so erscheint dies nach der hier vertretenen Auffassung[1383] nicht sonderlich überraschend, da der Conseil d'Etat ohnehin schon Funktionen von Verfassungsgerichtsbarkeit ausübt. Daher ist die Koné-Entscheidung ebenfalls ein Beweis der Funktion des Conseil d'Etat als Verfassungsgericht.

(2) Kann der verfassungsrechtlichen Kritik somit noch mit Gegenargumenten begegnet werden, so erscheint die völkerrechtliche Kritik wesentlich gravierender. Diese stützt sich auf mehrere Punkte:

Wie bereits oben angedeutet, läuft die Koné-Entscheidung der Tendenz entgegen, sich bei der Auslegung völkerrechtlicher Verträge verstärkt an den Regeln der WVRK zu orientieren. Entscheidende Bedeutung für die Interpretation kommt hier nämlich ausschließlich einem innerstaatlichen Verfassungsprinzip zu[1384] – der Wille der Parteien wird demgegenüber gänzlich außer Betracht gelassen und sogar ins Gegenteil verkehrt. Die Tatsache nämlich, dass das Abkommen nicht die „französische Klausel" enthält, beweist gerade die Absicht beziehungsweise den Willen zumindest von Seiten Malis, ein solches Abschie-

---

1382 Vgl. *Chauvaux/Girardot*, Anm. zu CE, Ass., 03.07.1996, Koné, Rec. S. 255, in: AJDA 1996, S. 722, 728 m.w.N.

1383 Vgl. oben Teil 3 A. I. 2.

1384 *Gaïa*, Normes constitutionnelles et normes internationales, in: RFDA 1996, S. 885, 888

bungshindernis eben nicht in den Vertrag aufzunehmen.[1385] Das Gericht bezieht demzufolge auch gar nicht die vorbereitenden Arbeiten in seine Betrachtungen mit ein, um den gemeinsamen Willen der Parteien zu erkunden. Mit der Missachtung des Willens zumindest eines der Vertragspartner geht einher, dass der Conseil d'Etat durch die verfassungskonforme Auslegung den Inhalt des Abkommens um ein verfassungsrechtliches Prinzip anreichert, das dieses anlässlich seiner Unterzeichnung nicht enthielt.[1386] Durch die verfassungskonforme Auslegung erhält der Vertrag also genau den Inhalt, den der Vertragspartner im Zeitpunkt des Vertragsschlusses zu verhindern vermochte.[1387] Der dem völkerrechtlichen Abkommen enthaltenen Pflicht auszuliefern, wenn dessen Voraussetzung erfüllt sind, stellt der Staatsrat eine höherrangige verfassungsrechtliche Pflicht entgegen, nicht auszuliefern, wenn der Auslieferungsantrag auf politischen Motiven fußt.[1388]

Im Prinzip hat der Conseil d'Etat im Fall Koné eine neue Auslegungsmethode für völkerrechtliche Verträge geschaffen, die folgendermaßen umschrieben werden kann: Solange der völkerrechtliche Vertrag nicht ausdrücklich die Anwendung eines Verfassungsprinzips ausschließt, wird vermutet, dass er unter dem Vorbehalt der Anwendung dieses Verfassungsprinzips steht, ohne dass es der Ermittlung weiterer Umstände bedürfte, die auf den gemeinsamen Willen der Parteien schließen ließen.[1389] Auch wenn der Conseil d'Etat eine ähnliche Methode bereits auf innerstaatliche Gesetze angewandt hat[1390], so ist hier doch die Besonderheit zu berücksichtigen, dass es sich bei der auszulegenden Norm um eine solche des Völkerrechts handelt. An das zur Auslegung als entscheidendes Argument herangezogene Verfassungsprinzip ist der Vertragspartner eben gerade nicht gebunden.[1391]

1385 *Braud*, Anm. zu CE, Ass., 03.07.1996, Koné, Rec. S. 255, in: RDP 1996, S. 1751, 1757 f.

1386 *Deharbre*, Les solutions Koné et Aquarone: un „coup d'arrêt" à la réception du droit international public par le juge administratif?, in: Petites Affiches, 07.08.1998, no. 94, S. 13, 16

1387 *Alland*, Anm. zu CE, Ass., 03.07.1996, Koné, Rec. S. 255, in: RGDIP 1997, S. 237, 246

1388 Ähnlich *Alland*, Anm. zu CE, Ass., 03.07.1996, Koné, Rec. S. 255, in: RGDIP 1997, S. 237,245

1389 *Chauvaux/Girardot*, Anm. zu CE, Ass., 03.07.1996, Koné, Rec. S. 255, in: AJDA 1996, S. 722, 728

1390 Vgl. *Chauvaux/Girardot*, Anm. zu CE, Ass., 03.07.1996, Koné, Rec. S. 255, in: AJDA 1996, S. 722, 728 m.w.N.

1391 *Chauvaux/Girardot*, Anm. zu CE, Ass., 03.07.1996, Koné, Rec. S. 255, in: AJDA 1996, S. 722, 728

Gemäß Art. 27 WVRK, der weitgehend eine Konkretisierung des allgemeinen Grundsatzes „pacta sunt servanda" gemäß Art. 26 WVRK darstellt[1392], darf sich ein Staat nämlich nicht auf innerstaatliche Normen – und seien sie auch verfassungsrechtlicher Natur – berufen, um die Nichterfüllung eines Vertrages zu rechtfertigen. Frankreich ist zwar nicht Vertragspartei des Wiener Übereinkommens über das Recht der Verträge[1393], es besteht jedoch in Lehre und Rechtsprechung weitgehend Einigkeit, dass dieses Übereinkommen kodifiziertes Völkergewohnheitsrecht darstellt und als solches für die Französische Republik verbindlich ist.[1394] Weiterhin setzt sich der Conseil d'Etat durch die Inbezugnahme von ausschließlich innerstaatlichen Prinzipien der Gefahr aus, dass internationale Gerichte den Vertrag in anderer Weise interpretieren[1395] und dass in der Folge die völkerrechtliche Haftung der Französischen Republik ausgelöst wird. Zuletzt verursacht ein solches Vorgehen des Staatsrates eine enorme Rechtsunsicherheit bei den künftigen Vertragspartnern Frankreichs, zumal wenn – wie im vorliegenden Fall – die zur Auslegung ausschließlich herangezogenen Verfassungsprinzipien richterrechtlich und gegebenenfalls nach Inkrafttreten des Vertrages entwickelt werden.[1396]

Die Praxis des Außenministeriums scheint die hier vertretene Auffassung, nach Inkrafttreten eines Vertrages könne nicht die Existenz einer verfassungsrechtlichen Norm eingewandt werden, zu stützen. So hat diese Behörde – soweit ersichtlich – noch niemals einem Vertragspartner eine verfassungsrechtliche Norm entgegengehalten, um die Nichterfüllung eines bereits in Kraft getretenen

1392 Diesen Zusammenhang stellte in äußerst klarer Weise bereits der Ständige Internationale Gerichtshof heraus, wenn er ausführt: „[L'application en bonne foi des traités implique au moins qu'] un Etat ne saurait invoquer vis-à-vis un autre Etat sa propre constitution pour se soustraire aux obligations que lui imposent le droit international ou les traités en vigueur" (vgl. CPJI, Série A/B, no 44, S. 24, zit. bei *Deharbre*, Les solutions Koné et Aquarone: un „coup d'arrêt" à la réception du droit international public par le juge administratif?, in: Petites Affiches, 07.08.1998, no. 94, S. 13, 16 in Fn. 34).

1393 Vgl. die Ratifikationstabelle II im Sartorius II

1394 Vgl. für die Lehre zum Beispiel *Deharbre*, Les solutions Koné et Aquarone: un „coup d'arrêt" à la réception du droit international public par le juge administratif?, in: Petites Affiches, 07.08.1998, no. 94, S. 13, 16; für den Conseil d'Etat, vgl. zumindest die Haltung des Regierungskommissars *Lamy* in der Rechtssache CE, Ass., 18.12.1992, Préfet de Gironde c/ Mhamedi, in: RFDA 1993, S. 333, 334

1395 In diesem Sinne auch *Meyring*, Die Entwicklung zustimmungsbedürftiger völkerrechtlicher Verträge nach ihrem Abschluss und ihre Auswirkungen in der deutschen Rechtsordnung, S. 411

1396 *Chauvaux/Girardot*, Anm. zu CE, Ass., 03.07.1996, Koné, Rec. S. 255, in: AJDA 1996, S. 722, 728

Vertrages zu rechtfertigen.[1397] Auch die Tatsache, dass das Außenministerium dem Conseil d'Etat – in seiner Funktion als Berater der Regierung – Entwürfe von geplanten Abkommen zur Prüfung der Verfassungsmäßigkeit vorlegt, zeigt, dass dieses davon überzeugt ist, eventuelle Widersprüche zwischen Verfassung und völkerrechtlichem Vertrag könnten nur im Rahmen der Verhandlungen vor dem Inkrafttreten aufgelöst werden, nicht mehr jedoch nach diesem Zeitpunkt. Wäre dem anders, würde die vorherige Anfrage an den Conseil d'Etat keinen Sinn machen.[1398]

Gundel versucht die verfassungskonforme Auslegung im vorliegenden Fall damit zu rechtfertigen, der Conseil constitutionnel wende schließlich auch diese Methode an. Jedoch muss auch er dem unterschiedlichen Zeitpunkt, zu dem beide Gerichte tätig werden, Rechnung tragen.[1399] Beim Conseil constitutionnel handelt es sich um eine a priori-Kontrolle – die Auslegung des Conseil constitutionnel kann dem Vertragspartner also noch anlässlich des Inkrafttretens entgegengehalten werden (vgl. oben). Demgegenüber handelt es sich beim Conseil d'Etat um eine a posteriori-Kontrolle – der Vertrag ist bereits für die Französische Republik verbindlich.

Die völkerrechtliche Kritik wiegt umso schwerer, wenn man in Betracht zieht, dass der Conseil d'Etat auch unter Heranziehen von *völkerrechtlichen* Grundsätzen zu demselben Ergebnis hätte gelangen können. So hätte das Gericht den Versuch unternehmen sollen, die französische Klausel als allgemeinen Rechtsgrundsatz des Völkerrechts („principe général du droit international") zu qualifizieren und auf diese Weise die Lücke im Vertrag schließen sollen.[1400] Diese Lösung genießt jedenfalls den Vorzug vor dem vom Conseil d'Etat gewählten Weg. Zum einen kann diese Auslegung auch dem Vertragspartner entgegengehalten werden; zum anderen wird so das Risiko eines Rechtsstreits vor einer internationalen Gerichtsbarkeit vermindert.[1401]

1397 *Deharbre*, Les solutions Koné et Aquarone: un „coup d'arrêt" à la réception du droit international public par le juge administratif?, in: Petites Affiches, 07.08.1998, no. 94, S. 13, 16

1398 *Deharbre*, Les solutions Koné et Aquarone: un „coup d'arrêt" à la réception du droit international public par le juge administratif?, in: Petites Affiches, 07.08.1998, no. 94, S. 13, 17

1399 *Gundel*, Der Status des Völkerrechts in der französischen Rechtsordnung nach der neueren Rechtsprechung des Conseil d'Etat: Von der Öffnung zum Rückzug? in: AVR 37 (1999), S. 438, 446

1400 Ebenso *Dubouis*, Le Conseil d'Etat, interprète des conventions internationales: du refus à l'abus, in: *Pararas* [Hrsg.], État – Loi – Administration, S. 67, 79

1401 *Dubouis*, Le Conseil d'Etat, interprète des conventions internationales: du refus à l'abus, in: *Pararas* [Hrsg.], État – Loi – Administration, S. 67, 79

3. Vergleichende Bewertung

Nach der Analyse der Rechtsprechung zur verfassungskonformen Auslegung völkerrechtlicher Verträge in Deutschland und Frankreich fällt das Fazit zwiespältig aus.

Zwar kann durch das Mittel verfassungskonformer Auslegung ein Konflikt zwischen nationalem Recht und Völkerrecht vermieden werden. Jedoch ist aufgrund der auf völkerrechtlicher Ebene nur in sehr begrenztem Maße möglichen Durchsetzung der vom Verfassungsgericht vorgenommenen verfassungskonformen Auslegung von dieser Technik nur in äußerst engen Grenzen Gebrauch zu machen. Dabei ist – was die beschränkten Durchsetzungsmöglichkeiten anbelangt – zu unterscheiden, ob die verfassungsgerichtliche Kontrolle a priori oder a posteriori erfolgt. Bei einer a posteriori-Kontrolle kann der verfassungskonformen Auslegung nur noch negative Wirkung zukommen. Gänzlich unterbleiben muss eine verfassungskonforme Auslegung in den Fällen, in denen auf internationaler Ebene eine gerichtliche Instanz vorhanden ist, der die Kompetenz zukommt, den Inhalt des jeweiligen völkerrechtlichen Vertrages verbindlich festzulegen.[1402]

B. Eilrechtsschutz

I. Bundesrepublik Deutschland

Für besonders dringlichen Rechtsschutz steht dem Bundesverfassungsgericht das Mittel der einstweiligen Anordnung nach § 32 BVerfGG zur Verfügung. Dadurch kann das Gericht einen Zustand „vorläufig regeln, wenn dies zur Abwehr schwerer Nachteile, zur Verhinderung drohender Gewalt oder aus einem anderen wichtigen Grund zum gemeinen Wohl dringend geboten ist." Hierbei ist nach ständiger Rechtsprechung des Bundesverfassungsgerichts bei Maßnahmen mit völkerrechtlichen oder außenpolitischen Auswirkungen ein besonders strenger Maßstab anzulegen.[1403]

Beim Eilrechtsschutz tritt die Problematik der Kontrolle der auswärtigen Gewalt aus mehreren Gesichtspunkten in besonderem Maße zu Tage. So lässt das Bundesverfassungsgericht bei seiner Entscheidung über den Antrag auf Erlass einer einstweiligen Anordnung grundsätzlich die entscheidungsrelevanten materiell-rechtlichen Normen außer Betracht – die Gefahr politischen Argumentierens

1402 A.A. *Favoreu/Philip*, Les grandes décisions du Conseil constitutionnel, no. 51, Rn. 25

1403 Vgl. zuletzt BVerfGE 108, 34, 41 m.w.N.

ist also erhöht.[1404] Die stattdessen durchgeführte allgemeine Folgenabwägung führt in Kombination mit der oben erörterten Gewährung von Einschätzungsspielräumen zu Gunsten der Bundesregierung dazu, dass diese Abwägung fast ausschließlich im Sinne des Trägers der auswärtigen Gewalt ausfällt. Das Argument der Exekutive, der Erlass einer einstweiligen Anordnung störe beim Abschluss eines völkerrechtlichen Vertrages das Verhandlungsklima bzw. führe in sonstigen Fällen zu einer erheblichen Verschlechterung der internationalen Beziehungen, ist nämlich kaum widerlegbar.[1405] Weiterhin gibt das Verfahren nach § 32 BVerfGG dem Bundesverfassungsgericht die Möglichkeit, Anordnungen zu treffen, die in der Entscheidung zum Hauptsacheverfahren gar nicht möglich sind.[1406] Im Falle des Antrags einer einstweiligen Anordnung mit dem Ziel, die Ratifikation eines völkerrechtlichen Vertrages unterbinden zu lassen, ergibt sich die Brisanz vor allem aus den drohenden völkerrechtlichen Bindungen des zu kontrollierenden Aktes trotz dessen eventueller Verfassungswidrigkeit.[1407] Das Risiko des „Überspielens" der Hauptsacheentscheidung des Bundesverfassungsgerichts ist im Falle der Ablehnung des Erlasses einer einstweiligen Anordnung wesentlich erhöht.

Schließlich läuft das Bundesverfassungsgericht im Rahmen des einstweiligen Rechtsschutzes in besonderem Maße Gefahr, für politische Zwecke missbraucht zu werden. Dies zeigte sich nicht zuletzt in gewissem Umfang auch anlässlich des Beschlusses vom 25. März 2003[1408] zum AWACS-Einsatz der Bundeswehr in der Türkei. So ist der zu Grunde liegende Antrag der FDP-Fraktion nicht jeden Verdachts darüber erhaben, nicht zumindest auch den Zweck verfolgt zu haben,

---

1404 *Schoch/Wahl*, Die einstweilige Anordnung des Bundesverfassungsgerichts in außenpolitischen Angelegenheiten, in: *Klein, E.* [Hrsg.], Grundrechte, soziale Ordnung und Verfassungsgerichtsbarkeit, S. 265, 266

1405 *Hailbronner*, Kontrolle der auswärtigen Gewalt, in: VVDStRL 56 (1997), S. 7, 32

1406 *Schoch/Wahl*, Die einstweilige Anordnung des Bundesverfassungsgerichts in außenpolitischen Angelegenheiten, in: *Klein, E.* [Hrsg.], Grundrechte, soziale Ordnung und Verfassungsgerichtsbarkeit, S. 265, 266; im Zusammenhang mit der Ratifikation völkerrechtlicher Verträge könnte die Anordnung zum Beispiel dahingehend lauten, die Verkündung des Vertragsgesetzes zu verbieten, oder dem Bundespräsidenten zu untersagen, die Ratifikation vorzunehmen. Vgl. hierzu und zu möglichen inhaltlichen Grenzen einer Anordnung *Bernhardt*, Bundesverfassungsgericht und völkerrechtliche Verträge, in: *Starck* [Hrsg.], Bundesverfassungsgericht und Grundgesetz, S. 154, 175 f.

1407 *Schoch/Wahl*, Die einstweilige Anordnung des Bundesverfassungsgerichts in außenpolitischen Angelegenheiten, in: *Klein, E.* [Hrsg.], Grundrechte, soziale Ordnung und Verfassungsgerichtsbarkeit, S. 265, 289, sprechen von der „*grundsätzliche*[n] *Irreversibilität* einmal rechtsverbindlich gewordener Maßnahmen". Hervorhebungen im Original.

1408 BVerfGE 108, 34

der Bundesregierung, die sich keinesfalls einer eigenen parlamentarischen Mehrheit für den Einsatz deutscher Streitkräfte sicher sein konnte, eine politische Niederlage zuzufügen.[1409]

Den wichtigsten Verfahren mit außenpolitischem Bezug ging bislang ein Antrag des Antragstellers bzw. Beschwerdeführers auf Erlass einer einstweiligen Anordnung voraus.[1410] Dabei ist zu beobachten, dass das Bundesverfassungsgericht – bis auf die sogenannte Somalia-Entscheidung[1411] – ein diesbezügliches Begehren im hier interessierenden Zusammenhang stets abgewiesen hat. Zuletzt lehnte das Gericht einen dahingehenden Antrag der FDP-Fraktion im eben zitierten Beschluss vom 25. März 2003[1412] ab. Auch hier wird also regelmäßig eine Entscheidung zu Gunsten des Trägers der auswärtigen Gewalt getroffen.

Im Folgenden ist die Vorgehensweise des Bundesverfassungsgerichts bei der Prüfung eines Antrags auf Erlass einer einstweiligen Anordnung darzustellen sowie einer kritischen Würdigung zu unterziehen (vgl. 1.). Im Anschluss ist der Frage nachzugehen, ob es nicht – auch aus völkerrechtlichen Gesichtspunkten – von Vorteil wäre, die Erfolgsaussichten der Hauptsache summarisch zu prüfen und in die Abwägung mit einzubeziehen (vgl. 2., 3.).

1. Vorgehensweise des Bundesverfassungsgerichts im Rahmen des § 32 BVerfGG

Bei der Prüfung eines Antrags auf Erlass einer einstweiligen Anordnung vollzieht das Bundesverfassungsgericht eine zweistufige Prüfung: Zunächst untersucht es, ob der Antrag bereits aufgrund offensichtlicher Unzulässigkeit oder Unbegründetheit des Hauptsacheantrags abzuweisen ist. Liegt eine solche nicht vor, tritt das Gericht in eine allgemeine Folgenabwägung ein.

1409 Ebenso *Sauer*, Reichweite des Parlamentsvorbehalts für die Entsendung der Bundeswehr ins Ausland, in: JA 2004, S. 19, 22

1410 Vgl. BVerfGE 33, 195; BVerfGE 35, 193; 35, 257; BVerfGE 66, 39; BVerfGE 83, 162; BVerfGE 88, 173, BVerfGE 89, 38; BVerfGE 108, 34. Insbesondere in den Entscheidungen über die zwei Eilanträge im Grundlagenvertragsverfahren (BVerfGE 35, 193; 35, 257) „bündeln sich wie in einem Brennglas alle Probleme einer einstweiligen Anordnung in außenpolitischen Angelegenheiten". Vgl. *Schoch/Wahl*, Die einstweilige Anordnung des Bundesverfassungsgerichts in außenpolitischen Angelegenheiten, in: *Klein, E.* [Hrsg.], Grundrechte, soziale Ordnung und Verfassungsgerichtsbarkeit, S. 265, 282

1411 BVerfGE 89, 38, 39: hier entschied das Bundesverfassungsgericht, bis zur Hauptsacheentscheidung dürfe „die Beteiligung der Bundeswehr an UNSOM II [...] nur aufrecht erhalten und fortgeführt werden, wenn und soweit der Deutsche Bundestag dies beschließt".

1412 BVerfGE 108, 34

a. Offensichtliche Unzulässigkeit/Unbegründetheit des Hauptsacheantrags

Eine offensichtliche Unzulässigkeit des Hauptsacheantrags wurde im Eilverfahren gegen die Zustimmungserklärung der Bundesregierung zur Aufstellung von Pershing II-Raketen auf dem Gebiet der Bundesrepublik angenommen.[1413] Im Gegensatz zu der propagierten „Offensichtlichkeit" steht jedoch der erhebliche Begründungsaufwand, den das Gericht betrieb, um zu diesem Ergebnis zu kommen.[1414] In seinem Urteil gemäß § 32 BVerfGG zum Einsatz deutscher Streitkräfte zur Überwachung der Flugverbotszone über Bosnien-Herzegowina[1415] unterlässt das Gericht hingegen – trotz Anhaltspunkten für eine offensichtliche Unzulässigkeit[1416] – gänzlich eine Erörterung der Zulässigkeitsfrage bzw. lässt diese dahingestellt.[1417] Hier beschränkt sich das Gericht auf eine Folgenabwägung. Wie *Schoch* und *Wahl* zutreffend betonen, zeigt die Gegenüberstellung dieser beiden Fälle, dass die Annahme von „Offensichtlichkeit" letztlich lediglich „von der Dignität der vorangegangenen Prüfung" abhängt. „Wird eine entsprechende Prüfung erst gar nicht vorgenommen, ist nichts ‚offensichtlich'."[1418]

b. Allgemeine Folgenabwägung und maßgebliche Abwägungstopoi

Wie bereits einleitend erwähnt, prüft das Bundesverfassungsgericht grundsätzlich nicht – auch nicht summarisch – die Erfolgsaussichten der Hauptsache, sondern operiert mit einer allgemeinen Folgenabwägung im Rahmen einer Doppelhypothese: Danach „wägt das Bundesverfassungsgericht die Nachteile, die einträten, wenn die einstweilige Anordnung nicht erginge, die Maßnahme aber später für verfassungswidrig erklärt würde, gegen diejenigen Nachteile ab, die entstünden, wenn die Maßnahme nicht in Kraft träte, sie sich aber im Hauptsacheverfahren als verfassungsgemäß erwiese".[1419]

Im Folgenden sind die Entscheidungen des Bundesverfassungsgerichts daraufhin zu untersuchen, welche Gesichtspunkte im Rahmen dieser Folgenabwägung berücksichtigt werden, um zur Ablehnung der Anträge gemäß § 32

1413 BVerfGE 66, 39

1414 vgl. hierzu Teil 2 B. II. 3.

1415 BVerfGE 88, 173

1416 Vgl. oben Teil 2 A. III. 2. b.; ebenso *Schoch/Wahl*, Die einstweilige Anordnung des Bundesverfassungsgerichts in außenpolitischen Angelegenheiten, in: *Klein, E.* [Hrsg.], Grundrechte, soziale Ordnung und Verfassungsgerichtsbarkeit, S. 265, 268

1417 BVerfGE 88, 173, 180

1418 *Schoch/Wahl*, Die einstweilige Anordnung des Bundesverfassungsgerichts in außenpolitischen Angelegenheiten, in: *Klein, E.* [Hrsg.], Grundrechte, soziale Ordnung und Verfassungsgerichtsbarkeit, S. 265, 268, Fn. 18

1419 Vgl. im hier interessierenden Zusammenhang zuletzt BVerfGE 108, 34, 42 m.w.N.

BVerfGG zu gelangen. Dabei ergibt sich zwar ein sehr heterogenes Bild, da sich die in die Folgenabwägung mit einzubeziehenden Gründe des gemeinen Wohls nur anhand der Umstände des Einzelfalles und nicht abstrakt generell bestimmen lassen.[1420] Jedoch können der Judikatur des Bundesverfassungsgerichts wiederkehrende Abwägungstopoi entnommen werden.

α. Politische Bedeutung des Vertrages/politische Erwägungen des Gerichts

Im Eilverfahren zu den Ostverträgen betont das Gericht, beim Erlass einstweiliger Anordnungen sei dann besondere Zurückhaltung geboten, „wenn es sich um Zustimmungsgesetze [...] zu völkerrechtlichen Verträgen von *hoher politischer Bedeutung* handelt".[1421] Auch in der Entscheidung über den ersten Antrag zum Erlass einer einstweiligen Anordnung im Grundlagenvertragsverfahren argumentieren die die Entscheidung tragenden vier Richter mit dem politischen Charakter des Vertrages: Dass von dem Mittel der einstweiligen Anordnung nur in beschränktem Maße Gebrauch zu machen sei, gelte „in besonderem Maße, wenn es sich um ein Zustimmungsgesetz zu völkerrechtlichen Verträgen von großer politischer Bedeutung handelt".[1422] Bei der folgenden Interessenabwägung stellt das Bundesverfassungsgericht den Vertrag in den Gesamtzusammenhang mit der deutschen Ostpolitik und betont die Rückwirkung seines Ratifizierungsprozesses auf andere außenpolitische Schritte.[1423] Auch dies wird mit der herausragenden (politischen) Bedeutung des Vertrages begründet. Als *alleiniger* Abwägungstopos ist die Qualifikation des Vertrages als hochpolitisch jedoch abzulehnen. Es kann nämlich nicht sein, dass die Träger der auswärtigen Gewalt bei verfassungsrechtlich besonders problematischen Fallkonstellationen ungehindert endgültige völkerrechtliche Bindungen eingehen können. Letztlich hieße das, einen „Vorrang der Staatsraison vor der Verfassung" anzuerkennen.[1424]

Im Verfahren des einstweiligen Rechtsschutzes zum Einsatz deutscher Streitkräfte zur Überwachung der Flugverbotszone über Bosnien-Herzegowina argumentiert das Gericht ebenfalls politisch.[1425] Im Wesentlichen begründet es die

---

1420 *Schwarz*, Die verfassungsgerichtliche Kontrolle der Außen- und Sicherheitspolitik, S. 215

1421 BVerfGE 33, 195, 197; Hervorhebungen durch Verfasser

1422 BVerfGE 35, 193, 196

1423 BVerfGE 35, 193, 198

1424 *Bernhardt*, Bundesverfassungsgericht und völkerrechtliche Verträge, in: *Starck* [Hrsg.], Bundesverfassungsgericht und Grundgesetz, S. 154, 176

1425 Ebenso *Schoch/Wahl*, Die einstweilige Anordnung des Bundesverfassungsgerichts in außenpolitischen Angelegenheiten, in: *Klein, E.* [Hrsg.], Grundrechte, soziale Ordnung und Verfassungsgerichtsbarkeit, S. 265, 270

Ablehnung der einstweiligen Anordnung wie folgt: Im Fall der Stattgabe des Antrags auf Erlass einer einstweiligen Anordnung würde der daraus folgende Abzug der deutschen Soldaten aus den AWACS-Verbänden als eine empfindliche Störung der von der Völkergemeinschaft autorisierten Maßnahme empfunden; überdies gefährde ein eventueller Abzug die Funktionsfähigkeit des gesamten Verbandes.[1426] Demgegenüber drohe den eingesetzten Soldaten kein wesentlicher Schaden, da für diese bei gegebener Einsatzplanung keine erhebliche militärische Gefährdungslage bestünde.[1427] Letztlich werden also die Vor- und Nachteile für die Bundesrepublik Deutschland und ihre Außenpolitik abgewogen.[1428] Rechtliche Gesichtspunkte bleiben hingegen gänzlich außer Betracht.

β. Schaffung vollendeter Tatsachen

Ein weiteres vom Bundesverfassungsgericht des öfteren angeführtes Kriterium stellt die Schaffung vollendeter Tatsachen dar, die durch den Erlass einer einstweiligen Anordnung drohe. So führt das Gericht in seiner Entscheidung über den ersten Antrag zum Erlass einer einstweiligen Anordnung im Grundlagenvertragsverfahren aus, es wiege schwer, „wenn die Bundesregierung u. a. darauf hinweist, daß durch eine auch nur bis zum 31. Juli 1973 beschränkte Verzögerung der Ratifizierung des Vertrags die Handlungsfähigkeit der Bundesrepublik Deutschland in den internationalen Verhandlungen, insbesondere für die Teilnahme an der Konferenz für Sicherheit und Zusammenarbeit in Europa und für die Aufnahme in die Vereinten Nationen entscheidend in Frage gestellt würde. *Der dadurch entstehende Schaden könnte nicht mehr rückgängig gemacht werden.*“[1429]

In ähnlicher Weise argumentiert das Gericht in seiner Eilentscheidung zum AWACS-Einsatz in Bosnien-Herzegowina. Im Falle des Erlasses einer einstweiligen Anordnung müsste die Bundesrepublik Deutschland ihre Mitwirkung in den integrierten internationalen Verbänden abbrechen und dadurch das durch bisheriges Verhalten der Bundesregierung begründete Vertrauen enttäuschen. „Ein [solcher T.P.] Vertrauensverlust bei den Bündnispartnern und allen europäischen Nachbarn wäre unvermeidlich, der dadurch entstehende Schaden nicht wiedergutzumachen.“ [1430]

1426 BVerfGE 88, 173, 181
1427 BVerfGE 88, 173, 183
1428 *Schoch/Wahl*, Die einstweilige Anordnung des Bundesverfassungsgerichts in außenpolitischen Angelegenheiten, in: *Klein, E.* [Hrsg.], Grundrechte, soziale Ordnung und Verfassungsgerichtsbarkeit, S. 265, 275
1429 BVerfGE 35, 193, 198; Hervorhebungen durch Verfasser.
1430 BVerfGE 88, 173, 183

Das Kriterium der Irreparabilität ist aber kritisch zu hinterfragen. So verkennt das Bundesverfassungsgericht, dass sowohl durch den Erlass als auch durch den Nichterlass einer einstweiligen Anordnung notwendigerweise durch Zeitablauf für die Zeitspanne zwischen der Entscheidung über den einstweiligen Rechtsschutz und der Hauptsacheentscheidung stets vollendete Tatsachen geschaffen werden, die nicht reparabel sind und „deren rechtliche Bewertung zunächst ambivalent ist".[1431]

γ. Verlässlichkeit der Bundesrepublik Deutschland im völkerrechtlichen Verkehr

Zur Begründung der Ablehnung eines Antrags auf einstweiligen Rechtsschutz zieht das Gericht auch häufig den Topos der Verlässlichkeit der Bundesrepublik Deutschland im völkerrechtlichen Verkehr heran. In der Eilentscheidung über die Verfassungsmäßigkeit des Restitutionsausschlusses erklärte das Bundesverfassungsgericht, in „der Aussetzung der Regelung könnte [...] ein Abrücken von der Verhandlungsposition gesehen werden, das geeignet wäre, das Vertrauen in die Verläßlichkeit der Bundesrepublik Deutschland im völkerrechtlichen Verkehr zu beeinträchtigen."[1432]

In seinem Urteil gemäß § 32 BVerfGG über den AWACS-Einsatz in Bosnien-Herzegowina meint das Gericht, es stelle einen schweren Nachteil dar, wenn „die Bundesregierung entgegen i h r e r Rechtsauffassung und politischen Einschätzung die deutschen Soldaten aus dem Verband abziehen müßte, sich später aber erwiese, daß die Verfassung die Mitwirkung deutscher Streitkräfte zuläßt. Dadurch würde das *Vertrauen, das sich die Bundesrepublik Deutschland innerhalb des Bündnisses* durch ihre bisherige stetige Mitwirkung in dem AWACS-Verband erworben hat, *aufs Spiel gesetzt.*"[1433]

Auch in seiner Entscheidung zum AWACS-Einsatz in der Türkei vom 25. März 2003 betont das Gericht das gesamtstaatliche „Interesse an der außen- und sicherheitspolitischen Verlässlichkeit Deutschlands".[1434]

Das Kriterium der Verlässlichkeit der Bundesrepublik Deutschland im völkerrechtlichen Verkehr erscheint jedoch ebenfalls fragwürdig. So muss die Bundesregierung im Vorfeld durch operative Aktionen nur möglichst viel Vertrauen bei den Partnern aufbauen, um im späteren Eilverfahren erklären zu können,

1431 *Schoch/Wahl*, Die einstweilige Anordnung des Bundesverfassungsgerichts in außenpolitischen Angelegenheiten, in: *Klein, E.* [Hrsg.], Grundrechte, soziale Ordnung und Verfassungsgerichtsbarkeit, S. 265, 301

1432 BVerfGE 83, 162, 174

1433 BVerfGE 88, 173, 182; kursive Hervorhebungen durch Verfasser

1434 BVerfGE 108, 34, 45

durch die Enttäuschung dieses Vertrauens drohe erheblicher außenpolitischer Schaden.[1435]

Ebenso ist die vom Bundesverfassungsgericht offenbar vorgenommene Unterscheidung zwischen den Wirkungen der Hauptsacheentscheidung und der Entscheidung nach § 32 BVerfGG zu kritisieren. So meint das Gericht, der Vertrauensverlust sei zwar durch eine Hauptsacheentscheidung hinzunehmen, nicht jedoch bei einer Eilentscheidung.[1436] Die Vertrags- bzw. Bündnispartner müssen jedoch die Eilentscheidung ebenso als Teil der Klärung der verfassungsrechtlichen Lage hinnehmen wie die Hauptsacheentscheidung.[1437]

δ. Zwischenergebnis

Angesichts des geschilderten Befundes kann man der Analyse von *Schoch* und *Wahl* zustimmen, wonach das „Gericht [...] im Stile der Allgemeinen Staatslehre (mit den letzten Gründen des Staates) [argumentiert und T.P.] nicht auf dem Boden eines konkreten Staatsrechts mit seinen spezifischen Abgrenzungen."[1438] „Zugespitzt ausgedrückt: Das Argumentationsfeld wird entleert und reduziert auf die allgemeinsten Grundlagen und Grundprinzipien des Staatshandelns überhaupt. Das Gericht hat zu urteilen, als ob es das Grundgesetz (und seine reichhaltige Entfaltung in der Verfassungsrechtsprechung) nicht gäbe und sein Ent-

1435 Ähnlich *Schoch/Wahl*, Die einstweilige Anordnung des Bundesverfassungsgerichts in außenpolitischen Angelegenheiten, in: *Klein, E.* [Hrsg.], Grundrechte, soziale Ordnung und Verfassungsgerichtsbarkeit, S. 265, 297; sie bezeichnen in diesem Zusammenhang den der UNSOM II-Entscheidung zu Grunde liegenden Sachverhalt als „Lehrstück".

1436 Vgl. BVerfGE 83, 162, 174: „Sie [die Aussetzung der Regelung T.P.] könnte insbesondere zu einer empfindlichen Störung des internationalen Verhältnisses der Bundesrepublik Deutschland zur Sowjetunion mit nachteiligen Folgen für die weitere Zusammenarbeit führen. Das müßte zwar hingenommen werden, wenn sich bei der Entscheidung in der Hauptsache eine Korrektur besatzungsrechtlicher Maßnahmen als verfassungsrechtlich geboten erweisen sollte. Bei der Abwägung im Rahmen der Entscheidung über die einstweilige Anordnung fällt dagegen das Interesse daran, eine solche Störung der außenpolitischen Beziehungen zu vermeiden, erheblich ins Gewicht."

1437 *Schoch/Wahl*, Die einstweilige Anordnung des Bundesverfassungsgerichts in außenpolitischen Angelegenheiten, in: *Klein, E.* [Hrsg.], Grundrechte, soziale Ordnung und Verfassungsgerichtsbarkeit, S. 265, 271 f. in Fn. 21

1438 *Schoch/Wahl*, Die einstweilige Anordnung des Bundesverfassungsgerichts in außenpolitischen Angelegenheiten, in: *Klein, E.* [Hrsg.], Grundrechte, soziale Ordnung und Verfassungsgerichtsbarkeit, S. 265, 290 f.

scheidungsprogramm die allgemeinsten Grundsätze der Staatslehre wären."[1439] Die Argumentation des Gerichts führe fast zwangsläufig „in die Nähe der reinen politischen Streitentscheidung".[1440] Daher erscheint es nicht verwunderlich, wenn das Eilverfahren vor dem Bundesverfassungsgericht als „Fortsetzung der politischen Auseinandersetzung"[1441] bezeichnet wird, in dem die Verfassungskonflikte in besonderem Maße aufbrechen.[1442]

Dies lässt sich vor allem damit erklären, dass das Gericht hinsichtlich sämtlicher der genannten Kriterien nur über eine beschränkte Kognitionskompetenz und -fähigkeit verfügt. Ihm bleibt im Prinzip nichts anderes übrig als die Ansichten der Bundesregierung oder hochrangiger Vertreter internationaler Organisationen zu übernehmen. Zum Beispiel folgen die die Entscheidung tragenden Richter im ersten Eilverfahren zum Grundlagenvertrag dem Vortrag der Bundesregierung, bereits eine geringfügige Verzögerung der Ratifizierung würde die Handlungsfähigkeit der Bundesrepublik Deutschland in internationalen Verhandlungen erheblich beeinträchtigen.[1443] In der zweiten Entscheidung über eine einstweilige Anordnung gegen den Grundlagenvertrag legte das Bundesverfassungsgericht nahezu unbesehen die eben geschilderte Behauptung der Bundesregierung zu Grunde, ohne in den Gründen die gegen diese Behauptung von den Antragstellern vorgetragenen Gesichtspunkte überhaupt zu erwägen.[1444] Ebenso folgt das Bundesverfassungsgericht im Eilverfahren zum AWACS-Einsatz in Bosnien-Herzegowina dem Vortrag der Bundesregierung. Dabei stützt es sich allerdings weitgehend auf *eigene* politische Erwägungen.[1445] Zwar führt das Ge-

---

1439 *Schoch/Wahl*, Die einstweilige Anordnung des Bundesverfassungsgerichts in außenpolitischen Angelegenheiten, in: *Klein, E.* [Hrsg.], Grundrechte, soziale Ordnung und Verfassungsgerichtsbarkeit, S. 265, 291 Fn. 79

1440 *Schoch/Wahl*, Die einstweilige Anordnung des Bundesverfassungsgerichts in außenpolitischen Angelegenheiten, in: *Klein, E.* [Hrsg.], Grundrechte, soziale Ordnung und Verfassungsgerichtsbarkeit, S. 265, 290 f.

1441 *Schwarz*, Die verfassungsgerichtliche Kontrolle der Außen- und Sicherheitspolitik, S. 208

1442 *Schoch/Wahl*, Die einstweilige Anordnung des Bundesverfassungsgerichts in außenpolitischen Angelegenheiten, in: *Klein, E.* [Hrsg.], Grundrechte, soziale Ordnung und Verfassungsgerichtsbarkeit, S. 265, 291

1443 BVerfGE 35, 193, 198

1444 *Zeitler*, Judicial Review und Judicial Restraint gegenüber der auswärtigen Gewalt, in: JöR N.F. 25 (1976), S. 621, 635

1445 Diese Einschränkung der Einschätzungsprärogative der Bundesregierung wird wie folgt gerechtfertigt: Da die verfassungsrechtliche Grundlage des Regierungshandelns noch nicht hinreichend konkretisiert gewesen sei, lasse sich auch der Umfang des Einschätzungsspielraumes nicht hinreichend bestimmen. Daher sei in diesem Falle dem Gericht eine eigene umfassende Abwägung nicht verwehrt. So *Schwarz*, Die verfassungsgerichtliche Kontrolle der Außen- und Sicherheitspolitik, S. 217

richt aus, es habe keine „Anhaltspunkte, die zu der Annahme zwingen, daß diese Einschätzungen [der Bundesregierung T.P.] fehlerhaft sein könnten“[1446], und erweckt so den Eindruck, eine Evidenzkontrolle durchgeführt zu haben. Zum einen ist jedoch fraglich, ob es solche Anhaltspunkte angesichts der militärischen Einschätzungen überhaupt hätte finden können.[1447] Zum anderen geht das Gericht erheblich über das Maß einer bloßen Willkürkontrolle hinaus, indem es in der mündlichen Verhandlung Tatsachenfeststellungen und Prognoseeinschätzungen von Regierungsvertretern bzw. Vertretern der NATO erörtern lässt.[1448]

Die beschränkte Kognitionsfähigkeit kann das Gericht entweder offenlegen und die Verantwortung der politisch Handelnden herausstreichen[1449] oder nicht. Vor allem in letzterem Fall besteht die Gefahr, dass die in der Entscheidung angeführten Abwägungstopoi als eigene des Bundesverfassungsgerichts erscheinen.[1450] In Wahrheit sind dies aber nur mittelbar „eigene“ Erwägungen des Bun-

---

1446 BVerfGE 88, 173, 181

1447 *Schoch/Wahl*, Die einstweilige Anordnung des Bundesverfassungsgerichts in außenpolitischen Angelegenheiten, in: *Klein, E.* [Hrsg.], Grundrechte, soziale Ordnung und Verfassungsgerichtsbarkeit, S. 265, 271

1448 *Schwarz*, Die verfassungsgerichtliche Kontrolle der Außen- und Sicherheitspolitik, S. 216

1449 Dies entspricht dem Vorgehen des Bundesverfassungsgerichts vor allem in den beiden Eilentscheidungen zum Grundlagenvertrag: 1. Entscheidung: „Hinsichtlich des Abschlusses und der Ratifizierung eines Vertrags von so elementarer politischer Bedeutung haben die zu politischem Handeln berufenen Organe der Bundesrepublik ihre Verantwortung wahrzunehmen; diese darf das Gericht, das die politischen Implikationen aus eigener Sachkenntnis nicht ausreichend zu überschauen vermag, nicht schmälern wollen.“ (BVerfGE 35, 193, 198); 2. Entscheidung: „Es läßt sich nicht absehen, welche politischen Risiken mit einer Verzögerung des Inkrafttretens des Vertrages verbunden sein werden; weder die Bundesregierung vermag mit Sicherheit anzugeben, welche Folgen tatsächlich eintreten werden, noch die Antragstellerin vermag mit Sicherheit anzugeben, daß sich die mit der Verzögerung verbundenen Komplikationen in der Folge ohne bleibenden Schaden für den Staat beheben lassen. Nicht einmal die Wahrscheinlichkeiten der Entwicklung lassen sich kalkulieren.“ (BVerfGE 35, 257, 262)

1450 Dies wird vor allem am Urteil im Eilverfahren zum AWACS-Einsatz in Bosnien-Herzegowina kritisiert: Das Gericht hat „die im Verfahren vorgetragenen Argumente nicht als solche der verfassungsrechtlich verantwortlichen Regierung qualifiziert [...]. Vielmehr hat das BVerfG die Fakten, Wertungen, Einschätzungen und Prognosen der politischen und militärischen Führung in den eigenen Argumentationshaushalt *übernommen* und darauf die gerichtliche Entscheidung gegründet. Infolgedessen mußte in der Öffentlichkeit der [...] Eindruck entstehen, hier handle es sich um eine *eigene Argumentation* des BVerfG.“ *Schoch/Wahl*, Die einstweilige Anordnung des Bundesverfassungsgerichts in außenpolitischen Angelegenheiten, in: *Klein, E.* [Hrsg.], Grundrechte, soziale Ordnung und Verfassungsgerichtsbarkeit, S. 265, 272 – Hervorhebungen im Original

desverfassungsgerichts, da das Gericht in seiner Informationsbeschaffung auf die Bundesregierung angewiesen ist und schlussendlich zu gar keiner von der Auffassung der Exekutive abweichenden Einschätzung gelangen kann.[1451] Eine letzte Möglichkeit besteht für das Gericht schließlich darin zu erklären, bestimmte Annahmen der Bundesregierung seien mangels vorhandener Kontrollnormen nicht verfassungsrechtlich überprüfbar.[1452]

Dieser Befund lässt daran zweifeln, ob das konsequente Außerachtlassen der Erfolgsaussichten des Hauptsacheantrags sinnvoll erscheint. Bevor jedoch Alternativen zum Folgenabwägungsmodell des Bundesverfassungsgerichts diskutiert werden, soll eine Tendenz zur Verrechtlichung der Abwägung durch das Gericht im Rahmen des UNSOM II-Eilverfahrens vorgestellt werden, die sich auch im jüngsten Beschluss des Bundesverfassungsgerichts fortsetzt.

c. Tendenz zu einer Verrechtlichung der Abwägung im Rahmen der UNSOM II-Entscheidung

Auch wenn das Bundesverfassungsgericht von seiner Grundhaltung, die Erfolgsaussichten des Hauptsacheantrags nicht in die Abwägung mit einzubeziehen nicht abweicht, ist in der UNSOM II-Eilentscheidung eine Tendenz zu einer Verrechtlichung der Abwägung erkennbar. Hier wird auf die konkrete Verfahrensart – den Organstreit – abgestellt und die Nachteile gegenübergestellt, die einträten, wenn man den Kompetenzen des Bundestages oder der Bundesregierung den Vorzug geben würde. Anders als im Urteil gemäß § 32 BVerfGG zum AWACS-Einsatz in Bosnien-Herzegowina wird das Hauptaugenmerk nicht auf eine Bewertung der außenpolitischen Gesamtsituation gerichtet, sondern auf den Kompetenzkonflikt zwischen Regierung und Parlament. Das Bundesverfassungsgericht trifft weder eigene politische Einschätzungen noch übernimmt es solche der Bundesregierung. Die verfassungsgerichtliche Folgenabwägung bezieht sich vielmehr nur auf die Frage, „ob und unter welchen Voraussetzungen die Bundesregierung Rechte des Bundestages verletzt“[1453], wenn sie über den Einsatz deutscher Streitkräfte im Rahmen von UN-Missionen entscheidet. Würde die einstweilige Anordnung nicht ergehen, erwiese sich die angegriffene Maßnahme aber später als verfassungswidrig, so hätte der Bundestag sein Mitwirkungsrecht bei der Entscheidung

1451 Ebenso *Schwarz*, Die verfassungsgerichtliche Kontrolle der Außen- und Sicherheitspolitik, S. 223 f.

1452 BVerfGE 66, 39, 60 f. Es ist „nicht Aufgabe des Bundesverfassungsgerichts, jenseits rechtlich normierter Vorgaben [...] seine Einschätzungen an die Stelle der Einschätzungen und Erwägungen der zuständigen politischen Organe zu setzen.“

1453 *Schwarz*, Die verfassungsgerichtliche Kontrolle der Außen- und Sicherheitspolitik, S. 219

über die Entsendung der Soldaten größtenteils oder schlechthin verloren.[1454] Demgegenüber sei es weniger gravierend, wenn der Bundestag ohne entsprechende Kompetenz mitwirkte, sich später jedoch herausstellte, der Entsendebeschluss der Bundesregierung habe keine Rechte des Bundestages verletzt. Schließlich unterliege die Bundesregierung ohnehin der parlamentarischen Verantwortung.[1455]

Die Vorteile einer solchen Vorgehensweise liegen auf der Hand. Das Gericht agiert hier eher in vertrauten Bereichen, die der Kognitionsfähigkeit und -kompetenz weit mehr entsprechen.[1456] Das Gericht betont, es sei „grundsätzlich nicht Aufgabe des zu aktivem politisch gestaltendem Handeln nicht berufenen Gerichts, anstelle dieser Organe [Bundestag und Bundesregierung T.P.] eine einstweilige Sachentscheidung aufgrund einer Folgenabwägung zu treffen, für die es hinreichender rechtlicher Anhaltspunkte ermangelt".[1457] Die Richter stellen somit im Somalia-Urteil viel stärker die grundsätzliche Verantwortlichkeit der politischen Staatsorgane für die Sachentscheidung in den Vordergrund als dies in der Eilentscheidung zum ersten AWACS-Streit der Fall gewesen war.[1458]

Auf ebendieser Linie liegt auch der jüngste Beschluss des Bundesverfassungsgerichts vom 25. März 2003 bezüglich des AWACS-Einsatzes in der Türkei. Auch hier stellt das Gericht primär auf die Natur des Verfassungsstreits als Kompetenzstreit zwischen Bundesregierung und Bundestag ab. Demgemäß komme zwar dem konstitutiven Parlamentsvorbehalt ein hohes Gewicht zu. Weiterhin greife der Einsatz deutscher Streitkräfte ohne Zustimmung des Bundestages tief in die Rechte des Parlaments ein. Auf der anderen Seite sei allerdings der Kernbereich exekutivischer Handlungsfreiheit zu beachten. Dieser würde erheblich dadurch beschnitten, dass die Bundesregierung durch den Erlass einer einstweiligen Anordnung dazu gezwungen würde, entweder das Parlament um Zustimmung für den Einsatz zu ersuchen oder den Abzug der deutschen Soldaten aus dem AWACS-Verband in Kauf zu nehmen.[1459] Die Abwägung zwischen diesen beiden Positionen sei ergebnisoffen – ein deutliches Überwiegen der Rechte des Parlaments sei nicht erkennbar.[1460]

1454 BVerfGE 89, 38, 45

1455 BVerfGE 89, 38, 46

1456 Ebenso *Schwarz*, Die verfassungsgerichtliche Kontrolle der Außen- und Sicherheitspolitik, S. 222

1457 BVerfGE 89, 38, 45

1458 Ebenso *Schwarz*, Die verfassungsgerichtliche Kontrolle der Außen- und Sicherheitspolitik, S. 223

1459 BVerfGE 108, 34, 44

1460 BVerfGE 108, 34, 45; *Nolte*, Der AWACS-Einsatz in der Türkei zwischen Parlamentsvorbehalt und Regierungsverantwortung, in: NJW 2003, 2359, 2360 f.,

Ob bei einer ergebnisoffenen Abwägung den Rechten der Bundesregierung zwingend der Vorrang eingeräumt hätte werden müssen, wird in der Literatur bestritten. Die Charakterisierung der Bundeswehr als „Parlamentsheer" hätte nämlich eher für eine Vermutung dahingehend gesprochen, dass Rechte des Bundestages verletzt sind; folglich hätte eine einstweilige Anordnung ergehen müssen.[1461]

Fraglich ist, ob dieser Ansatz der Verrechtlichung der Abwägungsentscheidung des Bundesverfassungsgerichts nicht dahingehend auszuweiten ist, dass künftig die Erfolgsaussichten des Hauptsacheantrags in die Abwägung nach § 32 BVerfGG mit einzubeziehen sind.

2. Einbeziehung der Erfolgsaussichten der Hauptsache in die Abwägung

Inwieweit das Folgenberücksichtigungsmodell des Bundesverfassungsgerichts tragfähig ist, oder nicht besser durch eine Einbeziehung der Erfolgsaussichten der Hauptsache abzulösen ist, ist umstritten. Zunächst lassen sich die Vorteile des Außerachtlassens der materiellen Rechtslage nicht leugnen. So ermöglicht das Bundesverfassungsgericht auf diese Weise vor allem ein Offenlassen der Rechtsfrage – eine „wie auch immer geartete Präjudizierung künftiger Entscheidungen von Verfassungsorganen tritt nicht ein."[1462] Weiterhin sei eine Einbeziehung der Erfolgsaussichten in der Hauptsache mit dem Grundgedanken des vorläufigen Rechtsschutzes grundsätzlich nicht vereinbar.[1463] Außerdem komme den Äußerungen des Bundesverfassungsgerichts – unabhängig von deren eventueller Vorläufigkeit – stets besondere Bedeutung zu. Zuletzt gewährleiste nur das Hauptverfahren eine umfassende Sachinformation des Gerichts.[1464]

Diesen Gesichtspunkten stehen aber wesentliche Nachteile gegenüber: So sprechen bereits funktionell-rechtliche Erwägungen für die Einbeziehung der Erfolgsaussichten der Hauptsache in die Abwägung. Das Bundesverfassungsgericht als Rechtsprechungsorgan sollte sämtliche seiner Entscheidungen am Maßstab des Rechts treffen – betrachtet man nur die Folgen, verlässt man zwangsläufig den Bereich des Rechts, da dieses nur die Voraussetzungen politischen Handelns

---

spricht davon, das Bundesverfassungsgericht habe damit die Vorschrift des § 32 I BVerfGG als Begründungslastregel zu Ungunsten der Antragstellerin ausgelegt.

1461 Ähnlich *Krajewski*, Das „Parlamentsheer" als Kollateralschaden des Irak-Kriegs?, in: AVR 41 (2003), S. 419, 422 f.

1462 BVerfGE 88, 173, 184

1463 *Schwarz*, Die verfassungsgerichtliche Kontrolle der Außen- und Sicherheitspolitik, S. 211

1464 *Schwarz*, Die verfassungsgerichtliche Kontrolle der Außen- und Sicherheitspolitik, S. 212

regelt, nicht jedoch die Folgen; diese sind primär von politischer Bedeutung.[1465] Weiterhin spricht die Tragweite der Entscheidungen des Bundesverfassungsgerichts im einstweiligen Rechtsschutz für eine Einbeziehung der materiell-rechtlichen Normen. Berücksichtigt man nämlich die Tatsache, dass für den Zeitraum zwischen Erlass bzw. Nichterlass der einstweiligen Anordnung und der Hauptsacheentscheidung eine endgültige, irreversible Regelung eines bestimmten Sachverhaltes erfolgt, muss dem Recht auch für diesen Zeitraum zur effektiven Geltung und Durchsetzung verholfen werden.[1466] Zuletzt trägt eine Berücksichtigung materieller Normen im Rahmen einer summarischen Prüfung dazu bei, „den immer neuen Zumutungen der Politik(er) an das BVerfG wirksam zu begegnen"[1467] – den Eilverfahren würde ein Großteil der politischen Schärfe genommen.

Aus diesen Gründen sollte die Entscheidung über den ersten Eilantrag im Grundlagenvertragsverfahren nicht eine Ausnahmeerscheinung bleiben, sondern – jedenfalls was die Berücksichtigung der Erfolgsaussichten des Hauptsacherechtsbehelfs anbelangt – zum Regelfall werden. Hier führte das Gericht – unter fragwürdigem Hinweis auf die herausragende politische Bedeutung des Vertrages – ausnahmsweise eine summarische Prüfung der Erfolgsaussichten in der Hauptsache durch. Hierbei kam es zum Ergebnis, es spreche eine geringe Wahrscheinlichkeit für die Verfassungswidrigkeit des gesamten Vertrages.[1468]

1465 *Schoch/Wahl*, Die einstweilige Anordnung des Bundesverfassungsgerichts in außenpolitischen Angelegenheiten, in: *Klein, E.* [Hrsg.], Grundrechte, soziale Ordnung und Verfassungsgerichtsbarkeit, S. 265, 299

1466 *Schoch/Wahl*, Die einstweilige Anordnung des Bundesverfassungsgerichts in außenpolitischen Angelegenheiten, in: *Klein, E.* [Hrsg.], Grundrechte, soziale Ordnung und Verfassungsgerichtsbarkeit, S. 265, 304

1467 *Schoch/Wahl*, Die einstweilige Anordnung des Bundesverfassungsgerichts in außenpolitischen Angelegenheiten, in: *Klein, E.* [Hrsg.], Grundrechte, soziale Ordnung und Verfassungsgerichtsbarkeit, S. 265, 308

1468 BVerfGE 35, 193, 196 f.: „Bei einem derart bedeutungsvollen Vertrag darf das Gericht sich nicht damit begnügen, bei der Abwägung des Für und Wider schon die abstrakte Möglichkeit einer Verfassungswidrigkeit des Vertragsgesetzes entscheidend zu berücksichtigen. Es muß vielmehr schon bei der Abwägung nach § 32 Abs. 1 BVerfGG wenigstens summarisch geprüft werden, ob die bis jetzt erkennbaren Gründe gegen die Verfassungsmäßigkeit des Vertragsgesetzes wenigstens mit einem hohen Grad von Wahrscheinlichkeit erwarten lassen, daß das Bundesverfassungsgericht das Vertragsgesetz ganz oder zum Teil für verfassungswidrig erklären wird."

3. Konsequenzen der Einbeziehung der Erfolgsaussichten des Hauptsacheantrags in die Abwägung nach § 32 BVerfGG

Mit der Einbeziehung der Erfolgsaussichten des Hauptsacheantrags würde auch ein wesentlicher Grund[1469] für die Zurückhaltung des Bundesverfassungsgerichts beim Erlass einstweiliger Anordnungen wegfallen. Die Aufgabe einer solchen Zurückhaltung erscheint umso wünschenswerter, wenn man sich die Vorteile eines verstärkten Erlasses einstweiliger Anordnungen im Bereich der auswärtigen Gewalt vor Augen führt. Diese treten vor allem bei Anträgen, die auf ein Unterbinden der Ratifikation eines völkerrechtlichen Vertrages abzielen, besonders deutlich zu Tage. Wenn das Bundesverfassungsgericht nämlich vor Abschluss des völkerrechtlichen Vertrages dem Antrag auf Erlass einer einstweiligen Anordnung stattgibt, kann die von dem Gericht in diesem Rahmen vorgenommene Interpretation als ein maßgeblicher Auslegungsfaktor im Sinne der Artt. 31 II oder 32 WVRK dem anderen Vertragspartner entgegengehalten werden. Die einstweilige Anordnung des Bundesverfassungsgerichts kann mithin als Urkunde gewertet werden, die eine der Vertragsparteien anlässlich des Vertragsschlusses abgefasst hat.[1470] Mit der bisherigen Rechtsprechung des Bundesverfassungsgerichts ist ein solches Vorgehen bislang nicht möglich, da das Gericht im Rahmen des § 32 BVerfGG gar nicht die materielle Verfassungsmäßigkeit des Zustimmungsgesetzes prüft und folglich den Vertrag auch nicht auslegt. Um eine eventuelle Interpretation durch das Bundesverfassungsgericht dem Vertragspartner bei Vertragsschluss vorlegen zu können, müsste das Gericht zumindest eine summarische Prüfung der Erfolgsaussichten in der Hauptsache vornehmen.

Zuletzt scheint die eigene Rechtsprechung des Bundesverfassungsgerichts, wonach das Gericht eine wesentliche Aufgabe darin sieht, die völkerrechtliche Haftung der Bundesrepublik Deutschland zu verhindern[1471], für einen verstärkten Erlass von einstweiligen Anordnungen im Bereich der Überprüfung von Völker-

1469 Dieser besteht darin, dass „das Bundesverfassungsgericht mit einer solchen einstweiligen Anordnung den Organen der auswärtigen Gewalt unmittelbar in den Arm fallen würde, ohne daß die verfassungsrechtliche Notwendigkeit dieser Intervention feststünde oder auch nur ausreichend geprüft werden könnte." *Giegerich*, Verfassungsgerichtliche Kontrolle der auswärtigen Gewalt im europäisch-atlantischen Verfassungsstaat, in: ZaöRV 57 (1997), S. 409, 527

1470 Ebenso *Rees*, Die Kontrolle internationaler Verträge und der Akte der Europäischen Gemeinschaften durch das Bundesverfassungsgericht, in: *Koenig/Rüfner* [Hrsg.], Die Kontrolle der Verfassungsmäßigkeit in Frankreich und in der Bundesrepublik Deutschland, S. 145, 160. Das ist aber freilich nur dann möglich, wenn der Vertragspartner den Inhalt der vom Bundesverfassungsgericht getroffenen Entscheidung akzeptiert und nicht formell zurückweist.

1471 Vgl. zuletzt BVerfGE 111, 307, 328

vertragsrecht zu sprechen. Die Gefahr verfassungswidrige Bindungen einzugehen, kann durchaus als „schwerer Nachteil" im Sinne des § 32 BVerfGG gewertet werden. Andererseits ist natürlich auch das Gewicht der eventuell verletzten Verfassungsnorm in die Abwägung mit einzubeziehen.[1472] Beide Feststellungen können jedoch nur bei einer zumindest summarischen Prüfung der Erfolgsaussichten des Hauptsacheantrags hinreichend konkret getroffen werden.

Daher kann im Einzelfall der Erlass einer einstweiligen Anordnung bei Fällen mit auswärtigem Bezug sogar eher angezeigt sein, als bei rein innerstaatlichen Sachverhalten.[1473]

II. Französische Republik

Im Bereich der richterlichen Kontrolle der Außenpolitik kommt dem Eilrechtsschutz („Référé") in der Französischen Republik eine wesentlich geringere Bedeutung zu als in der Bundesrepublik Deutschland. Weder die Verfassung noch die „Ordonnance du 7.11.1958 portant loi organique sur le Conseil constitutionnel"[1474] sehen für das Verfahren vor dem Verfassungsrat eine solche Rechtsschutzmöglichkeit überhaupt vor, was jedoch angesichts der grundsätzlichen a priori-Kontrolle völkerrechtlicher Verträge nicht verwundert.[1475]

Auch vor dem Conseil d'Etat ist der Eilrechtsschutz im hier behandelten Zusammenhang eher von untergeordneter Relevanz. Dies hängt damit zusammen, dass das Gericht Maßnahmen im vorläufigen Rechtsschutz nicht treffen darf, sofern im Hauptsacheverfahren der Verwaltungsrechtsweg in offensichtlicher Weise nicht eröffnet ist.[1476] Dies ist aber, wie gezeigt, bei Fällen mit direktem außenpolitischen Bezug aufgrund der „théorie des actes de gouvernement" regelmäßig der Fall, jedenfalls sofern nicht der Anwendungsbereich des Art. 6 I S. 1 EMRK eröffnet ist.

Eine große Rolle spielt der Eilrechtsschutz jedoch vor allem im Ausländerrecht, also in Fällen, die durchaus außenpolitische Implikationen aufweisen kön-

---

1472 Ähnlich *Bernhardt*, Bundesverfassungsgericht und völkerrechtliche Verträge, in: *Starck* [Hrsg.], Bundesverfassungsgericht und Grundgesetz, S. 154, 176 f.

1473 Ebenso *Bernhardt*, Bundesverfassungsgericht und völkerrechtliche Verträge, in: *Starck* [Hrsg.], Bundesverfassungsgericht und Grundgesetz, S. 154, 176 f.

1474 Ordonnance no. 58-1067 vom 07.11.1958, in: J.O.R.F. vom 09.11.1958, S. 10129

1475 *Gicquel*, Droit constitutionnel et institutions politiques, S. 745, bezeichnet die fehlende Eilrechtsschutzmöglichkeit vor dem Conseil constitutionnel als „véritable handicap".

1476 So für die sogleich ausführlich behandelte Verfahrensart des „référé-sauvegarde", Code administratif, CJA, art. L. 521-2 Rn. 2 m.w.N.

nen. Bevor jedoch die Fälle im Einzelnen erörtert werden, ist zunächst der „Référé" in seinen groben Zügen zu umreißen. Wie das deutsche Verwaltungsprozessrecht kennt auch der französische „Code de la justice administrative" verschiedene Verfahrensarten im einstweiligen Rechtsschutz. So sind im Wesentlichen der „Référé-suspension" (Art. L. 521-1 CJA), der „Référé-sauvegarde" (Art. L. 521-2 CJA) und der „Référé-conservatoire" (Art. L. 521-3 CJA) zu unterscheiden.[1477] Eine spezielle Form des Eilrechtsschutzes besteht gegen Verfügungen der Präfekten, Ausländer an die Grenze zurückzuführen[1478] (sogenannte „Arrêtés de reconduite à la frontière").

Wegen seiner im hier behandelten Zusammenhang überragenden Bedeutung soll im Folgenden das Hauptaugenmerk auf den „Référé-sauvegarde" gerichtet werden, eine Verfahrensart, die erst mit der Reform des Verwaltungsprozessrechts im Jahre 2000[1479] geschaffen worden ist.

1. „Référé-sauvegarde" und seine Voraussetzungen

Gemäß Art. L. 521-2 CJA kann das Gericht in einer durch Dringlichkeit gekennzeichneten Situation die erforderlichen Maßnahmen zum Schutze einer Grundfreiheit („liberté fondamentale") anordnen, wenn eine solche durch eine Maßnahme einer Behörde in schwerer und offensichtlich rechtswidriger Weise bedroht wird.[1480] Anders als in der Bundesrepublik (§ 123 V VwGO) existiert hierbei kein Vorrang des „Référé-suspension" gegenüber dem „Référé-sauvegarde". Der Umstand, dass der Kläger auch gemäß Art. L. 521-1 CJA hätte vorgehen können, macht also seinen Antrag gemäß Art. L. 521-2 CJA nicht unzulässig.[1481]

1477 Nicht behandelt werden in diesem Zusammenhang die verschiedenen Arten des vorläufigen Rechtsschutzes, die nicht durch eine Dringlichkeitssituation gekennzeichnet sind (sogenannte „référés ordinaires"). Vgl. hierzu *Chapus*, Droit du contentieux administratif, Rn. 1628 ff.

1478 Vgl. Art. L. 776-1 CJA i.V.m. Art. 22 bis der Ordonnance no. 45-2658 vom 02.11.1945 und Art. 776-2 CJA i.V.m. Art. 27 ter der Ordonnance no. 45-2658 vom 02.11.1945; vgl. hierzu *Chapus*, Droit du contentieux administratif, Rn. 1679 ff.

1479 Loi no. 2000-597 du 30.06.2000 relative au référé devant les juridictions administratives

1480 Wortlaut: „Saisi d'une demande en ce sens justifiée par l'urgence, le juge des référés peut ordonner toutes mesures nécessaires à la sauvegarde d'une liberté fondamentale à laquelle une personne morale de droit public ou un organisme de droit privé chargé de la gestion d'un service public aurait porté, dans l'exercice de ses pouvoirs, une atteinte grave et manifestement illégale. Le juge des référés se prononce dans un délai de quarante-huit heures."

1481 Code administratif, CJA, Art. L. 521-2, Rn. 6 m.w.N.; *Chapus*, Droit du contentieux administratif, Rn. 1608

Zunächst muss eine Dringlichkeitssituation gegeben sein. Diese wird dann angenommen, wenn die Anordnung der Maßnahme durch die Notwendigkeit eines Einschreitens binnen der gesetzlich vorgeschriebenen 48 Stunden gerechtfertigt ist, um die Beeinträchtigung der betroffenen Grundfreiheit zu beenden, oder eine solche zu verhindern.[1482]

Als Grundfreiheiten im Sinne des Art. L. 521-2 CJA wurden für den hier interessierenden Zusammenhang von der Rechtsprechung unter anderem die Freizügigkeit, die „liberté individuelle“[1483] und das von Verfassungs wegen garantierte Asylrecht[1484] anerkannt.[1485] Der Begriff der Grundfreiheit ist relativ weit gefasst und darf daher keinesfalls mit von der Verfassung garantierten Rechten gleichgesetzt werden.[1486]

Weiterhin ist erforderlich, dass die von der Behörde durch die Maßnahme verursachte Beeinträchtigung der jeweiligen Grundfreiheit schwerwiegend und offensichtlich rechtswidrig ist. Diese unbestimmten Rechtsbegriffe eröffnen dem Gericht natürlich einen erheblichen Spielraum bei der Bestimmung dieser Topoi, die zusätzlich eng an die Umstände des Einzelfalls gekoppelt sind.[1487]

Die Schwere der Beeinträchtigung darf dabei nicht allein aus der Tatsache geschlossen werden, dass eine Grundfreiheit betroffen ist.[1488] Die Rechtsprechung unterscheidet vielmehr zwischen solchen Beeinträchtigungen, die lediglich die Ausübung der Grundfreiheit erschweren, und solchen, die diese verhindern.[1489] Lediglich bei letzteren liege die im Rahmen des Art. L. 521-2 CJA erforderliche Schwere der Beeinträchtigung vor.

Die Frage, inwieweit die Maßnahme offensichtlich rechtswidrig ist, ist im Verhältnis zu der jeweils betroffenen Grundfreiheit zu beurteilen.[1490]

1482 *Chapus*, Droit du contentieux administratif, Rn. 1601

1483 CE, 15.10.2001, Hamani, Rec. S. 446,

1484 CE, 12.01.2001, Mme Hyacinthe, Rec. S. 12: „la notion de „liberté fondamentale“ au sens [...] de la loi no. 2000-597 du 30 juin 2000 [...] englobe [...] le droit constitutionnel d'asile qui a pour corollaire le droit de solliciter le statut de réfugié, dont l'obtention est déterminante pour l'exercice par les personnes concernées des libertés reconnues de façon générale aux ressortissants étrangers“. Vgl. hierzu auch Anm. *Morri/Slama*, in: AJDA 2001, 590, 592; ebenso CE, 02.05.2001, Mme Dziri, Rec. S. 227; CE, 25.03.2003, M. et Mme Sulaimanov, Rec. S. 146

1485 Code administratif, CJA, Art. L. 521-2, Rn. 13 m.w.N.

1486 *Chapus*, Droit du contentieux administratif, Rn. 1596

1487 *Chapus*, Droit du contentieux administratif, Rn. 1600

1488 *Chapus*, Droit du contentieux administratif, Rn. 1603

1489 *Chapus*, Droit du contentieux administratif, Rn. 1603

1490 *Chapus*, Droit du contentieux administratif, Rn. 1604

2. Beispiele aus der Rechtsprechung

Eine schwere und offensichtlich rechtswidrige Beeinträchtigung des verfassungsrechtlich garantierten Asylrechts nahm der Conseil d'Etat in der Rechtssache Mme Hyacinthe[1491] an. Die Präfektur von Seine-Saint-Denis hatte es der Klägerin verweigert, einen Asylantrag zu stellen, da sie nicht im Besitz eines ordnungsgemäßen Reisepasses war. Demgegenüber bestimmt Art. 10 des Gesetzes vom 25. Juli 1952 zum Asylrecht jedoch ausdrücklich, dass das Stellen eines Asylantrages nicht allein aufgrund des Umstandes verweigert werden darf, dass der Betroffene nicht über die entsprechenden Ausweisdokumente verfügt.

Die Voraussetzungen des Art. 521-2 CJA sah der Conseil d'Etat auch in der Rechtssache M. et Mme Sulaimanov[1492] als gegeben an. Art. 35 quater I der Ordonnance vom 2. November 1945 i.V.m. Art. 12 des Dekrets vom 27. Mai 1982 bestimmen, dass der Innenminister einem Asylsuchenden dann die Einreise nach Frankreich untersagen kann, sofern sein dahingehender Antrag offensichtlich unbegründet ist. Entgegen der Einschätzung des Innenministers lag nach Auffassung des Conseil d'Etat jedoch kein Fall offensichtlicher Unbegründetheit vor, so dass das Gericht in der Entscheidung des Innenministers eine „atteinte grave et manifestement illégale à une liberté fondamentale" erblickte.

Die Gewährung einstweiligen Rechtsschutzes lehnte der Staatsrat demgegenüber in der Rechtssache Hamani[1493] ab. Hier wandte sich der Kläger gegen eine präfektorale Verfügung, die als Zielland der Abschiebung Algerien festsetzte. Der Kläger habe nichts vorgetragen, was erwarten ließe, dass ihm dort eine gegen Art. 3 EMRK verstoßende Behandlung drohe. Insofern stelle die angegriffene Verfügung auch keine schwerwiegende und offensichtlich rechtswidrige Beeinträchtigung der „liberté individuelle" des Klägers dar.

III. Vergleichende Bewertung

Angesichts der fehlenden Eilrechtsschutzmöglichkeit vor dem Conseil constitutionnel ist eine vergleichende Bewertung lediglich in beschränktem Umfang möglich.

Beim Conseil d'Etat findet im Rahmen des einstweiligen Rechtsschutzes eine Abwägungsentscheidung statt. Wie beim Bundesverfassungsgericht bleiben die Erfolgsaussichten der Hauptsache dabei weitgehend unberücksichtigt, spielen

1491 CE, 12.01.2001, Mme Hyacinthe, Rec. S. 12
1492 CE, 26.03.2003, M. et Mme Sulaimanov, Rec. S. 146
1493 CE, 15.10.2001, Hamani, Rec. S. 466

aber zumindest bei der Frage eine gewisse Rolle, ob die angegriffene Maßnahme eine schwerwiegende und offensichtliche Beeinträchtigung einer Grundfreiheit darstellt. Auch dieser rechtsvergleichende Gesichtspunkt kann als Begründung dafür herangezogen werden, dass das Bundesverfassungsgericht künftig eine summarische Prüfung der Erfolgsaussichten der Hauptsache vornehmen sollte.

Anders als im Sudanesen-Beschluss des Bundesverfassungsgerichts[1494] spielen außenpolitische Erwägungen bei Asylrechtsfällen im Rahmen des einstweiligen Rechtsschutzes keine Rolle.[1495] Der Conseil d'Etat berücksichtigt zum Beispiel in der Rechtssache Sulaimanov die von der Entscheidung eventuell provozierten außenpolitischen Verwicklungen nicht: Der Staatsrat erachtet die von den Klägern geschilderten Gefahren, die ihnen bei der Verweigerung der Einreise nach Frankreich in Russland aufgrund ihrer tschetschenischen Herkunft drohten, – ungeachtet der außenpolitischen Beziehungen Frankreichs zu Russland – als ernstzunehmend. Allerdings hatte der Staatsrat vorab auch keine Risikoanalyse von Seiten des Außenministeriums verlangt – die außenpolitischen Implikationen waren in der Rechtssache Sulaimanov deshalb auch nicht so gravierend.

C. Parlamentarische Beteiligung am außenpolitischen Prozess

Keinen *direkten* Einfluss auf die Außenpolitik üben die Verfassungsgerichte dann aus, wenn sie sich über das Verhältnis der Exekutive zur Legislative auf dem Gebiet der auswärtigen Gewalt aussprechen. Auch geht es hier nicht um Grenzen der Verfassungsgerichtsbarkeit im engeren Sinne. Jedoch können die Gerichte in erheblichem Umfang die exekutivische Handlungsfreiheit in diesem Bereich beschneiden, indem sie parlamentarische Mitwirkungsrechte stärken beziehungsweise vice versa. In den Verfassungsordnungen beider hier untersuchten Länder werden solche Mitwirkungsrechte vor allem im Zusammenhang mit dem Abschluss völkerrechtlicher Verträge und beim Einsatz der Streitkräfte diskutiert. Diese Problemkreise sollen abschließend überblicksartig erörtert werden.

1494 BVerfGE 93, 248, 257

1495 Zur Kritik am Sudanesenbeschluss, vgl. bereits oben Teil 2 C. I. 5. a.

I. Parlamentarische Mitwirkung im Zusammenhang mit dem Abschluss völkerrechtlicher Verträge

1. Bundesrepublik Deutschland – Art. 59 II S. 1 GG

Gemäß Art. 59 II S. 1 GG bedürfen „Verträge, welche die politischen Beziehungen des Bundes regeln oder sich auf Gegenstände der Bundesgesetzgebung beziehen, [...] der Zustimmung oder der Mitwirkung der jeweils für die Bundesgesetzgebung zuständigen Körperschaften in der Form eines Bundesgesetzes."

Die Tatbestände des Art. 59 II S. 1 GG, die eine parlamentarische[1496] Beteiligung auslösen, sind dabei in Rechtsprechung und Literatur weitgehend unbestritten. Demgemäß sind politische Verträge „nicht alle internationalen Übereinkünfte, die sich auf öffentliche Angelegenheiten beziehen, sondern nur solche, durch die die „Existenz des Staates, seine territoriale Integrität, seine Unabhängigkeit, seine Stellung und sein maßgebliches Gewicht in der Staatengemeinschaft berührt werden." Dazu gehören nicht allein, aber namentlich Verträge, die darauf gerichtet sind, ‚die Machtstellung des Staates anderen Staaten gegenüber zu behaupten, zu befestigen oder zu erweitern'".[1497] Ob ein völkerrechtlicher Vertrag unter die zweite Alternative des Art. 59 II S. 1 GG zu subsumieren ist, richtet sich nicht danach, ob der Vertragsgegenstand dem Gesetzgebungskatalog des Grundgesetzes unterfällt; es muss vielmehr „im konkreten Fall ein Vollzugsakt unter Mitwirkung der gesetzgebenden Körperschaften erforderlich"[1498] sein. Entscheidende Frage ist mithin, ob sich insbesondere aus den Grundsätzen des Gesetzesvorbehalts gemäß Art. 20 III GG eine parlamentarische Mitwirkungspflicht ergibt.[1499]

Erheblich umstrittener und daher bereits mehrfach Gegenstand verfassungsgerichtlicher Verfahren ist hingegen die Frage nach der Reichweite des Anwendungsbereichs des Art. 59 II S. 1 GG. Im Wesentlichen wird hierbei die Erstreckung des Art. 59 II S. 1 GG auch auf einseitige völkerrechtliche Akte diskutiert (vgl. a.) und die Problematik thematisiert, inwieweit eine einmal gegebene

---

1496 Ob der Bundesrat zusätzlich in Form einer Zustimmung oder einer bloßen Mitwirkung beteiligt wird, richtet sich nach der Materie des Vertrages, vgl. hierzu z. B. *Rojahn*, in: *von Münch/Kunig* [Hrsg.], Grundgesetz-Kommentar, Bd. II, Art. 59, Rn. 27

1497 BVerfGE 90, 286, 359 unter Bezugnahme auf BVerfGE 1, 372, 381; vgl. hierzu auch z. B. *Brockmeyer*, in: *Schmidt-Bleibtreu/Klein*, Kommentar zum Grundgesetz, Art. 59, Rn. 16

1498 BVerfGE 1, 372, 388

1499 Vgl. z. B. *Rojahn*, in: *von Münch/Kunig* [Hrsg.], Grundgesetz-Kommentar, Bd. II, Art. 59, Rn. 25 m.w.N.

Zustimmung zu einem Vertrag auch Änderungen des Vertragsinhalts durch eine spätere Praxis umfasst (vgl. b.).

a. Anwendbarkeit des Art. 59 II S. 1 GG auf einseitige völkerrechtliche Akte

Mit der Anwendbarkeit des Art. 59 II S. 1 GG auch auf einseitige völkerrechtliche Akte befasste sich das Bundesverfassungsgericht vor allem im Organstreitverfahren über die Nachrüstung. Dabei ging es um die Frage, ob die streitgegenständliche Zustimmungserklärung der Bundesregierung zur Aufstellung nuklearer Mittelstreckenwaffen auf dem Gebiet der Bundesrepublik Deutschland gemäß Art. 59 II S. 1 GG parlamentarischer Zustimmung bedurft hätte. Dies verneint das Gericht. Auf andere Akte als auf Vertragsabschlusserklärungen sei Art. 59 II S. 1 GG nicht anwendbar. Zur Begründung argumentiert das Gericht zum einen historisch, zum anderen funktionell-rechtlich, wobei insbesondere letzteres für entscheidend erachtet wird. So lasse sich aus Art. 59 II S. 1 GG ableiten, dass die parlamentarische Mitwirkung am außenpolitischen Prozess „sowohl *gegenständlich* auf Verträge der dort genannten Art als auch *inhaltlich* auf eine bloße Zustimmung in der Form eines Bundesgesetzes“[1500] beschränkt sei. Weiterhin sei Art. 59 II S. 1 GG im Lichte des Gewaltenteilungsgrundsatzes gemäß Art. 20 II GG auszulegen, der auch darauf abziele, „daß staatliche Entscheidungen möglichst richtig, das heißt von den Organen getroffen werden, die dafür nach ihrer Organisation, Zusammensetzung, Funktion und Verfahrensweise über die besten Voraussetzungen verfügen“.[1501] Diese Gegebenheiten seien allein bei der Regierung vorhanden, nur sie könne aufgrund ihrer institutionellen, personellen und organisatorischen Ausstattung „auf wechselnde äußere Lagen zügig und sachgerecht [...] reagieren und so die staatliche Aufgabe, die auswärtigen Angelegenheiten verantwortlich wahrzunehmen, bestmöglich [...] erfüllen.“[1502] Eine Ausweitung des Anwendungsbereichs des Art. 59 II S. 1 GG auf einseitige Akte der Bundesregierung „würde angesichts der überragenden Bedeutung [...] der Außenpolitik für den Bestand der Bundesrepublik Deutschland [...] einen Einbruch in zentrale Gestaltungsbereiche der Exekutive darstellen.“[1503]

Auch die Berücksichtigung des Demokratieprinzips führe zu keinem anderen Ergebnis. Dieser Grundsatz besage nämlich keinesfalls, dass die Exekutive „von vornherein auf politisch weniger bedeutsame Entscheidungen beschränkt“[1504] sei.

1500 BVerfGE 68, 1, 85 – Hervorhebungen durch Verfasser
1501 BVerfGE 68, 1, 86
1502 BVerfGE 68, 1, 87
1503 BVerfGE 68, 1, 87
1504 BVerfGE 68, 1, 89

Das Demokratieprinzip werde durch den Gewaltenteilungsgrundsatz überlagert. Auch die Regierung verfüge über die erforderliche demokratische Legitimation.

Zuletzt ließe sich auch aus dem Gesichtspunkt des allgemeinen Gesetzesvorbehalts und der damit verbundenen Wesentlichkeitslehre keine besondere Gesetzgebungsbefugnis des Bundestages begründen. Art. 59 II S. 1 GG enthielte nämlich für den von ihm erfassten Sachbereich eine insoweit abschließende Regelung.[1505]

Den Rechten des Parlaments werde dadurch Genüge getan, dass ihm auch im Bereich der auswärtigen Angelegenheiten die parlamentarischen Kontrollbefugnisse zustünden. So könne es durch die Wahl eines neuen Bundeskanzlers die Regierung stürzen oder sein Budgetrecht ausüben und so mittelbar die Außenpolitik beeinflussen.[1506]

Diese Auffassung bestätigt das Gericht auch in seiner Streitkräfteentscheidung: Demgemäß werden „alle nichtvertraglichen Akte der Bundesregierung gegenüber fremden Völkerrechtssubjekten, auch insoweit [vom Zustimmungsrecht gemäß Art. 59 II S. 1 GG nicht erfasst als T.P.] sie politische Beziehungen regeln“.[1507]

Dieser Argumentation ist Richter *Mahrenholz* in einem Sondervotum zum Nachrüstungsurteil entgegengetreten. Er meint – in Übereinstimmung mit dem Senat –, die Ratio des Art. 59 II S. 1 GG bestünde darin, unauflösliche völkerrechtliche Bindungen ohne Zustimmung des Bundestages entstehen zu lassen. Dieser Zweck würde jedoch verfehlt, wenn die Regierung „durch die Wahl der Rechtsform ihrer Erklärungen über die Tragweite des Gesetzesvorbehalts entschiede.“[1508] Vielmehr gebiete es die Ratio der Norm, den Anwendungsbereich des Art. 59 II S. 1 GG auch auf einseitige Akte zu erstrecken. Ebenso wie das Bundesverfassungsgericht im Grundlagenvertragsurteil mit dem Gesichtspunkt der politischen Kontrolle die Einbeziehung von Verträgen mit dem anderen deutschen Staat in den Anwendungsbereich des Art. 59 GG begründet habe, müsse dieser Topos auch als Argument herangezogen werden, um einseitige völkerrechtliche Akte dem Anwendungsbereich des Art. 59 II S. 1 GG unterfallen zu lassen.[1509] Abschließend kritisiert *Mahrenholz* die Argumentation des Senats,

1505 BVerfGE 68, 1, 108 ff.; zustimmend *Sauer*, Die NATO und das Verfassungsrecht: neues Konzept – alte Fragen, in: ZaöRV 62 (2002), S. 317, 321 m.w.N.: er legt überzeugend dar, dass Art. 59 II S. 1 GG bereits Wertungen enthalte, die auch bei der Wesentlichkeitslehre zu berücksichtigen sind. Vgl. hierzu auch oben Teil 2 B. II. 4.

1506 BVerfGE 68, 1, 89; 109 f.

1507 BVerfGE 90, 286, 358

1508 BVerfGE 68, 1, 128

1509 BVerfGE 68, 1, 129 f.

dem Bundestag verblieben weite Kontrollrechte. Dadurch werde weder eine bereits eingetretene völkerrechtliche Bindung beseitigt noch könne auf diese Weise eventuellen Mitwirkungsrechten des Bundesrates Genüge getan werden.[1510]

Im Anschluss an die geschilderte Bundesverfassungsgerichtsentscheidung wurde in der Literatur besonders die Anwendbarkeit des Art. 59 II 1 GG auf andere einseitige völkerrechtliche Akte wie z. B. den Vorbehalt und die Kündigung diskutiert.[1511]

b. Reichweite einer erteilten parlamentarischen Zustimmung gemäß Art. 59 II S. 1 GG im Falle einer vom Gründungsvertrag abweichenden späteren Vertragspraxis

Als ebenfalls äußerst umstritten gilt die Frage nach der Reichweite eines Zustimmungsgesetzes. Insbesondere kommt es dabei darauf an, inwieweit Entwicklungen durch eine bestimmte Vertragspraxis unter den Staaten eine erneute Zustimmungsbedürftigkeit durch das Parlament auslösen, oder ob solche nicht vielmehr noch vom ursprünglichen Zustimmungsgesetz gedeckt sind. Für das Bundesverfassungsgericht stellte sich diese Problematik vor allem im Rahmen der neuen Strategischen Konzepte der NATO aus den Jahren 1991 und 1999.[1512] Dies verwundert nicht, da militärische Bündnisverträge inhaltlich nur sehr unbestimmt formuliert sind und von ihrer Zwecksetzung her geradezu auf dynamische Fortentwicklung angelegt sind.[1513] Vor diesem Hintergrund erweist es sich als schwierig, eine Grenze zwischen Vertragsauslegung und Vertragsänderung zu bestimmen.

1510 BVerfGE 68, 1, 131

1511 Für eine grundsätzliche Einbeziehung dieser Akte in den Anwendungsbereich des Art. 59 II S. 1 GG spricht sich *Kokott*, Art. 59 Abs. 2 GG und einseitige völkerrechtliche Akte, in: *Hailbronner/Rees, u.a.* [Hrsg.], Staat und Völkerrechtsordnung, S. 503 ff., aus; zum Diskussionsstand, vgl. auch *Ehrenzeller*, Legislative Gewalt und Aussenpolitik, S. 208 ff.

1512 Am Rande stellte sich bereits die Problematik im Rahmen der Nachrüstungsentscheidung: Das Bundesverfassungsgericht stellt dabei fest, die Zustimmungserklärung zur Aufstellung der Raketensysteme enthalte keine eigenständige Vertragsabschlusserklärung, sondern habe die bestehenden Bündnisverträge (NATO-Vertrag, Aufenthaltsvertrag) lediglich vollzogen. Bereits bei deren Abschluss sei dem Gesetzgeber die Stationierung von Nuklearwaffen auf dem Gebiet der Bundesrepublik Deutschland bekannt gewesen; überdies habe er keine Bedenken gegenüber Art und Umfang der Bewaffnung der Streitkräfte geäußert (vgl. BVerfGE 68, 1, 101 f.). Vgl. hierzu ausführlich u.a. *Schmidt-Radefeldt*, Parlamentarische Kontrolle der internationalen Streitkräfteintegration, S. 123 f.

1513 BVerfGE 90, 286, 361

α. Neues Strategisches Konzept von 1991

In der Streitkräfteentscheidung von 1994 ging es um die Beurteilung des neuen Strategischen Konzepts der NATO, das die Staats- und Regierungschefs der Mitgliedsstaaten am 7. und 8. November 1991[1514] in Rom vorgestellt hatten. Demgemäß wurde – unter Bestätigung des ursprünglichen Charakters und der Aufgabenbereiche – die Krisenbewältigung im Rahmen der UNO als „neue Dimension des Bündnisses ins Auge gefasst, ohne diese jedoch näher zu konturieren".[1515] Es sollte Krisenbewältigung und -verhütung auch außerhalb des Bündnisgebietes stattfinden.

Die die Entscheidung tragenden Richter erkennen darin jedoch keine Verletzung der Rechte des Bundestages gemäß Art. 59 II S. 1 GG. Diese Vorschrift sei nur anwendbar, sofern eine Vertragsänderung vorliege. Ansonsten stehe „ein weiterer Vertrag als Gegenstand des Zustimmungsverfahrens gemäß Art. 59 Abs. 2 Satz 1 nicht zur Verfügung."[1516]

Durch eine dynamische Auslegung werde folglich ein gesetzliches Zustimmungserfordernis nach Art. 59 II S. 1 GG nicht ausgelöst. Diese stütze sich nämlich auf den bestehenden Vertrag und sei „vom Zustimmungsgesetz nach Art. 59 Abs. 2 Satz 1 GG gedeckt"[1517]; letzteres habe der Gesetzgeber in Kenntnis der „Bedeutung von Präambeln und Zielvorgaben" für die Auslegung des Vertrages verabschiedet.[1518] Überdies könne eine dynamische Interpretation nicht als (konkludente) Vertragsänderung gesehen werden, da es am erforderlichen Vertragsänderungswillen fehle, also an dem Willen, „*neue* vertragliche Bindungen eintreten zu lassen."[1519] Es sei zwar nicht auszuschließen, dass im Rahmen eines bestehenden Vertrages durch authentische Vertragsauslegung durch die Vertragsparteien oder durch eine die Auslegung gemäß Art. 31 III lit. b WVRK beeinflussende Beteiligung der Bundesregierung an der Vertragspraxis neue völkerrechtliche Rechte und Pflichten entstehen. „Wäre [jedoch T.P.] Art. 59 Abs. 2 Satz 1 GG in diesem Zusammenhang anwendbar, so müßte die Bundesregierung bei jedem Schritt, der in der Abfolge des Geschehens zu einem solchen Ergebnis führen kann, die Zustimmung des Gesetzgebers einholen."[1520]

1514 Bull. BReg. Nr. 128 vom 13.11.1991, S. 1039 ff.
1515 *Schmidt-Radefeldt*, Parlamentarische Kontrolle der internationalen Streitkräfteintegration, S. 125
1516 BVerfGE 90, 286, 363
1517 BVerfGE 90, 286, 362
1518 BVerfGE 90, 286, 362
1519 BVerfGE 90, 286, 363; Hervorhebungen im Original
1520 BVerfGE 90, 286, 364

Eine solche restriktive Lesart des Art. 59 II S. 1 GG gewährleiste eine eindeutige Kompetenzabgrenzung zwischen Bundesregierung und Parlament und trage – da sie verlässliche Maßstäbe aufstelle – zur Wahrung der außenpolitischen Handlungsfähigkeit der Bundesrepublik bei.[1521] Im Übrigen bedeute diese Auslegung nicht, dass die Bundesregierung gänzlich außerhalb des Einflussbereichs des Parlaments handeln dürfe. Seien auf die oben geschilderte Art neue völkerrechtliche Verpflichtungen entstanden, so sei schließlich für deren Vollzug die parlamentarische Mitwirkung erforderlich, jedenfalls soweit dieser dem Gesetzesvorbehalt unterliege. Ohne entsprechende gesetzliche Ermächtigung bestehe – was den Vollzug anbelangt – in diesen Fällen ein Handlungsverbot. Außerdem verfüge der Bundestag über die bereits im Nachrüstungsurteil erwähnten vielfältigen Mittel der politischen Kontrolle.[1522]

Konkret führt das Gericht bezüglich des neuen Strategischen Konzeptes von 1991 aus, dieses enthalte „keine Änderung des NATO-Vertrages, sondern sucht im Rahmen des bestehenden Vertrages die Aufgaben und Handlungsinstrumente der NATO dem neuen strategischen Umfeld anzupassen."[1523] Es handle sich lediglich um „politische Aussagen [...], die vertragliche Rechtsverbindlichkeiten noch nicht begründen wollen."[1524]

Demgegenüber sehen die Richter *Limbach*, *Böckenförde*, *Kruis* und *Sommer* in der Beteiligung der Bundesregierung an der authentischen Vertragsinterpretation sowie an Überwachungsaktionen im Jugoslawien-Konflikt ohne parlamentarische Zustimmung eine Verletzung der Rechte des Bundestages. Zwar konzedieren auch diese Richter, dass es nicht zu einer formellen oder konkludenten Vertragsänderung gekommen sei.[1525] Sie sind jedoch der Auffassung, der Anwendungsbereich des Art. 59 II S. 1 GG beschränke sich nicht lediglich auf formelle Vertragsänderungen, sondern erstrecke sich auch auf solche materieller Art. Letztere seien nicht bereits dann zu verneinen, wenn die Vertragsparteien betonten, sie wollten keine Vertragsänderung vornehmen – vielmehr sei „an Hand objektiver Kriterien, vornean aus dem Vertragstext, die Frage zu beantworten, ob es sich um eine materielle Änderung des Vertrages [...] handelt".[1526] Sei es zu einer

1521 BVerfGE 90, 286, 364

1522 BVerfGE 90, 286, 364 f.

1523 BVerfGE 90, 286, 371

1524 BVerfGE 90, 286, 371. Die geschilderte Argumentation begrüßt *Blumenwitz*, Der Einsatz deutscher Streitkräfte nach der Entscheidung des BVerfG vom 12. Juli 1994, in: BayVBl. 1994, S. 641, 678, 683.

1525 BVerfGE 90, 286, 373

1526 BVerfGE 90, 286, 375. Dabei führen die Richter aus, die „Übernahme von friedenssichernden und friedensschaffenden Maßnahmen in Drittländern unter der Ägide der Vereinten Nationen [...] [sei T.P] nicht als Aufgabe im Vertragstext angelegt." Solche Missionen ließen sich auch nicht durch einen Rückgriff auf die

Fortentwicklung des Vertrages gekommen, die sich materiell als Vertragsänderung darstelle, so sei der Gesetzgeber gemäß Art. 59 II S. 1 GG einzubinden.[1527] Dies gebiete die Ratio der Norm, wonach der Gesetzgeber nicht „mit völkerrechtlichen Pflichten konfrontiert [...] [werden soll T.P.], die er durch einen späteren Einspruch nicht mehr aus der Welt schaffen" kann.[1528] Dieser Zweck werde dann verfehlt, wenn man die enge Auslegung des Art. 59 II S. 1 GG der die Entscheidung tragenden Richter zu Grunde legt. Zuletzt kritisiert das Sondervotum deren Argumentation hinsichtlich der Möglichkeiten des Parlaments zur allgemeinen politischen Kontrolle der Regierung. Diese bildeten „kein der politischen Tragweite der Entscheidung angemessenes Äquivalent."[1529]

β. Neues Strategisches Konzept von 1999

Ebenfalls mit der Fortentwicklung der NATO beschäftigte sich das Bundesverfassungsgericht in seiner Entscheidung vom 22. November 2001. Gegenstand dieses Verfahrens war das neue Strategische Konzept von 1999[1530], wonach das Bündnis sogenannte „Krisenreaktionseinsätze" (auch „nicht Art. 5-Einsätze") auch außerhalb der individuellen und kollektiven Selbstverteidigung[1531] durchzuführen berechtigt ist. Es wird also nicht nur das Einsatzgebiet neu definiert, sondern auch die Ziele des Bündnisses. Demgemäß sollen seine Aktionen nicht mehr von einem ausdrücklichen UNO-Mandat abhängig sein, sondern „nur noch" im Einklang mit dem Völkerrecht stattfinden. Es geht nicht mehr um ein Verteidi-

---

Präambel oder die sehr weitgefassten Zielbestimmungen rechtfertigen. Außerdem zeige eine Auslegung des Art. 12 NATO-Vertrag, dass eine Erweiterung des vertraglichen Handlungsrahmens gerade im Wege einer Vertragsrevision erfolgen solle. BVerfGE 90, 286, 372.

1527 BVerfGE 90, 286, 375 f.; ebenso kritisch gegenüber der Auffassung der die Entscheidung tragenden Richter *Schmidt-Radefeldt*, Parlamentarische Kontrolle der internationalen Streitkräfteintegration, S. 126: „Der Vorrang einer *subjektiven Einschätzung* vor objektiven Kriterien birgt indes die Gefahr, dass der funktionelle Vorrang der Exekutive zementiert und die Mitwirkung des Parlaments an der dynamischen Fortentwicklung eines Vertrages zunehmend in den Hintergrund gedrängt wird." Hervorhebungen im Original

1528 BVerfGE 90, 286, 377

1529 BVerfGE 90, 286, 378

1530 Bull. BReg. Nr. 24 vom 03.05.1999, S. 222 ff.

1531 „[A]lso eines Einsatzes, der keinen Angriff auf das Territorium eines Vertragsstaats voraussetzt (siehe Teil III. Nrn. 29, 31 f. sowie Teil IV. Nr. 41, 53 Buchstabe c. [...])." BVerfGE 104, 151, 203

gungsbündnis, dessen Grenzen in Art. 6 NATO-Vertrag definiert werden, sondern um ein „mobiles Krisenreaktionssystem mit weltweitem Aktionskreis".[1532]

Auch hier lehnt das Gericht die Annahme eines ausdrücklichen Änderungsvertrages ab. So stelle bereits das Fehlen einer Ratifikationsklausel ein gewichtiges Indiz für das Fehlen eines Vertragsänderungswillens dar. Auch die sonstigen Umstände ließen nicht auf einen vertraglichen Bindungswillen schließen.[1533] Entscheidend sei vor allem der Wortlaut des neuen Strategischen Konzepts, das „weitgehend aus Schilderungen und Analysen der aktuellen politischen Lage im euro-atlantischen Raum [...] [bestünde T.P.] sowie aus Absichtserklärungen, die zu allgemein gehalten sind, um aus dem Konzept als solchem vertragliche Verpflichtungen herzuleiten."[1534]

Auch ein konkludenter Abschluss eines Änderungsvertrages lasse sich dem neuen Strategischen Konzept nicht entnehmen.[1535] Hinreichend deutliche objektive Umstände für einen Vertragsänderungswillen fehlten, da sich das Bündnis nicht in deutlichen Widerspruch zum bisherigen Vertrag setze. Vielmehr erkläre der Washingtoner Beschluss ausdrücklich, dass „Zweck und Wesen" des Bündnisses unverändert bleiben sollen.[1536] Im Gegensatz zu Maßnahmen auf Grundlage des Art. 5 NATO-Vertrag (kollektive Selbstverteidigung) bestehe im Bereich der Krisenreaktion keine Pflicht zur kollektiven Reaktion.[1537]

Eine Ausweitung des Anwendungsbereichs des Art. 59 II S. 1 GG auf andere als durch Vertrag begründete völkerrechtliche Verpflichtungen lehnt das Gericht wiederum ab. Eine solche trüge nämlich nicht nur zu erheblicher Rechtsunsicherheit bei, sondern beschneide unberechtigterweise die außen- und sicherheitspolitische Handlungsfähigkeit der Bundesregierung und liefe letztlich „auf eine nicht funktionsgerechte Teilung der Staatsgewalt" hinaus.[1538] Im Übrigen wird erneut

1532 *Schmidt-Radefeldt*, Parlamentarische Kontrolle der internationalen Streitkräfteintegration, S. 126 f.; vgl. zum Inhalt des neuen Strategischen Konzepts von 1999 auch *Sauer*, Die NATO und das Verfassungsrecht: neues Konzept – alte Fragen, in: ZaöRV 62 (2002), S. 317, 319 f.

1533 BVerfGE 104, 151, 200 f.

1534 BVerfGE 104, 151, 202

1535 Insoweit zustimmend *Sauer*, Die NATO und das Verfassungsrecht: neues Konzept – alte Fragen, in: ZaöRV 62 (2002), S. 317, 326

1536 Einleitung Nr. 5 des Washingtoner Beschlusses

1537 BVerfGE 104, 151, 205; kritisch hierzu *Schmidt-Radefeldt*, Parlamentarische Kontrolle der internationalen Streitkräfteintegration, S. 103 f. Er meint, der Schluss von der fehlenden Einsatzverpflichtung auf den fehlenden Bindungswillen sei verfehlt, da auch dem NATO-Vertrag als solchem keine rechtsverbindlichen militärischen Handlungspflichten erwüchsen. Die Argumentation des Bundesverfassungsgerichts begrüßt hingegen *Blumenwitz*, Einsatzmöglichkeiten der Bundeswehr im Kampf gegen den Terrorismus, in: ZRP 2002, 102, 103.

1538 BVerfGE 104, 151, 207

auf die allgemeinen parlamentarischen Kontrollrechte verwiesen – hinzu kommt in dieser Entscheidung der Hinweis auf den wehrverfassungsrechtlichen Parlamentsvorbehalt, demgemäß jeder Einsatz der Bundeswehr – also auch im Rahmen der Krisenreaktionskräfte – der konstitutiven Zustimmung des Bundestages bedarf.[1539]

Zuletzt beschäftigt sich das Bundesverfassungsgericht mit der Frage, ob die Zustimmungserklärung der Bundesregierung zum neuen Strategischen Konzept von 1999 noch vom Zustimmungsgesetz zum NATO-Vertrag gedeckt ist. In diesem Rahmen sei der Bundestag dann in seinen Rechten verletzt, „wenn die Bundesregierung die Fortentwicklung der NATO jenseits der ihr erteilten Ermächtigung – ultra vires – betreibt."[1540] Dabei handle die Bundesregierung aber „nicht schon dann außerhalb des vom Zustimmungsgesetz [...] gezogenen Ermächtigungsrahmens, wenn gegen einzelne Bestimmungen des NATO-Vertrags verstoßen wird."[1541] Vielmehr könne das Bundesverfassungsgericht „eine Überschreitung des gesetzlichen Ermächtigungsrahmens nur dann feststellen, wenn die konsensuale Fortentwicklung des NATO-Vertrags gegen *wesentliche Strukturentscheidungen* des Vertragswerkes verstößt."[1542] Einen solchen Verstoß kann das Bundesverfassungsgericht jedoch sowohl angesichts der „entwicklungsoffen formulierten Bestimmungen des NATO-Vertrags" als auch der „weite[n] Gestaltungsfreiheit der Bundesregierung bei der Ausfüllung des Integrationsrahmens [...] nicht erkennen."[1543] Der Vertrag ziele auf umfassende regionale Friedenssicherung ab – daher bewegten sich auch Anpassungen an das Einsatzgebiet und den -zweck innerhalb des Vertrages, „soweit und solange der grundlegende Auftrag zur Friedenssicherung in der Region nicht verfehlt wird."[1544] Insbesondere stellten die Krisenreaktionseinsätze „keine grundlegend neue Einsatzart dar".[1545] Nur die Umwandlung des Systems „in eines das nicht mehr der Wahrung des Friedens dient [...] ist verfassungsrechtlich untersagt und kann deshalb nicht vom Inhalt des [...] Zustimmungsgesetzes zum NATO-Vertrag gedeckt sein."[1546] Dies könne dem neuen Strategischen Konzept von 1999 aufgrund seiner vielfachen Bekenntnisse zu den Grundsätzen des Völkerrechts sowie zur Charta der Vereinten Nationen jedoch nicht entnommen werden.

1539 BVerfGE 104, 151, 208
1540 BVerfGE 104, 151, 209 f.
1541 BVerfGE 104, 151, 210
1542 BVerfGE 104, 151, 210; Hervorhebungen durch Verfasser
1543 BVerfGE 104, 151, 210
1544 BVerfGE 104, 151, 211
1545 BVerfGE 104, 151, 211
1546 BVerfGE 104, 151, 213

Die Entscheidung des Bundesverfassungsgerichts hat zu Recht Kritik erfahren. Diese lässt sich in drei Blöcke unterteilen: Kritik an der restriktiven Auslegung der Art. 59 II S. 1 GG, an der Wahl der Kontrolldichte sowie an der vom Bundesverfassungsgericht vorgenommenen Subsumtion.

(1) Zentral ist hierbei die Kritik an der restriktiven Auslegung des Art. 59 II S. 1 GG durch das Bundesverfassungsgericht. Das Bundesverfassungsgericht ziehe „aus der Völkerrechtswirklichkeit noch nicht die richtigen verfassungsrechtlichen Schlüsse".[1547] Vielmehr müsse die Auslegung an die neuen Handlungsformen des modernen Völkerrechts und die dadurch entstehenden völkerrechtlichen Bindungen angepasst werden, um nicht gänzlich die Ratio des parlamentarischen Zustimmungserfordernisses auszuhöhlen. Weiterhin reiche die allgemeine politische Kontrolle nicht aus – insbesondere sei ein Sturz der Regierung nicht zielführend, wenn die völkerrechtliche Bindungswirkung bereits eingetreten ist.[1548]

Eine erweiternde Auslegung des Art. 59 II S. 1 GG auch auf Fälle der materiellen Vertragsänderung gebietet sich auch angesichts der eigenen Rechtsprechung des Bundesverfassungsgerichts. Dieses betont seine Verantwortung dafür, möglichst die völkerrechtliche Haftung der Bundesrepublik Deutschland zu vermeiden.[1549] Durch die Beschränkung der parlamentarischen Kontrolle auf eine solche, die nach der völkerrechtlichen Bindungswirkung eintritt, wird die völkerrechtliche Haftung aber gerade nicht vermieden.

Im Übrigen muss die parlamentarische Beteiligung nicht in Form eines Gesetzes erfolgen – mangels eines Änderungsvertrages gibt es schließlich hierfür keinen Gegenstand. Vielmehr genügt ein bindender Parlamentsbeschluss.[1550]

(2) Die Formulierung des Bundesverfassungsgerichts, der Ermächtigungsrahmen sei erst dann überschritten, wenn die Fortentwicklung gegen wesentliche Strukturregelungen des Vertragswerks verstößt, deutet auf eine Evidenzprüfung durch das Gericht hin. Fraglich ist jedoch, ob die Anwendung dieses Kontrollmaßstabs in vorliegendem Zusammenhang überhaupt gerechtfertigt ist. Zwar ist die Zustimmung der Bundesregierung zum neuen Strategischen Konzept ein Akt der auswärtigen Gewalt, bei deren Kontrolle stets Besonderheiten zu beachten sind. Hier geht es jedoch gar nicht um die Kontrolle der Verfassungsmäßigkeit

1547 *Sauer*, Die NATO und das Verfassungsrecht: neues Konzept – alte Fragen, in: ZaöRV 62 (2002), S. 317, 318

1548 *Sauer*, Die NATO und das Verfassungsrecht: neues Konzept – alte Fragen, in: ZaöRV 62 (2002), S. 317, 335-339

1549 Vgl. zuletzt BVerfGE 111, 307, 328

1550 *Sauer*, Die NATO und das Verfassungsrecht: neues Konzept – alte Fragen, in: ZaöRV 62 (2002), S. 317, 339; seiner Ansicht nach gibt es keine Gesichtspunkte, die gegen eine Übertragung der Lösung für den Streitkräfteeinsatz sprechen.

eines solchen Aktes im engeren Sinne – vielmehr wird um die innerstaatliche Kompetenzaufteilung zwischen Regierung und Parlament gestritten. Es bestehen mit Artt. 24 II i.V.m. 59 II S. 1 GG sehr wohl „manageable standards“, anhand derer dieser Kompetenzstreit gelöst werden könnte. Die Rücknahme der Kontrolldichte bedeutet hier schlichtweg „eine Rechtsschutzversagung gegenüber dem Parlament“.[1551]

Die Zurückhaltung des Bundesverfassungsgerichts kann auch nicht damit begründet werden, der Bundestag habe in der Mehrheit schließlich seine Rechte nicht als verletzt angesehen.[1552] Eine solche Argumentation, die eine Verletzung von Rechten des Bundestages bereits dann verneint, wenn die Mehrheit eine solche nicht annimmt, würde aber das Institut der Prozessstandschaft aushöhlen und letztlich den Minderheitenschutz gefährden.[1553]

(3) Selbst wenn man der Auffassung des Bundesverfassungsgerichts folgt und mithin sowohl eine restriktive Auslegung des Art. 59 II S. 1 GG als auch die Reduzierung der Kontrolldichte befürwortet, bleiben Zweifel an der Richtigkeit der Entscheidung. Es ist nämlich fraglich, ob mit dem neuen Strategischen Konzept nicht in mehrfacher Hinsicht gegen wesentliche Strukturentscheidungen des ursprünglichen Vertragswerks verstoßen wird.

Dabei verfängt die gelegentlich angeführte Argumentation mit Art. 12 NATO-Vertrag, wonach grundsätzliche Richtungswechsel in der Sicherheitsarchitektur einer Vertragsrevision vorbehalten sind, nicht.[1554] Diese Norm sagt nämlich nichts darüber aus, *wann* ein solcher Richtungswechsel anzunehmen ist. Folglich ist ausschließlich historisch und materiell-rechtlich zu argumentieren.

Der Gründungsvertrag bezweckte nämlich ursprünglich die Einrichtung eines Systems kollektiver Selbstverteidigung, das der Abwehr von Angriffen von außen diente und räumlich auf das europäisch-atlantische Gebiet beschränkt war. Ob unter diese Zielsetzung auch noch Krisenreaktionseinsätze zu fassen sind, die von einem Angriff von außen unabhängig sind und bei denen das Einsatzgebiet grundsätzlich unbeschränkt ist, ist mehr als fraglich. Entgegen der Ansicht des

---

1551 *Sauer*, Die NATO und das Verfassungsrecht: neues Konzept – alte Fragen, in: ZaöRV 62 (2002), S. 317, 331

1552 In der Tat waren alle Bundestagsfraktionen – mit Ausnahme der Antragstellerin – mit dem neuen Strategischen Konzept einverstanden. Vgl. hierzu *Sauer*, Die NATO und das Verfassungsrecht: neues Konzept – alte Fragen, in: ZaöRV 62 (2002), S. 317, 341 f. m.w.N.

1553 Ähnlich, jedoch im Zusammenhang mit BVerfGE 108, 34, *Nolte*, Der AWACS-Einsatz in der Türkei zwischen Parlamentsvorbehalt und Regierungsverantwortung, in: NJW 2003, S. 2359

1554 So aber *Sauer*, Die NATO und das Verfassungsrecht: neues Konzept – alte Fragen, in: ZaöRV 62 (2002), S. 317, 333 f.

Bundesverfassungsgerichts ist – angesichts dieses historischen Aspekts – sehr wohl von einer grundlegend anderen Einsatzart auszugehen.[1555]

Betrachtet man weiterhin das neue Strategische Konzept der NATO im Zusammenhang mit der US-amerikanischen Sicherheitsstrategie (Bush-Doktrin), so erscheint das Bewegen des Bündnisses im Rahmen des Friedenszweckes nicht mehr ohne weiteres offensichtlich. Schließlich sieht diese auch die Möglichkeit von Präventivschlägen gegen Staaten vor, die im Verdacht stehen, Massenvernichtungswaffen herzustellen oder zu verbreiten. Ihre Vereinbarkeit mit der Charta der Vereinten Nationen (insbesondere Art. 2 Ziff. 4 und dessen Ausnahmen) ist jedenfalls äußerst zweifelhaft.[1556]

2. Französische Republik – Art. 53 I Const. 1958

Gemäß Art. 53 I Const. 1958 können bestimmte völkerrechtliche Verträge oder Abkommen nicht ohne vorherige parlamentarische Zustimmung ratifiziert bzw. gebilligt werden. Hierunter fallen Friedensverträge, Handelsverträge, Verträge oder Abkommen über die internationale Ordnung, ferner solche, die Verpflichtungen für die Staatsfinanzen nach sich ziehen, die Bestimmungen gesetzlicher Art ändern, die den Personalstand betreffen oder die Abtretung, den Tausch oder Erwerb von Gebieten enthalten.[1557]

Das Gesetz hat lediglich die Funktion, den Präsidenten bzw. den Außenminister zur Ratifikation oder zur Billigung zu ermächtigen – je nachdem, ob ein „traité" oder ein „accord" vorliegt. Es hat weder Einfluss auf das völkerrechtliche Inkrafttreten des Vertrages, noch auf dessen innerstaatliche Wirksamkeit.[1558]

Die Auslegung des Art. 53 I Const. 1958 durch den Conseil constitutionnel und den Conseil d'Etat zeichnet sich hierbei durch zwei gegenläufige Tendenzen aus:[1559] Die Tatbestände des Art. 53 I Const. 1958 werden relativ weit ausgelegt

1555 Ebenso *Sauer*, Die NATO und das Verfassungsrecht: neues Konzept – alte Fragen, in: ZaöRV 62 (2002), S. 317, 333

1556 Ebenso *Schmidt-Radefeldt*, Parlamentarische Kontrolle der internationalen Streitkräfteintegration, S. 129 m.w.N. Freilich ist die Gefahr, dass die Allianz sich tatsächlich als Friedensstörer geriert, angesichts des konsensualen Handelns der Vertragsparteien relativ gering. Vgl. *Sauer*, Die NATO und das Verfassungsrecht: neues Konzept – alte Fragen, in: ZaöRV 62 (2002), S. 317, 331

1557 Vgl. zum exakten französischen Wortlaut oben Teil 3 B. III.

1558 Ebenso *Meyring*, Die Entwicklung zustimmungsbedürftiger völkerrechtlicher Verträge nach ihrem Abschluss und ihre Auswirkungen in der deutschen Rechtsordnung, S. 382

1559 Dieses Spannungsverhältnis jedenfalls für die Rechtsprechung des Conseil constitutionnel deutlich herausstellend *Gaïa*, Le Conseil constitutionnel et l'insertion des engagements internationaux dans l'ordre juridique interne, S. 173

(vgl. a.), wohingegen sein Anwendungsbereich äußerst eng gefasst wird (vgl. b.). Da sich die Gerichte bezüglich der Frage nach der parlamentarischen Beteiligung am Ratifikationsprozess lange Zeit lediglich inzident (Conseil constitutionnel) oder nur sehr begrenzt (Conseil d'Etat) äußerten[1560], war die Diskussion bislang sehr stark von der Praxis geprägt.[1561] Seit der bahnbrechenden Entscheidung des Conseil d'Etat in der Rechtssache Blotzheim entwickelt sich erst langsam eine diesbezügliche Rechtsprechung.

a. Weite Auslegung der Tatbestände des Art. 53 I Const. 1958

Während Art. 53 I Const. 1958 in den ersten Jahren der V. Republik sehr restriktiv gehandhabt worden war, lässt sich seither eine relativ weite Interpretation der Tatbestände des Art. 53 I Const. 1958 beobachten.[1562] Dies ist mit dem Sinn und Zweck der Vorschrift zu erklären, wonach über Art. 53 I Const. 1958 nämlich originäre Kompetenzen des Parlaments – wie das Budget- und das Gesetzgebungsrecht – geschützt werden sollen.[1563]

Folglich sind es auch gerade die Tatbestände des Art. 53 I Const. 1958, die sich auf diese beiden Kernkompetenzen beziehen, die in besonderem Maße von der weiten Auslegung betroffen sind.

So ziehen nach der Rechtsprechung des Conseil constitutionnel – entgegen einer früher verbreiteten Literaturansicht[1564] – bereits solche Abkommen Verpflichtungen für die Staatsfinanzen nach sich, die lediglich eine Umstrukturierung staatlicher Kredite an ein Entwicklungsland zum Gegenstand haben und überhaupt keine Änderung des Darlehensbetrages mit sich bringen. Ebenso werden unter diesen Tatbestand Fälle gefasst, in denen der französische Staat sich ver-

---

1560 Vgl. hierzu ausführlich oben Teil 3 B. III.; IV. 2.

1561 Ebenso *Goesel-le Bihan*, La répartition des compétences en matière de conclusion des accords internationaux sous la Ve République, S. 6

1562 A.A. *Meyring*, Die Entwicklung zustimmungsbedürftiger völkerrechtlicher Verträge nach ihrem Abschluss und ihre Auswirkungen in der deutschen Rechtsordnung, S. 384. Er spricht von einer „im allgemeinen restriktive[n] Interpretation der [...] Tatbestände des Art. 53". Diese Aussage kann sich aber lediglich auf die Auslegung des Art. 53 Const. 1958 durch die Regierung beziehen.

1563 *Decaux, Eisemann, et alt.*, France, in: *Eisemann* [Hrsg.], L'intégration du droit international et communautaire dans l'ordre juridique national, S. 241, 250; ebenso *Rambaud*, Le parlement et les engagements internationaux de la France, in: RGDIP 1977, S. 617, 620

1564 Vgl. hierzu die Übersichten bei *Gaïa*, Le Conseil constitutionnel et l'insertion des engagements internationaux dans l'ordre juridique interne, S. 182-185 m.w.N. und bei *Bachelier*, Schlussanträge in der Rechtssache CE, Ass., 18.12.1998, SARL du parc d'activité de Blotzheim et SCI Haselaecker, Rec. S. 484, in: RGDIP 1999, S. 545, 567 f.

traglich verpflichtet, für bestimmte Handelsgeschäfte Bürgschaften zu übernehmen.[1565] Manche Autoren gehen sogar soweit zu behaupten, eine konsequente Anwendung der Rechtsprechung des Conseil constitutionnel führe dazu, dass auch solche Verträge und Abkommen der parlamentarischen Zustimmung bedürfen, die zu einer Verringerung der finanziellen Verpflichtungen des Staates führen.[1566] Mit seinem weiten Verständnis der Wendung „traités ou accords [...] qui engagent les finances de l'État" unterwirft der Verfassungsrat praktisch sämtliche Finanzabkommen der parlamentarischen Zustimmung.[1567] Auch der Conseil d'Etat[1568] und Regierungskommissar *Bachelier* in seinen Schlussanträgen zur Rechtssache Blotzheim vertreten eine weite Auslegung des Begriffs. Eine restriktive Interpretation scheitere bereits am Wortlaut, da dieser sowohl Einnahmen als auch Ausgaben erfasse.[1569]

Entgegen dem Wortlaut des Art. 53 I Const. 1958[1570] bedürfen nach der Rechtsprechung des Conseil constitutionnel auch solche Verträge, die sich zwar auf eine innerstaatliche Gesetzgebungskompetenz beziehen, von ihrem Wortlaut her jedoch gar keine bestehende gesetzliche Bestimmung ändern, zu deren ordnungsgemäßer Ratifikation oder Billigung der parlamentarischen Ermächtigung.[1571] Der Begriff der Änderung einer Bestimmung gesetzlicher Art bezieht

1565 Vgl. implizit CC, 30.12.1975, Consolidation des dettes commerciales chiliennes, déc. no. 75-60 DC, Rec. S. 28, 2. Erwägungsgrund: „en vertu de diverses dispositions législatives [...], le Parlement a autorisé le Gouvernement, tant pour apporter une aide à certains pays étrangers que pour faciliter l'expansion de l'industrie française et le commerce extérieur, *à mettre en œuvre des mesures engageant les finances de l'Etat*, notamment en octroyant sa garantie à certaines opérations commerciales, ou en accordant des prêts directs à des États étrangers". Hervorhebungen durch Verfasser. Vgl. die ausführliche Besprechung dieser Entscheidung bei *Gaïa*, Le Conseil constitutionnel et l'insertion des engagements internationaux dans l'ordre juridique interne, S. 185-192

1566 *Gaïa*, Le Conseil constitutionnel et l'insertion des engagements internationaux dans l'ordre juridique interne, S. 190

1567 *Philip*, La décision du 30 décembre 1975 dans l'affaire consolidation des dettes commerciales, in: RDP 1976, S. 995, 1012

1568 *Conseil d'Etat* [Hrsg.], La norme internationale en droit français, S. 41 f. m.w.N.

1569 *Bachelier*, Schlussanträge in der Rechtssache CE, Ass., 18.12.1998, SARL du parc d'activité de Blotzheim et SCI Haselaecker, Rec. S. 484, in: RGDIP 1999, S. 545, 566 f.

1570 Vgl. hierzu *Gaïa*, Le Conseil constitutionnel et l'insertion des engagements internationaux dans l'ordre juridique interne, S. 176 f.

1571 CC, 19.06.1970, Ressources propres, déc. no. 70-39 DC, Rec. S. 15, 6. Erwägungsgrund: „l'adoption des dispositions prévues par [...] [la T.P.] décision [du Conseil des Communautés européennes du 21 avril 1970 relative au remplacement des contributions financières des Etats membres par des ressources propres aux Communautés T.P.] qui, sur certains points, porte sur des matières de nature légis-

sich also auf die Gesamtheit der in Art. 34 Const. 1958 erfassten Regelungsgegenstände[1572] und darüber hinaus auf alle Gesichtspunkte, aus denen sich eine gesetzgeberische Kompetenz herleiten lässt.[1573] Entscheidend ist mithin nicht, ob der Gesetzgeber bereits die vom Vertrag erfasste Materie geregelt hat, sondern lediglich, ob eine von Art. 34 Const. 1958 betroffene Materie „berührt" ist.[1574] Diese Rechtsprechung des Conseil constitutionnel entspricht im Übrigen auch der des Conseil d'Etat.[1575]

Angesichts der weiten Auslegung der materiell-rechtlichen Voraussetzungen des Art. 53 I Const. 1958 wäre es jedoch verfehlt, hieraus den Schluss zu ziehen, die französischen Gerichte billigten dem Parlament einen weitergehenden Einfluss im Zusammenhang mit völkerrechtlichen Verträgen zu als das Bundesverfassungsgericht. Dies hängt vor allem mit dem beschränkten Anwendungsbereich des Art. 53 I Const. 1958 zusammen, den Conseil constitutionnel und Conseil d'Etat übereinstimmend annehmen.

b. Restriktiver Anwendungsbereich des Art. 53 I Const. 1958

α. Beschränkung des Art. 53 I Const. 1958 auf den Vertragsschluss

In Frankreich besteht weitgehend Einigkeit darüber, dass sich der Anwendungsbereich des Art. 53 I Const. 1958 auf den Vertragsschluss beschränkt und nicht

lative [...], [...] [doit être T.P.] subordonnée, conformément à l'article 53, à l'intervention d'une loi".

1572 *Carcassonne*, La Constitution, Art. 53, Rn. 321 unter Bezugnahme auf CC, 19.06.1970, Ressources propres, déc. no. 70-39 DC, Rec. S. 15

1573 *Gaïa*, Le Conseil constitutionnel et l'insertion des engagements internationaux dans l'ordre juridique interne, S. 178 m.w.N.

1574 *Gaïa*, Le Conseil constitutionnel et l'insertion des engagements internationaux dans l'ordre juridique interne, S. 177: „[Sont inclus T.P.] dans le domaine de l'autorisation parlementaire des traités ou accords [...] qui „touchent à la matière législative"".

1575 Vgl. z. B. CE, 23.02.2000, Bamba Dieng, Rec. S. 72 mit Anm. *Poirat*, in RGDIP 2000, 814 ff.; vgl. hierzu auch *Conseil d'Etat* [Hrsg.], La norme internationale en droit français, S. 41. Zuletzt CE, Ass. 05.03.2003, Aggoun, Rec. S. 77: „l'accord franco-algérien du 27 décembre 1968 et ses deux premiers avenants [...] portent sur des matières relevant du domaine de la loi; [...] dès lors, ils doivent être regardés comme modifiant des dispositions de nature legislative, au sens des dispositions [...] de l'article 53 de la Constitution".

etwa auch auf die Kündigung[1576], die Erklärungen von Vorbehalten[1577] oder andere im Zusammenhang mit völkerrechtlichen Verträgen stehende Akte erstreckt.[1578] Die Anwendung des Art. 53 I Const. 1958 auf andere einseitige völkerrechtliche Akte wird selten diskutiert.[1579] Erklärungen mit rein politischem Charakter lösen ohnehin kein parlamentarisches Zustimmungserfordernis aus.[1580]

β. Verschiedene Formen der Zustimmung

Zu einer Schmälerung der parlamentarischen Mitwirkungsrechte trägt weiter bei, dass Conseil constitutionnel und Conseil d'Etat für die parlamentarische Zustimmung gegebenenfalls kein ausdrückliches Gesetz für erforderlich halten. So kann die Ermächtigung zur Ratifizierung oder zur Billigung nämlich in bestimmten Fällen *implizit* und unter Umständen sogar *im Nachhinein* erfolgen.[1581] Es genügt beispielsweise nach der Rechtsprechung des Conseil constitutionnel, dass das Parlament (gegebenenfalls sogar nach Abschluss der in Rede stehenden Abkommen) die Haushaltsgesetze, die die finanziellen Folgen bestimmter völkerrechtli-

1576 *Bleckmann*, Die Mitwirkung des französischen Parlaments bei Abschluß, Aufhebung und Änderung von Verträgen, in: ZaöRV 26 (1966), S. 310, 326 f.; *Meyring*, Die Entwicklung zustimmungsbedürftiger völkerrechtlicher Verträge nach ihrem Abschluss und ihre Auswirkungen in der deutschen Rechtsordnung, S. 403 jeweils m.w.N.

1577 Vgl. hierzu *Meyring*, Die Entwicklung zustimmungsbedürftiger völkerrechtlicher Verträge nach ihrem Abschluss und ihre Auswirkungen in der deutschen Rechtsordnung, S. 403 f.

1578 *Decaux, Eisemann, et alt.*, France, in: *Eisemann* [Hrsg.], L'intégration du droit international et communautaire dans l'ordre juridique national, S. 241, 256. Die Autoren verweisen jedoch darauf, dass dies in der IV. Republik noch anders gewesen war, vgl. Art. 28 Const. 1946. A.A. *Goesel-le Bihan*, La répartition des compétences en matière de conclusion des accords internationaux sous la Ve République, S. 195 f.

1579 Vgl. jedoch die Ausführungen von *Goesel-le Bihan*, La répartition des compétences en matière de conclusion des accords internationaux sous la Ve République, S. 179-183; sie bietet eine differenzierte Lösung an.

1580 CC, 29.12.1978, Système monétaire européen, déc. no. 78-99 DC, Rec. S. 36, 2. Erwägungsgrund; vgl. hierzu *Gaïa*, Le Conseil constitutionnel et l'insertion des engagements internationaux dans l'ordre juridique interne, S. 88.

1581 *Gaïa*, Le Conseil constitutionnel et l'insertion des engagements internationaux dans l'ordre juridique interne, S. 87: „*il résulte [...] du caractère particulier de[s] [...] accords* [négociés par le Gouvernement dans le cadre des relations commerciales qu'il entretient avec des États étrangers T.P.], *que le Parlement peut se borner à les autoriser de manière implicite*, soit en sanctionnant les procédures auxquelles ils donnent lieu, soit *en autorisant la poursuite de ces mêmes procédures par le vote des crédits y afférents.*“ Hervorhebungen durch Verfasser

cher Abkommen regeln, verabschiedet hat, um von einer ordnungsgemäßen parlamentarischen Zustimmung auszugehen.[1582]

Ebenso nahm der Conseil d'Etat in seiner Aggoun-Entscheidung[1583] eine implizite Ermächtigung durch das Parlament an. In diesem Fall hatte die Regierung dem Gesetzgeber – obgleich eigentlich nach Art. 53 I Const. 1958 erforderlich – weder das ursprüngliche Abkommen[1584] noch die beiden ersten Änderungsabkommen[1585] zur Zustimmung vorgelegt, wohl aber das dritte Änderungsabkommen. Der Staatsrat nahm an, aufgrund der inneren Verbundenheit des ursprünglichen Abkommens mit den diesbezüglichen Änderungsabkommen habe der Gesetzgeber mit der parlamentarischen Ermächtigung zur Billigung des dritten Änderungsabkommens notwendigerweise auch dem ursprünglichen Abkommen sowie den beiden ersten Änderungsabkommen zugestimmt. Diese gelten dann rückwirkend ab dem Zeitpunkt ihrer Unterzeichnung als ordnungsgemäß gebilligt im Sinne des Art. 55 Const. 1958.[1586] Eine derartige Rechtsprechung – auch als

---

1582 CC, 30.12.1975, Consolidation des dettes commerciales chiliennes, déc. no. 75-60 DC, Rec. S. 28, 4. Erwägungsgrund: „*[les deux votes du budget* T.P.] *ont pour sens et pour portée* d'habiliter le Gouvernement à procéder, dans la limite des crédits fixés, aux diverses opérations que comporte la gestion d'un tel compte avec les pays intéressés, et *d'autoriser*, par voie de conséquence, *les accords techniques qui peuvent intervenir à cet effet; [...] ces accords ne peuvent être prévus de manière précise au moment du vote, mais font l'objet de comptes rendus complets permettant de fixer la demande de découvert pour l'année suivante, mettant ainsi le Parlement en mesure d'exercer le contrôle qui lui appartient*". Hervorhebungen durch Verfasser; kritisch hierzu *Gaïa*, Le Conseil constitutionnel et l'insertion des engagements internationaux dans l'ordre juridique interne, S. 211-217: er wirft dem Verfassungsrat unter anderem vor, er würde das Budget- und das Gesetzgebungsrecht des Parlaments in unzulässiger Weise vermischen.

1583 CE, Ass. 05.03.2003, Aggoun, Rec. S. 77, mit Schlussanträgen *Stahl*, in: RFDA 2003, S. 1214 ff.; ebenda (S. 1220) befindet sich auch eine genaue Sachverhaltsschilderung.

1584 Es handelt sich hierbei – wie in der Rechtssache G.I.S.T.I. – um das französisch-algerische Abkommen über die Einreise und den Aufenthalt algerischer Gastarbeiter vom 27.12.1968.

1585 Änderungsabkommen vom 22.12.1985 und vom 28.09.1994

1586 CE, Ass. 05.03.2003, Aggoun, Rec. S. 77: „*en adoptant la loi [...] autorisant l'approbation du troisième avenant* à l'accord du 27 décembre 1968 [= l'accord initial T.P.], *le législateur a nécessairement entendu autoriser l'approbation de l'ensemble des stipulations de l'accord initial et de ses deux premiers avenants* dont ce nouvel avenant n'est pas séparable, y compris celles des ces stipulations qui [...] comportaient une date d'entrée en vigueur; [...] ainsi, à la suite de la publication du troisième avenant [...], l'accord [initial T.P.] et ses deux premiers avenants doivent être regardés [...] comme étant entrés en vigueur à la date de leur signature". Hervorhebungen durch Verfasser

„théorie de l'autorisation implicite" bezeichnet[1587] – lässt sich damit rechtfertigen, dass der ursprüngliche Vertrag und die darauf beruhenden Änderungsverträge eine Einheit bilden.[1588] Außerdem werden Parallelen zur Rechtsprechung des Conseil constitutionnel und des Conseil d'Etat zur Ratifikation von sogenannten „Ordonnances", die auf Grundlage einer gesetzlichen Ermächtigung ergangen sind, gezogen. Auch hier würden die beiden Gerichte eine implizite Ermächtigung der Exekutive durch das Parlament zulassen. Diese Judikatur müsse erst recht auf internationale Abkommen Anwendung finden, die – da sie auf einer Willensübereinstimmung von zwei Völkerrechtssubjekten beruhten – im Gegensatz zu den „Ordonnances" als unteilbar angesehen werden müssten.[1589]

γ. Gänzlicher Verzicht auf das Erfordernis parlamentarischer Zustimmung trotz Vorliegens eines Tatbestandes des Art. 53 I Const. 1958

Unter gewissen Umständen verzichten der Conseil constitutionnel und der Conseil d'Etat gänzlich auf ein parlamentarisches Zustimmungserfordernis. Dies ist insbesondere bei Änderungsverträgen der Fall, die von ihrem Regelungsgegenstand eigentlich einem Tatbestand des Art. 53 I Const. 1958 unterfallen würden. Eine Zustimmungsbedürftigkeit des Änderungsvertrages scheidet jedoch dann

---

1587 *Stahl*, Schlussanträge in der Rechtssache CE, Ass. 05.03.2003, Aggoun, Rec. S. 77, in: RFDA 2003, S. 1214, 1221

1588 *Lachaume*, Anm. zu CE, Ass. 05.03.2003, Aggoun, Rec. S. 77, in: RFDA 2003, S. 1223, 1226

1589 *Stahl*, Schlussanträge in der Rechtssache CE, Ass. 05.03.2003, Aggoun, Rec. S. 77, in: RFDA 2003, S. 1214, 1221: „Cette théorie de l'autorisation implicite de ratification que nous [...] proposons de retenir nous paraît se recommander de la jurisprudence du Conseil constitutionnel et de la [...] [jurisprudence du Conseil d'Etat T.P.] relatives à la ratification des textes réglementaires pris sur habilitation législative. Depuis 1972, le Conseil constitutionnel admet [...] que la ratification des ordonnances puisse intervenir selon d'autres modalités que l'adoption du projet de loi de ratification déposé en vertu de l'article 38 et qu'elle puisse résulter d'une manifestation de volonté claire du Parlement quand bien même cette manifestation de volonté demeurerait implicite (Cons. const., décis. n° 72-73 L du 29 févr. 1972, Rec. p. 31). [...] [Le Conseil d'Etat reconnaît, T.P.] de même, en certaines circonstances, la ratification implicite d'ordonnances de l'article 38 (7 févr. 1994, *Ghez*, Lebon p. 55). Or, il nous apparaît que le raisonnement que nous vous engageons à adopter à propos de l'autorisation parlementaire de ratifier les conventions internationales procède d'un *a fortiori* par rapport à ce qui est déjà jugé pour la ratification des ordonnances, parce que les stipulations d'une convention internationale, qui procède d'un accord de volontés scellant une négociation entre sujets de droit international, doivent être regardées comme indivisibles, alors que les dispositions d'une ordonnance sont en principe jugées divisibles." Hervorhebungen im Original.

aus, wenn der ursprüngliche Vertrag, dem das Parlament auch zugestimmt hat, eine Änderungsmöglichkeit bereits vorgesehen hatte.[1590] So war der Conseil d'Etat in der bereits besprochenen Blotzheim-Entscheidung der Ansicht, das Parlament habe mit seiner Zustimmung zum französisch-schweizerischen Vertrag über den Bau des Flughafens Basel-Mülhausen vom 4. Juli 1949 auch den durch die beschlossene Erweiterung entstehenden Kosten zugestimmt. Der ursprüngliche Vertrag hatte nämlich eine Klausel enthalten, wonach eine Erweiterung nur durch eine Vereinbarung zwischen beiden Parteien möglich sein sollte.[1591]

II. Parlamentarische Mitwirkung bei Einsätzen der Streitkräfte

1. Bundesrepublik Deutschland

Die verfassungsrechtliche Zulässigkeit von Auslandseinsätzen der Bundeswehr war lange Zeit in der Literatur heftig umstritten.[1592] Gegenstand der Kontroverse war insbesondere Art. 87 a GG und dessen Auslegung.[1593] Ohne in dieser Pro-

---

1590 Vgl. für die Rechtsprechung des Conseil constitutionnel vgl. CC, 29.04.1978, Augmentation de la quote-part de la France au Fonds monétaire international, déc. no. 78-39 DC, Rec. S. 23; vgl. hierzu *Gaïa*, Le Conseil constitutionnel et l'insertion des engagements internationaux dans l'ordre juridique interne, S. 218 ff. (insbesondere S. 221).

1591 Vgl. CE, Ass., 18.12.1998, SARL du parc d'activité de Blotzheim et SCI Haselaecker, Rec. S. 484: „en vertu de l'article 27 de la Constitution du 27 octobre 1946 [...] le Parlement, par la loi n° 50-889 du 1er août 1950 a autorisé le président de la République à ratifier ladite convention, et notamment son art. 19, ainsi que ses annexes et, notamment l'article 9 du cahier des charges; [...] *eu égard à l'objet des stipulations de ces articles le Parlement doit être regardé comme ayant autorisé par cette loi les dépenses liées à l'établissement et à la mise en service d'ouvrages ou d'installations supplémentaires*, destinés à répondre à l'insuffisance des ouvrages ou des installations existants". Hervorhebungen durch Verfasser. Vgl. hierzu auch *Bachelier*, Schlussanträge in der Rechtssache CE, Ass., 18.12.1998, SARL du parc d'activité de Blotzheim et SCI Haselaecker, Rec. S. 484, in: RGDIP 1999, S. 545, 567 f.

1592 Vgl. z. B. *Gornig*, Die Verfassungsmäßigkeit der Entsendung von Bundeswehrsoldaten zu „Blauhelm"-Einsätzen, in: JZ 1993, S. 123 ff.; *ders.*, Eine Verfassungsänderung ist nicht erforderlich, in: Truppenpraxis 1993, S. 571 ff.; *Riedel*, Der Einsatz deutscher Streitkräfte im Ausland; *Wieland*, Verfassungsrechtliche Grundlagen und Grenzen für einen Einsatz der Bundeswehr, in: DVBl. 1991, S. 1174

1593 Vgl. z. B. den Überblick über die verschiedenen vertretenen Auffassungen bei *Gornig*, Eine Verfassungsänderung ist nicht erforderlich, in: Truppenpraxis 1993, S. 571, 573-578 m.w.N.

blematik eindeutig Position zu beziehen[1594], befasste sich das Bundesverfassungsgericht im Streitkräfteurteil aus dem Jahre 1994 mit der hiervon zu trennenden Frage der Organkompetenz bei der Entscheidung über einen Einsatz bewaffneter Streitkräfte und leitete aus den „grundgesetzlichen Regelungen über die Wehrverfassung“[1595], wonach sich die Bundeswehr als ein „Parlamentsheer“ darstelle, das Erfordernis eines konstitutiven Parlamentsbeschlusses ab (vgl. a.). Über zehn Jahre nach dieser Entscheidung hat sich die weltpolitische Lage – nicht zuletzt aufgrund der Anschläge des 11. September 2001 – grundlegend verändert. In der Folge weitete sich auch das Einsatzspektrum der Bundeswehr aus. Daher erscheint es nicht verwunderlich, dass das Bundesverfassungsgericht im Jahre 2003 wiederum mit der Problematik des Einsatzes bewaffneter Streitkräfte befasst worden ist (vgl. b.).[1596]

a. Entscheidung von 1994 in ihren Grundzügen

Nach Auffassung des Bundesverfassungsgerichts entspreche ein Parlamentsvorbehalt für den Einsatz bewaffneter Streitkräfte seit 1918 deutscher Verfassungstradition.[1597] Weiterhin seien die Artt. 45 a, 45 b und 87 I 2 GG „Ausdruck eines ausgeprägten Systems parlamentarischer Kontrolle“.[1598] Darüber hinaus behalte das Grundgesetz dem Parlament auch konkrete Entscheidungen über die Verwendung der Streitkräfte vor – man denke insbesondere an die mit der Feststellung des Verteidigungsfalles gemäß Art. 115 a I GG verbundenen Rechtsfolgen in den Bereichen der Wehrverfassung und der auswärtigen Gewalt (Artt. 115 a V, 115 b, 115 l III GG; 87 a III GG).[1599] Nach alledem lasse sich aus dem Grundgesetz „ein der Wehrverfassung zugrundeliegendes Prinzip [...] [entneh-

1594 BVerfGE 90, 286, 355 f.: Eine Festlegung zu der Streitfrage konnte das Bundesverfassungsgericht dadurch vermeiden, dass es Art. 24 II GG als Verfassungsgrundlage für militärische Einsätze im Rahmen und nach den Regeln eines Systems kollektiver Sicherheit heranzog. Art. 87 a GG schließe solche Einsätze jedenfalls nicht aus.

1595 BVerfGE 90, 286, 381

1596 Weitere hier nicht behandelte Fragestellungen ergeben sich im Zusammenhang mit den inhaltlichen Anforderungen an einen konstitutiven Parlamentsbeschluss sowie mit einem eventuellen Rückholrecht des Parlaments. Vgl. hierzu umfassend *Lutze*, Der Parlamentsvorbehalt beim Einsatz bewaffneter Streitkräfte, in: DÖV 2003, S. 972, 975 ff. bzw. 978 ff.

1597 BVerfGE 90, 286, 383

1598 BVerfGE 90, 286, 385

1599 BVerfGE 90, 286, 285 f.

men T.P.], nach dem der Einsatz bewaffneter Streitkräfte der konstitutiven, grundsätzlich vorherigen Zustimmung des Bundestages unterliegt."[1600]

Im Weiteren konkretisiert das Bundesverfassungsgericht dieses Erfordernis inhaltlich, indem es „Mindestanforderungen und Grenzen des Parlamentsvorbehalts"[1601] formuliert.[1602] So bedürfe es auch dann eines konstitutiven Parlamentsbeschlusses, wenn der bewaffnete Einsatz im Rahmen einer Beistandsverpflichtung erfolge.[1603] Die Zustimmung des Gesetzgebers zum Bündnisvertrag gemäß Art. 59 II S. 1 GG beinhalte zwar dessen grundsätzliches Einverständnis, im Bündnisfall auch auf deutsche Streitkräfte zurückzugreifen, erfasse jedoch nicht den jeweils konkreten Einsatz.[1604] Weiterhin käme es für das Erfordernis des konstitutiven Parlamentsbeschlusses nicht darauf an, nach welcher Rechtsgrundlage die Streitkräfte im Rahmen der UNO eingesetzt würden, da die Übergänge zwischen peace-keeping- und peace-enforcement-Einsätzen ohnehin fließend seien.[1605]

Nicht dem konstitutiven Parlamentsvorbehalt unterlägen demgegenüber Einsätze der Bundeswehr für Hilfsdienste und Hilfeleistungen im Ausland, „sofern die Soldaten dabei nicht in bewaffnete Unternehmungen einbezogen sind".[1606]

Bei Gefahr im Verzug könne vom Erfordernis der grundsätzlich vorherigen Zustimmung des Bundestages abgesehen werden, um die militärische Wehrfähigkeit und die Bündnisfähigkeit der Bundesrepublik nicht zu gefährden. In einem solchen Falle sei der Bundestag jedoch umgehend mit dem jeweiligen Einsatz zu befassen; dieser sei gegebenenfalls zu beenden, sofern das Parlament dies verlange.[1607]

Inhaltlich sei der Bundestag auf die Zustimmung beschränkt – insbesondere komme ihm kein Initiativrecht zu, der Bundestag könne also nicht die Bundesre-

---

1600 BVerfGE 90, 286, 387

1601 BVerfGE 90, 286, 389.

1602 Zu den Grenzen des Parlamentsvorbehalts, vgl. *Klein, Hans H.*, Rechtsfragen des Parlamentsvorbehalts für Einsätze der Bundeswehr, in: *Horn* [Hrsg.], Recht im Pluralismus, FS für Schmitt-Glaeser, S. 245, 250 ff.

1603 BVerfGE 90, 286, 387. Diese Ausführungen des Gerichts waren indes angesichts des Prozessgegenstandes eigentlich gar nicht angezeigt. Ebenso *Blumenwitz*, Der Einsatz deutscher Streitkräfte nach der Entscheidung des BVerfG vom 12. Juli 1994, in: BayVBl. 1994, S. 641, 678, 681

1604 BVerfGE 90, 286, 387

1605 BVerfGE 90, 286, 387 f.

1606 BVerfGE 90, 286, 388

1607 BVerfGE 90, 286, 388. Zum ersten Anwendungsfall dieser „Notkompetenz" im Rahmen der Befreiung deutscher Staatsangehöriger aus der albanischen Hauptstadt Tirana (Operation „Libelle") am 14.03.1997, vgl. *Epping*, Die Evakuierung deutscher Staatsbürger im Ausland als neues Kapitel der Bundeswehrgeschichte ohne rechtliche Grundlage?, in: AöR 124 (1999), S. 423 ff.

gierung zu einem bestimmten Einsatz verpflichten. Weiterhin bleibe es der Exekutive vorbehalten, die „Entscheidung über die Modalitäten, den Umfang und die Dauer der Einsätze [...] [zu treffen und T.P.] die notwendige Koordination in und mit Organen internationaler Organisationen“ vorzunehmen.[1608] Das Erfordernis des konstitutiven Parlamentsbeschlusses berühre nämlich nicht den „für außenpolitisches Handeln gewährte[n] Eigenbereich exekutiver Handlungsbefugnis und Verantwortlichkeit“.[1609]

Das Urteil hat in methodologischer und systematischer Hinsicht Kritik erfahren.

Zunächst scheint das Urteil beinahe einen Widerspruch in sich – zumindest jedoch ein inneres Spannungsverhältnis[1610] – zu enthalten. Schließlich betonen die vier die Entscheidung in diesem Punkt tragenden Richter, die Mitwirkung des Parlaments sei durch die Verabschiedung des Zustimmungsgesetzes erschöpft. Eigentlich wäre es dann konsequent, auch den konkreten Einsatz als im jeweiligen Gründungsvertrag angelegt zu betrachten und somit als von dieser Zustimmung erfasst anzusehen.[1611] Anfangs klingt das im Urteil auch an. Demgemäß sieht das Gericht die Eingliederung oder die Beteiligung der Streitkräfte an militärischen Operationen in integrierte Verbände des Systems als vom Zustimmungsgesetz gemäß Art. 59 II S. 1 GG gedeckt an, sofern die „Eingliederung oder Beteiligung in Gründungsvertrag oder Satzung [...] bereits angelegt sind.“[1612] „Davon unabhängig bedarf jedoch der Einsatz bewaffneter Streitkräfte grundsätzlich der vorherigen konstitutiven Zustimmung des Bundestages.“[1613]

Um diesen Widerspruch zu vermeiden, bedarf das Gericht des Rückgriffs auf die wehrverfassungsrechtlichen Grundsätze. Aber eben diese Vorgehensweise verdient eine kritische Würdigung. Insbesondere *Epping* stellt die Ableitung des Erfordernisses eines konstitutiven Parlamentsbeschlusses aus den „Grundsätzen der Wehrverfassung“ in Frage. Die vom Bundesverfassungsgericht genannten Vorschriften schränkten parlamentarische Rechte entweder gerade ein (Art. 45 a II GG), bezögen sich auf eine parlamentarische Kontrolle (ex post) (Art. 45 b GG) bzw. hätten mit den Auslandseinsätzen der Bundeswehr nichts zu tun (Art.

1608 BVerfGE 90, 286, 389

1609 BVerfGE 90, 286, 389

1610 Ähnlich *Wiefelspütz*, Die militärische Integration der Bundeswehr und der konstitutive Parlamentsvorbehalt, in: ZaöRV 64 (2004), S. 363, 375; *Kokott*, Kontrolle der auswärtigen Gewalt, in: DVBl. 1996, S. 937, 940

1611 *Sauer*, Die NATO und das Verfassungsrecht: neues Konzept – alte Fragen, in: ZaöRV 62 (2002), S. 317, 332 unter Verweis auf *Wolfrum*, Kontrolle der auswärtigen Gewalt, in: VVDStRL 56 (1997), 38, 52; *Schmidt-Radefeldt*, Parlamentarische Kontrolle der internationalen Streitkräfteintegration, S. 153

1612 BVerfGE 90, 286, 351

1613 BVerfGE 90, 286, 381

87 a I GG).[1614] Diese Bedenken scheint das Bundesverfassungsgericht durchaus auch zu teilen – sonst hätte es nicht der historischen Auslegung (Art. 59 a I a.F. GG[1615]) – in Abweichung seiner sonstigen Rechtsprechung – eine entscheidende, eigenständige Bedeutung zugemessen.[1616]

Allenfalls könne ein Analogieschluss zu Art. 115 a I GG in Betracht gezogen werden, was jedoch ebenfalls ausscheiden müsse, da die Voraussetzungen hierfür nicht vorlägen.[1617]

Die Schöpfung des Erfordernisses eines konstitutiven Parlamentsbeschlusses wird daher als nicht aus dem Grundgesetz ableitbar kritisiert.[1618] In diesem Sinne stellt auch *Blumenwitz* überzeugend dar, das Ergebnis des Bundesverfassungsgerichts sei nicht das Ergebnis bloßer Verfassungsauslegung, sondern einer Verfassungsfortbildung.[1619] Andere Autoren sprechen von einem Handeln des Bundesverfassungsgerichts „praeter constitutionem".[1620]

Weiterhin wird kritisiert, mit dem Erfordernis des Parlamentsvorbehalts habe das Bundesverfassungsgericht schlussendlich „der Wesentlichkeitslehre verwandte Prinzipien zugrunde"[1621] gelegt – *Stern* spricht von einer „bedenklichen wehrverfassungsrechtlichen Wesentlichkeitstheorie".[1622]

Mag das Urteil zum damaligen Zeitpunkt seiner Befriedungsfunktion gerecht geworden sein und daher im Ergebnis positiv bewertet worden sein[1623] – man

---

1614 *Epping*, Die Evakuierung deutscher Staatsbürger im Ausland als neues Kapitel der Bundeswehrgeschichte ohne rechtliche Grundlage?, in: AöR 124 (1999), S. 423, 446

1615 Vgl. hierzu ausführlich – insbesondere zu den Gründen der Aufhebung des Art. 59 a GG – *Limpert*, Auslandseinsatz der Bundeswehr, S. 48-54

1616 Ebenso *Blumenwitz*, Der Einsatz deutscher Streitkräfte nach der Entscheidung des BVerfG vom 12. Juli 1994, in: BayVBl. 1994, S. 641, 678, 680; ebenso kritisch *Epping*, Die Evakuierung deutscher Staatsbürger im Ausland als neues Kapitel der Bundeswehrgeschichte ohne rechtliche Grundlage?, in: AöR 124 (1999), S. 423, 447

1617 *Epping*, Die Evakuierung deutscher Staatsbürger im Ausland als neues Kapitel der Bundeswehrgeschichte ohne rechtliche Grundlage?, in: AöR 124 (1999), S. 423, 447

1618 *Badura*, in: VVDStRL 56 (1997), S. 103 f. (Diskussionsbeitrag)

1619 *Blumenwitz*, Der Einsatz deutscher Streitkräfte nach der Entscheidung des BVerfG vom 12. Juli 1994, in: BayVBl. 1994, S. 641, 678, 680

1620 *Schmidt-Radefeldt*, Parlamentarische Kontrolle der internationalen Streitkräfteintegration, S. 152 m.w.N. in Fn. 255

1621 *Kokott*, Kontrolle der auswärtigen Gewalt, in DVBl. 1996, S. 937, 939

1622 *Stern*, in: VVDStRL 56 (1997), S. 99 (Diskussionsbeitrag)

1623 Vgl. z. B. die Gesamtbewertung von *Blumenwitz*, Der Einsatz deutscher Streitkräfte nach der Entscheidung des BVerfG vom 12. Juli 1994, in: BayVBl. 1994, S. 641, 678, 683: „Insgesamt betrachtet hat das jüngste Urteil des Bundesverfassungsgerichts für ein breites Spektrum möglicher Einsätze der Bundeswehr Klarkönnte beinahe versucht sein zu behaupten, der verfassungsändernde Gesetzgeber hätte keine bessere Lösung finden können –, so offenbaren sich mittlerweile jedoch deutlich die Schwächen einer solchen verfassungsgerichtlichen Lösung. So fehlt dem Urteil – notwendigerweise – die „kompetenzielle Feinsteuerung“[1624] bezüglich der Voraussetzungen und der konkreten Ausgestaltung des konstitutiven Parlamentsvorbehalts. Insbesondere definiert das Gericht nicht den Begriff „Einsatz bewaffneter Streitkräfte“, sondern setzt diesen als gegeben voraus.[1625] Hinsichtlich jedes Einsatzes eine Entscheidung des Bundesverfassungsgerichts herbeizuführen, erscheint „auf Dauer ‚kontraproduktiv‘“.[1626]

Aus diesen Erwägungen heraus ist auch der in der Literatur vereinzelt geäußerte Wunsch, das Bundesverfassungsgericht möge doch klare Kriterien über Voraussetzung, Umfang und Inhalt des konstitutiven Parlamentsbeschlusses entwickeln[1627], der denkbar schlechteste Weg um eine für alle beteiligten Verfassungsorgane handhabbare Lösung zu erreichen.[1628]

b. Entscheidung aus dem Jahre 2003

In dem der Eilentscheidung von 2003 zu Grunde liegenden Sachverhalt war die Frage aufgeworfen, inwieweit der Einsatz der Bundeswehr in integrierten AWACS-Verbänden zur Überwachung des Luftraums der Türkei während des

---

heit geschaffen und den vielfach gestreuten verfassungsrechtlichen Zweifeln den Boden entzogen.“ *Stein/Kröninger*, Bundeswehreinsatz im Rahmen von NATO-, WEU-, bzw. VN-Militäraktionen, in: Jura 1995, S. 254, 259: „Die Entscheidung des Bundesverfassungsgerichts bewahrt den außenpolitischen Handlungsspielraum der Bundesregierung und die Bündnisfähigkeit der Bundesrepublik Deutschland. Jede andere Entscheidung, die eine Verfassungsänderung zur Voraussetzung für die Erfüllung der im Rahmen der Vereinten Nationen übernommenen Verpflichtungen gemacht hätte, hätte angesichts der gegebenen politischen Konstellation beides, Handlungsspielraum und Bündnisfähigkeit, erheblich vermindert.“

1624 So der von *Schmidt-Radefeldt*, Parlamentarische Kontrolle der internationalen Streitkräfteintegration, S. 154, gewählte Begriff.

1625 Ebenso *Dreist*, AWACS-Einsatz ohne Parlamentsbeschluss?, in: ZaöRV 64 (2004), S. 1001, 1022; dieser gibt auf S. 1026 ff. auch einen Überblick über die Literaturmeinungen zu Inhalt und Reichweite des Begriffs „Einsatz bewaffneter Streitkräfte“.

1626 *Schmidt-Radefeldt*, Parlamentarische Kontrolle der internationalen Streitkräfteintegration, S. 154

1627 *Fischer/Fischer-Lescano*, Enduring Freedom für Entsendebeschlüsse? Völker- und verfassungsrechtliche Probleme der deutschen Beteiligung an Maßnahmen gegen den Internationalen Terrorismus, in: KritV 85 (2002), S. 113, 144

1628 Ähnlich *Nolte*, Der AWACS-Einsatz in der Türkei zwischen Parlamentsvorbehalt und Regierungsverantwortung, in: NJW 2003, S. 2359, 2360

Irakkrieges 2003 als ein den Parlamentsvorbehalt auslösenden Einsatz bewaffneter Streitkräfte anzusehen ist. Als problematisch stellte sich insbesondere dar, dass die Türkei unmittelbar an kriegsbefangenes Territorium angrenzt. Die Bundesregierung hatte das Vorliegen eines Einsatzes bewaffneter Streitkräfte mit dem Argument verneint, nach den sogenannten „Rules of engagement" erfüllten die AWACS-Flugzeuge lediglich eine „strikt defensive Luftraumüberwachung" mit dem Charakter von „Routineflügen".[1629] Demgegenüber vertrat die antragstellende FDP-Fraktion die Auffassung, es handle sich nicht lediglich um Routinemaßnahmen, sondern um konkrete militärische Maßnahmen in engem räumlichen und zeitlichen Zusammenhang mit einem bewaffneten Konflikt.[1630]

Das Bundesverfassungsgericht hat – wie oben bereits dargelegt – den Antrag auf Erlass einer einstweiligen Anordnung wegen eines fehlenden deutlichen Überwiegens der Rechte des Bundestages abgelehnt. Die Entscheidung selbst enthält wenig Anhaltspunkte wie eine eventuelle Hauptsacheentscheidung ausfallen wird.[1631] Das Gericht führt lediglich aus, im Hauptsacheverfahren sei zu klären, „wann ein ‚Einsatz bewaffneter Streitkräfte' anzunehmen ist, insbesondere wann deutsche Soldaten ‚in bewaffnete Unternehmungen einbezogen' sind".[1632] Weiterhin sei klärungsbedürftig, „inwieweit auch eine mittelbare Einbeziehung in bewaffnete Unternehmungen den Parlamentsvorbehalt" auslösen könne.[1633] Damit sind solche Fälle gemeint, in denen „Entwicklungen [dergestalt T.P.] möglich sind, dass der Bündnispartner, dessen Gebiet zu sichern ist, selbst zu einer kriegführenden Partei wird."[1634]

In der Literatur wird der Einsatz über der Türkei im Jahre 2003 unterschiedlich beurteilt: Während *Wiefelspütz* eine konstitutive Zustimmung für nicht erfor-

---

1629 Vgl. die Rede von Bundeskanzler *Schröder* im Deutschen Bundestag am 19.03.2003, abgedruckt in Auszügen bei *Dreist*, AWACS-Einsatz ohne Parlamentsbeschluss?, in: ZaöRV 64 (2004), S. 1001, 1011 m.w.N.

1630 Vgl. eingehender zur Antragsschrift der FDP-Fraktion *Dreist*, AWACS-Einsatz ohne Parlamentsbeschluss?, in: ZaöRV 64 (2004), S. 1001, 1012 m.w.N. Die Tatsache, dass AWACS-Flugzeuge grundsätzlich unbewaffnet sind, kann hierbei die Annahme eines Einsatzes bewaffneter Streitkräfte nicht hindern – schließlich dient die AWACS-Flotte auch als Feuerleitsystem.

1631 A.A. wohl *Krajewski*, Das „Parlamentsheer" als Kollateralschaden des Irak-Kriegs?, in: AVR 41 (2003), S. 419, 421; er schließt aus der Eilentscheidung, das Bundesverfassungsgericht wolle den Parlamentsvorbehalt offenbar weit verstehen und auch solche Einsätze dem konstitutiven Parlamentsbeschluss unterwerfen, „die zunächst defensiv beginnen und nur potentiell zu bewaffneten Einsätzen werden."

1632 BVerfGE 108, 34, 43, unter Verweis auf BVerfGE 90, 286, 387 f.

1633 BVerfGE 108, 34, 43

1634 BVerfGE 108, 34, 43

derlich hält[1635], ist *Dreist* der Ansicht, der AWACS-Einsatz habe nach den Grundsätzen des Urteils von 1994 den Parlamentsvorbehalt ausgelöst.[1636]

Zur Begründung für die Ablehnung des Eilantrags der FDP-Fraktion durch das Bundesverfassungsgericht versucht die Literatur Unterschiede zu den im Jahre 1994 entschiedenen Fällen herauszuarbeiten. So sei in der zuletzt entschiedenen Rechtssache im Gegensatz zu 1994 eine Gefährdung von Leib und Leben der Soldaten sehr unwahrscheinlich gewesen.[1637] Dies scheint sich auch in Aussagen des Bundesverfassungsgericht im Beschluss vom 25. März 2003 widerzuspiegeln, wenn das Gericht die „sukzessive Verstrickung in bewaffnete Auseinandersetzungen dem offiziellen Kriegseintritt" gleichstellt.[1638] Entscheidendes Kriterium sei mithin der Grad der Gefährdung der deutschen Soldaten, in bewaffnete Unternehmungen verwickelt zu werden.[1639] Dieses Kriterium ist aber gerade angesichts der Begründung des Bundesverfassungsgerichts nicht tragfähig. Aufgrund des Heranziehens von Gesichtspunkten, die die Gefährdung der Soldaten betreffen, wird schlussendlich auf Topoi der Wesentlichkeitslehre zurückgegriffen, die das Gericht zur Begründung des Parlamentsvorbehalts gerade nicht verwendet. Vielmehr wird sowohl im jüngsten Beschluss als auch im Streitkräfteurteil mit wehrverfassungsrechtlichen Grundsätzen argumentiert.

Überzeugender ist es daher, die Ablehnung des Erlasses einer einstweiligen Anordnung wie folgt zu rechtfertigen: Ob ein bewaffneter Einsatz bevorsteht, bedarf – ex ante – der Einschätzung der Bundesregierung. Da diese in vorliegendem Fall argumentierte, es handle sich lediglich um einen Routineeinsatz, konnte das Gericht dieser Einschätzung – da keine offensichtlichen Anhaltspunkte für das Gegenteil existierten – nicht entgegentreten.[1640]

2. *Französische Republik*

Auch wenn der Conseil d'Etat – wie oben geschildert – den Einsatzbefehl für die französischen Streitkräfte als acte de gouvernement und damit als nicht justizia-

---

1635 *Wiefelspütz*, Die militärische Integration der Bundeswehr und der konstitutive Parlamentsvorbehalt, in: ZaöRV 64 (2004), S. 363, 379

1636 *Dreist*, AWACS-Einsatz ohne Parlamentsbeschluss?, in: ZaöRV 64 (2004), S. 1001, 1030 ff.

1637 *Sauer*, Reichweite des Parlamentsvorbehalts für die Entsendung der Bundeswehr ins Ausland, in: JA 2004, S. 19, 21

1638 BVerfGE 108, 34, 43

1639 *Dreist*, Der Bundestag zwischen „Vorratsbeschluss" und Rückholrecht, in: KritV 87 (2004), S. 79, 91

1640 *Dreist*, AWACS-Einsatz ohne Parlamentsbeschluss?, in: ZaöRV 64 (2004), S. 1001, 1025 f.

bel qualifiziert[1641], wird in der Lehre dennoch eine eventuelle parlamentarische Einbindung in diesen Entscheidungsprozess diskutiert.

Materiell-rechtlich stellen sich in Frankreich dabei ähnliche Probleme wie in der Bundesrepublik: Der Einsatz der Streitkräfte außerhalb einer klassischen Kriegssituation ist in der Verfassung nicht geregelt. Gemäß Art. 35 Const. 1958 bedarf nämlich „lediglich" eine Kriegserklärung der Ermächtigung durch das Parlament.[1642] Krieg im klassischen Sinne des französischen Verfassungsrechts ist dabei die bewaffnete Auseinandersetzung zwischen Staaten oder Gruppen von Staaten über ihre territorialen, ökonomischen, ideologischen und politischen Interessen.[1643]

Demzufolge stellen sich militärische Maßnahmen im Rahmen von Systemen kollektiver Sicherheit[1644] und kollektiver Selbstverteidigung nicht als Krieg Frankreichs im Sinne des Art. 35 Const. 1958 dar.[1645] Sogar selbst dann, wenn – wie die Allied Force-Operation im Kosovo – der Einsatz der Streitkräfte formell nicht durch eine ausdrückliche Sicherheitsratsresolution gedeckt ist, ist Art. 35 Const. 1958 nicht anwendbar.[1646] Angesichts der strategischen und diplomati-

1641 CE, 05.07.2000, MM. Mégret et Mekhantar, Rec. S. 291

1642 Wortlaut: „La déclaration de guerre est autorisée par le Parlement." Diese Ermächtigung des Parlaments erfolgt nach den jeweiligen Geschäftsordnungen der Nationalversammlung und des Senates in der Form eines einfachen Beschlusses – also nicht in Gesetzesform. Vgl. hierzu *Carcassonne*, La Constitution, Art. 35, Rn. 232; *Hadas-Lebel*, La Ve République et la guerre, in: Pouvoirs 1991, no. 58, S. 5, 21

1643 *Hadas-Lebel*, La Ve République et la guerre, in: Pouvoirs 1991, no. 58, S. 5. Damit unterfiel insbesondere auch der Algerienkonflikt als Teil des Dekolonialisierungsprozesses nicht dem Anwendungsbereich des Art. 35 Const 1958, sondern stellte einen internen Konflikt dar, in dessen Rahmen die erfolgten militärischen Operationen der Aufrechterhaltung der öffentlichen Ordnung dienten. Vgl. *Gounin*, Anm. zu CE, 05.07.2000, MM. Mégret et Mekhantar, Rec. S. 291, in: AJDA 2001, S. 95, 98. Zum „Algerienkrieg" ausführlich, vgl. *Hadas-Lebel*, La Ve République et la guerre, in: Pouvoirs 1991, no. 58, S. 5, 12-15

1644 Vgl. zum Beispiel die militärischen Operationen im Rahmen des Golfkriegs 1991 auf Grundlage der Sicherheitsratsresolution 678/1990 vom 29.11.1990. Zur Rolle des französischen Parlaments in diesem Konflikt, vgl. *Hadas-Lebel*, La Ve République et la guerre, in: Pouvoirs 1991, no. 58, S. 5, 21-24

1645 Vgl. die wörtliche Wiedergabe der Begründung des damaligen Premierministers bezüglich des Irakkonfliktes 1990/1991 bei *Daudet*, Le cadre juridique des interventions extérieures, in: Ministère de la défense [Hrsg.], Droit des conflits armés et défense, S. 55, 63: „il ne s'agirait pas alors d'une guerre déclarée par un État à un autre mais d'une action de sécurité collective au sens du chapitre VII de la Charte et le président de la République a seul compétence pour décider du moment, des conditions et du niveau d'un engagement éventuel de la France".

1646 Vgl. die verschiedenen Einlassungen des Präsidenten der Republik: „Ces frappes aériennes ne signifient pas la guerre". „Nous ne faisons pas la guerre aux Serbes".

schen Gegebenheiten moderner bewaffneter Auseinandersetzungen ist diese Vorschrift mithin als obsolet anzusehen („tombé en désuétude")[1647] und als bloßes historisches Relikt zu betrachten.[1648]

In den modernen Konflikten wird das französische Parlament von der Regierung über den Einsatz der Streitkräfte lediglich informiert. Diese Information erfolgt aber in der Regel erst im Nachhinein und lediglich fragmentarisch.[1649]

Im Übrigen ist das Parlament auf seine allgemeinen Kontrollrechte beschränkt. So steht den Abgeordneten ein Fragerecht zu[1650] – im Extremfall besteht die Möglichkeit, die Regierung im Wege eines Misstrauensvotums (sogenannte „motion de censure" – Art. 49 II Const. 1958) zu stürzen.[1651] Einen indirekten jedoch nicht zu unterschätzenden Einfluss auf die militärischen Operationen kann das Parlament über sein Budgetrecht ausüben.

Erfolgt der Einsatz auf der Grundlage eines Abkommens, weil – wie z. B. beim Einsatz einer multinationalen Beobachtungstruppe auf der Halbinsel Sinai – keine UN-Beobachtermission zustande gekommen war, ist eine parlamentarische

---

Zit. bei *Gounin*, Anm. zu CE, 05.07.2000, MM. Mégret et Mekhantar, Rec. S. 291, in: AJDA 2001, S. 95, 98

1647 *Gounin*, Anm. zu CE, 05.07.2000, MM. Mégret et Mekhantar, Rec. S. 291, in: AJDA 2001, S. 95, 98

1648 *Dabezies*, in: *Luchaire/Conac* [Hrsg.], La constitution de la république française, Art. 35, S. 775: L'article 35 „n'évoque pas plus un souvenir historique qu'une norme susceptible d'être un jour appliquée." Ebenda S. 777: „il s'agit essentiellement d'une survivance des Constitutions anciennes et de l'affirmation d'un principe abstrait." Ebenso *Daudet*, Le cadre juridique des interventions extérieures, in: Ministère de la défense [Hrsg.], Droit des conflits armés et défense, S. 55, 61: Er spricht von Art. 35 Const. 1958 als einer „survivance historique".
Sehr wohl ist die Vorschrift des Art. 35 Const. 1958 aber (theoretisch) im Verteidigungsfall anzuwenden. Vgl. hierzu *Daudet*, Le cadre juridique des interventions extérieures, in: Ministère de la défense [Hrsg.], Droit des conflits armés et défense, S. 55, 61

1649 Vgl. den Bericht des Abgeordneten *Lamy* vom 08.03.2000 im Namen der „Commission de la défense nationale et des forces armées": „cette information s'effectue le plus souvent *a posteriori* [...] et de manière parcellaire". Zit. bei *Gounin*, Anm. zu CE, 05.07.2000, MM. Mégret et Mekhantar, Rec. S. 291, in: AJDA 2001, S. 95, 98. Hervorhebungen im Original

1650 Vgl. zur diesbezüglichen Praxis *Daudet*, Le cadre juridique des interventions extérieures, in: Ministère de la défense [Hrsg.], Droit des conflits armés et défense, S. 55, 67

1651 Einem solchem kommt die Regierung in der Regel durch eine Vertrauensfrage seitens des Premierministers gemäß Art. 49 I Const. 1958 zuvor. Von dieser Möglichkeit machte z. B. Premierminister *Rocard* im Zusammenhang mit dem Golfkrieg 1990/1991 Gebrauch. Vgl. hierzu ausführlich *Daudet*, Le cadre juridique des interventions extérieures, in: Ministère de la défense [Hrsg.], Droit des conflits armés et défense, S. 55, 68

Beteiligung dann erforderlich, wenn diesem Abkommen auf Grundlage des Art. 53 I Const. 1958 zuzustimmen ist.[1652] Jedoch ist keinesfalls sicher, dass das Parlament seine Zustimmung zu jedem völkerrechtlichen Vertrag erteilt hat, in dessen Rahmen und nach dessen Regeln der militärische Einsatz erfolgt. Art. 53 I Const. 1958 erfasst nämlich von seinem Wortlaut her gerade nicht militärische Beistands- und Bündnisverträge.[1653]

Angesichts dieser verfassungsrechtlichen Ausgangssituation wird das Kräfteverhältnis zwischen dem Präsidenten, dem Premierminister und dem Parlament in diesem Bereich als unausgewogen („déséquilibré") bezeichnet.[1654] Eine Vorrangstellung der Exekutive diesen Ausmaßes rechtfertige sich heute – da eine unmittelbare militärische Bedrohung des französischen Territoriums nicht mehr gegeben sei – nicht mehr.[1655] Aus diesem Grunde wird in der Literatur eine Verfassungsänderung in diesem Bereich auch vehement gefordert.[1656] Eine solche ist bislang aber nicht erfolgt.

III. Vergleichende Bewertung

Die parlamentarische Einbindung in außenpolitische Entscheidungsprozesse ist in Frankreich wesentlich geringer ausgeprägt als in der Bundesrepublik. In Frankreich herrscht die Vorstellung vor, in der Außenpolitik bestehe eine „primauté de l'exécutif"[1657], während in Deutschland – ausgehend von Art. 59 II S. 1 GG – intensiv diskutiert wird, ob die auswärtige Gewalt grundsätzlich der Exekutive zugeordnet ist oder ob diese nicht vielmehr eine kombinierte, gemischte oder ge-

1652 *Daudet*, Le cadre juridique des interventions extérieures, in: Ministère de la défense [Hrsg.], Droit des conflits armés et défense, S. 55, 66

1653 Hinzu kommt, dass es sich bei diesen Verträgen häufig um Geheimabkommen (insbesondere mit afrikanischen Staaten) handelt. Vgl. hierzu *Daudet*, Le cadre juridique des interventions extérieures, in: Ministère de la défense [Hrsg.], Droit des conflits armés et défense, S. 55, 66. Ebenso *Quiles*, Le rôle du Parlement en matière d'interventions extérieurs, in: Ministère de la défense [Hrsg.], Droit des conflits armés et défense, S. 71, 72

1654 *Quiles*, Le rôle du Parlement en matière d'interventions extérieurs, in: Ministère de la défense [Hrsg.], Droit des conflits armés et défense, S. 71, 73

1655 *Quiles*, Le rôle du Parlement en matière d'interventions extérieurs, in: Ministère de la défense [Hrsg.], Droit des conflits armés et défense, S. 71, 72

1656 *Gounin*, Anm. zu CE, 05.07.2000, MM. Mégret et Mekhantar, Rec. S. 291, in: AJDA 2001, S. 95, 98; vgl. zu den insbesondere in den Neunzigerjahren diskutierten Vorschlägen einer Verfassungsänderung *Daudet*, Le cadre juridique des interventions extérieures, in: Ministère de la défense [Hrsg.], Droit des conflits armés et défense, S. 55, 64-66

1657 Vgl. Sommaire bei *Zoller*, Droit des relations extérieures

samthänderische Gewalt darstellt.[1658] Dies zeigt sich – wenn auch in unterschiedlichem Maße – gerade in den beiden hier untersuchten Teilbereichen:

(1) In beiden Ländern ist zunächst zu beobachten, dass der Anwendungsbereich der parlamentarischen Beteiligungsvorschriften (Art. 59 II S. 1 GG bzw. Art. 53 I Const. 1958) beim Ratifikationsprozess völkerrechtlicher Verträge eng ausgelegt wird – insbesondere was die Ablehnung der Anwendung dieser Vorschriften auch auf einseitige Akte anbelangt. Abgesehen davon erscheint die Position des französischen Parlaments gegenüber dem deutschen noch weiter geschwächt: Was das Problem der parlamentarischen Einbindung in de facto-Entwicklungen von Verträgen betrifft, so wird diese Problematik in Frankreich kaum gesehen.[1659] Darüber hinaus wird eine „théorie de l'autorisation implicite" in Deutschland allenfalls diskutiert, wenn es um die Frage geht, ob es bei Verträgen, die Gegenstände der Bundesgesetzgebung betreffen, eines Zustimmungsgesetzes auch dann noch bedarf, wenn der Gesetzgeber für die erfasste Materie bereits eine Verordnungsermächtigung erlassen hat.[1660] Nach den Richtlinien des Bundesministeriums für Justiz für die Fassung von Vertragsgesetzen und vertragsbezogenen Verordnungen (RiVeVo) von 1999[1661] sind hierbei jedoch strenge Voraussetzungen zu beachten.[1662] Bei Änderungsverträgen kann von einer antizipierten Zustimmung der Gesetzgebers „ausgegangen werden, wenn die konkrete Änderung keinen normativen Charakter hat und wenn sie nach Inhalt, Zweck und Ausmaß bereits in einem im ursprünglichen Vertrag vorgesehenen Verfahren zur Vertragsänderung angelegt war."[1663] Eine konkludente Zustimmung, gegebenenfalls ex post, – etwa durch die Verabschiedung von Haushaltsgesetzen – wird hingegen nicht erwogen.

(2) Besonders deutlich zeigt sich die im Vergleich zur Bundesrepublik schwächere Stellung des französischen Parlaments beim Einsatz der Streitkräfte. Gerade in diesem Bereich erscheint eine Stärkung parlamentarischer Rechte in Frank-

1658 Vgl. hierzu den Überblick bei *Kempen*, in: *v. Mangoldt/Klein/Starck*, Grundgesetz-Kommentar, Art. 59, Rn. 31-36; *Wolfrum*, Auswärtige Beziehungen und Verteidigungspolitik, in: *Badura/Dreier* [Hrsg.], Festschrift 50 Jahre Bundesverfassungsgericht, Bd. II, S. 693, 696

1659 Ebenso *Meyring*, Die Entwicklung zustimmungsbedürftiger völkerrechtlicher Verträge nach ihrem Abschluss und ihre Auswirkungen in der deutschen Rechtsordnung, S. 413

1660 Vgl. hierzu Schweitzer, Staatsrecht III, Rn. 174 c; *Kempen*, in: *v. Mangoldt/Klein/Starck*, Grundgesetz-Kommentar, Art. 59, Rn. 68 f. m.w.N.

1661 Abrufbar im Internet unter http://www.bmj.de/rechtsfoermlichkeit/allg/anhang.htm

1662 So muss die Verordnungsermächtigung – „über die in Art. 80 Abs. 1 GG genannten Voraussetzungen hinaus – auslandsbezogen [sein T.P.], d. h. mindestens auch auf die Umsetzung völkerrechtlicher Verträge gerichtet sein." Vgl. RiVeVo Nr. 3.1

1663 RiVeVo Nr. 1.1.3

reich dringend geboten.[1664] Eine solche trüge – über das Zwischenglied der Volksvertretung – wesentlich zu einer größeren Anbindung der militärischen Einsätze an die Bevölkerung bei – würde also deren Legitimität erhöhen.[1665] Außerdem würde dem Vorwurf entgegengewirkt, das gänzliche Abseitsstellen des Parlamentes würde der Effektivität der Auslandseinsätze generell schaden.[1666] Auch der Gesichtspunkt, dass sich die Soldaten nicht unerheblichen Gefahren für Leib und Leben aussetzen und aus diesem Grund eine verstärkte parlamentarische Beteiligung wünschenswert ist, bleibt in der französischen Diskussion unerörtert. An diesem Beispiel zeigt sich wiederum die im Vergleich zur Bundesrepublik Deutschland (noch) eher geringe Bedeutung der Grundrechte.

(3) Zuletzt befindet sich das französische Parlament auch aus verfassungsprozessualer Sicht in einer schwächeren Position als das deutsche. So besteht in Frankreich kein spezielles Verfahren zur Sicherung der Rechte des Parlaments – eine dem Organstreit gemäß Art. 93 I Nr. 1 GG entsprechende Verfahrensart fehlt. Für das Parlament besteht lediglich die Möglichkeit, die Verletzung des Art. 53 I Const. 1958 inzident und ex post in einem Verfahren nach Art. 61 II Const. 1958 durch den Conseil constitutionnel überprüfen zu lassen.[1667]

Sowohl in Frankreich als auch in Deutschland werden als „Kompensation" für die grundsätzlich schwach ausgeprägte Beteiligung der Parlamente am außenpolitischen Prozess die allgemeinen parlamentarischen Kontrollrechte angeführt; diese werden jedoch häufig als unzureichend erachtet. Daher ist in beiden Ländern eine verfassungsrechtlich verankerte Stärkung parlamentarischer Rechte zu befürworten. In Deutschland ist durch das Parlamentsbeteiligungsgesetz[1668] für den Bereich des Einsatzes der Streitkräfte zumindest bereits eine nähere Ausgestaltung parlamentarischer Rechte durch einfaches Gesetz erfolgt. Aber auch im Rahmen der Vorschriften über die parlamentarische Beteiligung am Ratifikationsprozess völkerrechtlicher Verträge erscheinen Anpassungen an die modernen Entwicklungen des Völkervertragsrechts geboten (Stichwort: de facto-Entwicklungen völkerrechtlicher Verträge). Allerdings sind bei solchen verfassungsrechtlichen Verankerungen freilich stets die Besonderheiten der auswärtigen Gewalt

1664 Vgl. auch *Quiles*, Le rôle du Parlement en matière d'interventions extérieurs, in: Ministère de la défense [Hrsg.], Droit des conflits armés et défense, S. 71, 73

1665 Ebenso *Quiles*, Le rôle du Parlement en matière d'interventions extérieurs, in: Ministère de la défense [Hrsg.], Droit des conflits armés et défense, S. 71, 73

1666 *Quiles*, Le rôle du Parlement en matière d'interventions extérieurs, in: Ministère de la défense [Hrsg.], Droit des conflits armés et défense, S. 71, 73 f.

1667 Vgl. zu den prozessualen Möglichkeiten des Parlaments oben Teil 3 B. III.

1668 BGBl. 2005 I, S. 775. Vgl. hierzu *Wiefelspütz*, Das Parlamentsbeteiligungsgesetz vom 18.3.2005, in: NVwZ 2005, S. 469 ff.; *Schröder F.*, Das neue Parlamentsbeteiligungsgesetz, in: NJW 2005, S. 1401 ff.; *Burkiczak*, Das Parlamentsbeteiligungsgesetz, in: VR 2005, S. 289 ff.

zu berücksichtigen – die parlamentarische Beteiligung darf nicht zur Aufhebung außenpolitischer Handlungsfreiheit führen.

Schlussbetrachtungen und Ausblick

Die Untersuchung ließ an verschiedenen Stellen erkennen, wie sich die französischen und deutschen Positionen zum Thema „Verfassungsgerichtliche Rechtsprechung zu außenpolitischen Fragen“ einander annähern.

Dies wurde bereits bei der Erörterung der verschiedenen Konzeptionen der Außenpolitik seit dem Ende des Kalten Krieges deutlich. So vertreten beide Länder einen multipolaren Ansatz, bei dem insbesondere die Vorrangstellung der Vereinten Nationen bei der Lösung internationaler Konflikte in den Vordergrund gerückt wird. Inhaltlich wird die deutsche Außenpolitik in verstärktem Maße von nationalen Interessen geprägt – ein Phänomen, das in Frankreich bereits lange Tradition besitzt. Während des Kalten Krieges waren die beiden deutsche Staaten kaum in der Lage gewesen, eigene Interessen zu formulieren – zum einen wegen fehlender vollständiger Souveränität, zum anderen aufgrund der festen Einbettung in die Militärbündnisse der beiden Lager.[1669]

Auch bei der verfassungsgerichtlichen Kontrolle der Außenpolitik zeigten sich gegenseitige Annäherungen. Zunächst wird jedoch der einleitend erwähnte Konflikt zwischen der Notwendigkeit außenpolitischer Handlungsfähigkeit einerseits und rechtsstaatlichen Erfordernissen andererseits in Deutschland und Frankreich sowohl auf prozessualer als auch auf materiell-rechtlicher Ebene von unterschiedlichen Ausgangspunkten her gelöst.

So haben die französischen Gerichte schon von Verfassungs wegen auf dem Gebiet der Außenpolitik nur marginale Kompetenzen bzw. verneinen – unter Rückgriff auf die Theorie der Regierungsakte – für außenpolitische Fragestellungen die Eröffnung des Rechtsweges. Überdies existiert beim Conseil constitutionnel keine Eilrechtsschutzmöglichkeit. Demgegenüber kommen dem Bundesverfassungsgericht umfassende Kompetenzen zu. Die Tatsache, dass der Conseil constitutionnel Zulässigkeitsvorschriften zum Teil extensiv auslegt, trägt dabei nicht wesentlich zu einer Entschärfung dieses grundsätzlichen Unterschiedes bei. Vor allem die nicht vorhandene Möglichkeit des Einzelnen, den Conseil constitutionnel anzurufen, sowie das Fehlen einer dem Organstreit gemäß Art. 93 I Nr.

1669 Der ehemalige Bundesaußenminister *Kinkel* bezeichnete diese Politik der Selbstbescheidung der Bundesrepublik treffend als „im Geleitzug fahren“. So der Hinweis bei *Nikolaus Busse*, Was nützt es uns? – Der Kongo-Einsatz beschert Deutschland seine erste Debatte über das nationale Interesse, in: FAZ vom 11.04.2006, Nr. 86, S. 12

1 GG entsprechenden Verfahrensart erweisen sich als problematisch, insbesondere auch deshalb, weil keine bzw. eine nur unvollständige „Kompensation“ durch Zuständigkeiten des Conseil d'Etat stattfindet. Die teilweise zu beobachtende extensive Auslegung der Zulässigkeitsvorschriften durch das Bundesverfassungsgericht ist äußerst kritisch zu bewerten. Wie vor allem die Erörterung des Maastricht- und des Streikräfteverfahrens gezeigt hat, wird hierdurch der Tatsache Vorschub geleistet, dass politische Kontrolle und Verantwortung in den entsprechenden Gremien (vor allem dem Parlament) nicht mehr vor- bzw. wahrgenommen, sondern „nach Karlsruhe abgeschoben“ werden.

Trotz dieser auf den ersten Blick erheblichen Unterschiede ließen sich bereits auf prozessualer Ebene Annäherungen beobachten. Hier ist vor allem das Zurückdrängen bzw. die teilweise Aufgabe der „théorie des actes de gouvernement“ durch den Conseil d'Etat hervorzuheben. Zu dieser Entwicklung trugen und tragen in erheblichem Umfang die Gewährleistungen der EMRK – vor allem die Artt. 6 I, 13 EMRK – sowie andere Entwicklungen im Bereich des Völkervertragsrechts bei. Im Bereich der Justiziabilitätsfrage sind weitere Annäherungen zu erwarten, da nach hier vertretener Auffassung die Theorie der Regierungsakte in Zukunft ohnehin in toto aufzugeben sein wird. Was die Zuständigkeit des Conseil constitutionnel anbelangt, so wurden in Frankreich häufig Reformprojekte[1670] diskutiert, im Zuge derer dem Verfassungsrat mehr Kompetenzen durch Einführung neuer Verfahrensarten eingeräumt werden sollten. Insbesondere wurde auch erwogen, dem einzelnen Bürger den Weg zum Verfassungsrat zu eröffnen. Bislang konnte sich jedoch noch keines der Reformvorhaben durchsetzen.

Auch in materiell-rechtlicher Hinsicht lassen sich zunächst unterschiedliche Herangehensweisen der Gerichte beider Länder erkennen, was sich vor allem durch verschiedene Schwerpunkte beim Prüfungsmaßstab ausdrückt. Während in Deutschland die Grundrechte im Vordergrund stehen, bildet in Frankreich die Beachtung der „conditions essentielles d'exercice de la souveraineté nationale“ den zentralen Prüfungsmaßstab. In der verfassungsgerichtlichen Kontrolle setzt sich also die unterschiedliche Konzeption der Außenpolitik während der Zeit des Kalten Krieges fort: Aufgrund des seit jeher starken Betonens nationaler Interessen und nationaler Souveränität durch die französische Seite ist das Herausstellen der „souveraineté nationale“ durch den Conseil constitutionnel nicht überraschend.

Mit der oben geschilderten Annäherung im Rahmen der Konzeption der Außenpolitik geht gleichsam „akzessorisch“ eine Verschiebung der Gewichte beim Prüfungsmaßstab einher – und zwar von beiden Seiten. So bezieht der Conseil

1670 Vgl. zu den Reformvorschlägen von Anfang der Neunzigerjahre *Mels*, Bundesverfassungsgericht und Conseil constitutionnel, S. 456-462

constitutionnel verstärkt die Grundrechte in seine Erwägungen mit ein – das Bundesverfassungsgericht befasste sich seinerseits – hauptsächlich in Anlehnung an die Schriften von *Kirchhof*[1671] – insbesondere in der Maastricht-Entscheidung mit der Frage, was eine „deutsche Staatlichkeit" ausmache, und ob diese durch den Vertrag über die Europäische Union erhalten werde.[1672]

Auch im Rahmen der Kontrolldichte zeigen sich Annäherungen. Obwohl – betrachtet man ausschließlich die verfassungsrechtliche Ausgangssituation – eine reduzierte Kontrolldichte lediglich beim Bundesverfassungsgericht angezeigt erscheint, um den notwendigen außenpolitischen Handlungsspielraum zu erhalten, können bestimmte Argumentationstopoi des Conseil constitutionnel ebenfalls als Rücknahme der gerichtlichen Kontrolldichte gewertet werden. Der Conseil d'Etat kann – sofern er die Justiziabilität einer Frage bejaht – ebenfalls auf eine abgestufte Kontrolldichte zurückgreifen. Das Bundesverfassungsgericht seinerseits muss aufgrund bestimmter Vorgaben der EMRK unter gewissen Umständen die Kontrolldichte erhöhen und darf nicht lediglich eine Evidenzprüfung vornehmen.

Um einen Konflikt zwischen internationaler Ebene und dem jeweiligen nationalen Verfassungsrecht zu vermeiden, sollten die Verfassungsgerichte verstärkt eine Kontrolle der Akte der auswärtigen Gewalt auch anhand von Normen des Völkerrechts – unabhängig von deren Rang – vornehmen. Eine solche Forderung lässt sich aus dem Gesichtspunkt ableiten, dass sowohl der französischen als auch der deutschen Verfassungsgerichtsbarkeit eine gewisse Verantwortung dafür zukommt, eine völkerrechtliche Haftung ihres jeweiligen Staates nach Möglichkeit zu verhindern. Im Einzelnen ist hierbei zwischen Normen des Völkergewohnheitsrechts und des Völkervertragsrechts zu trennen; auch ist nach der Natur des kontrollierten Aktes zu unterscheiden. Schließlich kann zumindest dem deutschen Verfassungsrecht mit Art. 79 III GG eine Grenze der Völkerrechtsbindung deutscher Organe entnommen werden. Allerdings vertritt vor allem der Conseil constitutionnel hier noch einen anderen Ansatz.

Seit der Entscheidung des Conseil d'Etat in der Rechtssache G.I.S.T.I. legen die deutschen und französischen Verfassungsgerichte eigenständig die entscheidungsrelevanten völkerrechtlichen Verträge aus. Hierbei greifen sie hauptsächlich auf die Auslegungsregeln der WVRK zurück, wobei sich dies in Frankreich allenfalls implizit aus den Judikaten ergibt.

Als weitgehend ungeeignet zur Konfliktlösung erweist sich die Technik der verfassungskonformen Auslegung völkerrechtlicher Verträge – ein Mittel, auf das

1671 Vgl. z. B. *Kirchhof*, Der deutsche Staat im Prozeß der europäischen Integration, in: *Isensee/Kirchhof* [Hrsg.], HStR VII, § 183

1672 Vgl. BVerfGE 89, 155, 189 f. Besonders deutlich wird dies bei folgendem Satz in der Entscheidung (S. 190): „Deutschland wahrt damit die Qualität eines souveränen Staates".

sowohl die französische als auch die deutsche Verfassungsgerichtsbarkeit zurückgreift.

Auch aufgrund dieser Annäherungen im materiell-rechtlichen Bereich unterscheiden sich vergleichbare Fälle im Ergebnis kaum. Der Hauptgrund für diese Beobachtung liegt aber vor allem darin, dass das Bundesverfassungsgericht die Argumente, die in Frankreich die Nichtjustiziabilität des Rechtsstreits stützen, zur Begründung einer reduzierten Kontrolldichte heranzieht: Neben dem Herausstreichen des Fehlens von „manageable standards", der Abhängigkeit von nichtverfassungsgebundenen anderen Völkerrechtssubjekten und der besonderen Sachkunde der Träger der auswärtigen Gewalt spielt in beiden Ländern das „cas par cas" – also das entscheidende Abstellen auf Einzelfallgesichtspunkte – eine erhebliche Rolle. Dies geht freilich zulasten der Rechtssicherheit für die Rechtsunterworfenen, was sowohl in der Bundesrepublik als auch in Frankreich kritisch bewertet wird.

Das sukzessive Zurückdrängen der „théorie des actes de gouvernement" bzw. deren teilweise Aufgabe führt dazu, dass auch in Frankreich die Außenpolitik verstärkt richterlicher Kontrolle unterworfen wird. Das Problem verlagert sich also in Frankreich von den formell-rechtlichen Grenzen der Verfassungsgerichtsbarkeit hin zu den materiell-rechtlichen. Hierbei ergab die Erörterung der deutschen Verfassungsrechtslage, dass diese nicht mit Hilfe von Schlagwörtern, wie „judicial self-restraint" bestimmt werden können. Vielmehr sind sie der Verfassung selbst zu entnehmen. Damit entwickelt sich das Problem der Verfassungsauslegung zu einem Kardinalproblem. Diese muss die Spezifika des Kontrollgegenstandes stets im Auge behalten, um den an sich zuständigen Trägern der auswärtigen Gewalt den erforderlichen Handlungsspielraum zu belassen. Um einem „Machtzuwachs" der Gerichte wirksam entgegenwirken zu können, müssen die Richter strikt die anerkannten Auslegungskanones beachten. Bei der Frage der Grenzen der Verfassungsgerichtsbarkeit ist – ausgehend von der jeweiligen Kontrollnorm – vor allem die systematische Auslegung von zentraler Bedeutung. In diesem Rahmen sind funktionell-rechtliche Erwägungen einzubeziehen, vor allem die Gerichtsförmigkeit und die Maßstabsgebundenheit. Zieht man die Grenzen der Verfassungsgerichtsbarkeit in der Art und Weise, dass das Gericht sich nur im Rahmen der anerkannten Auslegungsgrundsätze bewegen darf, hat der eingangs zitierte Satz *Montesquieus* von der richterlichen Gewalt als „en quelque façon nulle" bis heute seine uneingeschränkte Gültigkeit.

Bei der Erörterung der parlamentarischen Beteiligung am außenpolitischen Prozess wurde deutlich, wie notwendig eine (möglichst verfassungsrechtlich abgesicherte) Stärkung parlamentarischer Rechte angesichts neuer Handlungsformen im Völkerrecht und angesichts moderner internationaler Konflikte ist. Dabei ist jedoch nicht außer Acht zu lassen, dass hierdurch nicht die außenpolitische Handlungsfreiheit über Gebühr eingeschränkt wird.

Vor allem die Schöpfung des Erfordernisses eines konstitutiven Parlamentsbeschlusses für den bewaffneten Einsatz der Streitkräfte im Ausland durch das Bundesverfassungsgericht beweist den bloßen Übergangscharakter verfassungsgerichtlicher Lösungen. Solche tragen nämlich – neben durchaus nicht zu verkennenden positiven Aspekten – dazu bei, dass die politischen Organe ihrer Verantwortung nicht gerecht werden. Der Zeitraum von über zehn Jahren zwischen dem Erlass des Streitkräfteurteils und der Verabschiedung des Parlamentsbeteiligungsgesetzes spricht eine deutliche Sprache.

Zuletzt stellt sich die Frage nach einer eventuellen Kontrolle einer künftigen europäischen Außenpolitik. Die im Verfassungsvertrag angelegte Konzeption, die die GASP weitestgehend einer Kontrolle durch den EuGH entzieht, neigt erkennbar dem französischen System zu. Dieser Umstand ist auch wenig überraschend, da das gesamte Verfahren und der Gerichtsaufbau auf europäischer Ebene dem französischen Verwaltungsprozess angenähert ist. Auf lange Sicht gilt es jedoch eine solche Konzeption zu überdenken. So hat vorliegende Untersuchung die Schwächen einer grundsätzlichen Nichtjustiziabilität von Akten der auswärtigen Gewalt aufgezeigt und die Vorzüge dargelegt, die ein Berücksichtigen der besonderen Erfordernisse der Außenpolitik erst auf materiell-rechtlicher Ebene mit sich bringt. Auch die teilweise Aufgabe der Theorie der Regierungsakte in Frankreich sollte auf europäischer Ebene Niederschlag finden. Dies gilt umso mehr, wenn die Union von der gemäß Art. I-9 II S. 1 EV bestehenden Kompetenz Gebrauch machen und der EMRK beitreten sollte. Um jedoch den nicht zu leugnenden Gefahren eines solchen Systems vorzubeugen und um ein „gouvernement des juges" auf europäischer Ebene zu verhindern, wird auch der EuGH die formell- und materiell-rechtlichen Grenzen seiner (Verfassungs-)gerichtsbarkeit deutlich erkennen und beachten müssen.

Literaturverzeichnis

(Die in der französischen Literatur üblichen Anmerkungen zu den Urteilen des Conseil constitutionnel und des Conseil d'Etat sowie die Schlussanträge der Regierungskommissare befinden sich lediglich in den Fußnoten.)

Abraham, Ronny, Droit international, droit communautaire et droit français, Paris 1989

Achterberg, Norbert, Bundesverfassungsgericht und Zurückhaltungsgebote – Judicial, processual, theoretical self-restraints, in: DÖV 1977, S. 649 ff.

Alberton, Ghislaine, De l'indispensable intégration du bloc de conventionnalité au bloc de constitutionnalité?, in: RFDA 2005, S. 249 ff.

Alexy, Robert, Verfassungsrecht und einfaches Recht, in: VVDStRL 61 (2002), S. 7 ff.

Ardant, Philippe, Institutions politiques & Droit constitutionnel, 17. Auflage, Paris 2005

Auvret-Finck, Josiane, Les actes de gouvernement, irréductible peau de chagrin?, in: RDP 1995, S. 131 ff.

Badura, Peter, Erneute Überlegungen zur Justiziabilität politischer Entscheidungen, in: *Däubler-Gmelin, Herta/ Kinkel, Klaus/ Meyer, Hans/ Simon, Helmut* [Hrsg.], Gegenrede: Aufklärung – Kritik – Öffentlichkeit, Festschrift für Ernst Gottfried Mahrenholz, Baden-Baden 1994, S. 869 ff.

Béchillon, Denys de, De quelques incidences du contrôle de la conventionnalité internationale des lois par le juge ordinaire (Malaise dans la Constitution), in: RFDA 1998, S. 225 ff.

Béchillon, Denys de, Le gouvernement des juges: une question à dissoudre, in: Dalloz, chron. 2002, S. 973 ff.

Benda, Ernst, Deutsche Außenpolitik vor Gericht, in: Internationale Politik 1995, S. 40 ff.

Benda, Ernst/ Klein, Eckhart, Verfassungsprozeßrecht – ein Lehr- und Handbuch, 2., völlig neubearbeitete Auflage, Heidelberg 2001

Bernhardt, Rudolf, Bundesverfassungsgericht und völkerrechtliche Verträge, in: *Starck, Christian* [Hrsg.], Bundesverfassungsgericht und Grundgesetz – Festgabe aus Anlaß des 25jährigen Bestehens des Bundesverfassungsgerichts, Zweiter Band, Tübingen 1976, S. 154 ff.

Bernhardt, Rudolf, Völkerrechtliche Bemerkungen zum Grundvertrags-Urteil des Bundesverfassungsgerichts, in: *Delbrück, Jost/ Ipsen, Knut/ Rauschning, Dietrich* [Hrsg.], Recht im Dienst des Friedens, Festschrift für Eberhard Menzel zum 65. Geburtstag am 21. Januar 1976, Berlin 1975, S. 109 ff.

Bertram, Christoph, Réconcilier la France avec elle-même?, in: La revue internationale et stratégique 45 (2002), S. 81 ff.

Binczak, Pascal, Acte de gouvernement, in: Encyclopédie Dalloz, Répertoire de contentieux administratif, Tome I (Stand September 09/2005)

Bleckmann, Albert, Die Mitwirkung des französischen Parlaments bei Abschluß, Aufhebung und Änderung von Verträgen, in: ZaöRV 26 (1966), S. 310 ff.

Bleckmann, Albert, Grundgesetz und Völkerrecht, Berlin 1975

Bleckmann, Albert, Der Grundsatz der Völkerrechtsfreundlichkeit der deutschen Rechtsordnung, in: DÖV 1996, S. 137 ff.

Blumenwitz, Dieter, Judicial self-restraint und die verfassungsgerichtliche Überprüfung von Akten der Auswärtigen Gewalt – Zur Rezeption eines amerikanischen Rechtsbegriffs durch das Bundesverfassungsgericht, in: DVBl. 1976, S. 464 ff.

Blumenwitz, Dieter, Verfassungsbeschwerde und politischer Vertrag – Zum Problem der Verfassungsrechtsprechung im Bereich der auswärtigen Gewalt des Bundes, in: BayVBl. 1976, S. 520 ff.

Blumenwitz, Dieter, Der Einsatz deutscher Streitkräfte nach der Entscheidung des BVerfG vom 12. Juli 1994, in: BayVBl. 1994, S. 641 ff.; 678 ff.

Blumenwitz, Dieter, Einsatzmöglichkeiten der Bundeswehr im Kampf gegen den Terrorismus, in: ZRP 2002, S. 102 ff.

Böckenförde, Ernst-Wolfgang, Zur Lage der Grundrechtsdogmatik nach 40 Jahren Grundgesetz – erweiterte Fassung eines Vortrages gehalten in der Carl-Friedrich-von-Siemens-Stiftung am 19. Oktober 1989, München 1990

Böckenförde, Ernst-Wolfgang, Staat, Verfassung, Demokratie – Studien zur Verfassungstheorie und zum Verfassungsrecht, 2. Auflage, Frankfurt/M. 1992

Bolewski, Wilfried M., Zur Bindung deutscher Gerichte an Äußerungen und Maßnahmen ihrer Regierung auf völkerrechtlicher Ebene – Ein Beitrag zur Verrechtlichung der Außenpolitik, Marburg 1971

Bon, Pierre/ Lascombe, Michel/ Vandendriessche, Xavier/ Lavialle, Christian/ Fombeur, Pascale/ Stahl, Jacques-Henri/ Dreyfus, Jean-David/ Cliquennois, Martine [Hrsg.], Code administratif, 29. Auflage, Paris 2006

Bredow, Wilfried von, Was ist neu an der deutschen Außenpolitik seit 1990?, in: Neue deutsche Außenpolitik; Politische Bildung 2/2003, S. 7 ff.

Brenner, Michael, Die neuartige Technizität des Verfassungsrechts und die Aufgabe der Verfassungsrechtsprechung, in: AöR 120 (1995), S. 248 ff.

Brisson, Jean-François, Le recours pour excès de pouvoir – Tendances récentes du contentieux administratif, Paris 2004

Brunet, Pierre, Le juge constitutionnel est-il un juge comme les autres?, in: *Grewe, Constance/ Jouanjan, Olivier/ Maulin, Éric/ Wachsmann, Patrick* [Hrsg.], La notion de « justice constitutionnelle », Paris 2005, S. 115 ff.

Bryde, Brun-Otto, Verfassungsentwicklung. Stabilität und Dynamik im Verfassungsrecht der Bundesrepublik Deutschland, Baden-Baden 1982

Bryde, Brun-Otto, Das Maastricht-Urteil des Bundesverfassungsgerichts – Konsequenzen für die weitere Entwicklung der europäischen Integration, Tübingen 1993

Buffet-Tchakaloff, Marie France, L'interprétation des Traités internationaux par le Conseil d'Etat, in: RGDIP 1991, S. 109 ff.

Burchardt, Daniel O., Grenzen verfassungsgerichtlicher Erkenntnis – zur Prozeduralität der Verfassungsnormativität, Berlin 2004

Burkiczak, Christian M., Das Parlamentsbeteiligungsgesetz, in: VR 2005, S. 289 ff.

Burmeister, Frank, Gutachten des Bundesverfassungsgerichts zu völkerrechtlichen Verträgen, Berlin 1998

Burmeister, Joachim, Stellung und Funktion des Bundesverfassungsgerichts im System der Gewaltenteilung, in: *Koenig, Pierre/ Rüfner, Wolfgang* [Hrsg.], Die Kontrolle der Verfassungsmäßigkeit in Frankreich und in der Bundesrepublik Deutschland, Köln, München u.a. 1985, S. 33 ff.

Carcassonne, Guy, La Constitution, 6. Auflage, Paris 2004

Cayla, Olivier, Le contrôle des mesures d'exécution des traités: réduction ou négation de la théorie des actes de gouvernement, in: RFDA 1994, S. 1 ff.

Champeil-Desplats, Véronique, Commentaire de la décision du Conseil constitutionnel no. 2004-505 DC du 19 novembre 2004 relative au Traité établissant une Constitution pour l'Europe, in: RTDE 2005, S. 557 ff.

Chapus, René, Droit administratif général, Tome I, 15. Auflage, Paris 2001

Chapus, René, Droit du contentieux administratif, 11. Auflage, Paris 2004

Chapus, René, L'acte de gouvernement, monstre ou victime?, in: Dalloz chron. 1958, S. 5 ff.

Clerckx, Jocelyn, Le statut de la cour pénale internationale et le droit constitutionnel français, in: RTDH 2000, S. 649 ff.

Combacau, Jean, La souveraineté internationale de l'État dans la jurisprudence du Conseil constitutionnel français, in: Les Cahiers du Conseil constitutionnel no. 9/2000, S. 113 ff.

Conseil d'Etat [Hrsg.], Droit international et droit français, Etude adoptée par la Section du Rapport et des Etudes du Conseil d'Etat le 25 avril 1985, Paris 1986

Conseil d'Etat [Hrsg.], La norme internationale en droit français, Étude adoptée par l'Assemblée générale du Conseil d'Etat le 29 juin 2000, Paris 2000

Costa, Jean-Paul, La Convention européenne des droits de l'homme et la Constitution de la France, in: Le nouveau constitutionnalisme, Mélanges en l'honneur de Gérard Conac, Paris 2001, S. 241 ff.

Coussirat-Coustère, Vincent, Le Conseil constitutionnel et l'élection au suffrage universel direct de l'assemblée européenne, in: AFDI 1976, S. 805 ff.

Cremer, Hans-Joachim, Der Schutz vor den Auslandsfolgen aufenthaltsbeendender Maßnahmen – Zugleich ein Beitrag zur Bestimmung der Reichweite grundrechtlicher Verantwortung für die Folgewirkungen deutscher Hoheitsakte, Baden-Baden 1994

Cremer, Hans-Joachim, Rügbarkeit demokratiewidriger Kompetenzverschiebungen im Wege der Verfassungsbeschwerde?, in: NJ 1995, S. 5 ff.

Cronauer, Harald, Der internationale Vertrag im Spannungsfeld zwischen Verfassung und Völkerrecht – Eine rechtsvergleichende Untersuchung zur verfassungskonformen Auslegung bei der verfassungsgerichtlichen Kontrolle völkerrechtlicher Verträge in den Ländern Bundesrepublik Deutschland, Österreich und Schweiz, München 1986

Däubler, Wolfgang, Stationierung und Grundgesetz – Was sagen Völkerrecht und Verfassungsrecht zu neuen Massenvernichtungswaffen (ABC-Waffen) in der Bundesrepublik?, Reinbek b. Hamburg 1983

Daudet, Yves, Le cadre juridique des interventions extérieures, in: *Ministère de la défense* [Hrsg.], Droit des conflits armés et défense – colloque 3 et 4 février 1998, S. 53 ff.

Decaux, Emmanuel/ Eisemann, Pierre Michel/ Goesel-Le Bihan, Valérie/ Stern, Brigitte, France, in: *Eisemann, Pierre Michel* [Hrsg.], L'intégration du droit international et communautaire dans l'ordre juridique national – Étude de la pratique en Europe, Den Haag, London u.a. 1996, S. 241 ff.

Degenhart, Christoph, Staatsrecht I – Staatsorganisationsrecht, 21., völlig neu bearbeitete Auflage, Heidelberg 2005

Deharbre, David, Les solutions Koné et Aquarone: un „coup d'arrêt" à la réception du droit international public par le juge administratif?, in: Petites Affiches, 07.08.1998, no. 94, S. 13 ff.

Dehaussy, Jacques, La constitution, les traités et les lois: à propos de la nouvelle jurisprudence du Conseil d'Etat sur les traités, in: JDI 1999, S. 675 ff.

Delajoux, Claire, Le Conseil d'Etat et les sources supranationales du droit, Thèse pour le doctorat en Droit Public à l'Université Panthéon-Sorbonne (Paris I), 1994

Delbrück, Jost, Die Rolle der Verfassungsgerichtsbarkeit in der innenpolitischen Kontroverse um die Außenpolitik, in: *Randelzhofer, Albrecht/ Süß, Werner* [Hrsg.], Konsens und Konflikt – 35 Jahre Grundgesetz; Vorträge und Diskussionen einer Veranstaltung der Freien Universität Berlin vom 6. bis 8. Dezember 1984, Berlin u.a. 1986, S. 55 ff.

Denninger, Erhard/ Hoffmann-Riem, Wolfgang/ Schneider, Hans-Peter/ Stein, Ekkehart [Hrsg.], Kommentar zum Grundgesetz für die Bundesrepublik Deutschland, Reihe Alternativkommentare, Band III, 3. Auflage, Neuwied, u.a. 2001

Denquin, Jean-Marie, Justice constitutionnelle et justice politique, in: *Grewe, Constance/ Jouanjan, Olivier/ Maulin, Éric/ Wachsmann, Patrick* [Hrsg.], La notion de « justice constitutionnelle », Paris 2005, S. 75 ff.

Dörr, Oliver, Kompendium völkerrechtlicher Rechtsprechung, Tübingen 2004

Dord, Olivier, Le Conseil constitutionnel face à la „Constitution européenne": contrôle des apparences ou apparence de contrôle?, in: AJDA 2005, S. 211 ff.

Drago, Guillaume, Contentieux constitutionnel français, Paris 1998

Dreier, Horst [Hrsg.], Grundgesetz-Kommentar, Bd. I, Art. 1-19, 2. Auflage, Tübingen 2004

Dreier, Horst [Hrsg.],Grundgesetz-Kommentar, Bd. II, Art. 20-82, Tübingen 1998

Dreier, Horst [Hrsg.], Grundgesetz-Kommentar, Bd. III, Art. 83-146, Tübingen 2000

Dreist, Peter, AWACS-Einsatz ohne Parlamentsbeschluss?, in: ZaöRV 64 (2004), S. 1001 ff.

Dreist, Peter, Der Bundestag zwischen „Vorratsbeschluss" und Rückholrecht – Plädoyer für ein wirkungsvolles Parlamentsbeteiligungsgesetz, in: KritV 87 (2004), S. 79 ff.

Dubouis, Louis, Le Conseil d'Etat, interprète des conventions internationales: du refus à l'abus, in: *Pararas, Petros J.* [Hrsg.], État – Loi – Administration, Mélanges en l'honneur de Epaminondas P. Spiliotopoulos, Athen, Brüssel 1998, S. 67 ff.

Duez, Paul, Les actes de gouvernement, Paris 1935

Dupré de Boulois, Xavier, La théorie des actes de gouvernement à l'épreuve du droit communautaire, in: RDP 2000, S. 1791 ff.

Ehrenzeller, Bernhard, Legislative Gewalt und Aussenpolitik – Eine rechtsvergleichende Studie zu den parlamentarischen Entscheidungskompetenzen des deutschen Bundestages, des amerikanischen Kongresses und der schweizerischen Bundesversammlung im auswärtigen Bereich, Frankfurt/M. 1993

Ehrenzeller, Bernhard, Aussenpolitische Handlungsfähigkeit und Verfassung, in: *Cremer, Hans-Joachim/ Giegerich, Thomas/ Richter, Dagmar/ Zimmermann, Andreas* [Hrsg.], Tradition und Weltoffenheit des Rechts, Festschrift für Helmut Steinberger, Berlin 2002, S. 703 ff.

Elbing, Gunther, Zur Anwendbarkeit der Grundrechte bei Sachverhalten mit Auslandsbezug, Berlin 1992

Epping, Volker, Die Evakuierung deutscher Staatsbürger im Ausland als neues Kapitel der Bundeswehrgeschichte ohne rechtliche Grundlage?, in: AöR 124 (1999), S. 423 ff.

Favoreu, Louis, Le Conseil constitutionnel et le droit international, in: AFDI 1977, S. 95 ff.

Favoreu, Louis, Le principe de constitutionnalité, in: Recueil d'études en hommage à Charles Eisenmann, Paris 1977, S. 33 ff.

Favoreu, Louis, La jurisprudence du Conseil constitutionnel en 1980, in: RDP 1980, S. 1627 ff.

Favoreu, Louis, La décision du Conseil constitutionnel du 22 mai 1985 relative au protocole no. 6 additionnel à la convention européenne des droits de l'homme, in: AFDI 1985, S. 868 ff.

Favoreu, Louis, L'acte de gouvernement, acte provisoirement et accidentellement injusticiable, in: RFDA 1987, S. 544 ff.

Favoreu, Louis/ Gaïa, Patrick/ Ghevontian, Richard/ Mestre, Jean-Louis, Droit constitutionnel, 8. Auflage, Paris 2005

Favoreu, Louis/ Philip, Loïc, Les grandes décisions du Conseil constitutionnel, 13. Auflage, Paris 2005

Fischer, Christian/ Fischer-Lescano, Andreas, Enduring Freedom für Entsendebeschlüsse? Völker- und verfassungsrechtliche Probleme der deutschen Beteiligung an Maßnahmen gegen den Internationalen Terrorismus, in: KritV 85 (2002), S. 113 ff.

Fromont, Michel, L'intensité du contrôle du juge sur les décisions administratives en France et en Allemagne, in: Mouvement du droit public. Du droit administratif au droit constitutionnel. Du droit français aux autres droits – Mélanges en l'honneur de Franck Moderne, Paris 2004, S. 1117 ff.

Frowein, Jochen Abr./ Peukert, Wolfgang, EMRK-Kommentar, 2. vollständig neu bearbeitete Auflage unter Berücksichtigung des 11. ZP zur Gründung eines ständigen Gerichtshofs, Kehl, Straßburg 1996

Gaïa, Patrick, Le Conseil constitutionnel et l'insertion des engagements internationaux dans l'ordre juridique interne, Aix-en Provence 1991

Gaïa, Patrick, Normes constitutionnelles et normes internationales, in: RFDA 1996, S. 885 ff.

Gaïa, Patrick, Commentaire de la décision du Conseil constitutionnel no. 91-294 DC du 25 juillet 1991, in: R.R.J. 1992, S. 25 ff.

Gautier, Marie, La décision du Conseil constitutionnel relative au traité établissant une Constitution pour l'Europe est-elle une grande décision?, in: JCP Administrations et Collectivités locales 2005, S. 255 ff.

Gautron, Jérôme/ Monjal, Pierre-Yves, La décision 98-408 du Conseil constitutionnel relative au statut de la cour pénale internationale: un soutien juridique aux réticences nationales?, in: R.R.J. 1999, S. 1207 ff.

Gassner, Ulrich M., Kreation und Repräsentation – Zum demokratischen Gewährleistungsgehalt von Art. 38 Abs. 1 S. 1 GG, in: Der Staat 34 (1995), S. 429 ff.

Geck, Wilhelm Karl, Das Bundesverfassungsgericht und die allgemeinen Regeln des Völkerrechts, in: *Starck, Christian* [Hrsg.], Bundesverfassungsgericht und Grundgesetz – Festgabe aus Anlaß des 25jährigen Bestehens des Bundesverfassungsgerichts, Zweiter Band Verfassungsauslegung, Tübingen 1976, S. 125 ff.

Geiger, Rudolf, Grundgesetz und Völkerrecht – die Bezüge des Staatsrechts zum Völkerrecht und Europarecht, 3., überarbeitete Auflage, München 2002

Genevois, Bruno, Une catégorie de principes de valeur constitutionnelle: les principes fondamentaux reconnus par les lois de la République, in: RFDA 1998, S. 477 ff.

Genevois, Bruno, Le Conseil constitutionnel et le droit pénal international – À propos de la décision no. 98-408 DC du 22 janvier 1999, in: RFDA 1999, S. 285 ff.

Giegerich, Thomas, Verfassungsgerichtliche Kontrolle der auswärtigen Gewalt im europäisch-atlantischen Verfassungsstaat, in: ZaöRV 57 (1997), S. 409 ff.

Giegerich, Thomas, Die Verfassungsbeschwerde an der Schnittstelle von deutschem, internationalem und supranationalem Recht, in: *Grabenwarter, Christoph* [Hrsg.], Allgemeinheit der Grundrechte und Vielfalt der Gesellschaft, Stuttgart u.a. 1994, S. 101 ff.

Gicquel, Jean/ Gicquel, Jean-Éric, Droit constitutionnel et institutions politiques, 20. Auflage, Paris 2005

Goesel-le Bihan, Valérie, La répartition des compétences en matière de conclusion des accords internationaux sous la Ve République, Paris 1995

Gornig, Gilbert, Die Verfassungsmäßigkeit der Entsendung von Bundeswehrsoldaten zu „Blauhelm"-Einsätzen, in: JZ 1993, S. 123 ff.

Gornig, Gilbert, Eine Verfassungsänderung ist nicht erforderlich, in: Truppenpraxis 1993, S. 571 ff.

Gornig, Gilbert, Erwerbsmöglichkeit von zwischen 1945 und 1949 enteigneten Vermögensgütern durch bevorzugte Personen und ihre Vereinbarkeit mit dem geltenden Recht, in: VIZ 1993, S. 136 ff.

Grabenwarter, Christoph, Europäische Menschenrechtskonvention, 2. Auflage, München 2005

Grewe, Constance/ Ruiz-Fabri, Hélène, Le conseil constitutionnel et l'intégration européenne, in: RUDH 1992, S. 277 ff.

Guillaume, Gilbert, Les traités devant les formations administratives du Conseil d'Etat, in: L'État de droit – Mélanges en l'honneur de Guy Braibant, Paris 1996, S. 353 ff.

Gundel, Jörg, Die Einordnung des Gemeinschaftsrechts in die französische Rechtsordnung, Berlin 1997

Gundel, Jörg, Der Status des Völkerrechts in der französischen Rechtsordnung nach der neueren Rechtsprechung des Conseil d'Etat: Von der Öffnung zum Rückzug?, in: AVR 37 (1999), S. 438 ff.

Hacke, Christian, Die Außenpolitik der Bundesrepublik Deutschland – von Konrad Adenauer bis Gerhard Schröder, 1. Auflage der aktualisierten Neuauflage, Frankfurt/M. 2003

Hadas-Lebel, Raphaël, La Ve République et la guerre, in: Pouvoirs 1991, no. 58, S. 5 ff.

Hailbronner, Kay, Kontrolle der auswärtigen Gewalt, in: VVDStRL 56 (1996), S. 7 ff.

Haller, Walter, Die Verfassungsgerichtsbarkeit im Gefüge der Staatsfunktionen – zum ersten Thema der Staatsrechtslehrertagung 1980, in: DÖV 1980, S. 465 ff.

Hamon, Francis/ Troper, Michel, Droit constitutionnel, 29. Auflage, Paris 2005

Hauriou, Maurice, Précis de droit administratif et de droit public, 12. Auflage 1933, Reprint: Paris 2002

Hervouët, François, Les audaces calculées du Conseil d'Etat dans le domaine international – La remise en cause de l'équilibre des pouvoirs constitutionnels, in: Au carrefour des droits – Mélanges en l'honneur de Louis Dubouis, Paris 2002, S. 67 ff.

Hesse, Konrad, Funktionelle Grenzen der Verfassungsgerichtsbarkeit, in: Recht als Prozess und Gefüge, Festschrift für Hans Huber zum 80. Geburtstag, Bern 1981, S. 261 ff.

Heun, Werner, Verfassungsrecht und einfaches Recht – Verfassungsgerichtsbarkeit und Fachgerichtsbarkeit, in: VVDStRL 61 (2001), S. 80 ff.

Heun, Werner, Funktionell-rechtliche Schranken der Verfassungsgerichtsbarkeit – Reichweite und Grenzen einer dogmatischen Argumentationsfigur, Baden-Baden 1992

Heuschling, Luc, Justice constitutionnelle et justice ordinaire. Épistémologie d'une distinction théorique, in: *Grewe, Constance/ Jouanjan, Olivier/ Maulin, Éric/ Wachsmann, Patrick* [Hrsg.], La notion de « justice constitutionnelle », Paris 2005, S. 85 ff.

Heydte, Friedrich August von der, Judicial self-restraint eines Verfassungsgerichts im freiheitlichen Rechtsstaat?, in: *Leibholz, Gerhard/ Schneider, Franz* [Hrsg.], Menschenwürde und freiheitliche Rechtsordnung – Festschrift für Willi Geiger zum 65. Geburtstag, Tübingen 1974, S. 909 ff.

Hillgruber, Christian/ Goos, Christoph, Verfassungsprozessrecht, Heidelberg 2004

Hitzel-Cassagnes, Tanja, Rechtsstaatliche Domestizierung der Außenpolitik?, in: KJ 2000, S. 63 ff.

Hofmann, Rainer, Grundrechte und grenzüberschreitende Sachverhalte, Berlin 1994

Isensee, Josef, Verfassungsrecht als „politisches Recht", in: *Isensee, Josef/ Kirchhof, Paul* [Hrsg.], Handbuch des Staatsrechts der Bundesrepublik Deutschland, Band VII, Normativität und Schutz der Verfassung – Internationale Beziehungen, Heidelberg 1992, § 162

Isensee, Josef, Bundesverfassungsgericht – quo vadis?, in: JZ 1996, S. 1085 ff.

Jahr, Hans-Christoph, Strafverfahren oder politischer Prozeß? Zur strafrechtlichen Ermittlung und Bewertung sicherheitspolitischer Tatsachen im Lichte des Grundgesetzes, in: Goltdammer's Archiv für Strafrecht 1987, S. 346 ff.

Jestaedt, Matthias, Verfassungsrecht und einfaches Recht – Verfassungsgerichtsbarkeit und Fachgerichtsbarkeit, in: DVBl. 2001, S. 1309 ff.

Jouanjan, Olivier, Aperçu d'une histoire des fonctions de justice constitutionnelle en Allemagne (1815-1933), in: *Grewe, Constance/ Jouanjan, Olivier/ Maulin, Éric/ Wachsmann, Patrick* [Hrsg.], La notion de « justice constitutionnelle », Paris 2005, S. 13 ff.

Jouanjan, Olivier, Die Verfassungsgerichtsbarkeit in Frankreich, in: ius.full 2004, S. 10 ff.

Kdhir, Moncef, L'interprétation par le juge français des traités internationaux, in: LPA, 15.04.1991, no. 45, S. 9 ff.

Kdhir, Moncef, La théorie de l'acte de gouvernement dans la jurisprudence du Conseil d'Etat relative aux relations internationales de la France à l'épreuve du droit international, in: JDI 2003, S. 1059 ff.

Kirchhof, Paul, Der deutsche Staat im Prozeß der europäischen Integration, in: *Isensee, Josef/ Kirchhof, Paul* [Hrsg.], Handbuch des Staatsrechts der Bundesrepublik Deutschland, Band VII, Normativität und Schutz der Verfassung – Internationale Beziehungen, Heidelberg 1992, § 183

Klein, Hans H., Rechtsfragen des Parlamentsvorbehalts für Einsätze der Bundeswehr, in: *Horn, Hans-Detlef* [Hrsg.], Recht im Pluralismus – Festschrift für Walter Schmitt Glaeser, Berlin 2003, S. 247 ff.

Kluth, Winfried, Beweiserhebung und Beweiswürdigung durch das Bundesverfassungsgericht, in: NJW 1999, S. 3513 ff.

Knies, Wolfgang, Auf dem Weg in den „verfassungsgerichtlichen Jurisdiktionsstaat"?, in: *Burmeister, Joachim* [Hrsg.], Verfassungsstaatlichkeit – Festschrift für Klaus Stern zum 65. Geburtstag, München 1997, S. 1155 ff.

König, Doris, Das Urteil des Bundesverfassungsgerichts zum Vertrag von Maastricht – ein Stolperstein auf dem Weg in die europäische Integration?, in: ZaöRV 54 (1994), S. 17 ff.

Koenig, Pierre, Le traité fondamental entre les deux Républiques allemandes et son interprétation par le Tribunal constitutionnel fédéral, in: AFDI 1973, S. 147 ff.

Kohlhammer, Rainer, Völkervertragsrecht in der französischen Rechtsordnung, insbesondere Europäische Konvention zum Schutze der Menschenrechte und Grundfreiheiten, Frankfurt/M. 1998

Kokott, Juliane, Art. 59 Abs. 2 GG und einseitige völkerrechtliche Akte, in: *Hailbronner, Kay/ Rees, Georg/ Stein, Torsten* [Hrsg.], Staat und Völkerrechtsordnung – Festschrift für Karl Doehring, Berlin, u.a. 1989, S. 503 ff.

Kokott, Juliane, Kontrolle der auswärtigen Gewalt, in: DVBl. 1996, 937 ff.

Krajewski, Markus, Das „Parlamentsheer" als Kollateralschaden des Irak-Kriegs?, in: AVR 41 (2003), S. 419 ff.

Krause, Joachim, Die transatlantischen Beziehungen seit dem Ende des Kalten Krieges, in: Neue deutsche Außenpolitik; Politische Bildung 2/2003, S. 47 ff.

Kriele, Martin, Recht und Politik in der Verfassungsrechtsprechung, in: NJW 1976, S. 777 ff.

Kunig, Philip, Auswärtige Gewalt, in: Jura 1993, S. 554 ff.

Labayle, Henri, Le „passage du gué" – Observation sur le contrôle juridictionnel du Conseil d'État en matière d'extradition, in: RFDA 1995, S. 109 ff.

Labayle, Henri, Le juge, la Constitution et l'extradition, in: RFDA 1996, S. 891 ff.

Lachaume, Jean-François, Juridiction administrative et contrôle de réciprocité des traités et accords internationaux, in: RFDA 1999, S. 937 ff.

Lafferière, Edouard, Traité de la juridiction administrative et des recours contentieux, Bd. II, Paris 1989

Lambert, Édouard, Le gouvernement des juges et la lutte contre la législation sociale aux États-Unis, 1921; Reprint: Paris 2005

Lenoir, Noëlle, Les rapports entre le droit constitutionnel français et le droit international à travers le filtre de l'article 54 de la Constitution de 1958, in: *Dupuy, Pierre Marie* [Hrsg.], Droit international et droit interne dans la jurisprudence comparée du Conseil constitutionnel et du Conseil d'Etat – Séminaire organisé par l'Institut des Hautes Etudes Internationales (IHEI) de l'Université Panthéon-Assas, le 7 mai 1999, Paris 2001, S. 17 ff.

Lerche, Clemens, Die Kompetenz des französischen Conseil d'Etat zur Auslegung völkerrechtlicher Verträge, in: ZaöRV 50 (1990), S. 869 ff.

Lerche, Clemens, Ein Sieg für Europa? – Anmerkungen zum Urteil des Conseil d'Etat vom 20. Oktober 1989, Fall *Nicolo*, in: ZaöRV 50 (1990), S. 599 ff.

Lerche, Clemens, Landesbericht Frankreich, in: *Frowein, Jochen Abr.* [Hrsg.], Die Kontrolldichte bei der gerichtlichen Überprüfung von Handlungen der Verwaltung, Heidelberg 1993, S. 1 ff.

Lerche, Peter, Das Bundesverfassungsgericht und die Vorstellung der „Annäherung" an den verfassungsgewollten Zustand, in: DÖV 1971, S. 721 ff.

Lerche, Peter, Vorbereitung grundrechtlichen Ausgleichs durch gesetzgeberisches Verfahren, in: *Lerche, Peter/ Schmitt Glaeser, Walter/ Schmidt-Aßmann, Eberhard* [Hrsg.], Verfahren als staats- und verwaltungsrechtliche Kategorie, Heidelberg 1984, S. 97 ff.

Lerche, Peter, Stil und Methode der verfassungsgerichtlichen Entscheidungspraxis, in: *Badura, Peter/ Dreier, Horst* [Hrsg.], Festschrift 50 Jahre Bundesverfassungsgericht, Erster Band, Verfassungsgerichtsbarkeit Verfassungsprozeß, Tübingen 2001, S. 333 ff.

Limpert, Martin, Auslandseinsatz der Bundeswehr, Berlin 2002

Löwer, Wolfgang, Zuständigkeiten und Verfahren des Bundesverfassungsgerichts, in: *Isensee, Josef/ Kirchhof, Paul* [Hrsg.], Handbuch des Staatsrechts der Bundesrepublik Deutschland, Band III, Demokratie – Bundesorgane, 3., völlig neubearbeitete und erweiterte Auflage, Heidelberg 2005, § 70

Luchaire, François/ Conac, Gérard [Hrsg.], La constitution de la république française, 2. Auflage, Paris 1987

Luchaire, François, Le traité d'Amsterdam et la Constitution, in: RDP 1998, S. 331 ff.

Luchaire, François, La Cour pénale internationale et la responsabilité du chef de l'État devant le Conseil constitutionnel, in: RDP 1999, S. 457 ff.

Lutze, Christian, Der Parlamentsvorbehalt beim Einsatz bewaffneter Streitkräfte, in: DÖV 2003, S. 972 ff.

Mahraun, Thilo/ Oellers-Frahm, Karin, Atomwaffen, Völkerrecht und die internationale Gerichtsbarkeit – Anmerkungen zur Spruchpraxis internationaler Organe hinsichtlich der völkerrechtlichen Zulässigkeit von Atomwaffentests, der Drohung mit oder des Einsatzes von Atomwaffen, in: EuGRZ 1997, S. 221 ff.

Mangoldt, Hermann von / Klein, Friedrich/ Starck, Christian [Hrsg.], Kommentar zum Grundgesetz, Band II, Art. 20 bis 82, 5. vollständig neubearbeitete Auflage, München 2005

Mathieu, Bertrand/ Verpeaux, Michel, Contentieux constitutionnel des droits fondamentaux, Paris 2002

Mathieu, Bertrand/ Verpeaux, Michel, La reconnaissance et l'utilisation des principes fondamentaux reconnus par les lois de la République par le juge, in: Dalloz, chron. 1997, S. 219 ff.

Mathieu, Bertrand/ Verpeaux, Michel, Jurisprudence constitutionnel, in: J.C.P. 26.01.2000, S. 139 ff.

Maugüé, Christine, Le Traité établissant une Constitution pour l'Europe et les juridictions constitutionnelles, in: RFDA 2005, S. 30 ff.

Maulin, Éric, Aperçu d'une histoire française de la modélisation des formes de justice constitutionnelle, in: *Grewe, Constance/ Jouanjan, Olivier/ Maulin, Éric/ Wachsmann, Patrick* [Hrsg.], La notion de « justice constitutionnelle », Paris 2005, S. 137 ff.

Maunz, Theodor/ Dürig, Günter/ Herzog, Roman/ Scholz, Rupert/ Herdegen, Matthias/ Klein, Hans H. [Hrsg.], Grundgesetz – Kommentar, Loseblattsammlung, Stand: August 2005

Maunz, Theodor/ Schmidt-Bleibtreu, Bruno/ Klein, Franz/ Ulsamer, Gerhard/ Bethge, Herbert/ Grasshof, Karin/ Mellinghoff, Rudolf/ Rozek, Jochen/ Coelln, Christian von [Hrsg.], Bundesverfassungsgerichtsgesetz – Kommentar, Band 1, Loseblattsammlung, Stand: Januar 2005

Maurer, Hartmut, Die Eigentumsregelung im Einigungsvertrag – zugleich eine Besprechung von BVerfG, Urteil vom 23.04.1991 – 1 BvR 1170/90, u.a., in: JZ 1992, S. 183 ff.

Mélin-Soucramanien, Ferdinand, La République contre Babel – à propos de la décision du Conseil constitutionnel no. 99-412 DC du 15 juin 1999, Charte européenne des langues régionales et minoritaires , in: RDP 1999, S. 985 ff.

Melleray, Fabrice, L'immunité juridictionnelle des actes de gouvernement en question – Le droit français confronté aux développements récents du droit espagnol, in: RFDA 2001, S. 1086 ff.

Mels, Phillip, Bundesverfassungsgericht und Conseil constitutionnel – ein Vergleich der Verfassungsgerichtsbarkeit in Deutschland und Frankreich im Spannungsfeld zwischen der Euphorie für die Krönung des Rechtsstaates und der Furcht vor einem „gouvernement des juges“, München 2003

Merten, Detlef, Verfassungsgerichtsbarkeit und Politik, in: *Funk, Bernd-Christian* [Hrsg.], Der Rechtsstaat vor neuen Herausforderungen, Festschrift für Ludwig Adamovich zum 70. Geburtstag, Wien 2002, S. 463 ff.

Meyer-Ladewig, Jens, Konvention zum Schutz der Menschenrechte und Grundfreiheiten – Handkommentar, Baden-Baden 2003

Meyring, Bernd, Die Entwicklung zustimmungsbedürftiger völkerrechtlicher Verträge nach ihrem Abschluss und ihre Auswirkungen in der deutschen Rechtsordnung, Berlin 2001

Moderne, Franck, Actualités des principes généraux du droit, in: RFDA 1998, S. 495 ff.

Möller, Ralf, Verfahrensdimensionen materieller Garantien der Europäischen Menschenrechtskonvention, Frankfurt/M. 2005

Montesquieu, Charles de, De l'Esprit des lois, Tome I, Texte établi avec introduction, notes et relevé de variantes par Gonzague Truc, Paris 1961

Müller-Brandeck-Boucquet, Gisela, Die Europapolitik im vereinten Deutschland, in: Neue deutsche Außenpolitik; Politische Bildung 2/2003, S. 31 ff.

Münch, Ingo von/ Kunig, Philip [Hrsg.], Grundgesetz-Kommentar, Band 2 (Art. 20 bis Art. 69), 4./ 5. neubearbeitete Auflage, München 2001

Murswiek, Dietrich, Der Umfang der verfassungsgerichtlichen Kontrolle staatlicher Öffentlichkeitsarbeit – zum „Grundsatz des judicial self-restraint“, in: DÖV 1982, S. 529 ff.

Nadoll, Jörg, Deutsche Außenpolitik – Engagement und Zurückhaltung, in: *Joerißen, Britta/ Stahl, Bernhard* [Hrsg.], Europäische Außenpolitik und nationale Identität – Vergleichende Diskurs- und Verhaltensstudien zu Dänemark, Deutschland, Frankreich, Griechenland, Italien und den Niederlanden, Münster 2003, S. 122 ff.

Nolte, Martin, Der AWACS-Einsatz in der Türkei zwischen Parlamentsvorbehalt und Regierungsverantwortung, in: NJW 2003, S. 2359 ff.

Oellers-Frahm, Karin, Die Beachtung völkerrechtlicher Verpflichtungen in Frankreich, in: *Cremer, Hans-Joachim/ Giegerich, Thomas/ Richter, Dagmar/ Zimmermann, Andreas* [Hrsg.], Tradition und Weltoffenheit des Rechts, Festschrift für Helmut Steinberger, Berlin 2002, S. 865 ff.

Ondoua, Alain, Interactions possibles entre le contrôle de conventionnalité et contrôle de constitutionnalité, in: J.C.P., 05.02.2003, S. 240 ff.

Oppermann, Thomas, Transnationale Ausstrahlung deutscher Grundrechte?, in: *Kroneck, Friedrich Johann/ Oppermann, Thomas* [Hrsg.], Im Dienste Deutschlands und des Rechtes – Festschrift für Wilhelm G. Grewe zum 70. Geburtstag am 16. Oktober 1981, Baden-Baden 1981, S. 521 ff.

Ossenbühl, Fritz, Die Kontrolle von Tatsachenfeststellungen und Prognoseentscheidungen durch das Bundesverfassungsgericht, in: *Starck, Christian* [Hrsg.], Bundesverfassungsgericht und Grundgesetz – Festgabe aus Anlaß des 25jährigen Bestehens des Bundesverfassungsgerichts, Erster Band Verfassungsgerichtsbarkeit, Tübingen 1976, S. 458 ff.

Pacteau, Bernard, Le juge administratif français et l'interprétation européenne, in: *Sudre, Frédéric* [Hrsg.], L'interprétation de la Convention des droits de l'homme, Actes du colloque des 13 et 14 mars 1998; organisé par l'Institut de Droit Européen des Droits de l'Homme (UMR. CNRS.5815), Faculté de Droit de l'Université de Montpellier, Brüssel 1998, S. 251 ff.

Paulus, Andreas L., Quo vadis Democratic Control? The Afghanistan Decision of the Bundestag and the Decision of the Federal Constitutional Court in the NATO Strategic Concept Case, in: German Law Journal Vol. 3 No. 1, (01 January 2002)

Pech, Laurent, Le remède au gouvernement des juges: le judicial self restraint?, in: Gouvernement des juges et démocratie, Paris 2001, S. 63 ff.

Pellet, Alain, Le Conseil constitutionnel, la souveraineté et les traités: à propos de la décision du Conseil constitutionnel du 31.12.1997 (traité d'Amsterdam), in: Les Cahiers du Conseil constitutionnel 1998, S. 113 ff.

Pestalozza, Christian, „Formenmißbrauch" des Staates – Zur Figur des „Rechtsmißbrauchs" und ihrer Anwendung auf staatliches Verhalten, München 1973

Philip, Loïc, La décision du 30 décembre 1975 dans l'affaire consolidation des dettes commerciales, in: RDP 1976, S. 995 ff.

Picard, Étienne, L'état du droit comparé en France en 1999, in: RIDC 1999, S. 885 ff.

Pieroth, Bodo/ Schlink, Bernhard, Grundrechte Staatsrecht II, 21., neubearbeitete Auflage, Berlin, Münster 2005

Pietzcker, Jost, Organstreit, in: *Badura, Peter/ Dreier, Horst* [Hrsg.], Festschrift 50 Jahre Bundesverfassungsgericht, Erster Band, Verfassungsgerichtsbarkeit Verfassungsprozeß, Tübingen 2001, S. 587 ff.

Quaritsch, Helmut, La souveraineté de l'État dans la jurisprudence constitutionnelle allemande, in: Les Cahiers du Conseil constitutionnel, no. 9/2000, S. 99 ff.

Quiles, Paul, Le rôle du Parlement en matière d'interventions extérieures, in: *Ministère de la défense* [Hrsg.], Droit des conflits armés et défense – colloque 3 et 4 février 1998, S. 71 ff.

Rambaud, Patrick, Le parlement et les engagements internationaux de la France sous la Ve République, in: RGDIP 1977, S. 617 ff.

Rau, Christian, Selbst entwickelte Grenzen in der Rechtsprechung des United States Supreme Court und des Bundesverfassungsgerichts, Berlin 1996

Raux, Cédric, Acte de gouvernement et convention européenne des droits de l'homme. Étude à partir de l'arrêt du Conseil d'Etat de France, Comité contre la guerre en Irak, du 30 décembre 2003, in: RTDH 2005, S. 855 ff.

Rees, Georg, Mangelhafte diplomatische Protektion und Staatshaftung – Überlegungen zum gerichtlichen Rechtsschutz gegen Akte der auswärtigen Gewalt im französischen und deutschen Recht, in: ZaöRV 32 (1972), S. 420 ff.

Rees, Georg, Der Rang völkerrechtlicher Verträge nach französischem Verfassungsrecht – Überlegungen zur Entscheidung des Conseil constitutionnel vom 15. Januar 1975 über den Rang der Europäischen Konvention zum Schutze der Menschenrechte und Grundfreiheiten nach Art. 55 der französischen Verfassung, in: ZaöRV 35 (1975), S. 445 ff.

Rees, Georg, Die Kontrolle internationaler Verträge und der Akte der Europäischen Gemeinschaften durch das Bundesverfassungsgericht, in: *Koenig, Pierre/ Rüfner, Wolfgang* [Hrsg.], Die Kontrolle der Verfassungsmäßigkeit in Frankreich und in der Bundesrepublik Deutschland, Köln, München u.a. 1985, S. 145 ff.

Rees, Georg, Wechselwirkungen zwischen Völkerrecht und Verfassung bei der Auslegung völkerrechtlicher Verträge, in: BDGV 23 (1981), S. 7 ff.

Regourd, Serge, L'article 55 de la constitution et les juges: de la vanité de la clause de réciprocité, in: RGDIP 1983, S. 780 ff.

Renoux, Thierry, Le droit au recours juridictionnel en droit constitutionnel français, in: Présence du droit public et des droits de l'homme, Mélanges offertes à Jacques Velu, Tome I, Brüssel 1992, S. 307 ff.

Reuter, Paul, Le droit international et la place du juge français dans l'ordre constitutionnel national, in: *Reuter, Paul/ Blondeau, Ange/ Questiaux, Nicole/ Dubouis, Louis, Ruzié, David* [Hrsg.], L'application du droit international par le juge français, Paris 1972, S. 17 ff.

Riecken, Jörg, Verfassungsgerichtsbarkeit in der Demokratie – Grenzen verfassungsgerichtlicher Kontrolle unter besonderer Berücksichtigung von John Hart Elys prozeduraler Theorie der Repräsentationsverstärkung, Berlin 2003

Riedel, Norbert K., Der Einsatz deutscher Streitkräfte im Ausland – verfassungs- und völkerrechtliche Schranken, Frankfurt a.M. 1989

Rivero, Jean, Le juge administratif français: un juge qui gouverne?, in: Dalloz chron. 1951, S. 21 ff.

Rolin, Élisabeth, Le Conseil d'État, juge de l'extradition, Paris 1999

Rousseau, Dominique, Droit du contentieux constitutionnel, 7. Auflage, Paris 2006

Ruiz-Fabri, Hélène, La convention de Rome créant la cour pénale internationale – questions de ratification, in: RIDC 2002, S. 441 ff.

Rupp, Hans G., Die Überprüfung völkerrechtlicher Verträge durch das Bundesverfassungsgericht, in: EuGRZ 1974, S. 96 ff.

Sauer, Heiko, Die NATO und das Verfassungsrecht: neues Konzept – alte Fragen, in: ZaöRV 62 (2002), S. 317 ff.

Sauer, Heiko, Reichweite des Parlamentsvorbehalts für die Entsendung der Bundeswehr ins Ausland, in: JA 2004, S. 19 ff.

Schenke, Wolf-Rüdiger, Die Verfassungsorgantreue, Berlin 1977

Scheuing, Dieter H., Deutscher Bericht, in: Nationales Verfassungsrecht mit Blick auf die europäische Integration, Baden-Baden 1996, S. 70 ff.

Scheuing, Dieter H., Zur Grundrechtsbindung der EU-Mitgliedstaaten, in: EuR 2005, S. 162 ff.

Schlaich, Klaus/ Korioth, Stefan, Das Bundesverfassungsgericht – Stellung, Verfahren, Entscheidungen, 6. neubearbeitete Auflage, München 2004

Schmidt-Bleibtreu, Bruno/ Klein, Franz, Kommentar zum Grundgesetz, 10. Auflage, Neuwied 2004

Schmidt-Radefeldt, Roman, Parlamentarische Kontrolle der internationalen Streitkräfteintegration, Berlin 2005

Schoch, Friedrich/ Wahl, Rainer, Die einstweilige Anordnung des Bundesverfassungsgerichts in außenpolitischen Angelegenheiten, in: *Klein, Eckart* [Hrsg.], Grundrechte, soziale Ordnung und Verfassungsgerichtsbarkeit – Festschrift für Ernst Benda zum 70. Geburtstag, Heidelberg 1995, S. 265 ff.

Schöllgen, Gregor, Die Außenpolitik der Bundesrepublik Deutschland – Von den Anfängen bis zur Gegenwart, 3., erweiterte und aktualisierte Auflage, München 2004

Schoettl, Jean-Eric, Cour pénale internationale, in: AJDA 1999, S. 230 ff.

Schreuer, Christoph, Wechselwirkungen zwischen Völkerrecht und Verfassung bei der Auslegung völkerrechtlicher Verträge, in: BDGV 23 (1982), S. 61 ff.

Schröder, Florian, Das neue Parlamentsbeteiligungsgesetz, in: NJW 2005, S. 1401 ff.

Schröder, Meinhard, Zur verfassungskonformen Auslegung völkerrechtlicher Verträge, in: JR 1974, S. 182 ff.

Schuppert, Gunnar Folke, Self-restraints der Rechtsprechung, DVBl. 1988, S. 1191 ff.

Schwarz, Henning, Die verfassungsgerichtliche Kontrolle der Außen- und Sicherheitspolitik – Ein Verfassungsvergleich Deutschland – USA, Berlin 1995

Schweisfurth, Theodor, Die verfassungsgerichtlich eingetrübte Völkerrechtsfreundlichkeit des Grundgesetzes, in: NVwZ 2005, S. 1261 ff.

Schweitzer, Michael, Staatsrecht III – Staatsrecht Völkerrecht Europarecht, 8., neu bearbeitete Auflage, Heidelberg 2004

Sciotti-Lam, Claudia, L'applicabilité des traités internationaux relatifs aux droits de l'homme en droit interne, Brüssel 2004

Serfaty, Simon, Idées simples mais idées fixes, in: La revue internationale et stratégique 45 (2002), S. 99 ff.

Serrand, Pierre, L'acte de gouvernement (Contribution à la théorie des fonctions juridiques de l'État), Thèse pour le Doctorat en Droit Public à l'Université Panthéon-Assas (Paris II), 1996

Simon, Helmut, Verfassungsgerichtsbarkeit, in: *Benda, Ernst/ Maihofer, Werner/ Vogel, Hans-Jochen* [Hrsg.], Handbuch des Verfassungsrechts der Bundesrepublik Deutschland, 2. neubearbeitete und erweiterte Auflage, Berlin u.a. 1994, § 34

Stahl, Bernhard, Französische Außenpolitik – Zwischen Initiative und Verweigerung, in: *Joerißen, Britta/ Stahl, Bernhard* [Hrsg.], Europäische Außenpolitik und nationale Identität – Vergleichende Diskurs- und Verhaltensstudien zu Dänemark, Deutschland, Frankreich, Griechenland, Italien und den Niederlanden, Münster 2003, S. 98 ff.

Stein, Torsten/ Kröninger, Holger, Bundeswehreinsatz im Rahmen von NATO-, WEU-, bzw. VN-Militäraktionen, in: Jura 1995, S. 254 ff.

Steinberger, Helmut, Allgemeine Regeln des Völkerrechts, in: *Isensee, Josef/ Kirchhof, Paul* [Hrsg.], Handbuch des Staatsrechts der Bundesrepublik Deutschland, Band VII, Normativität und Schutz der Verfassung – Internationale Beziehungen, Heidelberg 1992, § 173

Stern, Klaus, Das Staatsrecht der Bundesrepublik Deutschland, Band I, Grundbegriffe und Grundlagen des Staatsrechts, Strukturprinzipien der Verfassung, 2., völlig neubearbeitete Auflage, München 1984

Stern, Klaus, Das Staatsrecht der Bundesrepublik Deutschland, Band II, Staatsorgane, Staatsfunktionen, Finanz- und Haushaltsverfassung, Notstandsverfassung, München 1980

Stern, Klaus, Das Staatsrecht der Bundesrepublik Deutschland Band III, Allgemeine Lehren der Grundrechte, 1. Halbband, Grundlagen und Geschichte, nationaler und internationaler Grundrechtskonstitutionalismus, juristische Bedeutung der Grundrechte, Grundrechtsberechtigte, Grundrechtsverpflichtete, München 1988

Stern, Klaus, Außenpolitischer Gestaltungsspielraum und verfassungsgerichtliche Kontrolle, in: NWVBl. 1994, S. 241 ff.

Streinz, Rudolf, Bundesverfassungsgerichtliche Kontrolle über die deutsche Mitwirkung am Entscheidungsprozeß im Rat der Europäischen Gemeinschaften, Berlin 1990

Streinz, Rudolf, Europarecht, 7., völlig neu bearbeitete Auflage, Heidelberg 2005

Sudre, Frédéric, Les approximations de la décision 2004-505 DC du Conseil constitutionnel „sur la Charte des droits fondamentaux de l'Union". Réflexions critiques, in: RFDA 2005, S. 34 ff.

Teboul, Gérard, Le juge administratif et le droit international, in: AJDA 1995, no. spéc., S. 43 ff.

Tomuschat, Christian, Auswärtige Gewalt und verfassungsgerichtliche Kontrolle, in: DÖV 1973, S. 801 ff.

Tomuschat, Christian, Der Verfassungsstaat im Geflecht internationaler Beziehungen, in: VVDStRL 39 (1977), S. 7 ff.

Tomuschat, Christian, Die Entscheidung für die internationale Offenheit, in: *Isensee, Josef/ Kirchhof, Paul* [Hrsg.], Handbuch des Staatsrechts der Bundesrepublik Deutschland, Band VII, Normativität und Schutz der Verfassung – Internationale Beziehungen, Heidelberg 1992, § 172

Tomuschat, Christian, Die Europäische Union unter der Aufsicht des Bundesverfassungsgerichts, in: EuGRZ 1993, S. 489 ff.

Troper, Michel, Le bon usage des spectres – Du gouvernement des juges au gouvernement par les juges, in: Le nouveau constitutionnalisme, Mélanges en l'honneur de Gérard Conac, Paris 2001, S. 49 ff.

Vallée, Charles, À propos de la décision du Conseil constitutionnel du 17 juillet 1980, in: RGDIP 1981, S. 202 ff.

Varwick, Johannes, Deutsche Außenpolitik in globaler Perspektive: Kooperativer Multilateralismus und die Rolle in den Vereinten Nationen, in: Neue deutsche Außenpolitik; Politische Bildung 2/2003, S. 18 ff.

Viala, Alexandre, Les réserves d'interprétation dans la jurisprudence du Conseil constitutionnel, Paris 1999

Vogel, Kurt, Das Bundesverfassungsgericht und die übrigen Verfassungsorgane – bundesverfassungsgerichtliche Argumentationsfiguren zu den Grenzen der Verfassungsgerichtsbarkeit, Frankfurt/M., u.a. 1988

Vogel, Klaus, Völkerrechtliche Verträge und innerstaatliche Gesetzgebung, in: IStR 2005, S. 29 ff.

Wiefelspütz, Dieter, Die militärische Integration der Bundeswehr und der konstitutive Parlamentsvorbehalt, in: ZaöRV 64 (2004), S. 363 ff.

Wiefelspütz, Dieter, Das Parlamentsbeteiligungsgesetz vom 18.3.2005, in: NVwZ 2005, S. 496 ff.

Wiegandt, Manfred, Methodische Bedenken zur Entscheidungsfindung des BVerfG im Bereich der Außenpolitik – Zu den Urteilen über den „Maastricht"-Vertrag und den Auslandseinsatz der Bundeswehr, in: NJ 1996, S. 113 ff.

Wieland, Joachim, Verfassungsrechtliche Grundlagen und Grenzen für einen Einsatz der Bundeswehr, in: DVBl. 1991, S. 1174 ff.

Winkelmann, Ingo [Hrsg.], Das Maastricht-Urteil des Bundesverfassungsgerichts vom 12. Oktober 1993 – Dokumentation des Verfahrens mit Einführung, Berlin 1994

Wittig, Peter, Politische Rücksichten in der Rechtsprechung des Bundesverfassungsgerichts?, in: Der Staat 8 (1969), S. 137 ff.

Wolf, Alexander, Prozessuale Probleme des „Maastricht"-Urteils des Bundesverfassungsgerichts, Frankfurt/M. 1998

Wolfrum, Rüdiger, Kontrolle der auswärtigen Gewalt, in: VVDStRL 56 (1997), S. 38 ff.

Wolfrum, Rüdiger, Auswärtige Beziehungen und Verteidigungspolitik, in: *Badura, Peter/ Dreier, Horst* [Hrsg.], Festschrift 50 Jahre Bundesverfassungsgericht, Zweiter Band, Klärung und Fortbildung des Verfassungsrechts, Tübingen 2001, S. 693 ff.

Zeitler, Franz-Christoph, Judicial Review und Judicial Restraint gegenüber der auswärtigen Gewalt, in: JöR N.F. 25 (1976), S. 621 ff.

Zeitler, Franz-Christoph, Verfassungsgericht und völkerrechtlicher Vertrag – Die gerichtliche Kontrolle völkerrechtlicher Akte der Regierung nach deutschem, amerikanischem und englischem Verfassungsrecht, Berlin 1974

Zoller, Élisabeth, Droit des relations extérieures, Paris 1992

Zuck, Rüdiger, Political-Question-Doctrine, Judicial-self-restraint und das Bundesverfassungsgericht, in: JZ 1974, S. 361 ff.

Zuqian, Zhang, La politique étrangère de la France entre continuité et ajustements post-guerre froide, in: La revue internationale et stratégique 45 (2002), S. 113 ff.

AUGSBURGER SCHRIFTEN ZUM STAATS- UND VÖLKERRECHT

Begründet von Professor Dr. Dieter Blumenwitz

Band 1 Fritz-Harald Wenig: Rechtsprobleme des innerdeutschen Handels.

Band 2 Wilfried Niedermeier: Der Beitritt der Bundesrepublik Deutschland zum Statut des Internationalen Gerichtshofes unter besonderer Berücksichtigung der obligatorischen Gerichtsbarkeit.

Band 3 Johann G. Gleich: Die Anerkennung der DDR durch die Bundesrepublik.

Band 4 Matthias Weigand: Der Vertrag über die gegenseitigen Beziehungen zwischen der Bundesrepublik Deutschland und der Tschechoslowakischen Sozialistischen Republik vom 11. Dezember 1973 - Eine völkerrechtliche Analyse.

Band 5 Werner Trützschler von Falkenstein: Die sich ändernde Bedeutung der Feindstaatenartikel (Artikel 53 und 107 der Satzung der Vereinten Nationen) für Deutschland.

Band 6 Reiner Schenk: Die Viermächteverantwortung für Deutschland als Ganzes, insbesondere deren Entwicklung seit 1969.

Band 7 Wolfgang Wagner: Die Verwirklichung der Menschenrechte im Pakt der Vereinten Nationen über bürgerliche und politische Rechte vom 16. Dezember 1966, im Grundvertrag und den ihn begleitenden Nebeninstrumenten.

Band 8 Ulrich Wacker: Der Konflikt verschiedener Rechtssysteme vor, während und nach der Kolonialzeit in Kenia.

Band 9 Wolfgang Enders: Der mexikanische Bundesstaat. Die politische und sozioökonomische Problematik eines föderalen Verfassungssystems in einem Land der "Dritten Welt".

Band 10 Heiner Hasford: Die Jurisdiktion der Europäischen Gemeinschaften. Zur extraterritorialen Wirkung des Gemeinschaftsrechts.

SCHRIFTEN ZUM STAATS- UND VÖLKERRECHT

Begründet von Professor Dr. Dr. h.c. mult. Dieter Blumenwitz
Herausgegeben von Gilbert Gornig, Burkhard Schöbener
und Winfried Bausback

Band 11 Wolf Dieter Remmele: Die Selbstdarstellung der Bundesrepublik Deutschland im Ausland durch den Rundfunk als Problem des Staats- und Völkerrechts.

Band 12 Elisabeth Lichtenstern: Die Gesetzgebung im Spannungsverhältnis zwischen Bund und Ländern.

Band 13 Peter Gassner: Kollektivmacht und Individualschutz im amerikanischen Arbeitsrecht.

Band 14 Helga Walter: Das Selbstverständnis des modernen Algeriens. Die historisch-nationalen und islamischen Elemente.

Band 15 Dieter Schütz: Der internationale ordre public. Der Ausschluß völkerrechtswidrigen fremden Rechts im Internationalen Privatrecht der Bundesrepublik Deutschland.

Band 16 Klaus-Peter Kißler: Die Zulässigkeit von Wirtschaftssanktionen der Europäischen Gemeinschaft gegenüber Drittstaaten.

Band 17 Rainhardt Freiherr von Leoprechting: Die neue Rohrwaffen-Artillerie-Munition im Lichte des I. Genfer Zusatzprotokolles vom 12. Dezember 1977. Zur Frage der Völkerrechtskonformität der Verteidigung der Bundesrepublik Deutschland mit modernen konventionellen Artilleriesystemen.

Band 18 Roland Steinmeyer: Die Schiffsgläubigerrechte im südafrikanischen nationalen und internationalen Privatrecht. Eine rechtsvergleichende Darstellung unter Einbeziehung des englischen und deutschen internationalen Privatrechts und unter besonderer Berücksichtigung des ordre public.

Band 19 Martin C. Ney: Der Einsatz von Atomwaffen im Lichte des Völkerrechts. Summary: The Use of Nuclear Weapons and International Law.

Band 20 Teodoro Ribera Neumann: Das chilenische Verfassungsgericht und das deutsche Bundesverfassungsgericht - Ein Rechtsvergleich -. 1985.

Band 21 Theodora Antoniou: Europäische Integration und griechische Verfassung. 1985.

Band 22 Georg Teyssen: Deutschlandtheorien auf der Grundlage der Ostvertragspolitik. 1987.

Band 23 Karin Klüpfel: Selbstbestimmung durch Assoziation. Die Assoziation als Verwirklichung des Selbstbestimmungsrechts der Völker - dargestellt am Beispiel von Puerto Rico. 1987.

Band 24 Friedrich Dehner: Die Stellung Berlins im Bundesrat. 1987.

Band 25 Thilo Morhard: Die Rechtsnatur der Übereinkommen der Internationalen Arbeitsorganisation. Zugleich ein Beitrag zur Lehre vom "soft law". 1988.

Band 26 Ralf Jahn: Ansiedlung von Einzelhandelsgroßprojekten (§ 11 Abs. 3 BauNVO 1977). Zur Frage der Bestimmtheit grundrechtsbeschränkender Eingriffsnormen. 1988.

Band 27 Wolfgang Götzer: Der völkerrechtliche Status der Donau zwischen Regensburg und Kelheim. Eine völkerrechtliche Untersuchung des Donauabschnittes Regensburg - Kelheim unter Einbeziehung der gesamten deutschen Donau. 1988.

Band 28 Michael Hakenberg: Die Iran-Sanktionen der USA während der Teheraner Geiselaffäre aus völkerrechtlicher Sicht. 1988.

Band 29 Renate Oxenknecht: Der Schutz ethnischer, religiöser und sprachlicher Minderheiten in Art. 27 des Internationalen Paktes über bürgerliche und politische Rechte vom 16. Dezember 1966. 1988.

Band 30 Raphael Quarshie Avornyo: Deutschland und Togo. (1847-1987). 1988.

Band 31 Friedrich Frhr. Waitz von Eschen: Die völkerrechtliche Kompetenz der Vier Mächte zur Gestaltung der Rechtslage Deutschlands nach dem Abschluß der Ostvertragspolitik. 1988.

Band 32 Gisela Süß: Die Zulassung von Zahnärzten aus dem EG-Bereich zur deutschen Kassenarztpraxis. Ein Beitrag zu Standort und Bedeutung der Grundrechte im Europäischen Gemeinschaftsrecht. 1988.

Band 33 Meggy Steffens: Die deutsche Ostpolitik im Spiegel publizistischer Stellungnahmen in den USA 1969-1973. 1988.

Band 34 Norbert Karl Riedel: Der Einsatz deutscher Streitkräfte im Ausland - verfassungs- und völkerrechtliche Schranken -. 1989.

Band 35 Heidi Dünisch: Der Mundatwald - Zur Bereinigung letzter Kriegsfolgenprobleme zwischen Deutschland und Frankreich.1989.

Band 36 Sabine Niedermeyer-Krauß: Kommunalwahlrecht für Ausländer und Erleichterung der Einbürgerung. Integrationsmöglichkeiten für Ausländer aus verfassungs- und europarechtlicher Sicht. 1989.

Band 37 Dirk-Hermann Voß: Regionen und Regionalismus im Recht der Mitgliedstaaten der Europäischen Gemeinschaft: Strukturelemente einer Europäischen Verfassungsordnung. 1989.

Band 58 Mark Zimmer: Einsätze der Bundeswehr im Rahmen kollektiver Sicherheit. Staats- und völkerrechtliche Grundlagen unter Berücksichtigung des BVerfG-Urteils vom 12.07.1994. 1995.

Band 59 Gerd von Laffert: Die völkerrechtliche Lage des geteilten Zypern und Fragen seiner staatlichen Reorganisation. 1995.

Band 60 Wolfram Schneeweiß: Die rechtliche Stellung der Indianerstämme innerhalb der Vereinigten Staaten von Amerika. Ein Modell für den Schutz der *indigenous peoples*. 1995.

Band 61 Marianne Janik: Möglichkeiten und Grenzen einer gemeinsamen Exportkontrolle für sensitive Waren und Dienstleistungen im Lichte des europäischen Gemeinschaftsrechts. 1995.

Band 62 Michael Brems: Die politische Integration ethnischer Minderheiten aus staats- und völkerrechtlicher Sicht. 1995.

Band 63 Martin Vocke: Verfassungsinterpretation und Normbegründung - Grundlegung zu einer prozeduralen Theorie der Verfassungsgerichtsbarkeit. 1995.

Band 64 Stefan von der Beck: Die Konfiskationen in der Sowjetischen Besatzungszone von 1945 bis 1949. Ein Beitrag zu Geschichte und Rechtsproblemen der Enteignung auf besatzungsrechtlicher und besatzungshoheitlicher Grundlage. 1996.

Band 65 Stephanie Baer: Der Zerfall Jugoslawiens im Lichte des Völkerrechts. 1995.

Band 66 Christine Sauerwald: Die Unionsbürgerschaft und das Staatsangehörigkeitsrecht in den Mitgliedstaaten der Europäischen Union. 1996.

Band 67 Silke Buchner: Die Rechtswidrigkeit der Taten von "Mauerschützen" im Lichte von Art. 103 II GG unter besonderer Berücksichtigung des Völkerrechts. Ein Beitrag zum Problem der Verfolgung von staatlich legitimiertem Unrecht nach Beseitigung des Unrechtssystems. 1996.

Band 68 Bernd Weiß: Einführung und Umsetzung der Europäischen Charta der kommunalen Selbstverwaltung in Deutschland, insbesondere in Bayern und Nordrhein-Westfalen. 1996.

Band 69 Gesine Katharina Neumann: Boliviens Recht auf freien Zugang zum Pazifik. Zur völkerrechtlichen Problematik des Zugangs der Binnenstaaten zum Meer. 1997.

Band 70 Elvira Pfrang: Das Verhältnis zwischen Europäischem Gemeinschaftsrecht und deutschem Recht nach der Maastricht-Entscheidung des Bundesverfassungsgerichts. Eine Studie zu den Konflikten beider Rechtsordnungen auf dem Gebiet des Grundrechtsschutzes und der Kompetenzen. 1997.

Band 71 Dieter Blumenwitz / Burkhard Schöbener: Stabilitätspakt für Europa. Die Sicherstellung mitgliedstaatlicher Haushaltsdisziplin im Europa- und Völkerrecht. 1997.

Band 72 Matthias Weinberg: Schutz der deutschen Minderheit in Polen nach den Weltkriegen. Ein Vergleich unter Berücksichtigung der aktuellen Rechtslage. 1997.

Band 73 Reinhard Müller: Der "2+4-Vertrag und das Selbstbestimmungsrecht der Völker. 1997.

Band 74 Stefan Strobl: Das Nichtverbreitungsregime für Kernwaffen nach 1995 und der freie Zugang zu nuklearen Technologien und Materialien. 1997.

Band 75 Christine Weber: Das Gegenzeichnungsrecht unter besonderer Berücksichtigung der Verfassung des Fürstentums Liechtenstein. 1997.

Band 76 Stephan Semrau: Die Gemeinsame Außen- und Sicherheitspolitik der Europäischen Union. 1998.

Band 77 Marcus Schultz: Die Auslandsentsendung von Bundeswehr und Bundesgrenzschutz zum Zwecke der Friedenswahrung und Verteidigung. Völker- und verfassungsrechtliche Analyse unter besonderer Berücksichtigung der Entscheidung des Bundesverfassungsgerichtes zum Einsatz deutscher Streitkräfte vom 12. Juli 1994. 1998.

Band 78 Benedikt P. Kuttenkeuler: Die Verankerung des Subsidiaritätsprinzips im Grundgesetz. Ein Beitrag zur Bedeutung des Subsidiaritätsprinzips für die Kompetenzabgrenzung im Bundesstaat. 1998.

Band 79 Winfried Bausback: Verfassungsrechtliche Grenzen des Wahlrechts zum Deutschen Bundestag. 1998.

Band 80 Elvira Pfrang: Towards Liberalisation of the European Electricity Markets. The Directive concerning Common Rules for an Internal Market in Electricity in the Frame of the Competition and Internal Market Rules of the EC-Treaty. 1999.

Band 81 Alexander Wolf: Prozessuale Probleme des »Maastricht"-Urteils des Bundesverfassungsgerichts. 1999.

Band 82 Jürgen Bartl: Die humanitäre Intervention durch den Sicherheitsrat der Vereinten Nationen im "Failed State". Das Beispiel Somalia. 1999.

Band 83 Thomas Gnielinski: Die Reform des deutschen Staatsangehörigkeitsrechts. Eine Analyse und Bewertung der vorliegenden Gesetzesvorhaben. 1999.

Band 84 Margarita González: Der völkerrechtliche Status des Panamakanals nach Ablauf der Übergangszeit im Jahr 1999. 2000.

Band 85 Petra Johnen: Die Verfassungsentwicklung Südafrikas unter besonderer Berücksichtigung der verfassunggebenden Gewalt des Volkes. 2001.

Band 86 Markus Allstadt: Die offene Völkerrechtslage im deutsch-tschechischen Verhältnis und ihre Bedeutung für die Osterweiterung der Europäischen Union. Zugleich Überlegungen zu den Auswirkungen zwingenden Völkerrechts in der Vertriebenenfrage. 2000.

Band 87 Gerrit Aschmann: Europol aus Sicht der deutschen Länder. 2000.

Band 88 Mark Weber: Der Berlin-Status im intertemporalrechtlichen Konflikt. Dargestellt am Beispiel von Grundstücksenteignungen im Ostteil Groß-Berlins. 2001.

Band 89 Heidi Hellwig: Die Staatsangehörigkeit als Anknüpfung im deutschen IPR. Unter besonderer Berücksichtigung des Gesetzes zur Reform des Staatsangehörigkeitsrechts. 2001.

Band 90 Aline Bruer-Schäfer: Der Internationale Strafgerichtshof. Die Internationale Strafgerichtsbarkeit im Spannungsfeld von Recht und Politik. 2001.

Band 91 Andreas Rosenfeld: Die Verfassungsentwicklung von Mosambik. Ein Beitrag zur rechtsstaatlichen Transformation im südlichen Afrika. 2001.

Band 92 Markus Pallek: Der Minderheitenschutz im deutschen Verfassungsrecht. Eine analytische Untersuchung des Begriffs sowie der bundes- und landesverfassungsrechtlichen Stellung der ethnischen, nationalen, sprachlichen, kulturellen und religiösen Minderheiten in der Bundesrepublik Deutschland vor dem Hintergrund der völker- und europarechtlichen Rahmenbedingungen. 2001.

Band 93 Ansgar Firsching: Die Samen, ihre Rechtsstellung in Schweden und ihre Rechtsstellung im Lichte der Indigenous Peoples weltweit. 2002.

Band 94 Jörg Dunker: Regionale Integration im System des liberalisierten Welthandels. EG und NAFTA im Vergleich. 2002.

Band 95 Katharina Wodarz: Gewaltverbot, Menschenrechtsschutz und Selbstbestimmungsrecht im Kosovo-Konflikt. 2002.

Band 96 Grit Hokema: Immunität von Staatsoberhäuptern. 2002.

Band 97 Tido Oliver Hokema: Mehrfache Staatsangehörigkeit. Eine Betrachtung aus völkerrechtlicher und verfassungsrechtlicher Sicht. Unter Berücksichtigung des Staatsangehörigkeitsreformgesetzes vom 15. Juli 1999. 2002.

Band 98 Janet Kerstin Butler: Die Beteiligung von Privatpersonen am WTO-Streitbeilegungsverfahren. Bestandsaufnahme und Entwicklungsperspektiven. 2002

Band 99 Tobias H. Irmscher: Die Behandlung privater Beschwerden über systematische und grobe Menschenrechtsverletzungen in der UN-Menschenrechtskommission. Das 1503-Verfahren nach seiner Reform. 2002.

Band 100 Markus Voltz: Menschenrechte und ordre public im Internationalen Privatrecht. 2002.

Band 101 Sabine Schorer: Das Konsensprinzip in der internationalen Gerichtsbarkeit. 2003.

Band 102 Anja Weisgerber: Das Beweiserhebungsverfahren parlamentarischer Untersuchungsausschüsse des Deutschen Bundestages. 2003.

Band 103 Stephan Anstötz: Perspektiven zur staatlichen Neuordnung Zyperns. 2003.

Band 104 Eva Stumpf: Kulturgüterschutz im internationalen Recht unter besonderer Berücksichtigung der deutsch-russischen Beziehungen. 2003.

Band 105 Christian Malzahn: GATT-widrige *Treble Damages*-Klagen auf der Grundlage des US Antidumping Act 1916. Eine Untersuchung der Rechtsstellung beklagter deutscher Unternehmen im US-amerikanischen und deutschen Recht. 2003.

Band 106 Susanne Giannios: Ein Wasserregime im Nahen Osten. Rechtliche und politische Grundlagen und Perspektiven der internationalen Wasserverteilung im Jordanbecken. 2004.

Band 107 Jan Hübner: Das Verbrechen des Völkermordes im internationalen und nationalen Recht. 2004.

Band 108 Benjamin Krenberger: Deutschland im Spannungsfeld zwischen Europäischer Menschenrechtskonvention und nachzubefolgendem Besatzungsrecht. Reichweite der Verpflichtungen des souveränen Deutschlands nach der Liechtenstein-Entscheidung des Europäischen Gerichtshofes für Menschenrechte. 2004.

Band 109 Matthias Werner Schneider: Kommunaler Einfluß in Europa. Die Einflußnahme der Kommunen beim Europarat als Modell für die Europäische Union. KGRE, AdR und EKC als Säulen eines europäischen Kommunalschutzes. 2004.

Band 110 Bettina Gerber: Die Asylrechtsharmonisierung in der Europäischen Union. Unter besonderer Berücksichtigung der Richtlinie zur Festlegung von Mindestnormen für die Aufnahme von Asylbewerbern in den Mitgliedstaaten. 2004.

Band 111 Markus Lintner: Die verfassungsrechtlichen Grenzen des horizontalen Länderfinanzausgleichs nach Art. 107 Abs. 2 GG. 2004.

Band 112 Daniel Volk: Die Begrenzung kriegerischer Konflikte durch das moderne Völkerrecht. 2005.

Band 113 Eugenie Trützschler von Falkenstein: Mittelosteuropa – Nationen, Staaten, Regionen. Die Erweiterung der Europäischen Union aus der historischen Perspektive. 2005.

Band 114 Angela Kaiser: Minderheitenschutz in der Europäischen Union. Eine Untersuchung des „doppelten Standards" des EU-Minderheitenschutzes unter besonderer Berücksichtigung der Europäischen Grundrechtecharta. 2005.

Band 115 Kerstin Liesem: Die Reparationsverpflichtungen der Bundesrepublik Deutschland nach dem Zweiten Weltkrieg unter besonderer Berücksichtigung der Zwangsarbeiterentschädigung. 2005.

Band 116 Christoph Holthusen: Der Nordirlandkonflikt. Geschichte, zentrale Aspekte und Lösungsmodelle unter völkerrechtlicher Betrachtung. 2005.

Band 117 Christoph Junck: Die Gerichtsbarkeit des Internationalen Strafgerichtshofs. Vorbedingungen und Auslösemechanismen nach dem Römischen Statut vom 17. Juli 1998. 2006.

Band 118 Corinna Margit Hartmann: Staatliche Beteiligung an terroristischen Gewaltaktionen. Neue Herausforderungen für das Friedenssicherungssystem der Vereinten Nationen. 2006.

Band 119 Dagmar Wurst: Eigentums- und Investitionsgüterschutz im Völkerrecht. Das Beispiel der Landenteignung in Zimbabwe. 2006.

Band 120 Türkmen Tezcan: Der Zypernkonflikt vor dem Europäischen Menschenrechtsgerichtshof. Eine Analyse unter besonderer Berücksichtigung der Loizidou-Rechtsprechung und ihrer Auswirkung auf die zwischenstaatlichen Beziehungen. 2006.

Band 121 Dorothee von Arnim: Der Standort der EU-Grundrechtecharta in der Grundrechtsarchitektur Europas. 2006.

Band 122 Alexander Brexendorff: Rohstoffe im Kaspischen Becken. Völkerrechtliche Fragen der Förderung und des Transports von Erdöl und Erdgas. 2006.

Band 123 Markus A. Meckler: Der Kleinstaat im Völkerrecht. Das Fürstentum Liechtenstein im Spannungsfeld zwischen Souveränität und kleinstaatenspezifischen Funktionsdefiziten. 2006.

Band 124 Björn Hoppenstedt: Kommunale Selbstverwaltung in den USA. Im Lichte europäischer Standards. 2007.

Band 125 Martin Kunde: Der Präventivkrieg. Geschichtliche Entwicklung und gegenwärtige Bedeutung. 2007.

Band 126 Christoph Mangold: Die völkerstrafrechtliche Verfolgung von Individuen durch internationale Strafgerichtshöfe. 2007.

Band 127 Ralf Müller: Europäische Entwicklungspolitik zwischen gemeinschaftlicher Handelspolitik, intergouvernementaler Außenpolitik und ökonomischer Effizienz. 2007.

Band 128 Michael Wiener: Das Mandat des UN-Sonderberichterstatters über Religions- oder Weltanschauungsfreiheit. Institutionelle, prozedurale und materielle Rechtsfragen. 2007.

Band 129 Senja Kreutzberger: Die gesetzlich nicht geregelten Entscheidungsvarianten des Bundesverfassungsgerichts. 2007.

Band 130 Bettina M. Malzahn: Bedeutung und Reichweite des Eigentumsschutzes in der Europäischen Menschenrechtskonvention. Eine Untersuchung unter besonderer Berücksichtigung der Enteignungen auf besatzungsrechtlicher bzw. besatzungshoheitlicher Grundlage zwischen 1945 und 1949 und der deutschen Restitutionsgesetzgebung nach der Wiedervereinigung. 2007.

Band 131 Thomas Michael Pfeiffer: Verfassungsgerichtliche Rechtsprechung zu Fragen der Außenpolitik. Ein Rechtsvergleich Deutschland – Frankreich. 2007.

Kolibri 360 GmbH
Ferdinand-Jühlke-Straße 7
99095 Erfurt, Deutschland
produktsicherheit@kolibri360.de

Druck:
CPI Druckdienstleistungen GmbH
im Auftrag der
Kolibri 360 GmbH
Ferdinand-Jühlke-Str. 7
99095 Erfurt